高等学校经济学类主要课程教材

管制经济学原理

第四版

主编 王俊豪

浙江省"十四五"普通高等教育本科规划教材

普通高等教育"十一五"国家级规划教材

中国教育出版传媒集团
高等教育出版社·北京

内容简介

　　管制经济学是一门新兴的应用性、边缘性学科。本书系统探讨了管制经济学的基本问题；以需求与供给、成本与收益等为工具对管制本身作了经济分析；重点研讨了垄断性产业管制，环境、卫生健康和生产安全管制和反垄断管制的基本理论。本书还以相当篇幅讨论了电信、电力、铁路运输、城市自来水和金融等典型产业的管制实践问题，以反映管制经济学理论在实践中的具体应用。

　　本书是一本研究性教材，主要适用对象为经济学类、公共管理学类等专业高年级本科生，也可作为相关专业的研究生教材或主要参考资料。

图书在版编目（CIP）数据

管制经济学原理 / 王俊豪主编. -- 4 版. -- 北京：高等教育出版社，2025.6. -- ISBN 978-7-04-065570-4

Ⅰ．F20

中国国家版本馆 CIP 数据核字第 2025EZ3774 号

管制经济学原理
Guanzhi Jingjixue Yuanli

策划编辑	宋志伟	责任编辑	宋志伟	封面设计	王　琰	版式设计	曹鑫怡
责任绘图	李沛蓉	责任校对	高　歌	责任印制	高　峰		

出版发行	高等教育出版社	网　　址	http://www.hep.edu.cn	
社　　址	北京市西城区德外大街 4 号		http://www.hep.com.cn	
邮政编码	100120	网上订购	http://www.hepmall.com.cn	
印　　刷	固安县铭成印刷有限公司		http://www.hepmall.com	
开　　本	787 mm×1092 mm　1/16		http://www.hepmall.cn	
印　　张	24			
字　　数	550 千字	版　　次	2007 年 5 月第 1 版	
插　　页	2		2025 年 6 月第 4 版	
购书热线	010-58581118	印　　次	2025 年 6 月第 1 次印刷	
咨询电话	400-810-0598	定　　价	66.00 元	

本书如有缺页、倒页、脱页等质量问题，请到所购图书销售部门联系调换
版权所有　侵权必究
物　料　号　65570-00

作者简介(按撰写章次)

王俊豪,浙江嵊州市人,经济学博士。曾先后在英国University of Strathclyde和美国Columbia University做学术研究工作。浙江财经大学原校长,现任中国政府监管与公共政策研究院首席专家、教授、博士生导师。享受国务院政府特殊津贴专家,国家"百千万人才工程"第一批第一、二层次人选,国家"万人计划"教学名师,浙江省特级专家。主要社会兼职有:中国工业经济学会副理事长兼产业监管专委会主任委员、中国能源研究会常务理事兼能源监管专委会主任委员、中国城市科学研究会常务理事兼城市公用事业改革与监管专委会主任委员等。主要研究领域是政府监管理论与政策。已出版20多部学术著作;在《经济研究》《管理世界》等杂志上发表学术论文170多篇。曾获"孙冶方经济科学奖"(著作奖)和"薛暮桥价格研究奖"(著作奖),国家教学成果奖二等奖,首届全国教材建设奖二等奖,教育部高等学校科学研究优秀成果奖(人文社会科学)一、二等奖5项,省部级一、二等奖17项,主笔的研究报告获国家级和省部级领导批示80多项,入选国家哲学社会科学成果文库1项。主持国家社会科学基金、国家自然科学基金和国家重大科技专项重大、重点项目10项,一般项目7项。

陈富良，江西上栗人，经济学博士。曾在美国Ashland大学经济与管理学院做访问研究。曾任江西财经大学产业组织与政府规制研究中心常务副主任、规制与竞争研究中心主任、经济学院院长。现为江西财经大学经济学院教授、博士生导师。主要著作有《放松规制与强化规制：论转型经济中的政府规制改革》《我国经济转轨时期的政府规制》《规制政策分析：规制均衡的视角》《政府承诺问题及其治理：特许经营合约视角》等；在《改革》《财贸经济》等刊物上发表论文多篇；主持完成国家社科基金项目《转型期企业行为的政府规制研究》和国家社科基金重点项目《基础设施产业特许经营合约中的政府承诺问题及其治理研究》等课题。成果获江西省社会科学优秀成果一等奖和江西省高校人文社会科学优秀成果一等奖等。

于良春，山东省蓬莱人，经济学博士、法学博士。山东大学经济学院教授、博士生导师，山东省反垄断与规制经济学重点研究基地主任、首席专家；国家级教学名师，国家"万人计划"领军人才，国务院政府特殊津贴专家，山东省有突出贡献的中青年专家，山东省社会科学名家；中国工业经济学会副理事长，教育部经济学类专业教学指导委员会委员，山东省经济与贸易类专业教学指导委员会副主任。在反垄断与规制经济学研究领域主持完成教育部社会科学重大课题攻关项目、国家社科基金项目、国家自然科学基金项目以及部省级和国际合作研究项目共16项。在《经济研究》和《中国工业经济》发表论文20余篇，在其他期刊发表论文100余篇。获山东省社会科学优秀成果奖一等奖5项、二等奖4项。

刘志阔，河北邢台人，经济学博士，复旦大学经济学院教授，博士生导师，国家杰出青年基金获得者。相关成果发表在 American Economic Review、Review of Economic Studies、Review of Economics and Statistics,《经济研究》《管理世界》《世界经济》等国内外权威期刊。曾荣获教育部高等学校科学研究优秀成果奖一等奖、上海市哲学社会科学优秀成果奖一等奖、张培刚发展经济学青年学者奖、浦山世界经济学优秀论文奖等多项重要奖项。同时，担任《世界经济文汇》编辑和 China & World Economy 副主编。研究方向为产业政策、企业动态与政府监管。

周小梅，江西南昌人，管理学博士，浙江工商大学经济学院教授。完成国家级项目3项，省部级项目5项，作为项目组主要成员参与国家级、省部级项目10余项。先后出版专著《提升医疗服务业绩效的制度经济学分析》《食品安全管制长效机制：经济分析与经验借鉴》《基于企业诚信视角的食品安全问题研究》《食品质量安全控制：市场机制与政府管制》《中国医疗服务供给主体声誉机制研究》，参与撰写专著6部。在《农业经济问题》《经济理论与经济管理》《国际贸易问题》《中国经济问题》等刊物发表学术论文90余篇。成果分别获浙江省社科联第四届社科研究优秀成果奖一等奖、浙江省高校优秀科研成果奖二等奖和三等奖。

肖兴志，四川邻水人，经济学博士，东北财经大学教授，博士生导师。中国工业经济学会副理事长，产业经济学学科建设专业委员会主任委员，教育部高等学校经济与贸易类专业教学指导委员会委员，国务院特殊津贴专家，入选国家"万人计划"哲学社会科学领军人才，新世纪百千万人才工程国家级人选，全国文化名家暨"四个一批"人才，教育部新世纪优秀人才。曾在《经济研究》《管理世界》《经济学（季刊）》《中国工业经济》等期刊发表论文；在中国社会科学出版社、商务印书馆、人民出版社等出版《现代规制经济分析》《中国迈向全球价值链中高端研究》《中国战略性新兴产业发展报告》《产业经济学》等专著和教材；主持国家社会科学基金重大项目、国家自然科学基金项目、霍英东基金项目、教育部新世纪优秀人才项目、教育部人文社会科学重点研究基地重大项目等课题；曾获教育部高等学校科学研究优秀成果奖、蒋一苇企业改革与发展学术基金优秀论文奖等学术奖励；主要研究领域为产业组织与政府规制。

戚聿东，吉林东丰人，经济学博士。现任北京师范大学经济与工商管理学院院长，教授，博士生导师。主要社会兼职有：国务院反垄断委员会专家咨询组成员，中国工业经济学会副理事长，中国企业管理研究会副会长，北京市社会科学界联合会常委，首都企业改革与发展研究会理事长，中国社会科学院国有经济研究智库学术委员会委员，《管理世界》《经济学动态》《经济管理》等10余家期刊编委。著有《中国现代垄断经济研究》等10部专著。在《经济研究》《管理世界》等期刊发表论文200余篇，主持国家社会科学基金重大项目2项、重点项目2项。研究成果曾获教育部人文社会科学研究优秀成果二等奖、三等奖，获北京市哲学社会科学优秀成果一等奖2次，蒋一苇企业改革与发展学术基金优秀论文奖2次，获中央领导重要批示。入选国家百千万人才工程，被授予国家有突出贡献中青年专家荣誉称号，享受国务院政府特殊津贴。

第四版前言

英文 Regulation 通常被译为"管制""规制"或"监管"。在学术界较多地使用"管制"或"规制",实际部门基本上使用"监管"。

在中国建立和完善社会主义市场经济体制过程中,党和国家日益重视政府监管问题,政府监管职能也不断得到加强。特别是党的二十大和党的二十届三中全会,对加强政府监管提出了更高的要求。例如,党的二十大报告提出,构建高水平社会主义市场经济体制,充分发挥市场在资源配置中的决定性作用,更好发挥政府作用。强化金融稳定保障体系,依法将各类金融活动全部纳入监管,守住不发生系统性风险底线。推进安全生产风险专项整治,加强重点行业、重点领域安全监管。强化食品药品安全监管,健全生物安全监管预警防控体系。党的二十届三中全会通过的《中共中央关于进一步全面深化改革 推进中国式现代化的决定》(以下简称《决定》),进一步强调构建高水平社会主义市场经济体制,并提出了许多与政府监管相关的改革举措。例如,《决定》提出,推进能源、铁路、电信、水利、公用事业等行业自然垄断环节独立运营和竞争性环节市场化改革,健全监管体制机制。在构建全国统一大市场方面,《决定》提出,推动市场基础制度规则统一、市场监管公平统一、市场设施高标准联通。在深化生态文明体制改革方面,《决定》提出,建立健全覆盖全域全类型、统一衔接的国土空间用途管制和规划许可制度。推进生态环境治理责任体系、监管体系、市场体系、法律法规政策体系建设。深化环境信息依法披露制度改革,构建环境信用监管体系。

根据党的二十大和党的二十届三中全会精神,加强政府监管是构建高水平社会主义市场经济体制、实现国家治理体系和治理能力现代化的重要内容。这在客观上要求加强管制经济学理论学习,创新现代政府管制理论,普及政府管制知识,以适应政府管制实践的需要。

《管制经济学原理》自 2007 年 5 月由高等教育出版社出版以来,被全国数十所高等院校采用,获得广大师生的好评。2024 年 10 月,《管制经济学原理》(第三版)被评为浙江省"十四五"普通高等教育本科省级规划教材。因此,我们决定修订出版《管制经济学原理》(第四版)。本版教材在保持原教材优势和特色的基础上,根据管制经济学课程体系完善和研究内容的扩展等方面的需要,汲取管制经济学的最新研究成果,推动构建具有中国特色的管制经济学自主知识体系。本教材主要修订内容包括以下六个方面:

(1) 将党的二十大和二十届三中全会有关精神融入教材。党的二十大报告和党的二十届三中全会通过的《决定》有许多关于加强政府监管(管制)的内容,新版教材将这些内容分别吸收到有关章节。

（2）将致力于在管制经济学自主学科体系和话语体系方面做出创新，本教材是自主学科体系和话语体系的重要体现。例如，西方管制经济学中的"经济性管制"和"社会性管制"等概念不符合中国的话语体系，在我国法规政策文件中也很少被采用。因此，本教材以"垄断产业管制"取代"经济性管制"，"环境、卫生健康和生产安全管制"取代"社会性管制"，形成新的管制经济学学科体系框架和话语体系，并对相关章节做了较大修改。

（3）按照最新的法律法规做了相应修订。例如，按照《中华人民共和国反垄断法》（2022年修订）以及《国务院关于经营者集中申报标准的规定》（2024年发布）对第十一章相关内容进行了全面更新。

（4）根据有关金融法规和金融监管机构的调整，对金融业管制的内容作了相应修订。例如，2022年4月20日，我国颁布了《中华人民共和国期货和衍生品法》，规定了期货交易及其结算与交割等期货市场基本制度。在中国银保监会基础上组建国家金融监督管理总局，并在2023年5月18日正式揭牌。这些都必将对金融业管制产生较大影响，本教材对此做了修订，以较好地适应金融管制实践的需要。

（5）更重视数字技术运用。将各章的案例和即测即评内容纳入二维码之中，这一方面可以减少纸质教材字数，相应减轻学生的购书成本；也方便学生脱离教材学习研究案件，测试对有关问题的掌握程度。

（6）优化了教辅材料体系。我们将在原有基础上，提供更好的配套教学课件（包括教学大纲、多媒体教学课件、案例分析参考答案、复习思考题参考答案、考试样题及其解答等），并通过高等教育出版社免费赠送给使用本教材的教师。

本教材是原有教材的提高和升华，是集体讨论、研究的成果。本教材的作者团队保持基本稳定，有利于不断提高教材质量。按照章次，各章的分工是：王俊豪教授（第一、四、五、十三章）、陈富良教授（第二、十二章）、于良春教授（第三、六章）、刘志闳教授（第七、十五章）、周小梅教授（第八、十六章）、肖兴志教授（第九、十四章）、戚聿东教授（第十、十一章）。在第四版教材修订过程中，浙江财经大学中国政府管制研究院团队的研究人员对新版教材做了认真修订，特别是对某些章节做了较大幅度的修订。按照章次，主要参加人员及其分工是：王俊豪教授（第一、四章）、王岭研究员（第二、六章）、高伟娜副研究员（第三、十二章）、李云雁副研究员（第五、十五章）、赵津津博士（第七章）、张肇中副研究员（第八章）、刘相锋副研究员（第九章）、甄艺凯副研究员（第十、十一章）、张雷博士（第十三章）、陈松博士（第十四章）、金暄暄博士（第十六章）。最后由本教材主编王俊豪教授修改定稿。

本教材在修订过程中，汲取和引用了国内外许多学者的研究成果，并尽可能在书中作了注解，在此对有关专家学者表示感谢。同时，由于管制经济学在我国还是一门新兴学科，研究内容更新较快，应用性较强，许多新问题需要探讨，尽管本教材作者做了较大努力，但必定存在一些不足，敬请广大读者批评指正，帮助我们不断改进与完善。

王俊豪

2024年12月15日

第一版前言

"管制"是英文 Regulation 的翻译,通常被译为"管制""规制"或者"监管"。在学术界较多地使用"管制"或"规制",而在实际部门,习惯使用"监管"。本书把它们视为同义语,并统一使用"管制"这个词。

虽然许多国家对特定产业或领域实行政府管制具有悠久的历史(如我国早在古代就对盐业实行管制),并发表了不少有关价格管制、投资管制、进入管制、对食品与药品的管制等方面的论著,但这些论著各自在较小的领域就特定对象进行研究,缺乏相互联系,而且,运用经济学原理研究政府管制的论著更不多见。到了 20 世纪 70 年代,经济发达国家一些学者开始重视从经济学的角度研究政府管制问题,并试图将已有的研究成果加以系统化,从而初步形成了政府管制经济学。80 年代以来,美国、英国等经济发达国家对一些垄断性产业的政府管制体制进行了重大改革,并加强了对环境保护、产品质量与安全、卫生健康方面的管制。这些都为政府管制经济理论的研究提供了大量丰富的实证资料,从而推动了政府管制经济学的发展。

中国对管制经济学的研究起步较晚,从 20 世纪 90 年代以来,国内一些学者在借鉴国外管制经济学论著的基础上,并结合本国实际出版了许多论著,但从总体上而言,中国对管制经济学的研究还处于初始阶段,在许多方面需要结合中国实际进行深入研究。从实践而言,中国从 20 世纪 80 年代末以来,先后在航空运输、电信、电力等产业不同程度地进行了管制体制改革,并日益强调对环境保护、卫生健康与工作场所安全等社会性管制。这为我国学者研究管制经济理论提供了研究对象和实证资料,激起了理论界对这一领域的研究热情,近年来研究成果层出不穷,出现了方兴未艾的发展势头。同时,随着中国社会主义市场经济体制的建立与不断完善,政府的主要职能将转变为:"经济调节、市场监管、公共服务和社会管理"。实际部门对管制经济学的需求日益强烈,以追求有效管制(监管)。与此相适应,近几年来,国内许多大学在公共管理类专业和经济学类专业都纷纷开设这一课程,并具有很大的发展潜力,但至今还缺乏高质量的教材,从而影响教学效果和学科的发展。

因此,虽然目前不少高校存在重专著和论文,轻教材的现象,但我们觉得有一种强烈社会责任感编写一本具有较高水平的管制经济学教材,为促进管制经济学理论在中国的发展和应用,提高中国政府管制效率做出贡献。并试图在以下方面创造本书的特色。

1. 内容新颖,具有学科前沿性。本书是来自国内七所高校的教授合作撰写的成果。

他们长期从事管制经济学理论的教学与研究工作，每位作者都主持和参与完成国家级有关管制经济学的研究项目，并发表过专著和不少高质量的论文。本书是作者在大量前期研究成果的基础上完成的，内容新颖，并反映学科的前沿理论。

2. 理论体系完整、结构合理，既能与国际接轨，又具有我国特色。本书主要从经济性管制、社会性管制和反垄断管制三方面系统阐述管制经济学，每章都包括本章主要内容、案例分析、关键词（中英文对照）、本章小结、复习思考题等内容。内容体系完整、结构安排合理。同时，本书重视参考国外有限的同类教材的优点，更注重教材的实用价值，力求体现中国特色。

3. 重视案例教学和复习思考。本书及其教学资料提供大量实际案例与复习思考题，便于教师在教学过程中结合案例进行课堂讲授，使学生在掌握管制经济学基本理论的基础上，又能运用所学的基本理论对实际问题进行分析，围绕案例还可以指导学生撰写小论文，以提高学生分析问题的能力。另外，通过各章的复习思考题帮助学生融会贯通和开拓思路。

4. 课程整体形式创新。为进一步适应各高校课程体系改革、多媒体教学、个性化教学的需要，本书将参照教育部国家精品课程建设相关指标，在本书的基础上，将配备教学参考书、学习指导书、音像制品、电子文档等教学资料。并努力通过网络教学平台为教师教学、学生学习，提供更丰富的教学资源，最大限度地满足教学需要。

本书由五篇共十六章组成：

第 1 篇是总论。包括第一章和第二章。主要介绍管制的概念与特点，管制经济学的研究对象、学科性质、产生与发展过程和研究方法等基本问题。并运用经济学原理对管制的需求与供给、成本与收益做了深入分析，为实现有效管制提供分析框架。

第 2 篇是经济性管制。包括第三章至第六章。主要探讨自然垄断理论、进入管制、价格管制理论，并专题讨论了激励性管制与放松管制问题，以反映经济性管制的发展趋势。

第 3 篇是社会性管制。包括第七章至第九章。主要讨论卫生健康管制、工作场所安全管制、环境管制这三大领域的管制问题，这是管制经济学较新的内容。

第 4 篇是反垄断管制。包括第十章和第十一章。主要讨论垄断与资源配置的关系，反垄断立法的指向，这是与管制紧密相关，又有相对独立性的内容。

第 5 篇是代表性产业的管制。包括第十二章至第十六章。重点讨论电信、电力、铁路运输、城市自来水和金融等典型产业的管制问题，并体现管制经济学理论在实践中的具体应用。

本书是集体讨论、研究的成果。按照章次，各章的分工是：王俊豪撰写第一、四、五、十三章；陈富良撰写第二、十二章；于良春撰写第三、六章；周小梅撰写第七、十五章；肖兴志撰写第八、十四章；刘小兵撰写第九、十六章；戚聿东撰写第十、十一章。

本书主要适用对象为经济学类、公共管理学类等专业高年级本科生，也可作为相关专业的研究生教材或主要参考资料。

本书汲取和引用了国内外许多学者的研究成果，并尽可能在书中作了注解，在此对有关专家学者表示感谢。同时，由于管制经济学是一门新学科，许多问题需要进一步探讨，书中也难免存在许多不足，敬请读者批评指正，以求不断改进与完善。

王俊豪

2007 年 2 月 28 日

目 录

第一篇 总论

第一章 绪论 /3
第一节 管制的概念与特点 / 3
第二节 管制经济学的研究对象 / 7
第三节 管制经济学的学科性质 / 10
第四节 管制经济学的产生与发展 / 11
第五节 管制经济学的研究方法 / 12
本章小结 / 13
关键词 / 14
复习思考题 / 14
延伸阅读 / 14
即测即评 / 15

第二章 管制的经济分析 / 16
第一节 管制的性质与目标 / 16
第二节 管制的需求与供给 / 18
第三节 管制的成本与收益 / 24
第四节 管制的有效性 / 34
案例 / 36
本章小结 / 36
关键词 / 36
复习思考题 / 36
延伸阅读 / 37
即测即评 / 37

第二篇　垄断性产业管制

第三章　自然垄断理论　/　41
　　第一节　自然垄断的基本特性　/　41
　　第二节　自然垄断的可维持性　/　46
　　第三节　自然垄断与经济效率　/　50
　　第四节　自然垄断的动态性　/　57
　　案例　/　60
　　本章小结　/　61
　　关键词　/　62
　　复习思考题　/　62
　　延伸阅读　/　62
　　即测即评　/　63

第四章　进入管制　/　64
　　第一节　进入管制的经济依据　/　64
　　第二节　政府承诺与企业投资行为　/　68
　　第三节　阻碍进入行为管制　/　69
　　第四节　不对称管制　/　70
　　案例　/　72
　　本章小结　/　72
　　关键词　/　73
　　复习思考题　/　73
　　延伸阅读　/　73
　　即测即评　/　73

第五章　价格管制　/　74
　　第一节　价格管制的目标　/　74
　　第二节　价格管制的方式　/　75
　　第三节　价格水平管制　/　77
　　第四节　价格结构管制　/　85
　　案例　/　94
　　本章小结　/　95
　　关键词　/　95
　　复习思考题　/　96
　　延伸阅读　/　96

即测即评 / 96

第六章　激励性管制与放松管制 / 97
第一节　垄断性产业管制的趋势 / 97
第二节　激励性管制 / 101
第三节　放松管制 / 107
案例 / 110
本章小结 / 110
关键词 / 111
复习思考题 / 111
延伸阅读 / 112
即测即评 / 112

第三篇　环境、卫生健康和生产安全管制

第七章　环境管制 / 115
第一节　外部性与环境管制 / 115
第二节　环境管制的方法 / 125
第三节　环境管制的内容 / 130
案例 / 141
本章小结 / 141
关键词 / 142
复习思考题 / 142
延伸阅读 / 142
即测即评 / 143

第八章　卫生健康管制 / 144
第一节　信息不对称理论与卫生健康管制 / 144
第二节　食品安全管制及其政策实践 / 155
第三节　药品质量（安全）管制及其政策实践 / 167
第四节　医疗卫生服务管制及其政策实践 / 175
案例 / 185
本章小结 / 185
关键词 / 186
复习思考题 / 186
延伸阅读 / 186
即测即评 / 186

第九章　生产安全管制　/　187

第一节　生命价值与生产安全管制　/　187
第二节　生产安全管制方法　/　193
第三节　生产安全管制体系　/　198
第四节　生产安全管制波动　/　204
案例　/　206
本章小结　/　206
关键词　/　207
复习思考题　/　207
延伸阅读　/　207
即测即评　/　207

第四篇　反垄断管制

第十章　垄断与资源配置效应　/　211

第一节　垄断的判定　/　211
第二节　垄断的测量　/　218
第三节　垄断的效率　/　222
案例　/　226
本章小结　/　226
关键词　/　226
复习思考题　/　227
延伸阅读　/　227
即测即评　/　227

第十一章　反垄断法的行为指向和结构管制　/　228

第一节　中国反垄断法的行为指向　/　228
第二节　垄断行为的类型　/　230
第三节　反垄断法的结构管制　/　232
第四节　反垄断的适用除外　/　232
案例　/　234
本章小结　/　234
关键词　/　235
复习思考题　/　235
延伸阅读　/　235
即测即评　/　236

第五篇　代表性产业的管制

第十二章　电信产业的管制　/　239
　　第一节　产业特征与管制需求　/　239
　　第二节　进入管制　/　242
　　第三节　价格管制　/　246
　　第四节　互联互通管制　/　251
　　案例　/　254
　　本章小结　/　254
　　关键词　/　254
　　复习思考题　/　254
　　延伸阅读　/　255
　　即测即评　/　255

第十三章　电力产业的管制　/　256
　　第一节　产业特征与管制需求　/　256
　　第二节　进入管制　/　259
　　第三节　价格管制　/　266
　　第四节　环境管制　/　272
　　案例　/　275
　　本章小结　/　276
　　关键词　/　277
　　复习思考题　/　277
　　延伸阅读　/　277
　　即测即评　/　277

第十四章　铁路产业的管制　/　278
　　第一节　产业特征与管制需求　/　278
　　第二节　进入管制　/　283
　　第三节　价格管制　/　290
　　第四节　安全管制　/　295
　　案例　/　300
　　本章小结　/　300
　　关键词　/　300
　　复习思考题　/　301
　　延伸阅读　/　301

即测即评 / 301

第十五章　自来水产业的管制 / 302

　　第一节　产业特征与管制需求 / 302

　　第二节　进入管制 / 307

　　第三节　价格管制 / 319

　　第四节　质量管制 / 328

　　案例 / 334

　　本章小结 / 334

　　关键词 / 336

　　复习思考题 / 336

　　延伸阅读 / 336

　　即测即评 / 336

第十六章　金融产业的管制 / 337

　　第一节　产业特征与管制需求 / 337

　　第二节　进入管制 / 339

　　第三节　价格管制 / 345

　　第四节　风险管制 / 350

　　第五节　中国金融产业管制体系的演进 / 355

　　案例 / 360

　　本章小结 / 360

　　关键词 / 361

　　复习思考题 / 361

　　延伸阅读 / 361

　　即测即评 / 362

主要参考文献 / 363

第一篇　总论 ▶

第一章 绪 论

习近平指出:"加快构建中国特色哲学社会科学,归根结底是建构中国自主的知识体系。"管制经济学是一门新兴的学科,我们要努力构建具有中国特色的管制经济学自主知识体系。本章主要讨论管制的基本概念与特点,管制经济学的研究对象、学科性质,管制经济学的产生、发展过程,管制经济学的研究方法等基本问题,勾画管制经济学的基本轮廓,为深入学习与研究管制经济学做必要的铺垫。

第一节 管制的概念与特点

一、管制的基本概念

"管制"是英文 Regulation 的翻译,Regulation 在学术界通常被译成"管制""规制"或者"监管"。例如,在《新帕尔格雷夫经济学大词典》中,"Regulation"就被译为"管制";也有一些学者更多地使用"规制"。而在实际部门,习惯使用"监管",如金融监管、电力监管、公用事业监管等。需要指出的是,无论是"管制"还是"规制"或者"监管",它们在本质上都是一致的。在本书中,我们统一使用"管制"这个词。

许多学者对管制有不同的定义。例如,维斯卡西(Viscusi)等学者认为,管制是政府以制裁手段,对个人或组织的自由决策的一种强制性限制。政府的主要资源是强制力,管制就是以限制经济主体的决策为目的而运用这种强制力。[1] 丹尼尔·F. 史普博(Daniel F. Spulber)则认为,管制是行政机构制定并执行的直接干预市场机制或间接改变企业和消费者供需决策的一般规则或特殊行为。[2] 而日本学者植草益对管制所下的定义是:社会公共机构依照一定的规则对企业的活动进行限制的行为。这里的社会公共机构或行政机关一般被简称为政府。[3] 经济学家保罗·萨缪尔森等则认为,管制是政府以命令的方法改变或控制企业的经营活动而颁布的规章或法律,以控制企业的价格、销售或生产决策。[4] 国内学者对管制的定义与上述定义大同小异。

根据政府管制理论与实践发展的国际经验和中国学者对政府管制的研究与探索,在中国社会主义市场经济体制下,政府管制的基本特征可简要归纳为:市场经济是政府管制的存在基础,政府管制是解决市场失灵的重要政府职能;政府管制应体现"以人民为中心"

---

[1] Viscusi W. K., J. M. Vernon, J. E. Harrington, Jr. Economics of Regulation and Antitrust, Cambridge: The MIT Press, 2000: 295.
[2] 丹尼尔·F. 史普博. 管制与市场. 余晖,等,译. 上海:上海三联书店,上海人民出版社,1999:45.
[3] 植草益. 微观规制经济学. 朱绍文,等,译. 北京:中国发展出版社,1992:1-2.
[4] 保罗·萨缪尔森,威廉·诺德豪斯. 经济学. 12 版. 高鸿业,译. 北京:中国发展出版社,1992:864-865.

的理念，以追求社会公共利益为基本目标；政府管制主体是被授予管制职能的政府行政机构，具有相对独立性；政府管制以法律法规为依据，强调依法管制；政府管制以微观市场主体为管制对象，主要是企业和消费者，还包括从事市场交易活动、提供公共产品或准公共产品的各类事业单位（如学校、医院等）、社会组织（如各类非营利组织等）等市场主体；综合运用行政、法律、经济、技术等多种方式实行有效管制，以制约市场主体的各种不正当行为，同时有效激励市场主体通过提高效率，降低成本，改进产品和服务质量，以获取更多利益。综合这些基本特征，本书对政府管制的定义是：政府管制是在市场经济体制下，具有管制职能的政府行政机构基于公共利益目标，依据法律制度并运用多种管制方式，对微观市场主体所采取的各种制约与激励行为。[①]

二、管制的普遍性与合理性

（一）管制是现代经济社会的普遍现象

中国的电信、电力、铁路和民航运输、邮政、市政公用事业、金融保险、环境保护、食品药品安全、生产安全等社会经济的许多方面已经纳入政府管制的范围，而在某些垄断性产业领域甚至需要逐渐放松管制。同时，随着中国市场经济体制的不断完善和政府职能的转变，中国在许多领域的管制将会加强，管制将会更有普遍性。[②]

（二）管制的合理性

管制普遍性的背后必然存在多方面的合理性。Robert Baldwin 和 Martin Cave 系统总结了实行管制的 12 个基本理由（见表 1-1）。[③]

表 1-1 管制的基本理由、主要目标和举例

基本理由	主要目标	举例
垄断与自然垄断	抑制垄断企业提高价格和减少产量；维护规模经济；识别垄断领域	公用事业
意外收益	将企业的意外收益让渡给消费者或纳税人	与收益相比，企业的成本异常低廉
外部性	促使企业或消费者来承担生产的完全成本，而不是将成本转嫁给第三方或社会	由工厂造成的江河污染
信息不充分	让消费者了解市场运行情况	药品、食品和饮料标签
服务的连续性和可获得性	确保基本服务达到社会期望或最低保障水平	偏远地区的运输服务
反竞争行为与掠夺性定价	防止反竞争行为	运输业中的低于成本定价

---

① 王俊豪. 中国特色政府监管理论体系：需求分析、构建导向与整体框架. 管理世界，2021（2）.
② 从发展趋势分析，中国将放松经济性管制，同时加强社会性管制。对此的详细讨论可参见王俊豪. 政府管制经济学导论——基本理论及其在政府管制实践中的应用. 北京：商务印书馆，2001：449-481.
③ Robert Baldwin and Martin Cave, Understanding Regulation: Theory, Strategy, and Practice, Oxford University Press, 1999: 9-17.

续表

基本理由	主要目标	举例
公共产品和道德风险	在利益共享中发生搭便车现象时确保成本公平分担	国防和安全事务；健康服务
不平等的议价能力	在市场失灵领域保护弱势群体的权益	工作中的健康与安全
稀缺资源与分配	对稀缺资源的公平分配	石油短缺
分配公平与社会政策	基于公共利益而分配；防止不良行为及后果	对受害人的保护
合理化与协调	在交易成本阻碍从市场获得收益或规模效率时保证高效率生产；实行标准化	农业和渔业中的分散性生产
发展规划	保护后代人的利益；鼓励利他意向	环境保护

从动态角度看，表1-1所列的管制的基本理由是动态变化的，如随着垄断性产业改革的深化，新技术在这些产业的应用，原有垄断性市场结构转变竞争性市场结构，因垄断和自然垄断而管制的基本理由将会弱化。而随着社会经济的发展，对环境管制的需求将会加强，这成为政府管制最重要的一个基本理由。

三、管制是中国社会主义市场经济体制下一个重要的政府职能

中国在计划经济体制下，不存在现代管制经济学所讲的管制问题，不能把计划理解为管制，也不能把计划经济体制理解为传统管制体制。因为市场是对计划的替代，而管制是对市场失灵的校正和补充。管制是由法律授权的管制主体依据一定的法规对被管制对象所实施的特殊行政管理与监督行为。管制不同于一般的行政管理，更不同于计划。否则就没有必要讨论管制经济学在中国的发展，没有必要讨论通过改革如何建立高效率的管制体制问题。从国际经验看，就垄断性产业而言，美国等少数发达国家主要以民营企业为经营主体，与此相适应，这些国家较早在垄断性产业建立现代管制体制。而多数欧洲国家和日本对垄断性产业曾长期实行国有企业垄断经营的体制，只是在20世纪80年代才开始对垄断性产业实行以促进竞争和民营化为主要内容的重大改革，并在改革过程中，逐步建立了现代管制体制。

目前的中国，作为一个从计划经济体制向社会主义市场经济体制转型的国家，政府管制是在建立与完善社会主义市场经济体制过程中不断加强的一个政府职能。传统经济理论认为，自然垄断产业、公用事业等基础产业是市场失灵的领域，市场竞争机制不能正常发挥作用，主张直接由国有企业实行垄断经营，以解决市场失灵问题。实践中，长期以来中国对这些基础产业实行政府直接经营的管理体制。但是，新的经济理论与实践证明，国有企业垄断经营必然导致低效率，并强调在这些产业发挥竞争机制的积极作用。因此，从20世纪90年代以来，中国像世界上许多市场经济国家一样，对这些产业逐步实行两大改革：一是引进并强化竞争机制，实现有效竞争；二是积极推行民营化，一定数量的民营企业成为这些产业的经营主体，在这些产业形成混合所有制的经营主体，以适应市场经济体制的需要。这样，政府就不能用过去管理垄断性国有企业的方式去管理具有一定竞争性的混合所有制企业或民营企业，而必须实行政府职能转变，建立新的政府管制体制，对这些产业实行有效管制。同时，中国在经济发展的基础上，日益强调对环境保护、卫生健康和工作场所安全等方面的管制。这些都使政府管制职能具有不断强化的趋势。为此，党的十六大报告明确提出政府的四大基本职能是：经济调节、市场监管、社会管理和公共服务，首次把市场监管（政府管制）作为一个重要的政府职能。

为完善社会主义市场经济体制，党的十八届三中全会通过的《中共中央关于全面深化改革若干重大问题的决定》，高度重视市场监管问题，例如，会议强调，"要着力解决市场体系不完善、政府干预过多和监管不到位问题。""政府的职责和作用主要是保持宏观经济稳定，加强和优化公共服务，保障公平竞争，加强市场监管，维护市场秩序，推动可持续发展，促进共同富裕，弥补市场失灵。""加强中央政府宏观调控职责和能力，加强地方政府公共服务、市场监管、社会管理、环境保护等职责。""完善统一权威的食品药品安全监管机构，建立最严格的覆盖全过程的监管制度。"可见，在深化改革过程中，一方面要尽可能缩小政府行政审批的范围；另一方面要加强市场经济体制所必需的政府监管（管制）职能。同时，近年来中国的环境保护和治理仍面临严峻挑战，同时，政府的"宏观调控"职能比原来的"经济调节"职能更为全面。因此，《决定》在原有政府职能的基础上，将"环境保护"作为一项单列的政府职能，而将"经济调节"职能改为"宏观调控"职能。这样，在相当长时期内，中国的主要政府职能可概括为如图1-1所示的五个方面。

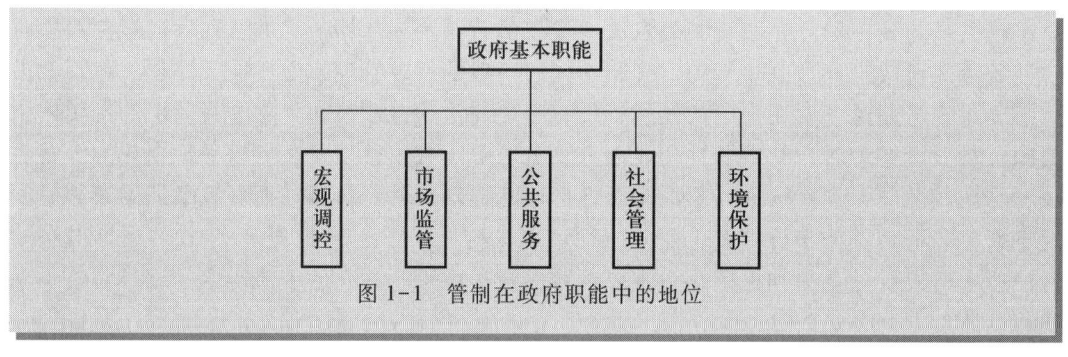

图1-1 管制在政府职能中的地位

党的二十届三中全会通过的《中共中央关于进一步全面深化改革 推进中国式现代化的决定》（以下简称《决定》）强调构建高水平社会主义市场经济体制，并提出了许多与政府监管相关的改革思路和具体举措。例如，《决定》提出，"推动市场基础制度规则统一、市场监管公平统一、市场设施高标准联通。加强公平竞争审查刚性约束，强化反垄断和反不正当竞争，清理和废除妨碍全国统一市场和公平竞争的各种规定和做法。""建立健全覆盖全域全类型、统一衔接的国土空间用途管制和规划许可制度。""推进生态环境治理责任体系、监管体系、市场体系、法律法规政策体系建设。""深化环境信息依法披露制度改革，构建环境信用监管体系。"这些都对加强政府管制职能产生重要影响。

由以上分析可见，市场监管（政府管制）是适应建立与完善社会主义市场经济体制需要而产生并不断加强的一个重要的政府职能。

第二节 管制经济学的研究对象

管制经济学的研究对象比较广泛，但可以归纳为垄断性产业管制，环境、卫生健康和生产安全管制和反垄断管制三大领域。

一、垄断性产业管制

维斯卡西等学者认为，垄断性产业管制通常是指政府在价格、产量、进入与退出等方面对企业自由决策所实施的各种强制性制约。[①] 植草益则认为，垄断性产业管制是指在自然垄断和存在信息不对称的领域，主要为了防止发生资源配置低效率和确保利用者的公平利用，政府机关用法律权限，通过许可和认可等手段，对企业的进入和退出、价格、服务的数量和质量、投资、财务会计等有关行为加以管制。[②] 植草益的这一定义说明了垄断性产业管制的领域、目标、手段和内容，因此，这是一个比较具体和完整的定义。

垄断性产业管制的领域主要包括自然垄断领域和存在信息不对称（信息偏在）的领域。我们将在本书第三章详细讨论自然垄断理论，自然垄断的基本特征在于其成本弱增性，具有显著的规模经济、范围经济、网络经济性和资源稀缺性。其典型产业包括有线通信、电力、铁路运输、自来水和管道燃气供应等产业。在这些产业的主要业务领域，由一家或极少数几家企业提供产品和服务，通常比多家企业提供相同数量的产品和服务具有较高的生产效率。但由于这些产业的经营企业具有相当大的市场垄断力量，如果不对它们进行政府管制，这些企业就会利用其垄断力量，通过制定高价格而取得垄断利润，从而扭曲社会分配效率。另外，在一些不具有自然垄断性产业，也存在着严重的信息不对称问题。企业往往是信息的发出者和操纵者，而消费者则只是信息的被动接受者。这使消费者未必拥有充分的信息，在多种多样的服务和价格中做出最优选择，结果难以实现帕累托效率那样的资源配置效率。而且，一些企业为了实现其利益最大化目标，完全有可能通过信息误导、欺诈消费者。因此，也需要政府对这些产业实行政府管制。这些产业主要包括银行、证券、保险等金融业和航空等运输业。

就垄断性产业管制的内容而言，主要包括以下四个方面：

（1）价格管制。管制者要制定特定产业或特定业务领域在一定时期内的最高限价（有时也要制定最低限价），规定价格调整的周期。

（2）进入和退出市场管制。为了维持产业的规模经济性和成本弱增性，管制者需要限制新企业进入产业。同时，为保证供给的稳定性，还要限制企业任意退出产业。

（3）投资管制。管制者既要鼓励企业投资，以满足不断增长的产品或服务需求；又

[①] Viscusi W. K., J. M. Vernon, J. E. Harrington, Jr. Economics of Regulation and Antitrust, Cambridge: The MIT Press, 2000: 297.

[②] 植草益. 微观规制经济学. 朱绍文，等，译. 北京：中国发展出版社，1992: 27.

要防止企业间过度竞争，重复投资；还要对投资品的最优组合进行管制，以保证投资效率和效益。

（4）质量管制。许多产品或服务的质量具有综合性，并不容易对它们进行简单定义和直观认定。例如，航空服务质量包括准时性、安全性、机上服务、机舱设备、行李处理服务等方面，在管制实践中，很难将这些质量要素进行综合。因此，在一些被管制产业中，往往不单独实行质量管制，而是把质量和价格相联系，即在价格管制中包括质量管制，如果被管制企业没有达到质量标准，或者消费者对质量的投诉太多，管制者就要降低其管制价格水平。

在上述四个方面的管制中，价格管制和进入管制是最基本的管制内容。同时，由于各个被管制产业的技术经济特征存在很大差异，这就决定了同一管制内容在各个产业也存在很大的差异。

由于垄断性产业管制是以某个具体产业为主要研究对象，着重研究特定产业的市场准入、价格、投资、产品与服务质量等管制政策，而产业组织理论也是以特定产业为研究对象的，因此，就垄断性产业管制而言，可以被看作是产业组织理论的延伸和发展。

二、环境、卫生健康和生产安全管制

植草益对环境、卫生健康和生产安全管制所下的定义是：以保障劳动者和消费者的安全、健康、卫生、环境保护、防止灾害为目的，对产品和服务的质量和伴随着提供它们而产生的各种活动制定一定标准，并禁止、限制特定行为的管制。[①] 与垄断性产业管制相比较，环境、卫生健康和生产安全管制是一种较新的政府管制。虽然在20世纪初一些国家就存在对食品、药品等方面的管制，但直到20世纪70年代，美国等经济发达国家才开始重视环境、卫生健康和生产安全管制，理论界才开始较为系统地研究环境、卫生健康和生产安全管制问题。在20世纪70年代，美国设立了许多有关健康、安全和环境保护的政府管制机构，如美国环境保护局、国家高速公路交通安全管理局、消费品安全委员会、职业安全与健康管理局和原子能管制委员会等管制机构都是在这一时期产生的。

在生产技术日新月异、经济快速发展的同时，许多企业的经济行为经常会产生严重的负外部性，如一些企业的生产活动带来空气污染、水污染等问题；消费者的个人消费行为也会造成负外部性，如个人使用小汽车会加重空气污染。同时，由于消费者对许多食品和药品缺乏足够的知识，存在生产者和消费者之间的信息不对称问题，一些企业生产经营的食品和药品质量低劣，消费者也无法辨认，消费结果必然影响其身体健康。对于这些由环境污染、产品质量低而造成的社会问题，居民和消费者是最大的受害者，但由于他们不掌握足够的信息，或不能形成较大的社会力量去索要损失补偿，这需要政府代表人民的利益，通过立法、执法手段加强对这类社会问题的管制。这也为政府实行社会性管制提供了理论依据。

环境、卫生健康和生产安全管制的内容非常丰富，但可概括为以下三个领域：

---

① 植草益. 微观规制经济学. 朱绍文，等，译. 北京：中国发展出版社，1992：22.

(1) 环境管制领域。这一管制领域的范围相当广泛，而且是中国特色社会主义新时代需要重点加强的管制领域。环境污染的种类很多，其中，最主要的是大气污染、水污染、固体废弃物污染、环境噪声污染、土壤污染和放射性污染等，环境污染的本质是一种典型的负外部性问题，为解决这种负外部性问题而造成的市场失灵，客观上就需要政府加强对环境污染管制。

(2) 卫生健康管制领域。卫生健康涉及食品、药品、医疗卫生等广泛内容，其中食品与药品是两类直接关系到人类身体健康和生命安全的重要产品，这决定了食品与药品是政府管制的重点。2020 年年初发生的新冠疫情，对人民健康和社会经济造成前所未有的危害，这促使中国政府高度重视，决定构建强大的国家公共卫生管理体系，其中包括公共卫生管制体系，以完善重大疫情防控体制机制。

(3) 生产安全管制领域。由于生产活动涉及各个领域和特定产业，因此，生产安全管制涉及面广，复杂多样，各具特色。每种管制类型都具有丰富的管制内容，对政府管制具有很大的挑战性。

与垄断性产业管制不同的是，环境、卫生健康和生产安全管制不是以特定产业为研究对象，而是围绕如何达到一定的社会目标，实行跨产业、全方位的管制。

三、反垄断管制

反垄断是一个具有相对独立性的研究领域，其主要研究对象是竞争性领域中具有市场垄断力量的垄断企业及其垄断行为，特别是由市场集中形成的经济性垄断行为。但在目前的中国，因滥用政府权力而造成的行政性垄断也是反垄断管制的对象。其主要目标是保护社会公平竞争，维护市场竞争机制的正常运行。

经济学家和法学家们对垄断有不同的定义，本书把垄断定义为：特定经济主体为了特定目的，通过构筑市场壁垒从而对目标市场所做的一种排他性控制状态。我们可以用多种指标来测度垄断程度，当垄断达到一定程度时，往往会产生资源配置低效率问题。这为政府采取反垄断政策提供了基本依据。

垄断可分为垄断结构与垄断行为两个方面，垄断结构为垄断行为提供可能性，但只有垄断行为才会真正导致资源配置低效率问题，这就决定了反垄断法的立法指向主要是垄断行为而不是垄断结构。垄断行为具有多种表现形式，特别是企业合并行为会直接减少竞争对手，进而限制竞争，造成资源配置低效率。所以，对企业合并的管制制度是许多国家反垄断法的一个核心制度。但诸如因专利而造成的垄断会鼓励企业采取创新行为；在特定时期内，对一些特定行业实行垄断，采取某些特定垄断行为具有合理性。因此，这些属于反垄断法的适用除外。

从管制经济学的研究对象中，我们可以用图 1-2 概括出管制经济学的理论体系。

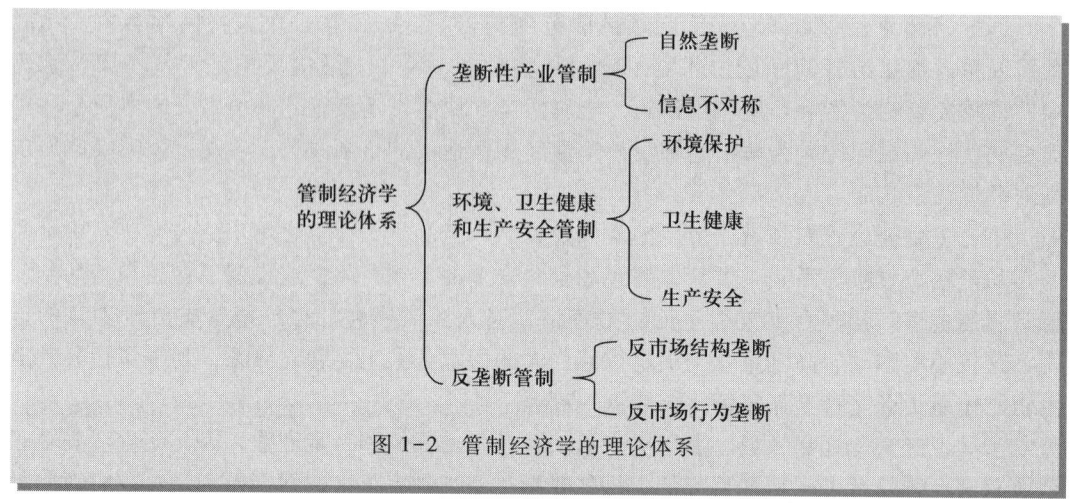

图 1-2 管制经济学的理论体系

第三节　管制经济学的学科性质

管制经济学是以经济学原理研究管制科学性的一门新兴应用性、边缘性学科。从管制经济学产生和发展的过程看,它是应实践的需要而产生与发展的,其理论研究紧密结合现实经济社会,具有明显的应用性学科性质。同时,管制经济学涉及经济、政治、法律、行政管理等方面的内容,这又决定了管制经济学是一门边缘性学科。

经济学是管制经济学的基础性学科,这是因为,管制经济学不仅要研究政府管制本身的需求与供给,包括需求的强度和供给能力,而且要分析政府管制的成本与收益,通过成本与收益的比较以确定某一政府管制的必要性。管制政策的制定与实施也要以经济学原理为依据,如垄断性产业管制的核心内容是进入管制与价格管制,进入管制政策的制定与实施要以规模经济、范围经济、垄断与竞争等经济理论为重要依据,以在特定产业或领域形成规模经济与竞争活力相兼容的有效竞争;而价格管制政策的制定则是以成本与收益、需求与供给等经济理论为主要依据。

行政管理学与管制经济学具有直接的联系,因为管制的基本手段是行政手段,管制者可以命令被管制者强制执行有关法规,对它们实行行政监督。这就决定了管制经济学需要运用行政管理学的基本理论与方法。

政治学是与管制经济学密切相关的一门学科,从某种意义上讲,管制行为本身就是一种政治行为,任何一种管制政策的制定与实施都在相当程度上体现着各级政府的政治倾向,在相当程度上包含着政治因素。

法学(特别是行政法学)与管制经济学也紧密相关,这是因为,管制者必须有一定的法律授权,取得法律地位,明确其权力和职责;同时,管制的基本依据是有关法律规定。这就使管制经济学与法学存在必然联系。

管理学与管制学也有一定的联系,管制者与被管制者之间通常存在着相当程度的信息不对称性，管制者如何引导被管制者尽可能采取有利于社会公众利益的行为，这是一个复杂的博弈过程，这要求管制者必须掌握管理学知识，具有较强的管理能力。

可见，管制经济学是一门新兴的应用性、边缘性学科。

第四节 管制经济学的产生与发展

虽然在20世纪70年代以前，经济发达国家的许多学者就发表了不少关于价格管制、投资管制、进入管制、对食品与药品的管制、反托拉斯管制等方面的论著，但这些论著都各自在较小的领域就特定对象进行研究，缺乏相互联系，而且，运用经济学原理研究政府管制的论著更不多见。到了20世纪70年代，一些学者开始重视从经济学的角度研究政府管制问题，并试图将已有的研究成果加以系统化，从而初步形成了政府管制经济学。其中，美国经济学家施蒂格勒发表的《经济管制论》等经典论文对政府管制经济学的形成产生了特别重要的作用。20世纪80年代以来，美国、英国和日本等经济发达国家对一些自然垄断产业的政府管制体制进行了重大改革，并加强了对环境保护、产品质量与安全、卫生健康方面的管制。这些都为政府管制经济理论的研究提供了大量丰富的实证资料，促进了政府管制经济理论与管制实践的结合，从而推动了政府管制经济学的发展。但至今，即使在经济发达国家，政府管制经济学还没有成为一门完全成熟的学科，表现为对政府管制经济学中的一些基本概念、基本理论还存在较大的分歧，特别是对环境、卫生健康和生产安全管制的研究还比较薄弱，尚未形成比较完整的学科体系等。

美国是最早实行政府管制的国家之一，早在19世纪70年代，美国在铁路运输产业就形成了明显的垄断力量，从而使这一产业成为美国联邦政府实行垄断性产业管制的第一个主要自然垄断产业。在20世纪30年代，美国出现了垄断性产业管制的浪潮，从1933年一直持续到1940年，其间颁布了银行法、证券法、电信法、汽车运输法、民用航空法、天然气法和运输法等法律，设立了联邦通信委员会、联邦电力委员会、证券委员会和民用航空管制局等相对独立的政府管制机构。1940—1970年，美国继续加强垄断性产业管制。出于实践的需要，不少学者开始重视研究政府管制理论，但这一阶段的理论研究主要是为解释政府管制政策服务的，缺乏系统性。从20世纪70年代以来，美国又出现了放松垄断性产业管制的浪潮，特别是在1984年，美国政府把美国电话电报公司分拆为七个地区性公司和一个长话公司，随后允许一批新企业进入电信产业。同期，英国、日本等国家都在电信、电力、铁路运输、管道煤气和自来水供应等产业普遍实行放松管制政策。但对如何放松管制，放松管制后政府如何适度管制进入壁垒，如何管制价格、质量等方面，都存在实践上的困难。理论研究是以解决问题为导向的，在政府管制实践的推动下，经济发达国家出现了政府管制理论研究的热潮，许多学者试图设计有关政府管制理论来探讨实践问题，从而大大丰富了投资管制理论、价格管制理论、进入管制理论和自然垄断产业的竞争理论，等等。然后，学者们又用这些理论去研究和解决特定产业的政府管制问题。正是在理论与实践的相互作用下，推动了政府管制经济学的形成与发展。

中国对政府管制经济学的研究起步较晚，据笔者所掌握的资料，最早介绍到中国的政府管制经济学著作是乔治·J. 施蒂格勒著的《产业组织和政府管制》①，在这部论文集中，有4篇是关于政府管制方面的。随后，出版了日本学者植草益著的《微观管制经济学》②，这是介绍到中国的第一本专门讨论政府管制经济学的专著，在中国有很大的影响。余晖等学者还翻译了丹尼尔·F. 史普博著的《管制与市场》③，也产生了较大的社会影响。

从20世纪90年代以来，国内学者在借鉴国外管制经济学论著的基础上，结合中国政府管制实践出版了许多论著。但从总体上而言，中国对管制经济学的研究还处于初始阶段，在许多方面需要结合中国实际进行深入研究。值得高兴的是，中国从20世纪80年代末以来，不断深化电信、电力、铁路与航空运输等垄断性产业的政府管制体制改革。此外，为充分发挥市场在资源配置中的决定性作用，维护公平竞争的市场秩序，营造更好的营商环境，中国在1993年12月和2008年8月，分别实施了《中华人民共和国反不正当竞争法》和《中华人民共和国反垄断法》等法律法规，并不断完善这些法律制度，相应调整与优化相关管制机构，以加强有效的政府管制，更好地发挥政府的作用。特别是随着中国社会经济的快速发展，经济活动量急剧增加，环境污染的现实和潜在危害必然随之增加。为此，中国不断加强环境管制，例如，近年来中国强调高质量发展和以人民为中心的发展理念，党的十八届三中全会将"环境保护"首次作为一项独立的政府职能，环境管制的需求和管制强度空前加强。同时，中国在卫生健康管制和生产安全管制等领域也呈现类似的不断加强的态势。特别是2020年年初发生的大规模新冠疫情，倒逼政府加强重大突发公共卫生管制。这些为中国学者研究管制经济提供了研究对象和实证资料，激起了理论界对这一领域的研究热情。因此，我们不难预料并期待着在不久的将来，中国在管制经济学方面必将有较大的发展。

第五节　管制经济学的研究方法

根据管制经济学的研究对象、学科性质和研究内容的复杂性，研究管制经济学有多种方法可供选择。

一、实证研究与规范研究相结合的方法

研究管制经济学可采取实证研究与规范研究相结合，以实证研究为主的方法。其基本理由是：管制经济学是用以分析和解决现实经济问题的新兴应用性学科。其研究内容的"应用性"决定了研究方法更应重视实证性，尤其是中国正处于适应社会主义市场经济体制需要，探索建立与完善新的管制体制的时期，许多现实问题都需要理论工作者积极探索解决途径，这就更要求理论工作者重视对现实经济问题进行实证研究，为政府部门制定经济政策提供思路。当然，重视实证性研究并不等于轻视规范性研究，因为规范性研究能从相对独立的价值判断出发，寻找经济运行的理想标准，从而为实证性研究提供"航标"

---

① 乔治·J. 施蒂格勒. 产业组织和政府管制. 潘振民，译. 上海：上海三联书店，1989.
② 植草益. 微观规制经济学. 朱绍文，等，译. 北京：中国发展出版社，1992.
③ 丹尼尔·F. 史普博. 管制与市场. 余晖，等，译. 上海：上海三联书店，上海人民出版社，1999.

和理论依据。

二、静态研究与动态研究相结合的方法

静态研究是在某一时间或较短时期内，对研究对象的"横截面"所作的研究。而动态研究是对研究对象的历史和发展规律的研究。对管制经济学的静态研究主要是对特定产业和领域的现状所作的研究，以谋求解决现实经济问题的途径。而对管制经济学的动态研究则是对特定产业和领域的过去、现状和未来发展趋势所作的研究，以期找出其变化的运动规律。可见，对管制经济学的静态研究是动态研究的基础，而动态研究是对静态研究的延伸，甚至从某种意义上讲，动态研究包含静态研究，因此，对管制经济学的动态研究是一种更为重要的研究方法。

三、定性研究与定量研究相结合的方法

管制经济学研究内容的广泛性和复杂性，加上许多新兴事物难以采用定量研究的方法，决定了定性研究在管制经济学的研究中具有特别重要的地位。即使对一些经济现象要进行定量研究，也需要先通过定性研究来选择定量研究的主要考虑因素。因此，定性研究又是定量研究的基础和前提。但是，对于复杂的数量关系，定性研究往往难以解决问题，需要通过建立数学模型，以找出事物之间的数量关系，发现管制对象的发展变化规律性。如在对垄断性产业的研究中，就需要通过数学模型以测定适度规模经济、市场集中度和进入壁垒的高度等。事实上，在管制经济学的研究中，许多经济问题都需要通过定性研究与定量研究相结合才能得到解决的方案。

四、系统研究与案例研究相结合的方法

管制经济学具有完整的学科体系和理论框架，这一方面要求通过系统研究才能了解这一学科各部分内容之间的相互关系，全面掌握其基本内容；另一方面，管制经济学植根于现实社会经济实践，存在大量鲜活的案例，通过案例讨论和研究，能加深对管制经济学的理解，有利于举一反三，培养对管制经济学的实际应用能力。因此，系统研究与案例研究相结合的方法是研究管制经济学的一个重要方法。

本章小结

- 政府管制是在市场经济体制下，具有管制职能的政府行政机构基于公共利益目标，依据法律制度并运用多种管制方式，对微观市场主体所采取的各种约束与激励行为。管制的主体（管制者）是政府行政机关（简称政府），通过立法或其他形式管制者被授予管制权；管制的客体（被管制者）是各类经济主体；管制的主要依据和手段是各种法律制度，明确规定限制被管制者的什么决策、如何限制以及被管制者违反法规将受到的制裁。同时激励市场主体通过提高效率，改进产品和服务质量，发挥正外部效应，以取得更多利益。

- 管制是现代经济社会的普遍现象，管制存在于电信、电力、铁路和民航运输、邮政、市政公用事业、金融保险、环境保护、食品药品安全、工作场所安全等社会经济的许多方面。管制的普遍性基于实行管制的必要性和合理性，自然垄断性、外部性、信息不对称性、服务的连续性和可获得性、公共产品

和道德风险、稀缺资源的合理配置、分配公平和效率等为实行管制提供了理论与政策依据。

- 管制是一个重要的政府职能，政府的主要职能可以划分为宏观调控、市场监管、公共服务、社会管理和环境保护五大类。在当今的中国，政府管制是在建立与完善社会主义市场经济体制过程中不断加强的一个政府职能。

- 管制经济学的研究对象可以归纳为垄断性产业管制、环境、卫生健康与生产安全管制和反垄断管制三大领域。垄断性产业管制的主要领域是自然垄断领域和存在信息不对称的领域，主要研究内容涉及价格、进入和退出市场、投资、质量等方面。环境、卫生健康与生产安全管制是围绕如何达到一定的社会目标，实行跨产业、全方位的管制，主要包括环境保护、卫生健康、生产安全等领域的管制。反垄断管制政策的目标导向是提高资源配置效率，维护公平、公正的竞争秩序。

- 管制经济学是以经济学原理研究管制科学性的一门新兴应用性、边缘性学科。从管制经济学产生和发展的过程看，它是应实践的需要而产生与发展的，其理论研究紧密结合现实经济社会，具有明显的应用性学科性质。同时，管制经济学涉及经济、政治、法律、行政管理等方面的内容，这又决定了管制经济学是一门边缘性学科。

- 管制经济学在发达国家初步形成于20世纪70年代，80年代以后在管制实践的推动下有了较快发展，目前已基本形成较为完整的理论体系，成为一个相对独立的学科。从20世纪90年代以来，国内学者在借鉴国外管制经济学论著的基础上，结合本国实际出版了许多论著，但从总体上而言，中国对管制经济学的研究还处于成长阶段，在许多方面需要结合中国实际进行深入研究。

- 根据管制经济学的研究对象、学科性质和研究内容的复杂性，研究管制经济学有多种方法可供选择，主要研究方法包括实证研究与规范研究相结合的方法、静态研究与动态研究相结合的方法、定性研究与定量研究相结合的方法、系统研究与案例研究相结合的方法。

关键词

管制（regulation） 垄断性产业管制（monopoly industry regulation）
环境、卫生健康和生产安全管制（environment、health and safety regulation）
反垄断管制（antitrust regulation）

复习思考题

1. 什么叫管制？管制具有哪些基本特征？
2. 指出发生在你身边的管制现象，并说明其合理性。
3. 为什么说管制是中国将不断加强的一个政府职能？
4. 简述管制的三大研究领域。
5. 为什么说管制经济学是一门新兴的应用性、边缘性学科？
6. 管制经济学有哪些主要研究方法？

延伸阅读

1. 乔治·J. 施蒂格勒. 产业组织和政府管制. 潘振民，译. 上海：上海三联书店，1989.
2. 植草益. 微观规制经济学. 朱绍文，等，译. 北京：中国发展出版社，1992.
3. 曾国安. 管制、政府管制与经济管制. 经济评论，2004（1）.
4. 王俊豪. 中国特色政府监管理论体系：需求分析、构建导向与整体框架. 管理世界，2021（2）.
5. 王俊豪，等. 中国特色政府监管理论体系及其应用研究. 北京：中国社会科学出版社，2022.

即测即评

第二章 管制的经济分析

我们可以通过不同路径对政府管制进行经济分析,① 限于篇幅,本章侧重讨论管制的性质与目标、管制需求与供给、管制的成本与收益以及管制的有效性等基本问题。

第一节 管制的性质与目标

一、管制的经济属性与逻辑

政府管制作为行政机构依据法规对企业市场行为进行监督、管理与规范的一种制度安排,具有较典型的公共品属性。这首先表现为管制安排的收益具有非排他性。被管制产业内的各个企业并不能相应地排斥对方同样享有管制安排为产业所带来的利益,② 而无论企业规模大小、区域分布集中或是分散,这也说明政府管制又具有共用性。这一特征也导致管制安排中的搭便车和寻租问题。正因为没有排他性,追求利润最大化的被管制企业不可能自行创设管制制度,这种制度只能由政府提供。相反,按照集体行动的规律,③ 产业集团都有强烈的动机向能够提供有利管制的政府机构或立法机构寻租。这种情况主要发生在垄断性产业管制领域。当然,在某些环境、卫生健康和生产安全管制领域,如产品质量、环境保护、安全等领域,产业集团几乎不可能主动寻求政府管制,因为越来越苛刻的管制标准,可能压缩产业的利润空间。同时,作为一种公共品,管制安排效用的衡量总是面临着许多困难。市场秩序良好,没有纠纷或诉讼,既不等于行政机构没有实施管制政策,也不能完全归功于管制制度的安排。反过来,市场秩序混乱也不能完全说是执法不力的结果。有的学者更明确地指出管制作为一种特殊公共品的理由。④

第一,政府管制是无形的,只表现为法律制度、规则等,在其实施过程中还具有一定的灵活性,甚至具有相当的主观任意性,也就是实施过程中的自主裁量权问题。

第二,政府管制的供应权具有垄断性,只能由政府独家提供,而不像一般公共品那样,提供主体可以多元化。

第三,政府管制在宏观层面上受价值观、意识形态和政治制度的影响,因此一个国家不能照搬别国的管制模式;而在微观层面上,一项管制对不同的利益集团会产生不同的影

---

① 关于政府管制的经济分析,就笔者所知,已有两种同名的专著,一是刘小兵的《政府管制的经济分析》(上海财经大学出版社,2004);二是袁持平的《政府管制的经济分析》(人民出版社,2005),他们分别提出了两种不同的分析路径。
② 施蒂格勒就明言,政府管制本身就是为产业利益设计和实施的,见"经济管制论",载 G.J. 施蒂格勒. 产业组织和政府管制. 潘振民,译. 上海:上海人民出版社,上海三联书店,1996:210-241.
③ 曼瑟尔·奥尔森. 集体行动的逻辑. 陈郁,等,译. 上海:上海人民出版社,上海三联书店,1995.
④ 王俊豪. 政府管制经济学导论. 北京:商务印书馆,2001:3.

响，因而有的集团会寻求管制，有的集团会反对管制。

政府提供的管制安排以权利和义务确定了市场主体行为和关系的界限。为了保证权利和界限的明晰与安全，任何权利的享受都必须同时支付成本。① 因此，几乎所有的管制活动，包括管制立法、管制执行和裁量活动，都会产生不同程度的隐含成本。作为对市场的替代，政府在发挥资源配置作用的同时，② 也耗费并产生着额外的成本。政府从来都不是也不可能在不付出任何代价的情况下抽象地解决纠纷和建立市场秩序。

制度经济学的研究表明，好的制度，通过对权利、义务、责任和程序的有效安排，可能降低交易成本，提高经济效率，并给人们带来实际的利益。例如，现代民商法普遍采用的物权法定主义和公平、公正、公开原则，就为当事人之间的交易提供了稳定的预期效用和自我避险机制，大大降低了市场中的不确定性和风险。但是，由于制度供给的有关约束条件的作用，好的制度本身又是一种稀缺资源。一项管制政策是成本收益权衡、利益集团博弈和规则冲突的产物，当环境发生变化时，也要求管制政策能进行相应的改变。但是，管制改革的成本和条件会限制管制政策的适应空间，以至于一项既有的管制政策的实施，不可能达到最优水平和取得预期的成果。这样，由稀缺性引发的成本节约问题，便转化为对最优管制政策的慎重选择和效益化设计问题。

二、政府管制的目标

政府管制可采取不同形式，不同形式的管制所要达到的目标也是不一样的。

一般来说，垄断性产业管制所要达到的目标是：资源有效配置、确保企业内部效率、避免收入再分配及企业财务的稳定化。为此，植草益关于垄断性产业管制目标的表述是：垄断性产业管制的基本要旨是通过使事业能够适当合理地运营，在维护消费者利益的同时，力求事业能够健全发展③。

在自然垄断产业，最大的着眼点在于防止垄断企业滥用市场支配地位。因此，实行进入管制和价格管制，以便能够实现资源的有效配置，成为垄断性产业管制的首要目标。同时，在自然垄断产业中，由于企业很少有竞争压力，因而政府往往以提供激励性管制的方式来确保企业内部效率的提高。

政府对自然垄断产业实行价格管制的基本理由是：如果企业垄断地确定价格，不仅资源配置效率受到损害，还会发生使消费者剩余的一部分成为企业利润而进行收入再分配的情况，因此从公正分配的观点看，限制垄断价格，避免消费者由于收入再分配而受到损害成为垄断性产业管制的又一个目标。

确保企业财务稳定化是与前面的目标相联系的，如果企业亏损，也就不能确保有效供给。

---

① 承担义务本身就是成本。
② 《中共中央关于全面深化改革若干重要问题的决定》中提出，发挥市场在资源配置中的决定性作用和更好地发挥政府的作用。现实中任何一个市场经济都不是一个纯粹的市场经济，都是既有市场，也有政府同时发挥作用的混合经济。
③ 植草益. 微观规制经济学. 朱绍文，等，译. 北京：中国发展出版社，1992：58-60.

社会性管制旨在规避人类活动中由于外部性和信息不对称所引起的各种问题，实现保护环境、防治公害、防止产业灾害，确保文化教育、福利和保障国民安全、健康、卫生等目标，从根本上增进社会福利。[①] 具体来说，社会性管制的目标主要包括以下三个方面：

1. 限制负外部性活动，保障人类社会可持续发展

在社会发展过程中，人类自身的活动对外部环境产生了大量的负面影响，危害人类社会的可持续发展，这种状况依靠市场机制和个人行为难以解决，从而成为社会性管制的重要目标。

2. 激励正外部性活动，促进社会全面进步

人类所从事的活动还可能对社会产生正的外部效果，使社会收益大于私人收益。但如果这些活动得不到相应的补偿，行为主体将会失去继续从事该活动的动力。同样的道理，市场对维持正外部活动无能为力，必须依靠政府将其纳入社会性管制的目标之中。

3. 保障信息劣势方的权益

在经济活动中处于交易两端的人们对于交易所掌握的信息是不对称的，信息优势方出于某种考虑可能会对信息劣势方构成威胁。因此，各国在社会性管制过程中都将信息劣势方权益保护作为重要目标，并以立法形式规定产品和服务的质量标准、从业人员的执业标准以及劳动场所的安全标准等，确保安全、卫生与健康。

第二节 管制的需求与供给

一、管制需求的经济理由

由于政府管制是政府根据有关法规，对市场主体，包括公共部门和私人部门的企业组织、事业单位及个人的经济活动进行规范和制约的一种管理方式。因此，从本质上讲，管制问题是政府与企业组织、事业单位、居民个人相互间的关系问题。

对于政府为什么要管制企业的经济活动，从 Utton、Breyer、施蒂格勒，到植草益，[②] 许多学者从不同方面提出了多种理论来解释政府对经济的这种干预。我们将管制需求的理由分为两类。

（一）管制是解决市场失灵的手段

政府管制理论依据的传统经济学观点是规范性的，认为政府管制是对市场失灵的最通常的反应，即应当采取管制手段来纠正市场的主要失灵之处。

通常认为，竞争性市场会导致资源的有效配置，至少从理论上讲，在这种市场中竞争的主体，只会以消费者愿意购买的数量，以生产成本最小的方法，生产那些消费者认为最

---

① 谢地. 政府规制经济学. 北京：高等教育出版社，2003：135–138.
② 见 Utton, M. L., The Economics of Regulation Industry. Oxford: Basil Blackwell, 1986: 6; Breyer, S., Regulation and Deregulation in the United States: Airlines, Telecommunications and Antitrust, in G. Majone eds., Deregulation or Reregulation? Regulatory Reform in Europe and the United States. London: Pinter Publishers, 1990: 7–58; G. J. 施蒂格勒. 产业组织和政府管制. 潘振民，译. 上海：上海人民出版社，上海三联书店，1996：210. ；植草益. 微观规制经济学. 朱绍文，等，译. 北京：中国发展出版社，1992：19.

值得购买的产品和服务。但这种竞争只有在没有任何一个供给者或消费者可以影响市场价格时才会存在,这就要求具备一定的条件,例如,市场参与者的理性行为(效用最大化);完全信息(不存在信息不对称);市场的完全流动性(即没有交易费用的自由竞争);固定偏好和技术;产品和服务价格反映全部成本(没有未受评价的外部性)。然而,现实中很难做到这些,事实上经济系统总是会产生许多市场失灵的情形。我国的市场化取向的改革已经历时 30 余年,市场失灵的情形也已经存在于现实的经济之中。在这些情形中,竞争性的市场力量并不总是在有效运转。这些市场失灵以多种形式出现,而政府的管制,就是一种对这类失灵所作出的最通常的反应。

1. 对卖方垄断权力的回应

市场机制只有在竞争状态下才能最有效地发挥作用,但竞争会导致生产的积聚和集中,从而形成垄断,而不被管制的垄断会导致社会损失,因为垄断会限制产出而提高价格,这样的垄断价格会使生产经营者以牺牲消费者为代价而暴富。中国在改革初期,许多企业由于拥有某些重要商品的垄断供给权(如行政性垄断以及价格双轨制),就曾大量出现过这种情形。因此,抑制过度垄断,保证适度竞争,成为政府行为的重要组成部分。在这里,政府干预行为主要表现为制定与实施维护市场正常交易秩序的法规,如反垄断法等。进入 21 世纪以来,人们也逐步认识到,只有依靠政府来抑制垄断才能使市场保持良好的竞争状态。

在自然垄断领域,就政府管制的角度而言,其典型的管制回应,则是对垄断者设定价格(费率)标准,并限制竞争者进入,即提高市场准入条件,以维护消费者的利益,减少社会福利损失。

2. 对外部效应的内部化

政府管制作为政府直接干预的一种形式,也是可以迫使企业或个人考虑外部成本或外溢效应的一种方式。当消费单位的效用不仅取决于该单位的消费,而且还取决于其他单位的效用时,就存在着消费的外部性。这种外部性是指有些经济活动的社会效用与个体效用之间、社会成本与个体成本之间存在着差别,这些差别难以通过市场评价表现出来。如有些经济活动给企业带来了极大经济效益,但破坏了周围的环境,产生了污染。然而这种环境污染的治理成本并不能在企业的内部成本中表现出来,市场机制不能对这种外部不经济做出评价,而只有通过某种制度安排,如征收污染税、排污费或提供产权界定,将外部不经济转化为企业内部成本。因而,企业的外部不经济行为只能由政府干预或社会管理来解决,把外部不经济转化为企业内部成本的工作也只能由政府或社会机构来实施。

另一种相反的情况是,当第三方受益的时候,当事人的个人收益小于社会收益,这在当事人的经济核算中也是无法表现出来的。因而,在分配结构中,当存在第三方受益的情形时,如果缺乏政府管制,开始的时候社会总收益可能是不变的,但在下一轮,当事人的投资就将减少,导致社会总收益的减少,这也就是第三方受益的社会成本。在某些情况下,社会收益大于个人收益的行为会受到鼓励,但好的制度安排,应该最大限度地使个人努力与个人收益具有正相关性,从而使当事人拥有足够的激励,去从事创造性的生产活动。对这类外部性问题的内部化,明确产权界定和制度保证是其核心。在这里,一种典型的政府管制行为就是依据专利法和专利制度，实施知识产权保护。专利制度和产权保护的优越性就在于它通过应用新技术的人向发明新技术的人付费的方式，使科技进步的收益部分地内部化，使发明者的个人收益与创新活动和技术应用所带来的经济收益具有较强的正相关性。因此，政府管制可以使外部成本和外部效应内部化。

3. 对不充分信息的补偿

斯蒂芬·布雷耶尔和保罗·W. 麦卡沃伊指出，① 有时候，管制的目的在于降低得到信息的成本，特别是在以下三种情况下，更需要政府管制：一是供给者通过使消费者上当受骗而获得利润，而这时，消费者可得到的诸如由民事法庭判定的法律补偿比政府管制的代价更高；二是消费者不可能轻易地对收集到的信息做出评价，而犯错误的代价很高，比如在潜在的药物效力方面，或在某一特定的航线上的安全方面；三是根据某些理由，供给者不能（在以成本为基础的价格上）提供所需要的信息。对此，政府采取了两种管制方式：一种管制方式是政府设法提供这些信息，或要求供给者提供这些信息，比如在消费者评价产品的准确信息不是很难或价格不昂贵的时候，管制者要求对产品做出确切的标志，禁止误导性的陈述、广告。如对食品，要求信息标志能准确地告诉消费者有关特定食品的脂肪、葡萄糖等含量以及卡路里等信息。但对于不完全信息，并不是简单地提供更多的信息就能解决的。当人们很难理解产品所涉及的技术数据时，对政府部门来说，采取的另一种管制方式是建立或实施产品质量标准或向生产企业发放生产经营许可证。通常，并不能指望所有消费者都能具有评价不同产品成分所需的专业知识或技能，那么，在这些产品向公众出售之前，管制者就应当建立或实施有关标准，或特许这些产品生产和销售。

对于市场失灵，并非一定要通过政府才能解决，如有些外部性，通过当事人双方的私人协议安排，也能处理好。但是，在矫正市场失灵时，政府具备一些特殊的优势，斯蒂格里茨认为，这些特殊优势表现在以下四方面。②

第一，在于政府的征税能力，政府能够征税。假定一家保险公司认识到吸烟会增加其所提供险种的风险发生率，它自然特别希望减少吸烟行为，但很明显，它不能去干预和监督人们的吸烟行为，更不能对烟草课税，而政府却可以做到这一点。政府虽然无法监督人们的吸烟量，却可以通过征税来调节烟草的生产。由于生产的规模经济，对大多数商品来说，只有有限数量的生产单位在竞争中生存，这意味着生产远比消费更易监督。

第二，在于政府的禁止力，它能够禁止某些经济行为。一家企业，除非得到国家的特许权，否则就不能禁止其他企业进入某一商业领域。通常只有政府拥有这种禁止力。

第三，在于政府的惩罚力。在现行法律安排下，有许多对合同种类的限制，尤其是对违背合同所受惩罚种类的限制。有限责任使得经济主体承担损失的数量受到限制。即使不存在有限责任，《中华人民共和国企业破产法》也提供了一种进一步的界限。与私人间的合约相比，政府能够并且确实执行着一系列更为苛重的惩罚（如对污染者的惩罚）。

---

① 参见斯蒂芬·布雷耶尔和保罗·W. 麦卡沃伊. 管制和放松管制. 载新帕尔格雷夫经济学大词典（第四卷）. 北京：经济科学出版社，1992：137-143.

② 约瑟夫·E. 斯蒂格里茨，等. 政府为什么干预经济. 北京：中国物资出版社，1998：74-77.

第四，在于政府更能节约交易成本。在解决某些市场失灵时，政府在交易成本方面占据一定的优势，这包括以下情况：

组织成本，例如，不需要再花钱去建立一个自愿组织去处理某些特殊的市场失灵，而只需向现成的政府机构付费即可。

"搭便车"行为。人们已经认识到"搭便车"行为会提高企业行为的交易成本，而政府提供公共物品则能够避免这种成本。

不对称信息。不对称信息会导致不经济，从而增加交易成本。很明显，即使在自由市场里，政府也能通过直接或间接提供公共信息来降低交易成本。

政府在处理市场失灵时之所以具有这些优势，是因为它具备两个显著特征，即成员的普遍同质性（universal）和强制性权力（power of compulsion）。市场的运行——事实上，日常生活亦然——依赖政治制度的各种强制性权力。国家运用这些权力，建立并保障市场上的权力，直接提供某些基本的服务，并间接地创造出信任、理解和有安全保障的环境，这种环境对企业的日常生产是生命攸关的。

上面关于市场失灵的讨论，目的是为市场中的政府管制定位，即市场失灵是政府管制的必要条件。需要强调的是，市场失灵也仅是政府管制的必要条件，而非充分条件。

政府管制也可能会引起很高的行政成本；管制政策的形成和执行，不但有收入再分配的性质，而且会干预配置效率；管制者也是在信息不完全的情况下工作的；管制政策也可能是次优的，也可能会出现失败。这一点，将在后面进行讨论。

（二）政府管制是经济系统的一个内生变量

政府管制的理由，不仅是它可以起到弥补和矫正市场失灵的作用，而且还在于它是整个经济体系的一个内生变量。

政府管制与宏观调控都有各自的边界，政府的微观管制和宏观调控是一个相互联系又相互补充的统一体。整个市场经济是一个非常复杂的、处于不断发展变化过程的体系，政府要对这样一个体系进行管理，只进行宏观调控，没有必要的微观管制，是不可能实现的。例如，产权制度和企业组织制度的实施，是政府采取财政税收及其他各项宏观政策的基础；对某些进出口商品实行数量限制，是实现总供给与总需求平衡的保证。有些微观经济管制措施，直接就是实现宏观经济目标的手段，如必要的价格管制、工资管制，是遏制严重通货膨胀的一剂猛药；各项社会保障制度的实施，有利于社会的稳定。

事实上，市场运行机制、政府对企业的微观管制和宏观调控，是市场经济体制的三大要素，它们相互依赖、相互补充，缺一不可。如果是简单的市场交换活动，只要有两项基本制度就可以进行：一是一定的产权制度，即人们拥有不同的生产要素，因而各种生产要素的所有者有相互交换各自的商品或生产要素的需要；二是契约或合同制度，参加市场交换的交易者之间能够达成交易的协议，使交易得以完成。由此可见，即使在简单的市场交换条件下，政府的管制也是必要的，因为产权和契约制度是需要由政府来制定并监督实施的。随着市场规模的扩大和市场交易日益复杂，市场交易成本也不断增大，市场在运行过程中出现了种种失效，要求政府对市场实行必要的微观管制，同时，对市场进行宏观调控，以节省交易费用，保证市场的正常运行。因此，微观管制和宏观调控是市场自身发展的需要，是市场经济中政府的两项最重要的职能。因而，认为市场经济应由政府管宏观、市场管微观的观点显然是片面的。微观是宏观的基础，宏观管理要通过微观机制发挥作用，如果各个行业、各种商品和要素市场是混乱的，宏观政策也很难发挥作用。

如果运用经济学的基本范畴和方法做进一步的分析，我们会发现，政府之所以要进行管制，是因为政府管制是经济系统的一个内生变量。一个产业的诸企业，或一个集团的诸成员，会从效用极大化目标出发，进行成本、收益比较来选择自己从事经济活动的环境。如果放任竞争，那么成本为零——实现竞争性结构无须各企业或集团成员支付费用，但收益较低，只能获得竞争性报酬。如果组织卡特尔或类似团体，可以获得较高的收入，但各企业或各成员必须为这类组织的发起和顺利运行支付费用，也就是说，构建这种经营环境会产生成本。在西方国家，如果要求政府保护（如控制进入），也能通过政府的管制获得较高的报酬，但政府管制并不是免费提供的，政府管制的需求者必须向供给者（政府官员）支付"价格"，比如为能够提供有利管制的政党或政治家提供活动经费、竞选经费，为其当选或重新当选组织选票。该产业或该集团在进行了上述各种成本收益比较后，必然选择净利益最大者。当然，如果他们得到了政府保护或组成了卡特尔，必有损其他有关集团（比如消费者）的利益。后者也面临类似选择，或听之任之，或自己组织起来对抗（如某些消费者团体），或也要求政府保护。他们也按照同样的原理做出自己的选择。各集团的情况不同（比如不同产业的企业数目、供求条件不同），成本、收益就不同，从而选择的结果也不同。所以，在整个经济中，某些集团要求并得到政府的保护，但另一些集团则不要求或未能得到政府的保护；一些集团得到的保护多一些，另一些集团则少一些。这样，政府管制就成了经济系统的一个内在的变量，它就像一种特殊的商品，也是供求相互作用的结果。

通常，被管制的商品（或劳务）的价格低于垄断价格而高于竞争价格，所以垄断产业的消费者会由于管制而获得低价产品，而竞争产业的生产者能借助管制而高价出售产品。因此，这两类产业较容易发生政府管制。政府管制多半发生在该产业成本低或需求高涨的时期；政府管制在需求高涨时偏向保护消费者，在需求低落时偏向保护生产经营者。

可见，关于政府管制的理论依据，规范地看，政府管制是对市场失灵所作的通常的回应；而运用经济学的基本范畴和方法来分析，它又是经济系统的一个内生变量，是供求相互作用的结果。

二、管制的供给与管制机构

中国现行的政府管制内容相当广泛。在垄断方面，主要针对传统自然垄断领域。内容涉及公用事业中的电力、城市供水、城市燃气与热力、公共汽车与地铁、城市出租车，广播电视和通信中的邮政、有线电视、卫星电视广播、电信，交通运输中的铁路、航空运输、水路运输、公路运输、管道运输等行业中的自然垄断领域。同时，愈发重视对食品安全、产品或服务质量、药品与医疗卫生、工作场所安全以及环境保护等领域的管制。

对自然垄断领域进行管制主要有两种方式：一是进入管制，二是价格管制。进入管制的形式有国家垄断、许可、申报、审批、营业执照、标准设立，尤其是许可的种类繁多，有许可、准许、特许、核准、注册、批准、审核、检查、备案、检定等。现实中使用的许可证件也有多种。举例说，① 许可证，法律对一定行为实行一般禁止，在特定场合下对特定人解除禁止（解禁），允许其从事某种活动，比如采矿许可证。② 执照，管制机关经审查颁发给相应主体获得某种职业或从事某一行业的书面证明文件，它既是一种资格证明，比如驾驶执照；又是一种开业的书面凭证，比如营业执照。③ 准许证，其含义与许可证几近相同，比如准印证。④ 特许证，与一般许可证相比，其条件更严，申领程序更复杂，像特许专营（卖）证。⑤ 证照，如商品检验证等。与上述方法相配套，行政机关还辅以行政检查、行政处罚、行政强制执行及行政指导等措施。而在针对具体管制内容上，进入管制的方式也有所区别。例如，对国家铁路、邮政、国际长途、国内长途、地区通信，采取国家垄断的管制方式；城市燃气与热力、公共汽车与地铁，为地方政府垄断；对有线电视与卫星电视广播采取许可方式；对航空运输与水路运输，采取许可、营业执照方式；对城市出租车、公路运输，采取营业执照方式；对地方铁路与专用铁路采取审批方式；对管道运输采取特许方式；对电信增值业务采取申报方式；对城市供水采取特许经营方式；对电力的输电、配电环节实行政府管制，放开发电、售电环节并引入竞争；对消费品或服务质量、职业安全与卫生、一般环境管制采取标准设立方式；对广告采取内容审查、许可证、营业执照方式；对药品采取合格证、许可证、营业执照方式；对医疗采取审批、执业许可证方式；对食品采取卫生标准、卫生许可证、营业执照方式；对大气污染、水污染、噪声污染采取标准管制、申报、超标排污收费、排污权交易等方式。

价格管制主要针对自然垄断领域，主要方式有法定价格、地方政府定价、行业指导、核准等。比如对邮政、国际长途、国内长途、国家铁路等采取法定价格方式，对城市供水、城市出租车、公共汽车与地铁、城市燃气与热力、地区通信、有线电视、卫星电视广播、地方铁路等采取地方政府定价方式，对电力采取核准方式，对水路运输与公路运输采取行业指导方式。

在现阶段，除了少数几个专门的产业管制部门之外，从中央到地方，几乎所有政府机关都拥有管制权力，比如中央和地方的经济综合管理部门和行业主管部门。需要说明的是，在我国，对同一市场行为的政府管制，往往涉及多个管制机关，如对卫星广播电视的管制就有工信部、中央宣传部、公安部等；对水污染的管制机关有各级生态环境、航政、水利、卫生、地矿、市政管理机关及重要的江河专门水管机构等；对药品的管制机关有国家卫生健康委员会、市场监督管理总局、农业农村部等；对职业安全与卫生的管制机关有人力资源和社会保障部、国家卫生健康委员会和有关产业主管部门等。因此，管制部门之间的协调成了管制政策有效性的一个重要前提。

第三节 管制的成本与收益

一、成本收益分析的动因

现阶段的中国,政府管制的总体效果还不尽如人意,我们可从以下四方面进行分析:

1. 管制的供求失衡

政府管制总体上的供不应求和行政审批的供过于求并存;既表现为管制的缺位,也表现为管制的越位。首先,现行管制在质量、数量和体系化方面均不能满足社会的需要,市场经济急需的管制法律迟迟难以出台,法律供给严重不足。而且到目前为止,除少数几个独立的管制机构外,政府管制仍处于行政部门多重执法状态。其次,在《中华人民共和国立法法》实施之前,由于计划经济时期遗留下来的惯性,行政部门的立法万能主义倾向较为严重,行政审批过多过滥,行政规范供大于求,超出了立法、司法、执法机关和社会公众的承载力和支付力,这又导致行政规范和监管行政规范在数量上的严重失衡。

2. 管制实施的效果不尽如人意

在垄断性产业管制领域,管制不到位和管制越位的情形并存,消费者权益不时受到损害,如在某些已经不具备自然垄断性质的行业仍然实行严格的进入管制的同时,某些垄断行业凭借垄断地位的优势,超越国家规定加码收费,或提供质量低劣的服务。而竞争性行业,市场秩序混乱,一些竞争性产业并不是凭借企业的产品及服务的上乘质量和公平的价格参与竞争,而是采取假广告、假商标,以次充好、以假乱真等欺诈行为和不公平竞争行为。政府对不正当竞争行为的管制效果,并不令人十分满意。社会性管制领域,消费者的健康与安全仍受到日益下降的产品及服务质量的威胁,假冒伪劣产品禁而不止;资源过度开采和利用得不到有效遏制,环境状况恶化。

3. 管制实施与管制改革的社会财力支持相对不足

从环境保护、安全保护和资源有效利用的角度,地方政府采取了一些诸如关闭小型污染企业之类的严厉管制措施。按理说,关闭这些企业之后,要给予企业主一定的经济补偿,并安置相应的人员,但当地政府拿不出这些经费。产业结构调整中人员再就业的经费也无从解决。因此,人们经常可以从媒体中看到一些污染企业仍然照常运转的报道,这可能也是一个原因。显然,能否支付一笔巨大的管制改革成本和管制实施成本,已成为制约政府管制效果的关键因素之一。

4. 现行管制结构设计不尽合理

要保证政府管制的有效性,理论上至少要有三个相互独立的主体,即管制确立者、管制实施者和被管制对象。而现阶段中国的管制结构表现为几种不同的形式。在改革力度较大、竞争程度较为激烈的产业中,与发达国家的政府管制较为相似,政府与企业行为均较为清晰但仍存在政出多门的情形。而在那些改革阻力大、改革效果还不明显的产业中,传统的计划体制仍占据主导地位,政府行为与企业行为混杂在一起,政企不分。而由于管制合同天然地存在信息不对称和被管制产业的垄断租金没有得到有效的规范，使得管制结构的不合理性进一步强化。

二、政府管制的成本

(一) 政府管制的成本构成

首先，政府管制的成本包括立法成本和司法成本。这种成本表现为立法调研的成本、法律规则的成本、法律组织和法律实施的成本、法律规则运行的成本等。没有这些成本的支出，管制法规便无从产生、政府管制便无法实施。立法调研的成本，即立法前组织力量对社会法律现状进行广泛的社会调研和分析所需付出的人力、物力和财力成本。法律规则的成本，即法律规则的创制、起草、讨论、通过、实施及宣传所需支付的成本费用。法律组织和实施的成本，即为了立法、执法、司法以及进行司法行政管理而建立、维持法律组织和实施所需消耗的成本。法律规则运行的成本，即法律规则的生效、执行以及监督过程中所消耗的成本，亦即政府管制的实施成本。

其次，政府管制作为一种政府供给的正式制度安排，其供给成本至少包括规划、设计与组织实施的费用、消除旧制度的费用、消除制度变革阻力的费用、制度变革及其变迁造成的损失、实施成本等。规划设计与组织实施的费用，包括了前述立法调研的成本、法律规划的成本、法律组织和实施的成本等。政府管制作为一种制度，它的确立与实施，也就意味着原有的管理制度终止，那么，消除这些旧的制度必然会产生相应的费用。同时，作为对旧的制度的取代，不可能是大家一致同意的结果，变革中也就必然会遇到来自反对者的阻力，消除对制度变迁的阻力，也会产生相应的费用。制度变迁所造成的损失，可以理解为是负的收益。实施成本即上述法律规则的运行成本。

最后，政府管制实际上是通过管制法规界定了管制者（政府机关）和被管制者在相关领域的权利（或义务），而在权利冲突或权利交易过程中必然会造成权利资源不可避免的浪费，也就是说，在政府管制中包括权利成本。[①] 权利界限就是义务，而义务则是权利的不变成本，[②] 即权利人必须付出义务这样的机会成本，才能求得别人对他的权利的尊重。这种义务包括作为的义务、不作为的义务和应当承担的不利后果。作为的义务，即权利人必须积极作为，从而付出不作为行为可为自己带来的收益这样的机会成本，以换取对其自身权利的安全担保。不作为的义务，即权利人必须消极不作为，从而付出作为行为可为自己带来的收益这样的机会成本，以换取对其自身权利的安全担保。应当承担的不利后果，即权利人的行为导致别人权利受到损害，法律强制其承担法律责任和法律制裁，从而造成的权利资源损失，应当承担的不利后果。所以，法院对侵权案件和违法案件的判决中所确定的损害赔偿金便成为被告的确定的支付义务。上述权利的不变成本，既适用于管制者，也适用于被管制者。

---

① 关于权利的成本与效益的分析，可参见王启富和马志刚. 权利的成本效益分析. 政法论坛, 1999 (4).
② 义务作为权利的成本之所以是不变的，就在于义务作为权利界限必须是确定的，确定的义务就等于不变的成本。

（二）政府管制的行政程序与成本：交易费用分析

科斯在《企业的性质》和《社会成本问题》①中把交易费用看作是企业和市场的运行成本，并用交易费用说明企业生成的原因以及企业与市场的相互替代。后来，交易费用被用于产权结构、代理关系、外部性问题、集体行动、经济组织的形成和发展，以及政治和法律制度的分析等许多领域。

交易费用基本上包括三个方面：信息成本、谈判成本和履约成本。这三个方面的成本都与法律成本有关。首先，法律制度事实上是提供一种基本上固定不变的信息，从而可以节约信息成本；其次，法律为人们提供了一种谈判规则，从而减少了谈判费用；最后，法律规定了对违反契约行为的制裁方式，从而对违约行为起到了威慑作用。而在一旦发生违约行为时，法律提供一种解决纠纷的基本程序和基本规则，并通过国家机器保证这些规则的施行。这可以大大减少诉讼时间和诉讼费用。法律制度要发挥上述作用，其本身的运行需要花费成本，这种成本也是交易费用的组成部分。

史普博将政府管制采取的政策手段分为五类：②规章、许可证、命令、处罚及援助，而这些政策手段都是"机构的行为"。管制机构在采取这些行为时尽管并不遵循明确的行政程序，但大都涉及信息收集、规章制定、裁决三个方面，③而且都会发生相应的成本。

1. 信息收集

管制机构的一个主要活动就是收集信息。个人与管制机构交流的成本以及服从管制机构信息要求的成本都必须包括在管制成本之中。

管制机构收集大量信息是管制活动的必要内容。这是因为：① 信息生产本身就是管制机构的一个目标。政府管制是对不充分信息的补充。管制机构有义务向公众提供消费品及产业技术方面的信息。② 按照一般的行政程序，信息收集是管制机构规则制定过程中的一个重要方面，其典型的例子如立法调研。③ 管制机构要监督法律或行政法规的执行情况也必须掌握大量的信息。对管制机构的监督也要有相应的信息，否则将无从监督。④ 政府的大部分直接管制都需要有充分的市场信息，如费率的制定与批准、航道的分配、许可证或特许权的颁发、产品质量与工作场所安全标准的设立等都需要有详细的市场信息。

信息不对称的存在为政府管制提供了合理性；信息的公共品性质为政府管制机构生产信息提供了理由。但是，政府机构在收集信息或生产信息上所花费的巨大成本也招致了人们对政府管制这种行政配置资源方式的批评。因此，我们必须对管制机构所进行的信息生产进行仔细区分，分清哪些是有效的，哪些是不必要的。如果特殊的产品或技术信息具有公共品性质，并能够被管制机构以低于成本的方式获得，那么这种信息的收集是有效的；如果信息的收集是为执行法规所必需的，那么，即使信息收集的成本高于法规贯彻的收益，这类信息的收集仍然是有意义的。但如果在市场机制能够有效地进行资源配置的地

---

① 中译文分别见科斯．企业、市场与法律．盛洪，等，译．上海：上海三联书店，1990；R. H. 科斯，等．财产权利与制度变迁．上海：上海三联书店，上海人民出版社，1994.
② 丹尼尔·F. 史普博．管制与市场．余晖，等，译．上海：上海三联书店，上海人民出版社，1999：96-97.
③ 这里把政府管制的行政程序划分为信息收集、法规制定和裁决，这种划分与介绍，主要参照丹尼尔·F. 史普博．管制与市场．余晖，等，译．上海：上海三联书店，上海人民出版社，1999：97-112.

方,信息收集仅仅是为了满足管制机构的工作习惯,则这种信息收集过程就是没有必要的或无效的。

对消费者和企业来说,向各类管制机构提供信息是一件既费时又花钱的事情。但在管制过程中,消费者和企业又必须向管制机构提供信息,这是因为:第一,个体必须向管制机构提供信息,以表示对法律要求的服从。例如,企业必须表明自己对产品质量、环境质量和作业场所安全等标准的遵守,就必须向管制者提供相关信息。第二,个人选择向管制机构提供信息是管制过程的内在要求。比如,在费率制定的听证会里,参与者都靠提供关键的信息以影响管制过程的结果。第三,在某些特殊的管制程序里,有些信息是由游说者提供给立法机关的。信息提供是产业集团和职业协会游说成本的重要组成部分。第四,司法机关为了监督管制程序,同样要求管制机关和不服从管制决定的个体提供大量的相关信息。

在信息收集这一过程中,管制者忙于收集信息,消费者和企业则向管制者提供信息。而无论是对管制机构还是对被管制市场中的参与者来说,信息收集都要花费大量的成本。

2. 规章制定

管制机构以行政规章的形式制定法规和标准,为达到管制机构的特殊目的提供政策工具。规章制定的程序一般是由授权法以及行政程序法所规定的,它首先必须将制定的规章作一公告,在公告之后,与规章制定有关的人即可开始进入规章制定的程序,进行听证。

建立听证程序的主要理由是保证将影响被管制市场中的个体利益的法规有一种稳定的形式。听证程序既使人们有机会表达不同的观点,也使管制者有机会听取不同意见及对管制机构的行为效果和现实中的问题提出证据。因此,听证是管制机构收集信息的一种主要机制。事实上,管制机构的大部分活动都与信息收集有关。通过把决策建立在私人提供的信息的基础上,将信息收集的成本转移到个人和企业身上,从而节约了管制机构的信息收集成本。而且,由于听证是公开的,各种意见或反对的观点与建议都可以向管制机构陈述,因此,它也包含了参与者之间的信息沟通。因而在多数情况下,最终出台的法规能体现消费者和企业利益集团之间的一致意见。这样,反映消费者利益的法规能维持对市场的未来参与;反映被管制企业利益的法规则能保证企业的生存并减少法规执行的成本。

法规的制定往往要经过一系列复杂的过程,如对建议法规的听证、法规的发布、新法规实施下对市场均衡的仔细观察和评价以及对现行法规进行修正的建议等。

从法规制定过程基本上可以得出以下推论:第一,听证会是收集有关市场信息的手段,而且通过这种手段得到的信息较安全,成本也较低。第二,听证的过程不仅仅是市场参与者与管制者之间的信息交流过程,同时也是市场参与者之间的信息交流过程。第三,听证过程可以体现相关利益集团之间的一致性。第四,法规制定是一个动态过程,法规将不断变换其形式以适合现有的市场参与者之间的冲突。

3. 行政裁决

管制机构有时像法院那样扮演着冲突的裁决者的角色。管制机构的行为,如针对个体提出的申诉做出决定,在很大程度上都可以被视为非正式的裁决。当然,在发布正式命令时,管制机构的行为则必须符合正式的法院的程序,即管制机构的裁决必须在利益相关人与管制者之间记录在案的信息交换过程中进行。裁决表现为管制机构的一种政策工具,但裁决过程所做的决定及其相应的法规受到一系列听证及每一个案例所处的特殊环境的影响。

(三) 管制成本的估计

评估管制的影响,首先要弄清楚反事实的结果,即如果没有政府管制或管制制度没有发生变化,结果会怎样。通过比较管制制度改变与不变的影响,可以估计出两种状况下成本与收益的差异,并计算出其对生产者和消费者的影响。一旦反事实结果弄清楚了,则可以利用以下五种方法来评估管制的成本:一是经济计量分析,直接估算产出市场或用生产函数去测度管制变化的影响;二是支出测算研究,依靠对企业或机构的调查来判定管制的成本;三是工程成本分析,直接计算安装设备的新增成本,并随设备质量的改变而调整;四是生产率研究,用图表方式说明一段时间内实际的生产率变化与没有其中一项或更多的政府管制时可能发生的生产率变化之间的差异;五是一般均衡分析,用一般均衡模型考察完全竞争的市场对一项新政策的反应。[①]

对政府管制成本的估算,应该测算出政府管制机构为维持管制所需的花费和企业所需追加的投入。在研究政府管制的成本时,哈恩和赫德把政府管制的成本区别为两类:[②] 效率成本和转移成本。效率成本(efficiency costs)表示在生产者剩余和消费者剩余[③]上的净损失,它表明了一项管制政策的总影响。转移成本(transfer costs)表示从一个集团向另一个集团的转移支付,指的是获益从一方转移到另一方。比如,由生产者向消费者转移,它反映了管制制度改变时获益者和受损失者的情况。政府管制成本除了效率成本和转移成本之外,还应包括过程(处理)成本。所谓过程成本,是指管制过程中政府的文件处理费用。

(四) 被管制企业的运营成本

严格地说,被管制企业的运营成本并不是管制政策本身的成本,但管制政策本身却必须考虑被管制企业的运营成本的约束,尤其是当被管制企业具有自然垄断特征时,其运营成本对管制政策的最终确立就有很大的约束作用。

以山西省运城市水价调整为例,上一轮自来水价格是 2005 年批复,2010 年分两步实施,2011 年执行到位。其中,居民生活用水 2.9 元/立方米,非居民用水 3.9 元/立方米,特种用水 3.0 元/立方米。随着供水成本增加,企业亏损逐年加大,各供水公司纷纷向运城市政府申请水价调整。运城市发展和改革委员会按照法定程序组织专业人员对相关供水企业开展成本监审,成本监审资料显示各供水企业均呈现严重的价格成本倒挂现象。以 2018 年为例,夏县温泽鑫价格成本倒挂-1.09 元/立方米、运城银龙价格成本倒挂-0.81 元/立方米、运城弘益价格成本倒挂-1.17 元/立方米、运城首创价格成本倒挂-0.33 元/立方米。

---

① Guasch, J. L. and R. W. Hahn. The Costs and Benefits of Regulation: Implications for Developing Countries, The World Bank Research Observer, 1999, 14 (1): 137-158.

② Hahn, R. W. and J. Hird, The Costs and Benefits of Regulation: Review and Synthesis. Yale Journal of Regulation, 1991 (8): 233-278.

③ 生产者提供一定量产品的实际所得超过其期望的最少所得的那部分收益为生产者剩余;消费者对购买的商品量所愿意支付的金额超过他实际支付的金额的差额为消费者剩余。

为确保自来水供应安全稳定可持续发展，进一步促进节约用水，缓解供水企业经营困难，2021年6月1日对运城市中心城区及城乡一体化水价进行调整。① 调整后的价格为：已实施"一户一表"改造且具备实行阶梯式计量水价条件的居民生活用水第一阶梯销售水价3.3元/立方米，污水处理费0.95元/立方米，到户价格4.25元/立方米；第二阶梯销售水价4.95元/立方米，污水处理费0.95元/立方米，到户价格5.9元/立方米；第三阶梯销售水价6.6元/立方米，污水处理费0.95元/立方米，到户价格7.55元/立方米。未实行阶梯式水价的居民生活水价为：销售水价3.4元/立方米，污水处理费0.95元/立方米，到户水价4.35元/立方米；非居民用水为：销售水价4.7元/立方米，污水处理费1.40元/立方米，水资源税0.7元/立方米，到户价格6.8元/立方米；特种用水：销售水价30元/立方米，污水处理费1.40元/立方米，水资源税3元/立方米，到户价格34.4元/立方米。

三、政府管制的收益

收益从内容上看是得到所需要的一种满足和效用，从量上看是超过成本以上的价值量和效用量。政府管制的收益是指通过管制，实现权利资源的最优配置，从而实现权利资源使用价值在质上的极优化程度和量上的极大化程度。收益的初级的或直观的衡量标准是产出与投入的比例，也就是效率，即以最少的资源消耗取得同样多的效果（在产出给定的情况下投入越少、收益越高），或用同样多的资源消耗取得较大的效果（在投入给定的情况下，产出越多，收益越高）。但收益和效率又不完全相同。收益反映一种收益或效用水平，而效率则反映一种投入和产出的比例关系。收益的高级的或深层次的衡量标准是根据预期目的对资源配置和利用的最终结果做出社会评价，社会资源的配置使越来越多的人改善境况而同时没有人因此而境况变坏，那就意味着收益提高了。

（一）政府管制的收益构成

政府管制通过管制法规界定了管制者和被管制者的权利，而权利的法律制度可以创造有效利用资源的刺激，从而发挥重要的经济功能。因为，作为经济制度和经济体制的一种构成要素，政府管制体制通过合理界定和分配权利而有助于减少经济运行过程中的人为垄断因素、低效与无序竞争因素、外部性因素和不确定性，建立有收益的市场，推动市场交易，实现资源的有效配置。这也就是政府管制的实际收益。

从另一个角度看，政府管制的实际收益可区分为私人收益和社会收益。所谓私人收益，就是被管制者通过管制政策所获得私人利益的极大化程度，或是可能从政府管制中获益的人的私人利益的极大化程度。正如政府管制的部门利益理论所表明的，寻求政府管制的，或者是管制对象本身，或是其他有可能从中获益的人。所谓社会收益，指的是政府管制使在市场失灵下发生的非效率性的资源配置和分配的非公正性得到避免或纠正，通过资源配置效率的提高，增进了社会福利。法律制度对于提高社会收益的作用是不可缺少的。这也表明管制制度本身存在一个效率问题。

---

① 张凯，周明娟，王琛. 水价为何调整？市发改委相关人员解答，运城日报，2021-3-26.

管制制度效率问题包括两个方面：一是管制制度对社会经济发展的影响，即管制制度是促进经济发展还是阻碍经济发展。如果是促进的，那么在多大程度上促进，现存的管制制度是不是最佳的，通过管制制度的调整，经济效率是不是还有提高的可能。二是管制制度本身的效率问题，即管制制度本身运行所需要的成本及其所带来的收益。这里的问题是，管制制度的成本是不是最低的，是不是还有降低的可能，如何改变现有的制度以降低成本。

政府管制是以法律为依据的。考察政府管制的效率，可以从两个方面着手：一方面是考察管制制度（政策）本身的经济影响与收益；另一方面就是考察法律制度与经济效率的内在逻辑。我们先看后一个问题。现代法律制度，从实体法到程序法，从根本法到普通法，从成文法到不成文法，都有或应有其内在的经济逻辑，即以有利于提高效率的方式配置资源，并以权利和义务的规定保障资源的有效配置。这里，最为关键的是促进人类合作和保证合作者利益的合理分配。这个问题包括两个方面：第一，通过法律制度的建立，减少不合作的损失。意见不一或不合作的代价是很高的，应尽量减少这样的损失。17世纪哲学家托马斯·霍布斯（Thomas Hobbes）认为，即使谈判中没有严重的障碍，人们也极少有充分的理性在合作剩余的分割上达成协议，所以，应有一个第三者迫使他们同意合作。这是法律的目标之一，即建立法律以使私人协议失败造成的损失达到最小。所以，法律设计应该能够防止胁迫和消除意见分歧的损害，这就是所谓规范的"霍布斯定理"①。第二，通过法律消除私人谈判的障碍。自愿交换对双方都有利，所以成功的谈判会带来一个合作的剩余。因此，法律的一个重要作用就是制定规则，克服私人谈判的障碍，促进合作。这里需要确定各方的权利与义务，找出合作解，并分割合作剩余。总之，这是通过法律制度的建立来减少合作的成本。这被称为"规范的科斯定理"②。

法律制度与经济效率的内在逻辑，还在于法律制度应有利于有效地利用资源。一方面，法律应为有效地利用资源提供便利。资源的优化使用和配置，需要资源的流转，因为只有使资源在各主体之间顺畅流转，才能使资源获得最大限度地使用。这就要求建立有利于资源流转的财产权制度。另一方面，法律应能够引导或促使人们按照最有效的使用方式使用资源，尽管我们说，经济主体的行为都是理性的，但由于信息的不完全性、市场的不确定性等，理性总是不完全的。也就是说，人的决策容易扭曲或失误，所以需要法律把在经济实践中形成的资源优化使用和配置的一般经验加以确认，并根据法律自身的普遍性等特点，使这些经验成为约束人们行为的普遍性规则，从而帮助人们在缺乏信息的情况下，进行正确的预期和决策，实现收益最大化。

（二）管制政策的影响

现在让我们回过头来看管制政策本身的影响。政府管制的收益可能是正的，在某些场

---

① 转引自高德步．产权与增长：论法律制度的效率．北京：中国人民大学出版社，1999：45.
② 罗伯特·考特，托马斯·尤伦．法和经济学．史晋川，等，译．上海：格致出版社，上海三联书店，上海人民出版社，2010；张五常将科斯定理归纳成以下三种表述：第一，产权的界定是市场交易的基本前提；第二，如果产权被清晰地界定，同时交易费用为零，那么无论谁拥有产权，资源都将得到同样的利用；第三，如果产权被清晰地界定，同时交易费用为零，那么经济将达到帕累托最优或实现经济的充分效率。见张五常．经济解释．北京：商务印书馆，2001：433-471.

合也可能是负的。

在以往的关于政府管制的文献中，人们对政府管制过程本身进行了大量研究，对政府管制的成本与收益也进行了独到的分析。前者涉及管制机构与被管制者或有关主体的博弈，后者涉及管制的成本、效率损失与管制的社会福利。如克拉克森和米勒、G.J. 施蒂格勒、史普博的观点。[①] 而政府管制对市场交易的直接影响，史普博曾给出过一个命题：每一个对市场交易一方进行制约的管制政策对另一方都具有相等或相反的效果。比如，在其他条件一定的情况下，一家企业必须遵守的最高限价会立即使消费者支付此最高价格，而某一商品出售时必须达到的最低质量限制会使得该商品只能按此质量水平出售。因而，任何能有效制约消费者或企业选择的管制政策都会对市场交易产生直接的影响，并进而影响市场均衡。例如，有些管制政策限制了市场交易的潜在范围，有些管制政策则直接干扰市场配置机制，当然，也有些管制政策可能促进了市场交易的潜在范围。这里，我们试图以史普博的命题为基础，就管制政策对市场交易的影响展开讨论。管制政策具有多样性，为简便起见，我们把它们归纳为两类：一类是价格管制政策，另一类是进入管制政策。它们都限制了市场交易的范围。当然，也存在着增进市场交易机会的管制方式。

1. 价格管制与市场均衡的变化

价格管制是政府对市场进行干预的一种重要形式，它包括最高限价和最低限价，两者都会导致市场供给量（产量）的变化，从而制约市场价格的自动调整，制约买卖双方之间的价格谈判。最低价格管制导致过度供给，要维持这一政策，必须辅以政府的价格支持，或高价收购和储存过剩的产品，或给供应者补贴和向消费者降价销售。而最高价格则引发过度需求，由此引起黑市、产品质量下降、昂贵的排队，以及歧视性的分配机制等问题。

公用事业的费率制定构成价格管制的另一种形式。收费结构（即由被管制企业承担的一系列不同产品和服务的价格）的管制可能同时涉及最高限价和最低限价。这类价格管制会引起消费者阶层之间或消费者与生产者之间的收入转移。被选择的价格，还通过对被管制企业相对产量的决定来影响资源配置的效率。

相似地，反托拉斯法对企业定价政策（比如歧视性定价和折扣）的制约，也会减少买者可能的价格与数量选择，并改变市场均衡价格和产量。

2. 进入管制与市场交易

对企业进入某一市场或专家进入某一职业的管制，会限制买卖双方的订约机会。在企业进入管制的情况下，消费者只能到少数几家企业购买商品，企业则在它们可能进入的市场以及有可能与之订约的消费者方面受到限制。在职业进入管制的情况下，企业和消费者在劳动服务的可能订约方面受到限制。由国家来颁布律师、医生、会计师、药剂师及建筑师等证书的做法，既限制了执业者本身，也限制了他们潜在的雇主。由于设置了职业壁垒，职业供给减少，消费者要得到有关职业的服务，其选择的机会相应地减少，并要付出

---

① 克拉克森，米勒. 产业组织：理论、证据和公共政策. 华东化工学院经济发展研究所，译. 上海：上海三联书店，1989；G.J. 施蒂格勒. 产业组织和政府管制. 潘振民，译. 上海：上海人民出版社，上海三联书店，1996；丹尼尔·F. 史普博. 管制与市场. 余晖，等，译. 上海：上海三联书店，上海人民出版社，1999.

更高的代价。

产品特征的限制，企业投入物或技术的管制也是进入管制的一些特定形式。对产品特征诸如产品质量、数量、耐久性及安全方面的管制会限制顾客选择产品的范围，也会限制企业可能生产和销售的产品范围，从而限制消费者和企业之间可能发生交易的范围。执业证书的限制，限定了消费者和企业可以选择从事的劳动种类。每周工作时间的限制，明显地限制了交易的数量范围。对产品性能、成分或其他特性等信息的公开要求和对广告内容的管制，也同样会减少消费者可能购买、企业可能生产和销售的产品的数量和品种。企业投入或技术的管制，同样会影响投入或产出品市场可能的交易范围。在投入品市场上，对企业投入品或技术的限制，必将影响企业与被管制的投入品和辅助性投入品的供应者之间的交易活动。在产出品市场上，对企业投入品或技术的限制，其作用非常类似于产品特征的限制。对作业场所安全与健康管制也可看作是一种对辅助性物品的管制，它一方面可能使得承受健康与安全风险的自愿性行为受到限制；另一方面雇主也可能受限于某些特殊的契约，如劳动合同中各种支付方式的性质必须符合健康与安全的管制的要求。

3. 增进市场交易机会的管制政策

合同条款管制和环境管制则是可能增进市场交易机会的管制方式。

合同条款管制，通过降低形成合约的成本和提供违约补救条款的办法，可以增进交易订约的机会。一个契约通常涉及风险分担及增加投资的约定。对契约性许诺的强制执行使某些本来不可能发生的契约性协议生效。这些做法，通过为个体提供契约和获取交易所得的机会，将会增进配置效率。

环境管制也是一种可能增进市场交易机会的管制方式，因为它通过污染排放的许可，在原先产权不明显的地方创造出了可交换的产权。如果污染者和被污染者之间的产权缺乏很好的界定，双方的契约选择就可能受到限制。而许可证制度则给予企业最优调整其规模，以反映平均成本与边际外部成本之差额的激励。[1] 可交易排污许可证的颁发就涉及有限的产权创造。对于特定污染物的排放，通过建立环境使用的产权，就建立起了许可证市场。这是管制政策工具利用市场配置机制的一个例子，说明市场失灵也许可以通过创造新的契约机会得到补救。排污许可证（权），被分配给对排放污染物给予最高评价的企业，它也可以在企业间交换。[2] 相似地，对渔场、石油和天然气等公共资源的开采的管制，也可以创造出可交换的产权并增大契约的范围。

上述管制政策对市场交易的影响是多方面的，有些引起了产量变化，限制了交易的潜在范围；有些则增进了市场交易的机会。可见，任何能有效制约消费者和企业选择的管制政策都会间接地影响市场均衡。

（三）管制收益的估计和管制的效率损失

衡量政府管制制度的收益也有两种基本方法。一是通过询问了解人们愿意为管制制度

---

[1] 陈富良，万卫红. 企业行为与政府规制. 北京：经济管理出版社，2001：218-219.
[2] 据《光明日报》2001年9月4日报道，从2001年9月开始，山西太原市试行"二氧化硫排污交易制"。二氧化硫排放权作为商品进入市场进行交易，在我国还是第一次。经过各地区多年的试点，到2011年，排污权交易制度被正式确立为我国的环境管制政策。

（政策或标准的改变）所付出的金额。当市场不存在要评估的商品时，这种询问评估特别有效。当然，人们向调查者所提供的选择意见和他们在实际条件下所采取的行为之间是有差异的。二是通过观察人们的行为来判断人们实际上为这种管制政策所付出的数额。研究者可通过规避行为、影子价格、影子工资来判断人们的支付意愿。① 这种相对来说较新的评估技术发展很快，它改变了经验估计。

政府管制实施后所造成的效率损失就表现为管制的失效。它既可以被看作是管制制度的成本，也可以被看作是管制制度的负收益。这些效率损失表现在以下三个方面。

1. 企业内部无效率的产生

在管制产业中，价格管制一般是按照公平报酬率为基准来计算的。但公平报酬管制方式并不具备促进企业内部效率的激励机制，因而它会使企业产生内部无效率问题，不少实证性研究都证明了这一点。②

公平报酬率管制条件下的企业内部无效率问题，在那些实行价格管制，又实行进入管制的部门（如自然垄断部门），由于缺乏竞争的刺激而往往更加显著。即使是在竞争性的被管制产业部门，进入管制减轻了由新加入企业产生的对现有企业的竞争压力；并且，在这类产业部门中，管制者在进行价格管制时往往会助长被管制企业之间的卡特尔式的协调行为，从而促成或维护了现有企业内部无效率问题。可见，管制条件下的企业内部无效率问题是由公正报酬管制方式内在的缺陷和行政性的限制竞争问题等双重原因引起的。

2. 管制者的自主裁决与寻租

管制是以法规为基础来实施的。由于有关法规的表述并非完全严谨，存在着法规难以明确表达清楚的地方，因而管制当局拥有一定程度的自主裁决权。例如，在实施进入管制中，如果准入条款有一定的灵活性，管制当局拥有自主裁决权，那么，现有企业便会力促管制当局限制新企业的加入，企图确保由进入管制给企业带来的超额利润，这就必然产生寻租行为。寻租行为不仅使被管制企业确保超额利润，而且由寻租行为所引发的成本会成为需求者的额外负担。换句话说，寻租行为所产生的费用，是企业将利益（租）由用户转为自取的费用，它不能使社会剩余增大。③ 这种对企业有利的分摊是资源的一种浪费性支出。

3. 由管制滞后产生的企业损失

韦克斯和亚罗对管制的时滞做过出色的调查和研究。④ 管制滞后的延长，结果会使得企业的行为落后于市场环境的变化，这样往往使企业蒙受一定的损失。

有的学者从政府管制制度内部组织的角度论证了管制失效问题，⑤ 他们认为，缺少承

---

① Guasch, J. L. and R. W. Hahn. The Costs and Benefits of Regulation: Implications for Developing Countries. The World Bank Research Observer. 1999, 14（1）：137-158.

② 如 G. J. 施蒂格勒，管制者能管制什么：电力部门的实例，见 G. J. 施蒂格勒. 产业组织和政府管制. 潘振民，译. 上海：上海人民出版社，上海三联书店，1996：157-178；Primeaux, W. J. An Assessment of X-efficiency Gained through Competition. Review of Economics and Statics, 1977（59）：105-108.

③ 植草益. 微观规制经济学. 朱绍文，等，译. 北京：中国发展出版社，1992：149.

④ Vickers, J. and G. Yarrow. Privatization: An Economic Analysis. Cambridge（MA）：The MIT Press, 1988：55-58.

⑤ 张昕竹，拉丰和易斯塔什. 网络产业：规制与竞争理论. 北京：社会科学文献出版社，2000：95-109.

诺的管制制度会增加订立管制契约的谈判成本。

由于测算政府管制的成本收益的难度较大（也不排除政治家不希望公众了解政府管制的成本等因素），人们对政府管制制度的内部组织结构的研究较少。但从对政府管制的有限研究成果中，我们仍可以得到这样的启示：不同的国家应针对本国国情制定自己的管制政策，应采取措施对重大管制政策进行成本收益分析，即确立和实施管制的机构必须对有关管制制度的原始成本和收益数据进行处理和评估。而且，管制执行机构为了谋求更多的政治支持或谋求预算最大化，往往有高估管制收益的倾向。因此，评估政府管制的成本与收益必须开发出相应的检验方法。

第四节 管制的有效性

一、管制有效性的衡量标准

传统经济学把制度作为经济发展的外生变量，而事实上，不同的制度安排会引发人们不同的行为决策，制度本身是人类经济行为的函数因素。所以，第二次世界大战以后，经济学家把制度补充为与天赋要素、技术、偏好等并列的第四个理论柱石，并开始考虑社会资源在不同制度下的配置效率。

（一）功利主义

功利主义理论是由18世纪英国著名法学家边沁所创立的。边沁从人的主观心理动机出发，认为影响人性的两个基本要素是苦与乐，功利总的来讲就是人们向往幸福快乐的一种共同趋向，是判断一切行为和制度好坏优劣的最高和唯一标准，功利原则是人类伦理方面不证自明的最高原则。而追求多数人的最大幸福的功利原则应成为政府的立法政策制定的出发点和归宿。边沁的学生密尔进一步发展了功利主义理论，他认为最广义的幸福是一种利益，且是自己利益与他人利益、眼前利益与长远利益的统一。

（二）新制度经济理论

以科斯1960年发表的《社会成本问题》和卡布雷西1961年发表的《关于风险分配和侵权行为法的若干思考》为标志，新制度经济学将法律制度作为经济发展的内生变量加以理论诠释，证明了制度对资源配置和经济绩效的巨大作用。

（三）福利经济理论

福利经济理论认为，那些追求功利的理性人是构成社会的真正基础。经济学的任务就是研究资源配置的效率，以及怎样促进社会福利的最大化。意大利经济学家帕累托提出了最优概念来作为检验社会福利是否增值的标准。庞古则通过长期研究，发现了一个人的福利多寡总是受其他人行为的影响，一个人福利的变动也往往影响到别人的福利状况这种效用的相互依赖性原理。而国家的干预和法律介入则是处理外部性的有效方法。这样，经济学家在分析和解决外部成本问题时，把注意力转移到法律规则这个过去被经济学忽视的因素上，并改变了以往只把法律规定作为既定不变的外在因素而不予考虑的思维定式。

(四) 公共选择理论

布坎南及其合作者的研究表明，法律的制定和实施过程就是公共选择过程。每一个参加公共选择的人都有其不同的动机和愿望，他们依据自己的偏好和最有利于自己的方式参与政治法律活动。一项法律的制定，实际上是立法者偏好、社会公众需求、利益集团和决策程序等多种力量博弈的结果，行政官员的执法行为也往往倾向于捍卫政府的利益而不是捍卫严格意义上的公共利益。政府作为公共利益的保证人，其作用是弥补市场的不足，但国家干预也并非解决一切问题的良方。只有当事实证明市场手段确实比公共干预手段代价更高时才应选择国家干预。

运用上述理论观点，通过对政府管制的成本收益进行分析，对于判断政府管制的有效性，推动管制改革和管制创新提供了一个视角：有助于对成本收益理论进行综合。

二、影响管制有效性的因素

市场失灵的存在为政府管制提供了理由。但是，在市场看不见的手无法使个体的不良行为变为符合公共利益的行为的地方，可能也很难构造看得见的手去实现这一任务。

(一) 政府行为目标的多样性

不同的行为目标导致不同的选择或不同的政策。规范的管制理论是以政府追求公共利益最大化为假设前提的，即政府管制的出发点是对潜在社会福利的追求，从而使管制成为公众需要。在这一框架下，政府行为应该试图提高效率并改善个人的收入分配。而施蒂格勒则认为，政府管制是响应利益集团最大化收益的需要而产生的。佩尔兹曼进一步认为，管制立法者的行为受其保住职位欲望的驱动，其效用最大化行为将是寻求最广泛的政治支持。

(二) 政府的自由裁量权和寻租成本的产生

政府管制以有关法规为基础来实施。一般来说，相关的法律只提供了管制的原则和准则，大量具体而详细的规则有待进一步的完善和规定，所以管制者拥有一定程度的自由裁量权。由于这种自由裁量权的存在，有关利益集团便会对管制政策施加影响，从而产生寻租。麦克切斯内通过创立政治抽租与政治创租的概念而进一步证明，在利益集团寻租的过程中，管制者并不一定处于被动地位。

(三) 不对称信息结构导致的效率低下

管制的理由之一本是为了弥补生产者与消费者之间的信息不对称，但管制本身也存在着严重的信息不对称：管制者很难获得被管制者的财务、成本、技术等方面的详细资料。在这样的结构下，会出现低效率的资源配置。管制合同的不完全性也会产生同样的结果。

(四) 管制中的多重委托—代理

从纵向看，管制中的多重委托—代理表现在公众、立法者、管制者、被管制者之间的一个较长的委托—代理链条，在每一层的委托—代理中都可能存在道德风险。从横向看，多重委托—代理又表现为两个或两个以上的管制者共享对某一个产业的管制权。管制的分散化程度又会导致政出多门，从而影响管制的有效性。

案例

北京市网约车管制细则成本收益分析[①]

本章小结

- 管制是一种特殊的公共品。一方面,管制的收益具有非排他性,从而使得这种制度只能由政府提供;另一方面,作为一种公共品,管制安排的效用的衡量总是面临着许多困难。一项管制政策是利益集团博弈和规则冲突的结果。好的制度本身又是一种稀缺资源。由稀缺性引发的成本节约问题便转化为对最优管制政策的慎重选择和收益化设计问题。

- 垄断性管制的目标是有效配置资源、确保企业内部效率、避免收入再分配及稳定企业财务。环境、卫生健康与生产安全管制的目标是保护环境、防治公害、防止产业灾害,确保文化教育、福利和保障国民安全、健康、卫生。

- 关于政府管制需求的传统观点认为,政府管制是对市场失灵的最通常的反应,即应当采取管制手段来纠正市场的主要失灵之处,包括对卖方垄断权力的回应,将外部效应内部化,弥补不充分和不对称信息等。尽管政府干预经济时具备很多优势,但市场失灵的存在也仅仅是政府管制的必要条件而非充分条件。而实证地看,管制是政府能提供的且利益集团也需要的供求均衡的产物,政府具有管制的偏好。

- 实施管制既可能产生巨大的成本,也可能带来巨大的收益,但管制的成本和收益是不确定的。影响管制有效性的因素与管制失灵有关,这主要包括政府行为目标的多样性、政府的自由裁量权和寻租成本的产生、不对称信息结构所导致的效率低下以及管制中的多重委托—代理问题。尽管测算政府管制的成本和收益的难度较大,相应地,政府管制有效与否也同样难以进行定量的衡量,但是,对重大管制政策进行成本收益分析,即确立和实施管制的机构对有关管制制度的原始成本和收益数据进行处理和评估,将有助于提高管制的有效性。

关键词

管制的经济属性(economic nature of regulation)　　管制需求(demand of regulation)
管制供给(supply of regulation)　　管制成本(costs of regulation)
管制收益(benefits of regulation)　　管制效率(regulatory efficiency)

复习思考题

1. 从供求角度分析政府管制的产生。
2. 对政府管制进行成本收益分析的逻辑起点是什么?

[①] 参见宋心然,张效羽. 网约车地方规制细则成本收益分析——以北京市网约车规制细则为例. 国家行政学院学报,2017(5).

3. 举例说明如何对具体的管制政策进行成本收益分析。
4. 试分析影响政府管制有效性的主要因素。

延伸阅读

1. 毕洪海. 作为规制决策程序的成本收益分析. 行政法学研究, 2016 (5).
2. 曹堂哲, 陈铭媛, 潘昊英. 国政府预算绩效管理中的成本收益分析——溯源、制度、应用与展望. 财政监督, 2020 (6).
3. 刘权. 作为规制工具的成本收益分析——以美国的理论与实践为例. 行政法学研究, 2015 (1).
4. 蒋海洪. 政府规制影响评估制度的法经济学思考——以医疗器械规制评估为例. 广东商学院学报, 2013 (2).
5. 钱鹤群. 欧盟规制影响评估制度及其对我国规制改革的启示. 学习与探索, 2019 (2).
6. 宋心然, 张效羽. 网约车地方规制细则成本收益分析——以北京市网约车规制细则为例. 国家行政学院学报, 2017 (5).
7. 甄艺凯. 网约车管制新政研究. 中国工业经济, 2017 (8).

即测即评

第二篇 垄断性产业管制 ▶

第三章 自然垄断理论

自然垄断理论是管制经济学的基础理论。本章主要讨论自然垄断的基本特性,分析强自然垄断和弱自然垄断情形下自然垄断的可维持性及其进入管制需求,以及自然垄断对经济效率的影响,最后讨论自然垄断的边界及其动态发展变化趋势。

第一节 自然垄断的基本特性

一、自然垄断的基本含义

早期的经济学对自然垄断的理解基本上是在规模经济层面上的。格林沃尔德(Greenwald)在其主编的《现代经济辞典》中指出,自然垄断是一种自然条件,它恰好使市场只能容纳一个有最适度规模的公司。自然垄断能否存在的决定性判断标准是市场需求必须小得只要有一家成本不断降低的公司就能满足。在企业的生产函数呈现出规模报酬递增、成本递减的条件下,一方面,原来最先进入该产业部门的企业,生产规模越大,成本就会越低,因而必然具有把生产规模扩大到独占市场程度的要求;另一方面,在垄断企业已经存在的情况下,任何新的企图进入该产业的企业,成本最初都比较高,因而无法与已有的垄断者进行竞争。在这种生产部门,因生产技术性质本身所决定,不可避免地会产生垄断。并且由一家企业大规模地生产比由几家较小规模的企业同时生产能够更有效地利用资源。[1] 斯蒂格里茨(Stiglitz)在其《经济学》中也提出:在某些情况下,生产一种商品所使用的技术可以导致一个市场上只有一家企业或只有很少几家企业。例如,如果两家公司在一个城市的每一街道上同时架设电线,其中一家把电力输送到一家用户,而另一家则负责隔壁另一用户的电力输送,那么,这将是缺乏效率的。根据这一道理,单独一家企业通常是提供电话、水和燃气服务最有效的方式,这种情况被称为自然垄断。[2] 克拉克森和米勒(Clarkson and Miller)认为自然垄断的基本特征是,在一定的产出范围内,生产函数呈规模报酬递增(成本递减)状态,如果规模经济足够大,使得长期平均成本曲线在相应范围内向下倾斜,那么,这仅有的一家厂家能够生存下去。这个幸存者就会把产出扩张到最大,并因而达到平均总成本的最大下降,它可用廉价出售的方法来竞争,最终把对手都挤出该产业。这种情况形成的垄断就是自然垄断。[3]

传统上理解的自然垄断的基本特征大致包括以下两个方面。

---

[1] 格林沃尔德. 现代经济词典.《现代经济词典》翻译组, 译. 北京: 商务印书馆, 1981: 300-301.
[2] 斯蒂格里茨. 经济学(上册). 姚开建, 等, 译. 北京: 中国人民大学出版社, 1997: 386-392.
[3] Clarkson and Miller. Industrial Organization: Theory, Evidence, and Public Policy, New York: McGraw-Hill Book Company, 1982.

第一,规模经济性。包括成本导致的规模经济和网络系统导致的规模经济。自然垄断企业的平均成本随产量的增加而持续下降,如果把某种产品的全部生产交给一家垄断企业,对社会来说总成本最小。很多自然垄断产业在提供服务时需要提供从生产设备到用户服务所需的庞大的网络系统,这种网络供应系统,规模(使用者数和距离)越大,越需要庞大的固定资本投资。在那些固定成本在总成本所占比重很大的产业,需求量越多,固定成本就越可分摊到每一需求上,因而也就越能实现规模经济效益。由于每一个网络的建设耗时长、投资大、规模要求高,如果在一个地区内同时建设多个网络,就会造成资源的巨大浪费。

第二,大量的沉没成本。沉没成本构成一般企业的退出壁垒,而在自然垄断产业,巨大的沉没成本构成了较高的进入壁垒。自然垄断产业在设备和基础设施方面需要数额巨大的投资,并且设备和基础设施很难转作其他用途,因而这些沉没成本很难再收回。

综上所述,不难看到,传统的对自然垄断产业的理解都是假定自然垄断企业只提供一种产品或服务。在这样的分析前提下,我们用成本函数来表现单一产品企业中的规模经济和自然垄断的关系,并推出决定自然垄断的关键因素。

单一产品的自然垄断有两个基本特点:持续下降的平均成本和成本的弱增性。如果一个产业中的一家企业只提供一种产品或服务,在以这种产品或服务满足市场全部需求时,其生产仍处于规模收益递增期内,即处于平均成本不断下降的区间,在这段区间的产出就存在规模经济,也就是说,对于一条 U 形的平均成本曲线来说,在产量 Q' 处具有唯一最低水平的平均成本,对任一产量 $Q \leq Q'$ 时存在规模经济。用函数表示,$C(Q)$ 为产量等于 Q 时的成本,如果某产量水平 Q 只有 n 量变化时,则形成

$$C(nQ) < nC(Q)$$

则可以说在 Q 的附近存在规模经济效益,将两边同除以 nQ,则成为

$$C(nQ)/nQ < C(Q)/Q$$

这时候,该企业的平均成本随产量的不断增加而逐渐减少,规模经济效益显著。

如果情形发生了变化,这个产业现存在 x 家生产同样产品的企业,企业 i 的产量为 Q_i,企业 i 生产产量 Q_i 时的成本函数为 $C(Q_i)$。假定该产业的总产量为 Q,$Q=Q_i$,由一家企业全部生产时的成本函数为 $C(Q)$,这时若

$$C(Q) < C(Q_1) + C(Q_2) + C(Q_3) + \cdots + C(Q_x) \quad (i=1, 2, \cdots, x, x \geq 2) \quad (3.1)$$

成立,表示如果有一家企业的定价等于平均成本,并能以这样的价格提供满足该市场全部需求的全部商品,而任何其他达不到规模经济的企业的成本均在其之上,我们就说这个成本函数 C 对产出 Q 是弱增的。这里用成本的弱增性(subadditivity)说明了规模经济效益。一旦产出超过平均成本的最低点 Q',处于平均成本递增的区间时,增加的成本导致的价格上升,使潜在竞争对手有可能进入该产业,这时则存在规模不经济。在单一产品情况下,规模经济是自然垄断的充分条件而不是必要条件。递减的平均成本意味着成本的弱增性,但弱增性不一定意味着平均成本的下降。如果一家单一产品企业的成本函数是弱增的,即使它有不断上升的平均成本,它仍然是一家自然垄断企业。它意味着由一家企业生产全部产品时的成本比分为两家以上企业生产时的成本还低。

根据弱增性,可以将自然垄断定义为:如果一家企业能比两家或两家以上的企业以更低的成本生产整个产业的产品,则该企业存在成本弱增性,属于自然垄断企业,相应地,其所在产业就是自然垄断产业。

二、对自然垄断特征认识的发展

在实践中,人们发现,传统观点对自然垄断的认识不够全面。因为原来的一家企业只生产一种产品的假设不符合实际情况,实际上一家企业生产多种产品的情况非常普遍。对这种现象的研究导致了对自然垄断认识的转变。1982年,鲍莫尔(Baumol)、潘扎(Panzar)和威利格(Willig)三位经济学家出版了《可竞争市场和产业结构理论》[①] 一书,在成本弱增性基础上提出了范围经济的概念,并用成本弱增性和范围经济系统论证了自然垄断。1977年,鲍莫尔在《美国经济评论》发表了《论对多产品产业自然垄断的恰当成本检验》[②] 一文。文中首次以多产品企业的成本弱增性定义了自然垄断。这种对自然垄断的理解获得了经济学界的广泛认同,代表了对自然垄断的最新认识水平。史普博(Spulber)在《管制与市场》中给自然垄断的定义是:"自然垄断通常是指这样一种生产技术特征:面对一定规模的市场需求,与两家或更多的企业相比,某单个企业能够以更低的成本供应市场。自然垄断起因于规模经济或多样产品生产经济。"[③] 由此可见,当代经济学界对自然垄断的认识基本上是在规模经济和范围经济基础上来理解的。

那么,在生产多种产品的企业中,成本弱增性是如何决定自然垄断的?我们假定存在 n 种不同的产品和 k 家企业。每家企业生产一些产品或全部产品 n。如果企业 i 的产出为 y_r^i ($i=1, 2, \cdots, k$),($r=1, 2, \cdots, n$),第 i 家企业的产出参数为 ($y_1^i, y_2^i, \cdots, y_n^i$)。对任意产量或全部产量,成本函数 $C(y)$ 在 y 处严格弱增。$y^1, y^2, \cdots, y^k$,$y^j \neq y$,$j=1, 2, \cdots, k$,表达式为

$$\sum_{j=1}^{k} y^j = y$$

于是

$$C(y) < \sum_{j=1}^{k} C(y^j) \tag{3.2}$$

正如公式(3.2)所示,变量 y 代表产业产出,这里基本问题是,是否由一家企业生产 y 比两家或更多的企业生产更便宜,而那些单个企业的产出加总等于产业总产出 y。[④]

在多产品企业的例子中,对于弱增的成本来说,规模经济既不是必要条件,也不是充分条件。如果每件商品提高了1/10以上的产量,而总成本却增加了不到1/10的话,就存

[①] Baumol, W. J., Panzar, J. C. and Willig, R. D. Contestable markets and the theory of industry structure. New York: Harcourt Brace Jovanovitch, 1982.

[②] Baumol, W. J. On the Proper Cost Tests for Natural Monopoly in a Multi-product Industry. American Economic Review, 1977 (67).

[③] 丹尼尔·F. 史普博. 管制与市场. 余晖,等,译. 上海:上海三联书店,上海人民出版社,1999:4.

[④] Richard Schmalensee and Robert D. Willig. Handbook of Industrial Organization (Volume II). Cambridge: The MIT Press, 1992: 1295.

在着规模经济。规模经济对成本弱增性来说既不是必要条件也不是充分条件的原因是,在多产品的生产中,产品生产之间的相互依赖起着重要的作用。

有很多种方法度量这种相互依赖性,范围经济意味着单个企业生产数量为 Q_1 的某种产品和生产数量为 Q_2 的另一种产品比专业企业定量分别生产这些产品更便宜。现实生活中的例子是:如果将高峰期与低峰期的电力视作不同商品的话,范围经济就很明显了——这两种商品能共用同样的发电厂和配电系统。

夏基(Sharkey)对所有产出的规模经济举了一个关于成本函数的例子,注意这里成本函数不是弱增的。他的例子是

$$C(Q_1, Q_2) = Q_1 + Q_2 + (Q_1 Q_2)^{1/3} \tag{3.3}$$

将每件商品产出提高10%后增加的总成本是

$$C(1.1Q_1, 1.1Q_2) = 1.1Q_1 + 1.1Q_2 + 1.1^{2/3}(Q_1 Q_2)^{1/3}$$

而总成本提高10%是

$$1.1C(Q_1, Q_2) = 1.1Q_1 + 1.1Q_2 + 1.1(Q_1 Q_2)^{1/3}$$

因为 $C(1.1Q_1, 1.1Q_2) < 1.1C(Q_1, Q_2)$,存在规模经济,然而,成本函数导致的范围不经济使得成本不具弱增性。

关于这一点,注意成本函数的第三项,等式(3.3),无论何时双方同时生产产品时,都使成本的增加数额为正数。例如企业 A 产出全部 Q_1,企业 B 产出全部 Q_2,这两家企业的全部成本将低于由单个企业 C 生产的成本:

$C_A = Q_1$, $C_B = Q_2$,因此 $C_A + C_B = Q_1 + Q_2$

$$C_C = Q_1 + Q_2 + (Q_1 Q_2)^{1/3} \tag{3.4}$$

因为 $C_A + C_B < C_C$,由专业企业 A 和 B 的生产比单个企业 C 生产便宜,因此,因为存在范围不经济,仅规模经济不足以使得成本具有弱增性。①

概括地说,在多产品产出的例子中,自然垄断的定义是成本函数必须有弱增性。成本的弱增性仅仅意味着所有产出的综合产量由单个企业以最低的成本生产,即使没有规模经济的作用,即使平均成本上升,但只要单一企业供应整个市场的成本小于多家企业分别生产的成本之和,由单一企业垄断市场的社会成本就仍然最小,该产业就还是自然垄断产业。由此可以得出结论:平均成本下降是自然垄断产业的充分条件,但不是必要条件。也就是说,平均成本下降一定是自然垄断,自然垄断不一定平均成本非下降不可,只要存在成本弱增性,就是自然垄断。建立在成本弱增性基础上的节约就是范围经济或组合经济。成本弱增的必要条件大体取决于规模经济和范围经济,如果它们都存在,成本就具有弱增性。然而,仅有规模经济而存在范围不经济时成本是不具弱增性的。因此,单一产品例子中的规模经济意味着自然垄断,但对于多产品例子却不是这样的。②

根据上述用弱增性重新定义的概念,对自然垄断的特征补充新的解释:

首先是范围经济效益。在现实经济生活中,一家企业通常不只是生产一种产品(或

---

① Sharkey, W. W. The Theory of Natural Monopoly. Cambridge: Cambridge University Press, 1982.
② Viscusi W. K., J. M. Vernon, J. E. Harrington, Jr. Economics of Regulation and Antitrust, Cambridge: The MIT Press, 2000: 335-336.

服务），而是同时生产多种产品或提供多种服务。所谓范围经济效益，是指自然垄断产业能收到生产与分配的纵向统一利益和对多用户提供多种服务的复合供给利益。由于范围经济效益意味着追加新的物品和服务进行联合生产要比单独生产的成本低，这符合成本的弱增性。

其次是规模经济。规模经济自然是符合弱增性的，因此自然垄断成立。但从成本的弱增性来看，即使有规模不经济的场合，自然垄断也能够成立。因此，在多产品自然垄断中，规模经济既不是自然垄断的必要条件，也不是充分条件。

需要补充的一点是，在决定自然垄断基本特征的因素中，还可以从需求方面和社会福利两个角度来考察。

迄今为止，我们讨论的成本弱增性、范围经济等和自然垄断相关的概念都是从供给方——企业的角度出发的，实际上，一个产业是否属于自然垄断，不仅取决于生产函数的性质，需求方——消费者同样起着重要作用。除了人为的干预因素（如政治、地域等外在影响因素），消费者的选择也是非常重要的。如在生产单一产品的几家寡头垄断企业中，消费者偏好和产品质量是自然垄断的决定因素。传统的自然垄断理论讨论的是生产的集中，高额的固定成本和规模经济，实际上，根据自然垄断中的"自然"的定义，一家企业是否属于自然垄断是由市场中具备这些条件的几家寡头企业之间的竞争过程决定的。市场需求扩大和技术不断进步，消费者被少数几家能提供较高质量产品的企业所吸引，这些企业因为现有的和潜在的市场规模扩大，生产进一步集中导致固定成本增加，可变成本相对不受影响，所提供的产品价格逐渐下降，这个过程最终导致提供低质量产品的生产者从市场上消失，使消费者只有一个供给来源。正如韦尔（Ware）用社会剩余最大化而不是成本最小化来定义自然垄断一样，这两者不一定等同。根据这个标准，自然垄断产生于单个企业中并使市场的社会剩余最大化的产业，从而避免了成本比较所依据的规模的模糊性。[1]

有学者与韦尔观点相似，并进一步研究了没有在市场交易中反映出来的因自然垄断的存在而节省的成本，从社会福利角度定义了自然垄断。如威廉姆森（Williamson）认为对自然垄断的早期分析没有纳入消费者、企业和政府因为市场结构而发生的成本。这种"另一方成本"（other-party costs）应该被纳入对自然垄断的分析中，因为它们也消耗了经济资源。例如，这种成本包括影响企业边界效率的交易成本。[2]

如果是由多家企业而不是由垄断企业生产市场需要的产品的话，企业和消费者的交易成本可能或高或低。企业的成本会随着企业数量的增加而增加，这些成本包括签订合同、支付账单和发展特定消费群体等。另外，企业还会发现一个大的客户更难应付，这会导致更高的合同协商与履行成本。而消费者的成本也会因为包括时间[3]、产品搜寻和付款等在内的因素而受到影响——这些成本原本可能通过所谓的在仅有的一家垄断企业那里购买（one-stop shopping）而节省下来的，消费者还会发现这些企业中的某一家企业责任感不

---

[1] 戴维·M. 纽伯里. 网络型产业的重组与管制. 何玉梅, 译. 北京: 人民邮电出版社, 2002: 29.
[2] 于良春. 自然垄断与政府管制——基本理论与政策分析. 北京: 经济科学出版社, 2003: 10.
[3] Becker, G. S. A Theory of the Allocation of Time. Economic Journal, 1965 (75): 493-508.

强并且很难打交道。例如，一家公用事业公司可以通过关闭付款中心使消费者的付款成本增加，关闭付款中心减少了公司的成本，但会增加消费者的成本。

政府的成本也因为市场结构而受到影响。管制和反垄断的成本是成本中最容易受到影响的。政府倾向于对高集中度或垄断的市场进行管制而不是高度竞争的市场。同样，垄断的存在或一个产业趋于垄断的举动，都会使政府和企业花钱忙于应付出现的关于反垄断的问题。

对联合生产多种产品的垄断企业来说，如果另一方成本（如政府管制成本）在市场交易中反映出来，垄断的联合生产经济就能弥补因垄断市场结构而发生的成本。同样，如果因垄断市场结构而节省的成本（如消费者在唯一的垄断企业购买而节省的交易成本）能在较低的市场交易中反映出来，这些成本的节省应被视作垄断的联合生产经济的额外部分。在市场交易中反映出来的另一方成本或节省的成本应该被纳入对自然垄断的分析中。因为企业和非政府主体用于反垄断行为的成本、管制和其他政府成本不是通过企业上缴的税金和资金以及消费者的购买得到的。[1]

第二节 自然垄断的可维持性

一、自然垄断的强度

成本弱增概念的提出，扩大了自然垄断的区间范围，进而出现了自然垄断的强度辨析与可维持性讨论。自然垄断强度是指在成本弱增区间，根据市场进入壁垒、企业是否可维持而确定的自然垄断强弱。

根据边际成本定价原则，边际成本与需求曲线的相交点决定企业的产量和价格，只有当价格等于边际成本时社会的总福利才最大。需求水平不同，需求曲线就会与边际成本曲线相交于不同的区间，可能交于边际成本曲线下降的区间，也可能与边际成本曲线相交于最低点，还可能在边际成本曲线上升的区间相交。对自然垄断企业来说，市场需求曲线相交于边际成本曲线最低点的左边时，这时如果产量增加，每多生产一单位产品的边际成本下降，平均成本也一定下降，这时边际成本曲线一定位于平均成本曲线的下方。如果垄断企业把价格定在和边际成本相交点，就弥补不了平均成本，产业内企业将亏损。在不考虑政府补贴及政府经营的前提下，没有企业愿意供给。为了摆脱自然垄断定价的这种两难困境，管制者必须兼顾企业利益和社会福利，在产业内企业不亏损的前提下，制定使社会福利最大化的次优水平价格，即以平均成本定价。这样既保证了企业的利益，又能将潜在竞争者拒之门外，这种情况称为强自然垄断；当需求曲线相交于平均成本曲线最低点时，边际成本与平均成本相等，边际成本定价恰使企业盈亏相抵，此时存在势均力敌的潜在竞争者，这种情形被称为弱自然垄断第一种情形；当需求曲线与平均成本上升区间相交时（在成本弱增性的范围内），边际成本大于平均成本，边际成本定价导致企业盈利并吸引

---

[1] Mark A. Jamison. A Further Look Proper Cost Tests For Natural Monopoly. European Management Journal, 1997 (8).

潜在竞争者进入市场，这种情形被称为弱自然垄断第二种情形。

在强自然垄断情况下，由于价格等于平均成本，需求量被限制在一定的范围内且几乎是没有弹性的，市场中仅存在一家自然垄断企业提供满足市场所需的全部产品。规模报酬递增，规模经济效益和范围经济效益显著，存在巨大的沉没成本。这种情况下不会发生潜在竞争者进入，因为任何一个进入者的进入都是低效的，除了要投入无法收回的巨大沉没成本外，还会因为达不到规模经济和范围经济要求而导致生产成本过高。但为了抢夺垄断企业的市场，其产品价格还得低于前者的产品价格，而这样做的结果必然造成巨大的损失。在强自然垄断情况下，一家自然垄断企业能够以最低的价格提供满足整个市场需求的全部产品，任何一个理性的潜在竞争者都不会选择在强自然垄断情况下进入市场。

在弱自然垄断第一种情形情况下，市场容量已逐渐扩大，产品价格由平均成本的最低点决定，等于边际成本也等于平均成本，企业获得正常利润，新的进入者不可能通过制定更低的价格获得利润。这时的规模报酬不变，存在潜在竞争者。但这段区间仍处于成本弱增的范围内，因此还是由一家垄断企业生产最节省社会总成本。在弱自然垄断第二种情形情况下，产品价格等于边际成本且大于平均成本，垄断企业开始盈利，这时需求弹性较大，竞争者可以通过模仿在位企业的技术和生产过程，制定某个高于平均最低成本点但略低于当前垄断企业定价的价格，生产出一定份额的总产品即可获得利润。而垄断企业在较短时间内由于受价格管制无法迅速调整价格，从而失去部分市场。在弱自然垄断中，进入频繁而且是低效率的，特别是在成本弱增的范围内发生的进入，易形成浪费性进入，一般而言，需要政府进行管制。

当需求曲线进一步向右移动时，自然垄断的市场结构发生了变化，如果市场中仍然只有一家企业，则成为一般意义上的低效率垄断。这时，如果政府依然实行进入管制，成为低效率企业的保护者，社会不仅要承担低效率垄断造成的福利损失，还要付出政府管制的成本。在这种情况下，适当地放松进入管制、引入竞争应该是政府的合理选择。

二、自然垄断的可维持性与管制需求

（一）自然垄断的可维持性

由经济学家鲍莫尔、贝利、威利格和潘扎等提出并得到发展的"可维持性理论"（theory of sustainability），是专门讨论潜在竞争者进入自然垄断产业而引起问题的一个理论模型。在可维持性理论中，自然垄断企业在做出价格和产量决策时受到一系列约束条件的制约，而如果潜在竞争者认为有利可图，它们可以无约束地进入市场。对自然垄断企业行为（价格和产量决策）的约束条件有：（1）产量等于特定价格下的市场需求总量；（2）收入等于生产这些产量的总成本；（3）如果潜在竞争者进入市场，垄断企业不能够改变原来的价格，并要求以原有价格满足潜在竞争者夺走后的剩余需求。这些假定条件具有一定的现实性，因为自然垄断企业往往是受政府管制的，价格和产量的变动需要得到管制者的批准，由于政府管制过程的滞后性，表现为垄断企业的行为调整是缓慢的，缺乏应变性。

可维持性概念与多产品自然垄断市场息息相关。1977年，潘扎和威利格在多产品的产业中定义了可维持性。① 简单地说，假定垄断企业在生产的一系列产品 N 中存在 n 种不同的产品，S 是全部产品 N 的子集（$S \in N$）。P_m 为垄断企业对产品集 N 的要价，P_{se} 为进入者对其提供的产品 S 的要价，$\pi(P_e)$ 和 $\pi(P_m)$ 分别为进入者和垄断企业获得的利润。垄断企业提供进入者提供不了的 S 以外的产品与服务 $[S]$。因此，垄断企业的价格变量为 $P_{[s]m}$，进入者的价格变量为 P_{sm}。最后，如果市场仅存在垄断企业一家时，$Q(P_m)$ 为满足全部市场需求的供应量，当进入者出现时，$Q_s(P_{se}, P_{[s]m})$ 是对产品集 S 的需求量。

当满足下列条件时，价格变量 P_m 就是可维持的：① 垄断企业在价格 P_m 处获得非负利润。② $P_{se} \cdot Y_{se} - C(Y_{se}) < 0$（进入者的利润为负），对所有的 $S \in N$，有 $P_{se} \leq P_{sm}$，即进入者的定价低于垄断企业的定价。$Y_{se} \leq Q_s(P_{se}, P_{[s]m})$，即进入者的产品 S 不能供应整个市场对产品 S 的需求量，并且 $Y_{se} \neq Q(P_m)$，即进入者的产量不等于垄断企业的全部产量（这排除了进入者会精确模仿在位者的全部生产经营过程的最小可能性）。这时如果存在至少一个可维持的价格变量，那么自然垄断就是可维持的。

潘扎和威利格提出了不存在进入壁垒的垄断者可维持性的必要条件。② 其中一个条件是垄断者的成本函数是有弱增性的，所以实际上它是一个自然垄断者。其他的条件是：

（1）产出 q_m 是以最低成本产出的。如果一家自然垄断企业不以最低成本进行生产来获得非负利润，将会受到新企业进入的侵入，因为新企业会收取相同的或稍低的价格并以最低的成本生产，这样新企业会获得正的利润。

（2）垄断企业的价格 p_m 不是主导价格。新进入企业的价格变量为 P_e，这意味着不存在 $p_e \leq p_m$，$p_e \neq p_m$，这种价格对于新进入企业有可能实现 $\pi(p_e) = 0$。

（3）平均成本递减。这将避免满足整个市场需求的自然垄断者因只收取等于平均成本的价格实现零利润，但是新进入者可以收取更低的价格，只服务于一部分市场而实现正利润。

（4）$\pi(p_m) = 0$。如果垄断企业获得正的利润将吸引新的企业，竞争者可以收取稍低的价格并获得正的利润。

（5）价格不低于边际成本。因为价格一旦低于边际成本垄断企业就会亏损，在没有政府补贴的情况下，垄断企业会采取交叉补贴补偿亏损部分，这样做的结果是面临着新企业实行"撇奶油"进入的威胁。

（6）对于所有 $S \in N$，$i \in s$，$\sum p_{im} q_{im} < C(q_{sm})$，在这里 $q_{im} = y_i(p_m)$，即垄断企业单独生产一种产品的利润甚至低于联合生产产品 S 集的成本，这说明该垄断企业一定是多产品自然垄断企业。

潘扎和威利格还提出了关于可维持性的充分条件。他们提出的成本可补充性有助于说明可维持性，反之特定产品的规模经济将导致鼓励新企业进入。对于生产两种产品自然垄断者的可维持性的充分条件是：

---

① Richard Schmalensee and Robert D. Willig. Handbook of Industrial Organization（Volume Ⅱ）. Cambridge：The MIT Press，1992：1296.

② Richard Schmalensee and Robert D. Willig. Handbook of Industrial Organization（Volume Ⅱ）. Cambridge：The MIT Press，1992：1296-1297.

$$\frac{\partial y^2}{\partial p_2}\left[\frac{\partial C(y^1,y^2)}{\partial y^2}-\frac{\partial C(0,y^2)}{\partial y^2}\right]+\frac{\partial y^1}{\partial p_2}\left[\frac{\partial C(y^1,y^2)}{\partial y^1}-\frac{C(y^1,y^2)-C(0,y^2)}{y^1}\right]\geq 0 \quad (3.5)$$

为方便起见，这里忽略了价格因素。

在公式（3.5）中，第一部分是产品自身价格的影响和由生产中的可补充性导致的边际成本下降；第二部分是产品的正的替代效应和平均增支成本的变化率。在这里平均增支成本是对平均成本的一般性的概括[①]，在本章的内容中，如果满足下列条件，下降的平均增支成本成立：

$$C(q_1,q_2)-C(0,q_2)<\frac{C(\lambda q_1,q_2)-C(0,q_2)}{\lambda} \quad (3.6)$$

这里，$q_1\neq 0$，且 $0<\lambda<1$。当生产固定产量水平 q_2 时，产品 λq_1 的平均成本随着产出水平 λ 而下降。这个条件的意思是，例如，存在着两家企业生产固定数量的产品 q_2，那么增加 q_1 的产出成本最小的方法就是让其中一家企业生产所有的 q_1，而不是让两家企业各生产一半，对公式（3.6）中右边的 λ 求导，使 $\lambda=1$ 得出平均增支成本的变化率：

$$q_1\left[\frac{\partial C(q_1,q_2)}{\partial q_1}\right]-C(q_1,q_2)+C(0,q_2)\leq 0 \quad (3.7)$$

严格的不等式表示下降的平均增支成本，而且还意味着公式（3.5）的第二个括号项为负。

用这个条件去检验在公式（3.5）中列出的充分条件就会显示成本的补充性，有助于说明自然垄断的可维持性，而下降的平均增支成本却不能。因为新的进入者在单独生产产品 2 方面有广泛的规模经济优势，那么两种产品自然垄断者可能容易受到这样的进入者的威胁。新的进入者可以对产品 2 收取比自然垄断者更低的价格，由此从自然垄断企业那里抢走了产品 2 和产品 1 的销售市场（因为 $\partial y^1/\partial p_2>0$）。如果自然垄断者生产产品 1 的平均增支成本明显提高，那么它与新企业对产品 2 进行低价竞争是不可能的。而且，对于既定下降的平均增支成本（第二个括号项为非正数）而言，强的替代效应会减弱自然垄断企业可维持性的可能性。专业生产一种产出的企业就不存在这样的问题。当然，强的成本补充性可以消除这种影响，使自然垄断企业不受新企业的威胁。

（二）自然垄断的管制需求

综合考察了自然垄断的强弱和可维持性之后，对自然垄断产业的管制需要根据自然垄断的强弱、进入市场的壁垒和企业是否具有可维持性等因素综合决定，分别采取不同的管制措施。当企业可维持时，不需要政府管制，但为了防止自然垄断企业制定垄断价格，可采用潜在进入者的竞争威胁来约束。竞争市场理论认为，潜在进入是一种强有力的约束垄断的压力，尤其是进入多产品自然垄断的交叉领域，采取"打了就跑"（hit-and-run）的进入可使市场近似于完全可竞争市场。在容易进入的条件下，自然垄断会被迫成为有效率

[①] 下降的平均增支成本的定义为 $C(q_s,q_r)-C(q_s)<[C(q_s,\lambda q_r)-C(q_s)]/\lambda$，对于 $0<\lambda<1$，S、$T\in N$，$S\cap T=\Phi$。$q_t\neq 0$。当 λq_t 与产量不变的另一种产品 q_s 一同生产时，这个公式意味着要素产品 λ 的平均成本随着产出水平的变化而下降。对于式子右边的部分求导数，当 $\lambda=1$ 的时候就是平均增支成本的变化量。

的垄断，这时政府管制是不必要的。对自然垄断的管制主要包括价格管制和对市场进入的管制。当垄断价格减少社会福利或当边际成本价格使企业亏损时，为了保护社会或企业的利益，都需要对价格进行管制。当潜在竞争者的威胁使垄断者无法用边际成本价格或盈亏相抵价格维持生存时（垄断者不可维持时），需要对潜在竞争者的进入进行管制。

强自然垄断情况下，自然垄断企业获得正常利润，提供能满足整个市场需要的全部产品或服务，这时自然垄断是可维持的（sustainable），竞争者无法抢走自然垄断企业的市场，不需要政府对进入进行管制。弱自然垄断情况下，自然垄断企业为了满足市场需求，扩大生产规模，处于平均成本上升阶段。潜在竞争者通过模仿自然垄断企业的技术和生产过程，在平均成本最低点处生产，制定略低于自然垄断企业的价格，满足部分市场需求，即可获得超额利润。弱自然垄断仍属于成本弱增范围，由一家企业垄断经营是最有效率的，但是潜在竞争者能够进入并分走利润，因此导致了自然垄断企业的不可维持性，因此，需要政府对进入进行管制。

事实上，许多自然垄断产业并不容易进入。即使被允许进入，进入和退出也会发生大量费用，弱化了潜在竞争者进入的积极性。即使现有自然垄断企业总体上缺乏效率，进入也不会很有吸引力，这是因为它拥有忠实的消费者和稳定供给的必须来源。

第三节 自然垄断与经济效率

马歇尔在其《经济学原理》中讨论有关组织和规模经济问题时，发现企业在自由竞争中追求规模经济的结果必然导致垄断，而垄断反过来又会抑制竞争。所以，一个社会只能面临着非此即彼的选择，要么舍弃规模经济而走自由竞争之路，要么失去自由竞争而走规模经济之路。后人称这种悖论为"马歇尔冲突"或"马歇尔困境"（Marshall's Dilemma）。[①]

从对自然垄断属性的分析中，我们知道规模经济是与自然垄断密切相关的。那么，现实中存在的规模经济是否如马歇尔最初所担忧的那样，因为阻碍了竞争而导致了垄断低效？企业要从事生产经营，要有一定的厂房、机器、设备、照明、通信、通风、运输、存储等设施。这些固定成本的投入几乎不随产销量的增加而成比例地增加，而每单位产品分摊的平均固定成本却随产销量的增加而递减。在这种情况下，包括固定成本和可变成本在内的产品平均成本自然也会随着产销量的增加而递减。这是规模经济产生的一般原理。规模经济产生的根本原因首先在于技术经济方面，即一些固定资本要素的不可分性（indivisibility）。不可分性意味着某些投入不能按比例缩小到某一最低水平，甚至在产出非常小的情况下也是如此。由于工厂和流水线是不可分割的，因此，如果生产是资本密集型的，产品的平均总成本中包含了大量的固定成本。这时只需花费少量的费用，就能通过充分利用现有设备来增加产出，从而使得总平均成本下降。但对于生产成本主要由原材料或人工构成的劳动密集型生产而言，因为原材料和人工是可以分割的，能够随着产出的变化而变化，从而使得总平均成本并不随着产出

---

① 马歇尔. 经济学原理（下卷）. 陈良璧, 译. 北京：商务印书馆, 1965：155-172.

的变化而变化，这时规模经济就不明显。

一、自然垄断对经济效率的正面影响

（一）规模经济促进生产效率的提高

具体来说，企业因生产技术而带来的规模经济效益在于：首先，在一定规模范围内，生产规模的扩大，可以采用更大型的高效设备，从而节约投资，降低消耗，减少成本费用。在技术水平不变的条件下，投资与规模一般呈现 $K/K'=(Q/Q')n$ 的关系，式中，Q、Q'代表规模，K、K'代表总投资，n为系数，且$n>1$。也就是说，规模的扩大与投资的增加并不成比例，因此大型设备的单位产品成本要比小型设备低（$Q>Q'$，$K>K'$）；其次，大规模生产经营有利于实现生产过程的标准化、专业化和简单化，不仅可以提高产量、质量并降低成本，而且也为开发使用高效专用设备提供了条件，使专用设备、自动生产线的采用成为可能；再次，生产规模扩大，生产批量增加，有助于采用先进工艺；最后，由于某些生产具有不可分性，有些设备和人员在生产规模较小时不能够充分利用，只有在规模达到一定程度时才能够得以充分利用。

除生产技术带来的规模经济效益外，还有生产经营带来的规模经济。表现在大规模采购可以节省单位产品的采购和订货费用，还能节约单位产品的广告费用；大规模生产经营不仅有利于降低单位产品所分摊的研究与开发费用，而且还可以具有更大的研究与开发实力和效率，并有利于管理人员的专业化发展，提高管理者素质；大规模生产经营有利于实现资源的综合利用，获得生产方面的范围经济效益。

可以说，规模经济是工业经济中的一个普遍规律。一个产业中固定资产占总资产的比例越大，规模经济效应就越显著。对于自然垄断产业来说，正因为只有少数具有规模经济优势的企业就足以提供和满足本产业内的全部市场需求，而容纳不了更多的企业进入，从而产生所谓的"马歇尔冲突"。其实，从产业组织的长期实践来看，并不存在真正的"马歇尔冲突"现象。据美国经济学家丹尼森（Denison）估计，1929—1957年，规模经济使美国经济增长率增加了0.34%，1948—1969年则使经济增长了0.4%。1950—1962年，西欧经济增长率的0.93%是由规模经济提供的。1953—1971年，日本年均国民收入增长率为8.77%，其中1.94%是由规模经济提供的。[1] 由此可见规模经济对经济增长的巨大推动作用。对于这一点，马歇尔在其晚年的著作《产业与贸易》中也修改了早年的观点。他认为，英国应通过追随美国扩大生产组织的规模而富强，否则它的优越地位即将丧失。

（二）范围经济减少市场交易费用

决定自然垄断的另一个重要因素——范围经济在现实中也起着不可低估的作用。许多自然垄断企业不只提供一种产品或服务，如铁路公司提供的客货运输甚至不同车次的客运列车，供水公司提供的不同质量、不同用途的水，电信公司提供的不同时段、不同距离的

---

[1] Denison, E. F. Accounting for Slower Economic Growth: The United States in The 1970s. Washington, D. C.: Brookings Institution, 1979.

电话服务等。范围经济存在的根本原因在于：① 企业投入的生产要素具有多重经济价值，同时这类生产要素又具有不完全可分性。② 资本设备和生产线的多功能性。一些固定性质的资本设备，在一定的经济时空范围内，具有多种生产功能。③ 一种生产要素投入的可重复使用性。④ 零部件和中间产品的多种组装性能。⑤ 企业的无形资产可以在扩大品种范围上的重复使用性。

对于企业来讲，利用范围经济最主要的形式就是多元化经营。多元化经营的形式包括同心多元化（concentric diversification）、水平多元化（horizontal diversification）、垂直多元化（vertical diversification）和集团多元化（conglomerate diversification）。实践证明，多元化经营所产生的外在经济的内部化，形成了源于多种业务活动之间的一系列的外在规模经济效益，如生产本身的外在规模效应、广告宣传的外在规模效应等。有利于充分利用市场潜力和生产潜力，优化企业的产业间关联方式，并灵活调整企业的产品结构，减缓和分散不确定性所带来的风险，避免因单一经营在产品生命周期进入衰退期或者出现产业性不景气时遭受严重损失。因此，企业多元化经营有利于企业市场交易费用的节约。因为在不确定的市场环境中，包括搜寻信息、发现相对价格以及谈判、签约、履约等市场交易费用是如此之大，以至于使单纯的社会性专业分工不合算，于是才有作为市场机制替代物的企业的诞生以及企业规模的扩大。因此，实行多元化经营的企业，把大量的外部交易内部化、组织化、协调化，大大节约了市场交易费用，这一过程本身就意味着资源配置效率的提高。

（三）加快技术进步和创新的速度

尽管关于垄断对技术和创新的扼杀（如处于垄断环境中的技术进步乏力，垄断企业对新发明新技术的封锁等）已被大多数经济学家证实，但不能否认的是，技术发展已是从自然垄断市场转换到更具竞争性的市场背后的驱动力。这在电信产业的最近几次变化中尤为显著，电信业中的微波和卫星技术的成长和发展已成为传统电缆网络强有力的替代品。技术进步常常能使生产成本降低，创造出新的产品或服务并在很大程度上影响经济福利。

必须指出的重要一点，一个产业是垄断产业的事实并不意味着只有一家企业在进行技术方面的研究与开发。比起中小企业来，垄断大企业拥有更雄厚的资本进行技术开发与创新。因为垄断本身就是技术创新的产物，技术创新使得既定的投入能够拥有更大产出，同时能够制造出差别化产品。而在技术创新基础上形成并且受到专利法保护的垄断，反过来又会促进技术的进一步发展。就外部因素来说，一方面，现实世界里存在着外部压力（如政府管制和反垄断的压力）；另一方面，根据可竞争市场理论，潜在竞争者可以通过模仿在位者的生产技术、产品和生产规模等要素进入该市场，这种现实的压力和潜在的威胁促使在位的垄断企业可能不得不在创新方面花费时间和金钱，以维护它的地位。替代品市场的技术创新同样促使自然垄断企业有强烈的愿望在研发方面投入更多以获取先行者的优势。熊彼特就认为在创新和市场势力之间存在正相关关系。垄断企业应该是一个强大的而不是弱小的创新者。在得到资本，集中风险和在维持研发实验室的规模经济方面的能力可能使产业技术提前。①

此外,在当代任何一个国家,自然垄断企业在经济增长、价格稳定、充分就业、政府调控的宏观经济方面也起着不可低估的积极作用。

首先,经济增长的实现始终与一国的产业组织状况密切联系在一起。就销售收入、资产总额、职工人数、技术状况、利润和税收等众多指标来看,都是少数垄断大企业占据了全国较多的份额。可以说,这些垄断企业都是一国国民经济的支柱。正因为这样,自然垄断企业的成长和发展状况对一国的经济增长有着很大的影响。规模经济和范围经济造就了企业的大型化趋势,而规模经济和范围经济本身就意味着成本的节约和劳动生产率的提高。意大利经济学家沃顿在考察了一些国家工业增长的经验数据之后,得出生产规模每增长10%,劳动生产率增长4.5%的结论。在他之后,许多经济学家做了不少的经验验证。虽然各自的样本不同,但大致都支持沃顿的结论,因此人们把劳动生产率随生产规模扩大而增长的现象称作沃顿规律。

其次,一般观点认为,自然垄断企业是价格的制定者,因此垄断部门的产品必然是数量较少价格较高,这种刚性的价格推动了总体价格水平的上升。谢佩德(Shepherd)的研究结果证实了这一点,即市场集中度每上升10%,产品价格就提高1%。② 实际上,从另一个角度来看,正是自然垄断部门产品价格的刚性特点维持了总体价格水平的稳定性。在经济衰退时期,竞争部门产品价格的大幅度下降导致严重的失业,使得经济运行遭到毁灭性的打击。而垄断部门产品的价格降幅较小,减低了经济萧条对整个社会经济的不利影响。在经济高涨时期,垄断部门的价格上涨幅度也比竞争部门的上涨幅度低,适度的价格微调恰恰有助于价格稳定和维持良好的经济运行秩序。但总的来说,无论垄断企业的垄断程度如何高,其对价格的控制程度都会受到客观因素的制约,而不是具有无限的影响能力。即使在高度垄断部门,来自替代品、潜在进入者等方面的竞争和政府管制者对自然垄断企业严格的价格上限管制都使得垄断企业将价格水平保持在一定的范围内。

再次,自然垄断企业从其中一个方面来看,也是劳动力的集中和垄断。越是垄断企业,由于其规模庞大,结构复杂,各个部门之间的分工明确,生产效率较高,且拥有成本优势,经营范围广,因而往往雇用的人数较多,对各种人员的层次、技能和专业方面的需求数量也较大。当代任何一个国家和地区,正是少数垄断大企业雇用了这些较多比例的人员。

最后,政府要把微观经济的个体活动纳入宏观有序的轨道上,必须进行有效的宏观调控。宏观调控包括直接调控和间接调控方式,每一种方式都离不开垄断企业的作用。就直接调控来看,关系国计民生、提供公共物品的自然垄断企业一般都是政府直接调控的企业,对这类企业,无论是实行由政府垄断经营或者政府管制下的私人企业垄断经营,都有助于整个国民经济的稳定和保障全体人民的根本利益;对政府的间接调控而言,在政府不可能直接对各家企业实施具体管理的情况下,可以借助垄断企业的组织体系和作用。自然

---

① Richard Schmalensee and Robert D. Willig. Handbook of Industrial Organization (Volume Ⅱ). Cambridge: The MIT Press, 1992: 1060.

② W. G. Shepherd. The Economics of Industrial Organization. Third Edition. New York: Prentice-Hall, 1990.

垄断企业一般是各个业务层相互之间紧密衔接的垂直经营企业，其中包括核心企业和众多的外围企业。政府通过与垄断体系的核心企业联系、协商，制订发展计划，并由核心企业组织实施，在垄断体系内部通过层层分解下达，起到以点带面，辐射成网的作用，保证政府计划的落实和完成。

二、自然垄断对经济效率的负面影响

除了上述的积极作用外，现实中的自然垄断企业还存在一些负面的经济效率。因此管制者在针对自然垄断产业进行管制时，应将这两方面的因素都纳入考虑范围之内。

（一）规模不经济导致经济低效

规模不经济分为规模过小的不经济和规模过大的不经济。从世界各国自然垄断企业经营状况总体上看，自然垄断企业大都实行垂直一体化经营，即使有一部分可竞争业务的分离，分离的程度也不高，因此规模庞大而产生不经济。规模不经济大致体现在以下三个方面：

第一，对生产技术提出了更高的要求。产生规模经济的许多生产技术也有可能产生规模不经济，企业的规模经济与专业化设备的能力存在倍数关系，一旦企业规模扩展到一定水平，设备和工人分工的专业化难以有进一步的发展。

第二，管理的复杂程度增加。随着企业规模的进一步扩大，组织内的层次多而复杂，管理的幅度和跨度都会加大，管理协调变得困难，带来管理难度的增加。在管理体系内部，信息向上反馈和指令向下传递的流程容易出现偏差和迟滞。如果上层管理机构根据偏差和迟滞的信息做出决策，员工也是根据偏差和不完整的指令操作，就会导致决策的失误，同时，大企业中复杂的人际关系难以避免发生"搭便车"和"道德风险"的行为，最终使整个管理体系的效率下降。

第三，市场容量的有限性。企业规模的扩大使得生产能力得以提高，生产出越来越多的产品，而市场对这些产品的需求却未必同比例增长。市场容量必定限制企业规模的扩大，如果企业这时走多元化经营的道路，虽可以使企业有部分可控制的空间，但内部组织的扩张将导致企业内部交易费用增加，增加的部分势必抵消因此而节省的市场交易费用。另外，大规模的企业还受市场走势、替代品的竞争以及消费者消费偏好的影响而面临着很大的不确定性，也使生产过程中风险发生的概率进一步增加。

（二）自然垄断产生的福利损失

从历史上看，自然垄断本来是市场竞争而不是政府干预的结果，自然垄断与由政府授权取得的垄断的根本区别在于"自然"二字。自然的含义，是说明这种垄断不是通过政府管制人为地阻止其他企业进入市场形成的，而是通过企业间的价格和非价格竞争使处于劣势的企业被击败并退出市场，潜在竞争者又因达不到市场现有的成本价格水平而无法进入所形成的。自然垄断理论认为，在成本函数弱增性的条件下，由单个企业独占市场比由多家企业共同生产能节省生产成本和生产设备的重复投资。但是，在受管制的自然垄断产业中，企业利润主要不是来自成本节省而是来自凭借垄断势力提高价格的能力。由于垄断企业是市场价格的制定者，可以实行各种各样的垄断价格，如价格歧视（price discriminate)，搭配售卖（tying）等，并在满足政府强制性标准条件下尽可能降低产品或服务质量。在自然垄断的市场结构中，消费者没有选择其他卖主的权力，因不得不购买垄断企业提供的高价低质的产品或服务，由此而遭受的损失称作垄断的福利损失。由于垄断导致的价格较高产量较低，造成消费者剩余的减少，其中一部分转移给了生产者，这部分相当于财富的重新分配；另有一部分则是无谓损失，即完全由于垄断企业限制产量和抬高价格所造成的社会性损失。美国经济学家哈伯格（Aronld C. Harberger）通过建立的福利三角模型较早地估算了这种损失[1]，后来有一些经济学家重新进行了估算，估算结果比起哈伯格当初的计算结果来或大或小，但从内容上是接受了哈伯格的基本方法论。

（三）X-非效率阻碍企业进步

X-非效率（X-inefficiency）最初是由美国经济学家莱本斯坦（Leibenstein）于1966年提出来的[2]，以反映企业内部效率低下的状态。莱本斯坦认为，以往对企业行为的有关成本最小化的假设和垄断的福利损失仅限于哈伯格三角形的解释都不足以说明垄断企业的内部低效。实际上，当市场上仅存在一家垄断企业提供满足市场需求的全部产品或服务时，没有竞争的压力作用于它身上，使其不能有效利用全部生产要素，如果预期的利润水平不必通过成本最小化就能达到，那么成本最小化就不是垄断企业的典型行为。而X效率理论的主旨就是要说明，这种处于独占地位的垄断企业明显存在着超额的单位生产成本，不但产生市场配置低效率，还会产生另一种非配置低效率。因为这种类型低效率的性质当时尚不明了，所以称作X-非效率。后来，很多经济学家对X-非效率进行了大量研究，对X-非效率的来源进行了分析和分类。就市场结构而言，在竞争的市场结构下，外部环境对企业产生的压力感先作用于企业经营者，然后再作用于下属各部门负责人员，最后传导到企业的其他成员身上。这是一种从上至下的逐级传导过程，从而导致该企业提高生产效率、降低成本，即产生X效率；在受管制的垄断市场环境中，垄断企业上至经营者下至生产者的每个成员都有可能采取各种形式的自由处置行为的机会，包括专断、草率、官僚主义、傲慢和对市场不做反应的行为。另外，垄断管理者与所有者的目标不尽一致（所有者倾向于追求利润最大化，而管理者倾向于追求销售收入规模最大化），使垄断企业难以形成利润最大化和成本极小化的共同行为，结果导致企业利润费用化，企业生产经营成本增加。久而久之，垄断企业内部就产生了X-非效率。

对X-非效率的解释还有另外一种观点。这种观点认为，垄断企业与竞争企业一样希望使利润最大化，要做到这一点就是在它选定的产量水平上使其成本最小化，因而垄断企业和竞争企业同样有降低成本、提高经营效率的动机。问题是垄断企业未必具有与竞争企业一样有效的生产能力。其原因在于，竞争性产业中的企业至少可以观察到它自己的生产成本是在市场价格之上还是之下，而市场价格反映了产业中其他企业的效率。如果单个企业的成本相对于市场价格过高，它就知道自己应该提高效率。相对而言，垄断企业没有其他企业作参照，也没有适当的标准判断其经营的有效程度如何。结果，垄断企业比竞争企

---

[1] Aronld C. Harberger. Monopoly and Resource Allocation. American Economic Review，1954（44）：77-87.
[2] 刘小怡. X效率一般理论. 武汉：武汉出版社，1998：27-30.

业更难以监督其内部效率,竞争企业比垄断企业更有条件提高效率。

(四) 为维护垄断地位进行的政治寻租

"租金"一词在经济早期阶段,指的是某些资源(如土地资源)由于产权垄断或经营而产生的超额收入。现代经济学的公共选择理论发现,政府的干预管制,如生产许可证发放、物价管制乃至对产业从业人员的数量限制等,造成了人为的稀缺,也能形成超额收入,所以"租金"一词的外延扩大了。受政府管制的自然垄断企业为了获得更多的利润,会进行寻租活动。特别是在自然垄断的不可维持区间,新进入者的竞争抢夺了部分市场,或在自然垄断亏损并需要补贴的市场部分(如偏远地区的电信市场)。补贴一般包括两种形式——交叉补贴和财政补贴。财政补贴会导致较高的机会成本,包括通过游说、行贿等争取政府的特殊政策,维护其垄断地位;通过广告宣传等人为地制造假象,阻止竞争者进入该产业,以及通过其他寻租活动来维护其垄断地位。垄断者寻租的目的在于限制竞争,以获得或维持垄断者的垄断地位。花费在寻租活动的经济资源并不能增加任何社会财富,不过是对现有的社会财富进行再分配。因此,就社会来说,这种用于寻租活动的经济资源完全是一种浪费,损失了本来可以获得的社会财富(即它们用于生产性活动可以获得的产出),扭曲了资源配置。不仅如此,寻租活动还会引发新的寻租活动,造成寻租竞争,从而使更多的资源投入寻租活动中。经济学家们估计,这种寻租活动所造成的资源浪费可能远远高于垄断造成的产量减少所造成的损失。此外,企业为阻止竞争者进入市场采取的种种策略亦应包括在寻租活动中,这些对社会来说也是资源的无谓浪费。具体表现为:高额的垄断价格;掠夺性定价;价格串谋或价格协议;价格歧视;变相收费,如电话初装费、电力基金等。

(五) 交叉补贴和撇奶油

出于社会考虑,政府要保证特定产品或服务以低于成本价供应给某些消费者。例如,政府要求电话企业对消费者提供的普遍服务。普遍服务就是让电信企业以绝大多数人承担得起的服务价格提供基本的电信服务,服务质量和资费标准均要一视同仁。这决定了电信企业服务于一小部分用户的代价是昂贵的,在那些人口密度低、低收入家庭多的地区,以及偏远地区的农村和山区,由于铺设电缆和人工等成本高,致使电信企业在这部分市场中的收益无法弥补成本;而在人口稠密的城市,充分发挥作用的规模经济使成本较低而利润较高,由此在城市市场中的收益可用来弥补经营农村市场带来的亏损。这种因低价出售某种产品或服务而遭受的损失通过高价出售其他产品或服务所获得的利润来补偿的行为称为"交叉补贴"。

交叉补贴通常发生在多产品自然垄断的情况下,假定受管制的垄断者提供两种产品 X 和 Y。Q_X 是 X 的产量,Q_Y 是 Y 的产量,生产两种产品的总成本是 $C(Q_X, Q_Y)$,我们假定存在多产品自然垄断,因此,其成本函数具有范围经济特征,即

$$C(Q_X, Q_Y) < C(Q_X, 0) + C(0, Q_Y) \tag{3.8}$$

式(3.8)左边是同时提供两种产品的多产品企业的成本,右边是两家分别提供产品的总成本。

除了假定范围经济,我们还假定存在特定产品的规模经济。对单一产品来说,规模经

济意味着平均成本下降，特定产品的规模经济含义与此相似，只不过是放到多产品的例子中来定义。假定已生产产品 Y 的产量 Q_Y，生产 Q_X 的增支成本是因生产 Q_X 而多出的成本，即

$$IC(Q_X) = C(Q_X, Q_Y) - C(0, Q_X)$$

X 的平均增支成本为

$$AIC(Q_X) = \frac{C(Q_X, Q_Y) - C(0, Q_Y)}{Q_X}$$

如果产品 X 存在规模经济效益，生产 X 的平均增支成本会逐渐下降，假定受管制的自然垄断企业的产品 X 和 Y 都具有特定产品的规模经济效益。

发生交叉补贴行为时，X 的价格为 P_{0X}，Y 为 P_{0Y}，则

$$P_{X0}Q_{X0} + P_{Y0}Q_{Y0} - C(Q_{X0}, Q_{Y0}) = 0$$

这里被管制的企业获得正常利润，已知产品 Y 的价格低于平均增支成本，为了弥补因销售产品 Y 而受到损失，产品 X 的价格必须相对较高。

在前面对自然垄断的可维持性的分析中得知，在不存在进入管制和价格管制的情况下，产品 X 的市场是不可维持的，一家新企业定价稍低于 P_{X0} 就能满足市场需求而进入低成本高利润的 X 市场并获利。而 X 市场对自然垄断企业弥补在高成本低利润的 Y 市场中遭受的损失是至关重要的。当竞争者得到了这块低成本高利润的市场时，那些有普遍服务责任的被管制的企业可能会发现他们自己处于一种非常不利的境地。比较而言，Y 市场不可能有竞争者进入，因为它无利可图甚至亏损，这种进入利润较高的市场的行为被称为"撇奶油"，进入者从在位企业那里撇走了"上层的油"，剩下的只有"下层的奶"，即利润很薄的市场。[1]

当自然垄断企业用产品 X 的收入弥补产品 Y 的部分成本时，交叉补贴的行为产生了经济低效。抵消了从联合生产产品的经济中获得的利润，在大多数情况下，如果产品 X 是独立生产和独自定价的话，这些产品的消费者会得到更多消费者剩余，而产品 Y 的消费者却对产品 X 的增支成本收到了错误的价格信号。因为有报酬的税收而造成的交叉补贴的损失已显示出了严重的分配低效。[2]

第四节 自然垄断的动态性

一、自然垄断动态变化的基本趋势

自然垄断是经济学研究的一个概念，现实经济中与之对应的是自然垄断产业、自然垄断企业等概念。自然垄断的动态性讨论的是随着市场需求变化和技术进步的影响，自然垄

---

[1] Viscusi, W. K., J. M. Vernon, J. E. Harrington, Jr. Economics of Regulation and Antitrust. Cambridge: The MIT Press, 2000.

[2] Brennan. Cross-Subsidization and Cost Misallocation by Regulated Monopolists. Journal of Regulatory Economics, 1990 (2): 37-52.

断产业的动态变化以及与之相关的管制政策调整。正如前面我们所讲到的，当市场需求曲线由最低平均成本点左边移动到右边时，自然垄断企业从强自然垄断变为弱自然垄断，如果需求进一步提高，需求曲线向右移动并超出成本弱增的范围时，该产业就不再是自然垄断产业了。对自然垄断企业来说，研发（R&D）的投入使创新的进程加快，技术进步使得生产产品的平均成本大幅度降低，进而最小有效规模标准也大幅度降低，此时，两家或两家以上企业共同生产产品成本更低，潜在竞争者进入市场提供产品是有效率的，该产业也不再是自然垄断产业了。来自供给方面的技术变化以及成本变化，与源于需求方面需求扩张所表现出来的市场扩张，都会改变自然垄断产业的边界，需求和供给的这种相互作用、相互影响、相互渗透使自然垄断产业呈现出动态变化的特点，自然垄断产业的政府管制也需随之进行调整。

二、引起自然垄断动态变化的因素

（一）市场需求的变化改变自然垄断边界

从自然垄断的经济特征我们知道，在需求一定的情况下，即在平均成本弱增的范围内，市场中存在一家垄断企业独自经营是最有效率的。这时候的需求往往相对较小。当价格水平既定，只有自然垄断企业才具备可维持性。因此市场需求是决定自然垄断的重要因素。如果需求曲线发生变化，对自然垄断的界定也会随之发生变化，例如，由于人们收入水平的进一步提高和消费结构的变化，原本具有强自然垄断的产业会变成弱自然垄断，从而面临着潜在竞争者进入的威胁，在技术水平不变的前提下，当需求的进一步提高导致市场范围继续扩大时，弱自然垄断消失，一家企业独占市场不再是合理的，取而代之的是竞争性的市场结构。

一个产业的自然垄断结构能否成立，还取决于该产业内企业的平均成本曲线和整个产业需求曲线间的关系。如果平均成本达到最优的企业产量水平相对于市场规模而言比较大，该产业就具备自然垄断的基础；反之，随着市场容量和范围的扩大，使平均成本达到的最优企业产量水平相对于市场规模而言比较小，该产业就具备多家企业竞争的基础。除此之外，需求曲线的弹性也是不得不考虑的因素。如果需求曲线高度缺乏弹性，市场需求的扩大并不会使社会最优产量下降多少，这时市场仍然是由垄断性企业（完全垄断或寡头垄断）在社会最优的价格水平上生产并获利；如果需求曲线弹性较大，最优社会产量会大大下降，因此，即使要求的最小有效企业规模下降，自然垄断的产业特征仍然存在。

观察和比较发达国家和发展中国家相同产业不同的市场结构，实际上体现了两类国家不同的经济发展水平以及人们需求增加扩张市场容量的过程，也直观反映了自然垄断产业的动态变化过程及其动态性。发达国家和发展中国家相同产业的市场结构存在显著差异，在经济发展水平较高的发达国家和地区，人们对电信、电力、供水、天然气等的需求量和需求弹性都很大，在这些产业早已通过引入竞争而改变或减弱了自然垄断的属性；而在经济发展水平较低的发展中国家和地区，电信、电力、供水、天然气等城市公用事业还没有形成全国性的大市场，这些产业在较小的地区市场上，受制于狭小的市场容量，通常由一家企业垄断经营，被认为是自然垄断产业。不同国家相同产业的不同状态表明，经济发展水平越高，人们收入越高，需求增加越快，当需求量超出成本弱增的范围，自然垄断产业就变成竞争性产业了。

我们也可以用同一产业不同的市场范围来观察自然垄断的动态性。以供水产业为例，当市场界定在一个县市范围内，市场需求较小，由一家供水企业就可以满足整个市场需求，此时供水属于自然垄断产业。若将市场界定在省域范围内，则存在多家供水企业，如果市场进一步扩大到全国范围内，供水企业数量更多。由此可见，随着市场扩大和需求增加，自然垄断产业的界定也随之发生变化。

技术是创造和改变需求的重要原因，在分析自然垄断边界变迁的同时，不能忽略技术在其中所发挥的作用。当技术发生变化时，由于创新所带来的低成本、低价格和相应替代品的出现会刺激需求水平的上升，或者改变人们的消费结构。

（二）供给技术变化改变自然垄断的边界

自然垄断的企业之所以能独占市场，除了需求方面的因素外，通常还与企业本身的技术特征有关。自然垄断企业拥有的独一无二的技术使得它具备了自然垄断的经济特征，如规模经济效益、成本弱增性、范围经济效益以及网络性等。同时，巨大的沉没成本、资产的专用性和管制当局对专利的保护等进入壁垒使竞争者望而却步，从而垄断者可以凭借这些条件过着平静的生活。随着科技的进步，当生产和提供这些产品或服务的技术发生很大变化或者对在位垄断企业的专利保护期已过时，就会有能替代原有自然垄断产业提供的产品或服务出现，自然垄断企业的平均成本和边际成本曲线也会发生变化，投入要素的价格也会受到影响。这必然导致自然垄断产业的边界随之发生显著变化，这样，传统产业的自然垄断特征可能不再具备或者至少不再完全具备。从经济史上来看，铁路本来是作为运河的竞争对手产生和发展起来的，在19世纪逐渐取得了垄断地位。但是在20世纪，情况逐渐发生了变化，火车动力燃料的改进降低了铁路的运营成本，新技术的发明还不断应用于汽车和航空领域，随着高速公路的延伸和飞机场的建设，火车、汽车、飞机之间彼此竞争并可以互相替代，旅客可以根据自己的需要在不同运输方式之间进行选择，原来意义上的自然垄断性就自然弱化了许多。

成本结构的变化影响了自然垄断产业的最小有效企业的规模和社会最优产出水平，技术或投入品的变化改变了平均成本曲线的位置。当投入的固定成本下降时，平均成本曲线也会向下移动，最低平均成本点即最小有效企业规模也随之降低，使得一些小规模生产的企业所提供的产品或服务也能满足部分市场需要。如果出现了能够降低固定成本的发明与创新，固定成本占总成本的比重进一步下降，由于可变成本的变化对自然垄断边界不存在非常清晰的影响，所以两家或两家以上的企业可以在社会最优的价格上同时存在并且都能获利，从而提高了社会最优产出水平。传统的具有自然垄断属性的产业，由于技术的变化，现在看来不再具有自然垄断的特征，或者不是在整个产业的产业链上都具有自然垄断特征。

随着科技和时代的进步以及人们生活水平的提高，需求结构和需求水平都在发生变化，促使技术水平和生产方式的变革；同时，因技术进步而不断涌现的新的发明和创新，导致供给特征的变化，刺激了需求的进一步扩大。在现实生活中，在分析市场容量的扩大和自然垄断边界的变化时,不应该将生产技术和需求结构割裂开来单独考虑。实际上,技术变化和需求的变化是共同内生于经济发展过程中的,共同决定了市场容量大小以及在一定市场容量下最有效率的企业数量,两者相互促进、相互影响,通过多种渠道和途径的交互作用,推动着自然垄断产业边界的变化和调整。

从自然垄断产业的动态变化分析和传统自然垄断产业的结构演变可知,从整体上看,没有一个产业可以称为真正意义上的自然垄断产业,如果市场范围足够大,自然垄断企业也不复存在,所谓的自然垄断产业或者自然垄断企业,主要指的是产业内部的自然垄断业务。自然垄断业务主要是指那些具有固定物理网络的业务,如电力、煤气和自来水产业中的线路、管道输送等网络业务,传统的自然垄断产业往往实行垂直化经营模式,大多数自然垄断产业是一种混合产业结构,存在着自然垄断业务和非自然垄断业务(竞争性业务),如表3-1所示。自然垄断业务因不宜竞争可实行垄断经营,非自然垄断业务领域则应引入竞争机制。根据自然垄断产业中这两种业务的性质和特点,管制者应分别实行不同的管制政策,对自然垄断业务实施管制,对非自然垄断业务实施放松管制。

表3-1 自然垄断产业的业务划分

自然垄断产业	竞争性业务	自然垄断业务
电力	发电、供电	输电、配电
电信	长途电话、移动电话、数据传播、增值服务、无线寻呼	本地电话网、无缆网
自然垄断产业	竞争性业务	自然垄断业务
邮电	邮政快递	邮政网
民航	民航客运、货运、机场、航油、航材	航线管制、空中管制、空中通信
铁路	货运、客运、大宗物资运输、通信服务、桥梁建设、铁路建设	路轨网、通信网
自来水	自来水生产、供应、污水处理和回收	水路网
煤气	煤气生产、分销、供应	供气管道

资料来源:胡鞍钢.反垄断:一场深刻的社会经济变革.中国改革,2001(7).

案例

中国电信产业的自然垄断演变

本章小结

- 传统上理解的自然垄断是建立在规模经济的基础上,包括成本导致的规模经济和网络系统导致的规模经济。自然垄断企业的平均成本随产量的增加而持续下降,如果把某种产品的全部生产交给一家垄断企业来生产,对社会来说总成本最低。在一定的产出范围内,生产函数呈规模报酬递增(成本递减)状态,如果规模经济足够大,使得长期平均成本曲线在相应范围内向下倾斜,那么,仅有的一家企业能够生存下去。这个幸存者就会把产出扩张到最大,并因而达到平均总成本的最大下降,它可用廉价出售的方法来竞争,最终把对手都挤出该产业。这种情况形成的垄断就是自然垄断。

- 自然垄断的经济特征主要有规模经济特征、范围经济特征、成本弱增特征。规模经济是指在一定的产量范围内,随着产量的增加,平均成本不断下降,效益不断增加而导致的经济。范围经济通常是以一家企业生产多种产品和多家企业分别生产一种产品的相对总成本来定义的。成本弱增性关注的是在任意产量水平上,由一家企业生产比两家或更多的企业生产更经济。

- 对单产品的自然垄断性而言,规模经济是自然垄断的充分条件,但不是必要条件。只要规模经济存在,就具有自然垄断性,但自然垄断不一定必须要求存在规模经济,在规模不经济的情况下,只要成本弱增性存在,也同样存在自然垄断性。即规模经济能解释平均成本下降情况下的自然垄断,却不能解释平均成本上升情况下的自然垄断。

- 在多产品产出的情况下,自然垄断的定义是成本函数必须有弱增性。成本的弱增性仅仅意味着所有产出的综合产量由单一企业以最低的成本生产,即使没有规模经济的作用,即使平均成本上升,但只要单一企业供应整个市场的成本小于多家企业分别生产的成本之和,由单一企业垄断市场的社会成本就仍然最小,该产业就还是自然垄断产业。

- 在多产品生产的企业中,对于弱增的成本来说,规模经济既不是必要条件,也不是充分条件。如果每件商品提高了1/10以上的产量,而总成本却增加了不到1/10,就存在着规模经济。规模经济对成本弱增性来说既不是必要条件也不是充分条件的原因是,在多产品的生产中,产品生产之间的相互依赖起着重要的作用。

- 自然垄断的强度是指需求曲线与边际成本的相交点决定的企业产量和价格与成本弱增的状况。由于需求水平的不同,需求曲线会与边际成本曲线相交于不同的区间,可能交于边际成本曲线下降的区间,也可能与边际成本曲线相交于最低点,还可能在边际成本曲线上升的区间相交。对自然垄断企业来说,市场需求曲线相交于边际成本曲线最低点的左边时,以平均成本定价既能保证企业的利益,又能将潜在竞争者拒之门外,这种情况称为强自然垄断;当需求曲线相交于平均成本曲线最低点时,边际成本与平均成本相等,边际成本定价恰使企业盈亏相抵,这种情形被称为弱自然垄断第一种情形;当需求曲线与平均成本上升区间相交时(即使在成本弱增性的范围内),边际成本大于平均成本,边际成本定价导致企业盈利并吸引潜在竞争者进入市场。在这种情形中,边际成本定价原则使企业盈利,实现了社会福利最大化,自然垄断中边际成本定价矛盾不复存在,被称为弱自然垄断第二种情形。

- 在强自然垄断情况下,垄断企业获得正常利润。提供能满足整个市场需要的全部产品或服务,这时自然垄断是可维持的(sustainable)。竞争者无法抢走在位垄断企业的市场,不需要政府对进入进行管制。在弱自然垄断情况下,如果市场需求与平均成本相交于平均成本上升过程中,在这种情况下,潜在竞争者会发现从高于最低平均成本点但略低于当前垄断企业的定价的某个价格出售产品将可获得利润,因此导致了垄断企业的不可维持性。这个范围内的进入是一种低效率的浪费性进入,因为进入者通常规模较小,无法提供新的产品或服务,所使用的生产技术也和在位的垄断者一样甚至更差。一般而言,需要政府对进入进行管制。

- 自然垄断对经济效率具有正面的影响，主要表现为规模经济促进生产效率的提高，范围经济减少市场交易费用等。自然垄断对经济效率也具有负面的影响，主要表现为规模过大所产生的规模不经济会导致经济低效，自然垄断会产生社会福利的损失，垄断企业的 X-非效率阻碍企业进步等。
- 自然垄断产业并不是一成不变的，当市场需求曲线由最低平均成本点左边移动到右边时，它从强自然垄断变为弱自然垄断。如果需求曲线继续往右移动，并超出成本弱增的范围时，该产业就不再是自然垄断产业了。这时候，竞争就成为这个产业的必然趋势。同样，技术的进步使得生产产品的平均成本不断降低，从而最小有效规模的标准也在降低，使得一些小规模生产企业也可进入市场提供产品。另外，技术的进步会促使相近的替代品发明和应用，产业内可以容纳不止一家供应企业。需求和供给的这种相互作用、相互影响、相互渗透使两者之间的相对关系呈现出动态变化的特点，自然垄断的特点也会随之发生变化。

关键词

自然垄断（natural monopoly）　　规模经济（economies of scale）
范围经济（economies of scope）　　成本弱增性（cost subadditivity）
强自然垄断（strong natural monopoly）　　弱自然垄断（weak natural monopoly）
自然垄断的可维持性（sustainability of natural monopoly）

复习思考题

1. 简述自然垄断的基本特征。
2. 为什么说在多产品生产的企业中，对于弱增的成本来说，规模经济既不是必要条件，也不是充分条件？
3. 简述强自然垄断的可维持性与政府管制。
4. 简述弱自然垄断的可维持性与政府管制。
5. 简述强自然垄断与弱自然垄断的区别。
6. 简述自然垄断对经济效率的影响。
7. 自然垄断产业的特征变化受哪些因素的影响？

延伸阅读

1. 黄昕，平新乔. 行政垄断还是自然垄断——国有经济在产业上游保持适当控制权的必要性再探讨. 中国工业经济，2020（3）.
2. 董纪昌，等. 基于博弈视角的自然垄断行业管网分离策略研究——以油气行业为例. 管理评论，2019（8）.
3. 陈林. 自然垄断与混合所有制改革——基于自然实验与成本函数的分析. 经济研究，2018（1）.
4. 陈林，刘小玄. 自然垄断的测度模型及其应用——以中国重化工业为例. 中国工业经济，2014（8）.
5. 于良春，张伟. 强自然垄断定价理论与中国电价规制制度分析. 经济研究，2003（9）.
6. 王廷惠. 自然垄断边界变化与政府管制的调整. 中国工业经济，2002（11）.
7. 于立，肖兴志. 自然垄断理论演进综述. 经济学动态，2000（6）.

即测即评

第四章 进入管制

党的二十届三中全会通过的《决定》提出,"制定民营经济促进法。深入破除市场准入壁垒,推进基础设施竞争性领域向经营主体公平开放,完善民营企业参与国家重大项目建设长效机制。""推进能源、铁路、电信、水利、公用事业等行业自然垄断环节独立运营和竞争性环节市场化改革,健全监管体制机制。"这为放松进入管制,促进民营企业进入公用性、基础性产业,改革与完善监管体制提供了有力的政策导向。本章主要讨论进入管制的经济依据,政府承诺与投资行为的关系,对原有企业阻碍新企业进入行为管制,对原有企业与新企业的不对称管制等有关进入管制的重要内容。

第一节 进入管制的经济依据

自然垄断产业具有显著的规模经济,但由一家或极少数几家企业垄断经营又会扼杀竞争活力。因此,规模经济与竞争活力便构成了自然垄断产业进入管制的两难选择。对此,一个重要的政策思路是,以规模经济与竞争活力相兼容的有效竞争作为政府制定自然垄断产业进入管制政策的主要经济依据。①

一、规模经济与竞争活力是自然垄断产业进入管制的两难选择

自然垄断的一般特征在于它具有巨大的规模经济,但更确切的特征在于它的成本弱增性。由于规模经济与成本弱增性具有密切的联系,同时,规模经济在理论研究和经济生活中更为常用,因此,通常把自然垄断性理解为巨大的规模经济性。自然垄断产业需要巨大的投资,这些投资要通过较长的时期才能逐步得到回报,其投资的专用性较强,一旦投资就难以挪作他用,沉淀成本很高。这意味着只有经济实力较强的企业才有能力经营自然垄断产业。更为重要的是,自然垄断产业的投资项目一旦投入使用,单位产品的成本会随着产出量的增加而下降,即表现为巨大的规模经济性或显著的成本弱增性。这就是说,在一定地域范围内,由一家或极少数几家企业提供特定自然垄断产品或服务能使成本效率极大化。这就要求政府制定限制进入的管制政策,以保证自然垄断产业的规模经济性。但这会导致这些垄断经营企业放松内部管理和技术创新,从而使实际达到的生产效率大大低于可能达到的最大生产效率,即导致生产低效率。不仅如此,这些垄断企业还可能凭借其市场垄断力量,制定大大高于边际成本或平均成本的垄断高价以谋取垄断利润,从而导致分配效率低下。这意味着为克服市场垄断所造成的生产低效率和分配低效率,提高自然垄断产业的经济效率,就应该允许较多的企业进入产业进行竞争性生产经营活动,发挥市场竞争

---

① 对于有效竞争的详细讨论可参见王俊豪. 市场结构与有效竞争. 北京:人民出版社,1995:6-39.

机制作用，以刺激经济效率。这就要求政府制定放松进入的管制政策。这样，政府在制定自然垄断产业的进入管制政策时，面临着规模经济与竞争活力的两难选择，即由一家或极少数几家企业垄断经营，以追求规模经济效率；还是放松进入管制，由多家企业竞争性经营，以较充分地发挥竞争机制的作用，提高经济效率。显然，规模经济与竞争活力具有对立性，为了达到最大产业经济效率，对于一个明智的管制者来说，既不应该只追求规模经济，也不应该只追求竞争活力。但如何兼顾规模经济与竞争活力，把两者协调起来，这是一个必须解决的理论问题。因此，我们首先从理论上探讨规模经济与竞争活力兼容的有效竞争问题，为政府制定自然垄断产业的进入管制政策提供理论依据。

二、有效竞争的概念与实质

一提到有效竞争，人们似乎很自然地联想到"马歇尔困境"（Marshall's dilemma）。马歇尔在1890年出版了《经济学原理》一书，在第四篇对四大生产要素（即土地、劳动、资本和组织）中的组织进行系统论述时，充分肯定了规模经济的作用，同时，他也认识到，在追求规模经济的过程中会出现垄断，从而使经济运行缺乏原动力，企业缺乏竞争活力。[1] 这样，在马歇尔看来，规模经济和垄断就成了一对难分难解的矛盾，也就是说，规模经济与竞争活力成为两难选择，这就是所谓的"马歇尔困境"。在一个较长的时期里，经济学家对如何克服"马歇尔困境"，把规模经济与竞争活力两者有效地协调起来进行了积极的探索。直到1940年，克拉克（Clark）在总结前人观点的基础上，通过大量的调查研究，发表了《有效竞争的概念》[2] 一文，从其基本内容看，所谓有效竞争，就是指将规模经济和竞争活力两者有效地相协调，从而形成一种有利于长期均衡的竞争格局。但克拉克没有论述实现有效竞争的客观条件和标准问题。因此，诚如有中国学者所指出的那样："有效竞争的概念无论在理论上和实践上并没有解决多少实质性的问题。但是，在制定和实施产业组织政策时，又不得不把它作为一个出发点"[3]。这无疑大大影响了理论对实践的指导作用。这就需要我们进一步分析有效竞争的实质，探讨有效竞争的衡量标准。

从有效竞争的概念可知，有效竞争的两个决定变量是规模经济和竞争活力。规模经济的一般含义是指随着企业生产规模的扩大而使单位产品成本降低、收益增加的一种经济现象，它是实现社会资源优化使用，提高经济效率的手段和途径；而竞争活力的经济意义表现为它与价格机制、供求机制的综合作用，发挥市场机制的自组织功能，实现社会资源的优化配置，从而提高经济效率。可见，规模经济和竞争活力在优化配置和有效使用社会资源、提高经济效率上达到了统一，即规模经济和竞争活力是以不同的途径实现经济效率目标的。但规模经济和竞争活力又具有相互排斥性，其表现形式是：随着企业规模的扩大就会引起生产集中，而生产集中发展到一定阶段，就会自然而然形成垄断。垄断则是对市场竞争的否定，它会导致经济缺乏竞争活力。因此，有效竞争作为兼顾规模经济和竞争活

---

[1] 马歇尔. 经济学原理（上卷）. 朱志泰, 译. 北京：商务印书馆，1964：290-331.
[2] Clark, J. M. Toward a Concept of Workable Competition. American Economic Review, 1940：241-256.
[3] 杨治. 产业经济学导论. 北京：中国人民大学出版社，1985：170.

力，两者相互协调的一种理想状态，其协调点是合理界定规模经济和竞争活力的"度"，其协调目标是规模经济和竞争活力所发挥的综合作用使社会经济效率极大化。由此可引申出这样一个结论：有效竞争问题就是经济效率问题，有效竞争的实质就是追求较高的经济效率。

三、有效竞争的衡量标准

许多学者对有效竞争的标准做了长期艰苦的探索，并取得了一些研究成果，其中最主要的是：1957 年，美国哈佛大学教授梅森（Mason）在总结许多学者对实现有效竞争的客观条件和度量标准所做的大量研究的基础上，提出衡量有效竞争的市场结构标准和市场效果标准；1958 年，美国经济学家史蒂芬·索斯尼克（Stephen Sosnick）提出以结构—行为—绩效三分法来概括的，包含 15 个方面内容的有效竞争标准。[①] 但这些标准在实际操作中存在难以把握的问题，同时，还存在一些标准满足了但另一些标准不能满足的问题，况且规模经济和竞争活力本来就有相克的特点，这就使这一问题更加普遍；同时符合所有标准几乎是不可能的。这就需要对现存的有效竞争标准进行新的探讨。

根据有效竞争的性质，在研究有效竞争标准时，首先应该明确有效竞争需要具备以下特征：

第一，有效竞争是一种竞争收益明显大于竞争成本的竞争。市场竞争能促进社会资源得到优化配置和使用；但正如一些学者所提出的那样，竞争也可能是毁灭性的，或者是成本高昂的。[②] 因为在市场竞争中，企业有时亏损、有时获利，如果亏损期太长，企业就会破产倒闭，而竞争造成生产能力过剩，生产要素闲置，从而造成资源浪费则是更为普遍的现象。可见，市场竞争一方面会产生竞争收益，另一方面又产生竞争成本。而作为有效竞争，竞争收益扣除竞争成本后的净收益是相当大的。我们可以用竞争效益公式来衡量这种净收益

$$竞争效益 = \frac{竞争收益}{竞争成本}$$

这就是说，有效竞争必须要求竞争效益大于 1，至于竞争效益具体要达到多大才能称得上是有效竞争，这是一个需要根据各国各时期自然垄断产业的具体情况而定的问题，至少它为有效竞争规定了一个最低限。

第二，有效竞争是一种适度竞争。适度竞争的对立面是过度竞争或竞争不足。过度竞争表现为企业数量和生产规模超过市场需要，规模经济效益差；而竞争不足则会抑制竞争功能的有效发挥，从而影响社会资源的合理配置和使用。虽然任何国家都不可能完全消除过度竞争和竞争不足现象，但有效竞争要求把这些消极现象控制在较低限度内。事实上，也只有适度竞争才能产生较大的竞争效益。这是因为，在特定时限内，由于具体自然垄断产业受规模经济、技术水平等因素的制约，随着市场竞争度的提高，竞争收益往往呈先递

---

① Stephen H. Sosnick. A Critique of Concepts of Workable Competition. The Quarterly Journal of Economics，1958，72（3）：380-423.

② John S. Mcgee. Industrial Organization. Englewood Cliffs，NJ：Prentice Hall，1988：45-47.

增后递减的变动趋势,而竞争成本一般随着市场竞争度的提高而增加。我们可用图 4-1 表示。

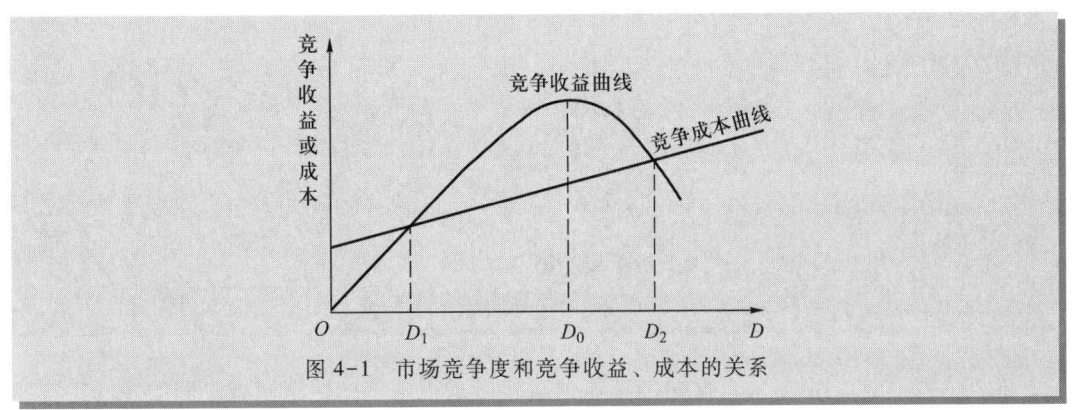

图 4-1 市场竞争度和竞争收益、成本的关系

由图 4-1 可见,竞争收益先是递增。当市场竞争度小于 D_1 时,竞争成本大于竞争收益,表现为竞争不足;在 D_0 处竞争收益达到最大,然后递减;在 D_2 处竞争收益和竞争成本相等。当市场竞争度继续增加,竞争成本便大于竞争收益,竞争净收益为负值。可见,(D_1, D_2) 是适度竞争范围,在此区间内才能保证竞争收益大于竞争成本。而且,必然存在这样一种市场竞争度状态 (D_0),它能使竞争收益最大。

第三,有效竞争应符合规模经济要求。规模不经济状况下的竞争是一种低水平的竞争,而低水平竞争意味着企业要以较多的资源投入才能得到一定量的产出,表现为经济效率低下。这显然是与以追求较高经济效率的有效竞争目标相违背的。因此,有效竞争应该是在满足最小经济规模条件下的竞争,这样才能实现较高的经济效率。

根据有效竞争的以上特征,我们进一步来讨论有效竞争的标准问题。我们在前面曾指出,有效竞争是规模经济和竞争活力相互协调的一种理想状态,其协调点是合理确定规模经济和竞争活力的"度",其协调目标是两者所发挥的综合作用使经济效率极大化。这可作为我们设计有效竞争标准的基本思路。由于规模经济和竞争活力具有相克的特征,显然,要达到有效竞争状态,就不能偏重一方面忽视另一方面,而是要综合考虑规模经济和市场竞争度,要求两者做出适当"让步"。根据规模经济理论,当企业处于适度规模范围(即"最小最佳规模"到"最大最佳规模"区间)时,其平均生产成本和交易成本较小,规模收益较大。因此,规模经济"让步"的最低限就是要保证特定自然垄断产业内的企业规模不低于最小经济规模,否则,牺牲规模经济就谈不上有效竞争。而市场竞争度"让步"的最低限则是要保证竞争收益大于竞争成本,即属于适度竞争。由于两者都"留有余地",存在一个合理区间,因此,有效竞争状态不是一种点状态,而是一种区域状态。我们可以通过图 4-2 对此加以形象化描述。

由图 4-2 可见,有效竞争是由适度规模与适度竞争相交部分组成的区域,虽然在这一区域内所分别获得的规模效益和竞争效益不一定是最大的,但两者的综合效益最大,能实现经济效率极大化的目标。因此,只要在某产业中,企业的规模达到最低适度规模

（即最小经济规模）要求，同时，其市场竞争度能保证竞争收益大于竞争成本，即处于适度竞争范围，这个产业就基本上处于有效竞争状态。这便构成衡量有效竞争的标准，可作为政府制定自然垄断产业管制政策的重要依据。

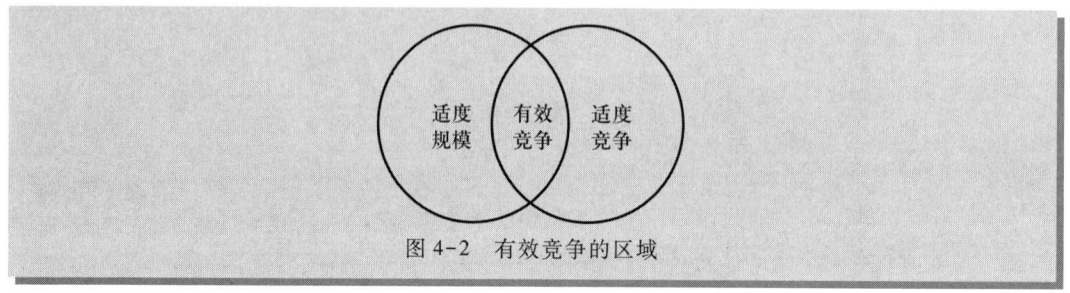

图 4-2　有效竞争的区域

值得一提的是，由于各自然垄断产业的自然垄断程度不同，因而有不同的规模经济要求和适度竞争的范围，这就使各自然垄断产业具有特定的有效竞争标准。另外，随着技术的发展和市场需求的变化，自然垄断产业的规模经济要求和适度竞争的范围也会发生变化，这就使特定自然垄断产业的有效竞争标准具有动态性。可见，有效竞争的标准不仅因产业而异，而且因时间而异。

以上分析表明，有效竞争是规模经济与竞争活力相兼容的一种理想状态。因此，在政府制定自然垄断产业进入管制政策时，应该把有效竞争作为其主要经济依据。

第二节　政府承诺与企业投资行为

一、管制滞后效应

管制政策具有一定的稳定性，但它并不是一成不变的，管制者需要根据需求和技术变化情况周期性地调整管制政策。例如，政府一旦制定管制价格，在一定时期（如 5 年）内将固定不变，这就给企业提供了努力降低成本以增加利润的刺激，企业会自觉地进行生产要素的最佳组合。如果企业降低了成本，就能获得比规定的投资回报率更高的收益，当然，如果企业反而增加了成本，它就只能取得低于管制水平的收益。这种在管制政策调整周期内，对生产效率的刺激通常被认为是"管制滞后效应"（regulatory lag effect）。如果管制者不断地调整管制价格，使企业的实际投资回报率总是等于规定的投资回报率（S），就不存在管制滞后现象，但也就不存在企业追求生产效率的刺激。可见，管制政策调整的滞后效应具有两面性，它既有相对稳定的管制价格和不断变化的需求与技术状况相背离的一面，也有刺激企业努力提高效率的一面。同时，这也暗含着，管制政策调整的滞后时间长度与滞后效应的强度密切相关。

从管制滞后效应中不难得出这样的结论：管制滞后使企业在下一轮的管制政策调整前，可以通过提高生产效率获得较多的利润；延长管制滞后期能增强企业通过技术创新、优化生产组合，以降低成本的刺激，但这使消费者在较长时期后才能享受到因企业提高效率而带来的利益。相反，如果管制滞后期较短，消费者能在较短的时期内获得企业增进效率之利，但企业降低成本的刺激却大大减少。因此，管制政策调整的时间选择十分重要，这不仅关系到管制滞后期的长短，而且要考虑管制政策调整是以事先确定的周期进行，还是以随机的方式确定。同时，对企业来说更为重要的是，管制滞后效应与政府承诺密切相关，如果政府承诺是确定的，企业就会通过增加投资，进行技术创新，以积极利用管制滞后效应；反之，如果政府承诺具有相当的随机性，企业就会以消极的态度应对管制滞后效应。因此，我们有必要进一步讨论政府承诺对企业投资行为的影响，以便为政府制定科学的管制政策提供依据。

二、政府承诺对企业投资行为的影响

我们简单地假定政府管制过程包括三个阶段：第一阶段，管制者宣布企业可以制定的价格水平；第二阶段，企业制定投资决策，在投资中包含大量的沉淀成本；第三阶段，管制者调整以前制定的价格政策。在第三阶段，管制者为追求消费者利益最大化或迫于社会稳定的压力，总是试图制定较低的价格，迫使企业提高生产效率。在实践中，若管制者按照 $P=MC$ 的最优原则确定价格水平，由于许多自然垄断产业存在显著的规模经济，这意味着价格水平低于（长期）平均成本。除了价格手段外，管制者还会利用取消各种优惠政策等其他政策手段制约企业行为。因此，企业担心在第三阶段会出现将来对自身不利的管制政策，而对管制者在第一阶段所提供的承诺存在一定程度的怀疑，这就使企业在第二阶段不敢做出大规模的投资决策。对企业来说，这实际上是一个对投资管制的可信性（credibility）问题，它来源于管制者追求短期公共利益，但由于它影响了企业在第二阶段的投资热情，因而产生了有损于长期公共利益的消极影响。对于这一问题，格林沃尔德（Greenwald）提出了如下的解决思路：最简单的方法是通过法律手段要求管制者对企业的承诺在将来必须兑现，但为维护管制者对将来意外情况反应的灵活性，对管制者承诺的法律约束应该是有一定弹性的。由于投资者主要关心将来的投资报酬，对管制者承诺的法律监督主要是保证企业在将来能取得预期收益。但这并不能完全解决这一问题，只要管制者承诺的可信度没有达到100%的水平，企业就存在一种投资管制风险，以利润最大化为目标的企业在制定投资决策时必然会考虑这一因素。

可见，当企业考虑到投资管制的动态性和可信性时，出于对将来调整管制政策的担忧，企业会减少投资的热情，从而导致投资不足，影响公共利益。要解决这一问题，政府管制者就需要向有关企业提供一种比较可信的保障机制。

第三节 阻碍进入行为管制

从改革实践看，自然垄断产业管制体制改革的总趋势是打破垄断，引进并不断强化竞争机制。这要求在自然垄断产业实行放松进入管制政策，允许一些新企业进入，将自然垄断产业的垄断性市场结构转变为竞争性市场结构。但在实践中，产业内原有企业为保持其在市场上的垄断地位，会本能地设置一系列战略性进入障碍。不少学者分析了产业内原有企业可能采取的多种阻碍潜在竞争者进入市场的战略。① 从潜在竞争企业的角度分析，潜在竞争企业进入市场的决策是建立在进入市场后能够取得利润这一信念基础上的，只有当进入市场后的预期收益超过预期成本时，新企业才会进入市场。因此，市场上原有企业为了阻碍潜在竞争者制定进入决策，就会想方设法动摇潜在竞争者能取得利润的信念。作为一种重要的进入障碍战略，原有企业会努力使潜在竞争者相信，它将对新企业进入市场作出强烈的反应（如大幅度压低价格），导致潜在竞争者动摇其利润信念而放弃进入决策。这就涉及潜在竞争者对原有企业所作的威胁的可信度问题。一些学者认为，大幅度降价这种掠夺性定价战略是不理性的，这会使原有企业与新企业两败俱伤。因此，采取掠夺性定价战略的威胁是不容易被人相信的。但不少学者则认为原有企业为了长期占领市场，在短期内是不惜采取掠夺性定价战略的。除了价格战略外，原有企业还可能采取许多非价格战略以阻碍潜在竞争者进入市场。如有的学者对原有企业通过事先收买专利，致使潜在竞争者难以取得有竞争力的技术，从而抑制其进入市场的情况作了经济分析。② 这里的一个重要因素是，原有企业获得专利的刺激往往超过竞争企业获得专利的刺激，尽管某种专利的技术含量低于原有企业已经拥有的技术水平，原有企业也会收买这种专利。这是因为，如果原有企业能从技术上抑制潜在竞争者进入，就能保持其市场垄断地位，取得垄断利润。这为原有企业购买专利后束之高阁的现象提供了一种解释。此外，原有企业还可能通过广告、产品差异和产品品牌等方面的战略来阻碍潜在竞争者进入市场。③

原有企业可能采取的各种阻碍新企业进入的战略行为说明，管制者应该采取适当的管制政策，消除市场上原有企业设置的各种进入壁垒，以帮助新企业进入市场参与竞争。这说明仅有市场可竞争性是不够的，还需要政府制定促进竞争的管制政策。

第四节 不对称管制

一、不对称竞争与不对称管制

由于自然垄断产业需要巨额投资，资产专用性强，消费者人多面广，其基本业务具有网络性（如电信网、电力网、铁轨网、煤气和自来水管网等），因此，一种具有普遍意义的经济现象是：新企业进入自然垄断产业之初，需要筹措大量资本，逐渐建立和扩展其业务网络，通常缺乏经济规模和生产经营管理经验。而产业内原有企业经过多年经营，已建立了庞大的基本业务网络，拥有相当大的经济规模，在生产经营管理方面积累了丰富的经

---

① 对此有兴趣的读者可参见：Fudenberg, D. and J. Tirole. The Fat-Cat Effect, the Puppy-Dog Ploy, and the Lean and Hungry Look. American Economic Review Papers and Proceedings, 1984 (74): 361-366; Bulow, J., J. Geanakopolos and P. Klemperer. Multimarket Oligopoly. Journal of Political Economy, 1985 (93): 488-511.

② Gilbert, R. J. and D. Newbery. Pre-emptive Patenting and the Persistence of Monopoly. American Economic Review, 1982 (72): 514-526.

③ Schmalensee, R. Advertising and Entry Deterrence: An Exploratory Model. The Journal of Political Economy, 1983, 91 (34): 636-653.

验，具有相当的市场垄断力量。因此，新企业与原有企业之间的竞争是一种竞争能力不对称的竞争。而且，为了吸引顾客，新企业还必须在生产经营的某一方面或某些方面优于原有企业，以创造特色满足其目标市场的需要，这无疑进一步增加了新企业进入市场和占领市场的难度。因此，为培育市场竞争机制，与不对称竞争相适应，政府应该对原有企业与新企业实行"不对称管制"（asymmetric regulation），对新企业给予一定的政策优惠，扶植其尽快成长，与原有企业实行势均力敌的对称竞争，以实现公平、有效的竞争。

二、不对称管制的普遍性

事实上，对自然垄断产业内原有企业与新企业实行不对称管制，这是各国政府在进入管制实践中所遵循的基本原则。例如，英国政府在电信产业管制体制改革中所采取的"双寡头垄断政策"（duopoly policy）及其相应的政策措施正是体现了这一原则。① 英国政府首先考虑在有线通信网络业务领域培育一家竞争企业——莫克瑞电信公司（Mercury Communications），与英国电信公司形成"双寡头"垄断竞争格局。英国政府只允许一家新企业进入是出于以下的考虑：在20世纪80年代初，在有线通信网络中培育市场竞争力量还是一种尝试，需要采取谨慎态度，而且，一家新企业进入电信产业比多家企业同时进入具有更大的成功率。同时，英国政府认识到，在电信产业中，建立新的通信网络需要巨额投资和较长的时间，新企业进入产业后的几年内将缺乏经济规模，生产成本较高，利润率较低。因此，为尽快形成有效竞争机制，不能完全依靠市场力量，还需要政府对新企业提供一些"进入帮助"（entry assistance）。例如，英国政府要求英国电信公司向新企业（莫克瑞电信公司）以较低的成本价格提供市内电话通信网络服务，以帮助莫克瑞电信公司抵消在长途电话经营中缺乏规模经济的劣势；同时，允许莫克瑞电信公司采取"取脂战略"，选择通信业务量最大的线路和地区作为其经营范围，以较低的成本取得较高的利润。英国政府对新企业的这种进入帮助虽然在短期内有悖于公平竞争，但从长期看，这有利于培育竞争力量，以实现有效竞争。存在争议的是，英国政府在电信产业中采取的"双寡头垄断政策"持续7年之久，对科学技术迅速发展的电信产业来说，这无疑丧失了允许其他新企业进入电信产业，以更有效地培育市场竞争机制的机会。

三、不对称管制的主要内容

在具有网络性的自然垄断产业中，新企业进入市场之初，由于其自身建立的业务网络较小，难以向广大消费者提供服务，如果要建立起与产业内原有企业规模相当的业务网络，这不仅需要很长的时间，而且也会造成重复性建设。这就要求政府对原有企业实行强制性联网。同时，在新企业使用原有企业网络的付费价格上，为了弥补新企业在经营规模上的劣势，政府还允许新企业只按边际成本付费，即不要求新企业承担固定资产投资费用。

除了在联网方面实行不对称管制外，政府还规定在短期内，新企业可以不承担提供普

---

① 详见王俊豪. 英国政府管制体制改革研究. 上海：上海三联书店, 1998: 118-119.

遍服务义务，使新企业有财力拓展业务范围。同时，政府还允许新企业采取比原有企业更为灵活的价格政策，利用价格优势争取顾客。

当然，不对称管制只是一种短期现象，当新企业经过一个发展时期，具有一定竞争实力后，政府就应该逐渐取消这种不对称管制，实行中性管制（对称管制），以实现公平竞争。

案例

我国第一条民营企业控股的高速铁路——"杭台"高铁诞生记

本章小结

- 自然垄断产业具有显著的规模经济，但由一家或极少数几家企业垄断经营又会扼杀竞争活力。因此，政府在制定自然垄断产业的进入管制政策时，面临着规模经济与竞争活力的两难选择，即由一家或极少数几家企业垄断经营，以追求规模经济效率；还是放松进入管制，由多家企业竞争性经营，以较充分地发挥竞争机制的作用，提高经济效率。对此，一个重要的政策思路是，以规模经济与竞争活力相兼容的有效竞争作为政府制定自然垄断产业进入管制政策的主要经济依据。

- 有效竞争是指对规模经济和竞争活力进行有效协调，从而形成一种有利于长期均衡的竞争格局。有效竞争作为兼顾规模经济和竞争活力，两者相互协调的一种理想状态，其协调点是合理界定规模经济和竞争活力的"度"，其协调目标是规模经济和竞争活力所发挥的综合作用使社会经济效率极大化。有效竞争问题就是经济效率问题，有效竞争的实质就是追求较高的经济效率。

- 有效竞争状态不是一种点状态，而是一种由适度规模与适度竞争相交部分组成的区域状态。只要在某产业中，企业的规模达到最低适度规模（即最小经济规模）要求，同时，其市场竞争度能保证竞争收益大于竞争成本，即处于适度竞争范围，这个产业就基本上处于有效竞争状态。这可作为衡量有效竞争的标准，也是政府制定自然垄断产业管制政策的重要依据。

- 管制政策具有一定的稳定性，但它并不是一成不变的，管制者需要根据需求和技术变化情况周期性地调整管制政策。在管制政策调整周期内，对企业生产效率的刺激通常被认为是管制滞后效应。管制滞后使企业在下一轮的管制政策调整前，可以通过提高生产效率取得较高的利润。因此，管制政策调整的时间选择十分重要，这不仅关系到管制滞后期的长短，而且要考虑管制政策调整是以事先确定的周期进行，还是以随机的方式确定。

- 政府承诺对企业的投资行为具有重要影响，如果政府承诺是确定的，企业就会通过增加投资，进行技术创新，以积极利用管制滞后效应；反之，如果政府承诺具有相当的随机性，企业就会以消极的态度应对管制滞后效应。因此，当企业考虑到投资管制的动态性和可信性时，出于对将来调整管制政策的担忧，企业会减少投资的热情，从而导致投资不足，影响公共利益。要解决这一问题，政府管制者就需要有关企业提供一种比较可信的保障机制。

- 产业内原有企业为保持其在市场上的垄断地位，会本能地设置一系列战略性进入障碍，这要求管制者应采取适当的管制政策，消除市场上原有企业设置的各种进入壁垒，以帮助新企业进入市场参与竞争。这也说明仅有市场可竞争性是不够的，还需要政府制定促进竞争的管制政策。

● 为培育市场竞争机制，针对原有企业与新企业的不对称竞争状态，政府应实行不对称管制，对新企业给予一定的政策优惠，扶植其尽快成长，以与原有企业展开势均力敌的对称竞争，以实现公平、有效的竞争。不对称管制是国际上的一种通用做法。不对称管制的主要内容包括：对原有企业实行强制性联网，并允许新企业只按边际成本付费，不要求新企业承担固定资产投资费用；新企业可以不承担提供普遍服务义务；允许新企业采取比原有企业更为灵活的价格政策，利用价格优势争取顾客，等等。

关键词

进入管制（entrance regulation）　　马歇尔困境（Marshall's dilemma）
有效竞争（workable competition）　　管制滞后效应（regulatory lag effect）
管制可信性（regulatory credibility）　　不对称管制（asymmetric regulation）
进入帮助（entry assistance）

复习思考题

1. 为什么说有效竞争是进入管制的主要经济依据？
2. 简述有效竞争的实质与衡量标准。
3. 简述管制滞后效应及其作用。
4. 政府承诺对企业投资行为有什么影响？
5. 产业内原有企业为什么要设置以及如何设置战略性进入障碍？
6. 简述不对称管制的理论依据及其政策措施。

延伸阅读

1. 张宇燕. 国家放松管制的博弈——以中国联合通信有限公司的创建为例. 经济研究，1995（6）.
2. 于良春，丁启军. 自然垄断产业进入管制的成本收益分析——以中国电信业为例的实证研究. 中国工业经济，2007（1）.
3. 王璐，陈民. 民间资本进入下自然垄断行业政府管制——基于可竞争市场理论的探讨. 中国行政管理，2012（10）.
4. 王俊豪，李阳，吴俊宏. 我国增量配电定价机制探索——基于不对称管制理论的机制设计. 山东大学学报（哲学社会科学版），2021（5）.
5. 王俊豪，程肖君. 网络瓶颈、策略性行为与管网公平开放——基于油气产业的研究. 中国工业经济，2017（1）.

即测即评

第五章 价 格 管 制

价格管制是经济性管制的又一核心内容。党的二十届三中全会通过的《决定》提出，"完善主要由市场供求关系决定要素价格机制，防止政府对价格形成的不当干预。""推进水、能源、交通等领域价格改革，优化居民阶梯水价、电价、气价制度，完善成品油定价机制。"本章主要讨论价格管制的三大政策目标，价格管制目标与定价方式的关系，重点探讨价格水平管制模型和价格结构管制问题。由于自然垄断产业的业务领域可分为竞争性业务和自然垄断性业务，[1] 从发展趋势看，竞争性业务领域的价格将主要由市场决定，因此，本章讨论的价格管制主要是自然垄断性业务领域的产品与服务价格管制问题。

第一节 价格管制的目标

价格管制目标体现着管制者对价格管制的偏好。管制者在制定与实施管制价格时，需要考虑多种因素，存在多重目标，但从公共利益的角度看，最基本的是以下三个目标。[2]

一、促进社会分配效率

自然垄断产业的显著特征是，在成本弱增的范围内，由一家企业提供产品或服务比多家企业提供相同数量的产品或服务具有更高的生产效率，因此，在自然垄断产业或自然垄断性业务领域通常由一家或极少数几家企业垄断经营。但由于这些企业拥有市场垄断地位，如果不存在任何外部约束机制，它们就成为市场价格的制定者而不是价格接受者，就有可能通过制定垄断价格，把一部分消费者剩余转化为生产者剩余，从而扭曲分配效率。这就要求政府对自然垄断产业的价格实行管制，以促进社会分配效率。这是政府制定自然垄断产业价格管制政策的第一个目标。

二、刺激企业生产效率

由于政府管制的实质是，在几乎不存在竞争或竞争很弱的产业或业务领域中，政府通过一定的管制政策与措施，建立一种类似于竞争机制的刺激机制，以刺激企业的生产效率。因此，价格管制作为一种重要的管制手段，其管制功能不仅仅是通过制定最高管制价格，以保护消费者利益，实现分配效率，而且要刺激企业优化生产要素组合，充分利用规模经济，不断进行技术革新和管理创新，努力实现最大生产效率。这是政府制定自然垄断产业价格管制政策的第二个目标。

---

[1] 详见王俊豪.中国垄断性产业结构重组、分类管制与协调政策.北京：商务印书馆，2005.
[2] 参见王俊豪，鲁桐，王永利.发达国家基础设施产业的价格管制政策及其借鉴意义.世界经济与政治，1997(10).

三、维护企业发展潜力

自然垄断产业具有投资额大、投资回报期长的特点,而且,随着国民经济的发展,对自然垄断产业的需求具有一种加速增长的趋势。为适应这种大规模的、不断增长的需求,就需要自然垄断产业的经营企业不断进行大规模投资,以提高市场供给能力。这就需要政府在制定自然垄断产业管制价格时,考虑到使企业具有一定的自我积累、不断进行大规模投资的能力。这样,维护企业发展潜力便构成政府制定自然垄断企业价格管制政策的第三个目标。

综上所述,促进社会分配效率、刺激企业生产效率和维护企业发展潜力共同构成自然垄断产业价格管制的三维政策目标体系。它是政府制定自然垄断产业管制价格的主要经济依据,也是进行价格管制政策分析的重要工具。如果我们分别以 S、P 和 D 表示社会分配效率、企业生产效率和企业发展潜力,则上述三维政策目标体系可表示为图 5-1 所示的三维向量空间。

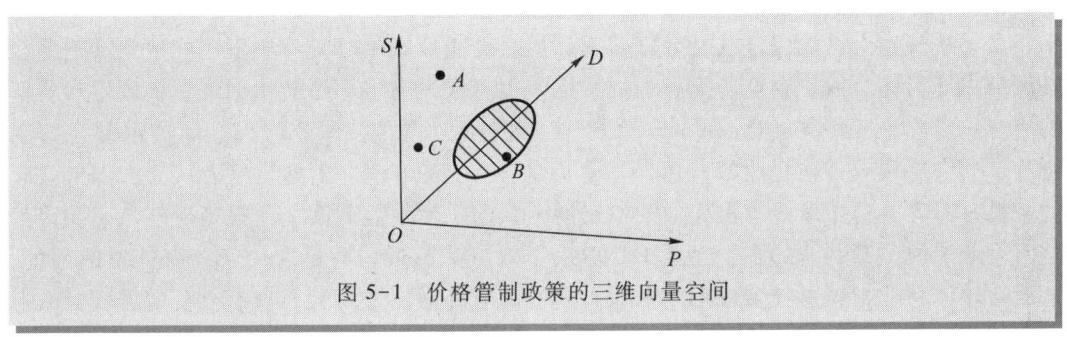

图 5-1 价格管制政策的三维向量空间

图 5-1 中的三维向量空间不仅是管制价格制定者的政策目标空间,从另一角度看,它也是管制价格制定者的约束空间,限制着管制价格的选择范围。同时,它还可作为一面"镜子",用以衡量各种管制价格的经济合理性,并反映管制价格制定者对各种价格管制目标的偏重。例如,我们以图 5-1 中的阴影部分表示 S、P 和 D 三者比较协调的管制价格空间。A 点的管制价格表明管制者比较偏重企业发展潜力和社会分配效率,但对企业生产效率的刺激相对不足;B 点的管制价格落在阴影部分范围内,说明对 S、P 和 D 比较协调;C 点的管制价格意味着管制者相对重视社会分配效率,但实现价格管制三大政策目标的总体水平较低。

第二节 价格管制的方式

自然垄断产业价格管制目标与定价方式具有密切联系。按照经济学基本原理,为实现帕累托最优效率,达到促进社会分配效率目标,就要求边际成本决定管制价格水平。但是,由于自然垄断产业一般都具有显著的规模经济,在一定范围内,表现为成本曲线总是向右下方倾斜的,而且平均成本曲线位于边际成本曲线的上方,如图 5-2 所示。

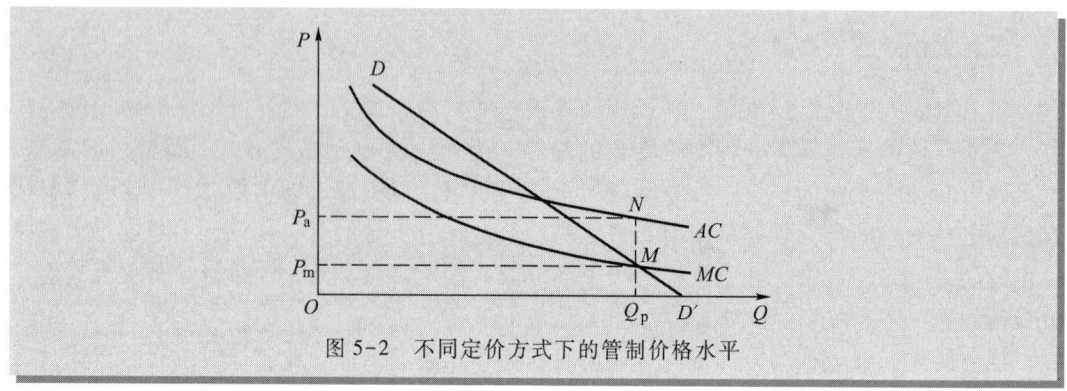

图 5-2　不同定价方式下的管制价格水平

在图 5-2 中，边际成本曲线（MC）和需求曲线（DD'）相交于 M 点，与 M 点相对应的 P_m 就是按边际成本决定的管制价格水平，M 点到平均成本曲线（AC）的垂直距离为 NM，这就是说，如果按照边际成本决定价格水平，就会使企业发生每单位平均为 NM，而总额为 P_mMNP_a 的亏损。因此，成本递减的自然垄断产业以边际成本决定管制价格水平，虽然从理论上讲能保证社会分配效率，但会使企业发生亏损，更不用说达到维护企业发展潜力的目标。由于企业产出越大，亏损额也越大，这也不可能达到刺激企业生产效率的目标。对此，霍特林（Hotelling）曾提出一种补救办法①，即政府以边际成本制定管制价格，同时以税收补贴企业的亏损，并使企业有一定的利润。对此，笔者认为，如果政府的补贴足够大，这虽然能维护企业的发展潜力，但仍然不能刺激企业提高生产效率。因为这对企业来说，其利润的多少主要不是取决于效率的高低，而是取决于政府补贴的幅度。这就会诱使企业把精力较多地用于争取更多的政府补贴上。而且，这不但会增加政府的财政负担，也增加了发生"政府管制俘虏"问题的可能性。可见，在自然垄断产业的价格管制实践中，以边际成本决定管制价格水平通常是不现实的，但边际成本可以作为制定管制价格的一个重要参照标准，以衡量实际管制价格水平与边际成本的差异程度。这样，只要政府在自然垄断性产业的价格管制中没有采取价格补贴政策而企业又没有发生亏损，这就可以认定政府是以平均成本或高于平均成本的水平决定管制价格的。在这种情况下，促进社会分配效率就主要体现在政府对消费者利益的保护、消费者能在企业生产效率提高的基础上享受较低的价格等方面。然而，对于水、电、气等自然垄断产品而言，它们往往属于生活必需品，政府在决定管制价格时，需要适当考虑居民可承受能力。1997 年，美国联邦环境保护署（USEPA）首次将"可承受能力"引入水价决策中，采用水费支出除以家庭收入中位数的比值来定义可承受能力，并确定以 2.5% 作为安全线标准。联合国开发计划署（UNDP）于 2006 年提出"生命线水费"（lifeline tariffs）的概念，将水费支出占家庭可支配收入的 3% 作为制定水价的安全标准。

---

① Hotelling, H. The General Welfare in Relation to Problems of Taxation and of Railway and Utility Rates. Econometrica, 1938（6）: 242-269.

第三节 价格水平管制

目前,国际上存在两种最具典型意义的、有较大差别的价格水平管制模型,即美国传统的投资回报率价格管制模型和英国的最高限价管制模型,本节将讨论这两种价格管制模型,在此基础上,探讨如何构建中国价格水平管制模型的问题。

一、美国的传统投资回报率价格管制模型

美国对自然垄断产业实行投资回报率价格管制具有悠久的历史。在实践中,通常是被管制企业首先向管制者提出要求提高价格(或投资回报率)的申请,管制者经过一段考察期,根据那些影响价格的因素变化情况,对企业提出的价格(或投资回报率)水平做必要调整,最后确定企业的投资回报率,作为企业在某一特定时期内定价的依据。如果企业只生产一种产品(或服务),则投资回报率价格管制模型为

$$R(pq) = C + S(RB) \tag{5.1}$$

如果企业经营多种(n种)产品,则价格管制模型为

$$R\left(\sum_{i=1}^{n} p_i q_i\right) = C + S(RB) \tag{5.2}$$

在上面两式中,R 为企业收入函数,它决定于产品价格(p)和数量(q);C 为成本费用(燃料成本、工资、税收和折旧等);S 为政府规定的投资回报率;RB 为投资回报率基数,即企业的资本投资总额。

显然,在企业只生产一种产品(或服务)的情况下,管制价格(P)等于企业总收入(R)除以总产量(Q),即 $P = \dfrac{R}{Q}$;而在企业经营多种产品的情况下,总收入除以总产量只是所有产品(或服务)的综合价格,对每种具体产品(或服务)的价格还要通过价格结构管制才能确定。①

从式(5.1)和式(5.2)的右边可见,由于企业的成本费用一般容易估算,管制者对企业价格管制的难点是确定投资回报率水平(S)和投资回报率基数(RB)。投资回报率水平问题是要找到一个合适的 S 值,使企业能取得正常的投资回报;投资回报率基数问题则是要合理确定资本投资的范围和计量方法,它直接关系到企业在一定的 S 值下的利润总额。

对于投资回报率水平问题,通常是经过管制双方"讨价还价"解决的。被管制企业往往向管制者提供详细的财务资料,以证明按照现行的投资回报率水平制定的价格太低,要鼓励企业投资就应该提高投资回报率,并提出相应的投资回报率水平。而管制者往往认为企业所要求的投资回报率水平太高,价格不可能上升到企业所期望的水平。经过反复论证,管制者最后确定他们认为合理的投资回报率水平,即 S 值。假定管制者所确定的 S 值

---

① 政府对经营多种产品或服务的企业的价格管制,不仅要控制企业总的价格水平,还要控制其价格结构,以监督企业对不同的顾客采取歧视性价格行为。这里先讨论政府对总的价格水平的控制问题。

高于现行水平,则在其他因素不变的情况下,企业就可以相应地提高价格。

对于投资回报率基数的问题,美国采取多种计量方法,近年来,美国的许多管制机构倾向于按照"原始资本成本法"(original cost method)来计量投资回报率基数,运用这种方法比较简单,只要把企业历年用于建厂房、购设备等方面的投资加以累计。但这种方法会受通货膨胀因素的干扰,例如,按照现行的价格水平,建立一个与20年前所建立的具有同样生产能力的发电厂,它所需要的投资可能是20年前的5倍多。由于合理的管制价格应该反映当前的边际成本,因此"原始资本成本法"往往会使管制价格定得太低。为此,有人提出了其他计量投资回报率基数的方法,如按照现行的价格水平对过去建成的工厂和形成的设备进行估价,以计量投资回报率基数。有人则指出这种方法没有考虑技术进步因素(即固定资产的精神磨损),主张以形成一定的生产能力所需要的投资额来计量投资回报率基数。

二、英国的最高限价管制模型

英国政府在20世纪80年代初的管制体制改革中,为找到一个能科学地控制垄断企业价格的办法,委托当时在伯明翰大学任教的商学教授斯蒂芬·李特查尔德(Stephen Littlechild)设计了一个价格管制模型。他认为,竞争是反对垄断,保护消费者利益的最好手段,而控制价格本身不是一种理想的办法,因为不断降低价格会抑制竞争者进入市场。因此,价格管制的主要目标应该是把价格和利润保持在一个既不失公平,又对企业有提高效率刺激的水平上。他还认为,价格管制需要区别各种利润来源:高效率的绩效、垄断力量或纯粹的好运。[①] 他的上述思想并不完全是新的,在19世纪的英国政府管道燃气管制中就广泛运用价格管制模型,但当时是以正常价格作为管制目标的。而李特查尔德把管制价格和零售价格指数与生产效率挂钩则是一个真正的创新。他的建议对英国的最高限价管制模型的形成起了决定性的作用。

英国的最高限价管制采取 RPI-X 模型,RPI 表示零售价格指数(retail price index),即通货膨胀率,X 是由管制者确定的、在一定时期内生产效率增长的百分比。例如,如果某年通货膨胀率为5%(即 RPI=5%),X 固定为3%(即 X=3%),那么,企业提价的最高幅度是2%。这个简单的价格管制模型意味着,企业在任何一年中制定的名义价格(normal price)取决于 RPI 和 X 的相对值。如果 RPI-X 是一个负数,则企业必须降价,其幅度是 RPI-X 的绝对值。这样,如某企业本期的价格为 P_t,则下期的管制价格(P_{t+1})为

$$P_{t+1} = P_t(1+RPI-X) \qquad (5.3)$$

英国的 RPI-X 模型不仅仅适用于单一产品(或服务),也适用于多种产品或服务的价格管制,因此,这是一个"一揽子价格"管制模型。也就是说,这个模型处理的不是由特定企业所生产的某种特定产品的最高限价,而是企业所生产的各种被管制产品(不一定是全部产品)的综合最高限价。被管制产品主要指那些容易被企业运用所拥有的垄断

---

① Littlechild, S. Regulation of British Telecommunications Profitability. London: HMSO, 1983.

力量制定高价格，因而需要政府加以控制的产品。如在英国电信产业，价格控制主要局限于各种最基本的通信网络服务和长途电话收费。如果管制者发现企业的其他服务收费存在滥用垄断力量的情况，就有必要把这些服务也纳入被管制产品（或服务）的范围。相反，由于政府对某种被管制产品取消原有的进入壁垒，由若干家企业竞争性生产，竞争力量取代了垄断力量后，这种产品就变为非管制产品。另外，多种产品"一揽子价格"的综合最高限价通常采取加权平均价格的形式。各种产品价格的权数是由该种产品所创造的收益。例如，在英国电信产业，就是以上一年各种产品所创造的收益为权数的。而在英国的管道燃气产业，则是以来年各种产品的预期收益为权数的。这两种方法的原理相同，但后一种方法比较复杂，在知道了各种产品的真实收益后要对综合最高限价做必要的调整。在实践中，各种产品具体价格的涨落往往与 $RPI-X$ 有偏差，但平均价格要符合最高综合限价的要求。这样，各种产品的价格与平均价格的离差可能很大，也可能很小，其离散程度要满足政府管制的另一种要求，即企业不能对不同的消费者采取价格歧视行为，通过逐渐调整价格，使各种产品的价格与其成本相适应。

显然，在英国的 $RPI-X$ 模型中，管制者与被管制者谈判的焦点是 X 值的选择。由产业的技术经济特点所决定，X 值在产业之间有很大的差别，在自来水和电力产业中，甚至在地区之间也存在差别（见表 5-1）。

由表 5-1 可见，在电信产业，X 的初始值最高，因为该产业的技术进步潜力最大，而且需求增长很快。而在自来水产业中，需要大量的基本建设投资以满足英国与欧盟的质量标准，因此，允许有一定的涨价幅度。从动态上看，在第一次价格管制政策调整后，电信产业的 X 值由 3% 提高到 4.5%，在 1991 年将国际长途收费纳入价格管制范围后，X 值又上升到 6.25%，在 1992 年的价格管制政策调整后，X 值进一步上升到 7.5%。在 1991 年的管道燃气价格管制政策调整后，管道燃气业的 X 值则从 2% 提高到 5%。这种不断提高 X 值的趋势，意味着对英国自然垄断产业经营企业提高生产效率的压力将不断增加，而消费者将会在企业的效率提高后得到实惠。

表 5-1 自然垄断产业的价格管制模型和 X 值

产业名称	价格管制模型[a]	X 值
电力	PPI-X	0 和 1.3%[b]
管道燃气	RPI-X+Y	由原来的 2% 调整到 5%
电信	PRI-X	由原来的 3% 调整到 7.5%
自来水	RPI+K	平均为 5%

注：a. 在管道燃气和自来水产业的价格管制模型中，Y 指由批发到零售的转移成本，允许的转移成本以 1992 年管道燃气价格指数为准，并要求每年降低 1%，以刺激提高效率；K 表示 $X+Q$，Q 是为达到英国和欧盟法定质量水平而发生的各项成本。

b. 0 适用于电力供应公司，1.3% 为地区配电公司的平均水平。X 值在发电、电力输配送企业是不同的。

资料来源：Stephen J. Bailey. Public Sector Economics: Theory, Policy and Practice. London: Macmillan Press, 1995: 319.

尽管实施了最高限价管制，但由于批发市场的价格变化并未向零售市场有效传导，英国的居民价格居高不下。以能源市场为例，1998 年英国全面放开能源零售市场，2004~2014 年，居民平均气价在剔除了通货膨胀因素之后上涨了 125%，居民平均电价上涨了 75%。鉴于此，英国将价格上限管制应用于能源零售市场，英国国会于 2018 年通过了《居民燃气与电力资费上限法》（Domestic Gas and Electricity Tariff Cap Act），授权天然气电力市场办公室（Ofgem）对能源零售市场实施价格上限管制。Ofgem 于 2019 年年初对能源零售市场实施价格上限政策，在每年的 2 月和 8 月，根据能源批发市场价格、能源网络输送价格、相关的税费以及能源零售商合理的利润边际来确定能源零售价格上限，并且在每年的 3 月和 10 月开始执行。在这些定价参数中，能源网络输送价格按每 8 年为一个调价周期进行确定，相关的税费和零售商合理利润相对固定，因此能源零售价格上限主要受上游能源批发市场价格的影响。2020 年 7 月底，Ofgem 上调 10 月的能源零售价格上限，家庭用户能源支出上限上涨 139~153 英镑（较 4 月上限提高了 12%），这是自 2019 年 1 月推出零售价格上限以来的最大涨幅和最高水平。究其原因，在于调价周期（6 个月）内天然气批发价格上涨了 50%，使零售价格上限中的批发市场成本相比于上一轮价格上限调整上涨了 155 英镑。事实上，Ofgem 在确定零售价格上限时处于两难境地：一方面必须在保证能源企业可持续性经营的前提下，尽可能保护消费者免受价格上涨的影响。在这种情况下，即使零售价格上限已经大幅上涨，但英国政府仍在尽力控制价格涨幅以保护消费者。另一方面能源企业仍在不断游说政府调高上限，因为在天然气批发价格飙升的情况下，已经有部分能源供应商由于无法维持政府设定的价格上限承诺而停业。

三、两种价格管制模型的比较分析

为防止企业滥用垄断力量而进行政府管制的重点无疑是价格。美国的价格管制模型是通过对投资回报率的直接控制而间接管制价格的。其中一个理论依据是，自然垄断产业需要足够的投资，用投资回报率价格管制模型有利于鼓励企业投资。但这种模型也存在明显的缺陷：一是企业在一定时期内按照固定的投资回报率定价，几乎不存在政府管制对提高效率的刺激机制；二是由于投资回报率的基数是企业所用的资本，这就会刺激企业通过增加资本投入而取得更多的利润，所以这种价格管制模型会产生 A-J 效应（见本章附录），但企业过度投资会增加生产成本，降低生产效率；三是从投资回报率价格管制模型看，管制双方不仅要就投资回报率的水平（S）问题做反复的讨价还价，而且，管制者还要为正确计量投资回报率的基数（RB）大伤脑筋。一些经济学家还认为，如果垄断企业有若干家纵向一体化的分公司，企业将会采取价格转移的战略行为，[①] 这就要求管制者审核生产最终产品（或服务）的投入品价格是否高于市场价格，以保证合理的成本费用水平（C）。

英国试图通过直接管制价格以避免美国投资回报率价格管制模型的上述不足。英国的 $RPI-X$ 价格管制模型的基本优点是，在一定时期内固定价格的上涨幅度，能够刺激企业

---

① Vickers, J. and Yarrow, G. Privatisation and the Natural Monopolies. Public Policy Centre, 1985: 24; Kolbe, A. L. and Read, J. A. The Cost of Capital: Estimating the Rate of Return for Public Utilities. Cambridge: The MIT Press, 1984; Breyer, S, G. Regulation and Its Reform. Cambridge: Harvard University Press, 1982: 49.

通过降低成本取得较多的利润。因此，它能使企业获得因效率增长之利。同时，价格管制限制了企业的利润率，这促使企业对生产要素实行优化组合，但不至于出现在投资回报率价格管制下存在过度资本密集化的现象。此外，从以下四个方面看，英国的价格管制模型也相当简便：① 它不需要详细评估企业的固定资产、生产能力、技术革新、销售额等变化情况。② 它不需要每年，而是 3~5 年作为价格调整周期。这种中期的价格调整周期具有合理性：如果调整周期太长，企业的价格就会受许多不确定因素的影响；反之，若调整周期太短，就显得价格管制太滥，使企业缺乏对政府管制的可信性。③ 虽然管制者希望企业形成一个合理的价格结构，其各种产品价格都能较好地反映成本，而且，管制者确实也有权力要求企业通过不断调整使价格结构合理化。但这种价格管制模型只控制多产品生产企业最高综合价格水平，并不是特定的价格结构。④ 它不直接控制企业利润。企业在给定的最高限价下，有利润最大化的自由，企业可以通过优化生产要素组合、技术创新等手段降低成本，取得更多的利润。

因此，从理论上分析，美国的投资回报率价格管制模型与英国的 RPI-X 价格管制模型具有根本性的差别，表现为：从利润水平管制到价格水平管制的转换，将会产生风险与利益在企业和消费者之间的转移，在投资回报率价格管制下，消费者是提高成本引起的风险与降低成本带来的利益的承受者；而在最高限价管制下，这种风险与利益都由企业来承担和享受。[①] 也就是说，在投资回报率价格管制下，消费者只能通过企业降低成本才能获得利益，但企业却没有降低成本的动力，因为企业只有通过提高投资回报率水平或扩大投资基数才能取得更多的利润；而在价格水平管制下，由于企业受到最高限价的制约，它们只有通过降低成本才能取得较多的利润。因此，相比较而言，英国的价格管制模型会对企业产生提高生产效率的更大刺激。

四、中国价格水平管制模型的构建

尽管最高限价管制模型具有较好的性能，但我们不能照搬这种模型，其主要原因是：① 最高限价管制模型实质上只是规定管制价格的上升（或下降）率，它是以有一个合理的基价为假设前提的，而基价的确定必然要以成本为基础，这就决定了中国在构建价格管制模型时不能回避成本问题。② 在近期内，中国的许多产品价格还属于价格调整阶段，零售价格变动不仅幅度较大，而且不稳定。同时，某些非价格因素会引起零售价格指数的变化，但不会导致企业成本的相应变化，这会使企业利润并不完全取决于企业的生产效率。③ 虽然传统投资回报率价格管制模型会产生低效率的 A-J 效应；但最高限价管制价格模型也会抑制企业投资。特别是越接近价格调整期，企业的投资动力就越小，甚至会停止投资，从而影响正常投资的连续性。④ 自然垄断产业的价格变动既受消费价格的影响，也受生产价格的影响，而最高限价管制模型只考虑零售价格变动因素，对生产价格缺乏动态考虑。因此，我们在借鉴发达国家管制价格模型时，应充分考虑这些因素，以建立符合

---

① Hillman, J. J. and Braeutigam, R. Price Level Regulation for Diversified Public Utilities. Amsterdam: Kluwer Academic Publishers, 1989: 37.

中国特点的自然垄断产业管制价格模型。

在中国现行的自然垄断产业价格管制实践中，由于不少企业在特定的地域范围内实行独家垄断经营或寡头垄断经营，因此，主要是以企业的个别成本作为定价依据的，这样，企业成本越大价格就越高，具有类似于"实报实销"的性质，这种价格形成机制对企业缺乏努力提高生产效率、不断降低成本的刺激。在实践中，表现为不少企业的成本不断上升，不断要求政府提价。由于政府与企业之间对成本信息存在严重的不对称性，政府只能在相当程度上默认企业发生的实际成本，即允许企业提价，导致许多产品（或服务）价格不断上涨。事实上，如何控制成本一直是政府在价格管制实践中的难题。针对这一问题，构建中国价格管制模型应重视成本约束原则，其基本思路是：虽然政府不能观察企业成本的实际运行过程（它是一个"黑箱子"），但政府能发现成本的运行结果，通过控制成本的变化结果，促使企业自觉提高效率、降低成本。同时，在正常情况下，自然垄断产业的经营企业应取得合理利润，以满足投资的需要，实现扩大再生产，但其前提条件是企业应具有较高的生产效率。

（一）价格管制模型设计中考虑的主要因素

（1）成本。这里的成本包括费用。主要由电费、原材料费、资产折旧费、修理费、工资和销售费用、管理费用、财务费用、税金等构成。成本是城市公用产品管制价格构成中的主体部分。其中，一些成本（如水资源费、电价等）是外生成本，对企业来说具有外在客观性。但多数成本项目既有客观性，又有主观性，企业通过提高生产效率和管理水平，在不同程度上存在降低成本的潜力。

（2）消费者价格指数（consumer price index，CPI）与生产者价格指数（producer price index，PPI）。这两个价格指数构成综合性的价格变动指数，自然垄断产业的价格应和消费价格指数与生产价格指数相联系，这不仅有利于适应生产经营企业的成本变化，而且能对通货膨胀情况做出反应，有利于适应消费者（用户）的心理承受能力。

（3）质量。自然垄断产业的产品（服务）质量和成本密切相关，因此，自然垄断产业的管制价格应与质量指标挂钩，促使企业自觉提高质量水平。其中，自然垄断产业的产品质量指标可以通过检测而获得，服务质量指标可以通过消费者（用户）抽样调查而获得。

（4）价格调整周期。正常的价格调整周期以 3~5 年为宜。近期内，由于需要逐渐将价格调整到正常水平，价格调整周期可以较短，随着价格调整逐步到位，价格调整周期应逐渐延长。

（5）利润。在正常情况下，自然垄断产业的生产经营企业应取得合理利润，以满足投资的需要，实现扩大再生产，但其前提条件是企业应具有较高的生产效率。

（二）价格管制模型设计

根据中国的实际情况，并借鉴发达国家的管制价格模型，一种可供选择的价格管制基本模型是①

---

① 为简便起见，在式（5.4）中（CPI+PPI）/2 是对消费者价格指数和生产者价格指数实行简单算术平均，但对特定城市公用产品来说，消费者价格指数和生产者价格指数对成本往往有不同程度的影响。因此，可测算 CPI 和 PPI 对成本的影响系数，并对这两个指数实行加权平均，其计算公式为 $\alpha \cdot CPI + (1-\alpha) PPI$，$0 < \alpha < 1$。

$$P_{t+1} = C_t \left(1 + \frac{CPI + PPI}{2} - X\right) + P_{t+1} \times r \quad (5.4)$$

式（5.4）等号右边第一项为单位成本项，第二项为单位利润项，经整理并考虑质量系数（Q）可得

$$P_{t+1} = \frac{C_t \left(1 + \frac{CPI + PPI}{2} - X\right)}{1 - r} \times Q \quad (5.5)$$

式中：P_{t+1} 为下一期的管制价格，C_t 为本期的单位成本，CPI 为消费者价格指数，PPI 为生产者价格指数，X 为政府规定的生产效率增长率（成本下降率），Q 为产品与服务质量系数，r 为销售利润率。

在上面的模型中，$C_t[1+(CPI+PPI)/2-X]$ 为成本上限控制项。在制定下一期的管制价格时，首先要考虑本期的成本情况和成本变动因素，在影响成本的众多因素中，消费者价格指数（CPI）和生产者价格指数（PPI）共同构成综合性价格变动因素，随着 CPI 和 PPI 的变化，企业的原材料、工资成本等也会发生相应的变化，因此，在决定下一期的成本水平时，在 C_t 的基础上，加上 $C_t(CPI+PPI)/2$（在正常情况下，CPI 和 PPI 是一个正数，因此，$C_t(CPI+PPI)/2$ 为成本增量）。为了促使企业提高生产效率，降低成本，政府为企业规定一个下一期必须达到的生产效率增长率（X 值），即成本下降率，因此，$C_t X$ 为成本减量。如果 $(CPI+PPI)/2-X>0$，则在下一期的管制价格中，成本可以增加，其净增量为 $C_t[(CPI+PPI)/2-X]$；反之，如果 $(CPI+PPI)/2-X<0$，则下一期的成本必须减少，其净减量为 $C_t[X-(CPI+PPI)/2]$。由于 CPI 和 PPI 是客观的，对企业来说，是一个外生变量，而 X 是由政府规定的，因此，在销售利润率一定的情况下，企业要取得较多的利润，必须使企业实际的生产效率增长率大于政府规定的 X 值。这就会刺激企业自觉提高生产效率，努力降低成本。而成本降低的结果也能使消费者享受较低的价格，分享因企业提高生产效率而带来的利益，从而促进社会分配效率。

在上面模型中，实行质量系数（Q）与管制价格挂钩的办法，目的是促使企业在成本上限控制的情况下，符合政府规定的产品质量标准，并向消费者提供较好的服务质量。同时，在模型中，不是以投资利润率而是以销售利润率决定企业的利润水平，其主要考虑是为了避免在投资利润率下企业可能采取的过度投资行为，从而产生低效率的 A-J 效应，而且，对企业投资所形成的资产额的正确核算也是一项比较复杂的管制工作。相比之下，销售利润率比较客观，因为销售额的大小取决于销售量和销售价格，其中销售价格受政府约束，而销售量受市场约束，企业既要增加销售量又要控制成本，就必须通过适度增加投资、扩大经营范围、提高产品或服务质量等措施，以更好地满足市场需要。

（三）价格管制模型中各项要素的确定思路

（1）C_t 的确定。C_t 为城市公用产品基期的成本项，在第一次使用模型时，确定初始的 C_t 特别重要。对于特定自然垄断产业的有关成本，可以参照国家规定的有关技术经济指标，运用工程分析法（或技术定额法）加以确定。对于工资成本等，可根据劳动生产

率和相关行业的人均工资水平加以确定。对于进入成本的福利费、劳动保护费等，则可按照有关政策进行核算。为避免"实报实销"推高企业成本，可根据特定城市公用产品特征设置约束性指标，对于超出标准的成本，不计入定价成本，迫使企业内部消化非效率成本，而不是直接转嫁给消费者。对于低于规定标准的，则按规定标准计算，将差额部分让渡给企业作为效率奖励，激励企业持续地、自觉地提升效率，有效破解了"鞭打快牛"的问题。

（2）CPI 和 PPI 的确定。从理论上讲，CPI 和 PPI 是由政府统计部门公布的，具有客观性，CPI 和 PPI 的增长会引起生产成本的增长，因此，实行成本和 CPI 与 PPI 挂钩的办法。在统计实践中，CPI 是一个常用指数，而反映生产原材料价格变化的 PPI 较少使用，因此，编制 PPI 的一种可供选择的替代方法是计算特定自然垄断产业的主要成本变化率，即

$$PPI = \sum W_i \times \frac{C_{ti}}{C_{0i}} \qquad (5.6)$$

式中，C_{ti} 为第 i 种主要投入物（如电、劳动力、原料等）在 t 期成本价格，C_{0i} 为第 i 种主要投入物在基期的成本价格，$\frac{C_{ti}}{C_{0i}}$ 即为第 i 种主要投入物的成本价格变化率，W_i 为第 i 种主要投入物成本在总成本中的权数（weight）。各权数之和为 1（即 W_i = 1，i = 1，2，3，…，n）。

在实际操作中，为简便起见，特定自然垄断产业的主要成本变化率可以与某项主要原料的成本价格挂钩。如 2019 年开始实施的英国能源零售价格上限则主要和上游能源批发市场价格挂钩，每年调整两次；杭州市在 2021 年建立了配水工程供水价格与水资源费联动机制，规定当上游水资源费调整时，千岛湖配水工程供水价格结合管网漏损率进行同步调整。

（3）X 值的确定。在模型中，参数 X 值的确定是一个难点。确定 X 值要考虑的主要因素是：① 企业现有生产效率与所属产业先进生产效率的差距，如果现有生产效率较低，则挖掘生产效率的潜力越大，X 值也应较大；反之亦然。② 产业生产的技术进步率。技术进步能降低成本，技术进步率应作为规定 X 值的重要因素。③ 管理效率，即考虑提高管理效率的潜力。X 值应综合反映根据企业的实际能力应该达到的生产效率增长率（或成本下降率），它应是企业通过努力不仅可以达到，而且能够超越的，以刺激企业努力降低成本。

（4）Q 值的确定。质量系数 Q 的最大值一般为 1，如果企业提供的产品质量完全达到政府规定的标准，而且，通过消费者抽样调查，企业的服务质量水平也较高，则质量系数为 1，否则，按照实际质量水平确定 Q<1。如果管制者难以客观确定 Q，也可以在价格管制模型中暂不考虑这一项，而根据具体情况实行经济制裁。

（5）r 值的确定。模型中的 r 为销售利润率，如按照 2021 年国家发展改革委和住建部第 46 号令《城镇供水价格管理办法》，准许收益按照有效资产乘以准许收益率计算确定。

有效资产通过成本监审核定，准许收益率由权益资本和债务资本按比例权重加和计算。[①]据此，在确定初始 r 值时，也可以参考准许收益率和销售利润率的转换值，即

利润额＝准许收益＝有效资产×准许收益率＝销售额×r

$$r = \frac{有效资产}{销售额} \times 准许收益率 \quad [②] \tag{5.7}$$

r 值确定后就应相对稳定，把企业的"兴奋点"引向如何通过努力，使企业的实际生产效率增长率超过政府规定的 X 值上。

从总体上说，上述管制价格模型能刺激企业自觉提高生产效率，降低成本，使消费者能享受到较低的价格。政府能使企业获得合理的销售利润，而且，只要企业实现的生产效率高于政府规定的生产效率，企业就能获得较高的利润，从而使企业具有一定的发展潜力。因此，这一管制价格模型能实现促进社会分配效率、刺激企业生产效率和维持企业发展潜力这三大自然垄断企业价格管制政策目标。

第四节　价格结构管制

大多数自然垄断产业都是向不同的顾客群提供相应的产品或服务，而在产品或服务的生产供应过程中，许多成本是"共同成本"（common costs），例如，电力产业的电厂、输电线路，电信产业的电话交换机、电信网，自来水产业的生产设备、管网等的运行成本都具有共同成本的性质，因为通过它们可以向不同类型的顾客提供产品或服务。由于不同类型的顾客有不同的需求，需求差异又会产生成本差异，以需求和成本作为定价基础的管制价格应该反映这些差异。价格结构管制的中心任务就是监督企业如何把许多共同成本合理地分摊到各种产品或服务之中，由不同类型的顾客来承担。

一、线性定价与非线性定价

从最基本的表现形式看，价格结构的形式可分为线性定价（linear pricing）和非线性定价（nonlinear pricing）两种形式。线性定价又可分为定额价格和同一从量价格。定额价格是指无论消费量大小，都按固定的标准收费的价格。如在英国自来水产业政府管制体制改革以前，多数居民家庭没有安装自来水表，而是实行以"应征财产税价值"付费的体制，财产价值较小的家庭对使用自来水的付费较少，财产价值较大的家庭则付费较多。[③]定额价格虽然最为简单，但它的一个最大缺点是会造成过度消费，浪费现象严重。因此，在实践上已很少使用定额价格。同一从量价格是指无论消费量大小，都按同一的单位价格

---

① 准许收益率＝权益资本收益率×（1－资产负债率）＋债务资本收益率×资产负债率。其中：权益资本收益率，按照监管周期初始年前一年国家10年期国债平均收益率加不超过4个百分点核定；债务资本收益率，参考监管周期初始年前一年贷款市场报价利率（LPR）确定；资产负债率参照监管周期初始年前三年企业实际资产负债率平均值核定，首次核定价格的，以开展成本监审时的前一年度财务数据核定。

② 以2021年为例，10年期国债平均收益率为3%，则权益资本收益率为7%；1年期和5年期贷款市场报价利率（LPR）分别为3.8%和4.65%，由于供水企业负债多为长期借款，则债务资本收益率取为4.65%。

③ 详见王俊豪．英国政府管制体制改革研究．上海：上海三联书店，1998：241-287.

收费。定额价格和同一从量价格可分别以图 5-3(a)和图 5-3(b)表示。

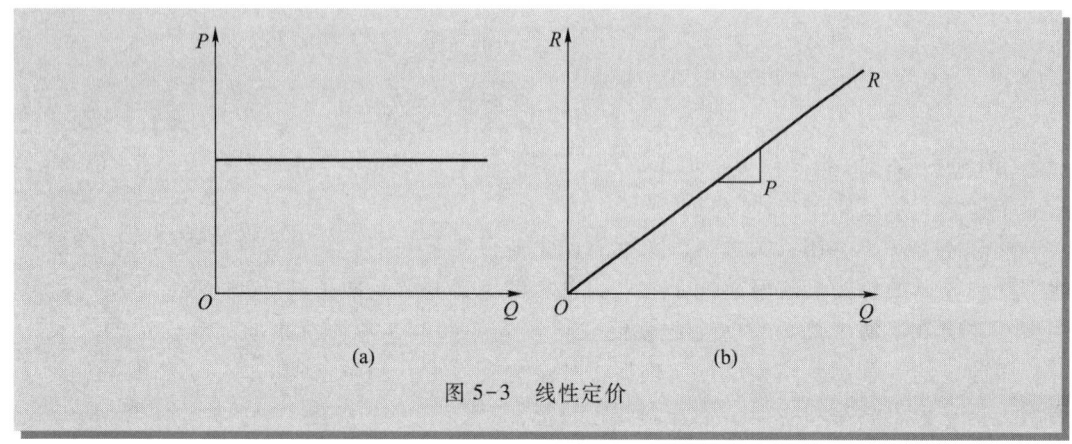

图 5-3 线性定价

在图 5-3(a)中，无论 Q 多大，收费是恒定不变的，在图 5-3(b)中，消费者支付的费用（即企业的收益 R）随着消费量的增加而递增，直线 OR 的斜率为 P，即单价。从图 5-3 可以看出，定额价格和同一从量价格都表现为线性（平行线和斜线）的形式，这就是称它们为线性定价的原因。

在电力、管道燃气和自来水供应等自然垄断产业中，无论是生产阶段的单位成本还是输送阶段的单位成本，大用户都比小用户低得多，反映成本的管制价格应该考虑到这一点。但在同一从量价格中没有将单价与消费量相联系，因而大用户感到不公平。同样，由于时间、设备等使用方面的差异也会影响生产供应成本，因此要求在价格结构的管制中反映这些差异，根据用户的消费量、消费时间、使用的设备（如各种度量仪表）和提供服务所需机器设备的利用状况（如负荷率）等的不同，制定出各种能较好地反映需求与成本的价格结构。由于这些价格结构不是单纯的线性形式，而是具有复杂结构的非线性形式，所以，把它们统称为非线性定价。例如，下面将讨论的两部定价就是定额价格和从量价格相结合的一种管制价格决定方式，高峰负荷定价也是非线性定价。

二、两部定价

两部定价所形成的价格结构由两部分组成：一是与消费量无关的"基本费"，二是根据消费量收取的"从量费"。它是非线性定价的一种形式。我们可利用图 5-4 来说明其经济原理。

由于自然垄断产业在一定的产出范围内表现为成本递减，而在成本递减的状况下，如果根据边际成本定价，那么，如图 5-4 所示，价格为 P_m，产量为 Q_m，这时就会产生亏损额 $CFEP_m$，我们可以把这一亏损视作固定费用总额。为了使自然垄断产业的经营企业盈亏平衡，就有必要设计出一种价格管制机制，使实行边际成本定价方式下所形成的企业亏损由消费者承担。显然，由于固定费用与消费量的大小无关，所以，不能按消费量收取固

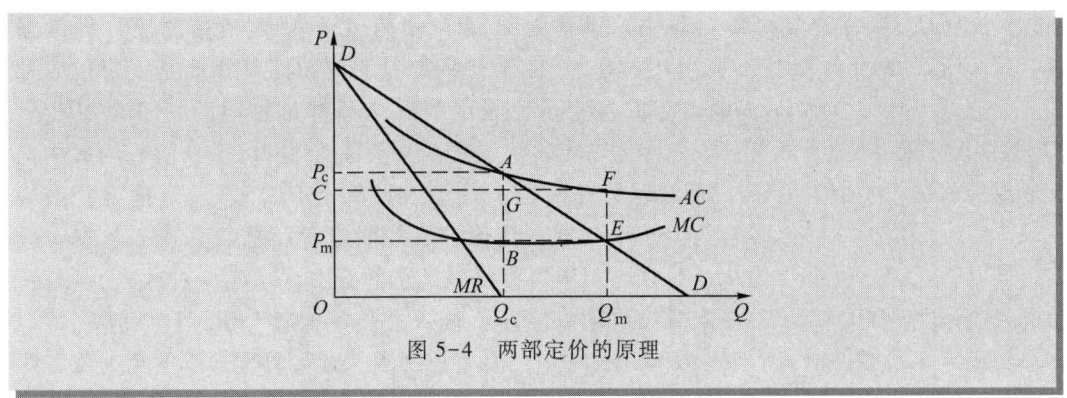

图 5-4 两部定价的原理

定费用。作为解决这一问题的简便途径，可以用年固定费用总额（K）除以用户总数（N），其结果为每一用户平均承担的年基本费（K/N），由于消费者一般按月支付费用，把年基本费除以 12 就是月基本费，记为 $T(T=K/12N)$。若某一消费者的月消费量为 Q，则该消费者的月使用费（M）为

$$M = T + P_m Q \tag{5.8}$$

这种两部定价方式可用图 5-5 表示。

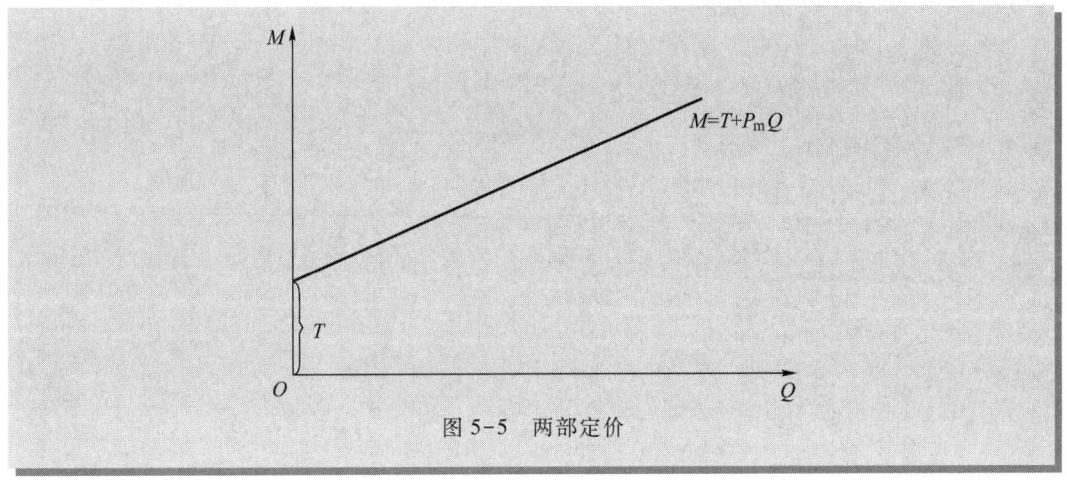

图 5-5 两部定价

由图 5-5 可见，两部定价既可以按照边际成本定价收取变动费用，又可通过基本费补偿固定费用，从而使企业达到收支平衡。同时，一些学者还证明：从社会分配效率的角度看，两部定价虽然次于按边际成本定价，但优于按平均成本定价。[①]

在图 5-4 中，平均成本曲线（AC）与需求曲线（DD）相交于 A 点，因此，平均成本价格为 P_c，产量为 Q_c，总费用为 $P_c A Q_c O$，其中，固定费用总额为 $P_c A B P_m$，变动费用总

---

① 详见 Lewis, W. A. Overhead Cost, New York: Augustus M. Kelley Publishers, 1970; Willig, R. Pareto-Superior Nonlinear Outlay Schedules. Bell Journal of Economics, 1978（9）: 56-69.

额为 P_mBQ_cO。而在边际成本定价中,价格为 P_m,产量为 Q_m,固定费用总额(即亏损额)为 $CFEP_m$,变动费用总额为 P_mEQ_mO。由于在特定时期内,固定资产是一定的,那么,无论是平均成本定价还是边际成本定价,固定费用总额都是相同的,即 $P_cABP_m = CFEP_m$。这样,由图 5-4 可见,边际成本定价形成的消费者剩余为 DEP_m,而平均成本定价形成的消费者剩余为 DAP_c,前者比后者大 P_cAEP_m。在两部定价的情况下,企业把按边际成本定价形成的亏损额(它等于按平均成本定价形成的固定费用总额)作为基本费收取,同时,把 P_mEQ_mO 作为从量费收取,从而可以得到总额为 P_cABEQ_mO 的收入,因而,消费者剩余为 DAP_c+AEB,它虽然比边际成本定价时的消费者剩余 DEP_m 小 P_cABP_m,但比平均成本定价时的消费者剩余 DAP_c 大 AEB。因而证明了从社会分配效率的角度看,两部定价虽然次于边际成本定价,但优于平均成本定价。

三、高峰负荷定价

虽然高峰负荷定价适用于许多自然垄断产业,但由于电力产业的需求波动最大,因此,这一定价方法自然最适用于电力产业的价格管制。本书也主要以电力产业为基础讨论高峰负荷定价问题。电力需求在一年、一季、一月甚至一日中都有明显的差异性,以某一工作日为例,电力需求可能显示出如图 5-6 所示的波动性。

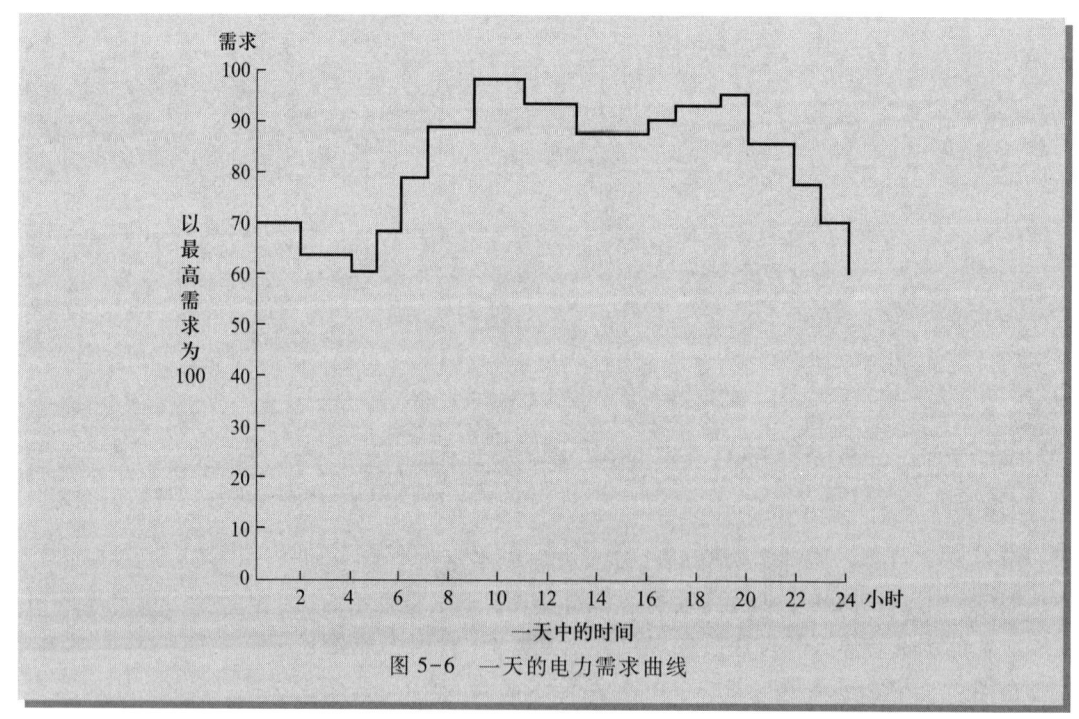

图 5-6　一天的电力需求曲线

由图 5-6 可见，电力需求在上午 10 时达到高峰（100），而在凌晨 4 时左右达到需求低谷（约为 62）。周末的电力需求则可能只有工作日的 50%。由于电力不能储存，因此，为了使电力供需在每时每刻保持平衡，必然要有足够的电力生产和输送能力。同时，这也意味着电力生产供应的最大容量取决于用电高峰的需求。

为了降低成本，需要对整个电力供应系统进行优化组合，就电力生产而言，要求有不同类型的电厂组合，假定某一电力供应系统主要包括核电厂、火电厂和燃气电厂，则核电厂的运行成本最低，但固定成本很高，因此，它适合连续供电；而燃气发电厂的固定成本很低，但运行成本很高，它适合间歇性发电，主要用于满足用电高峰需求；火力发电厂则处于核电厂和燃气发电厂之间。因此，电力供应系统的短期边际成本曲线呈如图 5-7 所示的上升趋势。

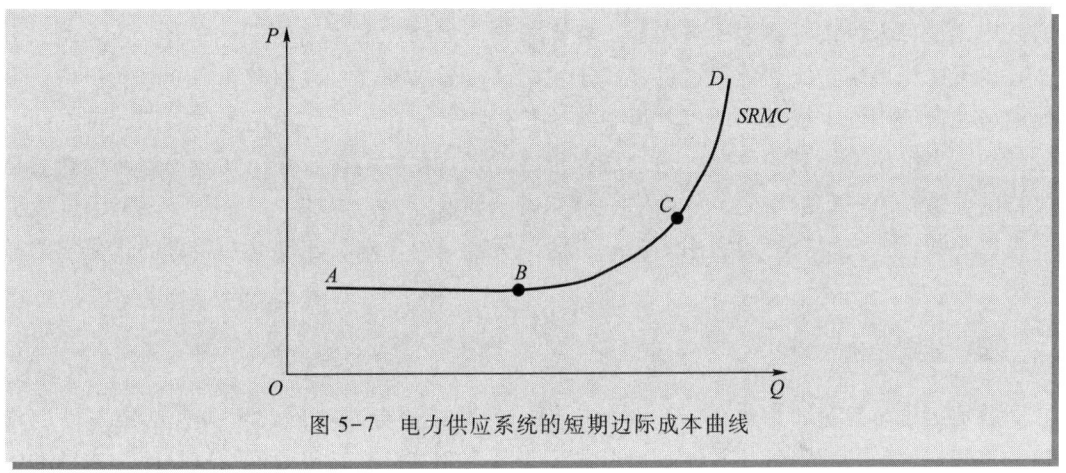

图 5-7　电力供应系统的短期边际成本曲线

在图 5-7 的短期边际成本曲线中，区间 AB 表现为核电厂的运行成本，区间 BC 为火电厂的运行成本，而 CD 为燃气发电厂的运行成本。可见，随着电力需求量的变动，电力供应系统的边际成本也在发生变化，若按照边际成本定价，就要求电力价格随着成本的变化而相应地变化。这就是实行高峰负荷定价的基本原因。

为了更好地掌握高峰负荷定价的原理，我们有必要讨论负荷曲线和负荷率这两个概念。从供给方面看，把提供电力等的设备利用状况加以图示就叫作负荷曲线（load curve），在供求基本平衡或供大于需的情况下，它与从需求方面看的需求曲线基本上是一致的。所以，图 5-6 中的需求曲线也可以看作是电力供应企业的负荷曲线。把一天的总消费量除以 24 小时，其值就是平均负荷，如图 5-6 中的平均负荷大约为 80，把这个平均负荷的需求量除以最大负荷的需求量，其值就是负荷率，即负荷率的计算公式为

$$负荷率 = \frac{平均负荷}{最大负荷} \times 100\% \qquad (5.9)$$

在图 5-6 中，因为平均负荷约为 80，最大负荷为 100，因此，负荷率约为 80%。显

然，负荷率越低，意味着电力等的高峰需求与非高峰需求的差异越大，非高峰期间固定资产的闲置率也越大。可见，负荷率可用作衡量特定自然垄断产业的固定资产利用状况的一个重要指标，负荷率越高，固定资产的利用率越高，从而生产供应成本也越低；反之亦然。因此，在价格管制上，就要设计一种刺激机制，以提高负荷率，而高峰负荷定价就是适应这一要求的一种价格管制制度。

显然，从原理上而言，为了缩小高峰需求和非高峰需求的差异，一种简单的方法就是对高峰需求制定高价格，以抑制消费，而对非高峰需求制定低价格，以鼓励消费。但在实际运用高峰负荷定价时，由于高峰需求与非高峰需求是一个相对概念，这就存在如何区分高峰需求和非高峰需求的问题。同时，如果把一天中的需求区分为高峰需求和非高峰需求，并据此向消费者以不同的价格收取费用，这就要求有相当精密的度量表技术。另外，如果将需求划分得过细，消费者也难以对消费和价格作出足够的反应。因此，在价格管制实践中，也可考虑按月或按季节区分高峰需求和非高峰需求，例如，对电力产业来说，由于在夏天居民要用空调和冷藏设备，属于用电高峰需求期，可以制定较高的电力价格，促使消费者节约用电，或者多使用管道燃气等替代物。而在冬季属于用电低谷期，可以制定较低的电力价格，以刺激消费。通过这种价格差异，促使消费者在消费过程中对消费量与价格的关系作出一定的反应，从而缩小消费高峰和低谷的"落差"，提高负荷率，进而提高自然垄断产业固定资产的利用率，减少固定资产投资需求，实现社会资源的优化配置和运用。

四、差别定价

差别定价是指垄断企业在同一时间以同一产品或服务对不同的购买者制定不同的价格。差别定价是垄断定价的具体表现形式，垄断企业实行差别定价的动机是因为这种方法比单一价格能获取更多的利润。[①] 这里主要分析垄断企业实行差别定价的条件，三种差别定价形式以及政府对差别定价的管制。

（一）差别定价的条件

企业实行差别定价需要具备三个条件：一是企业拥有垄断性地支配价格的能力。而且，其产品具有一定倾斜的需求曲线，因为对任何具有倾斜的需求曲线的卖主都可以独立定价，即高价少销、低价多销，这就使垄断企业具备了实行差别定价的可能性。二是购买者对同一产品或服务具有不同的需求价格弹性，自愿支付不同的价格。而且，企业能够根据这种需求价格弹性对购买者进行区分。三是能够将不同的购买者市场相分离。如果企业不能将不同的购买者市场相分离，所有的购买者将会在价格最低的市场上进行购买，或是将低价购进的产品转卖到高价市场上。例如，自来水公司、电力公司等通过安装相应的消费计量装置和采取不同的管理方法，能够有效地分割自来水和电力等市场，对工业、商业、居民等不同用户以及使用高峰和低谷不同时间制定不同的价格。

---

① 最早从理论上系统分析差别定价的是庇古，参见 Pigou, A. C. The Economics of Welfare, London: Macmillan, 1920.

对于自然垄断产业来说,许多企业拥有供给垄断性,出于对价格承受性等因素的考虑,政府允许企业对工业、商业和居民等不同用户采取不同的供应价格,而这些用户市场是分离的。因此,在自然垄断产业具有实行差别定价的条件。

(二)差别定价的三种形式

按照价格差别的程度,差别定价有三种主要形式。

(1)一级价格差别(first-degree price discrimination)。若垄断企业完全了解每个消费者对任何数量的产品愿意支付的最高需求价格,就可以对每一单位数量的产品分别制定差别价格,从而使消费者剩余完全为垄断企业所侵占,变成生产者剩余(即转移为垄断企业的利润)。我们可以用图5-8加以说明。

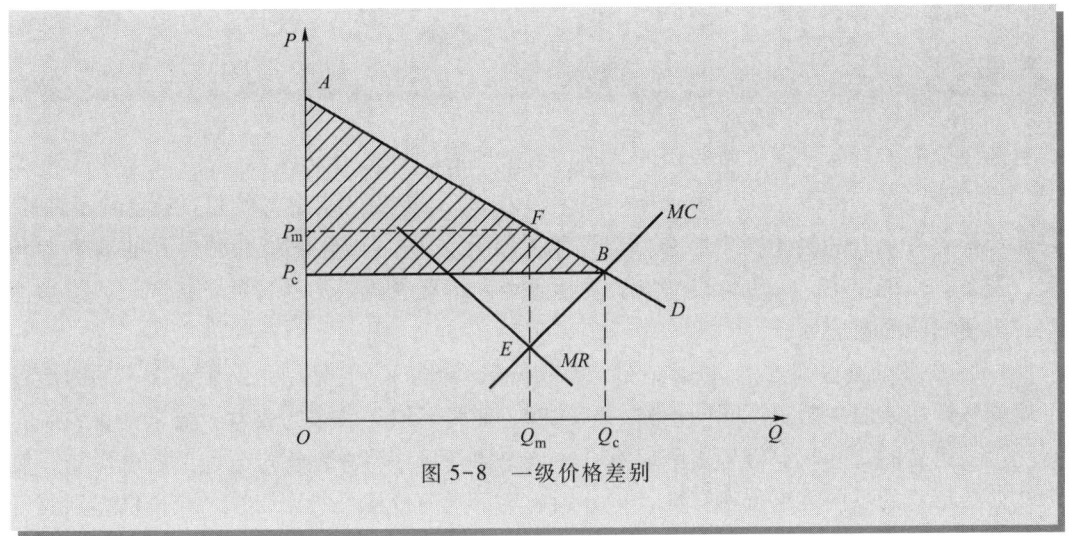

图 5-8 一级价格差别

在图5-8中,若垄断企业按边际成本(也可以假定按平均成本)定价,购买量为 Q_c,企业的总收益为 OP_cBQ_c 的面积,而采取一级价格差别的垄断企业按照购买者的不同需求定价,其结果获得的总收益为 OP_cBQ_c 面积加上 AP_cB 这一阴影三角形的面积,这就是说,在一级价格差别下消费者在购买 Q_c 数量产品或服务中本应得到的消费者剩余(即阴影三角形 AP_cB)都被垄断企业所侵占。

进一步看,若垄断企业按照边际成本等于边际收益这一利润最大化原则决定产量 Q_m 和价格 P_m,只能获得面积为 P_mOQ_mF 的总收益,与实行一级价格差别的总收益 AOQ_cB 面积相比较,显然要小得多。这证明了垄断企业采取一级价格差别比采取单一垄断价格能获得更多的利润。

(2)二级价格差别(second-degree price discrimination)。它是指垄断企业把产品或服务分成若干数量组,按组制定不同的价格(见图5-9)。

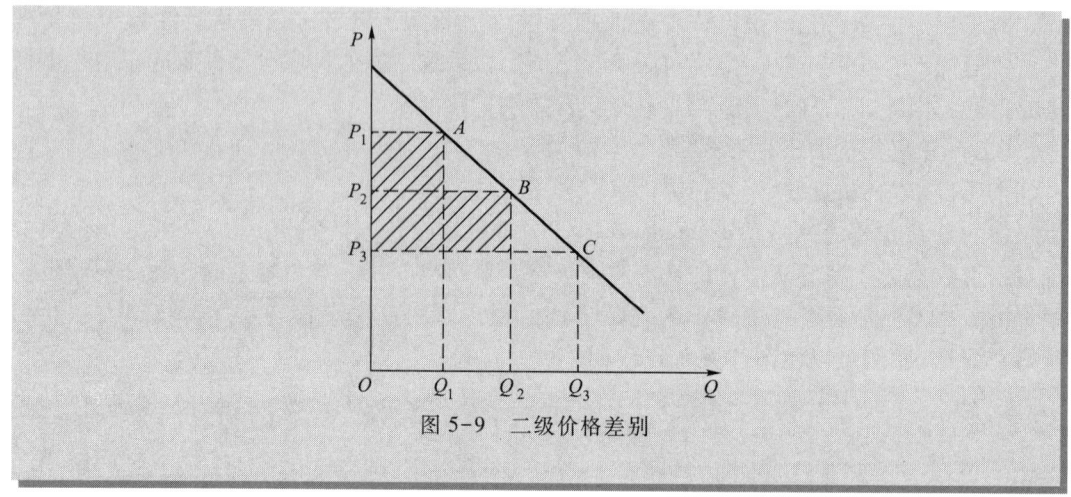

图 5-9 二级价格差别

二级价格差别与一级价格差别的区别仅仅是前者的价格差别种类（P_1、P_2 和 P_3）比一级价格差别要少得多。在二级价格差别下，若 P_3 是按成本制定的价格，则垄断企业获取的消费者剩余（相当于图中阴影部分面积）要比采取一级价格差别时得到的消费者剩余少得多。在现实中，二级价格差别表现为企业向消费者提供的各种数量折扣，以鼓励消费者多使用产品或服务。

（3）三级价格差别（third-degree price discrimination）。它是指垄断企业在不同的市场上对同种产品或服务制定不同的价格，即垄断企业为了取得较多的收益，要求销售到所有市场上的产品的边际收益等于边际成本，在这个原则下，将总销售量分配到各个市场，然后按照各市场的不同需求价格弹性，再分别制定不同的价格。它比一、二级价格差别要复杂得多，我们可用图 5-10 说明。

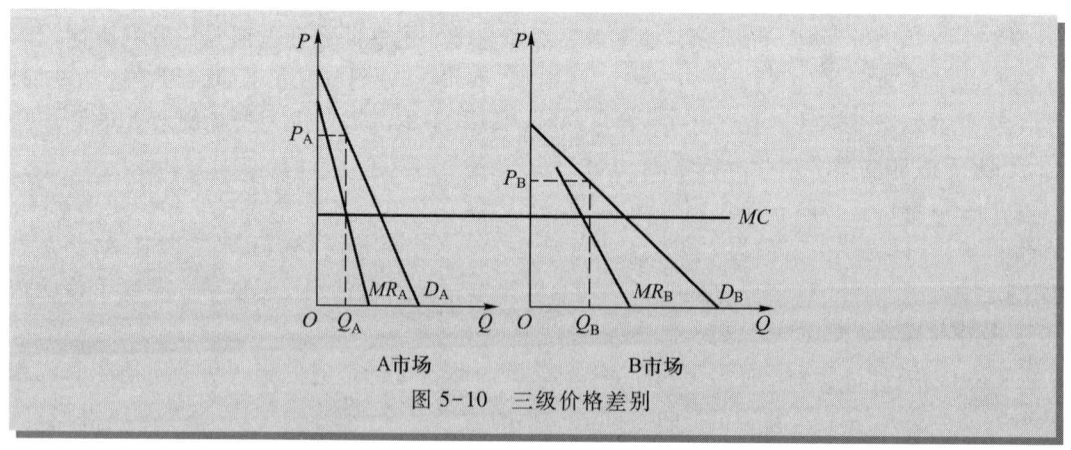

图 5-10 三级价格差别

在图 5-10 中，假定某垄断企业按价格需求弹性，将其产品市场分割为 A 市场和 B 市场，从图可见，由于 A 市场的需求价格弹性小于 B 市场，如果企业对这两个市场制定相同的价格就不能实现利润最大化目标，为此，它要根据以下原理分别对 A 市场和 B 市场制定不同的价格：设 π 为利润函数，$R_A(Q_A)$ 为 A 市场的收入函数，$R_B(Q_B)$ 为 B 市场的收入函数，$C(Q_A+Q_B)$ 为共同成本函数，则利润函数可表示为

$$\pi = R_A(Q_A) + R_B(Q_B) - C(Q_A + Q_B) \tag{5.10}$$

为使 π 最大化，就应满足

$$\frac{\partial \pi}{\partial Q_A} = R'_A(Q_A) - C'(Q_A + Q_B) = 0 \tag{5.11}$$

$$\frac{\partial \pi}{\partial Q_B} = R'_B(Q_B) - C'(Q_A + Q_B) = 0 \tag{5.12}$$

在式（5.11）和式（5.12）中，$R'_A(Q_A)$ 是 A 市场的边际收益（MR_A），$R'_B(Q_B)$ 是 B 市场的边际收益（MR_B），$C'(Q_A+Q_B)$ 是共同提供这种产品的边际成本（MC），因此，从式（5.11）和式（5.12）可得

$$MR_A = MR_B = MC \tag{5.13}$$

因此，根据边际收益等于边际成本的原则决定价格，在 A 市场上制定价格 P_A，在 B 市场制定价格 P_B，以实现利润最大化。这样，尽管 A、B 两市场的 $MR_A = MR_B = MC$，但 $P_A > P_B$。这可利用 $MR = P\left(1 - \dfrac{1}{E}\right)$ 来说明。

由于

$$MR_A = MR_B \tag{5.14}$$

则

$$P_A\left(1 - \frac{1}{E_A}\right) = P_B\left(1 - \frac{1}{E_B}\right) \tag{5.15}$$

或

$$\frac{P_A}{P_B} = \frac{1 - \dfrac{1}{E_B}}{1 - \dfrac{1}{E_A}} \tag{5.16}$$

因此，若

$$E_A > E_B \quad 则 \quad P_A < P_B \tag{5.17}$$

$$E_A = E_B \quad 则 \quad P_A = P_B \tag{5.18}$$

$$E_A < E_B \quad 则 \quad P_A > P_B \tag{5.19}$$

由上可见，A、B 两个市场的价格与其需求价格弹性呈反方向变动，即需求价格弹性较大，价格就较低。在图 5-10 中，A 市场的需求价格弹性比 B 市场的小，因而 A 市场的价格就高于 B 市场的价格。

（三）政府对差别定价的管制

从理论上说，政府对垄断企业以获取利润最大化为目的的差别定价行为应该实行管制。但在现实经济中，价格差别（包括递增和递减定价）是一种广泛存在的现象，不仅

存在于垄断性产业或领域，也存在于竞争性产业或领域。价格差别的广泛存在意味着其具有一定的合理性。因此，对差别定价的管制应该具有选择性。特别是随着全球资源性产品的日益稀缺和生态环境日益恶化，以及居民收入分配状况的不断恶化，从 20 世纪 70 年代开始，许多国家在资源性和生态性产品定价领域引入递增阶梯定价（increasing block pricing，IBP），以促进节能环保和改善收入分配。

在自然垄断产业，差别定价会增加垄断企业的利润，造成消费者剩余损失，从而造成社会福利损失。但有的学者认为，① 垄断企业由价格差别而获得的额外利润也可用于其他的许多方面以增加社会福利。假如增加的这部分利润补偿了研究和开发新产品和新生产过程的成本，就会鼓励创新。同样，增加的这部分利润也会因补偿了创建品牌的成本，而鼓励产品多样性。另外，由于价格差别而增加的利润，还会因补偿了生产的固定成本和进入成本，而鼓励进入和竞争。有的学者还认为，② 如果企业采取差别定价不是以获得垄断利润为目的，而是以收回总成本为目的，那么，也不能算是不正当的价格差别。此外，我们从图 5-8 可见，在一级价格差别下的供应量是 Q_c，而以利润最大化原则决定的供应量是 Q_m，$Q_c > Q_m$，因此，企业采取差别定价能扩大供应量，有利于满足消费者的需要。此外，有的学者提出③，采用递增阶梯定价是为了同时实现效率、公平及节能等多个目标，其产生的效率损失（或福利损失）在某种程度上是为了实现能源节约和社会公平的目标，有利于促进阶梯价格在不同收入的消费者间的再分配，是实现公平的一种选择。

综上所述，在理论上应该对企业的差别定价实行政府管制，但在实践中，差别定价广泛存在而且具有一定的经济合理性。这就使政府对差别定价的管制处于两难状态。政府需要对管制什么、怎么管制做出抉择。显然，政府对差别定价的管制应具有选择性，如在一、二、三级价格差别中，政府首先应该限制企业采取完全侵占消费者剩余的第一级价格差别。其次，政府还要根据产业的发展状况，分析企业实行差别定价主要是为了获取垄断利润，还是为了在发展过程中补偿投资成本。但无论企业采取哪种价格差别形式，管制者必须严格控制企业的综合价格水平不得超过政府规定的管制价格水平。

案例

中国城镇供水定价成本监审与价格管理政策④

A–J 效应

---

① 丹尼尔·F. 史普博. 管制与市场. 余晖，等，译. 上海：上海三联书店，上海人民出版社，1999：696.
② 植草益. 微观规制经济学. 朱绍文，等，译. 北京：中国发展出版社，1992：110
③ 刘自敏，杨丹，冯永晟. 递增阶梯定价政策评价与优化设计——基于充分统计量方法. 经济研究，2017（3）.
④ 参见李云雁，江小平. 我国深化城市供水价格形成机制改革的路径选择——基于激励约束机制及收入校核补偿机制的探索. 价格理论与实践，2021（8）.

本章小结

- 促进社会分配效率、刺激企业生产效率和维护企业发展潜力共同构成自然垄断产业价格管制的三维政策目标体系。它是政府制定自然垄断产业管制价格的主要经济依据，也是进行价格管制政策分析的重要工具。

- 按照经济学基本原理，为实现帕累托最优效率，达到促进社会分配效率目标，就要求按照边际成本决定管制价格。但是，由于自然垄断产业一般都具有显著的规模经济，表现为成本曲线总是向右下方倾斜的，平均成本曲线位于边际成本曲线的上方。如果按照边际成本决定管制价格，企业就会发生长期亏损，因此，在价格管制实践中，以平均成本决定管制价格是更为现实的选择。

- 美国传统的投资回报率价格管制模型是通过对投资回报率的直接控制而间接管制价格的。其优点是自然垄断产业需要足够的投资，用投资回报率价格管制模型有利于鼓励企业投资。但这种模型存在明显的缺陷：一是企业在一定时期内按照固定的投资回报率定价，几乎不存在价格管制对提高效率的刺激机制。二是由于投资回报率的基数是企业所用的资本，这就会刺激企业通过增加资本投入而取得更多的利润，从而产生低效率的 A-J 效应。三是管制双方不仅要就投资回报率的水平（S）问题进行讨价还价，而且，管制者还要为正确计量投资回报率的基数（RB）大伤脑筋。

- 英国的最高限价管制模型的基本优点是，在一定时期内固定价格的上涨幅度，能够刺激企业只有通过降低成本才能取得较多的利润。同时，价格管制限制了企业的利润率，这促使企业对生产要素实行优化组合，但不至于出现在投资回报率价格管制下存在过度资本密集化的现象。但英国的最高限价管制模型会抑制企业投资，特别是越接近价格调整期，企业的投资动力就越小，甚至会停止投资，从而影响正常投资的连续性。

- 在中国现行的价格管制实践中，由于不少垄断企业在特定的地域范围内实行独家或寡头垄断经营，因此，主要是以企业的个别成本作为定价依据的，具有类似于"实报实销"的性质，这使企业缺乏努力提高生产效率、不断降低成本的刺激。因此，构建中国价格管制模型应重视成本约束原则，其基本思路是：虽然政府不能观察企业成本的实际运行过程（它是一个"黑箱子"），但政府能发现成本的运行结果，通过控制成本的变化结果，促使企业自觉提高效率，降低成本。

- 按照不同的标准可以对自然垄断产业的总需求进行细分，形成不同的需求结构。政府在价格管制实践中，应考虑需求结构对管制价格的影响，以形成与需求结构相适应的价格结构。本章讨论的主要价格结构是：线性定价与非线性定价、两部定价、高峰负荷定价和差别定价。各种价格结构还存在多种具体形式。在理论上应该对企业的差别定价实行政府管制，但在实践中，差别定价广泛存在而且具有一定的经济合理性，这要求政府对差别定价的管制具有选择性。

关键词

价格管制（price regulation）　　投资回报率价格管制（rate of return price regulation）
最高限价管制（price cap regulation）　　价格水平管制（price level regulation）
价格结构管制（price structure regulation）　　线性定价（linear pricing）
非线性定价（nonlinear pricing）　　两部定价（two-parts pricing）
高峰负荷定价（peak-load pricing）　　差别定价（discrimination pricing）
一级价格差别（first-degree price discrimination）
二级价格差别（second-degree price discrimination）
三级价格差别（third-degree price discrimination）

A-J 效应（Averch-Johnson effect）

复习思考题

1. 价格管制的基本目标是什么？
2. 价格水平管制目标与定价方式有什么联系？
3. 简述传统投资回报率价格管制的特点和局限性。
4. 简述最高限价管制的特点和局限性。
5. 以特定公用产品为例，简述构建中国价格管制模型的基本思路。
6. 简述价格结构的主要形式。
7. 试分析政府对差别定价实行管制的目标和难点。

延伸阅读

1. 林伯强，王锋．能源价格上涨对中国一般价格水平的影响．经济研究，2009（12）．
2. 刘自敏，杨丹，冯永晟．递增阶梯定价政策评价与优化设计——基于充分统计量方法．经济研究，2017（3）．
3. 沈毅．价格上限管制中效率因子 X 的计算方法．北京邮电大学学报（社会科学版），2003（5）．
4. 田露露，冯永晟，刘自敏．不同递增阶梯定价下的政策效果差异——基于定价结构陡峭程度的研究．经济学动态，2019（1）．
5. 佟庆远，孙博，董欣等．污水处理厂减排效率的统计评价及影响因素分析．中国人口·资源与环境，2019（9）．
6. 王俊豪．城市污水处理行业的竞争机制与标杆价格原理．财贸经济，2013（3）．
7. 赵会茹，赵名璐，乞建勋．基于 DEA 技术的输配电价格管制研究．数量经济技术经济研究，2004（10）．

即测即评

第六章　激励性管制与放松管制

党的二十届三中全会通过的《决定》提出："制定民营经济促进法。深入破除市场准入壁垒，推进基础设施竞争性领域向经营主体公平开放，完善民营企业参与国家重大项目建设长效机制。"这为放松进入管制，促进民营企业进入公用性、基础性产业，改革与完善监管体制提供了有力的政策导向。本章主要讨论传统的垄断性产业管制存在的主要问题，分析比较有关国家管制改革的主要内容以及垄断性产业管制发展的趋势，研究激励性管制理论与各种激励性管制政策的主要内容，世界范围内放松管制的理论与实践。

第一节　垄断性产业管制的趋势

一、传统管制制度存在的主要问题

随着市场竞争强度、交易规模和产业结构的动态发展，原有的管制制度在实践中暴露出许多问题，传统自然垄断产业管制的依据逐渐弱化，其原因主要表现在以下六个方面。

第一，技术进步改变了某些产业或产业中某些环节的自然垄断性质，通过管制维持其垄断的依据已经削弱或不复存在。随着科学技术的快速发展，在自然垄断产业形成了新企业进入和多家企业共同竞争所需要的技术基础；一些自然垄断产业的某些环节失去自然垄断的特点，不再具有自然垄断性；产业之间的替代性和竞争性也日益明显。例如，光纤技术的使用大大降低了电信产业固定资本投资的沉淀性，从而降低了进入壁垒，适合新企业进入后实现竞争；电力等产业的某些环节的产品或生产可以从长距离输送到市内分销等下游环节中独立出来，营造上游产品或服务的竞争性结构；铁路的垄断性受到航空、公路运输等挑战，这些新情况的出现都要求政府放松对其进入、价格等管制。因此，对其分别实行不同的管制或放松管制政策，有利于在自然垄断产业中比较充分地发挥市场竞争机制的作用，同时兼顾了规模经济效益，实现竞争活力与规模经济相兼容，提高经营效率。

第二，随着市场容量和范围的扩大，原有平均成本最低的企业产量小于扩大了的市场规模，从而使该产业具备了多家企业竞争的条件，否定了由一家企业独占市场的合理性。

第三，政府管制造成"政府失灵"。首先，长期的管制实践表明，政府对自然垄断产业的管制会使企业内部产生 X-非效率，这在既实行进入管制又实行价格管制时尤为严重。传统自然垄断观点认为，垄断只是引起价格和产量的扭曲，即垄断的福利损失仅限于哈伯格三角形。然而，事实上是被管制产业中的垄断者缺乏追求成本最小化和利润最大化的动力，垄断企业自上而下每个成员都会有偷懒动机，致使垄断企业内产生 X-非效率。由此产生的福利损失要比预想的大得多。其次，管制很难采取有效率的形式。政府的本意是要补救市场失灵，但政府并不比市场更容易辨别出谁是受益者谁是受害者，以及他们各自得到多少好处受到多少害处，即政府不具有完全信息。更糟糕的是，政府限制垄断的结果往往是以行政垄断代替了市场垄断，而又没有一个机构来管制行政垄断，由此可能导致比市场垄断更多的福利损失。管制滞后也使管制政策难以达到预期的效果。最后，政府本身也在追逐利益最大化，管制者与被管制者之间存在一个博弈过程。管制者有足够的动力把个人利益带进政府和政府决策中，这个过程也是被管制者"寻租"的过程。他们通过管制力量来阻碍生产要素在不同产业间的自由流动、自由竞争，从而获取"租金"收入。而不是通过降低成本来增加利润，取得高额收入。那些本用于价值生产活动的资源被用于决定分配结果的竞争，从总体上看没有创造价值。管制成为管制者和被管制者之间各自攫取利益的工具，而非用于纠正市场失灵。大量财富流向社会中有势力的集团，管制偏离了公众利益，导致资源配置更糟糕，其福利损失远高于因垄断导致的产量减少和价格上升。

第四，管制影响了消费者的福利水平。在垄断的市场结构中，消费者只能被动接受垄断企业提供的产品或服务的价格和质量。被管制的企业可能会在满足了政府制定的价格标准之下降低产品或服务的质量。尽管政府可以对产品或服务的质量加以管制，问题在于产品或服务的质量有许多维度，度量的成本可能会大大超过现在的收益。因此，管制者难以精确规定产品或服务的质量，即使理论上是可能的，但实际中因成本过高而难以成功。

第五，经济全球化要求各国在人、财、物、信息等方面进行更广泛的联系以降低生产成本，而政府对自然垄断的管制却制约这些资源的流动。因此政府需要调整政策，改革管制制度，使市场公平竞争机制逐渐成为经济活动的基本秩序，以适应日益增加的资本与劳动力的流动性。

第六，成本弱增性和可竞争理论的发展对传统的管制实践提出了挑战。从20世纪70年代开始，经济发达国家在政府管制经济学的理论研究方面取得较大进展。现代理论认为传统观点对自然垄断的认识不全面，从而导致政府管制的随意性和管制范围的不断扩大。为了如实反映管制实践的发展，鲍莫尔、威利格、潘扎等人用成本弱增性重新定义了自然垄断。他们认为自然垄断是这样一种情况：单个企业能比两家或两家以上企业更有效率地向市场提供同样数量的产品。所以，当平均成本下降，存在规模经济时具有自然垄断性；当平均成本上升，规模不经济时也具有自然垄断性。只要成本是弱增性的，由一家企业垄断市场的社会成本依然最小。对自然垄断的重新定义，为管制体制改革提供了一种新思路。当处于平均成本上升阶段，按边际成本定价同时保证社会福利最大化和企业盈利时，也许不需要价格管制。这就启发人们判断产业的自然垄断性质存在的原因，再依此实行不同的管制政策。可竞争市场理论的发展也对自然垄断产业管制的理论和实践提出挑战。根据这一理论，要保证市场经济效率，政府就应当放松进入管制。

二、经济发达国家的管制改革

美国、英国、日本等经济发达国家对电信、能源、城市公用事业等基础设施产业的政府管制体制进行了强化市场机制的重大改革。将电信、电力等产业作为自然垄断产业的概念在逐步削弱，注入了竞争性力量。随后，传统自然垄断产业的管制体制改革浪潮席卷世界，全球自然垄断产业都在经历巨大变革。虽然各国改革的时间、具体的改革内容等方面不尽相同，但总体上呈现出相似的趋势。

(一) 民营化浪潮

20世纪70年代以后，世界上许多国家的自然垄断产业已经不断地从垄断走向竞争或局部竞争。国有企业在这些国家的自然垄断产业处于重要地位，而且大多带有政企合一的性质，国有企业经常被政府作为干预经济的重要工具。但是由于自然垄断产业的巨大投资与有限的政府能力相矛盾，导致政府对这些企业的投资不足，供求缺口很大。同时，国有企业本身存在不可克服的低效率，使得它们大都效益不佳。因此，通过将这些国有、公营的自然垄断企业的所有权转移到民间，引进社会资金、提高自然垄断产业经济效率与市场竞争力已经成为世界性趋势。

1969年英国电信首先宣布政企分开，由一家政府直接经营的国有事业单位变为独立的国有企业法人。20世纪80年代后，电信部门进一步分为负责管理的电信管理局和从事经营的英国电信公司（BT）。1984年英国政府决定把英国电信公司作为一家一体化的国有企业改为股份公司，出售了近一半的国有股份。1991年出售了25.8%的股份。1993年将剩余的24%的股份进行了出售。自此，英国电信行业全部实行了民营化改革。英国的电力产业在1957年以前由中央电力管理局作为一家公共企业负责英国的电力生产和大批量电力供应。1957年英国政府颁布新的《电力法》，试图把中央电力管理局的电力生产和大批量供应职能分离。与之相适应，设立中央电力生产局作为一家国有企业负责电力生产和大批量电力输送，成立电力委员会取代原来的中央电力管理局负责电力产业的政策问题。像其他国有企业一样，电力企业过去在产品市场和资本市场上不存在竞争机制，经营决策具有浓厚的政治色彩。由于融资困难、效率低下，英国政府在1988年公布"白皮书"，准备对电力产业实行民营化改革。1990年12月，首先对英格兰和威尔士的12个地区的电力公司及其合资新建的国家电网公司实行民营化，其后又出售了国家电力公司和电力生产公司60%的股票。不久对苏格兰电力公司和英格兰水电公司也实行了民营化，5年后核电公司进行民营化改革。2000—2005年引入新的市场机制和交易模式。至此，英国已完成了电力民营化改革。管道燃气、自来水、铁路等自然垄断产业也都依循这种改革路径逐步实现了民营化。

日本电信产业于1952年政企正式分开，分别作为电信管理部门的邮政省电气通信局和经营国内长途的国有电信公司（NTT）以及经营国际长途的国有公司（KDD）。在后来放松管制的活动中，NTT进行了民营化改革。1998年日本国会通过"重组NTT"的新法律：原NTT改为控股集团公司，分别绝对控制新独立出来的NTT长话、东NTT和西NTT（两个地区性电话公司）以及NTT多媒体工程公司的股权，同时仍然控制着原来在NTT系统内独立的经营公司的股份。1999年7月，NTT完成了挂牌重组。同时，日本放宽了对电信业的进入、费用标准及引进外资的限制，使竞争环境更为宽松。

德国电信业于20世纪90年代初实行政企分开，并逐步进行民营化改革。澳大利亚也在向非国有经济开放原来的垄断性产业，积极引入非国有资本，实行股份制改造。法国在民营化进程方面没有德国步子大，但仍是向着民营化方向迈进的，国有成分在不断缩小。

美国放松管制的改革进行得比较彻底，因为信奉自由经济和市场机制的传统，改革前许多自然垄断产业就是私有的，在进一步的改革中，政策选择上更倾向于完全放松的模式。其中，20世纪90年代开始，美国推进电力放松管制改革，在经历了加州能源危机、批发电力市场建设放缓、电网运行出现安全停电事故等问题后，市场机制逐步完善，并成为国际上成熟电力市场的典型代表之一。不过最近几年，美国电力行业发展相对缓慢，渐渐失去其先发优势。根据美国能源资料协会数据统计，2011—2018年，美国净发电量几乎没有增长。截至2018年，美国净发电量达4.18万亿千瓦时，较2011年仅增长了2.0%。

（二）放松进入管制，开放市场

随着管制实践和理论的不断发展，管制的理念已经从通过对自然垄断产业机械地"控制和命令"来消除非效率的方式向通过激励措施来消除非效率的激励性管制方式发展，从对行为的直接管制转向对市场规则的规范方向努力。管制的目的已不再是一般地以政府取代市场，而是通过创造实现市场可竞争性的条件促进市场的可竞争性，市场可竞争性的增强则又进一步促进管制目标的实现。

现代技术的发展和市场容量的扩大，使得一些传统自然垄断产业已不再具有自然垄断性质。对于这些领域，世界上许多国家开始对其逐渐放松甚至取消进入管制。

自1975年以来，美国联邦政府开始放松政府管制。首先，撤销民用航空局，放开航空进入管制，允许自由进入和退出国内所有航线，废除民用航空机票统一定价制度。其次，放松天然气产业的管制，1989年则完全取消。最后，放开公路运输进入管制，允许私营中小企业进入州际长途运输。1980年以前，美国电信业已在不同程度上引入了竞争。1984年美国电话电报公司（AT&T）被拆分则标志着竞争的正式拉开。AT&T被分拆为1个专营长途电话业务的新AT&T公司和七个本地电话公司。长途电话市场出现包括AT&T、美国世界通讯国际公司（MCI）、斯普林特（Sprint）在内的多家电信公司竞争的局面。1996年不仅市话市场和长途市场相互开放，传统电信、有线电视和互联网等不同业务之间也相互融合、相互进入，实现全方位竞争。为促进竞争，《电信法》规定各地区贝尔公司向竞争者开放了自己本地市场后才可进入长途市场。本地市场除了向长途电话公司开放外，通过收取接入费也向有线电视公司开放。电话公司可以提供影视服务，有线电视公司可与电话商互相参股等。从1998年开始，对世界贸易组织成员方分批开放电信市场。

1982年，英国准备在电信领域引入竞争机制，发给水星公司（Mercury）经营许可证，基础电信市场开始由BT和Mercury双头垄断。Mercury与大型企业之间建立直通线路，通过接入BT市话，与BT竞争长途电话和国际电话业务。虽然"双寡头垄断"较之过去由BT一家垄断的状况要有所进步，但这一政策实施长达数年，严重阻碍了竞争。移动通信服务等一些领域进入管制也有所放松，但直到1990年年底都没有实质性进展。到了20世纪90年代，英国工贸部发布"白皮书"，取消"双寡头垄断政策"，除国际通信方面在短期内仍由BT和C&W经营外，政府批准更多的公司参加电信运营。新的电信政策还放松了不同产业之间相互进入的管制。有线电视公司获准经营电话业务，Mercury公司可以和有线电视公司合作利用其有线网络直接提供通信服务，允许移动通信企业提供有线网络通信服务，并鼓励当时尚属于公共部门的英国铁路公司等利用其网络提供通信服务。这一时期英国经营各种电信业务的公司已达 100 多家。1996 年结束了 BT 和 C&W 对国际长途的垄断，国际通信业务方面全面放开竞争。为促进电信运营企业之间公平、有效竞争，1997 年电信管制办公室要求所有电信运营企业向顾客提供自由转换电话公司而不变更电话号码的服务，并将此作为所有通信网络经营企业经营许可证的一个要件。

日本电信产业 1985 年开始对国内业务开放，在国际长途、国内长途、地区性通信、卫星通信、移动通信、寻呼电信服务市场引入新的电信运营商参与 NTT 的竞争。为鼓励竞争，1999 年 NTT 被分成一家长途电话公司和两家独立的地方电话公司，分管东日本和西日本市话市场。NTT 和 KDD 可进行业务渗透，都可经营国内长途业务也可经营国际长途业务。计算机网络开始提供网络电话服务。

1992 年德国电信产业开放移动通信市场，允许其他公司与德国电信公司竞争。1996—1997 年，德国电信公司不再垄断经营德国电信网络。同时德国计算机网络公司加入电话服务领域竞争。

从 1998 年开始，所有欧盟国家及瑞士和挪威全面放开电信市场。

（三）在非自然垄断性业务领域引入竞争

随着专业化的分工、技术进步和市场环境变化，自然垄断产业中某些业务领域日渐失去自然垄断性质，显示出竞争的潜质，成为可竞争领域。

在电力产业中，世界上许多国家都实行对电力生产的不同环节进行区分，把具有自然垄断性质的输电环节与竞争性发电、售电环节剥离，分解垂直一体化组织结构的改革。

电信产业则是从业务区分，先在长途、增值等领域引入竞争机制，然后一步步走到全方位开放，竞争从某些业务领域扩展到整个产业。

（四）传统管制向激励性管制转变

放松管制并非管制的结束，而是管制不断随政治、经济环境变换目标和方式的结果。在这一过程中竞争和管制逐渐相容，表现为激励性管制方式被广泛应用，在新的管制框架中实现竞争，以解决自然垄断产业内部的低效率问题。最高限价管制给予企业在上限价格下自主定价权，激励企业降低成本，提高效率。区域间竞争则以一地区经营效率较高的企业的经营成本为标准，制定管制价格，以此促进不同地区企业降低成本、增加利润的竞争。此外，激励性管制还包括特许权竞争等管制方式。其中，最高限价管制是应用较广泛的一种激励性管制方式，英国首先在电信、电力、管道燃气等自然垄断产业使用，随后美国也在一些产业采用。

第二节 激励性管制

一、激励性管制理论的产生

20 世纪 70 年代以后，在美、英等经济发达国家，对自然垄断产业或公用事业单位的运营效率产生了质疑，并引发了一场放松管制的运动。与此同时，也促使人们对传统的管制理论基础及其管制方式进行了反思。尽管由于技术创新和需求变化而缩小了政府管制的边界，但是，自然垄断产业的一些特点并没有发生实质性的变化，政府管制仍是必要的。与此同时，传统的管制方法则必须加以改进。对于大多数国家而言，由于技术创新的加快，电信业等自然垄断产业出现了更为复杂的情况，亟须一个专门的政府管制机构，对诸如价格上限、普遍服务、服务质量、日益拥挤的频率资源以及重要领域有可能出现毁灭性竞争造成信息拥塞和社会混乱加以管制。进入90年代以后，随着委托—代理理论、博弈论以及信息经济学等微观经济学的前沿理论和分析方法被广泛运用于产业经济学的研究中，激励性管制理论作为一种新的管制理论产生了。它把管制问题看作是一个委托—代理问题，着重研究如何在存在信息不对称问题的管制者与被管制者之间进行激励框架的设计，其实质是给予企业一定的自由裁量权（discretion），促进企业降低成本、提高质量、改善服务，引导企业逐步接近社会福利最大化的思路。诸如基于业绩指标的价格上限和价格调整等激励机制，具有促使企业实现成本最小化的激励。此外，还能够解决道德风险问题，而且是"以轻微之手的管制"（regulation with a light hand），即管制简单。[①] 它使经济学家和政府部门对管制问题的思维方式发生了巨大变化，并使政府管制更充分地体现了效率的要求。

但不可否认的是，在信息不对称条件下，被管制对象边界的不断变化使得信息的积累、传播过程处于动态变化过程中，被管制的产业和企业的信息优势地位往往得以加强，因此，通过直接观察并控制有关企业的成本函数和收益，几乎不可能获得有效的管制效果。各国政府均面临着如何设计合适的、动态化的激励机制，促使被管制企业具有真实地显示自己成本、激励改进服务质量的难题。此外，由于管制机构有着多重管制目标，因此，设计激励机制也很复杂。

二、激励性管制理论的主要内容

（一）激励性管制所要解决的基本问题

如果只限定在垄断性产业管制方面，那么实施激励性管制的根本目的是：在信息不对称和保持原有管制结构的条件下，给予被管制企业提高内部生产效率和经营效率的刺激。这里，企业内部的生产效率是指竞争市场条件下，企业用较低的价格购买生产资料，并能利用当时的技术水平在最优生产规模中进行生产，实现最优的投入产出组合。而经营效率则是指采用最佳途径及方法进行销售，同时，不存在人事管理、资金调配等方面的"经营上的松懈"。

这就是说，激励性管制实际上是管制机构针对不同激励强度，确定一个适当的成本补偿规则，利用转移支付工具按照被管制企业的实际成本和努力程度，给予企业相应数量的货币补偿的一种机制。由于管制机构与被管制企业之间存在信息的不对称，管制机构对企业生产成本、服务质量、技术和努力水平不具备完全信息。因此，选择一个可以使企业以社会最优的努力水平或成本提供服务的适当激励框架设计十分困难。因为在现实中，由于

---

① 王廷惠. 自然垄断边界变化与政府管制的调整. 中国工业经济, 2002 (11).

信息不对称问题的存在，在根据委托—代理理论进行激励框架设计和激励性管制的具体实施中，同样也会存在逆向选择和道德风险问题。以追求利润最大化为目标的企业掌握着生产成本、技术水平、管理营销费用等方面的信息优势，必然会尽可能地隐瞒其实际成本，高报自己的成本，企图抬高政府对价格上限的规定，从而产生逆向选择问题。同时，在激励框架设计上，对于企业努力程度的货币补偿设计方面，由于管制机构对于企业的努力程度了解不多，管制机构不知道究竟应支付或补偿多少才使企业愿意提供这种服务，因此就会引发管制者与被管制企业之间的博弈，以及被管制企业对管制者的"游说"和相应的"寻租"行为。而且，"企业努力程度"这一变量无法由法庭证实，不能写入管制合同中，企业在决定这一变量时具有较大程度的自由选择权，而管制者难以正确判定企业为提高效率、改进管理而付出的努力程度；对于被管制者来说，则存在可以选择"偷懒"却又不会被发现的可能性，这就使管制机构面临着来自企业的道德风险问题。这样，管制机构就需要设计一种既给予企业足够激励，又使企业不滥用这种选择权以谋取私利的激励框架。也就是说，由于管制者和被管制者目标的不同，根据委托—代理理论，激励框架的设计实质上是通过给予企业一定的自由裁量权来减少由于信息不对称带来的逆向选择、道德风险以及寻租行为等问题。基于业绩指标的价格上限和价格调整等激励机制，使得企业具有实现成本最小化的激励。美国联邦电信委员会（FCC）则已经用价格上限来代替投资回报率管制方法，不再审查利润函数的成本方面，而是管制价格，FCC推广至市话交换公司（local exchange companies）的接入费管制上，这是管制过程的一个重大变化。但是，由于管制机构有着多重管制目标，设计激励机制也很复杂。在信息不对称条件下，被管制对象边界的动态变化、被管制产业和企业的信息优势地位的加强使得通过直接观察并控制有关企业的成本函数和收益来设计合适的激励机制、获得有效的管制效果成为一个实践中普遍存在的难题。

（二）激励性管制合同的设计

在管制者与被管制者之间，一般都存在着某种形式的明确的或隐含的激励合同。激励性管制合同按激励强度可分为两类：高强度激励合同和低强度激励合同，二者具有各自不同的特点和适用环境。激励强度与信息租金之间存在的权衡关系导致在信息不对称条件下，政府对管制合同的设计或选择常面临两难处境。高强度激励合同是指企业得到的总货币补偿随其实际成本的变化而变化，在边际上企业承受较高比例的成本，如近年来美国、英国等使用的价格上限合同；低强度激励合同是指企业的成本将完全得到补偿，企业的利润不受成本变动的影响，如传统使用的服务成本或报酬率合同。二者在设计过程中所具有的本质差别决定了在信息不对称情况下，管制者在对管制合同的设计或选择时必然会面临一个两难的困境：要减少被管制者的信息租金，就必然要降低合同的激励强度；而要提高激励强度则必须付给被管制者大量的信息租金。从激励框架的设计原理我们不难发现，高强度激励合同能够保证被管制者通过努力使得成本降低1个单位时，便会相应得到1个单位的收益；不言而喻，如果由于某种外部原因导致成本也降低1个单位时，被管制者同样会得到1个单位的收益。也就是说，相对于无法控制的外部因素，被管制者成为全部剩余的所有者，并同时可以获得大量信息租金。相比之下，低强度激励合同，尽管可以减少留给被管制者信息租金的水平,但也只能诱发被管制者较弱地降低成本。由此可见,在激励强度与信息租金之间存在一种权衡关系。通过对传统管制理论在实践中运用的分析,我们可以发现,管制者或者总是片面地强调高强度激励可能带来较高生产效率、服务效率和服务质量的好处,却忽视了高强度激励会同时导致被管制者获取大量的信息租金和超额利润的问题;或者,只是过多地抱怨被管制者得到过多的信息租金和高额利润,并强迫企业重新谈判,修改原来的合同,从而降低了管制合同的效率。管制者尽可能多地掌握企业成本的真实信息,针对不同类型的被管制者分别设计不同的激励框架,是有效解决两难选择的关键。然而,技术创新的加快、需求特征的改变导致自然垄断的边界及其特征在不断变化,这在一定程度上增加了管制者及时、全面掌握被管制者真实成本信息、设计适当强度的激励框架的难度。在设计适当的激励框架时,管制者应当学会正确运用不完全信息条件下的动态博弈规则,减少被管制者隐瞒真实成本的可能性。在信息不对称条件下,甄别不同类型企业、减少企业信息租金的难点是被管制者往往掌握着成本等方面的信息优势,高效率企业完全可以在具有低成本技术时谎称有高成本技术,在隐瞒真相、不被发现的前提下,以求得更多的货币补偿。因此,管制者就要设法在设计激励框架时,减少因信息不对称而导致被管制者为获取超额利润而产生的"道德风险"问题以及信息租金的流失,消除高效率企业隐瞒真相的动机。为了有效甄别被管制者的成本类型,激励框架的具体设计方法是:管制者可以提供的激励性管制合同有两种,分别为价格上限合同和服务成本合同,被管制者可在这两种合同中任选一种,或拒绝接受任何合同。假设被管制者的技术特征有两种可能:高成本或低成本,外生成本变量是两个值中的一个,假设在这里价格上限合同设计使低成本类型的企业的超额利润正好等于零。显然,这时对于高成本或低效率企业来说,价格上限合同只能使其保持收支平衡,因此它将选择服务成本合同;然而,若高成本企业也选择服务成本合同,就会出现亏损。对于低成本或高效率的企业来说,因为它不会从这样的合同中得到任何益处,因此不会选择服务成本合同。让高成本企业选择服务成本合同,而让低成本企业选择价格上限合同,这样的激励框架设计在保证低效率企业愿意接受并选择服务成本合同的同时,不会留给高效率企业任何信息租金。同时,不可否认的是,这种设计的代价是高成本企业没有任何控制成本的激励。通过这种框架设计有助于管制者区别不同成本类型的被管制者。当然,在信息不对称条件下,要设计具有较高效率的激励管制框架,除了需要甄别被管制者成本类型外,由于在实际管制实践中还存在着激励性管制合同的选择问题,因此还需要尽可能减少信息的不对称性。通常可以通过市场竞争和比较竞争(或称相对绩效评估)两种方式来降低管制者与被管制者之间的信息不对称性。前者如特许投标(franchise bidding)制,通过在投标阶段实行比较充分的竞争,使得被管制者不敢将自己的成本报得过高,否则将失去特许经营权,从而使最终价格有望达到平均成本水平,效率最高的企业将得到特许经营权,但是同时也只能获得正常利润。后者是以区域间比较竞争(yardstick competition)理论为依据,将某一个被管制者的绩效与其他处于同样或相似环境的被管制者的绩效进行比较,并以此设计激励框架。通过比较具有相似技术条件的被管制者的绩效就可以减少信息不对称,从而提高管制合同的激励强度。当然,在具体的管制实施过程中,由于不同被管制者之间存在很多不可比因素,使这种方式难以普遍适用。激励性管制合同的制定除了与管制者对被管制者真实成本的了解程度有关之外，还与管制者对被管制者产品质量或服务水平方面的信息了解有关。高强度激励合同的缺点是有可能降低服务产品的质量。因为对被管制者而言，在高强度激励合同条件下，提高质量会增加其成本，如果被管制者是全部剩余的获取者，在管制合同中没有详细的关于质量的量化标准规定时，被管制者就会为节约成本而尽可能地降低质量，减少需自己承担提高质量而带来的额外成本负担。相比之下，低强度激励合同不需要被管制者承担任何成本，因而被管制者愿意提供高质量的产品或服务，来获取长期、稳定的忠实消费者。也就是说，如果管制者不能详细地规定产品质量、服务水平的量化标准或者难以监督质量标准的执行，则选择低强度激励合同将有利于保证产品或服务的质量。

以上都是针对被管制者只提供一种产品或服务时激励框架的设计，然而，在现实中更为常见的是，往往自然垄断企业或公用事业单位要提供多种产品或服务，这时应如何设计激励性管制合同呢？如果对同一被管制者的不同生产活动选择不同的激励强度，就会产生交叉补贴问题，如被管制者从事两种生产活动，对于第一种活动，被管制者节约1个单位的成本得到的收益大于第二项活动，这时如果被管制者从第一种生产活动中减少成本，而在第二种生产活动中增加相应的成本，则在总成本不变的情况下，被管制者所得收益增加。这样，被管制者便会设法将第一种活动使用的可变投入分摊到第二种活动上，或者把较高比例的共同成本算到第二种活动上。为了制止这种交叉补贴，管制者一般要求被管制者将不同环节的生产活动分开核算，并提出严格的共同成本分摊比例。

（三）影响激励性管制合同实施效率的主要因素

在具体实施过程中，激励性管制合同的效率主要受两个因素的影响：

第一，管制俘虏。管制俘虏理论指出，在实际管制过程中，除了管制者与被管制者之间的委托—代理关系以外，还存在公众与管制者之间的委托—代理关系。在公众与管制者之间的委托—代理关系中，关于管制合同执行的信息方面，管制者比公众具有较多的信息优势。在这种信息不对称条件下，管制者对管制合同的具体执行具有较大的自主选择权，从而可能产生道德风险问题。一方面，管制者可能没有收集被管制者的生产、经营成本和产品、服务质量等方面的充分信息，从而导致激励性管制合同不能随技术、需求的变化而及时变动，导致激励性管制合同往往会不合时宜。另一方面，信息不对称往往会导致管制者的机会主义行为。通过滥用自己的信息优势和管制权力来谋取私利。相应地，会引发管制者被某些利益集团收买、俘虏的现象。管制合同的激励强度与被管制者的收买威胁正相关。高强度激励合同，如价格上限合同将使被管制者获得较高的信息租金，被管制者可获得的信息租金越高，其收买管制者倾向越大。也就是我们常说的，租金越大，发生寻租行为的可能性就越大。价格上限合同使管制者在设计价格上限时掌握很大的自由决策权，其决策将对企业利润具有很大影响。若管制者故意隐瞒被管制者掌握低成本技术的信息，被管制者将会因较高的价格上限而获得更大的信息租金。相比之下，低强度激励合同受公众与管制者之间信息不对称的影响相对较少，对被管制者的收益不会产生太大的影响，因而这种合同受到被管制者收买的威胁也相应较小。

第二，管制承诺的可信性。由于被管制合同期限的影响以及"棘轮效应"的存在，从长期来看,被管制者获取的货币补偿往往低于其由成本降低所导致的剩余增加。根据动态博弈规则,长期内这种对被管制者的激励强度必然会趋于下降。一般来说,发达国家管制合同期限短于5年,价格上限合同一般也都不超过5年。合同有效期较短,有利于管制者及时根据所掌握的成本变化情况对激励性管制合同进行修改,对被管制者提出更为苛刻的条件,从而产生"棘轮效应",使高效率企业受到惩罚。由于长期内被管制者未必能够得到成本节约的全部收益,因此会降低管制合同的激励强度。此外,实施原来的合同使被管制者处于亏损状态甚至濒临破产,这时被管制者也会在合同正式终止之前要求提前修改管制合同,以避免出现更为不利的后果,这时管制者可能会屈从被管制者的要求;或者,当被管制者得到很高的利润时,管制者会受到较大的压力,迫使其与被管制者重新谈判,修改合同,这些情况均会促使管制者与被管制者提前进行谈判、修改管制合同,从而加重"棘轮效应"。从管制实践看,合同的重新谈判或修改往往不利于促进被管制者努力降低成本,同时对低效率的被管制者往往更有利。因此,提高管制合同承诺的可信性,有利于提高管制合同的实施效率。

三、具体的激励性管制政策举例

为了提高内部效率而给予企业的激励方法是多样的,但归根结底其方法为:一是给予竞争刺激,使企业提高生产效率和经营效率;二是给予企业提高生产效率及经营效率的诱导。由此获得的成果便是给予企业的报酬。具体来说,主要有特许投标制度、区域间比较竞争、社会契约制度和最高限价管制等方法。

(一) 特许投标制度

特许投标竞争理论是一种借助竞争的间接管制理论,它强调在政府管制中引进竞争机制,通过拍卖的形式,让多家企业竞争某产业或业务领域的特许经营权,在一定的质量要求下,由提供最低报价的那家企业取得特许经营权。因此,可以把特许经营权看作是对愿意以最低价格提供相同质量产品或服务的企业的一种变相的补偿。采用这种方式,如果在投标阶段有比较充分的竞争,那么,获得特许经营权的企业就只能得到正常利润,不可能长期内持续获取高额垄断利润。在实践中,这种借助竞争的间接管制方法在一些领域的实践效果很成功。例如,1986年由伦敦商学院所做的一项研究表明,英国地方政府在清理街道、打扫建筑物、收集垃圾等公共业务中,采取竞争投标制(completive tendering,一种具体的特许投标方法)后,在保持原来服务质量标准的同时,支出费用平均降低20%左右。然而,不可否认的是,特许投标制并不适用于所有产业,因为存在投标者串通合谋的可能性,特别是当投标者数量很少时,这种可能性就更大;或者,某家企业,尤其是原来的在位企业在竞争特许经营权中拥有信息方面的战略性优势,其他企业就不愿与它竞争等缘故均会导致投标阶段竞争不充分、资产转让中的定价问题以及特许合同的款项与管理的具体问题。

(二) 区域间比较竞争

区域间比较竞争(yardstick competition)也是一种引入间接竞争的激励管制方法,通过将经营条件、经济水平相近的同类企业进行比较,以其中效率较高的企业作为参照系,使特定地区的企业在其他地区企业成就的刺激下而提高自己内部效率的一种方式。特定企业如果取得了优秀的经营成就，管制者就可以以此为区域的标准来指导其他企业提高其内部效率。区域间比较竞争具有这种监控机能。但是，管制者必须确保在获得有效率的经营状况下有关成本水平和服务的信息，才能设计最佳的激励管制框架。区域间比较竞争并不是处在特定市场中的企业之间相互直接的竞争，而是地区间垄断企业之间的间接竞争。因此，同样存在竞争究竟能发挥多大的作用这一问题。同时，区域间比较竞争要求对在基本相同或相近的环境下经营的企业之间进行比较，而在具体实践中往往会受到局限。

（三）社会契约制度

社会契约制度（social contract）是美国在电力产业中广泛实行的社会契约制度或称成本调整契约，它作为激励性管制在实际中运用的良策而闻名于世。其基本操作方法就是管制者与被管制者之间在修订收费时就设备运转率、热效率、燃料费、外购电力价格、建设费等签订合同，如果能够实现比合同规定更好的成绩则给予被管制者报酬，否则给予处罚。

本书第五章第三节已对最高限价管制做了较为详细的分析，这里不重复讨论。

第三节 放 松 管 制

一、放松管制的边界

制度变革、技术变迁和市场扩大都在不断改变自然垄断的传统边界，从而导致政府管制边界和方法发生变化；而放松管制的思路和实践又会进一步刺激技术进步和制度变革，进而改变自然垄断的边界。

放松管制意味着政府管制边界的变化，放松管制同样也有一个边界问题。一方面，放松管制可以通过有效降低管制成本、规避信息不对称问题、引入竞争来刺激提高经济效率；另一方面，放松管制一旦超过一定的界限，则会导致竞争成本大于竞争收益，净收益为负值。

每个产业技术变迁、需求变化及其影响程度在不同时期均不相同，自然垄断边界的变化不可能在所有产业都同步进行，每个产业以及产业内部不同业务环节的变化也各具特色。因此，政府管制的边界和管制方法的变化，也没有统一的模式和步骤。自然垄断产业边界的变化要求政府必须及时、准确地了解技术进步和需求变化对有关产业的影响，根据自然垄断产业边界的动态变化，适度放松管制。但是，在实践中，鉴于变化的需求模式和技术、产品组合以及传统自然垄断产业中的新产品相互依赖，很难确定一个一般的管制办法来管制能源、交通和电信部门。[①] 同样，对于放松管制的具体边界和实际操作也很难确定一个统一的衡量标准。

---

① Sanford Berg and Jon Tschirhart. Natural Monopoly Regulation: Principles and Practice, Cambridge: Cambridge University Press, 1988.

二、放松管制的背景

20世纪70年代,在主要资本主义国家普遍陷入了滞胀的泥潭而不能自拔的背景下,许多经济学家开始从"市场失灵"问题转向对"政府失灵"(government failures)问题的研究,要求政府放松管制,给市场机制自发作用充分的余地与空间,相应地兴起了经济学的新自由主义浪潮。用来支持放松管制政策的主要理论是寻租(rent seeking activities)、政府失灵、X-非效率以及可竞争市场理论。还有一些学者对自然垄断部门及竞争性产业进行管制的理论根据进行了直接的批判,为放松管制提供了更为直接的理论根据。美国、日本两国学者还从不同的角度进一步论证政府管制引起的各种弊病。① 美国、日本、英国等发达国家出现了所谓"放松管制"或"管制缓和",表明第二次世界大战后国家垄断资本主义经济干预和调节政策进入一个新的历史时期。放松管制的具体政策均表明了政府放松、减少甚至是取消不必要的管制。放松管制的具体背景及主要原因包括:第一,经历了两次石油危机以后,美国、日本、英国等经济发达国家普遍陷入滞胀泥潭不能自拔,政府财政赤字扩大,急需削减包括管制在内的政府职能。第二,技术变迁改变了自然垄断的边界。一方面,科学技术的迅速发展使得原来的某些自然垄断产业或者其中的某些环节失去了自然垄断的特征。例如,电信产业由于光纤的使用,导致其固定资本投资沉淀性下降,因此与原来意义上的自然垄断产业有了很大差别。另一方面,20世纪70年代以后,以信息技术为代表的新技术革命在一定程度上又提高了某些自然垄断产业的进入壁垒。第三,作为传统自然垄断产业主要载体的国有企业开始出现普遍技术革新滞后、效率低下、亏损严重的现象。第四,经济全球化的加速使得各国之间的国际联系越发密切,政府干预在一定程度上制约了资源的流动,降低了资源的配置效率,因此亟须减少政府干预,放松相关管制。第五,异质产品以及产业间可替代性的竞争。技术革新和经济发展使得产业间的可替代性越来越明显,相应地竞争也越来越激烈。例如,公路、铁路和航空运输业之间的竞争日益激烈,这就要求政府放松对这些产业的进入管制和价格管制。放松管制表明第二次世界大战后国家垄断资本主义经济干预和调节政策进入一个新的历史时期。放松管制的具体政策既包括政府放松、减少甚至是取消对产业、企业的直接规范与制约,也涉及国有企业的民营化及由此引致的国有经济在一些产业部门中的退出等方面。

在20世纪70年代出现的上述经济结构变化的背景下,美国首先实行了放松管制,其后是英国和日本,然后又波及很多国家。

三、中国自然垄断行业放松管制实践

中国自然垄断行业管制改革的基本特征是放松市场准入管制,通过特许经营方式引入市场竞争,鼓励并支持非国有资本进入自然垄断行业,持续推进主辅分离、竞争性业务与垄断性业务分离,推进自然垄断行业的高质量发展。鉴于不同自然垄断行业所处阶段、所进行的管制改革方式存在一定差异,本部分将主要对自来水行业、污水处理行业、管道燃

---

① 植草益. 微观规制经济学. 朱绍文,等,译. 北京:中国发展出版社,1992:163-201.

气行业、电力行业、民航运输行业进行简要分析。

（一）自来水行业

自来水行业放松管制的核心是通过在市场准入阶段引入竞争，采取 BOT（建设-运营-移交）、TOT（转让-运营-移交）等多种方式，吸引国有企业、民营企业和外资企业进入中国城市自来水行业。通过放松准入管制改革，中国城市自来水行业目前基本形成以国有企业为主体、多种所有制企业共同发展的局面，扩展了自来水行业的融资渠道，提高了自来水行业的供给能力和供给效率，获得了快速发展。根据《中国城市建设统计年鉴》的统计，截至 2023 年，自来水行业的综合生产能力达到了 3.36 亿立方米/日，供水管道长度 115.31 万公里，供水总量 687.56 亿吨，用水人口 5.65 亿人。

（二）污水处理行业

与自来水行业类似，中国城市污水处理行业打破了传统的、单一的由政府财政投入的投资管理模式，形成了投资主体多元化、资金来源多渠道、投资方式多样化、建设运营市场化的新格局，基本形成国有及国有控股企业、外资及港澳台资企业、私营企业等多种市场主体共同竞争的局面。BOT、TOT、ROT 等 PPP 模式在污水处理项目中被推广运用，特别是新建污水处理设施，多采用 BOT 模式进行建设和运营，通过特许经营权竞标方式，极大地缓解了污水处理设施建设的资金压力，提高了设施的运营效率。

（三）管道燃气行业

管道燃气行业包括上游勘探生产、中游管输和下游分销三个环节。上游勘探生产主要指天然气的勘探、开发和加工贸易，相关资源集中于中石油、中石化和中海油，还包括 LNG 海外进口部分，目前我国 LNG 接收站也集中在中海油等国有综合油气公司，此外深圳燃气、广汇能源、新奥集团等企业也拥有一定规模的 LNG 接收站。中游管输包括通过国家管网公司、省级运输管道、LNG 运输船和运输车等。下游分销主要由燃气公司从事该项业务，除燃气分销以外，燃气公司主业还包括燃气接驳、燃气运营和燃气设备代销等。2020 年，我国天然气体制改革进程加快，上游油气资源多主体多渠道供应、中间统一管网高效集输、下游销售市场充分竞争的"X+1+X"油气市场新体系基本确立。目前我国天然气行业上游市场逐步开放，勘探进度正在逐步加快；中游部分的国家管网资产交割基本完成，初步建立信息公开和托运商制度；下游价格政策进一步完善，交易中心建设持续推进。

（四）电力行业

电力行业涉及发电、输电、配电和售电四个环节。中国发电形成了以五大发电集团为代表的央企主导格局。2020 年全国发电 7.63 万亿千瓦时。其中，火电、水电、风电、核电、太阳能发电占比分别为 67.88%、17.77%、6.12%、4.80% 和 3.42%。[①] 从发电企业布局来看，五大集团和神华集团、国投电力、三峡集团、华润电力、中核、中广核等 11 家央企装机总量占全国装机总量、火电、水电、核电、风电比重分别为 60%、59%、54%、100% 和 73%。五大发电集团总规模占全国装机总量、火电、水电、核电、风电比

---

① 因计算过程中的四舍五入，数据和不为 100%。

例分别为 44%、47%、33%、11% 和 55%。输电环节的总体格局是：国家电网公司为跨区域超大型输电企业，中国南方电网有限责任公司为跨省的区域性输电企业，内蒙古电力集团有限公司等多家省级输电企业在该省（自治区）内独立经营。其中，2020 年，国家电网公司特高压累计输送电量超过 2.1 万亿千瓦时，南方电网有限责任公司完成西电东送量 2 305 亿千瓦时。从配电环节来看，国家电网公司所占市场份额最大，其次为中国南方电网有限责任公司，地方水电、内蒙古电力集团有限公司、陕西地方电力集团有限公司等地方企业占 15%~20% 的份额。同时，目前售电环节基本形成了竞争性市场格局。电力行业进行了一系列的放松管制改革，目前依然存在主辅分离不彻底、垄断性业务和竞争性业务分离不彻底等问题，容易产生市场势力传导，从而可能带来不公平竞争问题。

（五）民航运输行业

中国民航运输行业改革经历了由高度垄断状态转向初步竞争性市场结构阶段，再到逐步形成三大国有航空公司寡头垄断型市场结构、地方航空公司以及新进入的民营航空公司参与竞争的新阶段。目前民航运输行业已形成了"民用航空局—地方管理局"两级管理体制，联合重组民航直属企业，基本实现机场的属地化管理，推动了民航机票价格的市场化改革。根据中国民用航空局的数据可知，截至 2024 年 5 月，共有运输航空公司 65 家，运输机场 260 家。

综上所述，20 世纪 90 年代以来，中国自然垄断行业中的不同行业通过在准入环节、竞争性业务领域逐步推进放松管制改革，促进了自然垄断行业的发展。随着中国自然垄断行业管制改革的深入推进，营造公平竞争的市场环境，强化竞争政策的基础性作用，防止将垄断性业务的市场势力传导到竞争性业务领域，成为自然垄断行业放松管制改革和推进高质量发展的关键。为此，在接下来的一段时间内，需要分清自然垄断性业务和竞争性业务，对竞争性业务要深化放松管制，从而为自然垄断行业市场化改革提供有效的制度保障和行为约束。

案例

温州中心片污水处理厂 BOT 项目

本章小结

- 传统自然垄断产业管制的依据在实践中逐渐弱化，主要原因是技术进步改变了某些产业或其某些环节的自然垄断性质，通过管制维持其垄断的依据已经削弱或不复存在；市场容量和范围的扩大，使平均成本最低的企业的产量水平相对于扩大了的市场规模而言比较小，从而使该产业具备了多家企业竞争的条件，否定了由一家企业独占市场的合理性。

- 以美国、英国、日本等经济发达国家为中心，对电信、能源、交通运输等基础设施产业的政府管制体制进行了一系列引进和强化市场机制的重大改革。电信、电力等产业作为自然垄断产业的概念在逐步削弱，正在注入竞争性力量。传统自然垄断产业的管制体制改革浪潮席卷世界，全球自然垄断产业都在经历巨大变革。虽然各国改革的时间、具体的改革内容等方面不尽相同，但总体上呈现出相似的趋势。

- 实施激励性管制的根本目的是：在信息不对称和保持原有管制结构的条件下，给予被管制企业提高内部生产效率和经营效率的刺激。在实践中，激励管制实际上是管制机构针对不同激励强度，确定一个适当的成本补偿规则，利用转移支付工具对按照被管制企业的实际成本和努力程度，给予企业相应数量的货币补偿的一种机制。

- 激励性管制合同按激励强度可分为两类：高强度激励合同和低强度激励合同，二者具有各自不同的特点和适用环境。激励强度与信息租金之间存在的权衡关系导致在信息不对称条件下，政府对管制合同的设计或选择常面临两难处境。高强度激励合同是指企业得到的总货币补偿随其实际成本的变化而变化，在边际上企业承受较高比例的成本，如近年来美国、英国等使用的价格上限合同；低强度激励合同是指企业的成本将完全得到补偿，企业的利润不受成本变动的影响，如传统使用的服务成本或报酬率合同。

- 特许投标竞争理论是一种借助竞争机制的间接管制理论，它强调在政府管制中引进竞争机制，通过拍卖的形式，让多家企业竞争在某产业或业务领域中的特许经营权，在一定的质量要求下，由提供最低报价的那家企业取得特许经营权。因此，可以把特许经营权看作是对愿意以最低价格提供相同质量产品或服务的企业的一种变相的补偿。

- 区域间比较竞争也是一种引入间接竞争的激励管制方法，通过将经营条件、经济水平相近的同类企业进行比较，以其中效率最高的企业作为参照系，使特定地区的企业在其他地区企业成就的刺激下而提高内部效率的一种方式。特定企业如果取得了优秀的经营成就，管制者就可以以此为区域标准来指导其他企业提高其内部效率。

- 价格上限管制就是在一般物价上涨率中扣除预先设定的该产业生产率上升率，在此基础上，加上被允许的价格转嫁费率的上升率，在此范围内允许价格变动的管制。价格上限管制增强了企业降低成本等的激励；通过减少由于信息不对称带来的管制所需的信息搜索费用等，可以降低管制成本；通过给予单项服务价格确定较高的自由度，可以形成有效的收费体系；明确了对生产率提高的贡献度的具体回报方式；由于事先确定了更新规则的时间，使长期性、计划性的经营活动成为可能；管制实施手续的透明度增加等。

关键词

激励性管制（incentive regulation）　　特许投标竞争（franchise bidding）
区域间比较竞争（yardstick competition）　　社会契约制度（social contract）
价格上限（price cap）　　放松管制（deregulation）

复习思考题

1. 简述传统管制制度存在的主要问题。
2. 简述经济发达国家管制体制改革的主要内容。
3. 简述激励性管制的基本特征。
4. 比较投资回报率管制与价格上限管制的差异。

5. 简述中国垄断性产业管制体制存在的问题与改革方向。

延伸阅读

1. 吕炜，高帅雄，周潮．严格管制还是放松管制——去杠杆背景下的市场进入政策研究．财贸经济，2018（4）.

2. 戚聿东，李峰．垄断行业放松规制的进程测度及其驱动因素分解——国际比较与中国实践．管理世界，2016（10）.

3. 戚聿东，李颖．新经济与规制改革．中国工业经济，2018（3）.

4. 万威，龙小宁．经济增长"绕道"而行了吗？——二级公路收费取消的影响研究．经济学（季刊），2020（2）.

5. 于明远．过度医疗、预算约束与医疗行业激励性规制．经济理论与经济管理，2020（9）.

6. 张帆，罗雪凡．垄断行业激励性规制改革研究新进展．江汉论坛，2017（10）.

即测即评

第三篇　环境、卫生健康和生产安全管制

第七章 环 境 管 制

环境管制是政府监管的一个重要内容，党的二十届三中全会通过的《决定》提出，"推进生态环境治理责任体系、监管体系、市场体系、法律法规政策体系建设。"本章从环境管制的原因出发，对环境管制的方法和内容进行深入分析和探讨。通过本章学习，可以了解对于环境问题为什么主要通过政府管制而不是采取其他方式来解决，政府管制环境问题的重点是什么，政府可以采取哪些方式、方法来对环境问题进行管制等内容。

第一节 外部性与环境管制

一、外部性与资源配置效率

（一）外部性的概念及其类型

外部性（externality）的概念是由马歇尔和庇古在20世纪初提出的，是指在缺乏任何相关交易或未能由价格体系反映出来的情况下，某一经济主体的活动对另一个或另一些行为主体产生的影响。

基于不同的研究需求，外部性可以从不同角度进行划分。从外部性带来的后果来区分，我们可以把外部性分为正外部性和负外部性。正外部性（外部经济）指的是经济主体的一方给另一方带来的效益是正向积极的，比如底楼住户安装的路灯给二楼及二楼以上住户带来的便利就是一种正外部性。反之，负外部性（外部不经济）则是指经济主体的一方给另一方带来损失，比如吸烟者给周边人带来的空气污染。

根据外部性出现场合的不同，我们可以把外部性划分为生产的外部性和消费的外部性。生产的外部性就是由生产活动所导致的外部性，消费的外部性就是由消费行为所带来的外部性。从外部经济与外部不经济、生产的外部性与消费的外部性两种分类出发，可以把外部性进一步细分成生产的外部经济性、消费的外部经济性、生产的外部不经济性和消费的外部不经济性四种类型。

根据外部性的施与承受关系，我们可以将外部性细分为四种情况：

（1）生产者施与生产者承受，如上游造纸厂排放的污水影响下游养殖业的产量（负外部性），或养蜂者的蜜蜂意外地帮助花农传授花粉（正外部性）；

（2）生产者施与消费者承受，如工厂生产产生的噪声影响周边居民的休息（负外部性），或企业间的价格战使消费者买到更便宜的商品（正外部性）；

（3）消费者施与生产者承受，如因消费者诚信度的下降导致商场防盗成本的上升（负外部性），或因消费者接受了贷款消费的观念而促进了银行业的发展（正外部性）；

（4）消费者施与消费者承受，如楼上住户新房装修干扰楼下住户的日常起居（负外部性），或一声不经意的问候与祝福给你带来了一天的心情愉悦（正外部性）。

根据现实经济生活当中观察到的情况，以上四种外部性类型中比较突出和引起经济学家关注的是第（1）（2）两种，第（3）种的情况一般不太常见，第（4）种的情况一般较少被纳入常规的经济分析领域之中。

此外，值得注意的是外部性既包含空间概念，也包含时间概念。在空间范畴，外部性从即期考虑资源是否合理配置，即代内的外部性问题。在时间范畴，外部性还应考虑代际外部性问题，主要是要解决人类代与代之间行为的相互影响，尤其是要消除前代对后代、当代对后代的不利影响。我们可以把这种外部性称为"当前向未来延伸的外部性"。这种分类源于可持续发展理念。代际外部性同样可以分为代际外部经济和代际外部不经济。

环境管制中我们主要探讨的是代内和代际间由于生产消费活动所产生的环境负外部性问题，如空气污染、水污染等带来的社会效益损失。外部性理论是环境经济学和管制经济学重要的理论基础。正是由于生产、消费活动中存在外部性，尤其是负外部性，因此政府管制才更加具有理论意义和实践价值。

（二）外部性的经济特征及其原因

1. 外部性的经济特征

由于正外部性给承受者带来的是正的效益，因此，不管它表现为何种形式与现象，其经济特征必然遵循边际效益递减的规律，即随施与者行为水平和正外部性数量的增加，承受者感觉到的效用逐渐降低。正外部性具有一般需求函数的特性，因此我们可以用图7-1中的D_E曲线予以表示。同样地，对于负外部性我们可以用S_E曲线表示，它表明负外部性随着施与者行为水平的增加而呈递增的趋势，具有一般成本函数的特性。外部性的上述经济特征在现实生活当中可以很容易地得到验证：出墙的鲜花可以带给你愉悦，但当这种景观越来越多、越来越普遍时，你也许就会熟视无睹了；反之，偶尔的交通堵塞只会给你带来稍许的心烦，但频繁的、时间长久的交通堵塞可能就会令你火冒三丈而不堪忍受了。

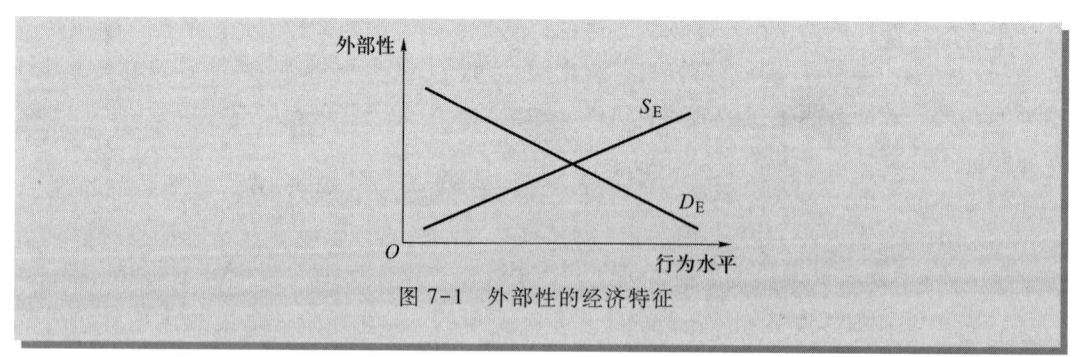

图7-1 外部性的经济特征

2. 外部性产生的原因

外部性产生的核心原因是产权不清晰。产权不清晰包括三种情况：

（1）产权无法确定；

(2) 产权可以确定但没有明确界定；

(3) 产权虽能确定却不可执行或执行的成本过高。

因产权无法确定而导致的外部性很容易被观察到，在现实生活中比比皆是，吸烟者对空气的污染、公海上的肆意捕捞、节假日鞭炮造成噪声等都属于这种类型的外部性。由于产权不能确定，行为者无须顾及其行为的后果，在这种无约束的情况下，对因产权不能确定而具有共用品性质的物品的消费①自然是极其浪费和无效的。同时，也由于产权不能确定，行为者不必为其行为承担任何责任（或享有任何权利），或付出任何成本（或索取任何报酬），因此也极易在消费过程中给他人带来正面或负面的效应。如"公地的悲剧"就是因为公地的产权不能确定而导致过度地消费以至于资源过早地枯竭，给他人或后人的消费（使用）带来不利影响；而诸如空气、水等资源、环境的污染，则是因空气、水等资源、环境的产权没有明确界定，污染者不需要为其污染承担任何责任或付出任何成本而形成的。

产权可以确定但没有明确界定同样是许多外部性产生的根源。俗话"一个和尚挑水喝，两个和尚抬水喝，三个和尚没水喝"就形象地说明了这个道理。产权可以确定但没有确定导致外部性产生的原理同产权无法确定时的情况完全一样。但由于产权是可以确定的，只不过目前还没有确定而已，所以，如果外部性施与者注意到这点的话，"过了这一村便没了下一店"的心理预期有可能加剧外部性（特别是负外部性）的产生。

如果产权虽能确定却不可执行或执行的代价过高的话，外部性的产生同样不可避免。因为产权执行的困难或过高的外部性施与者与承受者的交易成本阻碍了产权的实施，已确定的产权形同虚设。此时，外部性施与者的行为将与产权没有确定时一致。

（三）外部性对资源配置的影响

1. 负外部性

负外部性反映了外部性给承受者带来的是不好的影响，它或是降低了承受者的效益，或是增加了承受者的成本。福利经济学第一定理和第二定理的条件都明确排除了外部性的存在，那么，在负外部性存在时，市场机制下的资源配置情况会怎样呢？

在图 7-2 中，S_E 是一条具有典型成本函数性质（单增的凸函数）的负外部性曲线，反映了负外部性随产出（或经济活动水平）的增加而上升。没有负外部性时，供给曲线为 S，与需求曲线相交于 E 点，最优产出水平为 Q。当存在负外部性时，真实的供给曲线不再是 S 而是 $S+S_E$，反映了负外部性导致供给的真实成本上升。此时，真实的供给曲线与需求曲线相交于 E^* 点，最优产出水平为 Q^*。从图 7-2 中可以直观地看出 $Q^*<Q$，即存在负外部性的最优产出水平小于没有负外部性时的最优产出水平。这说明负外部性存在时，市场机制导致了过多的产出。之所以说产出过多，因为超过 Q^* 水平后的产出，其成本已经超过了需求评价，超出部分自然成为一种效率损失。负外部性导致的效率损失在图中表现为三角形 AEE^* 的面积。

---

① 注意此处所讲消费物品的含义。我们在谈论吸烟的外部性时，消费的物品不是香烟而是新鲜的空气；同样，"夜半歌声"的外部性中，消费的不是"卡拉OK"而是"深夜的宁静"。新鲜的空气和深夜的宁静都是无法确定产权的共用物品，不能因为 A 的消费损害了 B（给 B 带来了外部性）就禁止 A 的消费而损害 A。

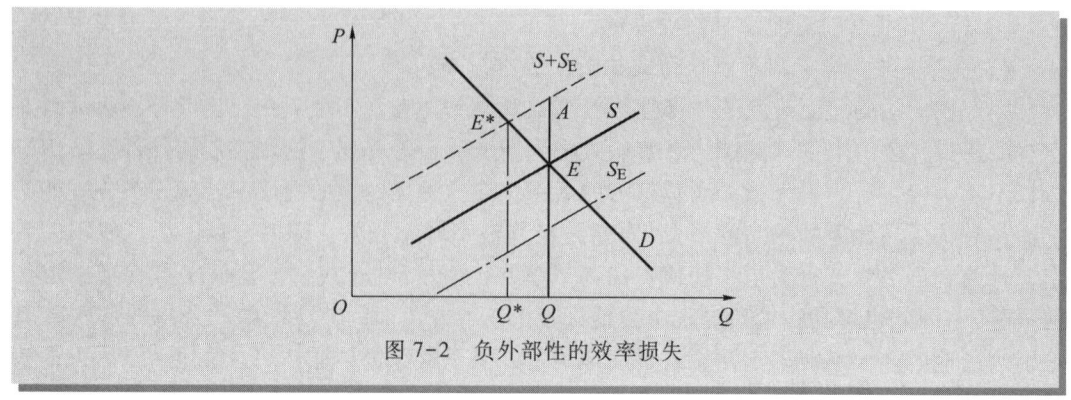

图 7-2　负外部性的效率损失

2. 正外部性

与负外部性相反，正外部性反映了外部性给承受者带来的是好的东西，它或是增加了承受者的效益，或是降低了承受者的成本。与负外部性相同，正外部性的存在同样会导致市场机制下资源配置的失效。

在图 7-3 中，D_E 是一条正外部性曲线，与一般的需求特性相同，由边际效益递减规律所决定，正外部性给承受者带来的效益是随产出（或经济活动水平）的扩大而下降。没有正外部性时，需求曲线为 D，与供给曲线相交于 E 点，最优产出水平为 Q。当存在正外部性时，真实的需求曲线不再是 D 而是 $D+D_E$，反映了正外部性导致真实的需求上升。此时，真实的需求曲线与供给曲线相交于 E^* 点，最优产出水平为 Q^*。从图中可以直观地看出 $Q^*>Q$，即存在正外部性的最优产出水平大于没有正外部性时的最优产出水平。这说明正外部性存在时，市场机制导致了过少的产出。之所以说产出过少，因为超过 Q 水平后的产出，其效益仍然超过了供给的成本，超出的部分由于没有得到满足自然成为一种效率（福利）损失。正外部性导致的效率（福利）损失在图中表现为三角形 AE^*E 的面积。

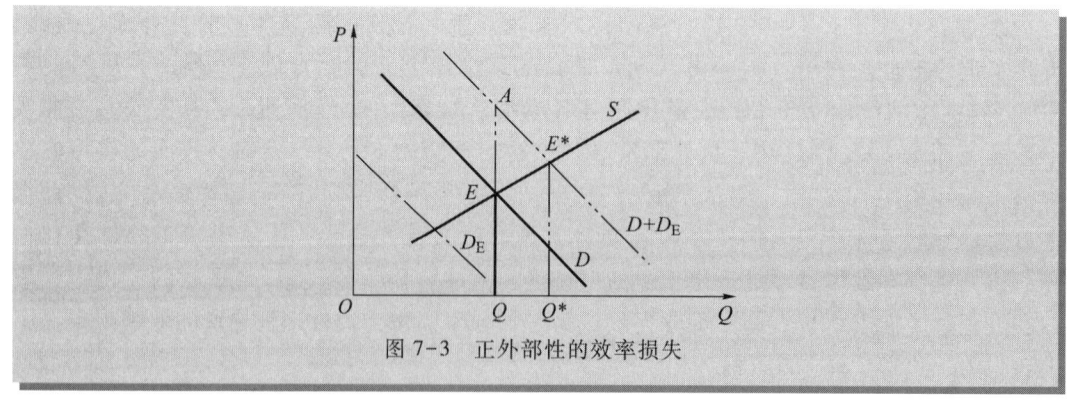

图 7-3　正外部性的效率损失

二、环境管制的需求分析

(一) 负外部性与环境问题

所谓环境，是指影响人类生存和发展的各种天然的和经过人工改造的自然因素的总体，包括大气、水、海洋、土地、矿藏、森林、草原、野生生物、自然遗迹、人文遗迹、自然保护区、风景名胜区、城市和乡村等。如果我们将环境当作一种资源，显然，这种资源是有限的。根据前面的分析可知，在市场经济条件下，如果没有任何干预，负外部性的存在以及追求利益最大化，将会导致人们对环境资源过度的开发使用，从而引发诸多环境问题。这些环境问题的产生与存在，轻则影响人们的正常生活，重则导致生态破坏、危及人类的健康和生存，影响子孙后代的发展。正是由于环境负外部性可能带来严重的损失和不可挽回的后果，因此我们必须加以干预，通过研究负外部性理论，找出解决之道。

之所以将环境问题与负外部性联系在一起，是因为人类的许多生产消费活动都会不可避免地产生负外部性，这些效应往往是通过环境传导的。这些没有被内部化的效应作用于各种环境要素，导致各种环境资源要么被过度使用，要么被污染而无法被利用，从而引发各种环境问题，严重影响到人类的生产生活。例如造纸厂的生产行为，其未被内部化的效应表现为排放的污水，污染了造纸厂附近的水体，当排放的污染物浓度超过水体自净能力后，污染物积聚使得水体生态系统被破坏。所以，在环境管制中我们主要关注的是生产消费中的环境负外部性问题，即环境污染导致的效率损失，也就是负外部性导致的资源配置效率损失。因此，我们可以通过解决环境负外部性来解决污染和资源被过度使用等问题。

(二) 解决环境问题的市场手段

在传统经济学中，负外部性的存在导致市场无法实现资源的有效配置，从而引起市场失灵。污染自然而然地导致市场失灵。因此，环境问题似乎是纯市场经济条件下必然存在的问题，但以动态的视角来看，市场本身或许也是解决环境问题的一种不可或缺的力量。例如，当下游企业不堪上游企业的污染而将上游企业收购兼并，或者上游企业因污染问题不堪下游企业无休止的争吵而将下游企业收购兼并，都可以认为是解决环境问题的一种典型的市场化手段。

1. 科斯定理

既然负外部性的存在导致了环境问题，而负外部性的产生又是由于产权未能界定所引起，那么，我们自然会想到，如果产权明确的话，市场机制是否就能够避免或消除负外部性所导致的环境问题呢？美国著名经济学家、诺贝尔奖获得者罗纳德·科斯（Ronald Coase）在其1960年的论文中就系统地论述了这一问题。科斯关于产权的观点被称为科斯定理。

科斯定理：假定在一个社会中，一些生产者或消费者遭遇到其他生产者或消费者产生的外部性。进一步假设：（1）每个人都具有完全信息；（2）生产者和消费者都是价格的接受者；（3）具有一套无成本的法庭系统来强制达成一致；（4）生产者追求利润最大化，消费者追求效用最大化；（5）不存在收入或财富效应；（6）没有交易成本。在这种情况下，与外部性有关的初始产权分配对效率不会有影响。如果这些条件中的任何一个不成立,权利的初始分配就会起作用。

我们设想这样一种情况,上游企业造纸厂甲在生产过程中排放的污水流入河中影响了下游企业养鱼场乙的生产,增加了养鱼场的养殖成本。显然,在河流的产权不明确的条件下,养鱼厂无法阻止造纸厂的污水排放行为。在图 7-4 中,我们以 π' 表示造纸厂甲的边际利润曲线,E' 表示边际环境污染曲线。边际环境污染曲线 E' 的形状表明,在边际上,随着造纸厂甲产量(Q)的增加,其排放的污水量也增加,导致养鱼厂乙的养殖成本也在上升。

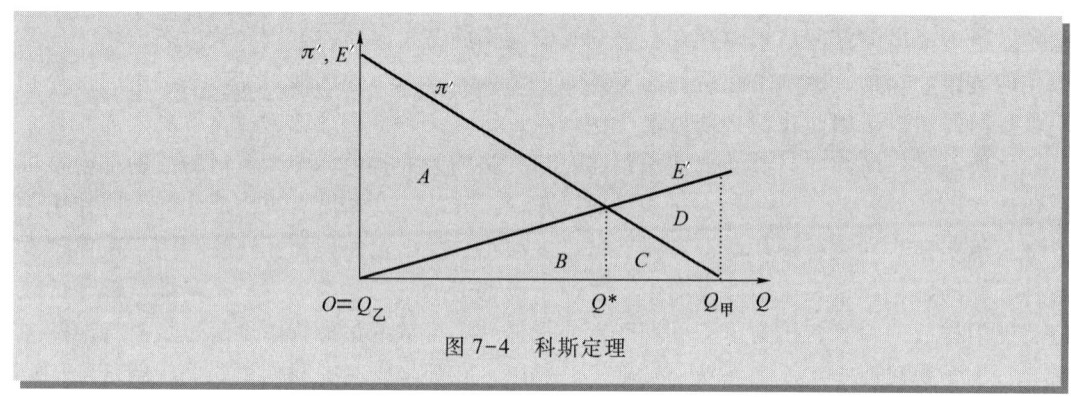

图 7-4 科斯定理

从图 7-4 中我们可以直观地看出,造纸厂甲利润最大化的产量是在边际利润为零时的产出点 $Q_甲$,其利润总额为曲线 π' 与横、纵轴相夹的整个面积,即 $A+B+C$ 的面积。但当产量为 $Q_甲$ 时,存在面积为 $B+C+D$ 的环境污染总量。两者相抵之后,实际的利润(社会利润)为 $A-D$ 的面积。显然,产量 $Q_甲$ 不是社会利润最大化的产量,使社会利润最大化的产量应该是图中的 Q^*。因为此时,造纸厂的利润总额为 $A+B$ 的面积,环境污染的面积为 B,两者相抵后的社会利润为 A 的面积,大于 $A-D$ 的面积。但是,由于河流的产权不确定,这一理想状态无法实现。追求利润最大化和可以自由地排放污水使得造纸厂必然将产量确定为 $Q_甲$ 而不是 Q^*。

那么,如果河流的产权能够确定的话(不管确定归谁所有),环境污染的现象是否就可以避免、社会利润最大化的产量 Q^* 是否就可以由市场机制达成呢?

我们不妨先假设河流的产权是界定给养鱼厂乙的,因此,养鱼厂乙有权利禁止造纸厂甲排放污水。如果不考虑造纸厂治理污染的可能,禁止造纸厂甲排放污水就意味着造纸厂要停止生产,即产量为零,在图 7-4 中为位于原始点的 $Q_乙$。此时,对于造纸厂甲来说,为追求利润的最大化,存在诱使养鱼厂乙允许造纸厂进行生产的激励。因为从图 7-4 中可以看到,只要将产量控制在 $Q_乙$ 点至 Q^* 点之间,生产所产生的利润都大于生产所带来的环境污染,造纸厂可以承诺支付 $B+\beta \times A(0<\beta<1)$ 作为给养鱼厂乙带来环境污染的补偿。支付这份补偿后,造纸厂甲仍可获得 $(1-\beta) \times A$ 的利润;而养鱼厂乙也可以获得弥补环境污染成本之后的剩余 $\beta \times A$。这种结果显然是一种于双方都有好处的帕累托改进。如果甲乙之间没有讨价还价的交易成本,可以想见,这一改进过程将由 $Q_乙$ 点出发,到 Q^* 点

停止，双方在此达成一个均衡。这一均衡产量即是在存在环境污染情况下符合帕累托效率条件的社会最优产量。

我们再假设河流的产权是界定给造纸厂甲的，因此，造纸厂有权利不考虑养鱼厂乙的成本上升而继续排放污水，并将其产出水平定在 $Q_甲$ 点以求利润最大化。此时，养鱼厂乙要承受面积为 $B+C+D$ 的环境污染。在这种状态下，养鱼厂乙为求得成本上升最小，也存在着诱使造纸厂甲减少产量以降低污染的激励。因为从图 7-4 中同样可以看出，只要将减少的产量控制在 $Q_甲$ 点至 Q^* 点之间，减产所降低的环境污染成本都大于减产所带来的利润损失，养鱼厂乙可以承诺支付 $C+\alpha\times D(0<\alpha<1)$ 作为给造纸厂甲带来利润减少的补偿。支付该部分补偿后，养鱼厂乙仍可获得 $(1-\alpha)\times D$ 由环境污染减少带来的利润增加；而造纸厂甲除可以弥补因减产而减少的利润之外，还可获得额外的剩余 $\alpha\times D$。这种结果也是一种于双方都有好处的帕累托改进。在没有交易成本的情况下，这一改进过程将由 $Q_甲$ 点出发，到 Q^* 点停止，双方在 Q^* 点达到了一个均衡。在这一均衡状态下的产出量同样是在存在环境污染情况下符合帕累托效率条件的社会最优产量。

根据上述分析，我们可得出这样一个结论：如果不存在交易成本，只要产权可以确定，则不管产权是在哪一方，个体间的讨价还价可以解决环境污染问题，产权归属界定的不同只影响个体间的收入分配。这一结论就是著名的科斯定理的一种表述形式。我们不妨将这种在产权明确条件下通过当事人之间的讨价还价形式以求达成帕累托均衡状态的解决之道称之为"科斯交易"方式。

2. 一体化

鉴于外部性和环境污染的经济特征，还有一种可能的解决办法是采取一体化方式，通过兼并、联合等手段把环境污染的施放者与承受者结合起来，如此可以将外部效应内部化，使一体化后的联合体在决策时充分考虑到环境污染的问题。当一体化后联合体的管理成本比较低时，该种办法在许多场合可以有效地解决环境污染问题。因为一体化以后，产权不确定的因素不存在了，同时还消除了交易成本。

考虑两个未一体化的企业 A 和 B（如造纸厂与养鱼厂）使用唯一的投入要素劳动（L）进行生产。企业 A 的生产函数为

$$Q = F(L_A)$$

企业 B 的生产函数为

$$S = F(L_B, E)$$

式中，E 为企业 A 的环境污染（如废水），显然

$$E = F(Q)$$

用 W 代表劳动的工资率，P 代表企业 A 的产品价格，R 代表企业 B 的产品价格。根据利润最大化原则，有

$$P\times F'(L_A) = W \tag{7.1}$$

$$R\times F'[L_B, E(Q^*)] = W \tag{7.2}$$

式中：Q^* 表示企业 A 利润最大化的产量，$E(Q^*)$ 表示当企业 A 产量为 Q^* 时的环境污染。

现在假设采取一体化的方式将两家企业联合起来,那么,这一联合体的利润最大化问题可以表述为

$$\max P \times F(L_A) + R \times F[L_B, E(F(L_A))] - W \times L_A - W \times L_B \quad (7.3)$$

利润最大化条件则是

$$P \times F'(L_A) + R \times F'[L_B, E(Q^*)] \times E'(Q^*) \times F'(L_A) = W \quad (7.4)$$

$$R \times F'[L_B, E(Q^*)] = W \quad (7.5)$$

可以看到,一体化以后,联合体企业的利润最大化条件与未一体化之前的独立企业不同,这说明资源(劳动)配置在一体化前后是不同的。为比较这种不同,了解两者之间的差异,我们将利润最大化条件等式(7.4)改写成

$$\{P + R \times F'[L_B, E(Q^*)] \times E'(Q^*)\} \times F'(L_A) = W \quad (7.6)$$

将利润最大化条件等式(7.6)与等式(7.1)做比较可以知道,由于企业 A 的环境污染越严重,企业 B 的产量越低,即

$$F'[L_B, E(Q^*)] < 0$$

所以

$$R \times F'[L_B, E(Q^*)] \times E'(Q^*) < 0$$

即

$$P + R \times F'[L_B, E(Q^*)] \times E'(Q^*) < P$$

要使等式(7.6)与等式(7.1)都成立,这意味着等式(7.6)中 $F'(L_A)$ 的值必须比等式(7.1)中 $F'(L_A)$ 的值要大。由于劳动边际生产力递减,$F(L_A)$ 是凹函数,所以如果等式(7.6)中 $F'(L_A)$ 的值比等式(7.1)中 $F'(L_A)$ 的值大,那么,等式(7.6)中的 L_A 值就比等式(7.1)中的 L_A 值小。这表明在利润最大化处,一体化以后的联合企业会考虑到环境污染对产品 B 的不利影响,从而用于生产会产生环境污染的 A 产品的劳动投入量小于未一体化之前的独立企业 A 的劳动投入量。

很容易证明,一体化以后的联合企业的最大化利润必然大于被联合的各独立企业之和。因为一体化以后减少的环境污染足以弥补产品 A 的利润的减少之外还有余,如此自然增加了作为联合体的企业的总体利润,这点可以从图 7-4 中直观地得到证实。

既然一体化有利于利润的增加,现实中追求利润最大化的各企业自然存在一体化的动机。或是企业 A 兼并企业 B,或是企业 B 兼并企业 A,甚至可以是任何的第三方同时兼并企业 A 和企业 B。

3. 社会惯例与良心效应

一体化的方式虽然可以在一些场合解决环境污染的问题,但许多情况下,个人的行为所产生的环境问题就无法像企业那样通过合并将负外部性内部化来解决。对于个人行为产生的环境污染问题,市场力量在许多时候、许多场合确实显得苍白无力,个人甚至整个社会不得不承受这些环境污染所带来的福利损失。如个人随意丢弃废电池的行为导致的环境污染即使诉诸法律仍无济于事,社会不得不花费大量的资源用于应对这种环境污染。

马歇尔说过,决定人类行为的最基本和最持久的力量是经济的和宗教的。经济的力量使得人们在追求自身的最大化利益时,既促进了社会的进步也带来了不惜牺牲他人利益为

代价（无论是有意或是无意）的机会主义行为。尽管萨缪尔森认为宗教对人类行为的影响同样可以纳入最大化理论，但宗教的力量，包括许多祖祖辈辈流传下来的、社会约定俗成的惯例，却在另一方面影响和约束着人类的这种机会主义行为。古语有云："己所不欲，勿施于人"，正是这种社会惯例最好的注脚。或许，在应对这种个体间的环境污染方面，社会惯例可以起到很好的作用和效果。①

不过，对于社会惯例的约束性作用也有另外的观点。澳大利亚经济学家黄有光在研究外部性问题时曾提出过一种"良心效应"理论。② 他认为，由于良心在人类的任何行为中都在发挥着一定的作用，任何环境污染的产生过程中都或大或小地存在一定的"良心效应"。其进一步的研究表明，"良心效应"一般在下述两种情况下出现，并将产生两种不同的作用。一种情况下，当行为者给他人带来不负责任的环境污染时，良心效应将会降低其自身的整体福利水平。一个例子是，当某企业在生产过程中产生污染时，对企业主来说，虽然感到内疚，但他可能是不在乎的。对雇员来说，也会由于生产污染而感到内疚，但为了补偿其内心的创伤，他们要求企业主给予一定的附加工资。企业主真正受到内疚心理影响的是雇员们的这种经济要求。雇员们很可能加入工会纷争之中，或是要求增加工资，或是要求参与抗议污染的活动，等等。这样，良心效应的存在可能就降低了产生污染的该企业的整体福利水平。另一种情况下，由于良心效应的缘故，对环境污染实施政府管制有可能会提高产生环境污染的行为水平。因为个人和企业都有一种这样的心理状态：既然已经为环境污染承担了一定责任（如被征税、交纳了污染费），那就不必再有顾虑了，可以心安理得地或更加放肆地我行我素了。

（三）市场手段的局限性与环境管制的需求

由科斯定理可知，对环境污染问题，在一定条件下，市场机制仍然可以自行调整以避免效率损失的出现，并最终达成资源配置的帕累托效率状态，而无须政府的干预。而一体化带来的利润也存在诱使人们进行兼并、联合或收购的激励，进而形成联合产权，使得负外部效应内部化，自动化解了因产权不确定导致的环境污染的问题。但无论是科斯定理还是一体化都必须在一定的假设前提之下或是在一定的范围内才得以成立。而这些假设前提和适用范围的局限性，恰恰正是许多经济学家赋予政府管制环境污染的主要理由。

根据前面分析可知，科斯定理成立的条件之一是假设产权明确且无交易成本，这种假设条件对于现实的市场而言显然是非常苛刻的，这种苛刻的条件使得政府干预和管制成为了解决相关环境问题的核心要素。这可以通过以下两个方面得到说明：

第一，产权界定本身就必然是一种政府行为。在现实的经济体系当中，权利未定和产权模糊不清的现象是许多经济物品和公共物品的常态，而且现实之中仍大量存在无法界定产权或者即使界定了产权也不能执行的情况。这时，要解决产权界定的问题就只能依靠一种强有力的外生力量了。而现实中似乎也找不出比政府更强有力的组织形式，政府天然就是强有力外生力量的代名词。所以，产权的界定绝大多数的情况下都需要依靠

---

① 也许有人会认为，在处理个人间的外部性方面还可以诉诸法律，由司法力量进行裁定。但司法力量显然不能算作市场的力量。
② 参见李寿德，柯大钢. 环境外部性起源理论研究述评. 经济理论与经济管理，2000（5）.

政府的力量。当然，我们要注意，界定产权与管制环境污染并不一样。如果产权界定清楚了环境问题就可以完全由当事人之间的讨价还价的市场交易行为解决的话，那自然不再需要政府的管制。但问题在于，很多情况下产权明晰并不全然是环境问题解决的充要条件。

第二，无交易成本的不现实性。科斯定理成立的第二个重要假设是当事人之间的讨价还价不存在交易成本。无成本的含义不仅仅是指没有财务意义上的费用，无成本还包括没有交易的障碍。虽然在理论上可以将所有的障碍费用化，但许多交易上存在的困难并不是都可以通过费用化予以消除的。如信息的不充分和不对称、交易的不确定性以及"搭便车"问题等。所以，无交易成本这一假设除少数场合之外在普遍的意义上是不现实的。由于交易成本的存在，许多产权明晰的环境问题也可能因高额的交易成本而显得不可行，或者起码从成本效益的对比上来说是不划算的。由此看来，完全依靠市场的力量完成科斯定理是不具有普遍的实用性的。

通过一体化的办法解决环境污染的问题，一般只能适用于生产者之间，对于生产者与消费者、消费者与消费者之间的环境问题基本无法采用一体化方式加以解决。即使是生产者之间的一体化行为，也会受到诸多限制，往往难以实现。因为一体化的动机是来自于一体化以后的利润增加，但当这种利润的增加不足以抵消因企业规模扩大而导致的企业管理费用的上升时，一体化行为就不再对生产者有吸引力了。另外，当一体化所涉及范围非常广泛时，还存在信息方面的问题，信息传递的不畅通或者说信息失灵反而有可能使得环境问题更加严重。计划经济就是一个很好的佐证。计划经济可以说是将所有的负外部性都内部化了，但是，近半个世纪的实践表明，在这种制度下产生的环境问题（如环境污染、生态破坏）反而变得更加严重。

至于社会惯例对环境问题的约束作用，我们认为该种作用应该已经内在化人类理性的假设之中了。也就是说负外部性的产生已经剔除了这种力量的影响。因为社会惯例、宗教信仰教导大家可以作为和不可以作为等约定俗成的行为规范已经构成了人类行为效用的正的方面。人类遵循这些行为规则行事所带给他们的效用是一种正的效用。因为我们认为人们遵守交通规则、将垃圾扔进垃圾桶等行为是人类行为的常态，而闯红灯、随地丢瓜皮果壳则因内心易遭良心谴责而属于非常态。所以，按照社会惯例、宗教信仰所要求的那样行事，已经内在于作为追求效用最大化的理性人的行为模式之中，不能再将它外在化而独立地看作是矫正外部性的一种市场力量。基于这种认识，我们认为，对个人之间出现的外部性问题不能再诉诸社会惯例、宗教信仰这种力量，而是要寻求一种外生的力量来加以矫正，如司法救济、政府管制。

根据以上我们对市场力量解决环境问题的分析，可以认为，虽然在一定范围和场合下，市场力量可以部分解决环境问题，但普遍意义上的解决这一问题，仅仅依靠市场力量是远远不够的，必须要寻找其他强而有力的力量来介入。在没有更好的选择之前，运用政府的力量不失为一种选择，不妨试试看利用政府直接管制的方法能否有效地解决外部性的问题。而这正是各国实施环境管制的一种普遍性的逻辑。

第二节 环境管制的方法

作为经济管制中的一类,环境管制主要关注的是政府参与解决现实存在的环境污染问题。在实践中,各国政府都或多或少地在采取各种办法对诸如污水、废气、酸雨、噪声等环境问题进行直接或间接地干预,其干预手段与措施也多种多样。但总体上,我们可以把环境管制归纳为两大管制类型,分别是规定性管制和经济激励。

一、规定性管制:制定标准

规定性管制(prescriptive regulations),经常称作命令与控制性管制,是当今世界环境管制的主要形式。虽然规定性管制可以有多种形式,但是规定性管制最基本的概念就是管制者规定具体的行动要求,个体污染者必须按照这些行动要求解决环境问题。

规定性管制有两种基本形式:技术标准和绩效标准。技术标准主要说明必须使用的设备类型;绩效标准通常是每单位经济活动可以允许的最大排放量规定。技术标准的优点是相对容易检查;绩效标准的好处是污染者可以自行决定如何更好地达到管制规定的标准,具有较高的灵活性,从而可以帮助提高绩效标准的成本有效性。

目前,规定性管制是各国解决环境污染问题的最主要管制方法之一。各国政府通过制定有害物质的排放标准或产出标准,来实现部分减排目标。政府管制机构可以针对不同的环境污染问题,规定不同的排放标准或产出标准并由管制机构监督执行。为了保证标准得以贯彻实施,对不遵守管制标准而超量排放(生产)者设置一套惩罚制度自然必不可少。因此,罚款制度与管制标准必须是同时制定与实施。这也体现了政府管制的强制性而非市场机制下的自愿性。

以效率标准来评判,如果政府具备完全信息的条件,能够知晓达成帕累托最优状态所要求的所有信息的话,那么,制定管制标准这种办法一定是所有解决环境问题的办法中最好的一种办法。如图 7-5 所示,只要管制机构知道企业的边际利润曲线和边际环境污染曲线,就很容易制定出具备帕累托效率的管制标准:造纸厂的产量为 Q^*,因为根据图 7-5 的分析,我们知道 Q^* 就是最优的环境污染产量水平,在这一产量水平下,社会利润达到最大。所以,最优管制标准一定是边际环境污染等于边际利润时所对应的环境污染水平。

为了使造纸厂遵守这一标准,还需要设置一种对违反管制标准的处罚措施。根据图 7-5 所示,可以发现最优的罚款水平为 P^*。因为,如果管制机构制定的罚款水平偏离了 P^* 的话,制定管制标准的办法就将失效。例如,如果将罚款水平定为 P_s,企业的生产活动将不会停止在 Q^* 点处而是在 Q_s 点处。道理很简单:在 Q_s 的产出点之前的任何一处企业获得的利润都超过了罚款,不遵守排放标准而继续生产同时领受罚款对企业来说是有利的。显然,Q_s 点并不是具备帕累托效率的最优环境污染产出水平,与 Q^* 点相比,对整个社会而言,产出还是过多了。

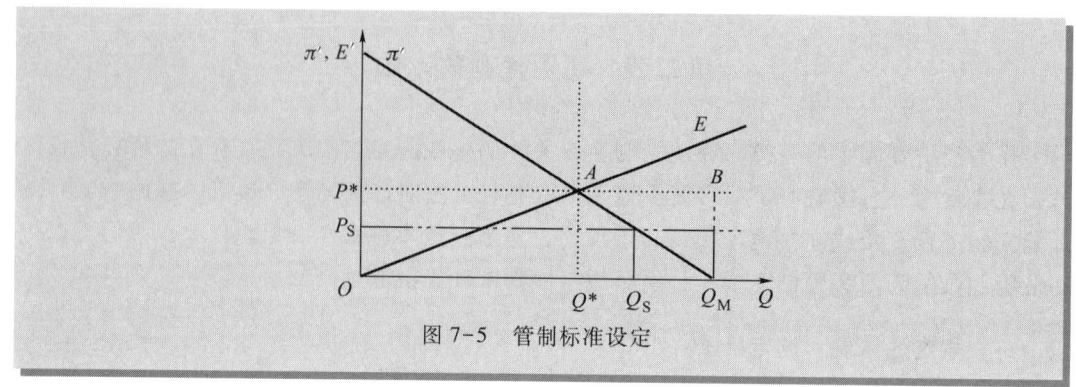

图 7-5 管制标准设定

另外，既然通过制定环境污染排放标准来解决环境污染问题属于一种强制性的政府管制措施，那么，被管制者违反规定而遭到处罚的概率就应该得到强调。违规处罚率应构成制定标准这一政府管制办法的内容之一，严格地说，有效的管制其违规处罚率必须达到100%。否则，这一管制措施仍将是无效的。例如，管制标准被确定为 Q^*，罚款水平被确定为 P^*，但如果违规处罚率达不到100%，假设为50%，此时，被管制者的产量将不会停止在 Q^* 点处而是在 Q_M 点处，因为在该处，其期望罚款水平为 $ABQ_MQ^* \times 50\%$，正好等于其超标准生产的利润 AQ_MQ^*，而在 Q_M 点至 Q^* 之间的任何一处，其期望罚款水平均小于超标准生产的利润。如此，被管制者何乐而不为呢？

归纳上述对制定标准的环境污染管制办法的分析可知，符合帕累托效率标准的政府管制措施应同时具备以下两个条件：一是政府了解与制定最优管制标准所需的被管制者的信息；二是被管制者的违规处罚率达到100%。

二、经济激励

经济激励与规定性管制不同，通过对污染者看起来符合公共利益的行为进行奖励，把公共利益和私人动机联系起来，解决环境问题。在有污染的背景下，有三种基本的经济激励类型：收费、权利交易（可交易许可证）和责任。

（一）收费

排放收费是对每单位污染排放收取的费用。当污染者必须对每单位排放的污染物支付费用时，减排就是污染者利益所在。

由于环境污染的产生是因为环境污染施放者没有承担环境污染的成本，导致其私人成本小于社会成本。因此，如果以政府的力量来解决这一问题的话，可以考虑强制性地向环境污染施放者按照一定的标准收取费用（如按照每单位的产品或者每单位的污染物收取），提高环境污染者的生产成本，从而达到控制其产量的目的。这一管制办法的理论基础就是英国经济学家庇古（Pigou）所提出的"庇古税"理论。[①] 这一管制办法的关键在

---

① 此处我们之所以不直接称作"庇古税"而是换一种概念来进行讨论，是因为收费确实已成为许多国家的一种政府管制负外部性的重要手段；同时也考虑到收费与征税两者之间在操作上仍存在一定的差异。所以，我们认为，将收费替代传统"庇古税"的理论分析方法，不仅是一种概念的转换，还具有理论与实践上的必要。

于如何来确定合理的收费水平,使得环境污染施放者的产量正好与最优环境污染的产量相吻合。

根据前面对制定标准的政府管制办法的分析(见图 7-5),我们不难发现,要使环境污染施放者的产量符合帕累托效率,收费水平(F)必须而且也只能确定在企业的边际利润等于边际环境污染之处。实际上,这也就是制定标准的管制措施中的最优罚款水平 P^*。因此,最优收费水平是对环境污染者的每单位产量(或环境污染)收取的与最优环境污染产量上所造成的边际环境污染等值的收费。

比较制定标准和收费两种管制方法,我们可以发现,在效果上收费管制方式比制定标准的办法更好些。因为与直接的标准管制相比,收费方式给予了被管制者更多的选择权,是一种间接的管制方式。它不像标准管制那样直接武断地控制了被管制者的产量或环境污染排放水平,而只是规定了每单位产量(或环境污染)的收费标准,生产多少或者排放多少环境污染由被管制者自己决定。两种办法之间的差异主要体现在:在没有超过最优环境污染的产量之前,制定标准管制办法下的被管制者没有停止环境污染的激励或动机——反正没超标,不会遭到罚款,不生产白不生产;但收费管制办法之下的被管制者却存在这种激励或动机——如果被管制者能够通过采取一定的技术手段降低环境污染的排放量或彻底治理环境污染的产生,同时其治理成本又小于管制机构的收费水平的话,被管制者就会选择自己治理而不是排放。这样,不仅使被管制者自己因节省成本(治理成本与收费水平之间的差异)得益,而且也使环境污染的受害者因可以少承受甚至不承受环境污染而受益。

在图 7-6 中,设 C' 为环境污染的边际治理成本曲线,在标准管制方法下,由于产量被控制在 Q^* 的水平,被管制者只有在 Q^* 点以后才会停止生产或继续生产但开始治理环境污染;而在收费管制下,被管制者在 Q_A 处就会开始治理环境污染,因为其边际治理成本从此处开始小于收费水平,治理污染而不排放出去比排放出去而缴费更经济。所以,收费管制办法下产生的环境污染(OBQ_A)比标准管制办法下产生的环境污染(OCQ^*)要少。

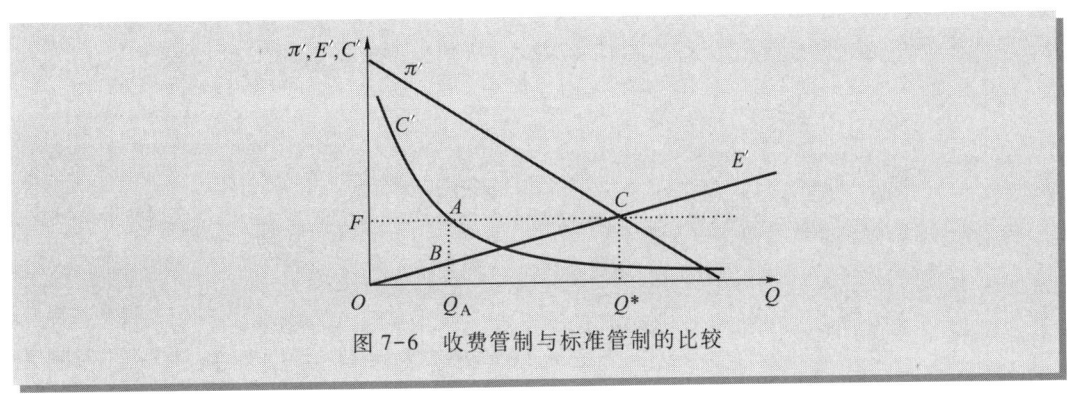

图 7-6 收费管制与标准管制的比较

(二)权利交易(可交易许可证)

可交易许可证允许污染者买卖污染的权利。撇开信息问题对管制机构寻找最优环境污染产量的限制，制定标准的管制方式还存在违规罚款率和未充分考虑被管制者意愿等问题。避免这些不足的方法之一，是一种由政府提供一套所谓污染排放的权利交易体系的办法，即可交易的排污许可证。该方法首先由政府确定污染的总排放水平，并将其按照一定的标准量转化成污染排放权利。政府颁发污染排放权的方法，可以是直接给权利定价或采取公开拍卖的方式在相关市场上销售，也可以将其直接发放给企业并允许相互转让。两种权利处理方法的区别在于前者收入归政府，后者收入归环境污染施放者。

与其他政府管制办法相比，权利交易的管制办法更多地借助了市场的力量，具有许多其他办法无可比拟的优越性。

第一，降低污染治理成本。权利交易的管制办法创造出了一个污染权交易市场，让具有不同的污染治理成本的生产者就政府颁发的污染排放权进行交易，从而可以减少治理污染的成本和避免无谓的效率损失。

如图7-7，假设一个会产生污染的某产业中只有规模相同的两家企业，其污染的边际治理成本曲线分别为 C_1' 和 C_2'；横轴代表企业的产量和污染排放数量；Q' 是 O_1O_2 的中点，即 O_1Q' 等于 O_2Q'。再假设管制机构认为该产业产生的环境污染太严重，准备将其总量控制为 O_1O_2，就是说两家企业只能排放 O_1O_2 的污染。由于缺乏企业污染治理成本的信息，因此只能将 O_1O_2 的污染排放指标平均分配给两家企业，即企业1只能排放 O_1Q' 的污染，企业2只能排放 O_2Q' 的污染。如果管制机构采取的是直接的标准管制办法，那么，企业1的治理成本是 $CQ'O_2$ 的面积，企业2的治理成本是 $BQ'O_1$ 的面积。如果管制机构采取的是权利交易的管制办法，即平均分配给企业污染排放权利，并允许企业间互相调剂，那么，由于企业2在 Q^*Q' 之间的边际治理成本（AB曲线段）大于企业1的边际治理成本（AC曲线段），企业2存在劝诱企业1将 Q^*Q' 量的污染排放权利卖给他的动机，只要价格低于 AB 而高于 AC（或者说小于 $ABQ'Q^*$ 的面积而大于 $ACQ'Q^*$ 的面积），在追求利润最大化的激励下，通过讨价还价，这笔交易一定会达成。如果交易达成了，那么，企业1排放的污染是 O_1Q^* 而不是 O_1Q'；而企业2排放的污染则是 O_2Q^* 而不是 O_2Q' 了。此时，企业1的治理成本是 AQ^*O_2 的面积（虽然治理成本增加了但已通过价格由企业2全部补偿了），企业2的治理成本是 AQ^*O_1 的面积（所减少的治理成本的一部分已支付给了企业1）。通过比较可以看出，交易后的总治理成本比交易前的有所减少，所减少的成本是 ABC 的面积。

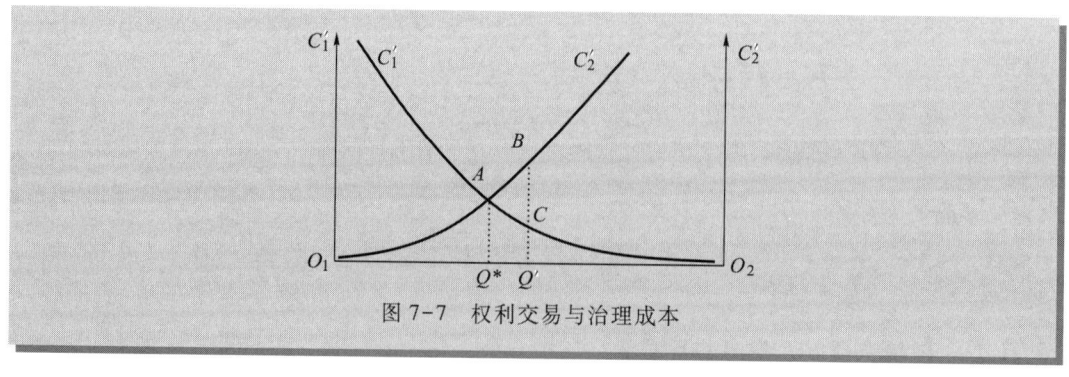

图 7-7 权利交易与治理成本

第二，权利交易的管制办法能充分利用市场的价格发现功能，在污染排放权利既定的条件下，不管是采取公开拍卖的方式还是直接将污染排放权利分配给企业，均可以通过市场交易发现最优污染权利的市场出清价格，而不需要管制机构费时费力地去制定交易价格。①

第三，在权利交易的办法下，管制机构可以灵活地根据需要对污染权利市场进行调控，以寻找到最优污染总量，或者在缺乏有关信息的条件下尽量做到接近最优污染总量。例如，管制机构可以不断地根据权利市场的价格总体水平及其波动情况，通过增加权利数量或者回购权利数量等行为调控权利的价格。

第四，权利交易的环境管制方式还可以给消费者、各种环保组织（如环境保护组织、民间动物保护协会等）和不产生环境污染的企业表达意见的机会，他们可以通过购买权利的方式来达到减少环境污染的排放程度。

（三）责任

责任是第三种类型的经济激励。责任意味着：如果你伤害到了某个人，你必须对那个人的损失做出补偿。理论上，你在采取一项有风险的行动时，比如污染，你应把由于你的行为可能带来的所有潜在损失考虑在内，然后再决定如何实施你的行为。政府没有明确地告诉你做什么，但你将要为出现的任何结果负责。这就产生了一种激励，即当从事有风险的行动时行为主体必须小心，并且要选择社会理想的预防措施水平。

为了进一步阐明责任，我们以有害废弃物存储设施——垃圾站为例，这个垃圾站可以使泄露到环境中的有害废弃物的风险最小化。显然，如果垃圾站采用大量的预防措施，则泄露的风险是低的；如果垃圾站采用较少的预防措施，则风险将增大。采取预防措施涉及企业的预防成本和预防下的预期事故成本。因此，如图 7-8 所示，我们可以看到存在某一社会理想的预防措施水平 x^*，在这个水平上采取措施的企业预防边际成本恰好与采取更多预防措施所带来的边际损失下降相抵消，$MC(x^*) = -MD(x^*)$。责任即意味着企业应采取社会预期的预防措施水平，否则将承担事故造成的所有环境损失后果。从另一个角度看，对事故损失负责任的处理方法对于企业来说也是一种激励，促使他们选择社会理想的预防措施水平。

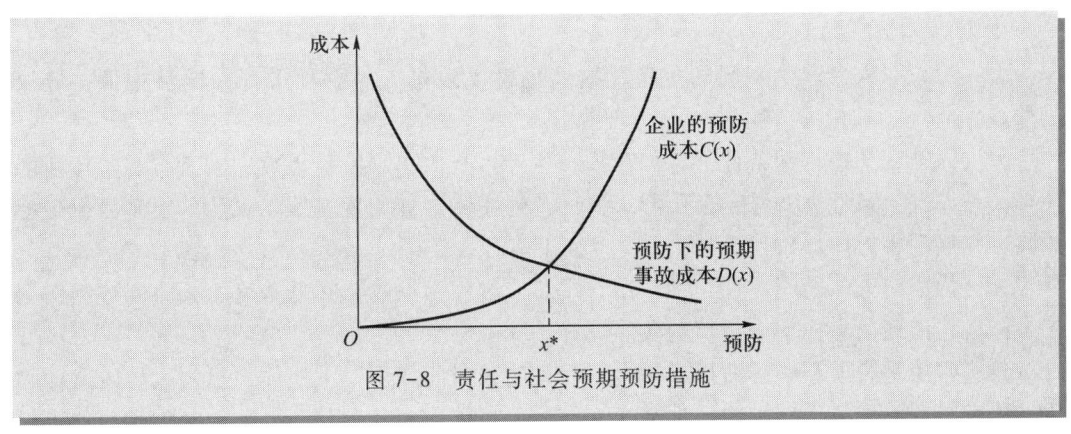

图 7-8　责任与社会预期预防措施

---

① 进一步的讨论与分析可参见刘小兵. 政府管制的经济分析. 上海：上海财经大学出版社，2004.

第三节　环境管制的内容

环境污染是指由于某种物质或能量的介入，使环境质量恶化的现象。污染物质对环境的污染有一个从量变到质变的发展过程，当某种造成污染的物质的浓度或其总量超过环境的自净能力①，就会产生危害，环境就受到了污染。能量的介入也会使环境质量恶化，如热污染、噪声污染、电磁辐射污染等。环境污染按照不同的标准可以区分为不同的类型，如按环境要素区分，可分为大气污染、水质污染、土壤污染等；按污染物的形态可分为废气污染、废水污染、固体废物污染以及噪声污染、辐射污染等；按人类活动区分，可分为工业环境污染、城市环境污染、农业环境污染等；按引起污染的性质和来源区分，可分为化学污染、生物污染、物理污染、固体废物污染、能源污染等。本章根据我国实践，采用污染物形态对环境污染进行区分，即废气污染、废水污染、固体废物污染以及噪声污染。我们将根据分类来逐一介绍和讨论政府对相关污染物的环境管制。

一、大气污染管制

大气污染是指大气中污染物或由它转化的二次污染物的浓度达到了有害程度的现象。大气污染从其涉及范围的大小大体可分为三类：① 局部污染，如一家工厂的烟囱排出物对其周围居民的污染；② 地区性污染，如工业地带或整个城市的污染；③ 全球性污染，如两国或两国以上空间存在的污染。引起大气污染的原因有人为的因素（如工业废气、汽车尾气），也有自然的因素（如火山爆发释放的尘埃和有害气体对大气的污染），但就政府管制的内容而言，我们一般所指的大气污染主要是指人类活动造成的污染。

（一）大气污染的危害

对于大气污染的危害，人们最初体验到的主要是对人体健康的危害，随后逐步发现了对工农业生产的各种危害以及对天气和气候产生的不良影响。

1. 对人体健康的危害

大气污染对人会产生不同的危害，这些危害大致可分为急性中毒、慢性中毒、致癌三种。

大气污染在某些特殊条件下，如工厂在生产过程中出现特殊事故，大量有害气体泄漏外排，外界气象条件突变等，会引起人群的急性中毒。如印度帕博尔农药厂甲基异氰酸酯泄漏，直接危害人体，致使2 500人丧生，十多万人受害。

大气污染对人体健康慢性毒害作用，主要表现为污染物质在低浓度、长时间连续作用于人体后，出现的患病率升高等现象。

致癌作用是长期影响的结果，是由于污染物长时间作用于人肌体，损害人体内遗传物质，引起突变，如果生殖细胞发生突变，使后代机体出现各种异常，称致畸作用；如果引

---

① 由于大气、水、土壤等的扩散、稀释、氧化还原、生物降解等作用，污染物质的浓度和毒性会自然降低，这种现象叫作环境自净。

起生物体细胞遗传物质和遗传信息发生突然改变，又称致突变作用；如果诱发成肿瘤的称致癌作用。致癌作用过程相当复杂，一般有引发阶段、促长阶段。能诱发肿瘤的因素，统称致癌因素。由于长期接触环境中致癌因素而引起的肿瘤，称环境瘤。

2. 对工农业生产的危害

大气污染物对工业的危害主要有两种：一是大气中的酸性污染物和二氧化硫、二氧化氮等，对工业材料、设备和建筑设施的腐蚀；二是飘尘增多给精密仪器、设备的生产、安装调试和使用带来的不利影响。大气污染对工农业生产的危害可影响经济发展，造成大量人力、物力和财力的损失，从经济角度来看就是增加了生产的费用，提高了成本，缩短了产品的使用寿命。

大气污染对农业生产也会造成很大危害。酸雨可以直接影响植物的正常生长，又可以通过渗入土壤及进入水体，引起土壤和水体酸化、有毒成分溶出，从而对动植物和水生生物产生毒害。严重的酸雨会使森林衰亡和鱼类绝迹。

3. 对大气和气候的影响

大气污染物质还会影响天气和气候。颗粒物使大气能见度降低，减少到达地面的太阳光辐射量，尤其是在大工业城市中，在烟雾不散的情况下，日光比正常情况减少40%。高层大气中的氮氧化物、碳氢化合物和氟氯烃类等污染物使臭氧大量分解，由此引发的"臭氧洞"问题已成为全球关注的焦点。

从工厂、发电站、汽车、家庭小煤炉中排放到大气中的颗粒物，大多具有水汽凝结核或冻结核的作用。这些微粒能吸附大气中的水汽使之凝成水滴或冰晶，从而改变了该地区原有降水（雨、雪）的情况。人们发现在离大工业城市不远的下风地区，降水量比四周其他地区要多，这就是所谓"拉波特效应"。如果微粒中央夹带着酸性污染物，那么，在下风地区就可能受到酸雨的侵袭。

大气污染除对天气产生不良影响外，对全球气候的影响也逐渐引起人们关注。由大气中二氧化碳浓度升高引发的温室效应，是对全球气候的最主要影响。地球气候变暖会给人类的生态环境带来许多不利影响。

（二）对大气污染的管制[①]

尽管理论上有制定污染标准、排污收费和排污权交易等多种管制方式，但实践中各国采用的管制手段大多集中在规定性管制，即制定污染标准这一方面，其他方式采用的现象并不是很普遍。

1979年，在我国制定的首部环境保护法律《中华人民共和国环境保护法（试行）》中，首次以法律的形式对大气污染防治做了原则性的规定。1987年，颁布了《中华人民共和国大气污染防治法》（以下简称《大气污染防治法》）。之后，相继颁布了《环境空气质量标准》以及各种大气污染物排放标准。1995年，全国人大对《大气污染防治法》做了第一次修正，修改的主要内容是增加了对企业实行清洁生产工艺、国家对落后工艺和设备实行淘汰制度以及防治燃煤污染大气的控制对策和措施。鉴于我国大气污染逐渐加重

---

① 参见王俊豪. 政府管制经济学导论. 北京：商务印书馆，2001：373-379.

的严峻态势，2000 年，全国人大对《大气污染防治法》进行了第一次修订，这次修订明显加大了对大气污染的法律管制力度，规定了数项重大的大气污染防治法律制度和措施。2015 年全国人大对《大气污染防治法》进行了第二次修订，侧重"抓住主要矛盾，解决突出问题"，对于当前主要来源于燃煤、工业、机动车的主要污染物和大家反映比较集中的大气环境问题，都做了有针对性的、非常具体的规定。2018 年全国人大对《大气污染防治法》进行了第二次修正，新修正的《大气污染防治法》更加强化政府责任，从法律层面明确了大气污染防治工作是各级政府、各个部门共同面临的责任。[①]

1. 大气污染物排放标准管制制度

根据《大气污染防治法》有关规定，国务院环境保护行政主管部门按照国家大气环境质量标准和国家经济、技术条件制定国家大气污染物排放标准。省、自治区、直辖市人民政府对国家大气污染物排放标准中未做规定的项目，可以制定地方排放标准；对国家大气污染物排放标准中已做规定的项目，可以制定严于国家排放标准的地方排放标准。地方排放标准须报国务院环境保护行政主管部门备案。

2. 大气环境影响评价制度

根据《大气污染防治法》，新建、扩建、改建向大气排放污染物的项目，必须遵守国家有关建设项目环境保护管理的规定。建设单位提交的建设项目的环境影响报告书，必须对建设项目可能产生的大气污染和对生态环境影响做出评价，制定防治措施，并按照规定的程序报环境保护行政主管部门审查批准，公开环境影响评价文件。同时，建设项目投入生产或者使用之前，其大气污染防治设施必须经过环境保护行政主管部门验收，达不到国家有关环境保护管理规定要求的建设项目，不得投入生产或者使用。

3. 大气污染物排污许可证制度

根据《大气污染防治法》，国务院和地方政府可以根据特定区域的大气污染情况划定主要大气污染物排放总量控制区。大气污染物总量控制区内有关地方人民政府依照国务院规定的条件和程序，按照公开、公平、公正的原则，核定企事业单位的主要大气污染物排放总量，核发主要大气污染物排放许可证。有大气污染物总量控制任务的企事业单位必须按照核定的主要大气污染物排放总量和许可证规定的排放条件排放污染物。

4. 大气污染事故报告处理制度

根据《大气污染防治法》的规定，因发生事故或者其他突发事件，排放和泄漏有毒、有害气体和放射性物质，造成或者可能造成大气污染事故、危害人体健康的，必须立即采取防治大气污染危害的应急措施，通报可能受到大气污染危害的单位和居民，并报告当地环保部门，接受调查处理。在大气受到严重污染，危害人体健康和安全的紧急情况下，当地人民政府还应当及时向当地居民公告，采取强制性应急措施，包括责令有关排污单位停

[①] 1987 年 9 月 5 日第六届全国人民代表大会常务委员会第二十二次会议通过；根据 1995 年 8 月 29 日第八届全国人民代表大会常务委员会第十五次会议《关于修改〈中华人民共和国大气污染防治法〉的决定》第一次修正；2000 年 4 月 29 日第九届全国人民代表大会常务委员会第十五次会议第一次修订；2015 年 8 月 29 日第十二届全国人民代表大会常务委员会第十六次会议第二次修订；根据 2018 年 10 月 26 日第十三届全国人民代表大会常务委员会第六次会议《关于修改〈中华人民共和国野生动物保护法〉等十五部法律的决定》第二次修正。

止排放污染物。

5. 大气污染物排污收费制度

前面四种制度是政府主要以行政命令为基本手段对大气污染实行管制的制度，而排污收费制度则同时运用经济手段以管制大气污染，因此，它是行政法规政策和经济政策的综合运用。根据《大气污染防治法》，国家实行按照向大气排放污染物的种类和数量征收排污费的制度，根据加强大气污染防治的要求和国家的经济、技术条件合理制定排污费的征收标准。征收的排污费一律上缴财政，按照国务院的规定用于大气污染防治，不得挪作他用，并由审计机关依法实施审计监督。而 1995 年的《大气污染防治法》第十二条规定：向大气排放污染物的单位，超过规定的排放标准的，应当采取有效措施进行治理，并按照国家规定缴纳超标准排污费。征收的超标准排污费必须用于污染防治。而 2000 年的《大气污染防治法》对排污收费有了更严格的规定，即在不超标排污的情况下，根据国家的有关规定也可向排污单位征收排污费。这也说明中国更加重视运用经济手段对大气污染实行管制。

此外，除了上述五种基本制度外，2000 年的《大气污染防治法》还对限期治理制度、现场检查制度、大气污染监测制度等也做了相应的规定。

我国是一个行政传统特别浓厚的国家，在大气污染防治问题上，存在鲜明的行政驱动和行政强制的特征，以达标排放、总量控制、排污许可等为内容的"命令控制型"机制一直处于核心地位。虽然在实践中取得了一定的效果，但由于行政强制本身有许多不足之处，过于强调这一机制也带来了许多问题。近些年来，我国逐步开始注意运用经济手段来推动大气污染的防治，除了原有的排污收费外，还引进了排污权交易制度。但总体上来看，排污收费因其法律性质不明，内容过时等原因在实践中发挥的作用有限，而排污权交易还处于少数地方试点的阶段。总的来看，在大气污染治理方面，我国的经济激励机制还有很大的发展空间。

二、水污染管制

水污染是指水体因某种物质的介入，导致其化学、物理、生物或者放射性等方面特性的改变，从而影响水的有效利用，危害人体健康或者破坏生态环境，造成水质恶化的现象。水体是指河流、湖泊、池塘、水库、沼泽、海洋以及地下水等水的积聚体，它不仅包括水本身，还包括了水中的悬浮物、溶解物质、胶体物质、底质（泥）和水生生物等。水体按其类型不同可以分成陆地水体和海洋水体以及地表水体和地下水体等。

由于工业化的兴起和发展，人类在生物圈中的活动日益加剧，水污染的现象也日趋严重。世界上有 80% 的疾病与水体被寄生虫、病毒、病菌污染有关，如伤寒、霍乱、肠胃炎、痢疾和传染性肝炎等疾病。因此，如何解决水污染的问题成为世界各国共同关心的话题，也是各国政府管制的重要内容之一。

（一）水污染的危害

水污染的严重后果不仅在于危及人类身体健康，同时也对水生生物和工农业生产造成极大的危害。

1. 水污染对人体的危害

人体在新陈代谢的过程中，随着饮水和食物，把水中的各种元素通过消化道进入人体的各个部分。当水中缺乏某些或某种人体生命过程所必需的元素时，都会影响人体健康。例如，有些地区水中缺碘，长期饮用这种水，就会导致"大脖子病"，就是医学上所称的"地方性甲状腺肿"。当水中含有有害物质时，对人体的危害更大。致癌物质可以通过食用受污染的食物（粮食、蔬菜、鱼肉等），带入人体，还可以通过饮水进入人体。据调查，饮用受污染水的人，患肝癌和胃癌等癌症的发病率，要比饮用清洁水的高出61.5%左右。

2. 水污染对水生生物的危害

水中生活着各种各样的水生动物和植物，生物与水、生物与生物之间进行着复杂的物质和能量的交换，从数量上保持着一种动态的平衡关系。但水污染会使这种平衡遭到破坏。当污染物向水中排放时，一些水生生物会中毒死亡，而一些耐污的水生生物会加剧繁殖。污染物还会大量消耗水中的氧气，使一些水生生物因缺氧被迫迁徙他处，或者死亡。特别是有些有毒元素，既难溶于水又易在生物体内累积，污染了水生生物并最终对人类造成极大的伤害。如汞在水中的含量是很低的，但在水生生物体内的含量却很高，在鱼体内的含量又高得出奇。

3. 水污染对工农业生产的影响

工农业生产不仅需要有足够的水量，而且对水质也有一定的要求。否则，对工农业会造成很大的损失，特别是工农业生产过程中使用了被污染了的水后，对人类有着极大的危害。一是使工业设备受到破坏，严重影响产品质量；二是使土壤的化学成分改变，肥力下降，导致农作物减产和严重污染；三是使城市增加生活用水和工业用水的污水处理费用。

（二）对水污染的管制[①]

为了有效地对水污染实行管制，尽可能减少水污染所造成的各种危害，中国政府制定了一系列有关防治水污染的法规。1955年制定了《自来水水质暂行标准》；1957年颁布《关于注意处理工矿企业排出有毒废水、废气问题的通知》；1984年颁布《中华人民共和国水污染防治法》（以下简称《水污染防治法》），1989年颁布《中华人民共和国水污染防治法实施细则》。此外，中国还陆续颁布了一系列配套法规。如《关于防治水污染技术政策的规定》（1986年）、《水污染物排放许可证管理暂行办法》（1988年）、《污水处理设施环境保护监督管理办法》（1988年）、《关于防治造纸行业水污染的规定》（1988年）、《饮用水源保护区污染防治管理规定》（1989年）、《淮河流域水污染防治暂行条例》（1995年）。此外，中国还制定了《地面水环境质量标准》（GB 3838—88）、《农田灌溉水质标准》（GB 5084—92）、《渔业水质标准》（GB 11607—89）和《污水综合排放标准》（GB 8978—1996）等一系列水环境保护标准。在总结水污染防治经验教训的基础上，中国在1996年颁布实施修订的《水污染防治法》，增加了对企业实行清洁生产工艺、对落后工艺和设备实行淘汰制度、防治流域水污染和实行重点区域排放量的总量核定制度等内容。2000年3月，国务院还批准了修订的《中华人民共和国水污染防治法实施细则》，对

[①] 参见王俊豪．政府管制经济学导论．北京：商务印书馆，2001：382-389．

《水污染防治法》中的一些问题做了具体规定。2008年第十届全国人民代表大会常务委员会第三十二次会议通过修订的《水污染防治法》，2017年再次对其进行了修正，并于2018年开始施行。根据最新的《水污染防治法》及其实施细则，从政府对水污染管制的角度而言，主要法律制度包括以下五方面。

1. 水污染物排放标准管制制度

根据《水污染防治法》，国务院环境保护主管部门按照国家水环境质量标准和国家经济、技术条件，制定国家污染物排放标准。省级地方政府对国家水污染物排放标准中未做规定的项目，可以制定地方水污染物排放标准，对国家水污染物排放标准中已做规定的项目，可以制定严于国家水污染物排放标准的地方水污染物排放标准，但必须报国务院环境保护部门备案。这一方面体现了国家对水污染物排放标准的统一要求；另一方面也体现了地方政府可以根据本地实际情况制定水污染物排放标准的灵活性。

2. 水污染影响评价制度和"三同时"制度

为了体现"以防为主、防治结合"的原则，新建、扩建、改建直接或间接向水体排放污染物的建设项目和其他水上设施，必须遵守国家有关建设项目环境保护管理的规定。建设单位提交的有关建设项目的环境影响报告书，必须对建设项目可能产生的水污染和对生态环境的影响做出评价，规定防治的措施，按照规定的程序报经有关环境保护部门审查批准。同时，建设项目中防治水污染的设施，必须与主体工程同时设计、同时施工、同时投产使用（即"三同时"制度）。防治水污染的设施必须经过环境保护部门检验，达不到规定要求的，该建设项目不准投入生产或使用。否则环境保护部门可责令其停止生产或者使用，并处以罚款。

3. 水污染物排放总量控制和核定制度

水污染物排放总量控制是指在一定时期内，根据经济、技术等条件，采取向水污染物排放源分配水污染物允许排放量的形式，将一定空间范围内水污染源排放的污染物数量控制在水环境质量可以容纳限度内而实行的一种水污染控制方式，也是一种比浓度控制更先进、更有效的方式。根据《水污染防治法》，水污染总量控制制度适用的范围是实行水污染物达标排放仍不能达到国家规定的水环境质量标准的水体，总量控制的对象是重点污染物。同时，对有排污量削减任务的企业实施重点污染物排放量的核定制度，即在实行总量控制的区域内，各个污染源排放水污染物的数量由有关管理机关加以审核确定的制度。这实际上就是许多国家所实行的水污染物排放的许可证制度。

4. 水污染事故报告处理制度

为了尽可能减少水污染事故造成的损失，排污单位发生事故或者其他突发性事件，排放污染物超过正常排放量，造成或者可能造成水污染事故的，必须立即采取应急措施，通知可能受到水污染危害和损害的单位和居民，并向当地环境保护部门报告，而环境保护部门应当报经同级人民政府批准，采取强制性应急措施，包括责令有关企事业单位减少或者停止排放污染物。

5. 水污染物排污收费制度

这是运用经济手段对水污染实行管制的一项法律制度。按照《水污染防治法》，企业、事业单位向水体排放污染物的，按照国家规定缴纳排污费；超过国家或者地方规定污染物排放标准的，按照国家规定缴纳超标准排污费。这就是说，对排放水污染物不超过水污染排放标准的污染源也要征收排污费，这有利于促使排污单位自觉减少排污量。而对超标准排污的单位，还要加收超标准排污费，同时，超标准排污单位还必须制定规划，进行治理。这就能有效地控制超标准排污现象。

除了上述五种基本法律制度外，对水污染管制的法律制度还有：对造成水体严重污染的排污单位实行限期治理制度；对水污染物排放单位实行现场检查制度；对重要流域实行水污染防治规划制度；划定饮用水源保护区制度和城市污水集中处理制度等。

三、固体物污染管制

固体物污染是指固体废物在一定的条件下发生化学的、物理的或生物的转化，使固体废物的有害物通过水、气、土壤、食物链等途径危害环境与人体健康的现象。

固体废物主要来源于人类的生产和消费活动。如工业废物来自冶金、煤炭、电力、化工、交通、食品、轻工、石油等工业的生产和加工过程；矿业废物来自矿物的开采和矿物选、洗过程；农业废弃物主要来自农业生产和禽畜饲养；城市垃圾主要来自城镇居民的生活消费、市政建设和商业活动等。通常为了便于管理，固体废物按其来源可分为工业固体废物、矿业固体废物、农业废弃物、城市垃圾和放射性固体。在固体废物中凡具有毒性、易燃性、腐蚀性、反应性、传染性、放射性的废物均列为有害固体废物。固体物污染管制主要是对这些有害固体废物的废弃行为进行管制。

（一）固体物污染的危害

固体物污染的危害主要表现在以下四个方面：①

1. 污染土壤

固体废物的堆存占用大量土地，随着时间推移，风吹、雨淋和日晒使得固体废物的有害成分向地下渗透，破坏土壤微生物的生存条件，影响土壤的正常使用功能。据推算，受污染的土壤面积往往会大于堆放固体废物面积的 1~2 倍。

2. 污染水体

不少沿江河湖海的企业，长期向水体排放灰渣，严重污染下游水体；露天堆放的固体废物随雨水冲刷，其有害物质随水流带入水体，造成地表水污染；长期堆放的固体废物的有害成分向地下渗透，也极易导致地下水体的污染。

3. 污染大气

灰渣等固体废物中的细粒、粉末受风吹日晒，进入大气造成大气污染；城市生活垃圾等有机固体废物因集中堆放，在一定的湿度、温度条件下会发酵而释放出有害气体污染大气；一些无机固体废物因自身发生化学反应也会产生有害气体污染大气。

4. 直接危害人体健康

一些固体废物所含的有毒物质和病原体，会通过生物、水、气体传播和扩散，影响人

---

① 参见王俊豪．政府管制经济学导论．北京：商务印书馆，2001：390．

体健康；同时，固体废物的不适当堆放和处置也会招致诸如鼠、苍蝇、蚊虫等有害生物传播病菌，危害人体健康。

（二）对固体物污染的管制制度①

固体废物污染与大气污染、水污染等相比有其特殊性。由于固体废物不是一种环境要素，而是一种潜在污染物，不存在其本身被污染的问题，而是要防治其对各种环境要素的污染。因此，有的国家或地区将有关防治固体废物污染的法规称为固体废物处置法或固体废物管理法，中国出台了《中华人民共和国固体废物污染环境防治法》。

中国对固体废物污染管制的专门立法起步较晚，不过，在中国政府先后颁布的《中华人民共和国环境保护法》《中华人民共和国海洋环境保护法》《中华人民共和国水污染防治法》《中华人民共和国大气污染防治法》《中华人民共和国水法》和《中华人民共和国矿产资源法》等法律的有关条款中，对固体废物污染的防治和管制做了规定。进入20世纪90年代后，随着中国的固体废物污染问题日益严重，政府也加强了在这方面的立法工作，先后制定的主要法规有：《防止含多氯联苯电力装置及其废物污染环境的规定》（1991年）、《关于严格控制境外有害废物转移到中国的通知》（1991年）、《防治尾矿污染环境管理规定》（1992年）、《关于防止铬化物生产建设中环境污染的若干规定》（1992年）、《城市市容和环境卫生管理条例》（1992年）、《城市生活垃圾管理办法》（1993年）。这些法规虽然对固体废物污染的防治和管制提供了一定的法律基础，但不能满足防治和管制固体废物污染环境的客观需要，因此，1995年10月，中国颁布了专门的《中华人民共和国固体废物污染环境防治法》，2004年对其进行了第一次修订，并于2013年、2015年和2016年进行了三次修正，2020年对其进行了第二次修订。该法也适用于液态废物和置于容器中的气态废物的污染防治工作。而该法的重点是对工业固体废物、城市生活垃圾和危险废物污染环境的防治和管制。从政府对固体废物污染环境的管制而言，主要法律制度有以下五种。

1. 固体废物环境影响评价和"三同时"制度

该制度主要适用于建设产生工业固体废物的项目以及建设贮存、处置固体废物的项目。建设单位提交的建设项目的环境影响报告书，必须对建设项目产生的固体废物对环境的污染和影响做出评价，规定防治环境污染的措施，并按照国家规定的程序报环境保护行政主管部门批准。环境影响报告书经批准后，审批建设项目的主管部门方可批准该建设项目的可行性研究报告或者设计任务书。而且，建设项目的环境影响报告书确定需要配套建设的固体废物污染环境防治设计，必须与主体工程同时设计、同时施工、同时投产使用。固体废物污染环境防治设计必须经原审批环境影响报告书的环境保护行政主管部门验收合格后，该建设项目才可投入生产或使用。同时，对固体废物污染环境防治设施的验收应当与对主体工程的验收同时进行。否则，有关环境保护部门可责令其停止生产或者使用，并可以处以十万元以下的罚款。

---

① 参见王俊豪. 政府管制经济学导论. 北京：商务印书馆，2001：391-396.

2. 固体废物申报登记制度

国家实行工业固体废物申报登记制度。产生工业固体废物的单位必须按照国务院环境保护部门的规定，向所在地县级以上地方政府环境保护部门提供工业固体废物的产生量、流向、贮存、处置等有关资料，以便有关环境保护部门掌握情况，针对性地采取有关管制措施。

3. 固体废物转移管制制度

固体废物转移是指将固体废物从一地搬运到另一地的活动。从固体废物转移的地域看，可分为国内转移和国际转移。在中国境内，转移固体废物出省、自治区、直辖市行政区域贮存、处置的，应当向固体废物移出地的省级政府环境保护部门报告，并经固体废物接受地的省级环境保护部门许可。由于经济发达国家的环境保护要求标准较高，其固体废物处置费用也很高。一些企业为了减少固体废物处置费用，试图将固体废物转移到发展中国家处置。因此，为了制止这种固体废物污染转嫁行为，中国禁止境外的固体废物进境倾倒、堆放、处置。同时，禁止进口不能做原料的固体废物；限制进口可以做原料的固体废物。

4. 危险废物经营许可证制度

危险废物的危险特性决定了只有具备一定安全和防治设备、设施，并具有熟悉危险废物收集、贮存、处置相应专业的技术人员的单位才有可能防止从事此类活动时造成污染危害，也才有资格从事此类活动。因此，有必要对经营危险废物实行许可证制度。按照法律规定，从事收集、贮存、处置危险废物经营活动的单位，必须向县级以上人民政府环境保护部门申请领取经营许可证。禁止无经营许可证或者不按照经营许可证规定从事危险废物收集、贮存、处置的经营活动。

5. 危险废物污染事故报告处理制度

为了尽可能减少事故损失，因发生事故或者其他突发性事件，造成危险废物严重污染环境的单位，必须立即采取措施消除或者减轻对环境的污染危险，及时通报可能受到污染危害的单位和居民，并向所在地、县级以上地方环境保护部门和有关部门报告，接受调查处理。在发生危险废物严重污染环境、威胁居民生命财产安全时，县级以上地方政府环境保护部门必须向本级地方政府报告，由政府采取有效措施，消除或者减轻危害。

除了上述固体废物污染管制的基本制度外，还有对造成固体废物严重污染环境的企事业单位实行的限期治理制度；对与固体废物污染环境防治有关的单位所实行的现场检查制度等。

四、噪声污染管制

噪声污染是指发声源发出的噪声超过国家规定的环境噪声标准，妨碍人们工作、学习、生活和其他正常活动的现象。一般认为，40分贝是正常的环境声音，在此以上便是有害的噪声。[①] 噪声的显著特点是：无污染物存在、不产生能量积累、时间有限、传播不

[①] 在我国《城市区域噪声标准》中，明确规定了城市五类区域的环境噪声最高限值：疗养区、高级别墅区、高级宾馆区，昼间50 dB（分贝）、夜间（指22时至次日6时，下同）40 dB；以居住、文教机关为主的区域，昼间55 dB、夜间45 dB；居住、商业、工业混杂区，昼间60 dB、夜间50 dB；工业区，昼间65 dB、夜间55 dB；城市中的道路交通干线道路、内河航道、铁路主次干线两侧区域，昼间70 dB、夜间55 dB。

远、振动源停止振动噪声消失、不易集中治理。噪声主要来源于交通工具、工厂机器设备、建筑施工和人们的社会、家庭活动。

(一) 噪声污染的危害

1. 干扰睡眠

噪声会影响人的睡眠质量和数量，从而影响工作效率。久而久之，就会引起失眠、耳鸣多梦、疲劳无力、记忆力衰退，在医学上称为神经衰弱症候群。在高噪声环境下，这种病的发病率可达 50%~60%。

2. 损伤听力

噪声可以造成人暂时性的或持久性的听力损伤，后者即耳聋。一般说来，90 分贝的噪声，耳聋发病率明显增加。但是，即使高至 90 分贝的噪声，也只是产生暂时性的病患，休息后即可恢复。因此噪声的危害，关键在于它的长期作用。

3. 对人体的生理影响

噪声会引起人体紧张的反应，刺激肾上腺素的分泌，因而引起心率改变和血压升高，是心脏病恶化和发病率增加的一个重要原因；噪声还会使人的唾液、胃液分泌减少，胃酸降低，从而易患胃溃疡和十二指肠溃疡。一些研究指出，某些有噪声的工业企业里，溃疡症的发病率比安静环境的高 5 倍。另外，噪声对人的内分泌机能也会产生影响，也是刺激癌症的病因之一。极强的噪声（如 175 分贝）还会致人死亡。

4. 对建筑物的损害

声音是由于物体发出震动而产生的，震动波在空气中来回运动和震动时，产生了声波，强烈的声波能冲撞任何建筑物，在 140 分贝以上，会使玻璃破碎、建筑物产生裂缝；在 160 分贝以上，导致墙体震裂以至倒塌。不仅如此，在建筑物受损的同时，发声体本身也因"声疲劳"而损害。美国有关的统计数据显示，由于飞机噪声造成的经济损失，1968 年约为 40 亿~185 亿美元，1978 年约为 60 亿~277 亿美元。

(二) 对噪声污染的管制制度[①]

中国对环境噪声污染管制的法规建设起始于 20 世纪 50 年代，1956 年劳动部颁发的《工厂安全卫生规程》中，就对工厂内各种噪声源规定了防治措施；1957 年《中华人民共和国治安管理处罚条例》颁布，对在城市任意发射高大声响，影响周围居民的工作和休息，又不听制止者规定了具体的处罚条款；1979 年，《中华人民共和国环境保护法（试行）》以正式法律的形式对环境噪声污染的管制做了原则规定；同年，中国政府有关部门还颁发了《工业企业噪声卫生标准（试行草案）》《机动车辆允许噪声标准》；1982 年，中国颁发了《城市区域环境噪声标准》，为评价环境噪声污染提供了依据；1986 年，国务院发布了《民用机场管理暂行规定》，对防治民用飞机噪声污染做了具体规定；1989 年，国务院发布了专门的《中华人民共和国环境噪声污染防治条例》，为全面开展防治环境噪声污染提供了法规依据。1996 年，在总结环境噪声污染防治工作经验教训的基础上，中国制定了《中华人民共和国环境噪声污染防治法》，从而形成了较为系统的环境噪声污

---

① 参见王俊豪. 政府管制经济学导论. 北京：商务印书馆，2001：399-403.

染防治法规体系，2018年全国人大对其进行了第一次修正。从政府对环境噪声污染管制的角度看，主要法律制度有以下五种。

1. 环境噪声标准管制制度

根据《中华人民共和国环境噪声污染防治法》的有关规定，国务院环境保护行政主管部门分别按不同的功能区制定国家声环境质量标准，并根据国家声环境质量标准和国家经济、技术条件，制定国家环境噪声排放标准。县级以上地方政府根据国家声环境质量标准，划定本行政区域内各类声环境质量标准的适用区域，并据此进行管制。

2. 环境噪声影响评价制度和"三同时"制度

为了从源头管制环境噪声污染，新建、改建、扩建的建设项目，必须遵守国家有关建设项目环境保护管理的规定。建设项目可能产生环境噪声污染的，建设单位必须提出环境影响报告书，规定环境噪声污染的防治措施，并按照国家规定的程序报环境保护行政主管部门批准，并且在环境影响报告书中，应当有该建设项目所在地单位和居民的意见。同时，建设项目的环境噪声污染防治设施必须与主体工程同时设计、同时施工、同时投产使用。建设项目在投入生产或者使用之前，其环境噪声污染防治设施必须经有关环境保护主管部门验收；达不到国家规定要求的，该建设项目不得投入生产或者使用。

3. 环境噪声污染限期治理制度

对于在噪声敏感建筑物集中区域（即医疗区、文教科研区和以机关或者居民住宅为主的区域）内造成严重环境噪声污染的企业、事业单位，实行限期治理制度。被限期治理的单位必须按期完成治理任务。限期治理由县级以上人民政府按照国务院规定的权限决定。对小型企业、事业单位的限期治理，可以由县级以上人民政府在国务院规定的权限内授权其环境保护部门决定。对经限期治理逾期未完成治理任务的企事业单位，除依照国家规定加收超标准排污费外，可以根据所造成的危害后果处以罚款，或者责令停业、搬迁、关闭。

4. 环境噪声排放申报登记制度

在工业生产中因使用固定的设备造成环境噪声污染的工业企业，必须按照国务院环境保护主管部门的决定，向所在地的县级以上地方人民政府环境保护主管部门申报拥有的造成环境噪声污染的设备的种类、数量以及在正常作业条件下所发出的噪声值和防治环境噪声污染的设备情况，并提供防治噪声污染的技术资料。造成环境噪声污染的设备的种类、数量、噪声值和防治设施有重大改变的，必须及时申报，并采取应有的防治措施。而在城市市区范围内，建筑施工过程中使用机械设备，可能产生环境噪声污染的，施工单位必须在工程开工15日以前向工程所在地、县级以上地方人民政府环境保护主管部门申报该工程的项目名称、施工场所和期限、可能产生的环境噪声值以及所采取的环境噪声污染防治措施的情况。

5. 环境噪声超标排污收费制度

由于超标准环境噪声所造成的危害较大，因此，除了运用行政手段对它进行管制外，还要对它运用经济手段，实行超标排污收费制度。按照《中华人民共和国环境噪声污染防治法》的有关规定，产生环境噪声污染的单位，应当采取措施进行治理，并按照国家规定缴纳超标准排污费。不按照国家规定缴纳超标准排污费的，县级以上地方人民政府环境保护主管部门可以根据不同情节，给予警告或者处以罚款。

对环境噪声污染管制除了上述基本制度外，还有环境噪声监测制度、环境噪声现场检查制度等，它们和上述基本制度共同构成中国对环境噪声污染管制的法律制度体系。

案例

中国碳排放权交易市场

本章小结

- 外部性是指在缺乏任何相关交易或未能由价格体系反映出来的情况下，一方所承受的、由另一方的行为所导致的后果，某一经济主体的活动对另一个或另一些行为主体产生的影响。
- 外部性产生的原因有三：产权无法确定、产权可以确定但没有明确界定、产权虽能确定却不可执行或执行的成本过高。负外部性使得产出过多，正外部性使得产出过少，不论产出是多是少，它们都导致了资源配置效率无法达到最优状态。
- 科斯定理显示，只要权利确定并且权利交易的成本为零，市场通过采取讨价还价方式完全能够自动解决负外部性的问题。一体化理论表明，只要负外部性所涉及范围有限，通过一体化形式也能将外部性转化为内部性从而自动避免负外部性的产生；而且，可以证明的是，当事人甚至局外人均有主动实行这种一体化的内在激励。另外，在现实生活中，社会惯例与道义劝告对降低负外部性的影响也不可忽略。
- 经济激励与规定性管制不同，通过对污染者看起来符合公共利益的行为进行奖励，把公共利益和私人动机联系起来，解决环境问题。在有污染的背景下，有三种基本的经济激励类型：收费、权利交易（可交易许可证）和责任。
- 理论上我们可以证明，如果政府在充分信息和无管制成本条件下可以通过管制方法彻底解决环境污染的问题。但当现实中无法满足这些条件时，政府管制办法也存在一些缺陷而不能在最优状态下解决负外部性导致的环境问题。不过，现实中各国均或多或少地采取政府管制手段来解决环境污染问题，也许可以说明政府管制手段虽然存在不足，但在解决环境污染问题方面还是可以作为市场的一个很重要的补充，起到非常重要的作用。
- 环境污染按照不同的标准可以区分为不同的类型。按污染物的形态可分为大气污染、水污染、固体物污染以及噪声污染、辐射污染等。大气污染管制是指大气中污染物或由它转化的二次污染物的浓度达到了有害程度的现象。水污染是指水体因某种物质的介入，而导致其化学、物理、生物或者放射性等方面特性的改变，从而影响水的有效利用，危害人体健康或者破坏生态环境，造成水质恶化的现象。固体物污染是指固体废物在一定的条件下发生化学的、物理的或生物的转化，使固体废物的有害物通过水、气、土壤、食物链等途径危害环境与人体健康的现象。噪声污染是指发声源发出的噪声超过国家规定的环境噪声标准，妨碍人们工作、学习、生活和其他正常活动的现象。尽管理论上有制定污染标准、排污收费和排污权交易等管制方式，但实践中各国采用的管制手段大多集中在制定污染标准这一方面，采用其他方式的现象并不是很普遍。

关键词

外部性（externality）　　正外部性（positive externality）
负外部性（negative externality）　　环境污染（environmental pollution）
科斯定理（Coase theorem）　　标准（standards）　　收费（charge）
规定性管制（prescriptive regulations）
权利交易（可交易许可证）（marketable pollution permits）
大气污染（atmospheric pollution）　　水污染（water pollution）
固体物污染（solid waste pollution）　　噪声污染（noise pollution）

复习思考题

1. 试分析负外部性对资源配置的影响，并举例说明。
2. 分析说明市场自身为何不能解决环境污染问题。
3. 比较规定性管制和经济激励之间的优劣。
4. 除大气污染、水污染、固体物污染和噪声污染之外，还有什么类型的环境污染？你认为在我国，这些环境污染问题中哪种问题更急切需要得到管制？
5. 假设企业的边际净收益函数为 $MNPB=10-Q/2$，边际环境污染函数为 $MEC=Q/2$。计算：
   A. 最优管制标准和罚款。
   B. 如果政府制定的管制标准为 $Q=8$，$P=3$，那么，企业最大化其 $MNPB$ 的产量（Q）是多少？
   C. 政府制定的上述管制标准的效率损失。
6. 假设两家企业的负外部性边际控制成本函数分别为 $MAC_1=40Q_1+100$，$MAC_2=60Q_2$，外部性施放量分别为 35 和 30 单位。现在政府准备控制 40 单位的外部性。那么，
   A. 控制量如何在两者之间分配是有效的？
   B. 政府如果采取收费管制手段，收费水平为多少？为什么？
   C. 政府的收费收入是多少？

延伸阅读

1. 包群，邵敏，杨大利. 环境管制抑制了污染排放吗？经济研究，2013（12）.
2. 景维民，张璐. 环境管制、对外开放与中国工业的绿色技术进步. 经济研究，2014（9）.
3. 李永友，沈坤荣. 我国污染控制政策的减排效果——基于省际工业污染数据的实证分析. 管理世界，2008（7）.
4. 余长林，高宏建. 环境管制对中国环境污染的影响——基于隐性经济的视角. 中国工业经济，2015（7）.
5. 张学刚，钟茂初. 政府环境监管与企业污染的博弈分析及对策研究. 中国人口·资源与环境，2011（2）.

第七章 环境管制 143

即测即评

第八章 卫生健康管制

食品、药品和医疗服务管制是卫生健康管制的重点，直接关系到公共安全与民生福祉。党的二十大报告中提出"要深化医药卫生体制改革，促进医保、医疗、医药协同发展和治理"，同时"强化食品药品安全监管，健全生物安全监管预警防控体系"。本章主要从理论上讨论信息不对称导致的卫生健康管制需求，并选择有代表性的食品、药品质量管制以及医疗卫生服务管制实践进行重点分析。

第一节 信息不对称理论与卫生健康管制

一、信息不对称导致的市场失灵

根据经济学原理，完全竞争市场是最具经济效率的市场。在完全竞争市场中假定，市场参与者（企业和消费者）有关于资源和产品的完全信息。对于企业来说，完全的信息则反映关于各种资源的边际生产力的知识，关于把这些资源有效组合的适当技术的知识，关于对企业产品需求的知识。对于消费者来说，完全的信息反映关于产品价格和质量的知识。但是，在某些市场上，往往出现信息不对称问题。信息不对称是指交易双方占有的关于交易的信息不均衡，一方比另一方占有较多的信息，处于信息优势地位，而另一方则占有较少的信息，处于信息劣势地位。

经济学研究表明，市场交易过程中都不同程度地存在信息不对称问题。例如，在产品市场上，交易双方一般由生产者、销售者和消费者组成。其中，生产者一般只生产少数几种产品，能够充分掌握自己所生产产品的过程、质量和成本等方面的真实信息，对于销售者和消费者而言，明显处于信息优势地位。销售者虽然不可能像生产者那样占有第一手的完全、充分的产品信息，但经过多年的销售活动对自己所经营产品的质量、可靠性、性能价格比等也有相当的了解，这对消费者而言，就形成了较大的信息优势。由此，在产品市场上，消费者完全处于信息劣势地位。信息不对称现象的存在将会直接影响市场配置资源的效率。

首先，信息不对称导致"逆向选择"。这可以以二手车市场为例来进行说明。二手车市场的销售者对其所出售的汽车掌握丰富的信息，包括损坏记录、发生过的事故、每公里耗油量、车速等。而一位可能的消费者只能基于汽车的外表对这些做些猜测，或进行驾驶的试验。消费者不经过几个月的驾驶无法真正了解这辆汽车是好是坏。所以，二手车的消费者要比销售者的信息少得多。假定市场上仅有高质量和低质量两类二手车销售。并且，消费者愿意为高质量汽车平均支付 8 万元，仅愿意为低质量汽车支付 4 万元。如果消费者认为市场出售的高质量与低质量的二手汽车各占 50%，则消费者愿意为不知是何种质量的汽车支付 6 万元。由于高质量汽车的销售者知道其汽车能值 8 万元而市场上仅能卖 6 万元，高质量汽车的销售者最终将选择不卖；而低质量汽车的销售者无疑认为 6 万元相对于其仅值 4 万元的低质量汽车而言是很有诱惑力的。可以预见的是，市场上高质量汽车的比例下降，而低质量汽车的比例上升。这就是典型的由于市场中信息不对称导致"劣质产品驱逐优质产品"的"逆向选择"现象。

其次，信息不对称产生"道德风险"。"道德风险"最初是在研究保险合同时提出的。其原意是指某些人在购买保险、签订保险合同后，产生依赖心理或麻痹大意思想，在主观上降低了防范风险的努力程度，从而使风险发生的概率加大，使保险公司蒙受损失。产品或服务市场中同样存在道德风险问题。由于产品或服务提供者与消费者之间存在信息不对称问题，产品或服务提供者往往产生机会主义动机和行为，导致道德风险问题，轻者片面夸大产品或服务质量，重者放任或者人为增加产品或服务不安全因素，甚至直接提供假冒伪劣产品或服务，严重损害了消费者利益。

信息不对称导致的"逆向选择"和"道德风险"使市场不能有效配置资源。进一步分析发现，信息不对称现象导致不知情或得到错误信息的消费者很可能对产品的价值做出不恰当的判断。因此，他们不愿意购买产品或服务，市场也就不能达到产出的社会效率水平。[1] 并且，对消费者而言，由于难以观察产品质量，其结果可能导致市场崩溃。这是因为，产品质量的不可观察性导致所有不同质量产品的售价都相同。若购买者的预期价格与质量之间存在递增关系，则设定最高价总是符合销售者的利益。显然，销售者的定价违背购买者的预期。[2] 可见，在消费者没有掌握关于产品或服务质量信息的情况下，市场则无法按照"质高者，价高"的原则来刺激生产者把更多的资源用于生产高质量产品上，信息不对称导致低质量产品过度供给或市场完全终止交易。不完全信息使得价格制度常常不是实现合作和解决冲突的最有效安排，诸如学校、企业、家庭、政府等这样一些非价格制度，也许更为有效。[3] 这时，市场则无从发挥对资源进行有效配置的作用。

二、信息不对称与卫生健康管制需求

对于食品、药品以及医疗卫生服务市场，信息不对称主要是消费者对产品或服务质量信息的不了解。与二手车市场一样，消费者无法全面掌握关于食品、药品以及医疗卫生服务质量的信息，使这些市场中出现了资源低效率的配置。而由于食品、药品与医疗服务的质量直接关系到公众的卫生健康，所以，食品、药品与医疗服务质量的信息不对称显得尤为重要。为缓解食品、药品和医疗卫生服务质量的信息不对称问题，应由政府实施相应的卫生健康管制。[4]

---

[1] 布鲁斯·金格马. 信息经济学. 马费成，袁红，译. 太原：山西经济出版社，1999：99.
[2] 贝尔纳·萨拉尼耶. 市场失灵的微观经济学. 朱保华，方红生，译. 上海：上海财经大学出版社，2004：194.
[3] 张维迎. 博弈论与信息经济学. 上海：上海三联书店，上海人民出版社，1997：3.
[4] S. Andrew Starbird. Moral Hazard, Inspection Policy, and Food Safety. American Journal of Agricultural Economics, 2005, 87 (1): 15-27.

(一) 食品安全市场的基本特征与食品安全管制需求

1. 食品安全和食品质量的内涵

食品是指用于人类食用或者饮用的经过加工、半加工或者未经加工的任何物质,包括饮料、口香糖和已用于制造或者处理"食品"的任何物质,但不包括化妆品、烟草或者只作为药品使用的物质。

随着经济的发展,消费者逐渐从关注食品的可获得性转到关心食品质量。[①] 一般来说,食品质量包括安全性、营养性、可食用性、经济性等一组固有的可满足人们消费需求的特性。这些特性中有正面的性状(如食品的风味、颜色、质地、营养等),也有负面的性状(如腐败、变色、变味等)。由于食品消费直接关系到消费者的卫生健康,显然,安全性是食品质量特征最重要的构成要素,始终被放在首要位置。食品的安全性是指食品应当无毒无害,即保证不含有可能损害人体健康的有毒有害物质,避免消费者受到食源性疾病的困扰。它并不涉及营养要求,也不涉及食品的色、香、味等感官性状。食品质量关系到食品的差异化,关系到供给如何对需求作出反应提供更好的产品或服务。而食品安全性必须利用与健康有关的标准。低质量产品可以与最高质量产品有一样的安全性。[②]

食品质量关注的重点是食品本身的使用价值和性状,而食品安全关注的焦点不是食品本身,是接受食品的消费者的健康问题,不能随意将不合格食品视为不安全食品,将未达到某一标准的食品也视为不安全食品。如在牛奶中添加三聚氰胺。由于三聚氰胺是工业原料,应用到牛奶生产中会对人体造成危害,这种行为产生的事件就是食品安全问题。而有些问题食品并不存在安全问题,比如火腿肠本应以肉为主要原料,但一些企业为了降低成本,增加了淀粉比重,那火腿肠就成了淀粉肠,这虽然达不到火腿肠的标准,但淀粉并不会对人体造成危害,这就是食品质量问题。[③] 另外,有些食品企业行为属于生产经营"假冒"食品,但并不涉及食品安全问题。例如,2013年1月,瑞典、英国和法国在部分牛肉制品中发现了马肉,德国也宣布发现疑似此类"挂牛头卖马肉"情况。此外,爱尔兰、荷兰、罗马尼亚等多个欧洲国家卷入丑闻中,引发消费者反感。显然,商家这种"挂牛头卖马肉"的行为,尽管属于欺骗行为,但尚不涉及食品安全问题。

近期全球性食品供应的创新和演化导致食品安全概念不断扩展,其含义包括了营养成分,这让食品安全和食品质量具有一致性。我们知道,新食品的出现以及食品生产技术的发展引起了人们对人类健康的极大关注。例如,利用转基因解决食品生产效率和食品质量问题,纳米技术在农业、食品加工和包装等方面的应用。这种趋势将对食品的功能起着决定性作用。在此背景下,食品安全概念逐渐被扩展为包括这些诸如食品营养成分等因素,而这些因素在不同程度上都存在风险,且这些风险因素与人类慢性疾病有一定的关系。显然,食品安全与食品质量在概念上正趋于一致。但将食品安全与一般性食品质量加以区分的一个重要原因在于其公共政策含义不同。在食品质量控制的大部分属性上(如口感和外观等),食品与其他商品并无太大区别,都可通过市场交易。但食品安全则是一个重要

---

① Antle, J. M. Benefits and Costs of Food Safety Regulation. Research Discussion Paper, 1998, 18 (9): 2.
② 在此把"质量"特性与"安全"特性分开。
③ 秦利. 基于制度安排的中国食品安全治理研究. 北京:中国农业出版社,2011:83.

的公共卫生问题，具有很多特殊性，需要在公共政策层面给予特别关注。[①]

在食品安全领域中，存在各种潜在风险。这是因为，不仅食品及其原料本身天然存在有害物质，且食品及其原料在生产、加工、运输、包装、储存、销售、烹调等各个环节中，都会因为农药、废水、污水、病虫害、真菌毒素、食品添加剂等因素而产生有害健康和生命安全的危险。

从经济学的角度分析，食品安全问题大致可以分为两种类型：一是在农产品种植、食品加工、经营、流通过程中，利益驱动下的食品企业在投入物选择及用量上违背诚信而导致的食品安全问题，如在种植农作物过程中人为过量使用农药和在食品加工过程中非法添加食品添加剂等问题；二是由于管理上的疏漏或无知及现有技术的局限性导致的食品质量安全问题。[②] 例如，土壤环境受到了污染导致农民生产的农产品存在安全问题，但农民并不知晓。又如，某种装食品的容器对食品产生污染，但食品生产经营者并不了解这种污染的性质。

食品安全问题不仅涉及公众的生命安全与健康，而且涉及生产经营企业的经济利益，涉及一个国家食品出口在国际市场上的竞争力甚至是国家在国际上的地位和声誉。从这一层面上说，食品安全问题也是经济问题，具有经济活动的一般属性。[③]

2. 食品市场、食品产业链及食品安全市场

（1）食品市场。从食品市场的供求规律，可以简单概括食品市场的基本特征。

首先，食品市场需求。民以食为天。从食品的需求属性来看，食品消费是人类最基本的生理需要，食品直接关系公众卫生健康。显然，多数食品是公众为了维持生存所需要的基本消费品，例如，粮食、蔬菜、水果、肉类、乳品和饮料等。部分食品表现出较小的需求价格弹性（如粮食和婴幼儿乳品等），而部分食品则表现出较大的需求价格弹性（如水果和饮料等）。不同食品虽然表现出不同的需求弹性，但是，消费者一旦食用，则会直接对其卫生健康造成影响。食品消费具有"一次性消费，终生性需求"的特点。诚然，在同一类食品市场中一般都存在大量的买者。

其次，食品市场供给。根据食品特征，食品可分为不同的种类（如粮食、饮料等）。不同种类食品之间有一定的替代性，如各种肉类等；同一类食品中有较强的替代性，如大米与面粉。虽然不同食品的生产对生产技术的要求不同（如粮食生产与饮料生产），但是，多数食品生产均不存在明显的技术壁垒，所以同类食品行业一般都存在许多企业竞争的局面。而企业生产产品的差异性由于食品种类的不同存在区别，例如，粮食企业生产的产品差别较小；而饮料企业生产的产品则存在一定的差异。然而，随着人们对食品安全问题的关注，同类食品由于食品安全性的不同也存在差异。

根据食品市场供求特点，其属于垄断竞争市场，竞争企业制定的价格高于边际成本。作为一种特殊产品，食品的生产、销售过程中的信息不对称现象比较突出。一般而言，在

---

① 胡楠，等. 中国食品业与食品安全问题研究. 北京：中国轻工业出版社，2008：108.
② 周应恒，张蕾. 溯源系统在全球食品安全管理中的运用. 农业质量标准，2008（1）.
③ 陈锡进. 食品安全市场监管的制度经济学分析. 南京工业大学学报（社会科学版），2009（3）.

不完备信息的食品市场,市场供给和市场均衡的特征取决于影响需求和供给的一系列因素,包括食品特征、信息向消费者传递的成本以及消费者使用信息的能力。

(2) 食品产业链。食品生产、加工、销售和处理等已融入了高度复杂的现代社会分工当中,包括了数量繁多的部门和环节。在从土壤、水源、种植、采集、加工、包装、储存、运输、销售直至消费的一系列环节当中,任何一个环节出现问题都会危及食品安全。如图 8-1 所示。

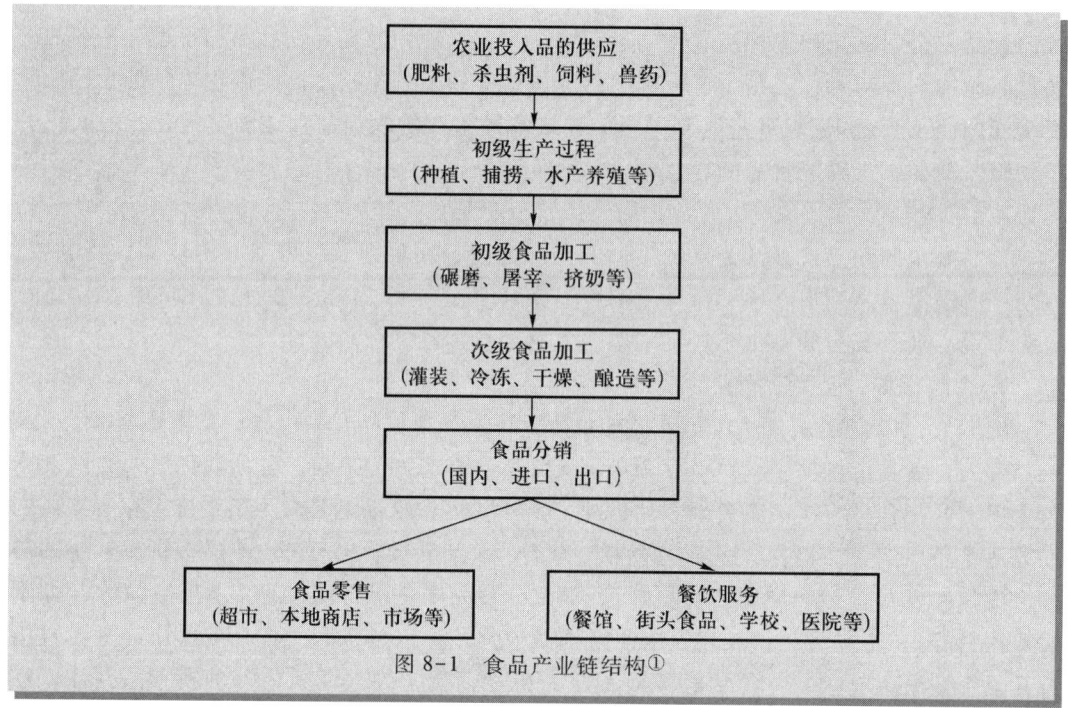

图 8-1 食品产业链结构①

(3) 食品安全市场。与其他质量特征一起,可把食品安全看作有需求和供给,供求决定市场出清的价格和数量。② 也就是说,与其他满足欲望的商品一样,人们对食品的安全性有不同的需求。企业在市场中辨别这些需求并通过满足这些需求获取利润。在理想市场中,特定食品市场的食品安全水平应由需求和供给共同决定。对于某一特定食品市场,在一定价格水平下,具有不同风险偏好的消费者(如婴幼儿、青少年、老年人以及身体免疫力低的群体等)对食品安全的需求存在差异,而具有不同生产成本的企业(如大规模企业与小规模企业等)对食品安全的供给也各不相同。

3. 信息不对称与食品质量(安全)管制需求

由于食品消费直接关系到消费者的卫生健康,显然,安全性是食品质量特征最重要

---

① 资料转引自胡楠,等. 中国食品业与食品安全问题研究. 北京:中国轻工业出版社, 2008: 110.
② Caswell, J. A., E. M. Mojduszka. Using Informational Labeling to Influence the Market for Quality in Food Products. American Journal of Agricultural Economics, 1996, 78 (5).

的构成要素。

食品质量（安全）管制的理论基础是信息不对称理论。在信息不对称的食品市场中，市场均衡依靠食品安全特征、依靠安全信息在消费者之间传递的成本以及消费者使用食品安全信息的能力。而消费者要了解关于食品安全特征的相关信息比较困难。[①] 在产品市场上，学者尼尔逊（Nelson，1970）按消费者获取产品质量（安全）信息的途径，将所有产品分为三类，即搜寻品、经验品和信用品。根据这一分类，下面从食品质量（安全）信息获取的难易程度进行分类，并区别不同类型的信息和相应的市场均衡。

第一类是消费者在购买前就能了解到的食品质量（安全）信息，诸如食品的颜色、光泽、大小、肥瘦、品牌、商标、包装、价格和产地等。在食品市场中，这类特征的信息比较容易获得，买卖双方都很清楚，这类质量（安全）信息几乎是完备的。我们把具有这类质量（安全）信息特征的产品称为搜寻品。这类市场中，在提供消费者愿意且能够购买的食品质量（安全）特征方面，市场一般能够发挥作用，竞争的食品市场可以达到有效率的均衡。政府需要做的仅仅是对食品广告、商标等的管制，以防止假冒伪劣食品出现。

第二类是消费者在食用之后才能了解到的食品质量（安全）信息。诸如食品的新鲜程度、口感和味道等。我们把具有这类质量（安全）信息特征的产品称为经验品。这类市场中，如果消费者在购买前对信息无从了解，但购买后消费者能认识到产品的质量（安全），则可以通过消费者重复购买某种产品的过程帮助企业建立自己食品的声誉，在信誉机制作用下，消费者逐渐地了解食品质量（安全），企业就可以为高质量（安全）的产品定高价。可见，这种不拥有事前购买完全信息的市场与拥有完全信息的市场将会获得同样的结果。而当消费者仅一次性地购买产品时，只要消费者能以较低的成本获得产品信息，则也可以达到有效率的均衡。

第三类是消费者在食用后也无法了解的关于食品质量（安全）的部分信息，诸如农药兽药残留指标、重金属含量指标、菌类总数、是否含有抗生素和激素、各种营养元素是否达标等。我们把具有这类质量（安全）信息特征的产品称为信用品。由于消费者受自身专业水平的限制和食品检测成本的制约，即使在食用这类食品后，也没有能力对食品的这类信息进行判断。因为食用这些食品后对身体健康的影响，一般会在若干年甚至几十年后才能显现出来。由于一些毒素会推迟诱致疾病的发生，这一特点使消费者不能把疾病与所消费的受到污染的食品联系起来。当然，诸如牛奶产于用激素喂养的奶牛这类食品，消费者一般也难以识别这类信息。这时，消费者只有听任食品生产者和销售者的单方面介绍和宣传，处于绝对弱势地位。另外，由于消费者很难直接观察到高质量（安全）食品的生产成本比低质量（安全）食品要高，无法区别高质量（安全）与低质量（安全）食品，则低质量（安全）食品将驱逐高质量（安全）食品。例如，消费者渴望购买"绿色"蔬菜，但是，蔬菜是否使用过化肥、农药，这对于消费者来说，属于典型的信息不对称问

---

① John M. Antle. Efficient Food Safety Regulation in the Food Manufacturing, American Agricultural Economics Association, 1996: 1243.

题。据某农贸市场的一位农民介绍,其使用的农家肥和生物农药(生物农药是指直接利用生物产生的生物活性物质或生物活体作为农药,其具有高效低毒、无残留、无污染的特征)生产的"绿色"蔬菜运到集市上销售,本想凭借"绿色"优质卖个好价钱,可消费者无法分辨蔬菜是否用过生物农药,不能接受"绿色"蔬菜的高价格。农民只得将"绿色"蔬菜按普通价格售出。从成本看,使用化学农药治虫每次5~6元/亩,若使用生物农药,每亩成本要10多元。生物农药与一般化学农药相比,价格要高1~2倍。在利益驱动下,大多数"理性"的农民不愿使用生物农药。这是信息不对称情况下"劣币驱逐良币"的一个典型案例。

从上述三类关于食品信息特征的分析来看,第二类(经验品)尤其是第三类(信用品)存在严重的信息不对称现象,均可导致市场的混乱,给消费者带来损失。要减少食品作为第二类(经验品)和第三类(信用品)的信息不对称,防止市场混乱,避免损害消费者利益,就必须实行政府管制。食品质量(安全)管制正是通过一系列强制性的管制政策和手段,强化对食品生产、销售者个人利益最大化的制度约束,使之形成正确的价值取向和价值判断,做出符合社会总体利益的行为。[①]

(二)药品市场的基本特征与药品质量管制需求

1. 药品的特殊性

药品具有一般商品的一般属性,但药品又具有其特殊性,主要表现在:

(1)专用性。药品只能用于预防、治疗、诊断疾病或计划生育,处方药必须通过医生检查、诊断,并在医生指导下合理使用;非处方药必须根据病情,合理选择药品,按照药品说明书和标签使用。

(2)两重性。药品的两重性是指药品既可防病、治病,也会产生不良反应。也就是说,药品可防治疾病,但如果药品使用不当,也会危害使用者身体健康和生命安全。

(3)严格性。药品是治病救人的物质,只有符合法定质量标准的合格药品才能保证疗效。否则,非但疗效不能保证,还有可能含有损害人体的物质。因此,药品必须是合格品,不能像其他商品一样可分为一等品、二等品、次品等。药品质量必须由专业人员依照法定的标准和测试方法进行鉴别,普通患者很难具备鉴别药品质量的能力。

(4)限时性。药品是防治疾病的物质,人们只有在防病治病时才使用药品,但药品生产、经营、使用部门平时就应有适当储备。也就是说,只能药等病,不能病等药。有些紧急抢救用药品虽然需用量少,有效期短,但宁可到期报废,也要有所储备,有些药品即使无利可图,也必须保证生产和供应。

2. 药品市场的基本特征

从药品市场的供求规律,可以简单概括药品市场的基本特征:

(1)药品市场的需求。俗话说"吃五谷,生百病"。药品是人们防病治病、康复保健的特殊产品。其特殊性表现在,在出现疾病的情况下,消费者对药品的需求是通过医生的检查、诊断并在医生的指导下产生的。而医生对药品的质量比对其价格更加重视。这种需

---

① 蒋建军. 论食品安全管制的理论分析. 中国行政管理,2005(4).

求导致了药品的需求价格弹性相对较低。而药品与生命健康有关，并且不少消费者所购买的药品属于保险项目，这又使得药品更加缺乏弹性。① 另外，与消费者对食品的需求不同，由于出现疾病的不确定性，一旦出现疾病，消费者需要及时地得到药品，所以消费者对药品的需求具有不稳定性和及时性的特点。为满足消费者的特殊需求，要求药品生产、经营部门和医疗卫生机构对药品要有适当的储备。根据药品使用范围，一般把药品分为常规药和特殊药。常规药是指医治常见病的普通药，在这类药品市场中存在大量的消费者。特殊药是指新药、特效药等，这类药品市场中消费者的数量显然小于常规药品市场的消费者数量。

（2）药品市场的供给。根据药品特征，与食品一样，药品也可分为不同种类（如板蓝根冲剂、阿莫西林等）。治疗同种疾病，可以选用疗效相同但不同类的药品（如中药与西药之间的替代等）。不同药品生产对生产技术的要求不同。根据药品分为常规药和特殊药，常规药的技术含量一般较低，而特殊药是指新药、特效药等，其技术含量往往较高。这就决定了常规药品生产市场中存在大量生产相互之间可以替代但有差别的药品。而新药、特效药品市场中，由于存在技术壁垒，只能是对这类药品生产拥有专利或在技术上有能力的企业在市场中生产。

根据药品市场的供求特点，常规药品市场属于垄断竞争市场，而新药、特效药属于寡头垄断市场。如果不存在信息不对称等导致的市场失灵，常规药品市场的供求应通过市场竞争决定。而新药、特效药则由于存在垄断，需要管制机构在一定程度上进行管制。但关于药品市场垄断的管制不属于本章分析的范畴，本章重点讨论针对药品生产、销售过程中的信息不对称现象，管制机构将如何通过相应的政策进行管制。

3. 信息不对称与药品质量管制需求

消费者对药品的需求是出于治疗疾病、恢复健康的目的，因此，药品的质量特征包括安全性和有效性。而药品既能治病救命又可能危及人的生命，所以药品消费直接关系到消费者的卫生健康，这也决定了药品的安全性和有效性是具有同样重要的质量特征。

对药品质量管制理论亦是基于信息不对称理论。药品质量信息不对称主要是由药品本身的特点和消费者获得信息的渠道决定。通过对药品的色、味和形等感官信息以及药品广告或医生的介绍，消费者不可能对药品的有效性和安全性有全面精确的了解。根据药品质量信息不对称的特点，药品应该属于经验品，即消费者在服用之后才能了解到药品的疗效和安全性等质量信息。②

总的来看，在获取药品质量信息的过程中，消费者处于较被动的地位。作为经验品的药品，虽然消费者亦存在通过重复购买来确定药品质量信息的可能，但由于药品可能直接危害消费者的生命，通过服用来检验其质量，对消费者而言存在极大的风险。例如，2006年5月3日，中国广东省食品药品监督管理局报告，发现部分消费者使用齐齐哈尔第二制药有限公司生产的"亮菌甲素注射液"后，出现严重不良反应，后来导致4人死亡6人

---

① W. 吉帕·维斯库斯，约翰·M. 弗农，小约瑟夫·E. 哈林顿. 反垄断与管制经济学. 3版. 陈甬军，等，译. 北京：机械工业出版社，2004：476-477.

② 某些情况下药品也表现出信用品的特征，因为有些药品消费者在购买并服用后也不能准确判断其质量特征。

病重。2016年3月，山东警方破获案值5.7亿元非法疫苗案，疫苗未经严格冷链存储运输销往24个省市，造成严重社会影响。诚然，若不存在药品安全性问题，则消费者可通过重复购买并服用药品了解其疗效，企业就可为高疗效的药品定高价，这种不拥有事前购买完全信息的市场与拥有完全信息的市场将会获得同样的结果。但是，由于对药品的需求是仅当消费者患病时才产生的，并且是在医生的指导下进行药品的选择，与食品相比，通过多次购买淘汰疗效差、选择疗效高药品的机会要少得多。显然，药品市场信息不对称问题更严重。并且，为获得有效的信息，消费者甚至以药品价格与质量之间存在递增关系为判断药品质量的依据，认为价格高的药品一定是疗效与安全性好的药品。根据药品价格的高低判断其质量，通过购买高价药品达到满足对高质量药品的需求，这无疑促使了一些药品价格的"虚高"。

根据前面的分析，药品质量信息不对称主要显示经验品的特征。所以，一旦假冒伪劣药品进入市场，消费者没有能力评价药品质量，也无法识别药品的真伪。这样，药品的疗效和安全性均无法得到保证。药品消费人命关天，一旦出错就直接关系到公众的生命健康。面对药品质量信息不对称现象，通过市场无法让消费者对药品质量有完全的了解。鉴于此，必须对药品质量进行严格管制。

（三）医疗卫生服务市场的基本特征与医疗卫生服务的管制需求

1. 医疗卫生服务市场的基本特征

医疗卫生服务市场是一个直接关系到公众生命健康的特殊市场，并且与一般竞争性服务市场不同，医疗卫生服务市场存在明显的市场失灵。其基本特征主要表现在以下八方面：

（1）需求不确定性。消费者对医疗卫生服务需求最明显的特征是不确定性。除了提供预防性的服务外，消费者仅在患病的情况下对医疗卫生服务产生需求。另外，对医疗卫生服务的需求很大程度上还存在着与生死及对身体造成伤残相关的风险，尤其是在某些疾病没有得到有效治疗的情况下，存在失去或减少获得收入的可能性。[①] 因此，患病除了为所享受的医疗卫生服务支付的成本外，还有可能产生代价很高的风险。鉴于此，人们通常通过购买医疗保险来降低风险。

（2）需求弹性较小。消费者出于预防或患病时对医疗卫生服务产生的需求，显然具有较小的需求弹性。并且，当患者的医疗卫生服务费用由第三方（如政府或医疗保险机构）支付时，患者对医疗卫生服务的需求将更加缺乏弹性。

（3）存在"诱导"需求。由于医疗服务领域的技术专业性特点，医生与患者之间对检查、诊断、治疗存在严重的信息不对称。在医疗卫生服务市场中，患者一般在客观上均处于被动地位，他们的检查、诊断、治疗均由医生决定。患者对医生所提供的服务处于明显的信息弱势地位。对患者而言，由于缺乏系统的医疗知识，很难决定关于自身对医疗服务的需求程度。这种情况下，医生极易诱使患者对医疗服务的过度消费。

---

① Kenneth J. Arrow. Uncertainty and the Welfare Economics of Medical Care, The American Economic Review, 1963, 53(5): 941-973.

(4) 供给具有一定公益性。由于医疗服务关系到每一位公民的切身利益,涉及公民的生命健康,需求弹性较小。因此,医疗机构提供的医疗卫生服务具有公益性特点,无论是公立医疗机构还是私立医疗机构都要承担一定的社会责任。例如,面对十分贫困的患者,与一般商业服务业明显不同的是,医疗卫生服务可以进行零定价。

(5) 供给分为基本医疗卫生服务和特需医疗卫生服务。基本医疗卫生服务是指体现社会福利及社会公平性的一类医疗服务,该类服务以治病救人为唯一目的,其服务范围与条件受社会平均经济水平的限制。特需医疗卫生服务是指体现社会经济发展较高层次的一类医疗服务,该类服务以治病救人和患者舒适度为最终目的,其服务条件要根据患者个人偏好及较高的个人经济承受能力进行调整。根据两种服务的特点,一般而言,政府应对基本医疗卫生服务进行补贴。

(6) 对医生有更严格的道德约束。医生与一般服务业的从业者[①]存在很大的差异。这是因为,在消费医疗卫生服务之前,患者无法测试产品,患者与医生之间存在某种信任关系。鉴于此,从道德上对医生行为的约束比一般服务业的从业者要严格得多。一般认为,医生的服务应该关注患者的福利水平,这是区别医生与一般服务业从业者的关键所在。这种区别还具体表现在:① 在医生之间实际上不存在广告和公然的价格竞争;② 一般认为,由医生自己或其他人提出的进一步治疗的建议完全与其自身的利益没有关系;③ 从传统的人权角度来看,治疗应根据病例的需要而不受财力的限制;④ 出于法律等的需要,人们依靠医生作为专家证明疾病和伤害的存在。[②]

(7) 供给竞争不充分。供给竞争不充分表现在两方面:① 患者对医生存在的依赖性。因为医疗服务是连续的过程,当患者与医生建立长期关系时,患者的病情将会得到更好的控制,这样,患者不会轻易更换医生。② 患者选择医疗机构的区域性。患者在选择医疗机构时,往往存在一种地理依赖性,一般选择较近的医疗机构就诊,这样,在一定的服务范围内,医疗卫生服务机构存在有限的竞争。

(8) 医疗卫生服务市场的非价格竞争。按照经济学原理,越是竞争激烈的市场,价格越接近成本,质量也越接近于社会最优,其效率也越高。但是,医疗卫生服务市场的竞争常常进行非价格竞争。这是因为,医疗卫生服务市场中患者对价格缺乏弹性,市场中的竞争通常以非价格竞争形式表现出来。[③] 例如,医疗机构会在医疗设备方面进行竞争,购置高精尖的设备。根据国外学者研究发现,非价格竞争将导致医疗机构成本增加。从而,市场中竞争越激烈,医疗机构的成本相对较高,提供的服务较多,平均住院日也较长。如果由于过度竞争造成医疗服务的增加,那么医疗机构之间的竞争就是浪费的。

根据医疗卫生服务市场的供求特点,虽然医疗卫生服务市场是可竞争市场,供求和价格可由市场决定,但由于存在诸如信息不对称产生的"诱导"需求以及供给的公益性等问题,对医疗卫生服务市场应实施系统性的管制。在美国,由于医疗卫生服务市场不能很

---

① 一般服务业的从业者主要关注自身利益。
② Peter M. Jackson, Catherine M. Price. Privatization and Regulation: A Review of the Issues, Longman Group Limited, 1994: 205.
③ 周小梅. 提升医疗服务业绩效的制度经济学分析. 北京:中国经济出版社, 2009: 74.

好地发挥作用，政策制定者认为应该对医疗市场进行相应的管制。管制一般包括：对进入的控制、价格管制、条件处方和服务质量以及在特定条件下为所有患者提供医疗卫生服务的义务。[①] 但是，本章主要讨论由信息不对称产生的管制问题。

2. 信息不对称与医疗卫生服务管制需求

医疗卫生服务市场的信息不对称，一方面导致患者难以全面了解医疗卫生服务质量；另一方面将产生过高的医疗费用。这是政府对医疗卫生服务实施管制的两个基本原因。而医疗卫生服务市场信息不对称产生的根源一般认为有两个方面：

（1）由医生的信息优势决定的。医疗卫生服务本身具有较强的专业性，其专业技术性特征决定了医疗机构和医生相比患者对于诊断、治疗以及服务费用具有先天的信息优势。患者的信息优势体现在对自身病情的了解程度（尤其体现在慢性病的诊疗中），而医生的信息优势则体现在其能够从更加专业的角度诊断患者的病情以及确定所需要的合理治疗手段。综合而言，在诊疗过程中，医生相比患者仍具有明显的信息优势，因而存在利用其信息优势获取额外收益的可能性，也就是在医疗卫生服务管制中的道德风险问题。

医疗卫生服务中的道德风险主要体现在，如果单次患者的医疗服务消费金额与医生收益直接相关，医生就具有利用自身信息优势诱导患者进行不必要或者过度的药品和医疗卫生服务消费的动机。而医疗保险的存在在一定限度内使医疗费用支出变成了一种社会成本，导致了社会成本与私人成本的背离，进而使患者也产生了与医生形成默契或者说合谋的可能性。在这种委托—代理关系中，医患共同体成为代理人，共同具有过度消费医疗保险的动机。

（2）由医疗卫生服务本身的经验品和信用品特征决定的。医疗卫生质量是指医疗服务过程、诊疗技术效果及生活满足病人康复预定标准的程度。医疗卫生服务质量的主要内容是：① 诊断是否正确、及时、全面；② 治疗是否及时、有效、彻底；③ 诊疗时间的长短；④ 有无因医、护、技和管理措施不当给病人带来不必要（心理或生理）的痛苦、损害、感染和差错事故；⑤ 医疗工作效率的高低；⑥ 医疗技术使用的合理程度；⑦ 医疗资源的利用效率及其经济效益；⑧ 患者生存质量的测量；⑨ 患者的满意度（医疗服务与生活服务）。因此可以说医疗卫生服务质量是医疗技术、管理方法及其经济效益概念的综合体现。[②] 判定医疗卫生服务质量应以"病例"为质量单元。临床医疗卫生服务质量的基本要求就是对患者实施正确、及时、完善的治疗和护理，达到可能达到的医疗效果。[③] 根据医疗卫生服务质量的内容可以看出，医疗卫生服务兼具经验品特征与信用品特征。

医疗卫生服务在一定程度上表现出经验品特征，即患者只有在消费后才有可能了解到所购买的服务的质量。同时由于医疗卫生服务质量的不确定性特点，使患者难以像在一般服务市场中那样通过重复消费的"经验"来获得关于服务质量的信息，因此医疗卫生服务更多体现出信用品的特征，即患者在购买并消费医疗卫生服务后仍无法完全了解其

---

① Richard J. Arnould, Robert F. Rich, William D. White. Competitive Approaches to Health Care Reform, Washington, D. C.：The Urban Institute Press, 1993：37-54, 55-57.
② 岳增文. 市场经济与医院改革. 乌鲁木齐：新疆科技卫生出版社, 1999：175.
③ 诸守祥. 医院经济管理. 郑州：河南科技大学出版社, 1998：259-260.

质量。

患病的特殊性使患者不存在固定偏好，且其从疾病中康复具有不可预知性，使患者在接受治疗后也很难精确衡量和描述医疗卫生服务质量，其表现出明显的不确定性。这一特点又进一步强化了医疗卫生服务市场中医患双方对服务质量信息了解的差异。

医疗机构和医生的先天信息优势与医疗卫生服务的信用品特征共同导致了医疗卫生服务中的信息不对称问题，降低了患者的福利。这也是医疗机构要建立声誉一般要经历较长过程的原因之一。在信誉机制受限情况下，患者就很难及时、全面地了解医疗机构（或医生）的服务质量，这必然导致患者获得信息的成本相当高。且医疗卫生服务专业技术性特点更强化了医生与患者之间的这种信息不对称。对患者而言，较高的信息成本是医疗机构垄断势力的来源之一。医疗机构运用市场势力，通过提高价格、降低不可观察的质量或提供不必要的检查（"诱导"需求）等来追求更多的利润，而患者却没有能力识别这些信息，进一步造成了患者的福利损失，这也是医疗卫生服务质量管制的内在动因之一。

综上所述，医疗卫生服务质量的不确定性和技术垄断性导致严重的信息不对称，可能会发生在医生诱导下患者过度消费的道德风险问题，导致患者的福利损失。为保护患者的利益，管制机构必须承担医疗卫生服务质量和费用管制的职责，通过管制引导医疗机构提供使患者满意的服务，以纠正市场失灵。

第二节　食品安全管制及其政策实践

这一节将着重讨论食品安全管制所涉及的基本经济学问题以及与之相应的管制政策手段，并通过美国、欧盟以及中国的一些案例加以说明。

在食品买卖交易中，了解食品质量的信息不对称现象使消费者的利益受到损失。鉴于此，管制机构应通过建立管制法律法规体系、制定食品标准体系、进入管制、信息管制以及监测等手段对食品质量（安全）进行管制，以达到确保食品质量（安全）的目的。而成本收益分析是评价一项食品安全管制政策是否有效的重要工具。

一、食品质量（安全）管制法律法规体系

法律法规是对食品质量（安全）管制的依据。通过法律法规进行食品质量（安全）管制的目的，就是迫使企业生产高质量的食品，当然也是安全的食品。从各国食品管制经验分析发现，相关管制法律法规的滞后，一直是影响管制效率的重要因素。下面以美国、欧盟和中国为例，说明完善的法律法规体系是对食品质量实施有效管制的保障。

（一）西方国家食品安全管制法律法规体系

美国的食品安全管制立法起步较早，1906年颁布的《食品与药品法》和《肉类检查法》奠定了美国食品质量（安全）管制的立法基础。1938年，美国政府又颁布了《食品、药品和化妆品法》。为有效执行法规，美国政府还专门设立了"食品与药品管理局"（Food and Drug Administration，FDA）。为确保食品质量管制的有效性，面对现实中出现的问题，各种法规也在不断地完善。1993年，美国西北部500人从受到污染的牛肉中感染

了 E. coli O157：H7 病菌，导致 3 名儿童和 1 名成人死亡。在当时的法规框架下，FDA 与 USDA 共同提出新的食品安全管制。新提出来的管制强制要求使用质量控制体系，即"危害分析和关键控制点管理"（hazard analysis critical control points，HACCP）。[①] HACCP 是一套通过对整个食品链，包括原辅材料的生产、食品加工、流通甚至消费的每一个环节中的物理性、化学性和生物性危害进行分析、控制以及控制效果验证的完整系统。HACCP 被国际食品法典委员会和国际社会公认为是控制食源性危害的最有效的手段。

美国时任总统奥巴马于 2011 年 1 月 4 日签署《FDA 食品安全现代法》，由此翻开了美国食品安全监管的新篇章。这部法律对美国食品安全管理局（FDA）实施的食品安全立法进行了自 20 世纪 30 年代以来最大规模的修订，主要内容包括三大领域：一是预防食品安全问题的发生；二是发现食品安全问题并作出反应；三是加强进口食品的安全监管。[②] 美国食品安全新法案促使食品行业更加诚信、自律，强调要对食品安全隐患重在预防，而仅仅依靠有限的政府监管资源很难实现。鉴于此，新法案强调了行业自律管制。为促使企业在管理、技术方面下大力气来保障食品安全，新法案提高了对违法者的处罚力度。从 100 年前立法成立美国食品药品监督管理局开始，美国国会通过很多法案，对违反食品安全法的企业进行严惩，尤其对那些"知法犯法"的企业追究严厉的刑事责任，极大地提高了企业违法风险和成本，甚至关系到企业的生存。事实上，美国一些知名的食品生产大企业，为了生存和发展，自己制定的食品安全标准甚至要比国家标准严格。行业诚信、自律已成为保障美国食品安全的重要因素。新法案强调了食品安全追溯系统。该法案中强调了源头的可追溯性，核心是强调食品安全应以预防为主，这一点在食品安全管制中十分重要。

欧盟已经具有了一个较完善的食品安全法规体系，欧盟委员会 1997 年发布的"食品法律绿皮书"建立了欧盟食品安全法规体系的基本框架。而发表于 2000 年的"食品安全白皮书"是欧盟新食品政策的基础。"白皮书"提出食品安全管理的指导原则应当是采用"从农田到餐桌"的综合管理，包括饲料生产、食品原料、食品加工、储藏、运输直到消费的所有环节。由于在立法和执法方面欧盟与欧盟诸国政府间的特殊关系，使得欧盟食品安全法规标准体系错综复杂。至今，欧盟已制定了 13 类 173 个有关食品安全的法规标准，其中包括 31 个法令、128 个指令和 14 个决定，其法规的数量和内容在不断增加和完善中。在欧盟食品安全的法律框架下，各成员国如英国（2020 年 1 月脱欧）、德国、荷兰、丹麦等也形成了一套各自的法规框架，这些法规并不一定与欧盟的法规完全吻合，主要是针对成员国的实际情况制定的。

2002 年 2 月生效，2003 年修订的《通用食品法》（又称《欧盟食品法》），即欧洲议会与理事会法规，是欧盟迄今出台的最重要的食品法，填补了欧盟没有总的食品法规的空

[①] John M. Antle. Efficient Food Safety Regulation in the Food Manufacturing, American Agricultural Economics Association, 1996: 1243.

[②] 涂永前. 美国食品安全法的制度创新. 法制日报，2011-03-02.

白。① 2006年1月，欧盟又颁布实施了新的《欧盟食品及饲料安全管理法规》，新法规涵盖了整个食品链，实现了从初级原料、生产加工环节、终端上市产品到售后质量反馈的无缝隙衔接，对食品添加剂、动物饲料、植物卫生、食品链污染和动物卫生等易发生食品安全问题的薄弱环节进行了重点监督。

（二）中国食品安全管制法律法规体系

中国政府一直比较重视食品安全问题。1953年，卫生部颁发了《清凉饮食物管理暂行办法》，这是新中国成立后第一个食品卫生管制方面的法规。为确保公众消费食品的安全性，这之后围绕食品安全问题的法规一直在不断制定和完善中。1982年，全国人大颁布了《中华人民共和国食品卫生法（试行）》，有力地促进了中国在食品安全管制方面的法制建设；1995年，在总结《中华人民共和国食品卫生法（试行）》实施经验的基础上，全国人大又颁布了《中华人民共和国食品安全法》，使中国的食品安全管制法律制度比较完备。此外，有关政府部门还颁发了《盐业管理条例》（1990年）、《中华人民共和国产品质量法》（1993年）、《查处食品标签违法行为规定》（1995年）、《保健食品管理办法》（1996年）和《食品广告管理办法》（1993年）等法规。②

然而21世纪以来频发的食品安全事件提醒人们，相应法规的缺失是食品安全事件频发的重要原因。鉴于此，关于食品安全的法规体系始终在不断完善的过程中。例如，为了实行从"农田到餐桌"的食品安全管制，从源头上保障农产品质量安全，维护公众的身体健康，促进农业和农村经济的发展，中国政府于2006年4月审议通过了《中华人民共和国农产品质量安全法》，并于2018年修正，2022年修订，修订版于2023年1月1日正式实施。

在食品安全问题频出的背景下，2009年6月1日《中华人民共和国食品安全法》开始正式颁布实施，并于2015年进行了全面修订，于2018年和2021年两次修正。可以说，从《中华人民共和国食品卫生法》到《中华人民共和国食品安全法》（以下简称《食品安全法》）的转变不仅仅是立法形式和内容的改变，更是食品立法观念和思想的转变。该法的颁布具有重大意义，尤其是2015年修订后的新《食品安全法》，从食品安全风险监测与评估、食品安全标准、全流程食品安全控制、食品检验、食品安全事故处置、食品安全监管以及相关法律责任等多方面确立了食品安全执法的法律依据。新修订的《食品安全法》以法律形式巩固了食品安全监管体制的改革成果，建立最严格的全过程监管体系，并进一步强调企业主体责任和监管部门的监管责任，建立最严格的食品安全法律责任制度，同时更加突出预防为主、风险防范的监管理念。

与此同时，针对食品安全管制的实施细则也逐步分阶段地出台。2019年，新《中华人民共和国食品安全法实施条例》作为新修订的《食品安全法》的配套法规，经修订后公布施行，针对《食品安全法》的原则性法规框架，提高法规的可操作性。各省、区、

---

① 周小梅，陈利萍，兰萍. 食品安全管制长效机制：经济分析与经验借鉴. 北京：中国经济出版社，2011：233.
② 王俊豪. 政府管制经济学导论. 北京：商务印书馆，2001：436-437.

市也根据当地实际情况针对性地颁布实施了适合本行业和本地区的各项法规和规章。

另外,随着世界经济开放程度的加大,食品进出口贸易将不断扩大。关于进出口食品安全管理的相关法规也面临迫切需求。《进出口食品安全管理办法》首先于 2010 年 7 月 22 日审议通过并于 2012 年 3 月起实施。此后,新修订的《中华人民共和国进出口食品安全管理办法》(简称《办法》)又于 2021 年 3 月 12 日经海关总署署务会议审议通过,自 2022 年 1 月 1 日起实施。这标志着中国食品安全监管法律体系的进一步完善,对于中国加强进出口食品质量安全监管具有重要的意义。该《办法》对进出口食品的风险控制、风险预警、应急机制以及食品安全防护、追溯和召回体系均做了相应规定。[①]

目前,我国已初步建立了以《中华人民共和国食品安全法》和《中华人民共和国农产品质量安全法》为主,辅以其他相关法律及配套法规的食品安全法律法规体系。[②]

法律法规的权威性还需要管制机构对法律法规的有效执行来保障。2013 年 3 月,国务院机构实施大部制改革,将食品安全办的职责、食品药品监管局的职责、质检总局的生产环节食品安全监督管理职责、工商总局的流通环节食品安全监督管理职责整合,组建国家食品药品监督管理总局。2018 年 3 月,党的十九届三中全会通过的《深化党和国家机构改革方案》提出组建国家市场监督管理总局,不再保留原有的国家食品药品监督管理总局、国家工商行政管理总局、国家质量监督检验检疫总局,将原归属于国家食品药品监督管理总局等监管机构的监管职能和监管队伍再度整合,进一步实现了对生产、流通、消费环节的食品和药品安全的统一监督管理。大部制改革有利于明确食品安全管制机构的职责,有助于提高食品安全管制效率。通过大部制改革整合部门职能,配合食品安全相关立法进程的推进,覆盖全过程的食品安全监管机制和监管体系逐步建立,这也意味着中国食品安全管制开始步入新的阶段。

二、食品标准体系

为确保食品质量管制的科学有效性,对于粮食和蔬菜的种植以及鱼类、海产品、畜类、禽类等的屠宰和加工过程均应通过设定质量标准进行管制。食品标准是确保食品质量得到控制的基础。

1961 年召开的第十一届联合国粮农组织大会和 1963 年召开的第十六届世界卫生大会均通过了创建食品法典委员会(CAC)的决议,现今食品法典已成为全球消费者、食品生产和加工者、各国食品管理机构和国际食品贸易唯一的和最重要的基本参照标准。CAC 标准都是以科学为基础制定出来的。从目前情况看,由于各个国家基础不一,应选择适合各自国情的食品标准,通过参照遵循这些标准,力争使国内食品标准与 CAC 标准接轨。

经济发达国家在食品和药品标准的制定方面一直走在前面。例如,美国食品药品监督管理局通过制定"安全标准"(safety standards)、"纯净标准"(purity standards)、"污染标准"(contamination standards)、"产品识别标准"(product identity standards)、"生产清

[①] 资料来源:中华人民共和国海关总署网站。
[②] 张立实. 中国食品安全法制建设 70 年. 中华疾病控制杂志, 2019, 23 (9).

洁标准"（production cleanliness standard）和"效能标准"（efficacy standards）等规则，对食品和药品质量依法实行全面而严格的管制。① 我们也应该意识到，随着公众对食品质量关注的加强，各国政府对食品质量管制的各项标准正朝着精确、严格的方向发展。

我国的食品安全标准总体上可以划分为国家标准、行业标准、地方标准和企业标准，其中国家标准、行业标准和地方标准可视为强制执行标准，企业标准则属于自愿性标准。我国当前的食品安全标准体系存在的问题主要表现在：一是标准水平偏低。中国的食品标准和发达国家及国际组织相比接轨程度不够，从而导致标准的可信度在国际上不高。与国际食品标准体系相比，中国现有的食品标准水平明显偏低，许多指标低于国际标准，如污染物限量、农药残留限量、铅的限量、食品添加剂限量等就超出国际安全标准。二是标准存在协调问题。现有的食品安全标准缺乏协调一方面是本身存量标准的遗留问题，另一方面也反映出上层的组织和部门协调问题。在大部制改革前，我国食品安全标准一直存在着"两套体系并存、四层标准交叉"问题，② 同一食品有时会同时存在卫生部（《食品卫生法》）、国家质检局（《产品质量法》）以及农业部（《农产品质量安全法》）三重标准，不同标准间衔接性较差。我国自2009年开始清理食品标准，于2015年年底完成整合，基本上解决了标准冗余、矛盾、重复等问题。但也依然存在着国家标准、行业标准和地方标准的协调问题。三是标准尚不够规范。目前在市场上流通的食品中较为常见的"无公害食品""绿色食品""有机食品"等均为农产品质量安全标准，由于标准较多消费者往往难以区分，而过多的标准不利于对某种产品的全程监控。

为确保食品标准的有效性，在标准制定过程中需要注意以下问题：首先，是标准制定的科学性。在食品标准的制定过程中应注重其科学性。诸如农药残留限量标准、兽药残留限量标准、添加剂限量标准、污染物限量标准、有害微生物与生物激素限量标准等重要的食品安全限量标准的制定，应进行危险性和暴露性评估，以科学的数据为基础。发布的标准须经过多个实验室的全程验证后才能公布并付诸实施。③ 其次，是标准制定的动态性。由于食品生产或加工方式的改变等原因，原有的食品标准不能满足公众对食品安全的要求，为适应新的情况，必须及时制定新的标准或对过时的标准进行修订。例如，在食品标准的制定中，有关转基因食品的相关标准是热点和难点。鉴于此，就应该及时制定国家转基因食品标准。为保证消费者的知情权，要求食品零售商必须在标签上标明其中是否含有转基因成分等。再次，进一步加强标准的协调性，一方面进一步增强部门协调意识；另一方面创建食品卫生安全标准沟通协作平台，赋予其"上下联动"性，基于数据共享健全组织协调机制，为各部门配合制定食品安全标准提供依据。④

三、食品市场进入管制

食品市场进入管制是对食品生产和加工企业实行的一种事前审查和事后监督相结合的

---

① 转引自王俊豪. 政府管制经济学导论. 北京：商务印书馆，2001：436.
② 周小梅，赖小华. 基于消费者偏好视角的食品安全标准研究. 天津商业大学学报，2018，38（2）.
③ 国务院发展研究中心《中国食品安全战略研究》课题组. 实施国家食品安全战略的政策措施. 中国食品安全战略研究，2004（11）.
④ 周舟. 我国食品安全标准体系的问题及对策. 食品安全导刊，2020（20）.

管制措施。

一方面，进入管制应对企业是否拥有生产和加工食品的资质进行审查。为从源头上确保企业生产安全可靠的食品，应对食品生产加工企业进行资格审查，审查内容包括企业在食品生产的原材料选择、生产设备、生产环境、产品标准、产品检验能力和从业人员健康状况等方面是否具备保证产品质量的生产条件，对不符合食品质量生产标准的企业坚决加以制止。另一方面，应对企业生产和加工过程是否符合标准进行监督，一旦发现食品生产加工企业没有按照标准进行生产，则应立刻令其停止生产，甚至退出市场。例如，在中国的保健食品市场上，由于一直没有很好地执行进入管制，致使保健品市场处于一种"鱼目混珠"的局面。曾有资料反映，一位消费者就因为服用广州野马生物保健品公司生产的"天天素清脂胶囊"致死。据了解，该产品生产批号是假冒的，但依旧在不少商店大模大样地出售。鉴于治理保健食品市场混乱的秩序，2005年7月我国推出《保健食品注册管理办法》，此后，为了进一步规范保健食品的注册与备案，2016年2月26日我国又颁布了《保健食品注册与备案管理办法》，并自2016年7月1日起施行。由于中国保健食品市场没有定期的管制检查，导致保健食品长期处于"只进不退"的状态，企业一旦拿到"批准证书"就可以长期持有，并无被吊销的风险，假冒产品也充斥其中。而此次颁布的《保健食品注册与备案管理办法》对保健食品的进入原则设定了一个高门槛。《保健食品注册与备案管理办法》提出，保健食品必须设定"5年一审"的退出机制，以及严格核定申报和审批制度等。可见，对食品生产和加工企业进行进入管制可以从源头上杜绝质量不合格的食品流向市场。

需要提出的是，对食品质量（安全）进入管制还包括对进口食品的管制。由于世界经济贸易趋于一体化，食品在国家之间的贸易不断增加。为保护国家的食品安全，各国在不同程度上都有相应的对进口食品的管制。例如，在"9·11"事件后，美国国会在2002年6月通过了《2002年公共健康安全及生物恐怖主义的预防及对策法案》，拨款5亿美元授权FDA制定实施该法案的具体规则。该法规规定，FDA将给每个登记申请者分配一个专用登记号码，外国机构对美国出口的食品，在到达美国港口前24小时，必须事先向FDA通报，否则将被拒绝入境，并在入境港口予以扣留。按照FDA的说法，此举是为了能快速应对可能发生的或实际发生的恐怖主义在食品供应方面的袭击。显然，要确保食品质量，对进口食品实施严格的进入管制是必不可少的条件。我国也出台了相应的《中华人民共和国进出口食品安全管理办法》。

四、食品质量（安全）信息管制

鉴于食品质量（安全）市场存在严重的信息不对称性现象，政府通过制定有效的信息制度对食品质量（安全）市场进行合理的干预，或者说，能让消费者以较低的成本获得关于食品质量（安全）的有效信息，这无疑能在一定程度上缓解食品质量（安全）市场上的信息不对称问题。

根据前面的介绍，食品质量特征包括食品味道的特征、营养成分和安全性。食品质量特征的部分信息可以通过感官直接获得（如食品的颜色、光泽、大小、肥瘦和新鲜与否等),这些信息的获得成本低且有效;而对于通过感官无法获取的信息(如某些食品的营养成分等),消费者只能通过食品的包装标志以及企业的广告获取。为确保消费者获得信息的真实有效性,管制机构有必要对食品的商标和广告实施管制。另外,管制机构也可以通过媒体等渠道及时地向消费者传递关于食品质量的信息。

(一) 食品包装标志管制

许多消费者购买食品时,是以食品包装标志所介绍的内容作为重要信息源的,这就要求对食品包装标志实行管制,促使食品包装标志内容真实,充分反映食品特性。根据中国的有关法规,定型包装食品和食品添加剂必须在包装标志或者产品说明书上根据不同产品分别按照规定标出品名、产地、厂名、生产日期、批号或者代号、规格、配方或者主要成分、保质期限、食用或者使用方法等。食品、食品添加剂的产品说明书,不得有夸大或者虚假的宣传内容。同时规定,食品包装标志必须清楚,容易辨识。① 食品的安全标签也可作为与食品安全相联系的信息。

(二) 食品广告管制

广告是企业向消费者传递信息的一种最为普遍的方式。在电视、广播中的广告,对于垄断竞争的食品市场而言,是企业追求利润最大化的战略之一。不少广告宣传的目的就是让消费者相信广告的食品是同类食品中最好的。食品具有搜寻品和经验品的特点。对于搜寻品,广告主要提供价格、质量等信息;而经验品的广告主要是劝说、鼓励消费者现在就买,并在以后根据使用产品的经验做出质量判断。由于大多数广告涉及经验品,所以很可能劝说比仅仅提供信息的广告更多。② 显然,如果广告仅仅是提供关于食品质量的准确信息,则政府没有必要对广告进行管制。但是,不少食品生产企业在利益的驱动下,为劝说消费者购买其生产经营的食品,往往会夸大其食品的营养成分,或掩盖其食品的安全隐患。甚至有企业会做虚假广告,以达到"劝说"消费者购买的目的。例如,在中国保健食品市场上,保健食品生产企业利用中国消费者"谁打广告买谁货"的简单消费心理,依靠铺天盖地的广告进行狂轰滥炸,是保健品厂家打开市场无一例外的营销策略,对产品功能的虚假性夸大宣传成了很多企业达到期望目标的主要手段,严重误导消费者,影响了消费者的身体健康。并且,大量的广告费用使得保健成本骤增,盼望健康的消费者成了这种高成本的直接承担者。结果,消费者"吃"进去的是广告,而非保健品。可见,虚假广告使食品市场信息不对称现象更严重,给消费者的权益造成了损害。

为使广告真实地反映食品质量信息,各国政府对广告都有严格的管制。2021年4月,《中华人民共和国广告法》(修订版)颁布实施,另外我国还通过颁布一系列法规对广告行为进行管制。通过相应的法规对广告进行管制,确保了食品广告的真实性、合法性、科学性和准确性。③

(三) 及时向消费者发布关于食品质量(安全)的信息

由于缺乏专业知识和技术手段,消费者获取食品质量(安全)信息的成本巨大。鉴

---

① 王俊豪. 政府管制经济学导论. 北京:商务印书馆,2001:438.
② 迈克尔·帕金. 微观经济学. 梁小民,译. 北京:人民邮电出版社,2003:411.
③ 关于"食品广告管制"详见王俊豪. 政府管制经济学导论. 北京:商务印书馆,2001:408-419,440-441.

于此，可以通过政府承担食品质量（安全）信息的收集、管理、发布等项工作，保证消费者的知情权，以便让消费者在食品质量（安全）与价格之间寻求均衡的选择权得到尊重和保护。

政府通过在全社会定期或不定期公布食品卫生、质量监测信息，使消费者及时准确地获得食品质量的信息。这样可缓解食品市场上的信息不对称现象，避免"劣质食品驱逐优质食品"的"逆向选择"问题。

鉴于食品质量（安全）的信息不对称问题，政府应建立一个信息披露体系，通过多种媒体向消费者通报食品市场所销售的食品状况。在对伪劣食品信息披露的同时，公布优秀食品生产经营者名录，推荐优质食品。通过向消费者提供足够的信息，使得正规企业的良好行为进一步得到市场认可，逐步形成优胜劣汰的机制。可以说，建立统一协调的食品安全信息监测、通报、发布的网络运行体系是保证食品安全工作有序、顺利进行的必要条件。①

（四）建立食品安全信息可追溯系统

欧盟为应对疯牛病（BSE）问题，于 1997 年开始逐步建立食品安全信息可追溯系统。按照欧盟《食品法》的规定，食品、饲料、供食品制造用的家畜，以及与食品、饲料制造相关的物品，在生产、加工、流通各个阶段必须确立食品信息可追溯系统。可追溯作为食品安全风险控制管理的有效手段越来越受到各国的关注，继欧盟以后，加拿大和美国等国家也建立了比较完善的食品信息跟踪系统。

（五）加强食品安全信息的国际合作

食品安全问题已经成为一个全球性的问题，没有良好的国际合作，食品安全信息无法在各国之间传播，进行食品安全控制也就显得非常困难。当发生突发性风险时，美国通过国际组织（如世界卫生组织、联合国粮农组织、国际兽医局和世界贸易组织）构成的全球信息共享机制，使其他国家和地区也能立即获知信息。欧盟的《食品安全白皮书》要求，通过法律规定，在发生食品安全事故时，扩大与第三方国家的信息沟通。

不仅如此，为从根本上提高消费者获取食品质量（安全）信息的能力，还可以通过各种方式开展食品法制宣传和安全教育。利用广播、电视、网络等媒体宣传食品安全法律知识，并且应把食品安全常识列入中小学生的教材中，开展食品卫生安全教育。

五、加强食品质量（安全）监测

严格按照食品标准进行生产和加工食品是生产高质量食品的基本保障。但在现实中，部分食品标准实施状况较差。为确保质量（安全）标准的实施，必须加强对食品质量（安全）生产和加工过程的监测。危害分析和关键控制点管理（HACCP）属于强制性的监测体系，即政府强迫企业接受业绩标准和相应的激励。② 根据 HACCP 体系，对食品供应的原辅材料的生产、食品加工、流通等每一个环节中的物理性、化学性和生物性危害进

---

① 张永建. 建立和完善我国食品安全保障体系研究. 中国工业经济，2005（2）.
② John M. Antle. Efficient Food Safety Regulation in the Food Manufacturing, American Agricultural Economics Association，1996：1246.

行分析、控制以及控制效果验证。通过 HACCP 体系的关键点监测，可以预防食品安全事件的发生。在美国，建立了较完善的食品质量（安全）监测体系。例如，在美国的加利福尼亚州，西红柿在运往包装工厂之前，须由加利福尼亚西红柿生产监督委员会对西红柿的生产进行抽样检查并评级。设立检查评级制度旨在减少不确定性，并激励企业提供安全营养的食品。为确保食品标准的实施，生产监督委员会将对生产企业没有通过检查的产品进行罚款。检查和罚款制度极大地影响着生产企业的行为。较大的罚款额度提高了不按食品标准进行生产的企业的财务风险，这无疑可促进企业按照食品质量（安全）标准进行生产，使食品标准得以落实。通过对食品质量（安全）的全方位监测，确保质量（安全）标准的有效实施。

与发达国家相比，中国对食品质量（安全）的监测显得比较薄弱，还没有形成较为完善的监测体系，并且对食品质量（安全）主要集中在对最终产品的监测上，很难对食品的不安全因素起到预防作用。鉴于此，中国法律法规应明确界定 HACCP 在中国食品质量（安全）管制中的地位和作用，强制推行和实施这一有效的食品安全管制措施，及时发现食品在生产和加工过程中的质量（安全）问题，对没有按照食品标准进行生产或加工的企业进行严厉的处罚，以引导企业生产高质量（安全）食品。

综上所述，为保证食品标准得以实施，政府必须建立完整的食品质量（安全）监测体系。不仅如此，一个高效的食品质量（安全）监测体系还应该做到政府监测、中介组织监测和企业监测相结合。发达国家食品安全监测体系发展的一个重要趋势就是充分发挥食品行业和加工企业自主进行监测的积极性。

六、食品召回制度

食品召回作为食品质量安全控制的一项常用手段一直以来在西方国家得到普遍应用，尤其在面临较大规模的食品药品安全事件时，召回往往在控制事故影响范围、降低消费者所受侵害、挽回企业声誉等方面发挥重要作用。相比西方国家，我国的食品召回起步较晚，2007 年和 2015 年我国先后颁布实施了《食品召回管理规定》和《食品召回管理办法》，后者已成为我国目前指导和规范食品召回的主要法规，并于 2020 年进行修订。根据《食品召回管理办法》，我国食品召回采用三级召回机制，按照危害与紧急程度划分召回等级，并规定召回期限。召回的方式主要分为监管机构干预强制召回和企业自发召回。由于《食品召回管理办法》实施年限不长，目前我国召回案例数量也相对较少，而且多数为企业自发召回。近年来发生的较大规模的食品召回事件包括，2008 年三聚氰胺事件导致三鹿、光明乳业、蒙牛乳业、伊利股份等企业召回乳制品，2011 年双汇集团因"瘦肉精"事件召回问题产品，2014 年上海福喜食品有限公司大量采用过期变质肉类原料的召回事件等。一般较大规模召回往往与重大食品安全事件关联，引发社会的广泛关注。因而食品药品召回这一监管工具也理应得到监管者、企业乃至社会公众的更多重视。[1]

---

[1] 张肇中、张莹. 基于事件研究法的食品药品召回冲击及影响因素分析. 财经论丛, 2018 (2).

七、食品安全管制政策评价及成本收益分析

食品安全管制成本收益分析的逻辑起点在于认为食品安全存在一个社会最优水平，即在此情况下食品安全水平改变的边际成本与边际收益相等。通常而言，食品安全管制的成本包括：企业（产业）遵守管制的成本，由企业和消费者共同承担；管制政策推行的行政成本，由纳税人承担；其他无谓损失。而企业（产业）遵守食品安全管制导致的成本提升被认为是食品安全管制成本的主体部分。食品安全管制的收益则是指食品安全管制改善消费者健康水平，降低食源性风险所带来的消费者福利增益。早在20世纪，以美国为代表的西方国家已经开始进行各种领域管制政策的成本收益分析，通过对一项管制政策执行的成本与收益进行量化评价和比较，进行管制政策决策。食品安全管制领域的管制成本收益分析也被认为是管制影响评价（regulatory impact analysis）的一部分。

食品安全管制的成本与收益分别对应食品市场当中的企业与消费者，前者主要探讨管制对企业成本带来的影响，后者则着重分析消费者的福利改善，因此食品安全管制的成本收益分析也分别起始于食品市场的供给与需求分析。

（一）食品安全管制成本分析

食品安全管制成本分析源于食品（安全）市场的供给端。食品安全管制成本可以视为减少消费者食品安全风险而增加的机会成本。食品企业为实现利润最大化目标，其所提供的食品安全水平取决于提供食品安全控制水平的边际收益和边际成本。在完全竞争市场环境下，只要企业可弥补生产安全食品所导致的成本提升，企业就愿意为消费者提供具有安全特征的食品。①

在食品链上（从农产品的生产到分销、加工和零售等），规模不同的企业承担着食品安全的责任。从产业组织角度看，家庭农场的个人业主从事农产品生产，小规模加工厂从事食品加工，家庭杂货店从事食品的零售业务，这些小规模企业基本上都是市场中的"价格接受者"。控制许多工厂的大型企业或跨国企业，在一定的地域、国家范围内或国际市场进行贸易，可能实施垄断或买方垄断的控制力。企业管理食品安全的能力、使其产品差异化的能力以及实施垄断控制的能力通常取决于企业规模和产业组织。企业提供安全食品的激励受企业规模和产业组织的影响。②

食品安全管制成本的理论分析可以从单个企业的生产决策开始，通过分析生产安全差异化产品的企业生产行为来分析食品安全供给问题。③ 考虑一家企业经营生产一种产品 y，质量水平为 q。企业生产投入用 x 代表，资本存量用 k 表示。企业生产函数的一般形式是 $f(y, q, x, k) = 0$。f 满足多产品技术的标准特征。质量被作为生产过程中的第二种产品，且可利用多产品技术。多产品技术的两个重要特征是投入产出的可分性和投入的非联合性。

---

① Swinbank, A. The Economics of Food Safety. Food Policy, 1993, 18 (2).
② 周小梅，陈利萍，兰萍. 食品安全管制长效机制：经济分析与经验借鉴. 北京：中国经济出版社，2011：30.
③ Antle, J. M. Economic Analysis of Food Safety, in Handbook of Agricultural Economics, ed. By B. L. Gardner, and G. C. Rausser, vol. 1. chap. 19, Elsevier Science, 2001: 1083-1136.

投入的非联合性说明，企业的生产函数可以分开定义，企业可以通过两种投入要素分别生产产量与质量，也即 $y=f^y(x^y, k^y)$ 以及 $q=f^q(x^q, k^q)$。可把函数 f^q 作为与质量控制有关的独特过程。Perrin（1997）假定，肉类加工和肉类辐射是非联合过程。[①] 这个假设有一定的合理性，因为辐照是在所有其他的加工都完成后才对肉产品进行处理的。Klein 和 Brester（1997）把安全控制作为屠宰加工的一部分，包括停止生产线清理排泄物污染。这种情况下，安全性显然是总生产过程的一部分。[②]

根据生产函数的假设，企业的成本函数可以写成：

$$c(y, q, w, k, \alpha, \beta, \gamma) = vc(y, q, w, k, \alpha) + qc(q, w, k, \beta) + fc(k, \gamma)$$

企业总成本可以分为固定成本与可变成本，$fc(k, \gamma)$ 为固定成本，其中可变成本又分为与产量和质量安全相关的生产性可变成本 $vc(y, q, w, k, \alpha)$ 和只与产品质量安全相关的可变成本 $qc(q, w, k, \beta)$，α, β, γ 是分别对应三种成本的参数，w 是工资率。不同的食品安全标准相当于不同强度的食品安全管制政策，各种施加于食品生产加工企业的强制性食品安全标准会导致企业的成本变动。假设一项食品安全标准要求企业将所生产的食品安全水平由 q_0 提升至 q_p，但对于生产流程工艺（也即资本存量 k）并不做要求。则企业因该项食品安全标准导致的成本变动可以表示为：

$$\Delta c(y, q_0, q_p, w, k_0, k_p, \alpha_0, \beta_0, \gamma_0, \alpha_p, \beta_p, \gamma_p)$$
$$= \Delta vc(y, q_0, q_p, w, k_0, k_p, \alpha_0, \alpha_p) + \Delta qc(q_0, q_p, w, k_0, k_p, \beta_0, \beta_p)$$
$$+ \Delta fc(k_0, k_p, \gamma_0, \gamma_p)$$
$$\Delta vc(y, q_0, q_p, w, k_0, k_p, \alpha_0, \alpha_p) \equiv vc(y, q_p, w, k_p, \alpha_p) - vc(y, q_0, w, k_0, \alpha_0)$$
$$\Delta qc(q_0, q_p, w, k_0, k_p, \alpha_0, \alpha_p) \equiv qc(q_p, w, k_p, \alpha_p) - qc(q_0, w, k_0, \alpha_0)$$
$$\Delta fc(k_0, k_p, \gamma_0, \gamma_p) \equiv fc(k_p, \gamma_p) - fc(k_0, \gamma_0)$$

在获取企业投入要素、产量等数据的前提下，可以对企业成本函数进行估计，从而计算出食品安全管制导致的企业成本变动。[③]

（二）食品安全管制收益分析

食品安全管制的收益分析源自食品（安全）市场的需求端。随着人们收入水平不断提高、预期寿命逐步延长以及越来越了解饮食与健康之间的关系，消费者对食品安全的需求随之增加。尤其是，在经济发展过程中，人们从市场中获得食品的比例逐渐增加，与此同时，消费者对食品的加工和控制则逐渐减少。并且，随着技术和贸易壁垒的减少，进口食品已是不少国家食品的重要来源，这无疑让食品供应链面临新风险。这种趋势也强化了公众对更安全食品的需求。

进行食品安全管制收益分析的难点在于，管制收益是用消费者的健康水平提升或健康风险降低来衡量的，为了能够与管制成本相比较，消费者的健康水平提升与健康风险降低

[①] Perrin, R. K. Quality Biased Technical Change: Meat Irradiation, Staff Paper 1997-3, Department of Agricultural Economics, University of Nebraska, Lincoln, 1997.

[②] Klein, N. L. and Brester, G. W., Economic Impacts of the Zero Tolerance Directive on the Cost Structure of Beef Packing Companies, Selected Paper Presented at the 1997 western Agricultural Economics Association Meetings, 1997.

[③] 王志刚，李腾飞，韩剑龙. 食品安全规制对生产成本的影响——基于全国334家加工企业的实证分析. 农业技术经济，2012（11）：12.

如何货币化成为食品安全管制收益分析的核心问题。消费者对食品安全的需求取决于以下因素：价格、收入水平、食品的实际和感知风险、个体暴露在风险下的可能性、个体对风险的敏感性等。其中价格和收入水平是影响消费者需求的常规因素，因此，消费者为获得更安全食品的支付意愿（willingness to pay，WTP）决定了市场中食品安全的需求，反映了他们获得收益的价值（即减少痛苦，更长的预期寿命）。消费者收入水平与食品消费需求正相关，收入增加，对食品安全的需求增加，也就是说，食品安全是收入富有弹性的商品。① 当收入超出一个最低水平时，消费者就有能力支付日常饮食。价格水平与消费者食品需求负相关，在其他因素一定时，食品价格越高则需求量越低，同时消费者对安全食品的需求价格弹性较低。与传统的产品不同的是，食品同时存在着风险属性，因此消费者对于食品的需求还同时取决于消费者对于风险的认知和态度，以及食品本身的风险水平。消费者对于风险的态度和认知影响食品需求的机制具体体现为，消费者愿意为他们认为十分安全的食品支付较高的价格，但是，当价格超出一定水平，消费者为边际（incremental）安全性的支付意愿将下降。② 综合以上影响消费者对安全食品需求的因素可以看到，食品的价格、消费者收入水平以及消费者对于风险的认知和态度等因素共同影响了消费者对安全食品的需求，而消费者对于安全食品的需求可以具体反映为消费者的支付意愿。食品安全管制收益分析的一个核心思路就是通过消费者对于安全食品的支付意愿来反映降低食源性风险对于消费者效用的改善，从而将食品安全管制收益货币化。

根据微观经济理论，消费者需求函数来自其效用最大化的均衡条件。假设消费者通过选择食品数量 $y_f>0$、非食品数量 $y_n>0$，规避健康风险的活动 a 以及医药支出 m 使其预期效用最大化。假设健康风险与食品消费数量 $y_f>0$ 有关，而与非食品（也可以是无风险食品）消费数量 $y_n>0$ 无关。消费者效用函数表示为 $U(y_f, y_n, h)$，h 是消费者健康状况的等级指标，并假设 $h \leqslant 0$ 象征着死亡，也就是 $U(y_f, y_n, 0)=0$。健康状况 $h(e, m, \epsilon)$ 取决于暴露于风险的程度 e（递减函数），维护健康支出 m（递增函数）。$e(r, a, \rho)$ 暴露于风险的程度取决于规避健康风险的活动 a 和健康风险 $r(y_f, \delta)$，ρ 是暴露在与食品相关健康风险下的随机因素，δ 是表示风险程度的参数。消费者对于健康态度的差异反应在随机变量 ϵ 当中，ϵ 的累积分布函数为 $H(\epsilon|x)$，其中分布条件 x 是反映消费者与健康状况相关的人力资本的参数。ρ 的累积分布函数为 $R(\rho|k)$，k 代表消费者对于健康风险的认知。在货币收入 I 和价格 p_f、p_n 以及 p_a 一定时，消费者的选择是在相应的预算约束下，使效用 $U(y_f, y_n, h)$ 最大化。③

$$max^{\phi}_{y_f, y_n, a, m} = \iint U(y_f, y_n, h(e(r(y_f, \delta), a, \rho), m, \epsilon))\,dR(\rho|k)\,dH(\epsilon|x)$$
$$+ \lambda(I - p_f y_f - p_n y_n - p_a a - p_m m)$$

通过求解该效用最大化问题，可以获得关于食品消费量 y_f 的一阶条件：

---

① Swinbank, A. The Economics of Food Safety, Food Policy, 1993, 18 (2).
② Hayes et al., Valuing Food Safety in Experimental Auction Markets. American Journal of Agricultural Economics, 1995, 77 (1).
③ Antle, J. M. Economic Analysis of Food Safety, in Handbook of Agricultural Economics, ed. By B. L. Gardner, and G. C. Rausser, vol. 1. chap. 19, Elsevier Science, 2001: 1083-1136.

$$\frac{\partial \Phi}{\partial y_f} = \lambda^{-1} \iint (U_f + U_h h_e e_r r_f) \, dR(\rho \mid k) \, dH(\epsilon \mid x) - p_f = 0$$

进而可以获得消费者对于安全食品支付意愿的理论表达式：

$$WTP_{morbility} = -\lambda^{-1} \iint U_h h_e e_r r_\delta dR(\rho \mid k) \, dH(\epsilon \mid x) > 0$$

通过实证方法估计消费者对于安全食品的支付意愿进而推断食品安全管制收益的方法包括条件估值法（contingent valuation）、实验拍卖法（experimental auction）、联合分析法（conjoint analysis）以及特征价格模型（hedonic pricing）。其中条件估值法是较为常用的一种方法。

常用的测度消费者支付意愿的方法是市场调研。对食品安全支付意愿的调查采用随机抽样调查进行。变量包括收入、年龄、性别、偏好、教育等。研究目的在于更全面理解消费者对于食品安全与其他特征间复杂的替代关系。这一信息将用来预测消费者的选择，并制定有效满足消费者选择的战略。

评价患病率风险常用的方法是估计疾病成本（cost of illness，COI），COI 是根据患病医药成本加上由于失去工作时间所放弃的市场收入进行计算的。COI 方法的优点反映在：计算结果很直观，可解释疾病的各种影响和严重性，可用医药和经济数据进行经验检验。然而，COI 方法在理论上有缺陷：COI 方法不等于支付意愿，且尽管在某些条件下降低患病率会显示更低的 WTP，但是，当同时考虑患病率和死亡率时，COI 会低于 WTP。

事实上，人们对风险和风险信息的态度存在很大差异（收入、风险认知、免疫力和知识的差异所致），或者说，人们对风险的偏好存在差异性，即在相似风险信息下，人们会有不同的行为。例如，尽管有大量关于食源性疾病风险的警示，一些人还是选择食用腌制和烧烤食品，而有些人则不会去冒险食用这类食品。行为差异的其他解释是，人们不仅需要得知风险，而且必须了解或相信其易受伤害的程度。据有关媒体报道，中国部分地区的奶企采购进口奶牛生产乳制品。国内奶企进口奶牛产奶（价格比同类产品高 1 倍左右），缘于国内消费者对高品质牛奶需求的不断扩大，以及对牛奶的品质和安全要求的提高。

通过实证计算一项食品安全管制政策的成本和收益，可以对该项政策的净收益进行评估，从而进行政策评价，明确该项食品安全管制政策的有效性。

第三节 药品质量（安全）管制及其政策实践

药品直接涉及公众的身体健康和生命安全，所以，对药品的质量管制应力争做到万无一失。近年来，中国不断出现因药品质量导致的医疗事故，虽然事后采取一定措施进行补救，但毕竟带来了巨大的损失，造成了不良影响。频发药品安全事件暴露出管制体系存在的问题。为保护在药品交易中处于信息弱势地位的消费者，对药品质量管制应从原来的着重于事后管制转为着重于事前管制。应通过建立管制的法律法规体系、制定药品标准体系、进入管制、信息管制以及监测等形成有效的药品质量管制体系，最终达到确保药品的安全和有效的目的。

一、药品质量管制法律法规体系

由于食品与药品质量管制的相似性，部分对食品与药品管制的法规是同时颁布的。

（一）西方国家药品质量管制法律法规体系

为了有效地管制药品质量，美国针对药品质量管制建立了较完善的法律法规。多起不安全药品事件引起美国公众的疑虑。1906年，美国制定《食品与药品法》。颁布该法是为了禁止冒牌掺假食品和药品在州际贸易中流通。1938年，美国颁布的《食品、药品及化妆品法案》是目前药品法规的基础。该法案的主要立法条款是：法律延伸涵盖医疗器械及化妆品；授权FDA对企业检查；对新药进行重新定义，确立法规要求在人体进行新药研究，确立新药上市的审批要求；要求标签标明成分，作为安全使用的指导。

美国1961—1962年的"反应停"事件是《食品、药品及化妆品法之主要修正案》起草的背景。该修正案的主要条款包括：加强药品上市前审批要求，新药必须经过特定审批程序，强化对新药安全性评价，新药批准需药品有效性支持。并在该修正案中正式提出了GMP的要求。该修正案使药品上市批准程序由企业操控的"上市前通告"转化为由FDA操控的"上市前审批"，为FDA对药企行使监管权及立法权的标志性开端。

20世纪80年代末，美国仿制药界丑闻涉及FDA和药企，1992年颁布的《仿制药品执法法案》明确对仿制药申报企业及个人违法的处罚规定。美国1997年颁布《FDA现代化法案》，其目的是推动FDA改革，调整各有关法规程序，提高美国药企在国内外市场上的竞争力，使FDA的评审过程更加"透明"。法案针对关系到危害生命疾病的药品规定了快通道新药审批机制。

2007年9月28日由总统签署，对《食品、药品及化妆品法案》进行修订。主要有直接针对消费者宣传、儿童用药、药品说明书中安全性内容更新的规定。

面对不断扩大的新药和仿制药需求，近年来美国也逐步出台了多项法案推动新药和仿制药的研发和使用。2016年12月美国颁布了《21世纪治愈法案》，该法案修改了FDA药物审批流程，通过放宽对制药企业的要求，加速FDA对其新药或已有药品的新适应症的批准。2017年颁布的《FDA再授权法案》则为解决仿制药竞争不足的问题提出了竞争性仿制药治疗的解决方案。FDA在2020年3月发布了《竞争性仿制药治疗行业指南》，该指南对竞争性仿制药治疗的解决方案做了正式的详细解释，其目的还是在于鼓励制药企业和个人开发市场需要的仿制药。

美国政府对药品质量的管制主要由食品药品监督管理局执行。FDA的主要职能就是保证药品的安全和有效。FDA成功地履行了其主要职能，从而使得在美国上市的药品质量居于世界领先地位，且FDA的新药上市标准也成为全世界药品管制的黄金标准。

欧盟关于药物的立法适用于所有成员国。欧盟的药事法规较为复杂，它主要分为有法律约束力的条例、指令和决定，以及没有法律约束力的通告、建议与意见。

欧盟药品立法基于质量、安全和有效性原则，要求申请公司提供药品上市许可的文档，注重对人和动物进行临床试验和前期临床试验所得到的结果。由法规监管机构进行评估，药品生产企业生产药品必须依照药品生产质量管理规范进行。上市药品通过药物警戒、检查、抽样和检测来进行市场监察。

1948年，欧盟的《药事法规》被分割成《药事法》和《药剂师法》。1974年制定《药品质量生产管理规范》，1982年制定《药品实验室管理规范》。1993年修订《药事法》时制定了《罕见病药物和研究的实施办法》。此外，欧盟发布了很多指导性文件，以及为必要性和程序提供建议的法律文件。尽管欧盟指导性文件并无法律约束性，但药品管理机构把它作为修订决策的基础。

欧洲药品管理局（European Medicines Agency，EMEA）是欧盟的一个分支机构，总部设在伦敦。欧洲药品管理局的任务是：① 对评价报告、产品性能汇总、标签、说明书等科学评估进行协调；② 对检查、药物警戒等监管进行协调；③ 对农药最高残留限量（兽药）提供咨询；④ 验证是否符合GMP、GLP和GCP的规范要求；⑤ 对欧盟各成员国、国际组织及其与第三国之间的合作提供技术和科学支持；⑥ 记录上市许可的现状；⑦ 向医护工作人员和大众提供信息（包括数据库）；⑧ 向公司提供科学咨询。

（二）中国药品质量管制法律法规体系

中国对药品管制的法律制度建设起步较晚，但发展速度较快。1984年6月，全国人大通过了《中华人民共和国药品管理法》（以下简称《药品管理法》），并于1985年7月起正式施行，这为政府对药品质量管制提供了基本法律依据；1989年经国务院批准由卫生部发布了《中华人民共和国药品管理法实施办法》，增强了《药品管理法》的可操作性。[1] 其他与药品质量管制有关的法规还有《假药、劣药报告制度》（1987年）、《新药审批办法》（1985年）、《进口药品管理办法》（1990年）、《药品生产质量管理规范》（1992年）、《药品经营许可证管理办法》（2004年）、《药品质量抽查检验管理规定》（2006年）、《药品流通监督管理办法》（2007年）、《药品召回管理办法》（2007年）、《药品不良反应报告和检测管理办法》（2011年）、《加强药用辅料监督管理有关规定》（2013年）等法规，从而形成了较为系统的药品质量管制法律法规体系。另外还有很多地方性的药品管制法规。《药品管理法》在我国经历了几次修订，2019年8月26日，最新修订的《药品管理法》经十三届全国人大常委会第十二次会议表决通过，于2019年12月1日起施行。最新的《药品管理法》在进一步强化药品的研发管理和供应保障的同时，鼓励研究和创制新药；强化企业责任，重视对药品上市后的监管，建立健全药品追溯制度；对于假药、劣药进行了重新界定，加大了对违法行为的处罚力度。

二、药品标准体系

药品标准是有关药品规格及检查方法的技术规范，由一系列反映药品特征的技术参数和技术指标组成，是药品生产、经营、使用、检测和监督管理的法定依据，是药品进入市场的门槛。

中国的药品标准分为国家药品标准和省、自治区、直辖市药品标准。国家标准是在全

---

[1] 王俊豪. 政府管制经济学导论. 北京：商务印书馆，2001：441.

国范围内统一的技术要求。《中华人民共和国药典》（以下简称《中国药典》）及卫生部颁发的药品标准属于国家药品标准。随着社会的发展，国家需要制定新的标准来满足人们生产、生活的需要。因此，标准是一种动态信息。

国家标准分为强制性国标和推荐性国标。强制性国标是保障人体健康、人身、财产安全的标准和法律及行政法规规定强制执行的国家标准；推荐性国标是指生产、交换、使用等方面，通过经济手段或市场调节而自愿采用的国家标准。但推荐性国标一经接受并采用，或各方商定同意纳入经济合同中，就成为各方必须共同遵守的技术依据，具有法律上的约束性。

国家药品标准是上市药品必须达到的质量标准要求，其完善与否将直接影响上市药品质量控制水平的高低，直接影响能否保证上市药品的安全有效。按照《药品管理法》的规定，2002年我国已完成了全部上市药品的国家药品标准的制定工作，取消了地方标准，实现了《药品管理法》所规定的药品必须符合国家药品标准这一目标。原国家食品药品监督管理局2004年制定了提高国家药品标准行动计划，计划用3~5年时间，使国家药品标准的检测技术达到国际先进水平。生产药品的企业应遵循国家药品标准组织生产，因为药品标准在一定程度上就是一个市场进入标准。管制机构根据药品标准定期进行监督、检查、评估，对违反标准的企业实施必要的处罚。

目前我国已逐步形成以《中国药典》作为保障公众用药安全和药品质量的法定技术规范，以《药品管理法》作为药品生产、供应、使用、检验和药品管理部门共同遵循的法定依据，并基于《中国药典》和《药品管理法》制定药品标准的标准体系。新中国成立至今，我国已经颁布实施十版中国药典，现行版本为2020年版，收载品种总数达到5 911种，覆盖药品种类更为齐全，也更加适应临床用药的需求。此外，我国发布的《中国上市药品目录集》也在持续完善药品审评的技术指导原则。[①]

三、药品市场进入管制

鉴于药品生产直接关系到公众健康，必须对药品市场进行进入管制。药品进入管制应该包括三方面的内容。

（一）药品生产经营企业进入管制

通过许可证制度对进入药品市场的企业实施管制。许可证制度要求企业必须达到政府规定的基本条件才能获得药品生产的许可。在中国，根据《药品管理法》有关规定，开办药品生产企业必须由所在省、自治区、直辖市药品生产主管部门审查同意，经所在省、自治区、直辖市卫生行政部门审核批准，并发放"药品生产企业许可证"；开办药品经营企业必须由所在地药品生产经营主管部门审查同意，经县级以上卫生行政部门审核批准，并发放"药品经营企业许可证"。没有取得药品生产经营许可证的，工商行政部门不得发放"营业执照"。同时，药品生产经营许可证都规定了有效期，到期重新审核发证，以动

---

① 孔艳铭，郑善爱. 与时代同行——改革开放40年药品监管历程回顾. 中国食品药品监管，2018（12）.

态地审查药品生产经营企业的资格。① 现实中，受市场调节的失灵和地方、部门利益等因素的影响，中国药品生产经营的进入壁垒被人为地降低了，导致药品生产经营企业数量众多，造成规模不经济，尤其是难以保证药品的质量。针对这个问题，应提高药品生产企业的进入壁垒，主要是在法规上提高对新进入药品生产的企业技术、资金、规模和质量等方面的要求，并实行许可证制度。2004 年《药品经营许可证管理办法》发布并实施，该办法于 2017 年进行了修订。该办法出台的目的在于防止药品经营企业低水平重复，保证药品经营质量，提高药品经营企业进入条件。2023 年国家市场监督管理总局又公布施行了《药品经营和使用质量监督管理办法》。

（二）新药管制

如果新药没有通过充分试验，则其安全性和有效性难以得到保证。为降低新药使用的风险，政府必须对新药进行审批。管制机构对新药审批所设门槛的高低、批准速度的快慢、对药厂收入和消费者的支出都具有直接的影响作用。新药审批的门槛过低会降低药品的质量，从而影响消费者的利益。但是，新药审批的门槛过高又会增加药厂的成本，继而增加消费者的负担。新药批准速度过慢会阻碍消费者及时获得所需的治疗药品，同时也使药厂的研发成本增加。然而过快的新药批准速度如果没有相应的价格控制措施，也会使药品支出失去控制，从而增加消费者的负担。

美国 93 人死于服用 Elixir Sulfanilimide 新药的悲剧推动了新药在进入市场之前的检验或批准程序改革。根据改革措施，想在市场上销售新药的生产者首先必须进行动物试验，以评估它的毒性和有效性。如果这一新药通过了第一道障碍，生产者就要向 FDA 提出申请，允许它在人体上继续进行临床试验。FDA 任命一组专家对新药申请进行审查，以决定是否允许它进行试验。如果专家小组和 FDA 同意了申请，则临床试验将分三个阶段进行，其中每一个后续阶段要比前一阶段试验更多的人。在评估试验结果时，FDA 必须确定，该产品应该既安全又有效，否则将不允许生产和销售。在美国，任何一种新药如要进入美国市场必须经过 FDA 安全性和有效性的检验，并发放安全资格证书。FDA 的新药审批给药品的市场进入设立了一道巨大的屏障，同时也显著提高了药品的研发成本。在新药的研发成本中，临床试验所需的费用占了主要部分，而临床试验是满足 FDA 的安全性和有效性两项检验标准的必要途径。根据经验和统计数据表明，经过筛选的 5 000 种化合物中，平均只有 5 种能够进入人体临床试验，最后只有一种能够通过 FDA 的批准而进入市场。根据 FDA 的数据，开发一种新药所需的平均时间为 8.5 年，平均研发成本约为 5 亿美元，而制药业所公认的数据则更高。

20 世纪 80—90 年代，中国政府主要通过《新药审批办法》来加强对新药的管制，而国家食品药品监督管理局自 2003 年组建至 2004 年，初步建成了完整的药品注册管理系统，保障上市药品的安全可靠、质量可控。通过该系统，药品注册管理部门可以高质量完成所有医药产品，包括化学药品、生物制品、中药的上市许可审查。2015 年 8 月，国务院印发了《关于改革药品医疗器械审评审批制度的意见》（以下简称《意见》），《意见》

---

① 王俊豪. 政府管制经济学导论. 北京：商务印书馆，2001：442.

中进一步明确了药品审评审批改革的目标、任务和具体措施。药品审评审批改革的主要任务包括：提高药品审批标准，推进仿制药质量一致性评价，加快创新药审评审批，开展药品上市许可持有人制度试点，落实申请人主体责任，及时发布药品供求和注册申请信息，改进药品临床试验审批，严肃查处注册申请弄虚作假行为，简化药品审批程序、完善药品再注册制度等。《意见》在着力推动新药、仿制药研发的同时，也进一步加强了对新药的审批管理。

（三）进口药品管制

在世界经济一体化的过程中，与其他产品贸易发展一样，为满足国内消费者对药品的需求，各国药品进口也不断增加。为确保进口药品的质量和安全有效性，必须对进口药品实施管制。例如，根据中国的有关法规，进口药品必须是国内医疗需要的安全有效的品种，禁止进口疗效不确定、不良反应大或者其他原因危害公众健康的药品；禁止进口国外未批准生产和未经临床研究或正在进行研究的药品；首次进口的药品，进口单位必须提供该药品的说明书、质量标准、检验方法等有关资料和样品以及出口国（地区）批准生产的证明文件，经国务院卫生行政部门批准，方可签订进口合同；进口的药品，必须经国务院卫生行政部门授权的药品检验机构检验，检验合格的，方准进口。通过对进口药品实行严格的进入管制，以杜绝对公众生命健康可能产生危害的药品。

四、药品质量（安全）信息管制

由于药品质量具有较强的技术特征，消费者通过感官几乎无法识别其安全性和有效性。这时企业和政府向消费者传递的关于药品信息就显得十分重要。①

（一）药品包装标志管制

药品包装标志或说明书是消费者直接面对的关于药品质量的信息。所以，关于药品包装标志或说明书上向消费者提供的信息的真实性显得尤其重要。根据药品管理的有关法规，药品生产经营企业在销售药品的过程中，必须提供关于药品名称、企业名称、产地、生产日期、有效期、产品批号、批准文号、成分、服用方法和注意事项等真实反映药品质量的基本信息，这些信息应确保消费者对药品的安全性和有效性有比较全面的了解。如果这些信息失真，则很可能会对消费者的健康造成不良影响甚至危害生命。例如，中国武汉市药品监督管理局曾发现外省一种治疗肝炎的药品，在说明书上把"可治疗慢性肝炎"印成"可治疗急慢性肝炎"。如果这种药品在市场上流通，极可能对患者造成严重误导和危害。因此，绝对不能怠慢对药品包装标志的管制。

（二）药品广告管制

与一般产品广告一样，药品广告也是企业向消费者传递信息的一种最为普遍的方式。根据获得药品质量信息的特点，药品基本表现出经验品和信用品的特点。所以，与一般产品相比，消费者通过药品广告了解药品质量的依赖性显得更强。利用消费者对药品广告的

---

① 消费者所消费的药品分为处方药和非处方药。如果是处方药，则由医生承担向消费者传递药品信息的责任；如果是非处方药，则可能是医生向消费者传递，也可能是消费者直接获取的药品信息。这里主要是指消费者直接获取药品信息。

依赖性，不少广告使消费者真假难辨。例如，按照中国的有关法规，一般不允许处方药做广告，但事实上，中国的许多广告媒介在自身经济利益的驱动下，不仅使处方药上了广告，而且，把药品的作用吹得天花乱坠、包治百病，从而在一定程度上误导消费者。对不能真实反映药品信息的广告，如果不进行有效的管制，无疑会危害消费者的健康甚至生命。

各国对广告药品都有严格的管制。如根据意大利的法律，处方药不能在大众媒体上发布广告；英国的《医药条例》规定，在为医药品做广告时，所涉及的每个产品都必须与医药委员会颁发的许可证相符合，而且许多医药品禁止登广告，包括治疗百日咳、减肥的成药广告以及有关治疗癌症的任何广告等；日本的《药品法》则规定，对做夸大或虚假医药广告的人，处3年以下劳役或50万日元的罚款。

在中国，根据《中华人民共和国药品管理法》和《中华人民共和国广告法》，药品的广告管理分为三级管理：一级是严禁做广告的药品，包括麻醉药品、精神药品、毒性药品、放射性药品等特殊药品；二级是限制做广告的药品，如处方药可以在国务院卫生行政部门和国务院药品监督管理部门共同指定的医学、药学专业刊物上介绍，但不得在大众传播媒介发布广告或者以其他方式进行以公众为对象的广告宣传；三级是一般无特殊广告要求的药品，如非处方药，法律对其广告方式和广告对象一般无特别规定。除了对药品广告进行分级管理外，有关法规对药品广告的内容和形式还有许多特殊的规定，并且根据法规的有关规定，药品广告须经药品管制机构审批。

（三）及时发布关于药品质量（安全）的信息

消费者为了使药品消费符合效用最大化的目标，必须对所需的药品信息进行搜寻活动，这种活动效率取决于企业信息发布的途径和手段等。但是，值得注意的是，出于自身经济利益的考虑，企业关于药品使用不良等信息存在隐匿信息的动机，产生道德风险。故政府应承担对企业药品使用信息发布进行监督的责任。政府管制在于建立一个高效率的信息传递系统，这对信誉机制的建立具有至关重要的意义，同时对于减少搜寻成本也是必要的环节。

为了确保消费者的用药安全，向消费者提供及时、有效的关于药品安全的信息，政府应建立健全医药安全监测与通报制度，不仅要跟踪监测和定期通报重大传染病和药物不良反应情况，也要跟踪监测和定期通报重大医疗事故、主要药物滥用情况、重大药品安全情况。要建立对误诊误治的科学分析、认定和统计制度，定期通报全国、地区和重点医院的误诊误治情况。例如，中国国家药品不良反应监测中心和国家市场监督管理总局的网站就履行着随时为公众提供相关咨询信息的责任。

最后需要强调的是，不管通过何种方式向消费者传递药品信息，最终对药品信息的理解还是消费者。所以，应加强关于药品安全知识的教育与宣传。通过各种方式向公众传递基本的药品安全知识，增强消费者的自我防范能力。特别要加强对家庭自购自备药物使用的防范意识，多征询专家意见，遵医嘱用药，避免误用。

五、加强药品质量（安全）监测

为确保药品质量，必须加强对药品生产和经营过程进行全方位管制，并对药品使用过程中出现的任何安全问题进行即时的控制。对于药品质量的监测可以从 GMP 制度、药品召回制度和对假冒伪劣药品处罚制度实施管制。

（一）GMP 制度

GMP 是 Good Manufacturing Practice 的首字母缩写，直译为"优良生产实践"，简写为 GMP。若为药品专用，应为"GMP for Drug"。中国把"GMP"称为"药品生产质量管理规范"。GMP 是随着医药实践的经验教训而发展起来的。20 世纪人类社会经历了多次较大的药物灾难。为此，1962 年美国首创 GMP。以后美国 FDA 经过实施 GMP 证实，推行 GMP 收效明显。1969 年，世界卫生组织（WHO）建议各成员国的药品生产都采用 GMP。此后，许多国家结合本国国情分别制定或修订了本国的 GMP。目前，已有 100 多个国家推行 GMP，我国也已实施 GMP 多年。

GMP 主要是在药品的生产环节对药品质量进行控制，在药品供给的其他环节所实施的质量控制包括药品研究环节的《药物非临床研究质量管理规范》（GLP）、《药物临床试验管理规范》（GCP）和在药品经营环节的《药品经营质量管理规范》（GSP）。

（二）药品召回制度

药品召回是指药品生产企业通过某些渠道将已售出的药品以售出价收回。须召回的药品范围主要是：本生产企业留样观察，在有效期内发现产品质量不稳定，可能有质量隐患的药品；由于印刷校对等原因，且生产过程未发现，造成产品包装、标签及说明书不符合国家标准的药品；本企业其他经确认存在严重安全隐患的药品等。在美国等发达国家药品召回制度，主要分为自愿召回和强制召回两种。其中，自愿召回由药品的生产商或经销商实施；强制召回则由管制机构执行。美国 FDA 通过司法和行政两种方式实行强制召回，是企业自愿召回的补充。根据国外一些药品召回制度运行的经验显示，由生产商或经销商实施的自愿召回比政府实行的强制召回要更为快捷、有效，能够在最短的时间内最大程度减少对消费者健康的损害。无疑，对于消费者来说，问题药品召回是保障安全用药的最佳选择。2005 年 5 月，中国 23 家知名药品生产企业做出承诺：凡由本公司生产并已销售出厂的药品，一旦发现安全隐患问题，主动联系经销商，尽最大努力在第一时间将该批药品全部召回。2007 年 12 月《药品召回管理办法》发布并实施，于 2022 年进行了修订。《药品召回管理办法》对药品安全隐患的调查与评估进行了详细规定，并对药品主动召回和责令召回的启动和实施均做了相关规定。《药品召回管理办法》是我国目前实施上市药品召回的主要法律依据。近年来，较大规模的药品召回事件包括 2012 年涉及多家药企的铬超标胶囊剂药品召回事件，2015 年银杏叶药品专项治理中多家药企的药品召回事件以及 2015—2016 年枸橼酸铁铵核查中多家药企的药品召回事件等。

（三）对假冒伪劣药品处罚制度

如果经核实药品生产经营企业向市场销售的假冒伪劣药品已经对消费者的健康产生了不良影响，根据药品管制法规，必须对药品生产经营企业进行相应的处罚。2016 年 3 月，山东警方破获案值 5.7 亿元的非法疫苗案，犯罪嫌疑人将包含 25 种儿童、成人用的二类疫苗未经严格冷链存储运输销往 24 个省市，此前 5 年中还涉嫌低价购入流感、乙肝、狂犬病等 25 种人用疫苗（部分临期疫苗），然后加价销售。2017 年 1 月 24 日，山东省济南市中级人民法院对被告人庞红卫、孙琪非法经营案开庭宣判，认定被告人庞红卫犯非法经营罪判处有期徒刑 15 年，并处没收个人全部财产，与前罪刑罚并罚，决定执行有期徒刑 19 年，并处没收个人全部财产，扣押在案的疫苗等药品依法予以没收。此外与本案相关的共 137 人各因非法经营、滥用职权、毁灭伪造证据、贪污、故意泄露国家秘密等罪名获刑，其中涉及国家公职（工作）人员 64 人。

第四节 医疗卫生服务管制及其政策实践

由于在患者与医生（或医疗机构）间的信息不对称，患者在选择健康服务时其利益往往容易受到损害。由于患者的医疗卫生服务需求对医生的依赖性，若要使医生为患者提供的医疗服务能满足其效用最大化的目标，应该具备的基本条件是：一是需要医生以及医疗机构遵守职业道德；二是需要政府对医生以及医疗机构在职业规范方面进行必要的管制。若能满足这些条件，医疗卫生服务的买卖则可以依托医生（或医疗机构）做出正确的选择。针对信息不对称，政府对医疗卫生服务的管制主要从以下五方面进行。

一、医疗卫生服务管制法律法规体系

对医疗卫生服务进行管制应以法律法规为依据。法律法规对医疗卫生服务进行管制的主要内容包括对发放许可证的要求，对危险或违背职业道德的行为的约束。例如，1988 年，美国的《医疗卫生质量改善法》要求建立"国民从业者数据库"，以确保医疗卫生的服务质量。2001 年英国制定的《英国国家保健标准委员会进入法规》就明确规定：要开办医疗机构，如果以个人名义申请，申请者必须具备一定的条件：一是个人专业的和技术的资格细节；二是经营机构的经历；三是资格和经历要和提供服务相关并且这些服务是在机构里提供的；四是必须要有两个证明人等。法规还规定，如果以组织的名义申请开办医疗机构，同样要具备一定的条件。在日本，通过立法严格规范医疗机构设置审批的权限。[1] 由此可见，发达国家规范医疗卫生服务的发展离不开完善的法律法规。

在中国，目前为规范医疗卫生行业的发展，而制定的法律法规包括《中华人民共和国执业医师法》《医疗机构管理条例》《中华人民共和国中医药条例》《乡村医生从业管理条例》《中华人民共和国护士管理办法》等。其中国务院颁布的《医疗机构管理条例》从 1994 年 9 月 1 日起在全国各地正式实施，并于 2016 年进行了修订。《医疗机构管理条例》是中国深化医院改革、建立健全医疗卫生法规体系进程中的一件大事，标志着中国医院管理走出了传统的经验模式，步入了标准化、规范化和法制化的轨道，对确保医院有序运转，提高医疗服务质量，保障人民群众身体健康，起到重要的促进作用。2017 年国

---

[1] 贾红英. 发达国家和地区医疗机构监管法律法规研究. 中国卫生法制，2004（5）.

家卫生和计划生育委员会根据修订的《医疗机构管理条例》，依据国务院推进简政放权、放管结合、优化服务的改革部署和促进健康服务业发展的工作要求对《医疗机构管理条例实施细则》进行了进一步修改（以下简称《实施细则》）。基于加快推进分级诊疗体系建设，着力拓宽社会力量办医渠道的要求，《实施细则》进一步增加了所涉及医疗机构的类别；对医疗机构申请人条件予以拓宽；同时要求各级卫生计生行政部门推行电子证照制度。

尽管如此，目前的法律法规主要侧重于卫生健康管制，而缺少垄断性产业管制法律。随着医院产权多元化和向医疗服务领域引入竞争，必然要求有相关的法律来保护市场竞争的公平、公正，防止医疗服务市场的垄断势力，当前也缺乏管制地区性垄断医院的行业法。并且尚缺少相关的管制法为管制行为取得合法保证，缺乏明确的、统一的、具有权威的专门执法机构进行统一执法。

可见，对医疗服务进行管制，必须要有相应的法规制度作为依据。法规是对医疗服务提供主体行为硬性约束的一般规范。这就意味着各类医院在医疗服务市场中，无一例外地要以法规为准绳，管制机构也不例外。由于管制机构是医疗运行的最高决策主体，管制机构制定行政规则，也必须符合法律的一般规范，管制机构、医院与医生作为相互独立的主体在法律面前一律平等。医疗法规约束机制不因主体地位、性质、规模大小不同而有所不同。因此，健全的法律规范制度是医疗服务市场秩序正常运行的保障。为了医疗服务市场的正常运行以及管制有法可依，应尽快立法，在法规框架里，针对医疗服务市场的特征，明确政府、医院、医护执业者、保险机构以及患者的权利和义务。其中，对于医疗服务价格、服务质量、市场准入条件等政策内容应做出具体规定。

二、医疗卫生服务进入管制

医疗卫生服务不同于其他服务，它与公众的生命和健康权利休戚相关。因此是否具备从事医疗护理工作的资格，成为允许进入医疗市场的前提条件。应该说，进入许可是确保医疗卫生服务质量的基本要求。各个国家通过对许可证的严格审批来控制医疗机构的进入，以确保医疗卫生服务的质量。例如，在美国，由州政府订立社区医疗机构执业标准，并负责颁发营业执照。某些州要求医疗机构（医院、护理院或外科中心）必须有执照才能开业运营。执业标准通常是能够满足开业的最低标准，例如，用于收治病人的医疗机构建筑必须满足防火和其他安全标准，医疗机构的医护人员必须有行医资格等。执业执照具有法律效力，没有执照的医疗机构不允许开业。

另外，美国还通过医疗机构的资格认证对医疗机构进行有效的监督。美国医疗保健组织评审联合委员会（JCAHO）是非政府的民间组织。该组织负责为美国社区医疗机构提供有效期为3年的资格认证，州政府承认JCAHO的认证，并把它作为对医疗机构资格审查的依据。JCAHO由医生、护士和医疗机构管理方面的资深专家组成，在医疗机构的组织和管理认证方面具有权威性。认证的内容包括患者所享受的权利、医疗服务的质量、医疗机构信息管理水平、感染的控制能力、医护人员的资格等。JCAHO依靠传统的"过程评价"方法，通过对医疗机构的医疗效果以及综合指标的数据测量来评估医疗机构的等级。

中国也是按照《医疗机构基本标准》对医疗机构进行审核。对新申请开业的医疗机构，按照基本标准审核，符合标准的颁发"医疗机构执业许可证"。

在推进简政放权、放管结合、优化服务的总体工作要求背景下，2018年《国务院关于在全国推开"证照分离"改革的通知》发布，该通知要求进一步优化医疗机构和医护人员准入服务，在保证新进入医疗机构的资质和服务质量的同时，优化和简化医疗机构的准入监管。2018年11月，国家卫生健康委办公厅和国家中医药局办公室联合发布了《关于优化医疗机构和医护人员准入服务的通知》，该通知一方面要求继续加强事中事后监管，严格执行医疗机构、医护人员的准入和退出管理机制，依法依规建立医疗机构和医护人员不良执业行为记分制度、黑名单制度，加大对违法违规行为查处和公开力度，稳步推进电子证照管理改革试点，加强对医疗机构和医护人员执业活动的管理；同时也要求通过推广网上办理、压缩审批时限、精简审批材料、优化审批条件等方式进一步提高医疗服务机构和医疗人员的准入监管效率。[①]

三、医疗卫生服务质量管制

医疗卫生服务质量具体包括患者获得医疗卫生服务后对疾病治疗的结果、获得服务的方便程度以及预约等待的时间等。诚然，治疗结果是衡量医疗卫生服务质量的关键。为提高医疗卫生服务质量，应采用不同的方法评估医疗卫生服务质量，理解患者对医疗卫生服务的偏好，这种偏好应该反映医疗服务的质量。对医疗卫生服务质量的评价信息无疑会影响医生的行医行为。

各个国家由于医疗卫生服务体系的不同，提供医疗卫生服务的方式必然存在差异。例如，由于美国医疗机构之间存在竞争，所以，主要是通过竞争提高医疗服务水平。而英国推行的是国家卫生服务制度，政府财政支付费用。面对预算限制，医疗机构很可能会以降低服务质量来降低成本。为防止这种以降低质量来降低医疗服务成本的可能性，管制机构就要对由私人医院提供的服务质量进行管制，以确保这些医院能达到应有的服务质量标准。在英国是采取国民医疗服务视察员（NHS Inspectorate）或委派代理（Accreditation Agency）制度对私人医疗机构进行质量管制。[②] 尽管通过市场竞争可以在一定程度上提高医疗机构的服务质量，但是，医疗卫生服务与消费者之间的信息不对称，作为消费者的患者是拥有信息的弱势方。鉴于此，政府对医疗服务实施质量管制应是维护患者利益不可缺少的环节。

长期来看，结果信息可以强化市场并促进其更具竞争性。假定可以获得关于医疗机构不同绩效的结果信息，则在选择哪家医疗机构的服务或加入哪种卫生计划等问题上，患者将会处于比较有利的地位。同样，他们所选择的治疗方法也会更接近自身效用最大化的目标。因此，可以通过向患者提供及时、准确的医疗卫生服务信息，以引导患者选择医疗卫生服务质量好的医疗机构就医，使"优胜劣汰"机制发挥作用。例如，管制机构可以发

---

① 资料来源：中国政府网。
② Peter M Jackson, Catherine M Price. Privatization and Regulation: A Review of the Issues, Longman Group Limited, 1994: 208.

布关于医疗机构特征的信息（包括价格、诊断和治疗过程的功效等），以便患者以较低的成本获取相关信息。

中国主要通过准入管制的方式作为医疗卫生服务质量的第一道保障，在我国新医改的不断深化和"放管服"改革全力推进的背景下，一方面通过放宽准入管制鼓励和引导社会力量举办医疗机构，增加医疗服务供给量；另一方面通过分级诊疗等方式促进医疗服务供给结构调整，在扩大供给的同时持续保障和改进医疗服务质量也成为新医改的主要目标之一。① 医疗卫生服务多元化供给格局的加快形成以及以"基层首诊、双向转诊、急慢分治、上下联动"为原则的分级诊疗制度都进一步推动了医疗资源和医疗服务下沉，缓解了基层医疗资源不足的现实问题，与此同时也对医疗卫生服务质量提出了更高要求。

四、医疗卫生服务广告管制

医疗机构往往通过广告宣传自己的服务，作为信息传递的广告一旦失真，则容易误导患者。所以，管制机构应加强对医疗广告管制。

许多企业做广告会在利益的驱动下，做虚假广告，使患者受骗上当。为消除虚假广告，促使企业真实地传递产品质量的信息，政府有必要对广告进行管制。与一般企业一样，医疗机构为所提供的服务所做广告是为了让患者了解自己的服务，提高市场占有率。但是，不少医疗机构的广告往往带有明显的夸大和误导成分，个别的甚至无中生有、凭空捏造病例。医疗机构所提供的服务与一般服务有很大的不同，那就是医疗服务关系到公众的生命健康。因此，医疗服务广告如果带有欺骗性，其对公众所产生的危害远远超过一般服务项目。对医疗服务广告的管制显得尤为迫切。

中国广告法律制度中专门针对医疗广告的仅有2006年颁布的《医疗广告管理办法》（最初由1993年颁布）。该办法规定，医疗广告是指利用各种媒介或者形式直接或间接介绍医疗机构或医疗服务的广告，医疗广告的内容必须真实、健康、科学、准确，不得以任何形式欺骗或误导公众；禁止利用患者或其他医学权威机构、人员和医生的名义、形象或使用推荐语进行宣传。该办法同时对医疗广告的审查、有效期、内容进行了相关规定。虽然相关法规对医疗广告有严格的管制，但现实中，医疗广告存在的问题很多。原国家工商总局曾对全国31家电视台共43个频道一天发布的广告进行了监测，结果表明医疗广告虚假违法率高达78.33%，位于各类产品、服务违法广告率榜首。管制措施落实不到位是医疗广告失控的主要原因。例如，我国的刑法对利用广告虚假宣传有明确的处罚规定，但至今还没有看到一起因为虚假医疗广告的责任者被提起公诉。因此，发布违法医疗广告的成本远远低于非法获利，广告发布者自然会不择手段。

五、医疗卫生服务费用管制

医疗服务费用与价格是两个概念，即费用是价格和数量的乘积。消费者可以观察和比较的是医疗服务价格信息。而由于信息不对称，医生可以"诱导"患者对医疗卫生服务

---

① 付强. 创新政府医疗服务质量及安全监管：动因与路径. 中国行政管理, 2018（10）.

的需求，这使得医疗卫生服务费用往往高于实际需要支付的费用。患者被迫接受不必要的医疗服务，导致医疗卫生服务费用的不合理上涨和资源的浪费。患者感到"看病贵"主要涉及医疗卫生服务费用。故对医疗卫生服务费用管制也是世界各国对医疗卫生服务实施管制的重要内容之一。对医疗卫生服务费用管制一般包括：对医生以及特定的行医过程强制性地统一实施监控并进行常规检查；对医疗机构的费用支出进行直接的控制等。下面以美国、英国和中国为例，分析这些国家在控制医疗卫生服务费用方面所做的努力。

（一）医疗服务费率管制

1. 美国、英国医疗服务费率管制

美国多年来逐步在全国各州范围内普遍实施医疗服务费率管制。根据医疗服务费率的制定方法，以及费率制定后所针对的支付者，不同州的费率制定在一定程度上存在差异。在实施费率管制下，州管制机构对第三方付费者与医院间的契约进行管理。在不同州与不同时期，管理这些契约的机制在不断变化。20世纪70年代中期，制定费率是按照每日包括的所有费用，或按照单项服务收费（如享受某种服务按每分钟支付费用）。这种费率通常采用回报率管制（rate-of-return regulation）。公式（8.1）概括了部分州采用的医疗服务费率管制计算方法。

$$AR_t = \gamma[\delta C_{t-1}] + K_t + D_t + P_t \pm \mu_t \tag{8.1}$$

医院费率管制的基本管理目标与其他产业的费率管制相似。其中，AR_t 为允许医院获得的收益，AR_t 的主要构成是医院在基年的可变成本 C_{t-1}。可变成本调整通过边际成本因素（γ）和通胀因素 δ 进行，相应地，对现有资本支出的补贴（K_t），坏账和没有得到补偿的服务（D_t）以及把支付者折扣 P_t 加到基年的成本中去。考虑到一些不确定因素，以及不可预见的环境变化，许多州可以确定一个 μ_t，在这个范围内收益可以变化，其代表随机变量。一旦所允许的收入确定下来，管制机构就可计算每个病例的最高限价。

由于得到认可的费率通常可弥补一定的医疗服务项目下所"允许"的成本。这样，如果短期边际成本低于平均成本，医院通过提供大量的服务项目按照规定费率收取医疗服务费用就可获得可观的利润。医院经济学支持医院的短期边际成本低于平均成本的观点，认为在现实中存在医院为获得更多利润而提供更多医疗服务的可能。许多学者也相信，医院对这种激励做出的反应是，鼓励患者更多地享受医疗服务。因为费率管制的基本目标是减少总支出（不仅是单位成本），这样，提高医疗服务数量的激励不利于目标的实现。为减少这种激励，一些州开始进行"数量调整"。也就是，针对医院所批准的单位费用的减少（增加）会导致更多（更少）的项目数量。以部门为基础，马里兰州详细分析了短期边际成本与平均成本的关系，把这个分析结果应用到数量调整公式中去。

20世纪80年代，医疗补助计划以及一些州转而用价格上限（price caps）进行管制。价格管制通过公式（8.2）进行。

$$P_{it} = [\gamma(\alpha^1 AC_{iH} + \alpha^2 AC_{iP})_{t-1} + K_t + D_t + P_t \pm \mu_t] \tag{8.2}$$

为制定 t 时期的 i 种服务的价格（P_{it}），管制机构设定一个基本费率，这个基本费率等于为提供 i 种服务医院的基年平均成本（AC_{iH}）与同行的基年平均成本（AC_{iP}）的加权平均，这个基本费率随着通胀水平（γ）来调整，加上资本支持、坏账、支付者折扣和误

差。根据诊断（diagnosis）建立价格表，管制机构把标准化的疾病分成400~500个病种组合，按照病例组合（case-mix）把每种病例最高允许收取的费用输入计算机中，患者在同样病例组合中消费同样资源，因此，把这种费率称为按病种付费制（diagnosis-related groups，DRGs）。这样，DRGs就可用来使不同医疗服务的差异标准化，借此可比较医院效率。DRGs可用来作为预期支付体系的基础。按照DRGs支付是针对一揽子服务（质量、护理、检验等）的一种有效支付方式，医院按照最小可能的成本提供一揽子服务。

从医疗服务费率管制的发展过程看，从回报率管制到价格上限管制，再到预付体系，这种转变都是为了从根本上控制医院总成本。这种转变也说明医院成本管制的有限性，没有单一的医院管制形式可以促使成本下降。过去评价高估了管制效果，尤其是关于费率管制。没有证据说明，简单的医院价格控制可以带来更低的成本。

长期以来，英国的国家卫生服务体系（National Health Service，NHS）发挥了重要作用，其原则就是通过税收融资为患者提供免费医疗服务，曾被标榜为"西方最完善的医疗服务体系"。与其他发达国家相比，英国医疗服务体系成本较低。这要归功于中央政府按照年度预算约束医疗服务支出，并通过拥有医院所有权控制供给。尽管曾把财政约束看作英国医疗服务体系的优点，但由于长期投资不足，导致医疗服务体系不仅落后且反应迟钝。鉴于NHS很难满足患者快速获得优质医疗服务的需求，1991年，英国向医疗服务体系引入"内部市场"，在政府控制的医疗服务体系边缘引入竞争。然而，价格竞争使医疗服务质量有下降的迹象。为此，英国政府又重新调整医疗改革方向，加强了对医疗服务体系的管制。

英国NHS由政府直接运营。卫生部负责为约600所医院融资并进行管理，而医院则承担提供医疗服务的责任。英国有28个地区卫生局，每个卫生局管理一定地域范围内约200万人口的医疗服务，负责管理约20个基本医疗服务社区和NHS医院，并负责本地区医疗服务总体规划、协调、提供和发展。基本医疗服务社区医院为一定地域范围（一般约250 000人）提供基本社区健康服务，同时也为这些人从NHS医院那里委托急诊和专科服务。政府和议会制定年度预算负责对这些医院进行补偿，资金从卫生部流向地区卫生局和基本医疗服务社区医院，然后通过服务协议流向NHS医院。这种医疗服务提供体系可用图8-2表示。

英国针对NHS设计了特有的医疗服务提供体系以及对医疗服务需求的配给制度。

首先，NHS拥有发达的基本医疗服务体系。全科医生（general practitioner，GP）是患者接受医疗服务的首个接触点，在不同时期负责为患者提供不同医疗服务。GP担当"守门人"角色，在患者需要时为其推荐专科服务（二级医院），且若不经GP推荐，患者则不能直接到NHS医院享受医疗服务。另外，英国这种由政府提供所有医疗服务的体系，以人头费为基础付给GP费用，GP就不存在为患者多看病或多推荐的激励。且GP作为"守门人"有助于提高专科服务效率，因为患者可在基础医疗方面接受由GP帮助选择的适当治疗。

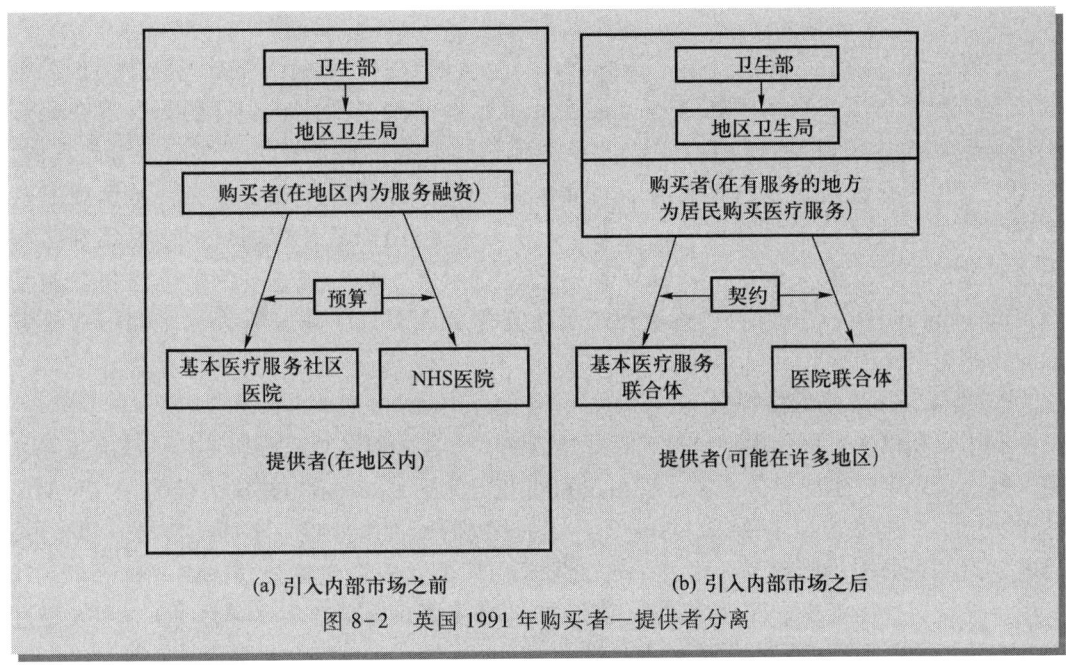

图 8-2　英国 1991 年购买者—提供者分离

其次，NHS 通过不同配给机制管理部分医疗服务需求。尽管英国 NHS 覆盖所有公众，但患者并非可以享受任何医疗服务。免费享受的服务主要包括基本医疗服务、精神医疗服务、处方药和社区护理服务等。而部分医疗服务要由患者自己支付（如牙齿和眼睛的治疗等）。NHS 控制需求的原则是：根据临床需要提供服务，且存在管理和控制患者需求的机制。另外，还可通过等待名单对医疗服务进行配给。

总体来看，尽管英国 NHS 有其优势，但随着人口增加和公众健康要求的提高，完全依赖 NHS 逐渐不堪重负。1991 年，英国开始对传统医疗服务体系进行改革。尽管患者仍可免费获得 NHS 提供的服务，但 1991 年引入内部市场，通过竞争提高医院运营效率并更有效地利用资金。政府仍然拥有 NHS 医院，并为医院融资。然而，与传统医疗服务体系不同的是，在地区层面，政府作为医疗服务购买者与其作为提供者的功能分开。这种分离促进了医院间为获得 NHS 资金以价格和质量为基础的竞争。①

尽管英国通过内部市场引入竞争对提升医院绩效的作用有限，但事实证明，把医疗服务的购买与医疗服务供给分开对降低价格确实有积极作用。不过，需要注意的是，医疗服务价格下降可能以医疗服务质量下降为代价。为保证内部市场对提升医院绩效的效果，引入价格竞争必须以确保医疗服务质量为前提。

从英国医疗体系内部市场的建立过程看，目的是通过改革提升医院绩效。但是，到 20 世纪 90 年代中期，针对这种竞争对医院绩效提升的作用，政府开始反思。传统的政府直接控制医疗服务提供体系安排是弥补市场失灵，而引入内部市场是否仍会存在新的市场

---

① Frances Miller. Competition Law and Anticompetitive Professional Behaviour Affecting Health care, The Modern Law Review, 1992, 55 (4): 453-481.

失灵。

尽管内部市场引入竞争产生了一些争议,但英国政府并没有完全放弃竞争对医院绩效改善的激励作用,且激励在某些方面实际上已经起到了强化作用。例如,现在允许 NHS 医院联合体保留他们产生的剩余,这为他们提升医院绩效提供了激励。与此类似,在把资金用于业务再投资的前提下,也将允许基本医疗服务组保留剩余。英国就是这样经历着市场激励与管制约束间的平衡。[1] 进入 21 世纪以后,英国致力于赋予和扩大患者选择医院的权利,建立医院强制性信息披露制度,同时建立按诊断分组付费制度(payment by results,PbR),进一步通过引入竞争机制促进了医院管理水平和医疗服务质量的提升。[2]

2. 我国医疗服务价格管制

我国长期以来对医疗服务价格实行严格管制,多年来对各项医疗服务执行政府指导价格,政府指导定价也导致公立医疗机构盈利能力严重不足,政府财政压力较大。[3] 20 世纪 80 年代初,中国政府迫于政府财力缺乏、公立医院的不良绩效以及市场经济导向的压力,沿着"运用经济手段管理卫生事业"的思路开始医改,内容包括公立医院产权改革,以及引导外资、民间资本进入医疗服务领域。医改的主要目的是减轻政府财政负担以及通过引入市场竞争提高医疗服务供给效率。经过这一轮医改,中国医疗服务供给不断扩大,医疗服务业为患者提供了更多的医疗服务选择,医疗技术水平和医疗服务供给效率均有不同程度提高。但是,医改过程中,亦产生了诸如医疗服务业成本仍较高、医疗费用偏高、患者过度消费以及医患关系不断恶化等问题。其中,不断上涨的医疗费用导致"看病贵"问题尤其突出。

为了缓解财政负担,进一步提升公立医疗机构盈利能力,国家发展改革委曾制定政策明确允许医院可以在政府制定的每种药品的最高零售价范围内,对药品在审定标价基础上进行 15% 的加成,然而药品加成又进一步导致了"以药养医"问题的产生。

2009 年,国家发展改革委等部门联合发布《改革药品和医疗服务价格形成机制的意见》,规定"非营利性医疗机构提供的基本医疗服务,实行政府指导价;营利性医疗机构提供的各种医疗服务和非营利性医疗机构提供的特需医疗服务实行市场调节价"。我国医疗卫生服务价格管制改革开始呈现出放管结合的特点。而面对"以药养医"的现实问题,2009 年卫生部等行业主管部门也开始逐步引导公立医院通过提高医疗服务质量适度提高医疗服务价格,逐步取消药品加成政策。

针对"以药养医"以及公立医院医药费用过快上涨等问题,2012 年 4 月,国务院办公厅印发了《深化医药卫生体制改革 2012 年主要工作安排》的通知,明确提出取消公立医院药品加成,通过增设药事服务费、调整部分技术服务收费标准等方式弥补公立医院减少的收入或亏损。2015 年国家发展改革委会同多部门联合印发了《关于印发推进药品价

---

[1] David M. Cutler. Equality, Efficiency, and Market Fundamentals: The Dynamics of International Medical-Care Reform. Journal of Economic Literature, 2002, 40 (3): 904.
[2] 付明卫,朱恒鹏,夏雨青. 英国国家卫生保健体系改革及其对中国的启示. 国际经济评论,2016 (1).
[3] 周小梅,刘建玲. 我国医疗服务业改革进展、问题与展望. 价格理论与实践,2018 (5).

格改革意见的通知》，该文件正式取消了绝大多数药品的政府定价，确立由市场决定药品交易价格的定价机制，同时提出公立与非公立医疗机构推行医疗服务分类管理，公立医疗机构提供的医疗服务实行政府指导价为主，非公立医疗机构提供的医疗服务落实市场调节价政策。2016年，国家发展改革委等四部委联合发布了《推进医疗服务价格改革的意见》，该文件明确指出，按照"总量控制、结构调整、有升有降、逐步到位"的要求，积极稳妥推进医疗服务价格改革，合理调整医疗服务价格，同步强化价格与医疗、医保、医药等相关政策衔接联动。2017年5月国务院办公厅印发《关于深化医药卫生体制改革2017年重点工作任务》的通知，提出要在2017年9月底前全面推开公立医院综合改革，所有公立医院全部取消药品加成，通过提高诊查费等医疗服务费以弥补医疗机构收入。

以上文件发布后，全国各地以此为指导进行了全面的医疗服务价格改革，具体的改革内容和方向可以概括为以下四类：一是取消药品加成，通过提高手术、诊疗、护理等体现医务人员技术劳务价值的医疗服务价格来弥补取消药品加成后公立医院减少的收入，例如自2017年4月8起，北京市所有公立医疗机构取消挂号费、诊疗费和药品加成（不含中药饮片），并设立医事服务费，同时对435项医疗服务价格实施有升有降的调整。[1] 二是降低部分大型医疗设备检查检验类项目价格来构建合理的医疗服务价格内部结构。例如2017年深圳分两阶段的医疗服务价格调整，内容包括取消挂号费、降低大型设备检查费等，同时上调了手术和综合治疗类项目价格。三是将医疗服务价格调整的目标与2012年发布的《全国医疗服务价格项目规范》进行对接。四是推行分级分类定价，促进分级诊疗、引导合理医疗行为。例如重庆市在医疗服务价格改革方案中分别规定了一级、二级和三级公立医疗机构对政府指导价的执行和浮动标准。

总体而言，新一轮的医疗服务价格改革取得了较为明显的成效，结束了"以药养医"的局面，使得医疗服务价格更能体现医务人员的技术价值，形成了良性的激励机制。同时也应看到我国的医疗服务价格改革依然任重道远，医疗服务的定价机制和公立医院收入的补偿机制依然有待完善，而医疗服务价格的动态调整机制也将成为下一步改革的重点。

（二）医保支付方式改革

医疗卫生服务中医患之间的严重信息不对称，使得医疗机构和医生产生了诱导患者过度消费的动机。社会医疗保险作为一种以保障社会公民基本权益和公平分配为目的的社会政策，在降低患者医疗支出负担的同时，也面临着道德风险问题。主要体现为医疗机构（医生）和患者组成医患共同体，其中患者具有过度消费社会医疗保险的动机，医生存在诱导消费的行为，这些做法共同导致了社会医疗资源的过度消耗。

为了规避医疗服务中的道德风险问题，防止成本失控成为医疗卫生服务管制的另一个重要管制目标，[2] 而通过引入预付制等手段进行医保支付方式改革被认为是规避医患共同体道德风险的一种有效政策工具。《决定》更是提出"深化医保支付方式改革，完善大医保险和医疗救助制度，加强医保基金监管"。

---

[1] 孙伟，许光建. 新一轮医疗服务价格改革回顾与建议. 中国医院管理，2018（7）：1-4.
[2] 汪丁丁，李欢. 医疗服务供给方在预付制下的质量竞争：一个理论文献综述. 社会科学战线，2013（1）：10.

目前所有的医保支付方式大致可以分为先付制和后付制两种，具体来说常见的医疗保险支付方式有以下六类：

1. 按医疗服务项目付费

按医疗服务项目付费（fee-for-service）是一种较为简单的医保费用支付方式，在各种医保支付方式中较早得到运用。其基本运行模式是医疗保险机构协议向医院按照医疗服务项目支付医疗费用的结算方式，属于后付制的一种。由于是后期结算医疗费用，难以对医疗费用的增长形成有效制约，一方面能够提高医疗机构和医生的服务积极性，另一方面也容易导致过度医疗现象的发生。

2. 按服务单元付费

按服务单元付费（per diem）属于预付制的一种，由医保机构按预先确定的门诊或住院日均费用标准提前向医院支付每日的费用。按服务单元付费的医疗服务单位是每住院床日或每门诊人次，因此同一家医院对所有病人的每日住院或每次门诊费用支付都是相同，而与每位病人每日或每次治疗的实际花费无关。因此按服务单元付费虽然具有减少每日住院床日和门诊人次单位成本的作用，但却容易导致患者住院时间和门诊就诊次数的增加。

3. 按人头付费

按人头付费（capitation）也是预付制的一种，先由医疗保险机构制定每一门诊人次或者每一住院人次的偿付标准，然后医疗保险机构再根据医院实际提供的服务人次（包括门诊与住院人次）向医院支付总的医疗费用。按人头付费有助于医院改进效率，但由于限定了每一位患者医疗费用的偿付额度，可能会导致医疗服务质量的下降。

4. 按病种付费

按病种付费（case-based payment）又称为按疾病诊断分类定额预付制，是根据国际疾病分类标准先将门诊或住院病人的疾病按诊断划分为若干组，然后分别对不同组别、级别定价，并按这种价格向医院一次性支付费用。按病种付费也是预付制的一种，其优势也是提升医疗服务效率，可以控制不必要的医疗服务，但医院也存在寻求增加患者数量的动机。

5. 总额预付制

总额预付制（global budget）是由医保机构与定点医疗机构协商后确定某一定点医疗机构单位时间内的总额预算（可能是一年也可能是一个季度）。医保机构在支付该定点医疗机构医疗费用时，不论当期实际医疗费用支出多少，都以该预算数作为支付的最高限度。因此总额预付制能够控制单位医疗机构所产生的总的医疗费用，因而能产生较强的成本控制效果，其弊端也在于可能对医疗机构所提供的医疗服务质量产生消极影响。

6. 按 DRGs 付费

按 DRGs 付费即按疾病诊断的相关分组付费。具体而言，就是通过考虑患者的年龄、性别、手术项目、并发症、住院时间、诊断内容、治疗结果等多项因素将疾病分为若干诊断组，由医保机构与医院通过谈判确定每一个诊断组的付费标准，然后医保机构根据这个标准向医院支付费用。按 DRGs 付费的模式同时考虑了疾病严重程度和疾病复杂性等因素，保证了医保支付能够因病种和患者而异，又兼顾了医疗服务需求、医疗资源消耗等问题，通过这一医保支付方式，一定程度上形成了医保机构与医疗机构之间的风险共担机制，在促使医疗机构主动加强成本控制的同时，也能够保证医疗服务质量。按 DRGs 付费是目前发达国家普遍在采用的一种医保支付方式，由于该付费方式能够较好地调和医保机构、患者、医院等各个主体的利益需求，同时有助于促进医疗费用与医疗质量的平衡发展，因此现阶段也成为我国医保支付方式改革的主要方向。2019 年开始，按疾病诊断相关分组付费的试点开始在全国 30 个城市展开，2022 年开始我国启动按疾病诊断相关分组 DRG/病种分值 DIP 支付方式改革三年行动计划，医保支付方式改革在控制医疗费用、激励医疗机构高质量发展方面产生了显著成效。

案例

加大处罚力度是否是食品安全管制的万灵药？

本章小结

- 对于食品、药品以及医疗卫生服务市场，信息不对称主要是消费者对产品或服务质量信息的不了解。消费者无法掌握关于食品、药品以及医疗卫生服务质量的信息，使这些市场中出现了资源低效率的配置。而由于食品、药品与医疗服务的质量直接关系到公众的卫生健康，所以，食品、药品与医疗服务质量的信息不对称显得尤为重要。为缓解食品、药品和医疗卫生服务质量的信息不对称问题，应由政府实施相应的管制。

- 在产品市场上，按消费者获取产品质量信息的途径，将所有产品分为三类。搜寻品是消费者在购买前就能够了解到的食品质量信息；经验品是消费者在食用之后才能了解到的食品质量信息；信用品是消费者在食用后也无法了解的关于食品质量的部分信息。经验品尤其是信用品存在严重的信息不对称现象，均会导致市场的混乱，给消费者带来损失。为防止市场混乱，避免损害消费者利益，就必须实行政府管制。

- 为了对食品实施有效的管制，政府应通过建立管制的法律法规体系、制定食品标准体系、进入管制、信息管制以及监测等手段对食品质量进行管制，以达到确保食品质量的目的，尤其要避免由于食品受到污染产生的食品安全问题。

- 为了对药品实施有效的管制，政府应通过建立管制的法律法规体系、制定药品标准体系、进入管制、信息管制以及监测等手段对药品质量进行管制，最终达到确保药品的安全和有效的目的。

- 垄断、信息不对称和外部性等都将导致医疗卫生行业的市场失灵，并且，医疗卫生行业还涉及资源公平配置问题。所有这些不能通过市场解决的问题，都应通过政府对医疗卫生行业的管制，但信息不对称导致的医疗卫生行业的市场失灵是政府对其进行管制的重要原因之一。针对信息不对称问题，管制机构应从建立管制的法律法规体系、进入管制、服务质量管制、广告管制和服务费用管制等方面对医疗卫生服务行业实施全面的管制。

关键词

信息不对称（information asymmetry）　　卫生与健康管制（sanitation and health regulation）
搜寻品（search products）　　经验品（experience products）
信用品（credit products）　　食品质量（food quality）
药品质量（medicine quality）　　医疗卫生服务（health care service）
诱导需求（induced demand）

复习思考题

1. 分析食品质量、药品质量和医疗卫生服务的管制需求。
2. 简述医疗卫生服务市场的基本特征。
3. 简述食品质量管制的政策内容。
4. 简述药品质量管制的政策内容。
5. 简述医疗卫生服务管制的政策内容。
6. 中国经过多轮医改，但仍面临"看病贵"问题。请分析缓解"看病贵"问题的关键。
7. 试分析医疗卫生服务中存在的道德风险问题，并对各种医保支付方式的优缺点进行比较。

延伸阅读

1. 周小梅. 我国食品安全管制的供求分析. 农业经济问题，2010（9）.
2. 吴元元. 食品安全治理中的声誉异化及其法律规制. 法律科学，2016（3）.
3. 冀玮. 机构整合背景下的食品安全监管法律适用——基于行政法治视角的比较分析. 行政法学研究，2018（3）.
4. 张肇中，张莹. 食品安全可追溯与可追责的理论与仿真模拟. 系统工程，2018（7）.
5. 臧文斌，陈晨，赵绍阳. 社会医疗保险、疾病异质性和医疗费用. 经济研究，2020（12）.

即测即评

第九章 生产安全管制

生产安全管制是社会性管制的重要内容，对人民的安全和健康有着直接的影响。党的二十届三中全会强调，抓紧抓实安全防范，严格落实安全生产责任，完善安全生产风险排查整治和责任倒查机制。这是推动完善生产安全治理机制的重要举措，是深入践行"人民至上、生命至上"理念的工作安排。本章主要讨论生产安全管制的理论依据、生产安全管制方法、生产安全管制体系以及生产安全管制波动等基本内容。

第一节 生命价值与生产安全管制

一、生产安全管制的理论依据

生产安全管制是管制机构针对生产过程中可能造成负外部性的客体或行为实施的、旨在预防或减少生产事故发生率以及事故发生后对工人或其他当事人造成的伤害程度的管制政策与行为。生产过程中的健康和安全水平，关系到劳动者的生命安全和健康，但是由于市场运行的分散模式必定会带来一定的风险水平，因此完全依靠市场并不能达到理想的安全状态。一般而言，生产安全管制的理论依据源于以下三个方面。

（一）风险与非理性

工人对生产安全及健康风险的认识与客观存在的风险不同，主观感觉到的风险与生产过程中实际存在的安全风险也不尽相同。在实际中，工人往往倾向于过高估计一些低概率风险，如对机器设备不够警惕而导致的安全风险；而对一些出现概率较高的风险，如过度暴露在放射物质下而导致的健康风险却往往估计较低。此外，工人会根据他们所能够观察到的与生产有关的风险分布状况，来进行风险可能性预期：从事相对安全职业的人，一般会比那些从事较大风险职业的人更加厌恶风险；相反，偏爱高风险工作的人，可能比那些回避此类风险工作的人更低估其所引起的风险。例如 Joni Hersch 和 W. Kip Viscusi 就表示：[1] 烟民和不戴安全帽的人更愿意在危险的岗位工作，而且与他们钟爱安全的同时代人相比，如不吸烟、戴安全帽的人，更愿意接受较低的工资。这些都显示出人们在判断风险时的非理性。

关于工人对生产安全风险的识别，有以下两个特征：① 工人关于风险知识的掌握程度不同，其进行理性判断的能力也就不同。年轻的和无经验的工人更有可能面临事故。此外，涉及生产安全的风险较易识别，而涉及健康风险的识别则比较困难。因此，掌握较多

---

[1] 参见 Joni Hersch, W. Kip Viscusi. Cigarette Smoking, Seatbelt Use and Difference in Wage-Risk Trade-offs. Journal of Human Resources, 1990 (25): 202-227.

风险知识的工人更有可能识别安全风险。② 工人在所有风险市场上的反应根据收益—补偿原则进行调整和变化。一位工人来到一个新的工作岗位后，通过观察工作运行的特征、周围的环境、同事在工作中是否有伤亡等情况逐渐积累对这一生产安全程度的判断，如果工人判定自己的工作风险程度很高，就会要求提高工资；当他的工资水平不能补偿他所受到的风险程度时，工人就会选择辞去工作。

对于企业而言，当工人对生产安全存在着非理性判断时，企业可能不会出资改善工作环境，工人就面临着安全与健康的风险。因此，决定企业采取何种安全投资决策的最根本因素是工人自己在健康风险和工资收入之间有效的权衡。

图 9-1 分析了生产安全水平的决定。横轴表示生产的安全水平，纵轴表示安全的收益与成本。工人的安全边际收益随着安全水平的提高而逐渐下降，企业的安全边际成本随着安全水平的提高而逐渐增大，当安全的边际收益与安全的边际成本相等的时候，安全程度达到最佳水平 S^*。由工人偏好选择的安全价格将决定企业沿着边际成本曲线停在何处，市场决定的最佳安全水平是 S^*，安全的边际成本曲线下的部分（在图 9-1 表示为 AS^*OB 围成的阴影区域）是企业所投入的总的安全费用。由于降低风险是有成本的，企业的安全投资成本随风险的降低而增加，因此，这个水平不可能达到完全无风险的安全水平。在所提供的安全水平上，工人愿意支付 V 的货币量来预防预期的事故。这个点之上的额外安全是不会被提供的，因为对企业而言，为防止额外事故所付出的成本超过工人对防范措施的价值估计。

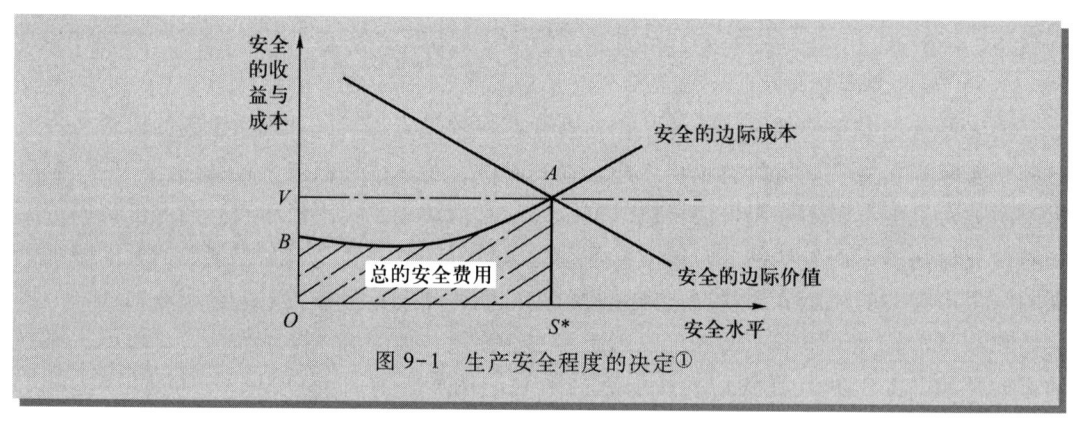

图 9-1　生产安全程度的决定①

所以，当存在对风险的非理性判断时，管制部门应该考虑制定标准提高企业生产安全提供水平，加强对工人的职业培训，提高工人获知风险的能力。

（二）信息不对称

生产危险产品或是从事危险行业的企业，很少有提供关于生产风险的完全信息的动机。实际上，它们的动机很可能是隐瞒信息，增加信息的不对称性，因为如果工人了解

---

① 参见 W. 吉帕·维斯库斯，约翰·M. 弗农，小约瑟夫·E. 哈林顿. 反垄断与管制经济学. 陈甬军，等，译. 3 版. 北京：机械工业出版社，2004：449.

了某项工作存在的全部危险,该企业就很难找到或者是难以在一个比较低的工资水平上找到从事这一危险工作的工人。

企业和工人对生产安全信息的了解程度是不同的,为了保证工人在生产过程中的安全,工人必须对其面临的风险有一定的认知,而且能够以此知识为基础做出正确的决策。但是由于信息不充分,许多生产安全和健康风险无法被全面了解,有时工人甚至对他们所面临的某些风险一无所知。此外,由于安全风险(外部风险,比如对机器设备不够警惕)要比健康风险(内在风险,比如过度暴露在放射物质下)容易理解,所以工人在进行健康风险评估时不易观察到不利于自身健康的事件结果。

关于生产安全中的"逆向选择"问题,本章假设采用不同安全投资水平的企业,对待是否为工人购买安全保险这一问题持不同态度。当缺乏相关人员的准确信息时,一个通常的解决方法是采用所掌握的相关人员的平均状况的知识,这也就是"逆向选择"产生的原因。[①] 为防范生产安全事故给企业带来巨大的赔偿损失,企业有可能会为工人购买安全保险。如果保险商依据平均安全投资支出来确定保险价格,那些尽最大努力去改善生产安全的企业就会认为这个保险价格太高,从而不愿意投保。相反,那些在改善安全状况方面投入最少的企业会觉得这个保险价格具有吸引力,从而积极投保,这就出现了"逆向选择"。

个体在对自身进行保护的过程中,由于其他人可能享受到好处而缺乏合作的动机,就产生了所谓的"道德风险"。道德风险常与保险联系在一起,与降低保护质量的"逆向选择"相比,道德风险增加了保护的真实经济成本。以安全保险为例,有些企业不愿意进行安全投资,为了控制自身的生产成本,总是力图把可能增加的补偿成本转嫁到保险市场中的其他人。由于信息不对称,单个企业就能够控制生产的风险成本,从而逃避风险责任。

(三) 外部性

生产安全具有生产上的正外部性,它不仅使工人受益,而且造福全社会。但企业不可能将生产安全收益完全内部化,其私人收益小于社会收益,私人成本与社会成本相偏离,如图9-2所示。

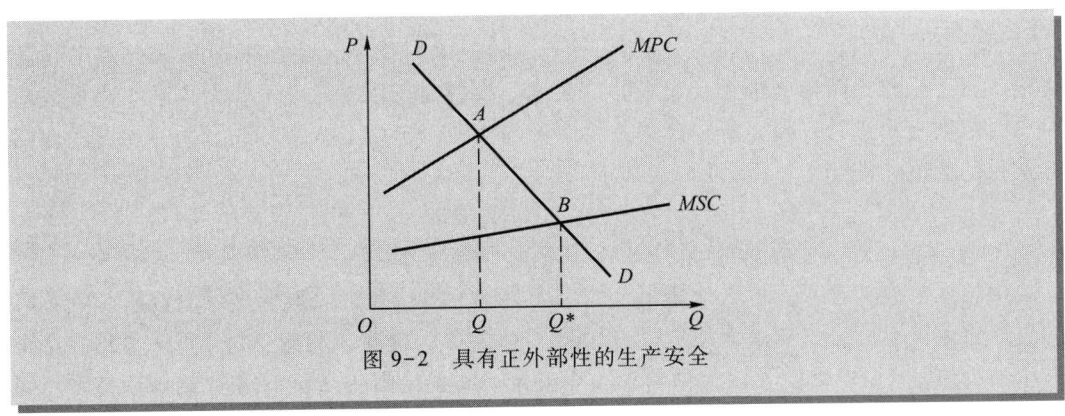

图9-2 具有正外部性的生产安全

---

① 参见小贾尔斯·伯吉斯. 管制与反垄断经济学. 冯金华,译. 上海:上海财经大学出版社,2003:376.

边际私人成本曲线（MPC）位于边际社会成本曲线（MSC）的上方，而且边际私人成本曲线的斜率大于边际社会成本曲线的斜率。企业从自身利益最大化出发提供的安全数量 Q 必然低于社会需求的最优数量 Q^*，从而，企业相对于社会需求生产安全供给不足，需要政府进行管制。

生产安全领域存在的利他主义是负外部性的一种表现：市场交易以外的各方，对待生产风险尤其是在更广泛的范围内对个人健康的无私关心是存有差别的。[①] 个人生命和健康的价值值得考虑，但尚未有明显迹象表明，社会的外部利益会切实推进这些价值的实现。社会中存在的利他主义利害关系提出了一个伦理问题：这是否只是那些有影响力的公民企图对他们自己和别人之间达成的风险—收益交易施加压力。高收入的白领工人也许将蓝领工作岗位视为缺乏吸引力，但这个观点并不意味着社会福利将会因为阻止人们从事该类工作而有所增加，这就需要政府采取各种努力来保障人们的健康，提高每个人的福利。

二、生命价值的含义与测度

（一）生命价值的含义

经济学对于人生命价值的有意识研究已经有 4 个多世纪的历史了。在经济学中，尊重生命就意味着阻止死亡，因而人们所讨论的主题是减少一部分人的某些死亡危险到底有多大价值。纵观西方关于生命价值理论的研究，大致可分为两大理论：一是人力资本理论和方法；二是风险交易理论和方法。人力资本理论主要是从人的生产能力即人创造价值或收入的能力角度来定义人的生命价值，而风险交易理论则是从个人对风险的权衡与交易角度来定义人的生命价值。[②] 在管制经济学领域，大多数观点认为，用未来净收入的资本化价值来评估生命价值是有缺陷的，从而主张采用风险交易理论来衡量人的生命价值。

由于人的生命价值是无法直接得到的，所以我们通过估算那些与生命价值相关的、可能会在市场上隐性交易的、具有社会风险的商品的隐性价格来确定。比如，工人们接受由工作场所中因面临风险而产生的额外保险费等。

风险交易理论认为，理性的"经济人"为降低事故概率，会在事前采取一定的预防措施。由于任何预防措施都是有成本的，在某一事故概率水平条件下，个人会在降低风险和支付数额之间进行权衡，所以该理论将个人的生命价值定义为个体为预防一项死亡而愿意支付的价值。即

$$生命价值 = \frac{支付意愿}{风险降低标准} \tag{9.1}$$

根据这个等式，我们可以计算出个体愿意为每一单位死亡风险所支付的数额。就有限的生命价值反应而言，如果为预防 1/10 000 概率的死亡风险，愿意支付 1 000 美元，意味着生命价值是 1 000 万美元。为预防小风险支付 500 美元则生命价值就是 500 万美元。同

[①] 参见 W. 吉帕·维斯库斯，约翰·M. 弗农，小约瑟夫·E. 哈林顿. 反垄断与管制经济学. 陈甬军，等，译. 3 版. 北京：机械工业出版社，2004：452.

[②] 参见程启智. 人的生命价值理论比较研究. 中南财经政法大学学报，2005（6）.

样地推至极端,零支付意味着将生命评估为零,如果对个人愿意支付的风险预防费用不加限制,并且个人愿意将现在以及未来所有的财富都用以消除风险隐患,那么生命价值将无限大。

将这一方法运用到生产安全管制领域,就可以根据工人在生产过程中面临风险而得到的工资收入,来估算其所表现出的隐含生命价值。根据工资报酬级差理论,工人将会要求对那些可感觉到风险的工作采用级差工资报酬:工人在所有劳动力市场上的反应都根据风险—补偿的不同组合而发生变化。不同工人对风险与金钱之间的权衡所作出的选择不同,也表现了他们对自身生命价值评估的不同。此外,市场也为生命价值的评估提供了一定的信息,每单位风险的实际补偿数量其实暗示了对该风险的注意程度,也暗示了该风险点上的生命价值。[1]

(二)生命价值的测度

1. 劳动力市场模型

劳动力市场模型是目前在生命价值评估方面使用较多的一种经验估计方法。它将工人的隐性收入作为他们工作收益的一部分,以此来估价工资的风险交易,并使用这一交易所暗含的意义估计生命价值。

劳动力市场模型建立在劳动经济学的级差工资报酬理论之上,有两个基本前提条件:① 不同工人对工作条件及其风险水平的关注程度不同;② 工作条件的改善和风险的降低是有成本的,企业因工作条件的不完善而支付给工人补偿工资。下面我们用图9-3来直观地表达该模型是如何来估计生命价值的。

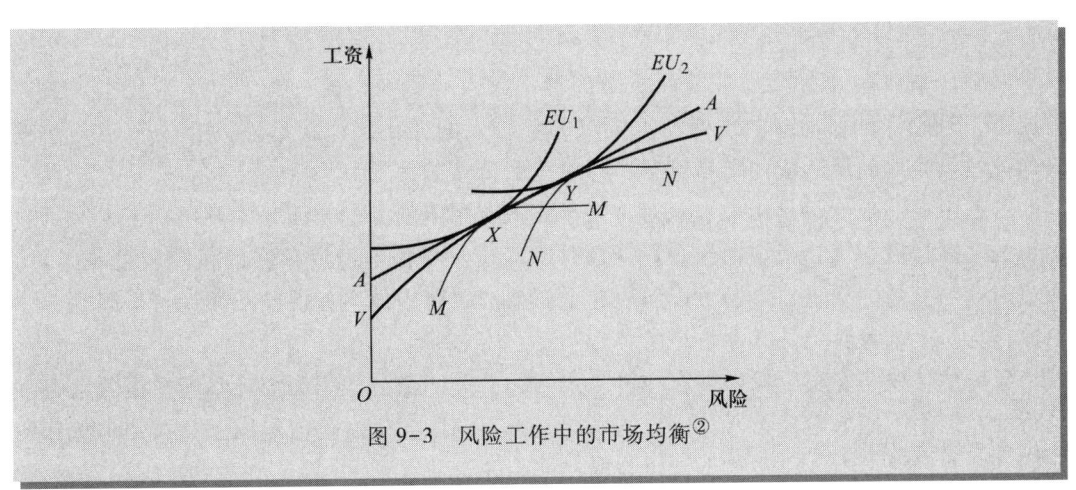

图9-3 风险工作中的市场均衡[2]

假设工人都愿选择更加健康的状况而不是更低的健康状况,因此工资率是风险的增

---

[1] 参见 W. 吉帕·维斯库斯,约翰·M. 弗农,小约瑟夫·E. 哈林顿. 反垄断与管制经济学. 陈甬军,等,译. 3版. 北京:机械工业出版社,2004:450.

[2] 参见 W. 吉帕·维斯库斯,约翰·M. 弗农,小约瑟夫·E. 哈林顿. 反垄断与管制经济学. 陈甬军,等,译. 3版. 北京:机械工业出版社,2004:392-393.

函数。根据前面的基本假设,不同工人对待风险—工资这一组合的选择是不同的,可以用曲线 EU_1 和 EU_2 来分别代表工人 1 和工人 2 对工资与风险组合的无差异效用曲线,在图 9-3 中,前者低于后者,表明工人 1 对待风险的态度比工人 2 更保守,因此他愿意寻求一个风险更低而工资也更低的工作环境。由于工作条件的改善和风险的降低是有成本的,工人的选择受到企业所提供的那些风险—工资组合的限制。用 MM 和 NN 曲线来分别代表不同企业对工资与风险组合的等利润曲线,它们表明,如果企业通过额外投资健康与安全来降低风险,那么,要维持相同的利润标准,工资必须相应地降低,也就是说,在保持利润水平不变的情况下,企业能够提供的工资是风险的增函数。这样,整个行业的等利润曲线的外部包络线 VV 就提供了一条对工人有利的报价曲线。因为在 VV 曲线之下的任何点,在相同的风险条件下,其工资都低于 VV 曲线上的点;或者在相同的工资条件下,其风险均高于 VV 曲线上的点。按照市场均衡理论,工人会在其效用曲线 EU 与市场就业轨迹 VV 的切点处获得持久的预期效用,图 9-3 中的 X 和 Y 点就分别对应工人 1 和工人 2 的风险工作的市场均衡点。通过分析观察到的市场均衡点,可以对风险与工资之间的线性关系进行估算,从而得到图 9-3 中的 AA 曲线,该曲线的倾斜度给出了风险与工资的交易关系,这条曲线表明了工人在风险与工资之间所愿意接受的交易条件,进而依次推断工人生命的隐含价值。

2. 经验估计模型

经验估计模型主要是根据可利用的工资与风险信息的特性来估计生命价值。如果以年收入作为统计数据资料的依据来衡量生命价值,可以得到以下形式的方程式:[①]

$$年收入 = \alpha + \beta_1 年死风险 + \sum_{i=1}^{n} \gamma_i 个人特性_i + \sum_{i=1}^{m} \psi_i 工作特性_{i+\varepsilon} \quad (9.2)$$

其中,系数 β_1 表示年度风险死亡增加对年收入的影响程度,在给定年度死亡风险的情况下,β_1 会影响所对应的预期死亡要求的年收入的变化,也就是说,β_1 表示工人在收入与死亡风险之间所达成的交易均衡,即对生命价值的评价。

方程中的其他变量是用来表示对工人年收入有影响的其他方面,主要包括工人对风险知识的掌握程度、工会组织在与企业谈判时的地位、工作本身所存在的风险程度等因素。通过对这些变量的测量,人们可以解决存在于生产风险中的诸如保险费用计算等问题,并以此作为对工人及其工种其他特征的补偿。

经验估计模型在实际操作中存在着一定问题,美国经济学家和统计学家根据劳动力市场行为,运用不同风险变量所计算出的不同美国人的隐含生命价值范围,从不到 100 万美元到 600 万美元以上,说明对不同风险取样的生命价值评价不同。这主要是由于工人对风险—工资组合情况的选择差异以及取样时参数选择的差异造成。此外,估量不同风险变量真正与工作相关的风险程度,可能与交叉风险估量有很大差异。最后,即使随着经济技术的发展及对隐性生命价值的深入研究,经济学家们仍然不能准确描述出每个特殊实例中的

[①] 参见 W. 吉帕·维斯库斯,约翰·M. 弗农,小约瑟夫·E. 哈林顿. 反垄断与管制经济学. 陈甬军,等,译. 3 版. 北京:机械工业出版社,2004:394.

适当的生命价值。

3. 市场调查法

人的生命价值通常是无法直接得到的，我们之前的做法是通过对与生命价值有关的隐性价格测度来估算生命价值。这一方法隐含的前提条件是可以得到相关隐性价格的市场有效数据。当缺乏有效数据时，生命价值又该如何衡量？市场调查法在一定程度上可以解决这一问题。

市场调查法主要是以个人为主要对象，通过设定假定情形下的调查问题来得出收益价值。对价值的提问并不唯一，人们可以有许多方法来提出价值问题，关键是如何设置最佳的问题调查框架，从而引出个人真正的潜在经济价值。

可以按照以下步骤获得有关信息：第一步，针对特殊利益向个人提出问题。第二步，向个人提出没有确定答案的问题，询问个人是否愿意支付一笔比最初回答更多的费用。第三步，不再向个人询问没有确定答案的问题，而是通过个人竞价来决定他们支付价位的高低。比如，向个人提出是否愿意为改进工作环境支付 1 美元，如果回答"是"，继续提问是否愿意支付 2 美元，以此类推直到回答者不愿意再提高价格为止。这些竞价可以按照从高到低的顺序，也可以按照从低到高的顺序进行。第四步，利用一组比较，给个人一项可以选择的产品或是其他的二元选择。运用计算机的人机对话程序，可以给出一系列个人的选项，从确定其最不关心的那一点做出挑选。[①]

实际中，可能会存在个人并不针对所提问题做出深思熟虑或是有意义回答的情况，这主要是因为调查可能并不涉及他们实际所做出的决策。此外，由于许多决策都涉及风险，人们有可能因为面对风险时受到非理性因素影响而不能真实反映他们所实际承担的价值。

第二节 生产安全管制方法

生产安全管制方法主要从设定管制标准出发，通过实施过程监控来实现管制目标。在具体管制政策实施过程中，还需要把握管制标准执行的严格程度以及安全管制重点的转移。

一、管制标准设定

管制机构通常采用立法的形式对生产安全进行管制，而且往往试图通过制定一个安全技术标准来提供一套统一的保护。如美国早在 1970 年就通过"职业安全和健康法案"对工作场所安全进行管制，并且美国职业安全与健康管理局（OSHA）成立之初就曾采用典型的统一指标描绘生产过程的设计标准。[②]

---

① 参见 W. 吉帕·维斯库斯，约翰·M. 弗农，小约瑟夫·E. 哈林顿. 反垄断与管制经济学. 陈甬军，等，译. 3 版. 北京：机械工业出版社，2004：398.

② 如 OSHA 对栏杆的管制要求就非常具体，规定高度（30~34 英寸）、栏柱间隔（不超过 8 英尺）、厚度（至少为 2 英寸的木材和 3/2 英寸的金属管）。

(一) 标准的分类

生产安全管制标准可以从多种角度进行分类。根据管制的内容，可将生产安全管制标准分为设施标准和作业标准。[①]

1. 设施标准

生产设施是一个广义概念，包括所有能影响生产过程中的工人健康与安全状况的任何设施。在各类有关生产安全与健康管制条例中，对生产设施如工作场地、通风设施、急救设施、饮水设施、卫生设施等都做了具体规定。在制定详细标准时，根据所管制设施的特点，又可以将生产设施标准分为一般设施标准与特种设施标准。

一般设施标准主要是针对生产过程中的基本和常用设备。它要求所有企业都必须为每一位劳动者提供安全和健康的工作环境，确保生产过程中所有设备都处于安全和清洁的正常运转状态；并保证设施在数量上是足够的，设施对从事这项工作的员工来说是安全、合适和充分的；确保存在一条畅通、安全和干净的通道，并保证从工作场所至其他任何出口的安全通道都是畅通、安全和干净的。

特种设施标准是针对特种设施所做的特殊要求与规定，这些特种设施主要包括室内建筑、建筑物、户外或可移动场所等。其中，室内建筑具体包括木屋、一定规模的宾馆、客房等；建筑物包括办公楼、有一面是墙或部分用墙隔离的商店（包括商店之外的长廊等），但是不包括工人临时维修设备的建筑物；户外或可移动场所主要包括公交车、通信车、道路施工场所等。特种设施标准与特种作业相联系，标准的设立以防止和减少特种作业中的伤害为目的。这里所涉及的特种作业是指在生产过程中容易发生伤亡事故、对操作者本人尤其对他人和周围设施安全有重大危害因素的作业。特种作业范围有电工作业、锅炉司炉、压力容器操作、金属焊接（切割）作业、煤矿井下瓦斯检验、起重机械作业、爆破作业、机动车辆驾驶、机动船舶驾驶、轮机操作、建筑登高架设作业等。由于这些特种作业具有一定的特殊性和危险性，需要管制机构对其设施标准做出严格规定。

2. 作业标准

作业标准是对工人在生产作业时的具体规定，它强调对工作现场的管制。通过总结有关法例，可将生产作业标准归纳为健康标准、安全标准和福利标准。

健康标准是以保证工人工作时的健康为出发点来制定的，通常有以下五点规定：① 对通风条件的规定。如工作场所应该保持足够的通风，通过一定的通风设施，使室内空气新鲜、干净，特别是含有加热设备或是产生刺激性蒸汽的工作场所，更需要保证空气畅通。② 对工作场所温度的规定。如工作场所的温度应使人感觉舒适，当处于过冷或过热的环境中工作时，工人的健康风险会随着环境和一般可接受温度的偏离而增大，在这样的环境中评定工人的健康风险，需要考虑两个方面的因素：个人和环境。个人因素主要包括身体活动、衣服的数量和类型，以及持续暴露的时间；环境因素包括周围的温度、辐射的热量。如果是从事户外工作，还包括阳光照射、风速、雨雪等自然环境方面的规定。③ 对

[①] 本书关于标准的有关具体内容是根据各国有关工作标准的相关法律、法规综合而成。

工作场所光线的规定。如照明应该充足，以保证工人能安全工作和自由移动。如有必要，应在危险的工作场所如高速公路的十字路口处提供区域性的照明。为防止突然停电而造成意外，还规定工作场所必须配备应急性照明系统。④ 对清洁和处理废弃物的规定。如定期对工作场所设备、地面、墙面、天花板等进行清洁，对废弃物尤其是危害工人健康的废弃物，应设有专门人员进行有效率地处理。⑤ 对活动空间的规定。如要求工作场所必须保持有足够的自由空间使工人能够自由移动等。

安全标准以提供安全为目的，主要有：① 对工作场所交通路线的规定。交通线路包括行人、车辆通行的线路和阶梯、固定楼梯以及楼道等。工作场所应设置足够的交通线路以保证行人和车辆安全通行。对有可能出现急转弯或陡峭的路段，应当配置单行道或可视镜，并设置最高限速。交通线路上还应提供保护工人免受尾气或高空坠落物伤害的设施。楼梯要有护栏做保护，如果必要，两面都要有扶手，当楼梯间很宽时，中间也应设有扶手。卸货线路末端还应提供挡板以避免汽车陷入，卸货坑的设置应该合理，以保证工人免受汽车倾轧。② 对坠落物体的规定。由于高空坠落物体会对工人造成严重伤害，所以有必要对其设立严格标准。在有可能导致物体坠落的地方，应当设置防护网以免工人受坠落物体的伤害，建筑工地等高危场所还应设置防护栏以防止工人在作业时从边缘坠落。如有必要，应当阻止工人攀爬至各种设施的顶部，如必须从顶部作业，则应在顶部设置护栏以防止坠落。③ 对门窗及可移动设施的规定。工作场所中的门窗应构建妥善，既能保持通风又能保证工人遇到危险情况时能顺利离开。特殊类型的门窗，如电动门应当建立识别装置并防止卡住行人，卷闸门应防止其滑落。可移动设施如电梯等，应保持其正常运转，并安装好容易识别和方便触摸的安全装置和紧急按钮，保证工作场所人员的安全和物资的通畅。

福利标准从保障工人福利出发，具体包括：① 对卫生间及洗浴设施的规定。如规定工作场所应该配备卫生间，并且卫生间应当保持清洁、通风，如果工作需要，还应当配备浴室。② 对饮用水的规定。如工作场所应供应充足的饮用水，水源应该用一个密封容器装盛，并不能被直接接触。③ 对储物柜和更衣设施的规定。如提供充分、安全的空间来储存工人衣物和随身物品，如果工作需要，还应提供干衣设备，并保护好个人隐私。④ 对休息和餐饮设施的规定。如设置足够设施保证工人在工作场所用餐，并保证食物卫生。应当为工人提供舒适的休息场所和配备必要的休息设施，如有可能，还应将休息场所划分为吸烟区与无烟区。

（二）标准水平的设定

生产安全管制中，个人健康和安全水平是管制机构关注的首要问题，而保护成本和经济利益位居其次。但是，在实际管制过程中，零风险是不现实的，管制机构必须接受一定水平的危险概率，也就是说需要确定一个合理的安全水平。标准水平的设定有两种方式：技术标准原则和成本—收益原则。技术标准原则是将标准水平设置在现有技术条件下所能达到的最安全水平；而成本—收益原则将标准水平设置在管制的边际成本与边际收益相抵之处。技术标准原则较为严苛，而成本—收益原则更注重管制的经济效率。图9-4给出了两种标准水平设计原则的直观解释。假设单位安全边际收益值不变，那么安全收益曲线将趋于平坦。因为提高安全是越来越昂贵的过程,所以供给安全的边际成本呈上升趋势。超越现有技术水平,增加安全变得无比昂贵,所以安全的边际成本曲线尾部十分陡峭。图 9-4 中的 S_2 点处为技术标准原则下的标准水平,S_1 点处为成本—收益原则下的标准水平。

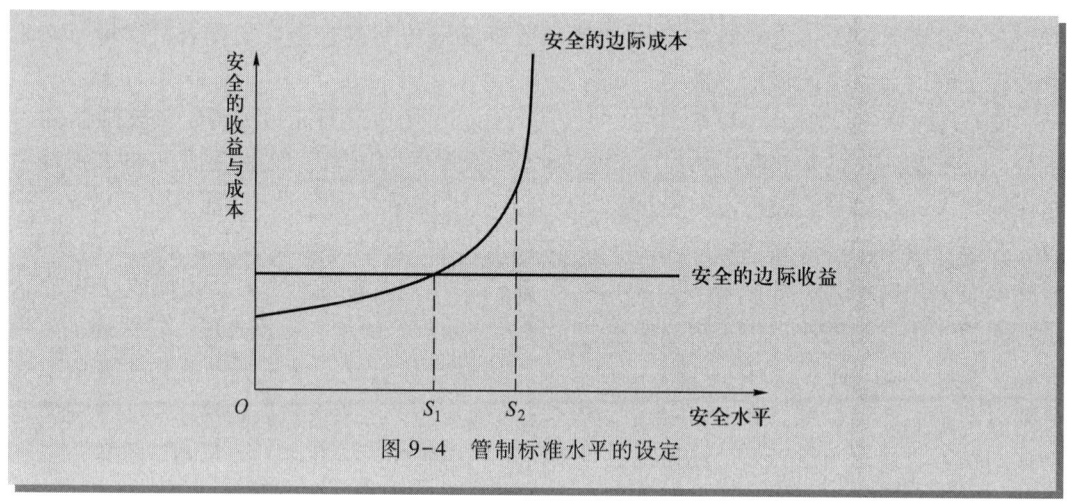

图 9-4 管制标准水平的设定

对 OSHA 安全策略的讨论反映了标准水平确定的复杂性。OSHA 的策略是在边际成本曲线上寻找一点,在这一点上将会使增加安全变得无比昂贵,即坚持技术标准原则,其选择的安全水平在点 S_2,但成本—收益原则下有效的安全水平在点 S_1。在理想的状态下,OSHA 将允许企业以尽可能低的成本方式达到指定的安全水平,从而与已明确的可强制执行的管制条件相一致,即在技术标准原则下进行成本—收益比较。具体操作中,经济学家们认为 OSHA 应该在不危害工人安全的前提下使其管制方法更灵活,因为对一些从事十分危险的行业的企业而言,如果有效保证安全和健康没法让它们盈利的话,它们就会停止经营。①

二、过程监控

标准的建立只是生产安全管制的开始,当实施强制性管制时,实际生产中工作安全环境的改善要求有效地实施管制标准,这就涉及安全管制的过程监控。生产安全管制机构的工作人员必须到场所进行现场检查,判定是否有人违反管制标准,并处罚违反者。此后,管制人员还应返回继续检查,评估处罚,直到确认其遵守标准为止。以 OSHA 为例,在 OSHA 能够影响一家企业的政策之前,其官员必须对企业进行检查,看其是否遵守了 OSHA 的标准。检查程序通常按照以下次序进行:① 检查即将来临的紧急危险;② 对致命事故和其他严重事件的调查;③ 调查工人的抱怨,并加以咨询;④ 一般性的程序调查。过程监控中的严格检查次序表明,管制机构试图有效利用其有限的资源以揭示危险状况,

---

① 参见 W. 吉帕·维斯库斯,约翰·M. 弗农,小约瑟夫·E. 哈林顿. 反垄断与管制经济学. 陈甬军,等,译. 3 版. 北京:机械工业出版社,2004:453.

但仍有证据表明,管制机构只获得了部分的成功,如在其早期的管制工作中,OSHA 在实施方面的大部分努力都花费在一些小的违法事件上。对于管制机构管制效果的评价,目前还存在一定争论。

安全管制有利于提高生产过程中的安全水平。但是,在决定安全水平的问题上,市场的作用仍然是具有建设性的。通过差别补偿和其他相关机制,市场处理安全风险有时也可能更为有效,因此可以考虑适当引入市场机制来处理生产中的安全风险问题。管制机构制定的标准往往带有较为理想的色彩,而市场标准有可能更具有实用性。市场运作如果使企业有能力选择更便宜的方法来达到健康和安全目标,从而降低遵守标准的成本,提高企业发展技术革新来促进健康和安全的积极性。

三、政策实施

政策实施是生产安全管制的主要方式。具体说来,管制标准的执行程度影响着企业所面对的标准水平,和管制标准的设置一道决定生产安全管制的效率。管制重心的转移对生产安全管制的效果有重要影响。

(一) 选择合适的管制标准与执行程度

立法是制定生产安全管制标准的主要手段,但是立法并不能细化标准的执行状态。管制标准的执行可谓管制标准制定的延伸,直接决定着企业所面对的标准水平,再严格的标准水平如果遇到松懈的执行,企业面临的也是毫无约束力的标准。管制标准的制定和执行共同决定着生产安全管制的标准水平,其作用机制如图 9-5 所示。

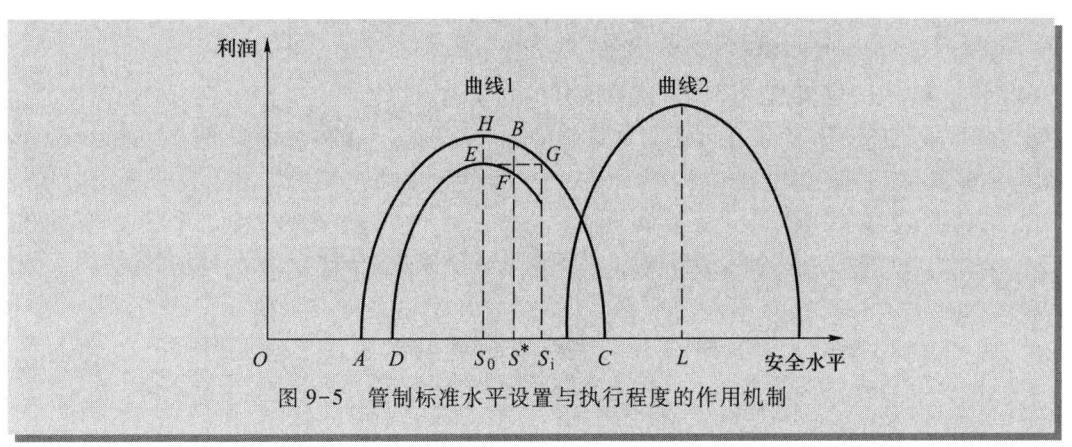

图 9-5 管制标准水平设置与执行程度的作用机制

当无安全管制时,企业在不同安全投资水平下的利润曲线如图 9-5 中的 AHC 所示,企业将选择使其利润最大化的安全水平 S_0,最高盈利点为 H。假设安全管制要求一个最低的安全水平 S^*,当企业安全水平低于 S^* 时将面临一个预期的处罚水平,这一处罚水平使企业的利润曲线向下移动,变为 $DEFBC$。如果企业安全投资达到了 S^* 安全水平,那么其利润函数同以前一样由 BC 决定;如果企业的安全投资未达到 S^* 水平,则可能受到处罚,利润函数由 DEF 决定。遵守安全管制是有成本的,对于一家理性的企业,其面临的选择是当"服从成本<可能的检查×期望每次检查的违例数×每次违例的平均处罚"[①] 时选择服从安全管制,否则拒绝接受规定水平 S^*。适当的管制标准水平和执行程度就是要使企业的违规成本超过其违规收益,使遵从标准变得有价值。如果标准水平和执行程度过于温和,低于 S_0 水平,那么安全管制将不会影响企业的行为;如果标准水平和执行程度过于严厉,高于 S_i 水平,企业宁可违背标准,说明该标准不是切实可行。所以,合理的标准水平和执行程度 S^* 应在 $S_0 \sim S_i$ 间,在该范围内,企业有足够激励遵守标准 S^*,其最高盈利点 B 虽低于无安全管制时的最高盈利点 H,但高于违背标准时的最高盈利点 E,结果是最终安全水平 S^* 高于 S_0。与成本—收益原则相结合,最优的管制标准水平和执行程度是 $S_0 \sim S_i$ 间带来最大社会净收益的那一点。

同时,安全管制政策的制定和执行应充分考虑生产安全的现状。如图 9-5 所示,假设现存的大多数企业受技术、资本等因素的制约,安全投资产生的盈利水平多为曲线 1 的状况,如果此时超越现实基础以曲线 2 作为决策依据,那么最终选择的标准水平和执行程度导致的后果是,企业要么无视管制标准的存在,不遵守标准;要么退出相关领域。因此,为了有效地保证生产安全,管制机构制定标准和严格执行都应有一定的"度",应该充分考虑到现有的技术水平和科技发展情况,同时也应该考虑到不同企业对标准的遵守动力的差异性,从而选择切实可行的安全管制标准水平和执行程度。

(二)适时转移管制重点

生产过程中的健康风险即内在风险,要比安全风险更难察觉,即使工人掌握了防范安全风险的必要常识,也很难对生产过程中的健康风险做出准确的判断。这类风险在暴露之后可能影响个人几十年,对工人的健康造成潜在的威胁。例如,在化工行业和制造行业中,使用劣质原料或原料使用不当或者工人在缺乏保护的情况下作业,都有可能引发一些职业病,对工人的健康造成损害。目前国外的安全管制机构已经开始重视对健康风险的监督,OSHA 近年来的一个变化就是将其管制的重点放在会对工人的健康产生严重影响的违例上。中国的生产安全管制也要从以控制伤亡事故为主向全面做好职业安全健康工作转变,把职业安全健康看作一个完整的概念。从长远看,中国生产的安全工作不可能总停留在仅仅防范伤亡事故这个狭小圈子内,必须向职业健康这较广阔的领域拓展。

第三节 生产安全管制体系

一、生产安全管制的国外经验

从 20 世纪 70 年代起,西方国家逐步放松了传统的垄断性产业管制,开始注重对生产安全等社会性管制的研究,通过制定法律和建立管制机构来加强对职业健康安全领域的管制。中国近年来生产安全事故时有发生,严重危害到劳动者的生命健康安全和社会和谐,借鉴国外安全管制的成功经验,逐步建立和完善中国生产安全管制制度,是值得我们研究

[①] 有关安全投资的成本分析,可参见罗云. 安全经济学. 北京:化学工业出版社,2004:85-131.

的重要课题。本书在此以生产安全管制最为严格的美国为例来分析说明。

（一）生产安全管制机构的设置

美国生产安全管制方面的机构主要有综合性的安全管制机构如 OSHA、工业卫生协会（AIHA）等，专门性的安全管制机构如矿山安全与健康局（MSHA）等。

OSHA 是依据《1970 年职业安全和健康法》成立的，目的是"保障国家每一个男性和女性公民，在一种安全、健康的条件下工作。"其主要职责是：要求企业和工人降低工作场所的风险；规定各州建立所属管理范围内的工作安全和健康计划；建立工伤事故、疾病和死亡的报告程序；建立风险预警机制，全面解决工作场所的环境对工作者产生的风险。在近期的 OSHA 的改革中，主要强调更多地披露安全、健康和风险的信息，让公众在一个信息较为充分的环境下做出选择。

AIHA 是成立于 1939 年的一个非营利性组织，是为职业和环境卫生提供专业服务的大型的国际性协会之一，宗旨是促进、保护和推动职业、社区和环境的卫生和安康条件。其职责是：让从事职业卫生、安全和环境的专业人员投身于控制工作场所或社区中的各种环境卫生危害因素中。AIHA 拥有一批高素质的专业人员，这些人员能够为生产过程中的职业安全与卫生提供高标准的服务。1974 年 AIHA 策划了实验室质量保证程序，该程序的目标是对影响健康和自然资源的职业性危害作出科学的评估。通过 30 多年的发展，AIHA 已经完成了五个精确分析测试程序，分别是工业卫生精确分析测试（IHPAT），高精度石棉精确分析测试（BAPAL），环境铅精确分析测试（ELPAT），细菌、真菌精确分析测试（EMPAT），铍精确分析测试（BEPAT）。美国职业安全卫生实验室的作用是：经过科学的实验室认证，为生产过程中存在的有毒有害物质提供权威的分析测试数据。虽然法律并没有规定其数据具有法律权威性，但是由于 AIHA 是全国性的中介组织和权威的社团，它所认证的实验室的数据被各方采用，其中也包括法官。

矿山安全管制是生产安全管制的一个重要内容。在美国，从事矿山安全管制的专门机构是 MSHA，它是 1978 年根据《联邦矿山安全与健康法案》的有关规定而成立的，其主要职责是强化安全标准制定、监督安全生产、加强检查、调查处理事故和进行安全生产方面的研究。联邦矿山安全健康管理总局下设两个职能部门和六个综合司室。两个职能部门主要是煤矿安全与健康监察司（CMSHA）和金属及非金属矿山安全健康司（MNMSHA）。煤矿安全与健康监察司下设健康处、安全处、管理处，监察司在全国 11 个地区、共 2 100 个矿山设立地区煤矿安全监察处，并在 45 个矿区设立煤矿安全监察站，每一个矿区设矿区监察长，直接向煤矿安全与监察司报告矿区安全情况。在六个综合司中，其具体职能如下：项目评估和信息司的主要职能是保证矿山安全健康监察的正确性；进行内部检查和对矿山安全健康监察局项目进行评估；收集分析各种事故数据；负责提供并支持矿山安全健康管理总局的全部自动信息系统等。标准法规司的职能是负责矿山安全与健康管理总局的全部标准和法规编制修订工作，此外还负责处理矿山经营者对矿山安全和健康标准以及法规修订问题的上诉。技术保障司的主要职能是为全国矿山提供解决矿山安全与健康问题的技术和科学研究方面的支持。它主要是通过宾夕法尼亚州的匹兹堡安全与健康技术中心和西弗吉尼亚州的批准和认证中心来进行。行政管理办公室主要是负责矿山安全与健康总局的行政管理和日常事务。评估处罚司的职责主要是负责征收违反《矿山法》以及矿山安全健康标准的民事罚款；负责建立、更新评估程序和实施评估政策并协调矿山安全健康监察局和地方安全健康监察司以及各评估中心的评估活动。教育发展司主要是负责制定矿山安全健康管理总局关于全国矿山开采的教育和培训工作。自 MSHA 成立以来，美国矿山生产的安全状况得到明显改善，煤矿事故死亡人数大幅度下降，2004 年，全美煤矿工人总数约为 103 000 人，死亡率仅为 0.026 7 人/百万吨煤。

（二）生产安全管制法律的演进

工人的健康和安全保护法律的发展经历了两个阶段：在 20 世纪 30 年代之前，联邦法院和州政府制定的法规通常有利于企业管理层，但是从 1932 年开始，国会制定了许多保护工人的法律。1932 年制定了《联邦反禁令法》，1935 年制定了《社会保障法》（又称养老、遗孤和伤残保险法）、《国家劳工关系法》，1938 年制定了《公平劳动标准法案》，1947 年制定了《劳资关系法》，1959 年制定了《劳资报告和信息披露法》，1970 年制定了《职业安全与卫生法案》，1994 年《北美自由贸易协定》生效，以贸易自由为目的并为劳工提供保护。

《公平劳动标准法案》建立了最低薪金和加班标准，还禁止某些类型的童工。美国劳工部薪资与工时处负有执行和实施此法的重要责任，薪资与工时处的官员遍布全美，他们对工资、工时和其他就业状况进行调查并收集数据。《社会保障法》由社会保障总署执行。在颁布《职业安全与卫生法案》时成立了职业安全与卫生管理局，职业安全与卫生审查委员会以及职业安全与卫生国家机构。职业安全与卫生管理局公布和执行劳工安全和卫生标准，要求企业对工人的伤情和病况做详细记录，并对之进行研究，还可以进行比较严厉的惩罚，除了做出民事惩罚，还享有关闭工厂的权力。后来企业还面临一个明确的选择：合作伙伴模式或传统的执行模式。对于那些建立并实施了强大且有效的卫生安全项目的企业，职业安全与卫生管理局将其作为合作伙伴，与其共事。对于那些曾对工人造成危害并且无意改变迹象的企业，职业安全卫生管理局将毫不妥协地严格执行法律，使违法者面临严重的后果。职业安全与卫生管理局的多数调查活动由某工人的书面投诉发起，并对投诉者的身份进行保护。

各州劳工赔偿法对伤者承担的住院和医疗开支的赔偿做出了规定。工人在能够返回工作岗位之前，还能获得伤残工资。如果工人因工死亡，他的家人将获得死亡救济金。拥有准司法权的州级行政机构执行劳动赔偿法，这些机构的所有裁决都要经过法院审查。受伤雇员有权根据劳工赔偿法获得赔偿，而不必考虑企业是否存在过失或过错。获得赔偿的权利是基于雇佣关系，以及伤害是由工作引起的事实。基本上，雇主要遵循严格责任体系。

（三）生产安全管制的改革

OSHA 承担着生产安全与健康管制的主要责任，OSHA 的管制历程在一定程度上是生产场所个人安全与健康保护管制的一个缩影。虽然对 OSHA 管制效果还存在着一定的争议，但是 OSHA 的管制也在争议中逐渐变革。表 9-1 列举了 OSHA 的部分改革内容，从中我们可以看到管制机构正在逐渐寻求安全和健康改进水平和社会投入成本之间的一种均衡。

表 9-1　OSHA 职业保护管制的变化

事件/年份	影响
职业安全和健康法 （1970 年）	为了提供一个"不存在已知危险"的工作场所，国会通过了创建职业安全和健康委员会的法律，赋予该委员会制定安全和健康标准的权力。安全措施要"尽可能"地有用，健康则在"可行的范围内"受到保护。成本和收益的考虑不用于指导政策。
11821 号行政命令 （1974 年）	要求 OSHA 及其他行政机关证明它已经考虑到了重要的法律制度、规则和管制在引起通货膨胀方面的影响。管理和预算办公室（OMB）提供指导，以说明这一影响。工资和价格稳定委员会（CWPS）对此做出评价。
11949 号行政命令 （1977 年）	扩大对影响的分析，把对通货膨胀的影响改变为对经济的影响。
12044 号行政命令 （1978 年）	要求对年度影响在 1 亿美元以上的所有管制进行经济分析，并开始对管制进行成本—效益分析。
苯案件 （1980 年）	表明大幅度增加成本而没有证据说明利益（在非货币的含义上）也大幅度增加的管制将不被支持。

资料来源：小贾尔斯·伯吉斯. 管制与反垄断经济学. 冯金华，译. 上海：上海财经大学出版社，2003：380.

二、生产安全管制的中国实践

（一）中国生产安全状况与特点

中国生产安全状况一直不容乐观，自 1950 年以来，已经发生过五次事故高峰，分别是 1957—1958 年、1966—1968 年、1980—1982 年、1992—1994 年和 2000—2002 年。从中国近年工伤事故和职业病危害的实际状况来看，每年因各种事故导致的生产过程中非正常死亡人数达 10 万人以上，工伤致残人数达数十万人之多。此外，中国职业病危害也非常严重。据不完全统计，全国有 50 多万家厂矿存在不同程度的职业危害，实际接触粉尘、毒物和噪声等职业危害的工人有 2 500 万人以上。通过对各个时期、各个阶段安全事故的伤亡统计数据进行分析，可以发现中国生产安全具有以下特点。[①]

一是事故总量随着经济规模的扩大而上升。新中国成立以来，工矿企业事故死亡人数大致呈上升态势。至 2003 年出现了"拐点"，当年在国内生产总值持续增长的背景下，事故死亡人数开始下降。从事故死亡指数曲线分析，1953—1976 年波动幅度较大，1978 年后波动幅度相对较小，死亡人数指数波动幅度与 GDP 增长率的变化具有统计学关系，改革开放以来比较稳定的经济社会环境，为安全生产平稳发展创造了有利条件。

二是反映事故死亡人数与经济活动关系的一些相对性指标持续下降。煤炭百万吨死亡率和道路交通万车死亡率，以及工矿企业从业人员 10 万人死亡率，均呈逐年下降趋势。这表明随着安全法制的健全和监管力度加大，中国生产安全状况在不断改进。

三是特大事故发生频率呈增加态势。这种现象表明，随着生产规模扩大、生产集中化

---

① 参见李毅中. 谈谈我国的安全生产问题. 中国安全生产报，2006-06-29.

程度提高、城市化进程加快、交通运输增加等，发生群死群伤重特大事故的风险随之增加。防范重特大事故，是当前和今后一个时期中国生产安全的重点任务。

近年来，中国生产安全形势表现平稳，处于趋于好转的发展趋势与依然严峻的现状并存。具体表现在以下几方面：① 煤矿等重、特大事故多发。从 2010 年 1 月到 2019 年 12 月，相继发生了 101 起重大及特大的煤矿事故。其中，从典型的重大事故来看，2012 年 8 月 29 日，四川省攀枝花市西区正金工贸公司肖家湾煤矿发生瓦斯爆炸事故，共造成 48 人死亡；2013 年全国发生一次死亡 10 人以上煤矿安全重特大事故 11 起，与 2012 年持平，死亡人数为 201 人，比 2012 年增加 4.15%。② 特别重大事故仍在发生。2013 年全国共发生致死 50 人以上的事故 2 起，死亡 183 人。其中，2013 年 6 月 3 日，吉林省德惠市吉林宝源丰禽业有限公司（禽类加工厂）发生火灾事故，共造成 121 人死亡；2013 年 11 月 22 日，山东省青岛经济技术开发区的中石化东黄输油管道发生泄漏爆炸特别重大事故，共造成 62 人死亡。

（二）中国生产安全管制机构

中国生产管制机构分为中央和地方两个层面，主要由应急管理部和国家市场监督管理总局分别管理。目前，中央层面的安全管制格局为：应急管理部的主要职能是：① 组织编制国家应急总体预案和规划，指导各地区各部门应对突发事件工作，推动应急预案体系建设和预案演练。② 建立灾情报告系统并统一发布灾情，统筹应急力量建设和物资储备并在救灾时统一调度，组织灾害救助体系建设，指导安全生产类、自然灾害类应急救援，承担国家应对特别重大灾害指挥部工作。指导火灾、水旱灾害、地质灾害等防治。③ 负责安全生产综合监督管理和工矿商贸行业安全生产监督管理等。公安消防部队、武警森林部队转制后，与安全生产等应急救援队伍一并作为综合性常备应急骨干力量，由应急管理部管理，实行专门管理和政策保障，采取符合其自身特点的职务职级序列和管理办法①。国家市场监督管理总局的主要职能是：① 负责产品质量安全监督管理。管理产品质量安全风险监控、国家监督抽查工作。建立并组织实施质量分级制度、质量安全追溯制度。② 指导工业产品生产许可管理。负责纤维质量监督工作。③ 负责特种设备安全监督管理。综合管理特种设备安全监察、监督工作，监督检查高耗能特种设备节能标准和锅炉环境保护标准的执行情况。④ 负责食品安全监督管理综合协调。组织制定食品安全重大政策并组织实施。⑤ 负责食品安全应急体系建设，组织指导重大食品安全事件应急处置和调查处理工作。建立健全食品安全重要信息直报制度。承担国务院食品安全委员会日常工作。⑥ 负责食品安全监督管理。建立覆盖食品生产、流通、消费全过程的监督检查制度和隐患排查治理机制并组织实施，防范区域性、系统性食品安全风险。推动建立食品生产经营者落实主体责任的机制，健全食品安全追溯体系。组织开展食品安全监督抽检、风险监测、核查处置和风险预警、风险交流工作。组织实施特殊食品注册、备案和监督管理②。地方层面的安全管制工作主要由各省（区、市）以及市（州、盟）、县（市、旗）等的

---

① 资料来源于中华人民共和国应急管理部官方网站。
② 资料来源于国家市场监督管理总局官方网站。

安全管制机构负责。目前，中国已经初步形成了综合管制与行业管制互动的安全管制体制和"政府统一领导、部门依法监督、企业全面负责、群众监督与参与、社会广泛支持"的生产安全管制格局。

（三）中国生产安全管制法律法规

中国目前已形成了以《中华人民共和国安全生产法》为主体法的生产安全法律体系。《中华人民共和国安全生产法》经历三次修正。最早于2002年6月29日第九届全国人民代表大会常务委员会第二十八次会议通过。2009年8月27日，根据第十一届全国人民代表大会常务委员会第十次会议《关于修改部分法律的决定》第一次修正。2014年8月31日，根据第十二届全国人民代表大会常务委员会第十次会议《关于修改〈中华人民共和国安全生产法〉的决定》第二次修正。2021年6月10日，根据第十三届全国人民代表大会常务委员会第二十九次会议《关于修改〈中华人民共和国安全生产法〉的决定》第三次修正。《中华人民共和国劳动法》《中华人民共和国煤炭法》《中华人民共和国矿山安全法》《中华人民共和国职业病防治法》《中华人民共和国海上交通安全法》《中华人民共和国道路交通安全法》《中华人民共和国消防法》《中华人民共和国铁路法》《中华人民共和国民航法》《中华人民共和国电力法》《中华人民共和国建筑法》等十余部专门法律中，都有工作场所安全的内容。《国务院关于特大安全事故行政责任追究的规定》《安全生产许可证条例》《煤矿安全监察条例》《关于预防煤矿生产安全事故的特别规定》《危险化学品安全管理条例》《中华人民共和国道路交通安全法实施条例》《建设工程安全生产管理条例》和《中华人民共和国安全生产法》（2021年修订）等数十部行政法规、上百个部门规章也都对生产安全做出了规定。此外，各省（区、市）都制定出台了一批地方性法规和规章。生产安全的各个方面都基本做到了有法可依。

（四）中国生产安全应急体系

中国安全管制体系日益完善的一个重要表现是生产安全应急体系的建立。2006年1月国务院发布《国家突发公共事件总体应急预案》、2007年11月施行《中华人民共和国突发事件应对法》，以及《国家生产安全事故灾难应急预案》在内的21个专项预案以及57个部门预案，其中涉及生产安全管制的预案占30%以上。各省（自治区、直辖市）也都制定发布了生产安全应急预案，高危行业和规模以上企业应急预案也基本编制完成。矿山、消防、道路交通、水上、铁路等应急救援力量已经初具规模。以国家、省、市三级生产安全应急指挥中心和国家、区域、骨干应急救援队伍为核心的生产安全应急体系框架正在形成。2019年7月，应急管理部印发了《应急管理标准化工作管理办法》的通知，该办法进一步完善了中国安全监管体系。应急管理标准是法律法规的延伸，是统一的技术规范。加强应急管理标准化工作，对于提升我国综合防灾减灾救灾和应急救援能力，保护人民群众生命财产安全，起着至关重要的基础性作用。应急管理部政策法规司在深入研究应急管理标准化工作相关情况的基础上，立足应急管理需求，着力解决标准化工作不统一、不规范等突出问题，历经半年酝酿，广泛征求应急部机关各司局和单位以及国家标准化管理委员会（以下简称国家标准委）的意见，并做了进一步修改完善，报请应急部部务会审议通过①。

总的来说，中国目前正处于工业化发展的中期阶段，生产力水平较低、安全基础薄弱，决定了生产安全管制难以做到万无一失。和发达国家相比，中国生产安全管制还存在很多问题，特别是在管制方法、管制机制的完善方面还有许多工作要做。中国生产安全管制应坚持"以人为本"的发展理念，构建科学的管制体系，实施"标本兼治、重在治本"，在采取措施坚决遏制重特大事故的同时，加快实施治本之策，推动安全文化、安全法制、安全责任、安全科技、安全投入等要素落实到位，建立长效的安全管制机制，促进中国生产安全状况明显好转。

第四节 生产安全管制波动

在生产安全管制过程中，尤其是在中国，存在着一个鲜明的特点：一旦发生安全事故，不论是否存在安全隐患，在多数情况下，一律采取停产整顿的管制手段。这种剧烈性波动的管制手段将对稳定安全生产预期产生不利影响。本节以煤矿安全管制为例，将不定期的"停产整顿"界定为管制波动现象，并对其进行经济分析、理论解释与政策反思。

一、安全管制波动的理论解释

改革开放以来，以 GDP 增长为主要指标的政绩考核制度很好地解决了对地方政府发展经济的激励问题，而通过经济增长得到的收益，也不断强化了对地方政府的激励，这已形成了稳定的内生循环。尽管中央政府在"十二五"规划中已开始逐渐有意识地淡化经济增长，但体制惯性使得地方政府在短期内仍然难以摆脱 GDP 偏好。在这种背景下，一方面，高速增长的能源需求往往使得煤炭采掘成为煤矿资源丰富地区的支柱产业，煤矿安全问题也必须从属于地方政府的经济增长需求；另一方面，近年来频繁发生的社会冲突使中央政府意识到，未来应更加强调科学发展和社会稳定，并不断对政绩考核指标进行调整，加大了在煤矿安全生产方面考核的权重，逐渐在评优环节推广安全生产一票否决制度，煤矿安全作为硬性要求被施加给地方政府。迫于压力，地方政府较以往更为重视煤矿安全。总而言之，惯性且过度的经济增长激励与逐渐硬化的社会稳定约束，提升了地方政府实现经济增长和社会稳定双重目标的迫切程度，这对安全管制政策的制定和执行产生重要影响。

由于煤矿事故本身带有很强的偶发性且安全管制投入的收益属于隐形收益，因此，安全生产投入的努力程度很难精确地体现在某一指标上，更多地通过安全事故发生与否来进行判断，而完成经济增长的努力能够更为精确地通过 GDP 增长率体现出来。这导致在安全事故没有发生的情况下，地方政府所面临的外部约束使降低安全管制水平成为最优选择，而在发生事故之后，地方政府所面临的外部约束发生显著变化，短时间内提高安全管制水平又成为最优选择。现实情况中也大致如此，面对来自各方的压力，地方政府通常是

---

① 资料来源于中华人民共和国应急管理部官方网站。

从政府运行的实际需要出发，考虑如何在保证自身财政收入和不影响经济发展的前提下，贯彻上级政府的指令。然而，当前制度安排存在的诸多问题，使地方政府在面临不同约束时，能够以较低的成本改变行为。第一，虽然从隶属关系来说，地方煤矿安全系统名义上是国家矿山安全监察局的派出机构，但在实际职能发挥过程中，由于财政预算、职能设定和人员编制等都由地方政府决定，因此，并非严格意义上独立的执法机构；第二，由于中央政府与地方政府之间存在广泛的信息不对称，使中央政府对地方政府行为难以进行有效约束。因此，在没有煤矿事故发生的情况下，地方政府所面临的外部约束又会使降低安全管制水平成为其最优选择，并以此激励煤矿企业进行生产，这直接影响了安全管制水平的稳定性并抑制了安全管制作用的发挥。此时，地方政府希望通过降低管制水平换取煤炭产量提高，加之煤矿企业的目标函数本就是追求产量最大化，于是地方政府和煤矿企业形成了天然的利益联盟。接下来，在地方政府放松安全管制的刺激下，煤矿企业采取简化生产程序、增加采掘面、延长工作时间等办法，达到迅速增加煤炭产量的目的，最终导致煤矿事故的发生。发生安全事故之后，由于社会舆论的关注和中央政府的强力介入，改变了地方政府的外部约束，社会稳定的收益增加，提高煤炭产量的成本大幅提高，导致安全管制水平短时间内大幅提高，地方政府与煤矿企业之间的利益联盟瓦解，于是就出现了前面所列举的停产"连坐"现象。但是，随着安全事故影响减弱，经济增长的收益再次提高，进行煤矿安全管制的成本增加，导致管制水平再次降低，如此循环，使煤矿生产陷入"发生煤矿事故→管制水平提高→事故影响减弱→管制水平降低→发生下一次煤矿事故"的僵局。

因此，过度的经济增长激励与硬化的社会稳定约束提升了地方政府完成双重目标的迫切程度，地方政府必须通过权衡实现其收益最大化；发生事故之前，矿难的偶发性以及与中央政府之间的信息不对称强化了地方政府的投机倾向，管制治理漏洞的存在又给其操作提供了空间，地方政府与煤矿企业之间形成了一个不牢固的利益联盟；发生事故之后，中央政府的强力干预改变了地方政府的外部约束，使得地方政府与煤矿企业之间的利益联盟解体。上述因素的耦合作用最终导致管制波动现象的出现。

二、安全管制波动的影响与治理

肖兴志等（2011）通过选取中国 2001 年 1 月至 2010 年 8 月的相关数据，运用变量间非线性关系的 STR 模型进行验证，发现管制水平波动对煤炭产量的影响呈现明显的非对称性：当安全管制低水平运行时，安全管制对煤炭产量的影响较大；而当安全管制高水平运行时，安全管制对煤炭产量的影响明显变小，且两种状态之间的转换速度较快。这种非对称影响对保持煤矿企业生产预期稳定和预防重特大安全事故发生都将造成不利影响。

为稳定煤炭供应并避免重特大煤矿安全事故的发生，可以从短期和长期两个方面进行改革，政策的核心在于切断地方政府与煤矿生产企业之间的利益联系，使地方政府和煤矿企业成为独立决策的行为主体。短期内，中央政府应在把握地方政府安全管制波动规律的基础上，对冲管制水平波动所带来的风险。在未发生安全事故时，根据不同地区的情况，加强中央政府对地方煤矿安全管制执法的隐性介入频率，避免管制水平下降；同时，根据介入情况,对地方政府的安全生产进行弹性补偿,并不断提高补偿额度,鼓励地方政府保持高水平管制。发生安全事故之后,要尽可能避免大范围停产整顿,提高事故问责制的精确水平,以减小事故的负外部性,防止停产整顿演变成变相鼓励这些煤矿企业为弥补成本而进行违规生产的负向激励。

案例

中国煤矿安全事故与管制分析

本章小结

- 生产过程中的健康和安全水平,关系到劳动者的生命安全和健康,但是由于市场运行的分散模式必定会带来一定的风险水平,因此完全依靠市场并不能达到理想的安全状态。风险与非理性、信息不对称和外部性等因素的存在,是政府进行生产安全管制的理论依据。

- 经济学中所说的生命价值是指减少一部分人的某些死亡危险到底有多少价值。关于生命价值理论的研究,主要分为两大理论:一是人力资本理论,二是风险交易理论。在管制经济学领域,大多数观点认为,用未来净收入的资本化价值来评估生命价值是有缺陷的,从而主张采用风险交易理论来衡量人的生命价值。由于直接测量生命价值是有难度的,因此,采用劳动力市场模型、经验估计模型、市场调查法等方法来间接衡量人的生命价值。

- 生产安全管制标准可分为设施标准和作业标准。生产设施标准分为一般设施标准与特种设施标准;作业标准又可以归纳为健康标准、安全标准和福利标准。

- 标准的设定只是管制的开始,从政策执行的角度看,安全标准政策的实施效果还受到管制机构执行标准严格程度的影响。生产安全管制涉及管制者和被管制者两方面的因素,既要调动被管制者遵守管制标准的积极性又要在实现管制者目标条件下花费最少的社会成本,设定安全管制标准既要考虑达到安全目标的技术因素,又要考虑企业追逐利润最大化的本性,还要考虑管制者制定政策所应该遵循的成本效益原则。

- 过度的经济增长激励与硬化的社会稳定约束提升了地方政府完成双重目标的迫切程度,地方政府必须通过权衡实现其收益最大化;发生事故之前,矿难的偶发性以及与中央政府之间的信息不对称强化了地方政府的投机倾向,管制治理漏洞的存在又给其操作提供了空间,地方政府与煤矿企业之间形成了一个松散的利益联盟;发生事故之后,中央政府的强力干预改变了地方政府的外部约束,使得地方政府与煤矿企业之间的利益联盟解体。上述因素的耦合作用最终导致管制波动现象。

- 早在20世纪70年代,西方国家就已经开始注重对生产安全管制的研究,通过制定法律和建立管制机构来加强对职业健康安全领域的管制。中国近年来生产安全事故时有发生,严重危害到劳动者的生命与健康安全、社会的和谐,如何借鉴国外安全管制的成功经验,逐步建立和完善中国的生产安全管制制度,是值得我们研究的重要课题。

关键词

生产安全管制（production safety regulation）　　风险（risk）
生命价值（value of life）　　生产设施（production amenities）
管制标准（regulatory criteria）　　安全管制波动（safety regulation fluctuations）

复习思考题

1. 简述生产安全管制的理论依据。
2. 论述生命价值的含义和测度方法。
3. 归纳并简述生产安全管制的方法。
4. 论述生产安全管制标准水平的设置和执行对管制效果的影响。
5. 简述中国的生产安全管制体系。
6. 简述煤矿安全管制波动的形成机理、经济影响与治理路径。

延伸阅读

1. 白重恩，王鑫，钟笑寒. 规制与产权：关井政策对煤矿安全的影响分析. 中国软科学，2011（10）.
2. 和军，任晓聪. 美国煤矿生产监管的主要做法及启示. 经济纵横，2016（2）.
3. 李双燕，万迪昉，史亚蓉. 公共安全生产事故的产生与防范——政企合谋视角的解析. 公共管理学报，2009，6（2）.
4. 肖兴志，陈长石，齐鹰飞. 安全规制波动对煤炭生产的非对称影响研究. 经济研究，2011（9）.
5. 聂辉华，蒋敏杰. 政企合谋与矿难：来自中国省级面板数据的证据. 经济研究，2011（6）.

即测即评

第四篇 反垄断管制 ▶

第十章 垄断与资源配置效应

党的二十大报告提出，加强反垄断和反不正当竞争，破除地方保护和行政性垄断，依法规范和引导资本健康发展。垄断是一个既古老又富有现实意义的概念，它对资源配置效率有着重要影响。本章通过分析垄断的内在属性，它与相关市场关系来讨论垄断的判定；分析比较多种测量垄断程度指标；最后探讨垄断的效率问题。

第一节 垄断的判定

垄断的判定不仅涉及经济理论本身完善的问题，更涉及实践中的法律与政策制定和执行问题。但正如经济学家熊彼特所言，"垄断这个概念，像任何其他概念一样被使用得很不严格。甚至所讨论的产业是高度竞争性的产业的时候，人们也会说到一个国家对这样或那样东西实行了垄断。"[①] 因此研究垄断，首先必须正确而严格地界定垄断。

一、垄断的内在属性分析

欧文·费雪（Irving Fisher）曾把垄断简单定义为"竞争的缺乏"。按照这种观点，对于垄断的各种看法总是与对于竞争的具体认识相联系的。在新古典主义经济学家看来，垄断与教科书中的"完全竞争"是截然对立的。实际上，这种对垄断的认识只是局限于一种极端的垄断形式——完全垄断，就如我们仅仅以婴儿或老人去界定人一样。由于现实中的垄断表象是千差万别、各具形态的，因此，要完整地从各种"垄断特殊"中概括和抽象出"垄断一般"，就需要以对垄断的各种形态和属性的全面把握为前提。

（一）关于垄断的主体

一般认为垄断的主体是大企业和企业集团，例如，我国的《政治经济学》教科书资本主义部分对垄断的解释无非都是这样的：垄断是指少数资本主义大企业，为获取高额利润，通过协议或联合，对某一部门或几个部门商品的生产、销售及其价格进行操纵和控制的一种经济关系。显然，这种对垄断主体的概括仅仅限定于企业而且是大企业及其联合形态。在大多数情况下这种概括是对的，而且最初形态的垄断往往是和具体企业相联系的。然而，人所共知的事实是，国家或政府也早已成为垄断的主体，例如，中国及其他一些国家从古至今的国家专卖制度，西方国家政府对公共事业的垄断经营，其垄断主体就不是企业及其联合，而是国家。另外，从古至今的各种商会或行业协会，在垄断形成和垄断活动中往往也扮演着重要角色。因此，垄断的主体应该包括企业、行业协会和政府部门。

---

① 参见熊彼特. 资本主义、社会主义和民主主义. 吴良健，译. 北京：商务印书馆，1979：125.

(二) 垄断的形成基础

以往观点认为，垄断是在资本积聚和资本集中的基础上形成的，即依靠企业的内部积累（剩余价值的不断资本化）和对外扩张（如合并、兼并等）两种途径而最终形成了少数企业甚至一家企业占有整个市场较大市场份额的状态。这种解释在大多数情况下也是对的。但在现实生活中，有些企业的市场份额并不占有多大比重，而凭借其产品差别性在其目标市场范围内，却可以对其目标顾客拥有某种程度的支配力，这种支配力与大企业的支配力在本质上没有任何差别，甚至大企业对之也无可奈何。在国外，法院所裁决的反垄断也不完全是市场份额较大的大企业，而可能是某一村镇的小企业。无疑，这种支配力也应算作我们通常所说的垄断，只不过这种垄断的市场范围局限于一个较小的地域而已。因此，除了资本积聚和资本集中这种垄断形成基础外，诸如进入壁垒、政策法律限制、产品差别性、专利、地方政府保护等因素也是垄断形成基础的较为重要的因素。

(三) 垄断的市场范围

马克思主义经济学家（例如列宁）所考察的垄断的范围一般都是就整个行业甚至是整个国民经济的范围来考察的，如全国 200 家最大工业企业占全国总投入量或总产出量的比例，或者像列宁所说的，"美国所有企业的全部产值，差不多有一半掌握在仅占企业总数百分之一的企业手里！而这三千个大型企业，包括了二百五十八个工业部门。"[①] 这里所说的垄断情况显然是就整个国民经济或大类产业（如非金融业或工矿业）来谈的。而现代西方经济学尤其是产业组织理论在讨论垄断的市场范围时，往往又界定得非常狭窄，如萨缪尔森等在其《经济学》中所描述的一家小企业控制了某一小区的电话服务，雷诺兹在其《微观经济学》所指的一个小市，常常只有几家银行，三四家承包建筑商，几家电影院和剧场，等等，这些小企业，"因为他们供应有限的市场，具有寡头或者甚至独占的垄断地位。"[②] 而其他众多垄断研究者在分析垄断程度时所界定的垄断范围更是千差万别，以致人们很难进行这方面的横向比较，就是因为不同研究者所指的垄断的市场范围不一致，小到某一村镇市场，大到国际市场。我们的看法是，不同研究者可以有不同的侧重面和研究重点，考察垄断确实也需要考虑替代品状况、实际竞争者多少、市场半径等因素，但作为概念界定，不应该先验地人为规定垄断就是某一具体范围内的垄断，而应综合概括各种特殊情况。根据这一原则要求，我们认为垄断的市场范围应该界定为同一目标市场（target market）这一层次。所谓目标市场，本是市场营销学中的一个概念，是指在市场细分的基础上，企业根据自己的经营目标和优势，选择一个或几个细分市场作为自己的服务对象。现实中的企业总是要选择一定的目标市场，不管他们是否有意识地这样去做。当然，目标市场的选择策略，可以有无差异型的、差异型的和密集型的定位策略。对不同的目标市场而言，产品之间具有不可替代性，至少在一定程度上是如此。而产品之间具有可替代性，这些产品才具有竞争性，从而才是同一个市场。比如在服装这个产业，老年服装与儿童服装就是两个市场，如果一个厂家以老年服装为目标市场，而另一个厂家以儿童

[①] 列宁. 帝国主义是资本主义的最高阶段. 见《列宁选集》第二卷. 北京：人民出版社，1972：740.
[②] 参见劳埃德·雷诺兹. 微观经济学. 马宾，译. 北京：商务印书馆，1989：208.

服装为目标市场，则这两个厂家就很难说有什么实质性的竞争关系，老年服装的提价，不会引起儿童服装的需求上升，反过来说也是如此。因此，考察竞争关系或垄断关系必须就同一目标市场来考察，凡是产品之间具有可替代性的市场均属同一市场。而考察产品之间有无替代性以及替代性的程度，可以借助微观经济学中的需求交叉弹性（cross elasticity of demand）来测试。实际上，发达国家的产业组织政策及反垄断法实践中已经在运用这种方法。当然，我们这里提出以同一目标市场来概括垄断的市场范围，这一范围是可大可小的，既可概括一个非常狭小的地方市场，也可概括非常广泛的全国市场，甚至可以概括最广泛的国际市场，只要有关企业是在同一目标市场上进行竞争。

（四）垄断的内容

垄断可以从结构和行为两个方面来理解。我们说某种市场是垄断市场，往往指的是垄断结构，即目标市场上的市场主体不是众多，而是为数有限。根据"有限"的程度，垄断结构可以呈现独占（完全垄断或纯粹垄断）、寡头垄断（又可分为支配型、紧密型和松散型）、双头垄断、垄断竞争等多种不同的结构类型。而垄断行为则是指市场主体的一致行动、串通合谋、制定垄断价格（包括作为卖者时的垄断高价和作为买者时的垄断低价）以谋求垄断利润的活动。

（五）垄断的目的

以往观点认为，垄断的目的就是获取垄断利润。这种看法现在看来也是不全面的，因为企业从事市场经济活动的目的就是追求利润最大化。而最大化利润的取得可以在薄利多销和厚利限销两种基本途径中进行权衡取舍，未必只是选择厚利。而薄利多销恰恰是符合理性经济人的选择的，正如马克思所指出的："超过一定的界限，利润率低的大资本比利润率高的小资本积累得更为迅速。"① 这是企业垄断的情形。如果考虑到以国家为主体的垄断，垄断的目的要复杂一些。国家垄断可以以获取垄断利润为目的，例如烟草专卖、酒类专卖，等等；也可以不以垄断利润为目的，垄断的目的可能恰恰在于消除如果由一般企业经营所产生的垄断利润，例如国家对一些自然垄断产业和公益事业的垄断经营。因此，对垄断目的要做具体分析，不能一概而论。

考虑到上述变化和事实，传统的垄断概念显然无法再涵盖和说明这些属性和特征。我们必须从现实出发，从这些不断变化的属性和特征中把握垄断的更为一般、更为本质的东西，而舍弃掉各种"垄断特殊"。因此，我们可以把垄断概括为：特定经济主体为了特定目的，通过构筑市场壁垒，从而使目标市场处于一种排他性控制状态，这是关于垄断的最为一般的定义。这里，"特定经济主体"是针对垄断主体的多元化而谈的；"特定目的"是考虑到不同经济主体垄断目的的多重性，"通过构筑市场壁垒"是针对以往垄断概念只注重资本积聚和资本集中这种途径，而忽视了其他行为和途径，因此市场壁垒是一个比资本积聚和资本集中更为概括、内容更为丰富的说法。"目标市场"强调了作为一个市场，市场主体的产品之间必须具有可替代性。"排他性控制状态"则是注重了垄断的结构方面，因为垄断结构与垄断行为没有必然联系，而且，垄断行为与垄断者的行为也根本不是一回事。

---

① 《马克思恩格斯选集》第二卷，北京：人民出版社，2012：509.

二、垄断判定与相关市场界定

在实际生活中,我们经常看到这样的情况,如果飞机票打折,铁路、轮船、公路运输的客运量就要受到影响。大米的价格下降,面粉的销售就要受到影响。那么,民航与铁路、航运、公路的运输市场以及大米与面粉的市场是属于同一市场还是不同市场?这就遇到了垄断判定的相关市场界定问题。相关市场界定问题是认定不同企业之间是否具有竞争关系以及在此基础上的垄断判定的前提。

相关市场(relevant market)是指市场主体开展竞争的范围。对该范围的确定被称为市场界定。

关于市场界定,经合组织(OECD)曾做过比较权威的描述,市场界定有两个基本方面:① 产品市场,即在功能、用途或消费者认知上具有高度替代性的一组产品或服务;② 地理市场,即上述产品或服务存在竞争的地理区域。市场界定考虑需求和供应两个方面。在需求方面,产品必须在买者看来是可替代的。在供应方面,销售商必须包括生产或者能够轻易地转产相关产品或者密切替代品的企业。市场界定一般包括实际的和潜在的销售商,后者是指如果价格合适就能够迅速地改变其生产工艺以供应替代品的企业。其合理性在于,这些企业将会挫败或者抑制该市场上的现有企业将价格抬高到竞争水平以上的能力。购买者和销售商所在的地区将决定地理市场是地方的、全国的或者国际的。一方面,不论产品市场还是地理市场,如果市场被界定得过于狭窄,有意义的竞争将会从分析中排除出去;另一方面,如果产品市场和地理市场界定得过宽,竞争的程度可能会被夸张。过宽或者过窄的市场界定都会导致低估或者高估市场份额和集中程度。

界定相关市场是为了描述行使市场势力(market power)的背景,即企业为获取利润而在相当长的时期内将价格提高到竞争水平以上的能力。在反垄断法上,除本身违法的少数情况外,对涉嫌行为就是通过分析其是否对竞争造成损害来决定其是否违法的。在做出是否违法的决定时,必然涉及确定发生竞争的场所,而对竞争场所的确定在反垄断法上被称为界定相关市场。相关市场就是包括相互之间具有竞争关系的所有的买者和卖者。界定相关市场,包括界定产品市场、地理市场和时间市场三个方面。

(一) 产品市场

产品市场(product market)是指具有替代关系的产品的范围,所有具有替代关系的产品构成了同一个市场。进行产品市场界定对于垄断的判定非常重要。如果所界定的产品市场范围过宽,就会低估企业的集中和垄断程度;如果界定的产品市场范围过窄,就会高估企业的集中和垄断程度。正像美国经济学家劳埃德·雷诺兹所讽刺的:"最高法院曾判处'凑数'的寡头垄断,其所占市场小到20%,而放过善良的寡头垄断,其所占市场大到90%。"[①] 之所以如此,都和产品市场界定有关。所以,在界定产品市场时,所选择的产品必须属于一组产品的一部分,而该组产品又具有经济上可做出判断的、与其他产品区分开来的特征。该组产品中的所有产品不必是同质的,但必须在或大或小的程度上具有可

---

① 参见劳埃德·雷诺兹. 微观经济学. 马宾,译. 北京: 商务印书馆, 1989: 254.

转换性。可转换性的程度可以从消费者和生产者两个角度进行分析,即需求方分析和供给方分析。

需求方分析在于测定消费者以一种产品替代另一种产品的意愿。如果两种产品具有较高程度的替代性,一般就可以认为是同一市场的一部分。产品之间的替代程度可以用需求的交叉弹性来计算。所谓需求的交叉弹性是指在某种产品价格不变的情况下,当另一种产品价格发生变化时,该产品需求发生变化的程度。交叉弹性越大,说明两种产品的替代性越强,可以认定属于同一市场。这种方法比较早地被运用于反垄断法的垄断判定中。但是,需求方分析方法存在着很大的困难,涉及用作参照物的产品的选择,主观成分很大。不仅如此,有时根据现行价格计算的需求的交叉弹性也可能导致错误的结论。如在1956年的杜邦公司案例中,杜邦公司被认为在美国玻璃纸市场上具有垄断地位而遭到政府起诉。然而经测算发现玻璃纸与其他软包装材料的需求交叉弹性很高,所以法院认定相关产品市场包括所有的软包装材料。由于在美国销售的所有软包装材料中(如胶膜、蜡纸等),玻璃纸只有18%的市场份额,结果反而政府败诉。此案判决后引起了很多争论。很多学者认为交叉弹性高的原因正是杜邦公司多年的垄断势力导致玻璃纸价格太高,以至于引起其他包装材料的替代。此案例也因明显的错误判定而被称为"玻璃纸陷阱"(cellophane trap)[①]。美国经济学家乔治·沃敦(George Werden)据此提出:产品 A 价格的小幅度上升可以导致一定的消费者转而消费产品 B,使得产品 A 的企业受到损失,然而反过来未必是正确的。因为认定某种产品与另一种产品是否属于同一市场,关键在于有显著竞争性的个别替代品,而并非所有的替代品。例如早餐食品,市场上有很多品牌,每两个品牌的交叉弹性可能都很小,可是这并不能说明它们没有替代性,也不代表某种品牌的早餐食品就具有垄断势力。原因在于某一品牌的价格上涨虽然会导致其他品牌的替代,但是由于可替代的品牌很多,所以某一种品牌只转移了很小的一部分需求,需求的交叉弹性自然就比较小。

为了充分地确定相关市场,还必须考虑实际的和潜在的供给商。供给方分析方法试图认定的企业,是正在供应商品的企业,或者在价格上涨时将愿意和能够供应商品的企业。有些企业可能经过简单调整就可能转向有关产品的生产,有些企业要想转产需要大幅度和高成本的变化。也就是说,如果进入壁垒很低,新企业进入后不会遭受任何成本上的不利之处,就可以把这种实际的和潜在的供应商考虑在相关市场中。但是,供给方分析方法的不确定性程度和主观性更大。

考虑到可操作性,美国司法部在1982年的兼并指南中采用了一种新的界定相关市场的方法:SSNIP 检验法(a small but significant non-transitory increase in price)。进行 SSNIP 检验,相关市场的界定要从某产品的市场上存在一个假定的垄断者着手。如果假定的垄断者在非短暂的、连续的时期内将价格提高到"小的但是很重要的程度"(一般在1年以内,价格提高5%),有足够多的消费者转向购买其他产品从而使得假定的垄断者无利可图,那么就可以判定该企业并不具备为获利而提高价格的垄断势力。这时,需要加进次优

[①] 参见马歇尔·霍华德. 美国反托拉斯法与贸易法规. 孙南申,译. 北京:中国社会科学出版社,1991:25.

的替代产品或者地理区域进行进一步的检验，直到假定的垄断者可以获利为止。SSNIP 检验法目前被美国、加拿大、欧盟国家采用并广泛应用到反垄断诉讼中。

综观世界各个国家和地区的产品市场的界定标准，产品市场的界定需要考虑以下方面。

1. 需求的交叉弹性

如果需求的交叉弹性系数很大，表明产品之间的替代性和竞争性强，可以将该两种产品划归同一市场。

2. 产品的物理性能

物理性能在决定产品是否具有替代性时至关重要。如果产品具有类似的物理性能和功能，消费者就更可能认为其具有相互替代性。但是，即使在产品具有广泛的共同特征的情况下，其所具有的不同性能也可能将其归为不同的市场。在联合商标（United Brands）一案中，欧盟委员会对香蕉的相关市场进行界定时，遇到了将香蕉归为其自身的特定市场，还是将其放在更为广泛的新鲜水果市场当中的问题。法院认为，如果说香蕉形成了独立的市场，那么就可能将其以有别于其他水果的特殊性区别开来，而这些水果只有有限的可替代性，并且仅仅以难以觉察的方式进行竞争。法院发现，对香蕉具有忠实需求的数量非常大的消费者，在其他新鲜水果进入市场时放弃香蕉消费的现象不明显，甚至感觉不到。最后，法院认定香蕉市场不同于新鲜水果市场，是一个独立的市场。

3. 价格

产品的价格可以影响相关市场的界定。例如，在家庭交通工具中，不可能认定普通的轿车与豪华轿车具有替代性，尽管其功能相同，但价格过于悬殊，消费者可能认为不具有可转换性。

4. 预定用途

一个产品可能有多个用途，其中任何一个用途都可能形成不同的市场。在米其林（Michelin）案中，法院审查了小汽车轮胎市场。由于需求的不同性质，法院发现原始的设备轮胎适用于制造新的汽车，更换轮胎用于修理，二者属于不同的市场。制造商对原始轮胎是批量订货，而对更换轮胎则是根据需求随时订货。

5. 供应方面的可转换性

如果制造其他产品的供应商，能够在无须太大投入的情况下迅速地转入生产可转换性产品，这些情况也应当归入该市场。供应的可转换性在欧洲法院对垄断势力的确定中具有重要作用。

（二）地理市场

在产品市场确定后，还必须确定相关地理市场（geographic market）。在不同的地理区域内，即使相同产品的供应商也可能相互没有竞争关系。地理市场的认定可以从消费者的角度进行，也可以从供应商的角度进行。前者涉及消费者在竞争产品之间进行有效选择的地域，后者涉及供应商的定位策略。例如，食品的消费者会将其居住附近或者工作单位附近作为其有效的选择区域，走出这些区域去购买这些商品往往是不值得的，也许节省的开支还不能弥补交通的成本。但是，食品供应商在向零售商的供应方面可能是全国范围的。

因为界定地理市场也是从合理的替代性原则出发的，即一家企业生产的某种产品可以被同一个地域内其他企业生产的产品所替代，因此界定相关产品市场的某些因素同时也是用来界定相关地理市场的因素。一般说来，界定相关地理市场时需要考虑的因素主要有以下方面。

1. 地区间差异

地区间差异是界定相关地理市场的基础。在这方面，国家的外贸政策、进口关税和其他贸易壁垒也会影响产品的地理市场范围。如果需要外国生产者支付很高的关税，由此导致的产品成本的增加可能使国内生产者打消购买该产品的念头。在这种情况下，从国内消费者的角度考虑，该地理市场就不应该包括国外同类产品的市场。此外，政府管制制度，也可能成为影响地理市场范围大小的因素。例如，某类产品的政府准入或特许制度。

2. 产品价格

如果两个地区属于同一地理市场，一个地区的消费者可能非常方便地转向购买另一个地区的产品，在这种情况下，一个地区的产品价格就会影响另一个地区的产品价格。然而。这并不是说，这两个地区的产品价格必然是相同的。由于存在地区之间的运输成本，同一相关地域内来自不同地区的产品往往存在着一定的差异。但这个价格差别不能过大，否则消费者就不会转向购买另一个地区的产品。如果在一个地方销售的产品的购买者，因为"不大但很重要的非短暂的价格上涨"而转向购买其他地方的产品，那么这两个地方市场属于同一地理市场。否则就作为两个独立的地理市场。

3. 消费者偏好

有时，尽管两个地区的产品从用途上看是替代品，但随着一种产品的价格上涨，消费者并没有转向购买另一个地区的产品。在这种情况下，消费者的偏好就决定了这两个市场属于不同的地理市场。在 1995 年的梅赛德斯－奔驰/凯斯鲍尔（Mercedes-Benz/Kaessbohrer）合并案中，城市公共汽车这种产品的地理市场就被认定只是德国。因为，虽然德国的市场是开放的，但由于外国进口车的质量差，而且德国政府在采购时倾向于购买本国的产品。所以这种车的地理市场就应该限于德国。

4. 运输费用

从实际情况来看，地理市场的界限通常根据运输成本、运输时间予以确认。例如，类似水泥、砂石、砖等密度高、体积大的产品，由于运输成本的考虑，它们的市场通常会局限在比较小的地理区域内；而类似鞋等产品相对来说价值较高、重量较轻，其市场可能是全国性的，尽管鞋的生产可能集中在某些地区。另外，易腐产品由于运输时间的考虑，其市场区域可能也很小。

（三）时间市场

时间对于确定某些产品的相关市场具有重要意义。在某些情况下，某一段时间和某个确定的日期对于产品的销售可能有着决定性的意义。例如，圣诞产品在圣诞节之前的一段时间就是销售旺季。一旦圣诞节过去，该类产品的销售量将大幅度下降。对拍卖和投标而言，企业必须在规定的时间进行。此外，知识产权的有效期、产品生命周期、产品的使用期限等时间因素都会影响产品相关市场的确定。若没有时间的规定，就无法确定相关市场的有无和大小。但对于不具有明显季节性、时尚性等特征的大多数产品而言，时间性对于相关市场的确定没有什么实质意义，因为诉讼的时间比大多数产品的相关市场的存续时间要短得多。

第二节　垄断的测量

综观国内外研究和测量垄断程度的各种指标，我们可以将其概括为两大类：一是从市场结构角度进行测量；二是从市场绩效角度进行测量。

一、产业集中度

产业集中度定义为同一产业内，前若干家企业的销售收入（或就业量、资本量等）占整个产业的比重。用公式表示即为

$$CR_n = Q_n / (Q_n + Q_m) \tag{10.1}$$

式中，CR_n——产业集中度；

Q_n——前 n 家企业的销售收入（或就业量、资本量，下同）；

Q_m——产业内其余企业的销售收入。

产业集中度指标的 Q_n 即分子所涉及的企业数量，可以为前 1~10 家，但一般研究者多取前 4 家或前 8 家。这一指标可以表明：按完全竞争市场条件，每家企业的销售收入都非常小，任何少数几家企业的销售收入之和也很小，因此 $CR_n \to 0$；按完全垄断市场的条件，市场上只有一家卖主，企业的销售收入就是整个产业的销售收入，因此 $CR_n \to 1$；而在垄断竞争市场和寡头垄断市场上，$0 < CR_n < 1$。例如，取 $n = 4$ 时，我们得到 4 家企业集中度 CR_4，表明在产业内 4 家最大企业的销售收入所拥有整个产业的份额。该指标的计算简便而且通俗易懂，在实证研究中非常受欢迎。但批评意见认为，这种方法任意选择企业的数量，即 n 值，而且只用集中曲线上的一点说明问题。当集中曲线相交时，选择不同的 n 值，这种方法对产业集中程度会做出不同的排列。根据产业集中度，在 $n = 4$ 时，产业 A 和 B 的集中程度可能相等。当 $n > 4$ 时，可能是 A 的集中程度大于 B；而当 $n < 4$ 时，可能又是 B 的集中程度大于 A，这样就造成了产业集中度计算的不确定性。另外，批评意见还认为，这种方法埋没了与所研究问题有关的大量信息，如前 n 家与产业内其余企业的规模。集中度的性质含混，导致了对信息的误判。例如，其他情况不变，销售收入的变动或者合并显然会使集中度发生变化，但如果前 n 家最大的企业不受影响的话，那么 CR_n 也不会受到影响。集中度或垄断度的所有综合性考察方法都要不可避免地舍象有关集中的信息，产业集中度在这一点上尤为突出，特别缺乏信息的敏感性。[①]

二、产业集中系数

产业集中系数是指用 CR_n 法计算的产业集中度与产业平均份额的比值。用公式表示

---

① 参见劳杰·克拉克. 工业经济学. 原毅军，译. 北京：经济管理出版社，1990：14.

即为
$$CI_n = CR_n / C_n \tag{10.2}$$

式中，CI_n——产业集中系数；

CR_n——同第一个指标中的产业集中度；

C_n——该产业每家企业平均拥有的份额（即平均份额）；其中，$C_n = (100/$产业内企业数目$) \times n$。

产业集中系数这一指标表明，某一产业前若干家企业的集中度为产业平均集中度的倍数。这一倍数越高，说明产业内前若干家企业的垄断程度越高。

产业集中系数较产业集中度指标有所改进，主要是不仅考虑了产业的绝对集中程度，还反映了产业内企业数量以及大小企业之间的规模差异，但也同样缺乏信息的敏感性。

三、赫希曼-赫芬达尔指数

这一指数是由经济学家赫希曼（A. O. Hirschman）和赫芬达尔（O. C. Herfindahl）先后提出来的。该指数定义为产业内所有企业市场份额的平方和，用公式表示即为

$$HHI = \sum_{i=1}^{n} \left(\frac{x_i}{X}\right)^2 = \sum_{i=1}^{n} S_i^2 \tag{10.3}$$

式中，HHI——赫希曼-赫芬达尔指数；

S_i——第 i 家企业的市场份额；

x_i——第 i 家企业销售额；

X——该企业所在行业销售总额。

如果设 N 为产业内的企业数量，$\bar{x}$ 为平均值，z 为标准偏差，u 为变动系数，则上述公式可变为

$$HHI = \sum S_i^2 = \sum \left(\frac{x}{X}\right)^2 = \frac{\sum x^2}{X^2} = \frac{\sum x^2}{(N\bar{x})^2} = \frac{\frac{\sum x^2}{N} - \bar{x}^2 + \bar{x}^2}{N\bar{x}^2}$$

$$= \frac{z^2 + \bar{x}^2}{N\bar{x}^2} = \frac{\left(\frac{z}{\bar{x}}\right)^2 + 1}{N} = \frac{u^2 + 1}{N}$$

由公式可见，HHI 指数取决于各企业市场份额的不均等程度和企业数量 N。若各企业的市场份额没有差异，则 u 变为 0。在完全垄断市场上，$N=1$，$u=0$，垄断度最大，所以 $HHI = 1$；在完全竞争市场上，企业之间的市场份额的差异几乎不存在，所以 $u=0$，而市场上企业数量多得无法计数，即 N 趋向于无穷大，垄断度最小，所以 $HHI = 0$。而在完全竞争和完全垄断市场之间的垄断竞争和寡头垄断市场，$0 < HHI < 1$。而且，如果取该指数的倒数，更便于直观地理解，因为 HHI 的倒数表示的是等价数量，即同样获得 HHI 值时，需要多少相同规模的企业来进行生产。例如，某个产业的 HHI 值为 0.018，等于说这个产业中有 56 家规模相等的企业进行生产。如果该产业中实际企业数量为 200 家，那么很容易算出在 HHI 的观测值中有 0.013 归因于企业规模的不均等性 u^2。

HHI 指数是较好地计算垄断度的一个指标。从集中曲线排列准则来看，由于处处高于其他曲线的集中曲线意味着其产业中的较大份额控制在少数企业手中，将市场份额进行平方的结果必然会使计算的集中垄断程度更高。同样，由于较大企业增加市场份额对提高 HHI 值的影响要大于小企业减少市场份额对降低 HHI 值的影响，所以销售收入的转移会提高 HHI 值。另外，这个指数满足合并条件的准则，因为合并会造成企业数量的减少。对进入条件用直观来分析要复杂一些，这不仅因为大企业的进入必然会提高 HHI 值，而且小企业的进入会降低整个集中曲线；大企业的进入会导致集中曲线相交，在这种情况下，较多企业数量产生的影响与市场份额不均等的影响相互抵消，一并决定着新进入的企业是否会降低 HHI 值。除非相对于现有企业，新进入的企业是非常大的企业，这种情况将会提高 HHI 值。否则，新进入的企业将不提高 HHI 值。但该指标也存在缺陷，即用相对规模（市场份额）的平方和来测量垄断度，会明显地过高评价本来就比较高水平的市场份额。

四、汉纳和凯伊指数

经济学家汉纳和凯伊提出一种更具有一般性的集中指数，这种指数与 HHI 指数类似，但对大企业所选择的加权方式不同。汉纳和凯伊指数的公式为

$$R = \sum_{i=1}^{n} S_i^a, \quad a > 0 \tag{10.4}$$

式中，a 为弹性参数。

显然，在 HHI 指数中，$a = 2$。当 R 的等价数量可以看作是 $R^{1/(1-a)}$ 时，汉纳和凯伊指数的形式为

$$HK = \left(\sum_{i=1}^{n} S_i^a \right)^{1/(1-a)}, \quad a > 0, \quad a \neq 1$$

可以证明，这个指数满足由汉纳和凯伊提出的四条准则，其优点是衡量集中和垄断程度的灵活性，这种指数通过提高 a 值，给较大企业以较大权数。

五、勒纳指数

该指数是由经济学家勒纳（A. P. Lerner）提出的。勒纳指数定义为垄断企业所定的价格比其边际成本高多少。以 LI 作为勒纳定义的垄断度，其公式为

$$LI = (P - MC)/P \tag{10.5}$$

式中，P——垄断企业的产品价格；

MC——垄断企业的边际成本。

因为在市场均衡条件下，边际收益等于边际成本，即 $MR = MC$，而 $MR = P(1 - 1/Edp)$，Edp 为需求价格弹性，所以

$$LI = (P - MR)/P = [P - P(1 - 1/Edp)]/P = 1 - (1 - 1/Edp) = 1/Edp$$

由此可见，垄断度与需求价格弹性成倒数关系，需求价格弹性越大，垄断度越小。在完全竞争市场中，需求价格弹性无穷大，所以 $LI \to 0$。事实上，当需求价格弹性小于 1 时，

边际收入为负,总收入递减,垄断企业只会选择需求价格弹性大于 1 的产品进行生产,因此,一般来讲,0<LI<1。显然,由于垄断竞争企业面对的需求曲线的价格弹性大于完全垄断企业,所以,垄断竞争企业的垄断度小于完全垄断企业。同理,寡头垄断企业的垄断度大于垄断竞争企业而小于完全垄断企业。

六、贝恩指数

该指数是由经济学家贝恩(J. B. Bain)提出的,即以垄断企业所定的价格比其平均成本高多少来测量垄断度的标准。以 IB 作为贝恩定义的垄断度,其公式为

$$IB = (P-AC)/P \tag{10.6}$$

式中,P——垄断企业的产品价格;

AC——垄断企业的产品平均成本。

贝恩指数的优点在于应用上比较简便,但超额利润($P-AC$)还与企业的技术水平、经营管理水平、折旧摊销水平等因素有关,因此贝恩指数的大小不一定完全反映垄断度的大小。

七、罗斯柴尔指数

该指数是由经济学家罗斯柴尔(K. W. Rothschild)提出,即以个别企业与整个产业的需求曲线的差别,也就是以主观需求曲线与比例需求曲线的差别,作为测量垄断度的标准,见图 10-1。以 IR 作为罗斯柴尔定义的垄断度,则其公式为

$$IR = \frac{\angle \alpha}{\angle \beta} \tag{10.7}$$

式中,$\angle \alpha$——垄断企业面临的需求曲线的角度;

$\angle \beta$——整个产业面临的需求曲线的角度。

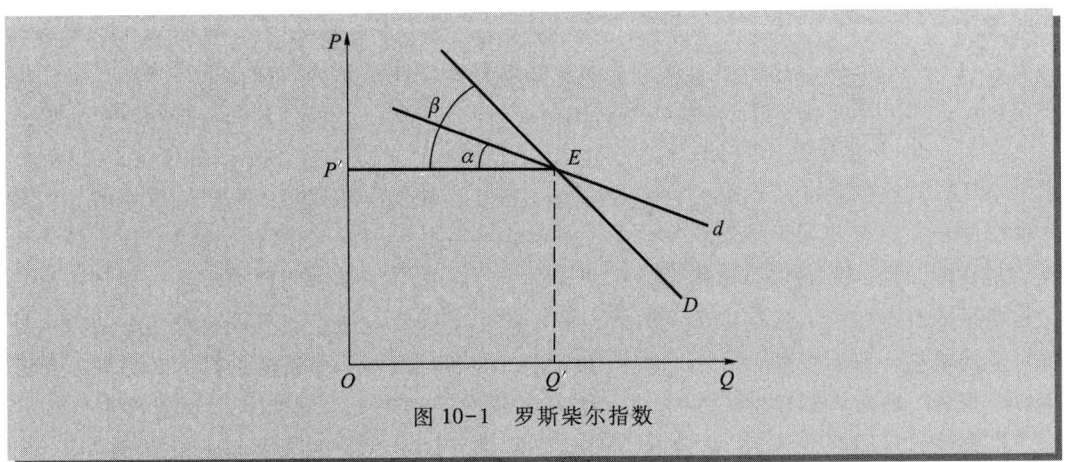

图 10-1 罗斯柴尔指数

由此可见,在完全竞争市场中,需求曲线为水平线,$\angle \alpha = 0$,所以 $IR = 0$。在完全垄

断市场上，企业面临的需求曲线也就是产业面临的需求曲线，$\angle\alpha = \angle\beta$，所以 $IR = 1$。在垄断竞争市场中，d 的斜率小于 D 的斜率，所以，$0 < IR < 1$。这一指标与勒纳指数相似。

关于垄断度的指标还有一些。但需要指出的是，尽管国外经济学家已经提出了众多测量垄断度的指标，然而由于大多数企业的指标及产业数据实际上很难得到，因而很少为产业组织学家和政府所采用。而使用比较普遍的仍是产业集中度和赫希曼-赫芬达尔指数这两个比较古老的指标。

第三节 垄断的效率

垄断行为滥用是市场势力（market power）以谋求高额垄断利润为目的施行的一系列活动，既可以产生于企业数量较少、企业规模较大的垄断结构，也可以产生于企业数量较多、企业规模较小的竞争结构。这一点显然不同于产业组织学中的 SCP 分析范式，即市场结构决定市场行为，而市场行为决定市场绩效这一分析框架和结论。因为垄断结构下的企业行为既可以是竞争行为，也可以是垄断行为，所以我们在此专门分析垄断行为与资源配置低效率的关系。

一、X-低效率

X-低效率（X-inefficiency）是最初由美国经济学家莱伯斯坦（Leibenstein）于 1966 年提出来的，用以反映企业内部效率低下状态的基本概念。莱伯斯坦认为，以往对企业行为的假设都是成本极小化的，意即企业是"有效地"购买和利用了全部要素投入。而 X 效率理论的主旨就是要说明，免受竞争压力的保护不但会产生市场配置低效率，而且还会产生另外一种类型的低效率，即免受竞争压力的企业明显存在着超额的单位生产成本。因为这种类型的低效率的性质当时尚不明了，所以称作 X-低效率。[①] X 代表了来源不明的非配置低效率。后来，很多经济学家对 X-低效率进行了大量研究，对 X-低效率的来源进行了分析和分类。就市场结构而言，垄断结构的存在，使得企业免受竞争压力，垄断企业对价格、产出和成本的控制，是造成这种状况的原因所在。如果可接受的利润水平不必达到成本极小化就能实现，那么成本极小化就不是垄断企业的典型行为。而在竞争结构下，竞争对比较理性的企业成员就会产生更大的压力，这种效应是通过市场机制完成的。依靠这种机制，一家企业如果降低它的价格，所有企业就必须跟着降低，否则就会被市场淘汰掉。就长期而言，企业需要靠尽可能压低成本生存，它不但要利用规模经济，而且还要能在长期平均成本曲线上进行生产。因此，竞争减少了某些垄断企业采取各种形式的自由处置行为的机会，包括专断、草率、官僚主义、傲慢和对市场不作反应的行为。另外，垄断企业管理者与所有者的目标不尽一致（所有者倾向于追求利润最大化，而管理者倾向于追求销售收入规模最大化），使垄断企业难以形成利润最大化和成本极小化的共同行为，

---

① 参见罗杰·S. 弗朗茨. X 效率：理论、论据和应用. 费方域，等，译. 上海：上海译文出版社，1993：3.

结果导致企业利润费用化，企业生产经营成本增加。也就是说，X-低效率意味着垄断企业在高于它的理论成本曲线上生产经营。现实中，X-低效率是一个非常普遍的现象，谢勒尔和罗斯研究发现，X-低效率常使公司成本比有效率的水平高出10%以上。① 20世纪80年代，有许多美国公司的规模迅速下降，这种规模缩水引发公司成本下降了15%、25%，甚至更多。②

二、福利损失

西方经济学理论认为，垄断结构下的企业必然产量较低、价格较高，由此造成了垄断的福利损失（welfare loss from monopoly）。据介绍，垄断的福利损失也称无谓损失（dead-weight loss），是指实际收入的损失，或由于垄断、关税、配额或其他破坏所引起的消费者剩余和生产者剩余（producer's surplus）的损失。现以图10-2为例简要说明垄断的福利损失理论。

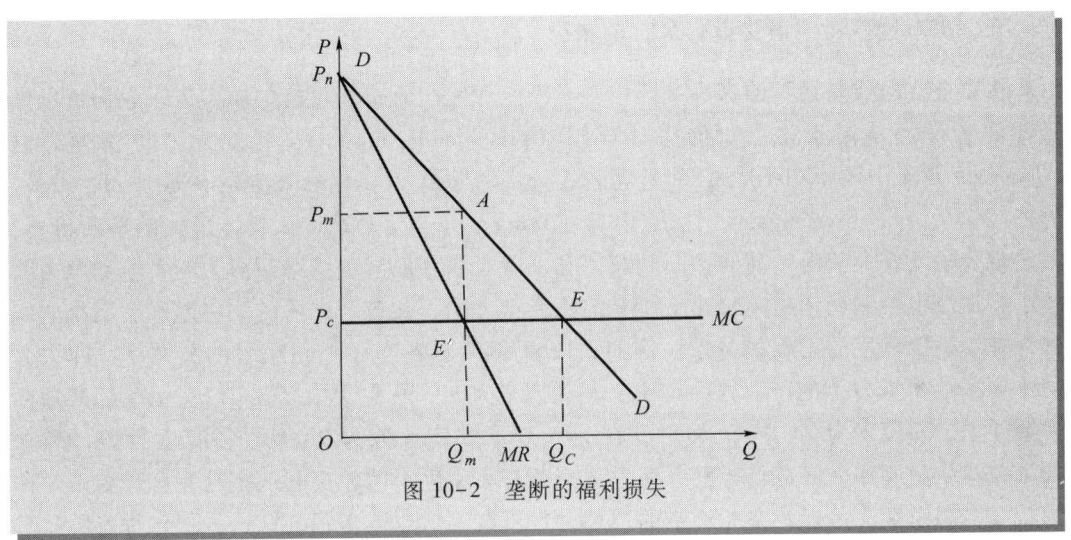

图10-2 垄断的福利损失

假设边际成本不变，在完全竞争场合，MC 曲线也是供给曲线，又是所有个别企业边际成本线的水平加总线。完全竞争的结果是 MC 和 DD 相交于 E 点。这时竞争条件下产量为 Q_c，价格为 P_c，生产者剩余为 0，消费者剩余为 P_cP_nE。而在垄断的条件下，成本曲线仍然保持不变。垄断企业有一条边际收益曲线 MR。它选择 MR 与 MC 的交点 E' 为利润的最大产量。然后，它根据需求曲线 DD 找到可以 Q_m 产量的价格 P_m。

由于垄断导致价格较高、产量较低，造成消费者剩余减少，减少额相当于图形 P_cP_mAE 的面积。但是，矩形面积 P_cP_mAE' 意味着福利转移，即由消费者转移给了生产者。从社会

---

① 参见威廉·G.谢泼德，乔安娜·M.谢泼德.产业组织经济学.5版.张志奇，等，译.北京：中国人民大学出版社，2007：116—117.
② 参见威廉·G.谢泼德，乔安娜·M.谢泼德.产业组织经济学.5版.张志奇，等，译.北京：中国人民大学出版社，2007：116.

角度来看，这部分相当于财富的重新分配，而不意味着社会福利损失。而只有三角形 $AE'E$ 的面积在这里界定为福利损失或无谓损失，这种损失完全是由于垄断企业限制产量和抬高价格所造成的社会性损失。

有不少经济学家据此对垄断的福利损失进行了测算。一项早期的关于美国制造业由垄断而引起的福利损失的研究是由阿诺德·哈伯格（Arnold. C. Harberger）进行的。哈伯格通过计算，估算出 1924—1928 年期间的垄断福利损失为国民生产总值（GNP）的 0.1%。[1] 在现在的经济中，这一损失总计约为 60 亿美元。对此，有的经济学家嘲笑说，"经济学家去灭火和消灭白蚁也比试图抑制垄断对社会做出的贡献要大"。[2] 其他一些经济学家对哈伯格的估计结果不满意，重新进行了估计，如武斯特（D. A. Worceter）的估计结果为福利损失是国民生产总值的 0.5%，而卡默逊（D. R. Kamerschen）的估计结果为 6%。[3] 而最近得到的一个概括性的结论是：在美国，由于垄断的资源配置失误所引起的浪费的福利损失大致占国民生产总值的 0.5%~2%。[4]

三、垄断价格和"消费者剩余"的减少

在完全垄断或勾结型的寡头垄断中，垄断企业完全是市场价格的制定者，它们可以实行各式各样的垄断价格，如价格领导制（price leadership），包括支配式价格领导制（dominant firm price leadership）和晴雨表式价格领导制（barometric firm price leadership）、价格歧视（price discriminate）、搭配售卖（Tying）等。无论是什么具体形式的垄断价格，都表现为垄断企业获得较高的垄断利润率和消费者剩余的减少。垄断势力越大，竞争力量越小，往往也是利润率越高。几乎所有的研究都表明，在各个产业的集中度和利润率之间都存在着一定程度的正相关关系。例如，1963 年美国各产业与利润率的关系是：四大公司集中度在 50% 以上的产业数为 114 个，利润率为 30.5%；集中度在 21%~49% 的产业数为 204 个，利润率为 24.0%；集中度在 20% 以下的产业数为 99 个，利润率为 24.9%。[5] 如果单纯从利润率方面进行考察，还无法判断高集中度下的较高利润率究竟合理与否。因为较高的利润率既可以是垄断价格的结果，也可能是低成本扩张的结果。但各种实际案例告诉我们，垄断企业的较高利润率中至少包含着消费者损失的成分。在美国，许多地方市场通常有某种程度的固定价格（面包、牛奶和建筑业是普遍的例子），同时这种现象也经常在全国性市场上出现。据推测，现在美国经济中存在着几千个规定价格的勾结安排。这些勾结都是为了提高价格和增加成员企业的利润。在其他一些国家，由于企业之间的协同行为在相当长的时期内一直是合法的，因此固定价格的程度要更严重一些。从 1930 年到

---

[1] 参见克拉克森. 产业组织：理论、证据和公共政策. 华东华工学院经济发展研究所, 译. 上海：上海三联书店, 1989：189.

[2] 保罗·A. 萨缪尔森. 经济学（上册）. 胡代光, 等, 译. 北京：首都经济贸易大学出版社, 1996：353.

[3] 参见克拉克森. 产业组织：理论、证据和公共政策. 华东华工学院经济发展研究所, 译. 上海：上海三联书店, 1989：189.

[4] F. M. Sheerer, D. Ross. Industrial Market Structure and Economic Performance, Third edition, MA：Houghton-Mifflin, 1990：667.

[5] 参见龚维敬. 美国垄断资本集中. 北京：人民出版社, 1986：196.

1956年，英国工业部门中大约出现过2 500个固定价格和分配市场的勾结型协议安排。其他西欧国家的情况也大体与此相当。固定价格的结果就是消费者的损失。根据美国经济学家拉塞尔·帕克和约翰·康纳对美国食品工业的调查计算，1975年，由于垄断使消费者遭受的损失是整个食品工业产值的7.3%。①

四、组织管理低效率

信息是管理决策的依据。而垄断性大企业规模庞大，结构层次多而复杂，管理跨距和幅度都很大。在管理体系内部，信息向上反馈和指令向下传递的流程容易出现偏差和迟滞。如果上层管理机构根据偏差和迟滞的信息做出决策，职工也是根据偏差和不完整的指令而操作，就会导致决策的失误和控制损失，最终使得整个管理体系的效率下降。在当代，尽管先进的技术装备可以在一定程度上克服空间障碍，操纵几千千米以外的复杂机械，为越来越多的生产单位和生产环节的协同作业提供了可能；尽管信息技术和管理技术的发展可以使众多企业和工厂都可以在总公司的统一控制之下，然而由于代理链条的加长，各级代理者倾向于追求对代理者有利的目标（脱离股东利益最大化而片面追求以营业额体现的规模最大化），导致代理成本（agency cost）加大、激励机制减弱、内部人控制（insiders' control）等现象。20世纪80年代，IBM公司的组织管理低效率曾经非常引人注目。在成为计算机行业领导者30年之后，IBM公司成了"一个庞大而僵化的机构"，有着"深植于其70年的历史长河中的坏习惯和效率低下"。"这个巨人有着世界上最为根深蒂固的官僚主义作风"和"重重叠叠的机构"，1993年一度亏损达到8 000万美元。波音公司2000年以后便深受效率低下之苦，它的计算机系统互不相容，制造部门浪费严重。②

五、动态技术低效率

垄断势力一经形成，可能会在一定程度上产生守成倾向，尤其是缺少直接竞争对手的完全垄断，容易缺乏改进技术和提高劳动生产率的压力，有的甚至将已经发明的技术也束之高阁。因为缺少竞争对手，仅凭垄断价格就可以保证轻而易举地获得较高的利润。如果要采用新技术，就需要大量资本来替换仍可以获得可观利润的原有设备，就会产生大量的沉没成本或滞留成本（cost of sunk），即企业已投入但无法通过市场交易或后续使用回收的那部分投资，这是垄断企业所不愿做的事情。如列宁在其著作所引用的关于制瓶机的例子。美国人欧文斯，发明了一种足以能够引起制瓶业革命的制瓶机。德国制瓶工厂主的卡特尔收买了欧文斯的发明专利权，可是却把这个发明搁起来迟迟不用。日光灯的发明，曾被某一垄断企业收买了专利权之后，搁置了79年才开始使用。核发电技术在1953年就发明了，但由于石油垄断组织阻碍其应用，1979年时核电站的发电量还只是美国动力来源的1%。从市场经济历史来看，垄断势力根本阻挡不住竞争的洪流，因而这种垄断组织压

---

① 参见龚维敬.美国垄断资本集中.北京：人民出版社，1986：226.
② 参见威廉·G.谢泼德，乔安娜·M.谢泼德：产业组织经济学.5版.张志奇，等，译.北京：中国人民大学出版社，2007：117.

制技术创新和应用的例子也只能是偶尔的和短暂的。

案例

<h4 style="text-align:center">食派士"二选一"反竞争案</h4>

上海市市场监督
管理局行政处罚
决定书①

本章小结

- 反垄断首先需要弄清楚什么是垄断，为什么要反垄断，本章的旨意乃是回答这两个问题。
- 关于什么是垄断，本章分别从垄断主体、垄断的形成基础、垄断的市场范围、垄断的内容、垄断的目的五个方面对垄断的属性进行了分析，把垄断概括为特定经济主体为了特定目的，通过构筑市场壁垒，从而使目标市场处于一种排他性控制状态。
- 研究垄断的关键和难点是确定相关市场，即市场主体开展竞争的范围。界定相关市场是为了描述行使市场势力的背景，即企业为获取利润而在相当长的时期内将价格提高到竞争水平以上的能力。在反垄断法上，除本身违法的少数情况外，通过分析涉嫌行为是否对竞争造成损害，来确定其是否违法的。在做出是否违法的决定时，必然涉及确定发生竞争的场所，而对竞争场所的确定在反垄断法上被称为界定相关市场。相关市场就是包括相互之间具有竞争关系的所有的买者和卖者。界定相关市场，包括界定产品市场、地理市场和时间市场三个方面。
- 垄断还存在程度问题。垄断程度的测度指标包括产业集中度、产业集中系数、赫希曼-赫芬达尔指数、汉纳和凯伊指数、勒纳指数、贝恩指数、罗斯柴尔指数等。尽管有众多测量垄断度的指标，然而由于大多数企业的指标及产业数据实际上很难得到，因而实际上很少使用。而使用的比较普遍的仍是产业集中度和赫希曼-赫芬达尔指数这两个比较古老的指标。
- 关于为什么要反垄断，本章从资源配置效率这一经济学核心命题的视角揭示了垄断对资源配置所产生的一系列低效率现象，包括 X-低效率、福利损失、垄断价格和消费者剩余的减少、组织管理低效率、动态技术低效率等。

关键词

垄断（monopoly）　　垄断结构（monopolistic structure）

---

① 本教材收录此行政处罚决定书（详见二维码）已得到上海市市场监督管理局授权。限于篇幅，部分内容略去。原文参见"上海市场监管"微信公众号（2021年4月12日发布）。

垄断行为（monopolistic conduct）　　相关市场（relevant market）
产品市场（product market）　　地理市场（geographic market）
产业集中度（degree of industrial concentration）　　X-低效率（X-inefficiency）
垄断的福利损失（welfare loss from monopoly）

复习思考题

1. 企业是垄断的唯一主体吗？垄断的目的就是获得垄断利润吗？
2. 简述垄断的形成基础。
3. 针对高铁对民航运输客运量的影响，讨论行业与相关市场的差别。
4. 界定相关市场必须考虑的要素。
5. 阐述垄断行为与资源配置低效率的关系。

延伸阅读

1. 国务院反垄断委员会关于平台经济领域的反垄断指南（国反垄发〔2021〕1号），国家市场监督管理总局网站，2021.
2. 于立. 互联网经济学与竞争政策. 北京：商务印书馆，2020.
3. 甄艺凯，孙海鸣. "腾讯QQ"免费之谜——基于消费者搜寻的厂商定价理论视角. 中国工业经济，2013（2）.
4. M. Armstrong, J. Wright. Two-sided Markets, Competitive Bottlenecks and Exclusive Contracts. *Economic Theory*, 2007, 32（2）: 353-380.
5. B. Jullien, W. Sand-Zantman. The Economics of Platforms: A Theory Guide for Competition Policy. *Information Economics and Policy*, 2020.
6. L. M. Khan. Amazon's Antitrust Paradox. *The Yale Law Journal*, 2017, 126（3）: 710-805.

即测即评

第十一章　反垄断法的行为指向和结构管制

党的二十届三中全会通过的《决定》提出，加强公平竞争审查刚性约束，强化反垄断和反不正当竞争，清理和废除妨碍全国统一市场和公平竞争的各种规定和做法。垄断具有损害经济效率的可能性，世界各国大都制定了反垄断法。本章主要探讨我国反垄断立法的指向，分析垄断行为的类型表现，并讨论反垄断的适用除外问题。

第一节　中国反垄断法的行为指向

垄断，可以从多个维度进行分类，如从成因来看，可以分经济垄断、行政垄断和自然垄断。对经济垄断而言，又可以区分为垄断结构和垄断行为两个方面。垄断结构相对于竞争结构，属于市场结构范畴。市场结构是指某一市场中企业数量多少、企业规模大小的问题。如果某一市场中企业数量特别多，企业规模特别小，我们就称这种市场为竞争性的市场结构，简称竞争结构。相反，如果某一市场中企业数量比较少，企业规模特别大，或者说少数企业在投入或产出中占据了整个市场的绝大部分比重，我们即称这种市场为垄断性的市场结构，简称垄断结构。而垄断行为相对于竞争行为，属于市场行为范畴。市场行为是指企业在市场中的产品开发、定价、渠道安排、促销以及企业的横向、纵向或者混合的扩张行为。如果企业的上述行为决策是独立做出的，并且没有针对交易对方（企业客户或消费者）限定不利的交易条件或者索取高额价格，那么这种市场行为就称竞争行为。反之，如果企业的上述行为决策是企业之间共同做出的，旨在限制竞争，对交易对方安排种种不利的交易条件或者索取高额价格，我们就称这种行为为垄断行为。

在规模经济基础上成长起来的大企业垄断，只能说是垄断结构，而妨碍和限制竞争的只能说是垄断行为。从理论上讲，垄断结构的出现只能为垄断行为的开展提供一定的便利条件，垄断结构既不是垄断行为的必要条件，也不是充分条件，二者没有必然联系。垄断结构或竞争结构，并没有改变企业的目标。任何企业只能是在一定约束条件下追求利润最大化。任何降低成本的努力都是有助于企业实现利润最大化目标的。垄断结构只是改变了企业的外部竞争环境，并没有改变竞争的实质，竞争的实质在于"消费力对生产力的关系"，消费者手中的"货币选票"仍决定着企业利润的最终实现。所以，为了追求利润最大化，垄断结构下的企业仍必须致力于用减低成本的方式维持和开拓市场，而用垄断价格的方式只能导致厚利限销，并不是企业的理性选择。

既然垄断有结构与行为两个维度，而且二者没有必然联系，因此反垄断法的指向应该是垄断行为而不是垄断结构。垄断结构对资源优化配置具有一定的促进作用，包括：通过规模经济机制实现生产效率的提高；通过范围经济机制实现市场交易费用的节约；通过专利保护机制实现技术效率的提高；通过累计产出增长机制实现经验曲线效应。而且这四种机制相互作用、相互强化。由于垄断结构是企业追求规模经济、范围经济、技术创新和经验效应的结果,如果反对垄断结构,也就意味着对规模经济、范围经济、技术创新和组织经验的抑制,整个经济也就失去了增长的重要源泉。另外,垄断结构与竞争并不矛盾,排斥和限制竞争的垄断只能就行为来讲。就垄断结构来讲,垄断并不必然排斥和限制竞争。一方面,垄断结构的形成本身就是竞争的结果;另一方面,在竞争中形成的垄断结构仍会面临各种各样的竞争,如垄断者彼此之间的竞争、与买者的竞争、与替代品的竞争、与潜在进入者的竞争、来自国外的竞争、自己走出国门的竞争,等等。而这种垄断结构下的竞争反而要比竞争结构下的竞争可能更加激烈。所以,把垄断结构与竞争对立起来是没有道理的。诚然,垄断结构下也会产生旨在限制竞争的各种垄断行为,但二者并没有必然性。国外一些产业组织学家及政府和法院人士都认为,垄断结构下的大企业施行垄断行为的可能性大,所以大企业应该成为反垄断法的重点监视对象。更有甚者,有些法官和经济学家主张垄断行为不好确认、取证困难,与其管制垄断行为,还不如直接管制垄断结构,即把一些大企业拆散为许多企业,以使他们直接面对竞争。这种做法表面上是维护竞争,实际上是对正常竞争的最大打击和抑制。因为竞争在很大程度上讲就是市场份额的竞争,拥有较高的市场份额,正是具有市场竞争力的表现。因为有了较高的市场份额就去制裁它,就像美国学者所评论的,无异于"永远是把下金蛋的鹅拖到反托拉斯的切肉墩子上去"。[①]有鉴于此,自20世纪80年代以来,美国政府对反托拉斯的态度已大大改变,不再仅仅根据企业规模和市场份额大小就去起诉企业,而是比较明智地采取垄断行为的标准。例如,在美国政府对解散 IBM(国际商用机器公司)的诉讼案中,政府控诉国际商用机器公司在1967年控制了市场的76%。此外,政府还声称,国际商用机器公司用了许多办法阻止其他公司的竞争,包括用降低价格来阻止竞争者进入该行业,以及引进新产品,以减少其他公司产品的吸引力。对此控诉,国际商用机器公司进行了强有力的抗争。其主要辩解同当年美国铝公司的辩解一样:政府是在惩罚成功者,而不是惩罚反竞争行为。"曾经被动员起来进行竞争的成功的竞争者不应该在它获得成功时被作为法律的对象。"政府的所作所为是对预见到计算机革命的巨大潜力并通过"高超技术、预见和产业"而统治了该行业的企业进行惩罚。这一案件一直拖到里根政府执政后的1982年,政府决定以"没有必要"为理由撤销了这一案件。同样,对一些过去根本就不可能通过的大企业合并、兼并,政府却采取了支持和鼓励的态度,如1996年年底发生的波音公司和麦道公司的合并案件。近些年来,美国司法部和法院对待微软公司垄断案件的处理也是一样。微软公司的个人电脑操作系统已经拥有95%的世界市场份额,从垄断结构的观点看,微软可以说是近乎完全垄断的程度了。但垄断结构本身不是过错,微软今天的垄断地位是不断创新的结果,这是任何人都否认不了的。对微软来讲,过错可能在于拥有一系列垄断行为的事实,如把操作系统和网络浏览软件(IE)捆绑销售。但问题的要害在于:当垄断结构下的企业出现一些垄断行为时,我们究竟是处罚过错还是分拆企业?如果像司法部和法院坚持的对微软"一分为二"式肢解的话,岂不是"把洗澡水和婴儿一块倒掉了"吗?据此,美国240位

---

① 转引自周叔莲. 国外产业政策研究. 北京:经济管理出版社,1988:415.

经济学家 1999 年曾联合致信给时任总统克林顿，反对有关当局对微软等公司的反垄断起诉。2001 年 6 月，美国上诉法院裁决，维持了地方法院关于微软非法利用视窗操作系统的市场垄断地位压制竞争对手的判决，同时又推翻了地方法院要求微软实施分拆的裁决。美国司法部 2001 年 9 月 6 日发表声明，宣布美国政府已决定撤回分拆微软的诉讼请求。这与我们一贯主张的反垄断只应该针对垄断行为而不应该针对垄断结构的主张可以说是一致的。所以，我国在实施《中华人民共和国反垄断法》（以下简称《反垄断法》）过程中，应避免采用主观主义的推断方法，决不能以可能性代替现实性。只有在垄断结构下的企业确实施行垄断行为时，才能诉诸《反垄断法》。而且，反垄断只针对垄断行为，一般不应诉诸垄断结构本身，如把企业一分为二或更多，而完全可以针对垄断行为进行经济性处罚，就像《克莱顿法》第四条所规定的 3 倍损害赔偿诉讼（treble damage suits），或者征收垄断利润税。当然，鉴于企业合并基础上形成的集中度较高的垄断结构具有直接减少竞争对手的作用，所以对旨在集中的合并行为要采取预防措施，即要向《反垄断法》执法机关履行申报手续。

第二节　垄断行为的类型

反垄断法约束下的垄断行为，不仅包括经济垄断结构下的垄断行为、行政垄断结构下的垄断行为，也包括自然垄断结构下的垄断行为。不管是何种市场结构下，只要出现排除或者限制竞争、损害消费者利益和社会公共利益的行为，一般都为反垄断法所禁止。而且，中国反垄断法不仅适用于中国境内经济活动中的垄断行为，也同样适用于对中国境内市场竞争产生排除和限制影响的境外垄断行为。按照 2007 年制定的《中华人民共和国反垄断法》[①] 的规定，垄断行为包括三种：一是经营者达成垄断协议；二是经营者滥用市场支配地位；三是滥用行政权力排除、限制竞争。

一、经营者达成垄断协议

垄断协议是指具有竞争关系的经营者之间签订排除、限制竞争的协议、决定或者其他协同行为，主要包括：

（1）固定或者变更商品价格；
（2）限制商品的生产数量或者销售数量；
（3）分割销售市场或者原材料采购市场；
（4）限制购买新技术、新设备或者限制开发新技术、新产品；
（5）联合抵制交易；
（6）国务院反垄断执法机构认定的其他垄断协议。

---

① 《中华人民共和国反垄断法》由第十届全国人民代表大会常务委员会第二十九次会议于 2007 年 8 月 30 日通过，自 2008 年 8 月 1 日起施行。2022 年 6 月 24 日，第十三届全国人民代表大会常务委员会第三十五次会议通过了关于修改《中华人民共和国反垄断法》的决定，新修订的《反垄断法》自 2022 年 8 月 1 日起施行。本章所引法条将以新修《反垄断法》为据。——第四版修订者注

二、经营者滥用市场支配地位

市场支配地位,是指一家或者几家经营者具有在相关市场上控制商品价格、生产数量,或者其他排除、限制竞争的能力。具有市场支配地位的一家或者几家经营者不得滥用其市场支配地位,亦不得利用数据和算法、技术以及平台规则等实施下列滥用市场支配地位的行为:

(1) 以不公平的高价销售商品或者以不公平的低价购买商品;
(2) 没有正当理由,以低于成本的价格销售商品;
(3) 没有正当理由,拒绝与交易相对人进行交易;
(4) 没有正当理由,限定交易相对人只能与其进行交易或者只能与其指定的经营者进行交易;
(5) 没有正当理由搭售商品,或者在交易时附加其他不合理的交易条件;
(6) 没有正当理由,对条件相同的交易相对人在交易价格等交易条件上实行差别待遇;
(7) 国务院反垄断执法机构认定的其他滥用市场支配地位的行为。

按照我国《反垄断法》,有下列情形之一的,可以推定经营者具有市场支配地位:① 一个经营者在相关市场的市场份额达到1/2的;② 两个经营者在相关市场的市场份额合计达到2/3的;③ 三个经营者在相关市场的市场份额合计达到3/4的。有②和③中规定的情形,但其中有的经营者市场份额不足1/10的,不应当推定该经营者具有市场支配地位。此外,被推定具有市场支配地位的经营者,有证据证明不具有市场支配地位的,不应当认定其具有市场支配地位。

三、滥用行政权力排除、限制竞争

中国在经济转轨过程中,政府干预经济行为较为普遍,部门保护主义和地方保护主义较为严重,这实质上表现为一种行政垄断。各国反垄断法作为"经济宪法",对此一般予以坚决禁止和取缔。在中国,《反垄断法》同样规定,行政机关和具有管理公共事务职能的组织不得实施下列行政垄断行为。

(1) 对外地商品设定歧视性收费项目、实行歧视性收费标准,或者规定歧视性价格;
(2) 对外地商品规定与本地同类商品不同的技术要求、检验标准,或者对外地商品采取重复检验、重复认证等歧视性技术措施,限制外地商品进入本地市场;
(3) 采取专门针对外地商品的行政许可,限制外地商品进入本地市场;
(4) 设置关卡或者采取其他手段,阻碍外地商品进入或者本地商品运出;
(5) 妨碍商品在地区之间自由流通的其他行为。

行政机关和法律、法规授权的具有管理公共事务职能的组织不得滥用行政权力,以设定歧视性资质要求、评审标准或者不依法发布信息等方式,排斥或者限制经营者参加招标投标以及其他经营活动。

行政机关和法律、法规授权的具有管理公共事务职能的组织不得滥用行政权力,采取与本地经营者不平等待遇等方式，排斥、限制、强制或者变相强制外地经营者在本地投资或者设立分支机构。

第三节　反垄断法的结构管制

中国反垄断法的宗旨是预防和制止垄断行为。但对于垄断结构即经营者集中也进行管制，因为当经营者集中达到一定程度后，就有可能具有反竞争效果。中国对垄断结构所采取的管制手段，体现在达到规定条件和标准的经营者集中必须向反垄断执法机构进行申报，取得批准后方可实施集中活动。否则，经营者不得实施集中活动。

《反垄断法》所称的经营者集中是指两个以上经营者合并、经营者通过取得股权或者资产的方式取得对其他经营者的控制权、经营者通过合同等方式取得对其他经营者的控制权或者能够对其他经营者施加决定性影响。

按照各个国家反垄断法的规定，经营者之间排除或者限制竞争的集中行为必须进行申报，各国的经济发展阶段不同，申报的标准及销售额等的计算也不尽相同。按照2024年1月发布的《国务院关于经营者集中申报标准的规定》，经营者集中达到下列标准之一的，经营者应当事先向国务院商务主管部门申报，未申报的不得实施集中：

（1）参与集中的所有经营者上一会计年度在全球范围内的营业额合计超过120亿元人民币，并且其中至少两个经营者上一会计年度在中国境内的营业额均超过8亿元人民币；

（2）参与集中的所有经营者上一会计年度在中国境内的营业额合计超过40亿元人民币，并且其中至少两个经营者上一会计年度在中国境内的营业额均超过8亿元人民币。

经营者集中未达到上述申报标准，但有证据证明该经营者集中具有或者可能具有排除、限制竞争效果的，国务院反垄断执法机构可以要求经营者申报。未依照上述这些规定进行申报的，国务院反垄断执法机构应当依法进行调查。

第四节　反垄断的适用除外

一般说来，反垄断法应该主要指向垄断行为，不管是垄断结构下的垄断行为还是竞争结构下的垄断行为。这类似于法学上所讲的"本身非法原则"（per se rule），即只要是垄断行为，无须做任何辩护，行为本身就是非法的，为《反垄断法》所禁止。但垄断现象是非常复杂的，一些特殊垄断行为的资源配置效应可能是积极的，在这种情况下就应该兴利除弊，根据"合理推断原则"（rule of reason），免遭《反垄断法》的诉讼，也就是《反垄断法》的适用除外。

总结归纳各个国家反垄断法的适用除外的规定，适用除外的对象主要包括四类：一是特定行业，包括农业、公用事业、保险业、银行业等；二是特定组织和人员，包括工会、劳工、自由业者（医生、律师等）、特定企业组合等；三是特定行为，包括卡特尔的某些类型、转售价格维持的特定情形、小企业的特定行为等；四是知识产权的行使行为，包括行使版权、专利权、特许权等知识产权法所承认并保护的行为。从中国《反垄断法》的具体规定来看,适用除外的内容主要包括如下方面。

一、限制竞争协议的适用除外

中国《反垄断法》第二十条规定,经营者能够证明所达成的协议属于下列情形之一的,不适用本法第十七条、第十八条第一款、第十九条的规定:
(1) 为改进技术、研究开发新产品的;
(2) 为提高产品质量、降低成本、增进效率,统一产品规格、标准或者实行专业化分工的;
(3) 为提高中小经营者经营效率,增强中小经营者竞争力的;
(4) 为实现节约能源、保护环境、救灾救助等社会公共利益的;
(5) 因经济不景气,为缓解销售量严重下降或者生产明显过剩的;
(6) 为保障对外贸易和对外经济合作中的正当利益的;
(7) 法律和国务院规定的其他情形。

属于前款第一项至第五项情形,经营者还应当证明所达成的协议不会严重限制相关市场的竞争,并且能够使消费者分享由此产生的利益。例如,在竞争者之间的部分协议有利于提高经济效率(如为改进技术和节约成本进行合作研发、统一产品的规格或型号),或者有利于社会公共利益(如节约能源、保护环境)的情况下,对这些限制竞争协议可以除外。

二、知识产权行为的适用除外

由于知识产权属于法定的垄断性权利,因此一般国家都规定,行使知识产权的行为一般不受反垄断法的约束。但由于知识产权的滥用仍可能对市场竞争产生不能容忍的影响,因此需要妥善处理反垄断法与知识产权法的矛盾关系。在这方面,大致有三种模式和做法。第一种模式为知识产权法优先模式,即知识产权的垄断性受到绝对的肯定,任何行使知识产权的行为都不受反垄断法的干预。第二种模式为反垄断法优先模式,即行使知识产权的行为与其他行为都要遵守相同的竞争规则,只有不违反反垄断法的行使知识产权法的行为才是被允许的。第三种模式为协调模式,即知识产权法和反垄断法相互协调,在知识产权问题上寻求垄断与竞争的平衡。可以看出,第一种模式过于维护知识产权权利人的利益,在市场竞争方面将付出的代价太大;而第二种模式则过于强调竞争原则,忽视了知识产权的特性;而第三种模式具有现实性。根据协调模式,知识产权法应该对其所确认的垄断性实行一定的自我限制;反垄断法对知识产权的行使所产生的一定程度的限制竞争的后果给予一定的宽容,即在规定行使知识产权行为一般地免受反垄断法诉讼的同时,还可以规定"法律有规定的除外"。中国《反垄断法》第六十八条规定:"经营者依照有关知识产权的法律、行政法规规定行使知识产权的行为,不适用本法;但是,经营者滥用知识产权,排除、限制竞争的行为,适用本法。"

三、自然垄断行业国有企业的适用除外

中国《反垄断法》第八条规定："国有经济占控制地位的关系国民经济命脉和国家安全的行业以及依法实行专营专卖的行业，国家对其经营者的合法经营活动予以保护，并对经营者的经营行为及其商品和服务的价格依法实施监管和调控，维护消费者利益，促进技术进步。"该条即为《反垄断法》对特殊行业的适用除外规定，以自然垄断行业为主。

在特殊行业允许垄断结构的存在并不意味着经营者可以不遵守市场规则，滥用其控制地位排除、限制竞争。我国《反垄断法》第八条第二款明确规定，这些行业的经营者应当依法经营，诚实守信，严格自律，接受社会公众的监督，不得利用其控制地位或者专营专卖地位损害消费者利益。

四、农业的适用除外

农业对自然条件有很强的依赖性，生产者无法根据市场需求和价格的变化迅速转产。考虑到农业在国民经济中的基础地位及其对社会生活的重要影响，许多国家不仅允许农业生产经营者订立限制竞争的协议，还规定了最低保护价格，允许国家给予补贴，甚至允许国家直接参与购销活动。中国《反垄断法》第六十九条规定："农业生产者及农村经济组织在农产品生产、加工、销售、运输、储存等经营活动中实施的联合或者协同行为，不适用本法。"

> **案例**
>
> **伊士曼案：伊士曼公司滥用市场支配地位案**[①]
>
>

> **本章小结**
>
> - 垄断有结构与行为两个维度，即垄断结构与垄断行为是既有联系又有重大区别的两个概念，二者没有必然的因果联系。垄断结构下可以产生垄断行为，也可以产生竞争行为；而竞争结构下也可以出现垄断行为。在这种情况下，反垄断法的指向应该主要是垄断行为，不管是何种结构下的垄断行为，不仅包括经济集中型垄断结构下的垄断行为、行政割据型垄断结构下的垄断行为，也包括自然垄断结构下的垄断行为。不管是何种市场结构下，只要出现排除或者限制竞争，损害消费者合法权益或者危害社会公

---

① 本案例由张军（江苏省社会科学院经济研究所）提供。案例中的内容全部来自《伊士曼公司滥用市场支配地位案行政处罚决定书（沪市监案处字〔2019〕第000201710047号）》与 Ju and Lin (2020)。建议对此案例有兴趣的读者进一步阅读上述两篇文献。居恒（上海财经大学商学院）与甄艺凯对本案例的撰写亦有贡献。

共利益的行为，一般都为反垄断法所禁止。
- 中国《反垄断法》主要指向垄断行为，包括三种行为：一是经营者达成垄断协议；二是经营者滥用市场支配地位；三是滥用行政权力排除、限制竞争。对于垄断结构即经营者集中，由反垄断执法机构进行管制。具备规定条件和标准的经营者集中，必须事先申报，取得批准后方可实施。
- 一般说来，反垄断法应该主要指向垄断行为，不管是何种结构下的垄断行为，这相当于"本身非法原则"，即只要是垄断行为，无须做任何辩护，行为本身就是非法的，为反垄断法所禁止。
- 垄断现象是非常复杂的，一些特殊垄断行为的资源配置效应可能是积极的，在这种情况下就应该兴利除弊，根据"合理推断原则"，免遭《反垄断法》的诉讼，也就是《反垄断法》的适用除外。各个国家反垄断法的适用除外的规定，适用除外的对象主要包括四类：一是特定行业；二是特定组织和人员；三是特定行为；四是知识产权的行使行为。从中国《反垄断法》的具体规定来看，适用除外的内容主要包括如下方面。一是限制竞争协议的适用除外，包括七种情况；二是知识产权行为的适用除外；三是自然垄断行业国有企业的适用除外；四是农业的适用除外。

关键词

反垄断法（antitrust act）　　本身非法原则（per se rule）
合理推断原则（rule of reason）　　三倍损害赔偿诉讼（treble damage suits）
适用除外（exemption）

复习思考题

1. 垄断结构与垄断行为有什么区分？这一区分有何意义？
2. 垄断行为有哪些类型？
3. 比较中国《反垄断法》中本身非法原则与合理推断原则的利弊。
4. 中国《反垄断法》常见的适用除外有哪些方面？
5. 如何通过对国有企业改革和自然垄断产业竞争化改造，为中国《反垄断法》不断扩大适用范围？

延伸阅读

1. 马西莫·莫塔. 竞争政策——理论与实践. 沈国华, 译. 上海：上海财经大学出版社, 2004.
2. 杰伊·皮尔·乔伊. 反垄断研究的新进展：理论与证据. 张嫚, 崔文杰, 等, 译. 大连：东北财经大学出版社, 2008.
3. J. E. 克伍卡, L. J. 怀特. 反托拉斯革命——经济学、竞争与政策. 4版. 林平, 臧旭恒, 等, 译. 北京：经济科学出版社, 2007.
4. 伊士曼公司滥用市场支配地位行政处罚决定书（沪市监案处字〔2019〕第 000201710047 号），国家市场监督管理总局官网, 2019.
5. H. Ju, P. Lin. China's Anti-Monopoly Law and the Role of Economics in Its Enforcement. *Russian Journal of Economics*, 2020, 6: 219–238.

即测即评

第五篇　代表性产业的管制

第十二章 电信产业的管制

电信产业是技术进步最快、市场变化最剧烈的自然垄断产业，这就决定了电信产业的政府管制内容极其丰富。本章首先介绍电信产业的基本特征与管制需求，然后讨论电信产业的几种主要管制形式：进入管制、价格管制及互联互通管制。

第一节 产业特征与管制需求

电信是指利用有线、无线的电磁系统或者光电系统，传送、发射或者接收语音、文字、数据、图像以及其他任何形式信息的活动。在 20 世纪 80 年代以前，世界上绝大多数国家的电信业务由一家企业垄断经营，由于电信业务需要依靠电信网络传输服务，因此被视为"自然垄断产业"。电信业务可分为基础电信业务和增值电信业务。其中，基础电信业务是指提供公共网络基础设施、公共数据传送和基本话音通信服务的业务；增值电信业务是指利用公共网络基础设施提供电信与信息服务的业务。① 电信系统是各种协调工作的电信装备集合的整体，最简单的电信系统是只在两个用户间建立的专线系统，而较复杂的系统则是由多级交换的电信网提供信道，在一次呼叫中所构成的系统。对于一个实际的通信系统来说，除有发信终端（信源）、传输信道和收信终端（信宿）外，还需要交换设备来提供多点之间的通信连接。因此，电信系统组成的各部件可归结为三类，即电信系统的三大硬件设备——终端设备、传输设备、交换设备。

一、电信产业的基本特征

（一）横向的全程全网特性

一个地理区域内的电信企业无法仅以自己的力量完成电信网上全部信息的传递，因而需要全网的配合，这是电信网的全程全网性。全程全网是电信产业在技术上最突出的特性之一。这种特性决定了从运营效率看，由一家企业统一经营网络并在网络上提供服务，比任何按照地理形式的分割经营效率都高，因为任何的分割都会带来交易成本的增加。分割造成了各部分的利益主体不同，使任何一种连接都会产生连接成本（网络间互联互通成本、运营成本、管制成本等）。由此，至少在每个国家电信产业建立的最初阶段，电信网的全程全网技术特性会对电信运营体制提出垄断的要求。

---

① 基础电信业务包括：固定通信业务、蜂窝移动通信业务、卫星通信业务、数据通信业务、集群通信业务、无线寻呼业务、网络接入业务、国内通信设施服务业务、网络托管业务。增值电信业务包括：在线数据处理与交易处理业务、国内多方通信服务业务、国内因特网虚拟专用网业务、因特网数据中心业务、存储转发类业务、呼叫中心业务、因特网接入服务业务、信息服务业务。

（二）纵向的强技术关联特性

如果将电信产业从纵向进行细分，可以将其分为三个领域：电信设备制造、公共电信网络基础设施的建设和运营以及在电信网络上从事电信服务。电信设备制造可以纳入普通的竞争性产业（在中国的产业分类中，归入电子设备制造业）。对于电信基础设施的建设和在其之上提供服务，这两个领域的纵向技术关联度非常紧密，各部门之间协作化的要求很强，因而在网络内通常会形成纵向一体化的组织结构。一般来说，电信网络基础设施的建设者就是基本电信服务的提供者。

（三）异质替代特性

所谓异质替代特性是指采用不同的通信技术或者技术组合可以完成同样的服务。随着电信技术的不断发展，涌现出许多传统通信方式的替代技术。从传输介质上看，长途通信线路逐渐由双绞线演变为同轴电缆，随后发展成为光纤。从通话方式上看，移动通信技术的发展，使得移动电话由最初的贵族商品演变成为如今寻常百姓的必备品。这种异质替代性体现在两个方面：一个是竞争性替代，一个是互补性替代。例如，在本地通信市场，两个人的通话，既可以通过固定—固定实现，也可以通过移动—移动实现，还可以通过移动—固定等形式实现。这就是竞争性替代。而在山区的旅游景点，由于游客的流动性很大，固定电话线路难以铺设，游客只能用移动电话通信。这时，移动电话和固定长途线路就构成了互补，即在本地固定电话网络覆盖不到的地区，移动电话就成为本地固定电话的互补替代品。

（四）规模经济性和范围经济性

电信产业的发展需要大量的基础设施和网络设备投入，并且运营成本相当高，因此电信产业具有明显的规模经济特性，即在一定的网络容量内，单位运营成本随着用户规模的增加而递减。因而运营商都会采用各种营销技术来吸引新用户和保留老用户，期望降低单位运营成本，获取更高的利润。电信产业还具有范围经济性。范围经济性是指追加新产品时联合生产的成本，要低于单独生产该产品的成本。如中国电信利用原有的电话线提供ADSL宽带业务，而原中国网通（现为"中国联通"）提供宽带业务要重新建设网络和铺设线路，很显然，中国电信的宽带业务成本要远远小于原中国网通，也就是说，在现有业务上追加新业务的联合成本要低于单独提供新业务的成本，这就是电信产业范围经济性。

二、电信产业的管制需求

电信产业的管制需求和电信产业的基础网络的自然垄断属性与网络外部性密切相关。

（一）基础网络的自然垄断性与服务的竞争性和管制需求

电信业务需要通过有形或者无形的网络传输才能实现用户之间的互联互通。电信硬件系统构成的电信网，尤其是其中的传输设备和交换设备建设，是电信产业自然垄断特征最明显的领域。如电信领域最基础、最典型的固定电话业务，必须依靠固定的电话网络实现联通。固定电话主要是通过电缆或光缆等线路连接通信终端设备与网络设备，进而实现用户间相互通话。根据我国现行的"电话网编号标准"，全国固定电话网分成若干个"长途编号区"，每个长途编号区为一个本地电话网。本地电话业务通过本地电话网在同一个长途电话编号区范围内提供电话业务，国内长途电话则通过长途电话网，在不同"长途编号"区，即不同的本地电话网之间提供通话。某一本地电话网用户可以通过加拨国内长途字冠和长途区号，呼叫另一个长途编号区本地电话网的用户。国际长途电话则通过国际电话网络提供电话服务，某一国内电话网用户可以通过加拨国际长途字冠和国家（地区）码，呼叫另一个国家或地区的电话网用户。本地网、长途网、国际电话网络是实现固定电话联通的载体，也是电信产业网络自然垄断性的具体表现。

一张互联互通、覆盖全国的电信网，是电信业务高效运营的基础，也是电信产业高质量发展的导向。电信网络建设投资巨大，在电信成本中占比很高，虽然技术进步使电信网的建设成本显著降低，但电信网络建设仍具有自然垄断性。正是由于电信网络的自然垄断属性，产生了管制需求。首先，电信产业属于国家基础性产业，网络的重复建设会增加社会的总成本，不利于社会资源的最佳配置。因此，政府需要对电信网络建设实行严格的进入管制，以发挥电信网络的规模经济效益，维持电信网络的自然垄断地位。其次，在电信网络垄断运营的情况下，政府要对电信网络运营实行价格管制，以抑制电信企业制定垄断价格，维护社会分配效率。最后，在电信产业形成垄断竞争格局的情况下，政府需要对网间互联互通进行管制，以确保竞争秩序和消费者利益。

（二）网络外部性与用户锁定和管制需求

对于电信服务潜在的新用户来说，用户评估一个电信网络的优势在很大程度上信赖于既有网络上用户数量的多少。也就是说，一个电信网络上的用户越多，就越吸引新用户加入这个网络，而新的用户的进入，又使原来的用户在不用增加付费的情况下，增加了可连接性，这就是电信网络的外部性。这种网络外部性或消费上的外部性，促使政府进行网间互联互通管制，以保证电信产业的竞争得以顺利开展，同时又避免网络重复建设。而转换成本的存在，使得用户被锁定在一个网络。这些转换成本包括学习与培训的成本、数据转换成本、忠诚度成本及搜寻成本等。用户锁定现象的存在，促使政府为了考虑消费者的效用和电信企业间的公平竞争，会强制要求实行网间互联互通，甚至实行用户一个号码制度。而在引入竞争机制的初期，政府往往会实行不对称管制或帮助进入的管制政策，以培养竞争对手，最终形成竞争格局。

网络外部性和用户锁定使原来拥有基础电信网络的企业对于新进入的企业拥有压倒性优势，而新的运营商通过与规模大的电信网络连接，可以迅速增加自身网络的价值，避免重复建设并极大地节约社会成本。因此，保证电信网络的互联互通具有重要意义。

这样，电信产业的技术经济特征，为政府对电信产业实行进入管制、资费与服务质量管制、互联互通管制、普遍服务管制等提供了依据。由于网络外部性的存在，为了培育竞争对手，并最终形成竞争格局，政府有时还会对电信产业实行不对称管制。

（三）统一的市场需要统一的管制

统一的市场需要统一的管制，这主要从以下两个方面考虑。

一方面，随着信息技术的发展，尤其是数字通信技术的发展，原来不同产业的网络区别已经消失，传统上属于不同产业的内容可以同时运营于一个网络之中。这样产生的结果是，人们需要重新考虑管制的基础和目标，需要重新设计能够适应信息产业市场发展的管制框架。传统上不同产业管制边界的模糊必然导致电信管制对象的拓宽和相应管制机构的融合。在电信趋向信息通信的变迁中，管制者不仅要管制传输网络和传输业务的运营，还要管制其中所有传输的内容，传统的电信管制、视像管制等将趋于融合。如美国联邦通信委员会（FCC）已经不再是传统的电信管制机构，其主要的职能之一是以管制电视、无线广播为主的大众传媒。加拿大的广播、电视及电信委员会（CRTC）和英国电信管制办公室（OFTEL）等也与FCC相似，也早就突破了传统的电信管制范畴。

另一方面，随着各国电信产业全面开放，全球化电信市场正加速形成，这也要求统一的市场要有统一的管制，即管制内容的统一，甚至是管制机构的跨区融合。例如，欧盟多数国家的电信市场包括网络和业务市场自20世纪末开始全面推行竞争。欧洲电信市场越来越趋向统一，而电信管制应该能够反映统一市场的需要和电信产业发展所产生的新需求。这样，统一的欧洲电信管制机构（ERA）就已呼之欲出。这是因为，为有效解决互联、统一编码、颁发许可证、解决争端、实施和贯彻欧盟的指令，需要一个值得信赖的跨越整个欧洲的统一的管制框架。而20世纪末成立的国际管制集团（IRG）则可以看作是ERA的雏形。

第二节　进　入　管　制

一、电信产业进入管制的基本问题

进入管制是为了控制电信市场的竞争者数量而实施的，或者说，进入管制的根本目的就是对进入各种通信业务市场的运营商数量加以科学的控制。电信市场开放后，竞争者数量增加是必然的。实行市场进入管制，是为了使电信市场竞争透明、公平和有序。反过来，如果不实行必要的市场进入管制，必然形成过度竞争和无序竞争，降低电信领域的规模效益，增加生产成本，最终给消费者带来不利影响，这是不可取的。

电信产业是一个自然垄断性业务和竞争性业务并存的产业，这就需要政府根据电信系统的情况分别制定进入管制政策。对于自然垄断性业务，电信网等基础设施建设具有显著的规模经济性。建设覆盖全国互联互通的电信网，不同电信业务的运营商共享共用电信网，将显著提升电信产业效率，降低电信资费价格，惠及广大的电信用户。因此，为了避免电信网的重复建设和浪费性建设，政府应该对电信网络建设实施进入管制，控制自然垄断业务领域的企业数量，以充分发挥自然垄断对经济效率的正面作用。

在本地固定网络领域，基础网络的初始投资更高，其固定成本在总成本中占有非常大的比重，而且这些投资的沉淀性很强，难以挪作他用。更为重要的是，本地固定网络具有很明显的成本弱增性，也就是说，在一个网络能够保证供给的情况下，一个网络将比多个网络具有更大的成本优势。因此，我们认为，本地网络具有明显的自然垄断性质，通常适宜于完全垄断的市场结构。

长途网络由于技术进步因素，可以采用微波通信、卫星通信等质优价廉的方式铺设，规模经济性虽然存在，但独家经营的成本优势已经不再明显，自然垄断特征已经蜕化，可适当地开展竞争性经营。

而附着于网络之上的各种电信服务业务,虽然具有规模经济性质,但只要互联互通能够得以保证各家电信服务运营商能够顺利地接入网络,由于该领域并不具有自然垄断性而是竞争性的,则通过竞争可以提高运营商的效率。

二、经济发达国家电信产业的进入管制政策[①]

在电信产业进入管制方面,英国所采取的循序渐进的经验具有典型性。英国政府在20世纪八九十年代颁布了多部《电信法》,对电信产业采取了一些放松管制的政策措施。依照这一系列法律,英国电信公司从英国邮政局分离出来,成为一家独立的法人企业,并废除了英国电信公司原来在通信网络操作、提供通信网络服务、供应大部分通信设备等方面的法定垄断地位。具有实质意义的是,英国政府授予莫克瑞电信公司经营全国性通信网络的特许权,成为英国电信公司的第一家竞争企业。虽然这一法律没有对英国电信公司在电信产业中的主导地位造成严重影响,但对促进电信产业竞争迈出了第一步。

1983年11月,英国在有线通信业务领域实行了有效期为7年的双寡头垄断政策,由英国电信公司和莫克瑞电信公司共同经营全国性有线通信网络。同时,在移动通信领域,英国政府也实行了双寡头垄断政策,分别授予 Cellnet (英国电信公司是主要股东) 和 Vodafone 这两家公司为移动电话通信网络的经营者资格。

1990年11月,双寡头垄断政策有效期结束,英国政府便对这一政策做了评估与调整,其结果反映在英国贸工部发布的白皮书《竞争与选择:90年代的电信政策》中,它的主要结论是:今后应该取消双寡头垄断政策,除了国际通信方面在短期内仍由原来的两家企业经营外,政府将对具备提供国内通信服务资格的申请者发放经营许可证。

在国际通信业务领域暂不开放竞争的原因是存在一些特殊困难,因为它首先需要与国外经营者达成协议。任何人在英国打国际电话,英国的经营者必须向国外的经营者支付电话转换费,付费的标准是通过双边谈判规定的。由于国外的大多数电信经营者在其本国是垄断经营者,如果英国多家竞争性企业与国外垄断企业谈判,其结果必然是提高英国企业的付费水平。因此,英国电信管制办公室早在1987年就做出规定,英国电信公司和莫克瑞电信公司应该制定共同的对海外通信付费和收费标准,以便英国企业在与海外企业制定有关协议时具有较强的谈判能力。如果让更多的企业进入国际长途通信服务领域,就会增加一致对外的难度。因此,作为一个特例,英国政府在国际通信领域内暂不取消双寡头垄断政策。

根据新的进入管制政策,有线电视公司不需要与英国电信公司和莫克瑞电信公司合作,就可以运用其有线网络直接提供通信服务,但任何电信公司在10年内不允许在通信网络上经营电视服务。显然,这一规定将使英国电信公司和莫克瑞电信公司不能取得通过电话线路提供电视服务的范围经济。这一管制政策的理由是:如果允许英国电信公司提供电视服务,那么没有一家电视公司能与该公司竞争,也就不可能在英国电信公司占主导地

---

① 王俊豪. 政府管制经济学导论. 北京:商务印书馆,2001:195-198.

位的市内电话通信服务市场上培育一种十分重要也是非常必要的竞争力量。也就是说，禁止英国电信公司进入电视娱乐市场，是为了帮助新的竞争者进入原来由英国电信公司所垄断的市内电话服务市场。新的进入政策实施以来，有线电视公司所提供的通信服务出现了迅速发展的势头，几年后，它就成为英国电信公司的重要竞争力量。

这次进入管制政策的调整还允许移动通信经营者提供有线网络通信服务，并鼓励当时还属于公共部门的英国铁路公司等利用其通信网络提供通信服务。同时提出了由电信管制办公室而不再由英国电信公司统一分配电话号码的设想，使用户的电话号码可以自由地由一个电话公司转到另一个电话公司。这一措施对促进竞争是很重要的，否则，如果英国电信公司的顾客转入其竞争对手，就会在变换电话号码的过程中产生很大的转换成本，从而使英国电信公司拥有竞争优势。至1997年4月，电信管制办公室公布了一份文件，要求所有的通信网络经营企业都像英国电信公司一样，向顾客提供自由转换电话公司而不变更电话号码的服务，并将此作为所有通信网络经营企业经营许可证的一个要件。至此，顾客可以自由选择任何一家电话公司而不需变更电话号码。这一政府管制政策不仅有利于通信服务消费者，更重要的是，这有力地促进了通信网络经营企业之间公平、有效的竞争。

三、中国电信产业的进入管制政策

中国电信市场进入管制政策的变迁可划分为三个阶段：第一阶段是1993年之前，对国内外的严格限制阶段。在这一阶段，所有业务领域的市场进入都受到严格限制，除邮电部以外没有发放给任何企业经营公用电信业务许可；同时也不允许国外企业经营电信业务，对外资进入电信产业有着非常严格的限制，到1992年，邮电部还发布了《关于重申不与外商合营邮电通信的通知》，进一步明确限制外资进入包括移动和寻呼业务在内的所有业务。第二阶段是1994—2000年，对国内企业逐步放松进入限制。1993年以后，随着电信产业开放增值业务和联通的成立，电信产业对国内企业放松限制，但对于外资仍坚持严格的限制。第三阶段，2000年至今，为中国加入世界贸易组织、放松外资进入阶段。加入世界贸易组织及其过渡期的结束，标志着电信市场向外资开放，外资将在一定股权约束下以合资形式进入各个领域。

当电信产业由于技术和市场的发展而产生了不断融合的趋势后，电信产业的进入从成本角度看是有利可图的。而管制机构需要对进入者的数量做出权衡，既要引入竞争，提高消费者的福利水平，又不能有过多的竞争者，以免产生过度竞争。于是，电信业务许可证，就成为管制者在原有垄断领域引入竞争的一个有效工具。通过许可证的发放，对电信业务的进入进行管制。

（一）分类许可管制

电信业务经营许可证是按照电信业务的种类进行分类许可的。因为不同种类的电信业务在开办时需要不同的资源，有的会使用稀缺资源，如频率、号码等，有的则需要其他资源和条件，而且电信业务对企业具体的经营任务和管理要求也可能不同。经营基础电信业务需要建设全国性的网络设施，要占用大量的网络资源，具有明显的规模经济性。为避免重复建设和发挥规模经济的作用，应该实行较为严格的市场进入制度。同时，基础电信业务是社会基础设施的重要组成部分，基础电信经营者数量的多少，网络结构布局的合理程度等直接影响电信资源的优化配置，也影响电信网络的安全、电信资源的可持续利用和电信市场的竞争等，因而要实行严格的市场进入管制。

电信增值业务一般来讲其规模经济效益不十分明显，可以通过市场机制进行资源的配置，规定宽松的管制政策和方法，逐步放松管制，因此其业务许可证的发放条件也比较宽松。

（二）许可证数量的管理

随着竞争的深入和市场的开放，电信业务运营许可证的数量管理正在由严格向宽松变化。自1994年以来，中国对电信市场逐步放宽市场进入，在基础电信领域，相继组建了中国联通、中国吉通、中国网通和中国铁通，加上1999年和2002年中国电信的两度分拆重组，中国基础电信业务市场上一度形成了六家企业竞争的局面；至2008年重组后，中国电信市场上最终形成了中国移动、中国电信、中国联通三家全业务运营商竞争的格局，而增值电信业务领域已有6 000多家企业。

发放许可证的数量直接决定电信市场能否实现有效竞争的格局。发放许可证应该按照有效竞争的要求，一方面市场上不能有太多的企业，以保证规模经济性；另一方面，要维持一定的企业数量，保证具备必要的市场竞争压力。

（三）许可证发放的方法

中国目前在基础业务领域发放许可证采取行政审批制度，经审批后获准经营电信业务的运营企业无偿使用许可证。但国际上正在兴起的做法是，用招标或拍卖的方式发售经营许可证或者频率资源，移动业务经营许可证不再包含频率分配，这样既可以筹集电信发展资金，又可以为政府增加财政收入，其中部分资金可用做政府管制机构的运作经费，真正保证管制活动的独立性。

（四）中国电信产业进入管制的改革方向

从固定电话业务领域和移动通信业务领域来看：

第一，固定电话，尤其是固定电话的本地业务，仍然具有较强的自然垄断性。因此，在这一领域的进入管制中，最为有效的方法是顺应数网融合的趋势，仿照英国等国家的做法，打破电信、信息和有线电视之间的界限，鼓励彼此之间的相互进入，尽快发给有线电视公司以及其他计算机网络公司电信业务的经营许可证。中国拥有世界上规模最大的有线电视网络，在打破固定电话本地业务独家垄断方面具有很大的优势，这也有利于中国电信产业有效竞争市场的早日形成。

第二，在移动通信业务领域，增加许可证的呼声已经有多年，但政府一直没有下定决心，一个重要原因在于中国两大移动电话公司都在海外上市，政府担心增发许可证会影响两家公司的市值。但在西方发达国家，在移动电话经营许可证的发放方面，大都鼓励多家运营商同时经营。如英国有移动运营商4家，韩国有移动运营商5家。中国的移动通信市场有必要再引入几家有实力的进入者同现在的运营商进行竞争，从长期来看，这不仅不会影响移动通信市场的盈利水平，而且还会提高中国电信产业的整体竞争实力。

但是，无论是固定电话业务还是移动通信业务，许可证的增发都要以电信市场和新进入运营商的成熟程度而定。可以预见的是，通信技术的每一次变化，都将使中国电信市场的进入管制面临一次重大的调整。

第三节　价　格　管　制

价格管制是自然垄断产业中政府管制的核心内容，在电信产业中，价格管制的方法和方式也一直是人们讨论的焦点。特别是在中国，对于现行电信资费体系一直存在不同的看法。消费者普遍认为部分业务特别是固定电话业务存在着垄断涨价问题；非主导运营商认为主导运营商垄断瓶颈设施，利用业务和地区交叉补贴打压竞争者，并通过垄断业务涨价而获取利润；价格管制部门感到政企分离后很难获取企业的成本信息，从而使价格管制缺乏依据，担心过度管制或不当管制会抑制电信企业的积极性，恶化资源配置。

一、电信产业价格管制的基本问题

电信产业价格管制的基本问题主要涉及价格管制的理论基础及价格管制的方法问题。

（一）电信价格管制的有关理论

在关于自然垄断业务的价格管制的讨论中，我们知道，价格管制主要考虑两个因素，一是社会福利和电信运营商的激励平衡；二是有利于市场竞争。主要的定价理论包括：

（1）边际成本定价，即按服务的价格等于提供服务的边际成本定价。这一定价方式可以实现短期内社会福利的最大化，但垄断经营者的固定成本无法收回，从而失去持续发展潜力，最终会损害整个产业，包括消费者的利益。

（2）基于总成本的定价，即按服务的总成本确定价格。垄断经营者的收入不仅覆盖边际成本，而且还能收回固定成本。这一方式兼顾了消费者和运营商的利益，但是会刺激过度投资。

（3）拉姆齐定价，即在保证提供多种服务的垄断者不亏本条件下实现社会福利最大化的定价。在这一价格体系中，某项价格高出边际成本的比例与需求的价格弹性成反比，这一定价理论综合考虑了社会福利和对垄断者的激励效率，是认同度较高的理论。

除了自然垄断的定价理论之外，在电信产业中的价格管制中，还有不对称价格管制理论及普遍服务理论。

由于电信产业存在网络规模效益特性和互联互通特性，主导运营商在某些业务上的垄断地位很难被打破，因此需要按允许新进入者以较低的价格竞争的原则进行不对称的价格管制。各国一般都曾在基本业务引入竞争时实行该政策。这一政策的缺点是扭曲市场价格，恶化资源配置，所以在后进入者的市场份额达到一定程度时取消该政策。当然，也有研究者认为，只要互联互通问题解决得好，可以不采用不对称价格管制政策。

为低收入者或落后地区提供电信服务，即实施普遍服务是各国通行的原则，但是各国由于经济发展水平不同，对普遍服务内容的定义也不尽一致。实施普遍服务的关键问题是普遍服务的成本由谁承担。一般认为以成立普遍服务基金并通过招标实行普遍服务的方法较好。

(二) 电信价格管制的方法

关于电信价格的管制方法，我们这里只讨论用户资费的管制，而对于互联互通价格的管制，放在下一节中进行讨论。

对垄断性的用户服务的价格管制，实践中主要采用三种方法：自由定价管制、合理回报率管制和最高限价管制。

自由定价，即定价行为不受明确的成本规则约束。价格管制的效率取决于实际价格水平和结构。这一方式主要由发展中国家采用。

自由定价的优点是，比较自由、不受成本的约束；缺点是它无法保证公正性和效率，目前正在被逐步摒弃。

合理回报率定价，即允许运营商在覆盖总成本的基础上获得合理回报。其理论基础是基于总成本的定价理论，其基本公式是

$$资费总收入 = 总成本 + 合理报酬 \tag{12.1}$$
$$总成本 = 经营成本 + 折旧 + 税 \tag{12.2}$$
$$合理报酬 = 利息 + 所有者权益 \times 合理利润率 \tag{12.3}$$

合理回报率定价有多种改进形式，以增强激励效能。在美国常采用的几种方式如下：一是区间回报率法，即将回报率改为回报区间，允许运营商通过降低成本获得较高收益；二是暂停审查法，即在一定的时间段内管制者暂停价格的调整，从而激励运营商在该时期内通过降低成本获取较高收益；三是获利共享法，即合理回报率之上一定区间的收益由运营商和消费者共享。以上几种方法可以更好地激励运营商降低成本。

合理回报率定价的优点是，能够平衡企业与消费者利益，制度设计简单，有利于资费结构平衡，有利于不对称管制；缺点是，对企业效率的激励较弱，鼓励企业过度投资，执行和监管成本过高，管制者干涉企业较深。合理回报率定价适用于发展中国家市场和资源共享资费不平衡市场。

最高限价，指规定运营商一揽子服务的价格的加权平均之和的上限，并规定按通货膨胀和技术进步等因素调整上限水平。该定价的理论基础是拉姆齐定价理论。

最高限价的优点是，对企业效率的激励较强，企业定价有灵活性并可减少价格扭曲，管制者干涉企业不深，消费者利益受保护并与企业共享技术进步的好处；缺点是，制度设计复杂，企业有降低质量和寻租的动机，管制者需要有足够的市场信息，可能出现管制俘虏问题。最高限价适用于较成熟的市场，并且对管制者的技能水平要求较高。

二、经济发达国家电信产业的价格管制政策

关于经济发达国家的电信价格管制的实践，有的学者已对英国和美国的电信产业的价格管制实践做了讨论。[①] 这里，我们只对发达国家电信价格管制中的一些共性的问题进行归纳。

第一，发达国家电信价格管制大都建立了完善的法律法规体系，并实行透明的管制程

[①] 王俊豪. 英国政府管制体制改革研究. 上海：上海三联书店，1998；王俊豪. 美国联邦通信委员会及其运行机制. 北京：经济管理出版社，2003：189-198.

序。发达国家一般采用法律对电信服务定价原则做出明确规定，如美国 1996 年《电信法》规定互联互通价格要按照前瞻性长期增量成本定价。同时，电信管理机构制定具体的实施办法，如 FCC 为执行电信法关于互联互通的定价原则专门开发出全要素增量成本的定价方法，保证电信法的实施。

价格管制程序的透明，这是发达国家保证公平和防止管制俘虏的主要手段。如日本，在举行价格听证会时，不仅公布会议的详细内容，而且公布参加会议的代表和专家的个人意见，以提高价格政策的公正性。

第二，在市场改革的基础上放松价格管制，竞争性业务的价格向放松管制和取消管制转变。美国在长途电话业务中对电话电报公司（AT&T）的价格管制调整过程正反映了这一点。以美国长途电话业务为例，美国电信管理机构 FCC 在 1981 年将 AT&T 定为主导运营商，实行合理回报率管制，因为它控制了美国 80% 的电话线和几乎全部的长话业务。1984 年 AT&T 的本地电话被分拆成 1 个专营长途电话业务的新 AT&T 公司和 7 个本地电话公司。AT&T 只在竞争性的长话市场占有控制地位，联邦监管条例进行了相应的调整，并逐渐放松对 AT&T 的管制。其后，长话市场的竞争性不断增强，1989 年 FCC 停止了对 AT&T 的合理回报率管制，开始采用最高限价来管制 AT&T。1991 年，FCC 又取消了以最高限价对竞争较为激烈的业务进行的管制，而只需备案。1995 年，FCC 把 AT&T 划为非主导电信运营商。

第三，自然垄断业务的用户价格管制从合理回报率定价向最高限价转变。英国于 1984 年首先采用最高限价来管制电信价格，随后，美国、日本、德国、加拿大等发达国家，纷纷改合理回报率定价为最高限价。美国 FCC 于 1991 年对本地电话运营商采用了最高限价与合理回报率定价相结合的方法。该方法规定，如果合理回报率在一定水平之下，本地电话运营商可保留全部利润；如果超过这个水平，本地电话运营商就要将超额利润的 50% 让与消费者；如果达到一个更高的水平，则适用纯粹的合理回报率定价的管制法则。1997 年，FCC 改为完全的最高限价管制。在竞争性业务和竞争性市场，为了保证电信市场的有序竞争，管制者还实行价格下限管制，即电信资费不低于业务提供成本。

第四，在市场改革和管制改革过程中实现资费再平衡。在电信产业发展初期，不同业务的需求价格弹性差别较大，政府允许电信企业采取交叉补贴的方式弥补成本。这种方法导致了不同业务、不同用户、不同区域资费比价不合理，价格扭曲。随着市场竞争的引入和不断加剧，必然导致高利润的摊薄，交叉补贴难以为继，为此需要对各种电信业务的资费标准进行再平衡，即对原来交叉补贴方式下的资费结构进行调整，以纠正价格扭曲，满足资费基于成本的管制需求。资费再平衡是描述电信市场由垄断向竞争转变后的价格结构变化的概念。发达国家在电信改革过程中都出现了此类现象：长途和国际电话业务资费出现大幅下降，本地电话业务资费出现一定幅度的上升。这主要是交叉补贴取消后价格向成本回归的结果。有些国家的本地电话价格上升后又有所下降，则是运营商提高效率后的结果。

第五，利用不对称价格管制引入市场竞争。不对称管制是一种重要的电信管制方法，可以体现在市场进入、运营条件、资费管制等很多方面。对电信价格的不对称管制即根据市场状况的不同、电信运营企业市场势力的大小等，采取不同的价格管制方式。通过宽严不同的资费不对称管制，扶持非主导电信运营企业的发展，促进竞争格局的尽快形成。发达国家在市场改革过程中普遍对主导电信运营商采用了不对称价格管制。美国 FCC 在 1981 年将 AT&T 定为主导运营商，对其价格水平和定价程序进行了管制。直到 1995 年才完全取消。日本在 1985—1996 年对主导运营商 NTT 实行合理回报定价管制，管理部门有意在 NTT 和新进入者之间维持 10%~20% 的价格差，使新进入企业可以利用较低的价格去参与竞争。

第六，实行价格分类管制和价格申报管制。前者是指将电信业务按一定的标准进行分类，如按电信业务的重要程度分为基本电信业务、非基本电信业务和新业务等；按市场竞争程度分为竞争性电信业务和非竞争性电信业务，然后，针对不同电信业务的特点，采取不同的价格管制方式。后者是指针对不同的电信业务、不同的电信运营商，采取不同的价格申报方式，以达到不同的管制效果。价格申报一般采用三种方式：不申报、申报备案、申报备批。价格申报管制往往与其他价格管制方法结合使用。

三、中国电信产业的价格管制政策

（一）严格管制阶段

新中国成立后，邮电资费作为国家直接管理的收费项目，由邮电部统一制定，执行全国统一的电信价格政策。1990 年 10 月，国家物价局、邮电部下发《关于改变市内电话资费管理办法的通知》，强调市话资费收费项目以电信业务资费表规定的为准，各地不得擅自增加、取消和合并。如需变动，应由邮电部做出统一规定。各省、自治区、直辖市的市话资费具体收费标准，由各省、自治区、直辖市的物价局和邮电管理局，参照国家规定的指导性资费标准拟订方案报省、自治区、直辖市人民政府批准后执行，并报国家物价局和邮电部备案。市话计费方式仍实行包月制和计次制两种方式，计次制标准由基本月租费和通话费两部分组成，基本月租费和通话费的收取，原则上要能够补偿市话通信的运营成本，并有一定的利润。市话初装费收取标准，原则上按收回其建设成本确定，根据全国市话建设的平均成本，市话初装费收取标准暂定为三千元至五千元，各地如突破五千元要报国家物价局和邮电部批准。

1996 年，邮电部下放地方电信的定价权限，联合国家计委下发《关于加强电信资费管理的通知》（计价费〔1996〕1993 号），明确电信服务价格的方针、政策、定价原则及管理办法由国家计委会同邮电部制定。全国性的、跨省区的电信服务价格，由国家计委会同邮电部制定和调整，重要的报国务院批准。具体包括有线电话、移动电话、电报、数据和传真通信等其他全国性非话业务资费、通信设备租用、垄断性的电信增值业务、各类电信基础资费的附带费、公众通信主网与其他通信网之间结算、计算机信息国际联网的资费标准和价格政策、国际及港澳电信资费。地区性的电信资费标准及实施细则，由各省、自治区、直辖市物价部门会同邮电部门制定并报备。具体包括市内电话资费、农村电话资费、公用电话资费、地方性电信附带费、电信延伸服务资费。

这一阶段，电信资费由政府统一制定。早期，为了促进电信行业的发展，国家陆续批准了电信行业电话初装费、邮电附加费等政府性基金，同时多次上调了电话收费水平，包括市内电话费和长途电话费，随着汇率变化，多次上调国际及港澳台电话资费水平，以电信高收费支持电信行业投资建设。后期,为了促进电信产业公平竞争,适当提高市内电话通话费标准,缩小市话与长话的价差;同时降低国际及港澳台电话通话费标准,简化长途电话计费等级,通过电信资费调整优化电信资费结构,实现电信资费水平的整体下降。

(二) 规范管制阶段

2000年《中华人民共和国电信条例》颁布实施,标志着中国电信产业政府管制由传统管制转向规范管制。该条例赋予信息产业部门管制电信产业的权限,明确电信资费分为政府定价、政府指导价和市场调节价。政府定价、政府指导价和市场调节价实行目录管理,政府定价的重要电信业务资费标准、政府指导价的电信业务资费标准幅度,均由国务院信息产业主管部门制定并公布施行。2002年,《国家计委、信息产业部关于印发省(区、市)通信管理局会同级价格主管部门管理的电信业务收费项目的通知》(计价格〔2002〕1320号)、《电信资费审批备案程序规定(试行)》(计价格〔2002〕1489号),进一步规范电信资费审批制度,明确信息产业部统一负责全国的电信资费审批,各省、自治区、直辖市通信管理局会同当地省级人民政府价格主管部门,负责本辖区内的电信资费审批。

这一阶段是电信资费管制变动最频繁的时期。一是大幅降低国内长途、国际及港澳台长途、互联网上网费以及电路出租费等业务的资费,取消电信业务附加费;二是对已经形成充分竞争的增值电信业务实行市场调节价,通过市场竞争促进电信资费下降;三是电信运营商之间的价格战和各种资费套餐实质上向电信用户提供了更优惠的价格。随着电信产业的市场化改革和市场结构重组,政府定价和政府指导价的范围越来越小,市场充分竞争的电信业务越来越多,电信资费实行市场调节价的范围越来越广,运营商之间的价格竞争非常激烈,电信资费水平显著下降。

(三) 放松管制阶段

电信运营商之间的价格战,直接推动了电信资费管制由收益率管制向价格上限管制的转变。2005年8月19日,信息产业部、国家发展和改革委员会发布了《关于调整部分电信业务资费管理方式的通知》,对国内长途电话通话费、国际长途电话及港澳台地区电话通话费、移动电话国内漫游通话费和固定电话本地网营业区间通话费等四项基础电信业务实行资费上限管理。资费上限管制赋予电信运营商自由定价的权限,在不超出现行资费标准上限的前提下,电信运营商可以根据市场竞争状况、电信业务运营成本自主定价,电信运营商提供的资费套餐更多,资费更加优惠。2014年5月,工业和信息化部、国家发展和改革委员会发布了《关于电信业务资费实行市场调节价的通告》,提出所有电信业务资费均实行市场调节价,电信企业可以根据市场情况和用户需求制定电信业务资费方案,自主确定具体资费结构、资费标准及计费方式。电信资费由企业自主定价,标志着电信资费进入市场化时代。为深化"放管服"改革,2020年6月,工业和信息化部、国家发展和改革委员会发布《关于取消电信业务资费告知制度的通告》,取消电信资费执行前的告知制度。

电信产业是技术变化最快的产业,相应带来电信资费管制的巨大变化。新中国成立后很长一段时间,电信资费一直由邮电部严格管制,全国执行统一价格政策。进入21世纪后，电信产业的价格竞争最激烈，信息产业部也对电信资费进行了多次调整，逐步放松电信资费的管制，缩小电信资费管制的范围，并在 2014 年放开所有电信业务资费的政府管制，将电信产业的资费管制转向对电信业务经营者资费行为的管制，通过电信业务经营者的成本监审、电信业务资费公示制度，保护电信用户的合法利益。

第四节 互联互通管制

一、电信产业互联互通管制的问题

互联互通管制是关系到电信企业之间能否实行公平、有效竞争的关键问题。在独家垄断经营的通信网络之中，各局部网之间的联系是同一企业内部的事，不存在互联互通价格和其他条件等问题。但相反，如果各通信网络的所有者之间，存在一种完全竞争，各企业为了使尽可能多的消费者能通过本企业的网络而获得服务，从而扩大企业的市场覆盖面，他们也会出于互利而自动产生实行互联互通的刺激。但是，由于网络外部性的存在，当通信网络市场上的竞争是一种不完全竞争时，即某家网络经营企业具有市场垄断地位的情况下，企业之间就不可能自动实现互联互通。因为，具有垄断优势的运营商为了保持其市场垄断地位，它只希望通过自身的网络向本企业的顾客提供服务。

可见，竞争企业进入新的电信领域后，与原有垄断企业之间的竞争效果，在很大程度上取决于企业之间的互联互通。经过多年经营，已经建立了庞大通信网络的垄断企业完全有能力通过拒绝与其他竞争企业联网而排斥竞争企业，或者，通过制定很高的互联互通价格而使竞争企业望而却步。因此，联网条件的决定权不能掌握在垄断企业手中，而应当纳入政府管制的范畴。政府对互联互通管制的基本目标是，拥有通信网络的企业，必须与其他电信企业进行合作，对各自的通信网络实行完全互联互通，使任何一家企业的顾客可以同另一家企业的顾客进行通话，以增强通信网络的正外部性。同时，这使得，即使竞争企业只有相当有限的网络，仍可以在全国范围内提供通信服务。为此，管制者需要制定有关互联互通的价格和其他联网条件，并从政策上保证有关企业都有同等权利使用通信网络。

二、发达国家电信产业的互联互通管制政策

（一）美国微波通信公司与美国电话电报公司之间的互联互通管制①

1969 年，美国联邦通信委员会（FCC）曾批准美国微波通信公司（MCI）的申请，建立独立于美国电话电报公司（AT&T）有线通信网络的微波通信网络，并向公司客户提供通信服务。但是，刚刚萌芽的有线通信市场竞争遇到一个难以逾越的障碍：美国电话电报公司既拥有长途通信网络又控制本地电话通信网络，而新生的 MCI 公司只拥有长途微波通信干线。在这样一种市场结构下，美国电话电报公司的长途电话业务与本地电话业务相接通非常容易，因为这是"自家人"的相联相通；但 MCI 公司的长途电话要接通客户

---

① 周其仁. 分拆垄断公司与形成电信竞争市场. 经济学消息报，1998-03-26.

就必须经过美国电话电报公司的本地电话通信网络。这样，一方面，MCI 公司无法在短期内建立自己的本地电话通信网，而它的长话业务离开了本地电话网就无法接通客户；另一方面，美国电话电报公司怎么会违背"理性"，向竞争对手开放自己的本地电话网，帮助 MCI 公司来与自己争夺长话市场？这就产生了这两家企业之间的互联互通管制。

当时解决这一互联互通管制的唯一办法就是通过行政协调。根据美国联邦通信委员会的要求，MCI 公司只要付一个公平的价格就可以接入美国电话电报公司的本地电话网。这或许就是全世界电信产业"公平接入、互联互通"法例的起源。不过，仅靠行政协调来解除垄断企业对竞争对手的歧视并不容易。尽管美国电话电报公司可以承诺美国联邦通信委员会的条件，但是什么叫"公平的价格"，什么叫"方便的接入"，那都是难以测度与识别、行政协调成本极其昂贵的了。独家拥有本地电话网的美国电话电报公司，有的是办法和技巧来"揉搓"MCI 公司。这一互联互通管制的根本性解决，就是对 AT&T 公司实行分拆，将该公司分拆为 1 个长途电话公司和 7 个本地电话公司。

（二）英国莫克瑞电信公司与英国电信公司之间的互联互通管制[①]

1981 年，英国政府授予莫克瑞电信公司（原来是英国大东电报公司的一个附属公司）经营全国性通信网络的特许权，成为英国电信公司的第一家竞争企业。进入电信产业不久的莫克瑞电信公司的战略主要是与英国电信公司进行长途通信业务的竞争，但英国电信公司几乎垄断了本地电话通信网络（互联互通管制），如果不能有效利用这种地区性通信网络，突破这一互联互通管制，莫克瑞电信公司的战略就会彻底崩溃。这是因为，如果不能使用英国电信公司的地区性网络（连接发话人和受话人），也就不可能使用莫克瑞电信公司的长途通信网络。因此，这两家电信企业联网的条件对莫克瑞电信公司业务经营的地理范围、顾客使用其网络的方便性及其成本水平都有决定性影响。

为此，英国电信管制办公室（OFTEL）要求英国电信公司与莫克瑞电信公司达成联网协议。这意味着任何一家企业的顾客可以同另一家企业的顾客进行通话。这样，莫克瑞电信公司尽管只有有限的通信网络，但仍能在全国甚至国际范围内提供通信服务。如果在一定的期限内企业之间不能达成协议，英国电信管制办公室将决定联网协议的条件。事实上，莫克瑞电信公司曾要求与英国电信公司签订联网协议，但它们就联网的具体条件不能达成一致。因此，英国电信管制办公室最后做出规定，英国电信公司和莫克瑞电信公司这两家企业的通信网络必须在国内与国际电话通信方面实行完全联网。但在随后的几年里，莫克瑞电信公司对英国电信公司所提供的通信网络范围、速度和质量等提出了许多抱怨。莫克瑞电信公司一直没有在长途通信服务市场上从英国电信公司手中夺到较大的份额。在英国电信管制办公室监督下，这两家电信企业修改了原有的联网协议。英国电信管制办公室还要求英国电信公司对不同性质的业务实行财务上的独立核算，并经常性地公布有关业务的财务信息，以抑制该公司在不同业务之间采取不正当的交叉补贴行为。

---

① 王俊豪. 英国政府管制体制改革研究. 上海：上海三联书店，1998：122-127.

三、中国电信产业的互联互通管制政策

中国联通的成立①，引出了电信产业的互联互通管制需求。为了保证国家公用通信网的通信畅通和安全，使中国联通 GSM 网与公用通信主网能科学合理地实现互联互通，1995 年，邮电部发布了《联通 GSM 网与公用通信主网网间互通中继方式和接口局（GW）交换设备技术规范》，迈出了中国电信产业互联互通管制的第一步。1999 年，为了保护电信企业公平、有效竞争，信息产业部发布了《电信网间互联管理暂行规定》《电信网间通话费结算办法》《新建国内长途电话网与其他电话网间互联技术规范》等办法规范，明确电信企业的义务、互联技术规则、互联费用的分摊与结算、互联协议与工程建设、互联时限、互联后的网络管理、互联争议的协调与处理、罚则等互联互通内容，保障电信网间公正、公开、迅速、合理的互联互通。然而电信产业的互联互通并不容易，实践中"求而不联，联而不通、通而不畅、畅而不久"现象普遍存在。

2000 年，《中华人民共和国电信条例》公布，增强了电信产业互联互通管制法律效力。2001 年，信息产业部出台了《电信网间互联争议处理办法》《公用电信网间互联管理规定》等政策，界定了电信业务经营者的互联义务、明确了互联点的设置、增加了互联监管等内容，基本形成了电信网间互联互通的制度体系。随后，信息产业部相继发布《公用电信网间通信质量技术要求——电话呼叫的接通率和拨号后时延》（YD/T1284—2003）、《公用电信网间通信质量测试方法——电话呼叫的接通率和拨号后时延》（YD/T1285—2003）等两个行业标准，《公用电信网间互联结算及中继费用分摊办法》《公用电信网间互联互通质量监督管理办法（试行）》。这一时期，阻碍电信产业互联互通的手段越来越隐蔽，方法不断翻新，违规行为频发，国务院办公厅《关于加强依法治理电信市场的若干规定》《最高人民法院关于审理破坏公用电信设施刑事案件具体应用法律若干问题的解释》相继出台，为加强电信产业互联互通管制提供法律保障。

2016 年，国务院修订《中华人民共和国电信条例》，明确电信网之间应当按照技术可行、经济合理、公平公正、相互配合原则，实现互联互通。主导电信业务经营者不得拒绝互联互通要求，若网间互联双方经协商未能达成网间互联协议，电信管理机构进行协调并作出决定，强制实现互联互通等内容，为电信产业互联互通保驾护航。2014 年，中国移动、中国联通、中国电信三大运营商共同出资组建中国铁塔股份有限公司（简称"中国铁塔"）。中国铁塔是在落实网络强国战略、促进电信基础设施资源共享的背景下，由国务院推动成立的国有大型通信基础设施服务企业。中国铁塔主要从事通信铁塔等基站配套设施和高铁地铁公网覆盖，是我国移动通信基础设施建设的"国家队"和 5G 新基建的"主力军"。中国铁塔的成立，深化了电信网络的资源共享，降低了电信网络的重复建设，实现了电信网络的高效部署，高效解决了电信网络的互联互通问题。截至 2023 年底，中国铁塔站址规模超过 200 万，新建铁塔共享水平从历史的 14.3% 大幅提升到 85%，发展

---

① 1993 年，国务院同意电子部、电力部和铁道部共同组建中国联合通信有限公司（简称"中国联通"），1994 年，中国联通成立，标志着中国电信业务引入了市场竞争机制。

壮大成为全球最大通信基础设施服务商。①

案例

电信产业"携号转网"的十年

本章小结

- 电信网的自然垄断特性,电信网在消费上的明显的正外部性,以及用户在使用电信服务过程中存在的转换成本和锁定情况,为政府对电信产业的管制提供了依据。随着技术的发展,电信产业中的非自然垄断性业务得以向竞争开放,实践中,电信产业的竞争格局也正在逐步形成,但由于电信产业的规模经济特征,以及电信网之间的互联互通问题,电信产业中的竞争只能是管制下的竞争。统一的市场需要统一的管制。
- 电信产业管制的主要方式有进入管制、价格管制、互联互通管制。
- 进入管制是要保证电信市场上运营商数量的合理性,目标是取得规模效益和维持有序竞争的局面。从各国电信产业的进入管制实践来看,采用许可证管理是一种通行的办法。而且,进入管制,对促进电信网络经营企业之间公平有序的竞争,也是一个重要工具。
- 电信产业价格管制的理论基础仍然是关于自然垄断的价格理论,实际采用的管制方式主要有回报率管制和价格上限管制。电信价格管制经历了严格管制、规范管制、放松管制的历程,反映了电信市场的变化,也是适应电信市场的管制调整。
- 互联互通管制是保证电信运营企业实现公平竞争和有效竞争的前提,国内外的经验都表明了这一点。互联互通管制的核心是网间结算方法。
- 在电信产业引入竞争的过程中,政府的不对称管制起到了重要作用,不对称管制的目标也从培养竞争对手演进为培育竞争格局和形成有效竞争。中国电信产业目前还不存在严格意义上的独立管制者。

关键词

电信管制(telecommunication regulation)　　普遍服务管制(obligation of universal service)
互联互通管制(interconnection regulation)

复习思考题

1. 简述电信产业政府管制的理由。
2. 简述电信产业的政府管制需求。
3. 简述电信产业网络效应对管制的影响。

---

① 中国铁塔官网。

4. 简述电信产业价格管制政策变迁。
5. 国外电信管制改革对中国电信产业有何启示?
6. 简述电信产业互联互通管制的核心内容。

延伸阅读

1. 裴丹,江飞涛. 数字经济时代下的产业融合与创新效率——基于电信、电视和互联网"三网融合"的理论模型. 经济纵横,2021(7).
2. 吕继兵,金永生. 电信基础设施共建共享机制研究. 青海社会科学,2018(6).
3. 杨永聪,刘慧婷,李阳. 实名制改善了基础电信运营商的绩效吗?——基于中介效应模型的实证检验. 财经论丛,2018(9).
4. 李美娟,张苡黎. 携号转网政策对电信运营商合谋的影响研究. 工业技术经济,2017(11).
5. 张欣,曲创. 纵向分离、进入壁垒与电信行业改革. 经济与管理研究,2017(1).

即测即评

第十三章　电力产业的管制

党的二十届三中全会通过的《决定》明确要求，推进能源等行业自然垄断环节独立运营和竞争性环节市场化改革，健全监管体制机制。电力产业是一个对社会经济影响巨大，技术经济特征十分复杂的自然垄断产业，这就决定了电力产业的管制内容也非常丰富。本章主要讨论电力产业的基本特征与管制需求，政府对电力产业的进入管制、价格管制和环境管制等基本内容。

第一节　产业特征与管制需求

一、电力产业的基本特征

从整体结构看，电力产业是由若干个电力系统互联而成的。所谓电力系统，是由发电厂、输电网、配电网和电力用户组成的整体，是将一次能源转换成电能并输送和分配到用户的一个一体化系统。输电网和配电网统称为电网，是电力系统的重要组成部分。发电厂将一次能源转换成电能，通过电网将电能输送和分配到电力用户的用电设备，从而完成电能从生产到使用的整个过程。电力系统还包括保证其安全可靠运行的继电保护装置、安全自动装置、调度自动化系统和电力通信等相应的辅助系统。

电力系统中所有用电设备所消耗的功率称为电力系统的负荷。电力系统负荷随时间而不断变化，具有随机性，其变化情况可以用负荷曲线来表示，根据其反映时间长短可分为日负荷曲线、月负荷曲线、年负荷曲线。其中，日负荷曲线是将电力系统每日 24 小时的负荷绘制成的曲线，其最高点称为高峰负荷，最低点为低谷负荷。高峰负荷与低谷负荷之差称为峰谷差。峰谷差越大，电力系统调峰的难度也就越大。根据日负荷曲线可求出日平均负荷。最小负荷水平线以下部分称为基荷；平均负荷水平线以上的部分为峰荷；最小负荷与平均负荷之间的部分称为腰荷。电力系统的售电水平和质量可通过负荷曲线反映出来。

电力系统的运行包括四个垂直相关的阶段：发电、输电、配电和售电。发电是由发电厂完成的。根据能源投入物的不同可分为火力发电、水力发电、核能和风能、太阳能、海洋能、地热能等其他能源发电。电能生产出来后，还要通过输电和配电环节才能到达电力用户。输电和配电统称为电力运输，两者的差异在于前者运输的是高压电力，后者运输的电压相对较低。输电是通过输电网来完成的。输电网是电力系统中较高电压等级的电网，是电力系统中的主要网络，起到电力系统骨架的作用，所以又可称为网架。作为配电载体的配电网是将电能从枢纽变电站直接分配到用户区域的电网，它的作用是将电力分配到配电变电站后再向用户售电，也有一部分电力不经配电变电站，直接分配到大用户，由大用户的配电装置进行配电。在电力系统中，电网按电压等级的高低分层，按负荷密度的地域分区，不同容量的发电厂和用户应分别接入不同电压等级的电网。大容量的电厂应接入主网，较大容量的电厂应接入较高电压的电网，容量较小的可接入较低电压的电网。配电网通常按地区划分，一个配电网担任分配一个地区的电力以及向该地区售电的任务。因此，它不能与邻近地区的配电网直接进行横向联系，若要联系应当通过高一级电网来完成，即配电网之间通过输电网发生联系。不同电压等级的电网的纵向联系通过输电网逐级降压形成，而且它们之间要避免电磁环网。各个电力系统之间通过输电线连接，形成互联电力系统。连接两个电力系统的输电线称为联络线。

电力的整个生产供应系统具有特殊性，发电企业 G 把电力卖给电力购买企业 B，并不是把电力由 G 所在地输送到 B 所在地；而是 G 把一定量的电力从一个接口（node）投入总的售电系统，B 从另一个接口取得所购数量的电力。这样，在任何时候，许多发电企业在多个接口向售电系统投入电力，大量的消费者从无数个接口接收电力。电力是按照以阻力最小的物理法则进行输送的。这决定了在整个售电系统中，电力供应与需求要保持连续性平衡，否则就会发生断电现象。这种供求平衡还有赖于电力生产和输电与配电业务的高度协调。可见，电力产业的发电、输电、配电和电力供应业务共同组成一个"电力产业供应链"，从发电到电力最终消费，各业务环节缺一不可。因此，根据经济学的"木桶原理"，①为保证"电力产业供应链"的增值能力和运行效率，必然要求各业务领域协调发展。

二、电力产业的管制需求

电力产业的管制需求来自许多方面，本书从自然垄断性和外部性这两个主要方面讨论。

（一）与自然垄断性相联系的管制需求

在电力产业的发电、输电、配电和售电这四个业务领域中，发电具有一定的规模经济性，假定生产单位千瓦电力的单位成本如表 13-1 所示。

表 13-1　生产单位千瓦电力的单位成本

产量	单位成本	产量	单位成本
100	11	400	8
200	10	500	7
300	9	600	6

根据表 13-1，如果在一定地区范围内的电力需求是 600 单位千瓦，显然，最有效率的方案是让一家企业生产，这家企业生产 600 单位千瓦电力的成本为 3 600（6×600）。作为比较，如果让具有同样规模和效率的企业各生产 300 单位千瓦的电力，则这两家企业发生的总成本为 5 400[2×(9×300)]，如果让三家同样规模和效率的企业各生产 200 单位千瓦的电力，则这三家企业的总成本就上升为 6 000[3×(10×200)]。

---

① "木桶原理"是指，以特定数量的木材制作一只木桶，木桶的容积是由最短的一块木材决定的。意指在整体和局部的关系中，有时局部往往对整体具有决定性作用。

这个简单的例子说明，在发电领域，在一定的产出范围内，若由一家企业生产，随着产量的增加，单位成本将持续下降，即存在规模经济。但仅仅从供电的安全和可靠性角度考虑，即使是在一个独立的区域性电网内，也不能只建一家电站，需要对电源结构和布局做多元化安排。因此，电力生产显然不具自然垄断性。

输电和配电领域具有自然垄断性，因为输电和配电是通过物理电网进行的，如果有两家或两家以上的企业分别建设电网，这就会造成低效率的重复建设。当然，输电和配电的自然垄断性也存在明显的差别，由于输电网是电力系统的主要网络（即网架），因此，输电领域具有显著的自然垄断性。而配电网是一种区域性的电网，它从高压电力输送网中取得电力，然后把电压降到适宜工商企业和民用所需的水平，然后输送给最终用户，因此，配电领域的自然垄断性并没有像输电领域那样显著，在美国的一些城市甚至存在两张配电网并存的现象。

对于售电领域，虽然通常的做法是配电与售电实行垂直一体化经营的，但没有经济理由说明售电业务必须由该地区的配电企业提供。至少从原理上讲，大批量采购电力、电力营销、账单服务等业务可以由该地区配电企业以外的企业来提供。如果任何企业能以合适的条件自由运用配电网，那么，电力供应业务就不是自然垄断性的。

我们可用表13-2简要描述电力产业的主要业务及其性质。

表13-2 电力产业的主要业务及其性质

主要电力业务	业务性质	主要电力业务	业务性质
发电	可竞争性	配电	弱自然垄断性
输电	强自然垄断性	售电	潜在竞争性

由于从总体上而言电力产业是一个具有自然垄断性的产业，这就在客观上存在管制需求。政府应该对电力产业的价格实行管制，电价管制的主要目标是抑制企业制定垄断价格，以保护广大消费者的利益，那么，电价管制的重点是对零售电价的管制。但由于电力生产价格，输电、配电价格都会通过转移价格而影响最终电价，特别是由于在输电、配电领域的经营企业具有相当大的市场垄断力量，因此，政府对输电、配电价格应该实行严格管制。电力产业的自然垄断性也要求政府对进入壁垒实行管制，当然，这需要对不同业务领域区别对待，实行不同的政府管制政策。

由于发电领域不具有自然垄断性，政府可以放松对该领域的管制，以运用市场竞争机制，提高经济效率，但发电毕竟具有一定的规模经济性，因此，政府还是需要控制进入壁垒，以防止企业过度进入。对于存在自然垄断性的输电、配电领域，政府应该实行重点管制，以避免低效率的重复建设。而对于不具有自然垄断性的售电领域，在技术条件成熟时，政府应该放松进入管制，以发挥竞争机制的作用。

（二）与外部性相联系的管制需求

就电力产业的正外部性而言，电力产业作为国家的先行产业与国民经济发展及其他产业具有密切的相关性。电力产销适度增长是国民经济持续、快速、顺利发展的前提。分析电力产业与国民经济发展相互依存关系的重要指标是电力弹性系数。它是电力消耗量的年增长率与国民生产总值增长率的比率。电力弹性系数大小与产业结构和科技发展水平有关，在一个国家的工业化时期，工业电力消耗约占全社会电力消耗的70%，电力产业要支撑国民经济的增长需要，电力弹性系数一般需要保持在1.1∶1的水平之上。在中国，电力产业的作用主要体现在以下三个方面：一是为各行业提供动力支持，保障供给。二是通过电力建设带动相关产业的发展。三是通过推行合理电价，降低国民经济成本，提高国内产品在国际市场上的竞争力。电力是商品，也是生产资料。当前，中国处于初步工业化向现代化过渡时期，工业产品仍以高耗能的初级产品为主，电力消耗成本占工业成本的比重较高。因此，电价水平对国民经济成本影响较大，把不合理的电价降下来，实际上是降低了国民经济的运行成本，增强了企业产品在国际上的竞争力。政府管制的重要任务就是要促进电力产业的这种正外部性。

电力产业的负外部性问题主要是环境成本问题。由于电力生产的主要投入物是煤、石油、天然气等矿物燃料和原子能、水力、风力等，所有主要投入物都涉及环境成本问题，如矿物燃料除了存在不可更新，将来会用尽的问题外，燃烧矿物燃料还会释放二氧化碳、二氧化硫和氧化氮等污染物。这些污染物会导致温室效应和酸雨，造成重大的环境污染。有效地控制环境污染需要进行投资（如购买脱硫设备）以排除污染物，或者以污染较小的天然气和非矿物燃料代替煤作为发电原料。核事故则会对环境造成灾难性的破坏。利用水力发电固然能避免上述许多环境问题，但也会影响生态平衡。因此，政府应该对电力产业实行环境管制，以降低环境成本，尽可能减少环境污染。

第二节 进 入 管 制

一、电力产业进入管制的主要问题

从总体而言，在电力产业应实行放松进入管制政策，运用竞争机制能提高电力产业的经济效率。但由于电力产业的发电、输电、配电和售电这四个业务领域都存在不同程度的规模经济，这就要求政府对电力产业实行进入管制。

从理论上说，发电业务属于竞争性业务，因此在发电领域引入竞争机制有利于刺激企业降低成本，积极进行技术改造和创新。但电力生产存在一定的规模经济性，若完全放松进入管制，会吸引许多竞争者进入电力生产领域，导致生产能力过剩，这就可能由一种形式的市场失灵变成另一种形式的市场失灵。因此，政府为了维持发电领域的有效竞争，保证生产效率，就要设置一定的进入壁垒。同时，由于电力生产电源的多样性，不同电源发电厂具有不同的技术经济特征，要促进经济持续发展，应做到各种发电方式之间具有合理的比例结构。政府在制定电力发展规划时，不仅要考虑到发电成本，还要注重新能源的开发，电力产业的长远效益和持续发展。政府可通过制定限制或优惠的进入管制政策，以促使本国电源结构合理化。可见，对发电业务领域实行进入管制的基本内容是：① 根据国民经济对电力的现实需求和未来需求状况，既要控制新进入发电企业的规模，防止小规模企业进入，避免规模不经济问题；又要控制新企业的数量，使发电能力与电力需求保持动态平衡，以防电力供不应求或过度竞争，这需要政府管制者对电力需求具有较强的预测能力。② 进入管制政策要与能源政策相协调，政府管制者应让利用水力和那些污染小、可再生能源发电的新企业优先进入，以实现电力产业的可持续发展。

具有自然垄断性的输电和配电业务是以电网为载体的。电网建设和运行具有显著的规模经济性，竞争带来的利益通常难以弥补由于重复建设而造成的损失。因此，政府对输电和配电领域要实行严格的进入管制，在较大的地区范围内只能存在一家输电企业，在特定的区域范围内一般只能存在一家配电企业。

如果对配电和售电实行垂直分离，则售电不具有自然垄断性，因此，售电领域具有较大的竞争空间，在特定区域内，政府可以允许存在多家售电企业。但其前提条件是各售电企业可以共同使用配电网，而且要求有相当先进的电力消费量表技术做支撑。

二、经济发达国家电力产业的进入管制政策

（一）美国电力产业的进入管制政策

由于美国的电力产业大部分为私人企业所有，因此，尽管美国政府意识到对发电、输电、配电和售电实行垂直一体化的市场结构会阻碍竞争，但也不能像英国对待国有电力产业那样实行市场结构重组政策，以在短期内将垄断性市场结构转变为竞争性市场结构。所以，美国政府主要采取放松进入管制的措施，以更大程度地发挥市场竞争机制的作用。1978 年，美国联邦政府以法律的形式正式允许独立发电企业出售电力，从而使私人独立的发电企业数量迅速增加。1992 年，美国颁布了新的《能源政策法》，进一步促进了发电市场自由化。1996 年，美国又颁布了两项法律，详细规定了电网开放式输送电力及其收费标准。输电线路由电网经营企业运营，向发电企业提供输电服务，电力趸售用户可以通过电网向发电企业直接购电。这样，继发电领域自由化后，又形成了输电线路公用化，电力趸售市场全面和公平竞争。2005 年美国通过《2005 国家能源政策法案》，依然遵循电力输送自然垄断的规律，限制进入，只是通过刺激电网投资建设，并推动电网跨区联网，以增强输电区域间的竞争。2015 年美国通过《清洁电力计划》，限制高污染类型发电企业进入，鼓励清洁发电厂的建设。

（二）英国电力产业的进入管制政策

除美国外，日本、法国、挪威、瑞典、新西兰等国家也都在电力产业实行了放松进入管制的政策，但在电力产业放松进入管制改革方面，最为全面和系统的是英国。

1. 发电领域的进入管制政策

英国在发电领域采取的进入管制政策的特点是，强制具有垄断地位的发电企业向新企业（包括竞争企业）出售一部分电力生产能力，以促进发电领域的市场竞争。如英国政府在 1989 年对电力生产部门进行市场结构重组后，除原子能电力生产外，国家电力公司和电力生产公司实际上构成不对称的（前者的规模明显大于后者）双寡头垄断状况。电力管制办公室 1991 年和 1993 年两次评估了电网价格，其结论是：国家电力公司和电力生产公司还是拥有垄断力量，并且滥用了这种垄断力量。为此，英国电力管制办公室于

1994年和1999年两次要求国家电力公司和电力生产公司出售发电资产,以降低它们在发电市场上的份额。此后,国家电力公司和电力生产公司拥有的发电装机容量占全国总发电装机容量的比重从出售之前的61.8%下降到出售以后的29.5%。沿继引导发电市场竞争的进入管制政策,经过20多年的发展,英国发电环节形成较为充分的竞争格局,6家大型发电企业占据英国发电市场约65%的市场份额(最大发电企业市场份额不超过25%),其余的市场份额由独立发电企业占有。

《2000年公用事业法》及可再生能源义务证书制度明确了可再生能源电量比例,促进可再生能源发电厂进入和发展。2009年,调整了发电企业产出与可再生能源义务证书挂钩政策,引导不同成本发电技术的进入。

2. 售电领域的进入管制政策

英国在售电领域采取进入管制政策的特点是,通过逐步废除各地区电力公司在本区域范围内供应电力的垄断权,允许区域内和区域外企业进入,实行竞争性供应电力。根据1989年建立的电力产业管制体制,在1994年4月前,在电力零售市场上由各地区电力公司实行特许垄断供应,其范围包括电力最大需求量小于1 000千瓦的消费者,他们只能由当地的地区电力公司独家供应。而在电力最大需求量大于1 000千瓦的消费者市场上存在竞争,按照用电量,这5 000家左右的用户约占整个电力零售市场的30%,他们有权选择本地区电力公司以外的电力供应企业。1993—1994年度,在这些用户中,大约有1/3的用户不选择当地的地区电力公司,而选择了其他更为理想的电力供应企业,它们包括其他地区的电力公司和在英格兰、威尔士的12个地区电力公司以外的独立电力供应企业,它们被称为"第二层次供应者"(second tier suppliers)。① 当时就有27家这样的"第二层次供应者"。因此,电力最大需求量在1 000千瓦以上的电力零售市场上,已在相当程度上发挥了市场竞争机制的作用。

按照1989年电力产业管制体制改革时所建立的法律框架,英国电力管制办公室在1994年1月发布了一个文件,② 声明从1994年4月1日起,约50 000家电力最大需求量在100千瓦和1 000千瓦之间的用户有权自由选择电力供应企业,这些用户主要包括中型工商企业、医院和学校等。

电力供应(管制)总监又在1996年12月发表了一份有关在1998年开放电力市场所作安排的声明。③ 该声明指出,在1998年,电力零售供应市场将全面开放竞争,全英国2 300万居民家庭、工商企业等电力用户将获得自由选择电力供应企业的权利,具体地说,第一阶段的竞争从1998年4月1日开始,在14个地区电力公司的地区范围内,各自按事先确定的邮政编码选择10%的用户(在全国一共约200万用户)作为竞争性的目标市场;1998年5月27日开始第二阶段的竞争性供应,在14个地区电力公司的地区范围内再选择另外15%的用户(在全国共约350万用户)作为竞争性的目标市场;1998年6月

---

① "第一层次供应者"(first tier suppliers)是指各地区电力公司。
② OFFER. The 100kW Electricity Supply Market, Birmingham: Office of Electricity Regulation, 1994.
③ OFFER. Statement by the Director General of Electricity Supply about the Arrangements for Opening the Electricity Market in 1998, Birmingham: Office of Electricity Regulation, 1996.

22 日开始第三阶段的竞争性供应,各地区电力公司再选择 25% 的用户(在全国约 600 万用户)作为竞争性的目标市场;最后,在 1998 年 9 月 16 日对剩余的 50% 的用户全部实行竞争性供应。为了使电力零售供应市场上的阶段性竞争供应安排具有法律保障,电力管制办公室又分别在 1997 年 1 月和 1997 年 6 月公布了两个有关修改地区电力公司经营许可证的文件,对这些电力供应企业的有关权利与义务做了部分调整。[①] 同时,特别强调指出,任何地区电力公司都必须向其他竞争性企业充分开放其配电网络系统,否则,就不能以"第二层次供应者"的身份向其他地区的用户提供电力服务。沿继上述在各地区相互进入的政府管制政策措施,经过 20 多年的发展,英国售电环节形成较为充分的竞争格局,6 家大型售电企业占据英国售电市场约 75% 的市场份额(最大售电企业市场份额不超过 20%),其余的市场份额由独立售电企业占有。

2001 年前后,英国实施了从全电量竞价的强制性竞争市场 POOL 模式向双边交易模式为主的新电力交易(NETA)机制的转变,在售电领域开始引入竞争。2005 年前后,从 NETA 机制转变为统一的英国电力交易与电力输送制度(BETTA),允许更多售电商进入市场,增加售电领域的竞争。并逐步废除各地区电力公司在本区域范围内供应电力的垄断权,允许区域内和区域外企业进入售电市场,实行竞争性供应电力。

3. 输电领域的进入管制政策

在输电领域,英国政府采取的进入管制政策是,通过建立一个新的电力批发市场,以打破国家电网公司的垄断经营。英国的电力批发供应业务原来是通过由国家电网公司垄断经营的电力批发网进行的。由于在电力批发市场上不存在竞争,因此缺乏对国家电网公司提高效率的刺激。这就有必要在电力批发网以外,建立一个由电力生产企业与大型用户通过双边合同而进行直接交易的电力批发供应市场。为此,英国电力管制办公室在 1994 年 3 月发布了一个关于改革电力批发网的咨询文件,[②] 以论证在电力批发网以外建立一个高效率的电力批发市场的必要性和可行性,并征询有关利益集团的意见。根据文件指引,英国建立了双边交易为主、市场主体自愿参与的新电力传输协议(NETA)交易机制。2005 年将 NETA 模式推广到苏格兰地区乃至全国,在全国范围内形成统一的竞争性电力市场(英国电力贸易和传输机制,BETTA),由英国电网公司统一负责系统调度交易和平衡市场运营,由包括阿姆斯特丹电力交易所(APX)在内的多家电力交易所负责除双边交易外的其他电力交易。经过 20 多年的发展,英国形成电能交易以双边交易为主,实时平衡机制为辅,双边交易合同占比达到 95%。

2001 年,英国在输电领域通过引入新的电力批发市场,打破国家电网公司的垄断经营,允许市场参与者在更大范围内进行自由电力贸易,增加了市场的透明度和稳定性。2005 年,在 NETA 的基础上,将改革推广到整个不列颠地区,实现输电网的所有权与运营权分离,建立一个独立于市场各方的不列颠系统运营机构,负责不列颠地区电力系统的

[①] OFFER. The Competitive Electricity Market From 1998: Overview of Draft Electricity Supply Licences and Codes; The Competitive Electricity Market From 1998: Standard Amendments to Public Electricity Supply Licence. Birmingham: Office of Electricity Regulation, 1997.

[②] OFFER. Consultation of Pool Reform, Birmingham: Office of Electricity Regulation, 1994.

实时平衡与系统调度，进一步消除垄断，降低运行成本。

三、中国电力产业的进入管制政策

（一）中国电力产业的投融资体制改革

改革开放以前，中国电力产业一直实行政府垄断经营、高度集中的管制体制。这种体制严重阻碍了电力产业的发展，导致电力产业长期处于紧张运行状态，电力短缺成为制约国民经济快速发展的主要因素。显然，单靠中央政府财政拨款建设电厂，发展电力产业远远不能满足社会对电力的加速需求。因此，需要放松进入管制，动员社会力量集资办电。中国政府对电力产业放松进入管制就是以电力产业投融资体制改革为主要形式的。而中国电力产业的投融资体制改革大体经历了以下三个发展阶段：

第一阶段（1979—1984 年），投融资体制改革起步阶段。在这一阶段，实行"分灶吃饭"的财政包干体制，出现了中央和地方政府两级利益主体。中央财政预算内电力基建拨款实行"拨改贷"，地方财政利用部分机动财力和预算外资金投入电力项目，电力企业实行承包制后也拥有了一些积累资金和折旧可以用来投入电力项目。国有专业银行扩大了对电力项目的基建贷款，同时积极使用国际金融组织贷款和外国的政府贷款，发行了部分电力建设债券。

第二阶段（1985—1991 年），全面实行"集资办电"。为了筹措巨额的资金来发展电力产业，国家实行集资办电政策，并开征了电力建设基金"二分钱"（即每度电价中征收二分钱的电力建设金）作为地方政府投入电力项目的资金，成立了国家能源投资公司，由其对中央投入电力项目的经营性投资进行管理，进一步扩大了电力债券的发行。

第三阶段（1992 年后），投融资体制的改革进入了一个新的时期。按照建立社会主义市场经济体制的要求，国有专业银行向国有商业银行转变，成立了国家开发银行，实行项目法人责任制和固定资产投资项目资本金制度，开展了"贷改投"。电力企业在国内、国外两个资本市场发行了债券和股票。

这一放松进入管制政策改变了原来单一的由中央政府投资电力产业的格局，中央和各级地方政府、国有和集体企业、外国投资者都参与电力产业的投资，基本形成了投资主体多元化的格局。其政策效应十分明显，大大推动了电力产业的快速发展，电力装机容量以每年新增 1 000 万千瓦的速度增长。到 1995 年，全国电力装机容量突破 2 亿千瓦，基本解决了全国性电力短缺的矛盾。

（二）中国电力产业的战略性重组政策

探讨中国电力产业的进入管制政策，有必要分析中国对国有垄断电力企业的战略性重组政策。在深化电力产业管制体制改革的过程中，为实现政企分开，1997 年 3 月，根据国务院国发 48 号文件，成立了国家电力公司，由它经营管理原电力部直属或管理的全部电力企业集团公司、省级电力公司及其他电力企业的股权，而各省级电力公司又拥有绝大多数的地区配电公司，这样，国家电力公司实际上就拥有全国半数以上的发电能力和绝大部分的输电、配电供应网络，这就决定了它是一个对发电、输电、配电、售电实行资产和经营垂直一体化的巨型垄断企业。在中国没有另一家电力企业能与它开展平等、有效的竞争。

根据国家对电力产业改革的总体部署，国务院于 2002 年 3 月份正式批准了《电力体制改革方案》，并决定由国家计委牵头，成立电力体制改革工作小组，负责组织电力体制改革方案实施工作。电力体制改革的总体目标是，打破垄断，引入竞争，提高效率，降低成本，健全电价机制，优化资源配置，促进电力发展，推进全国联网，构建政府监管下的政企分开、公平竞争、开放有序、健康发展的电力市场体系。

电力体制改革的主要内容是，为在发电环节引入竞争机制，首先要实现"厂网分开"，将国家电力公司管理的电力资产按照发电和电网两类业务进行划分。原国家电力公司管理的发电资产被直接改组或重组为规模大致相当的 5 家全国性的独立发电公司，将逐步实行"竞价上网"，开展公平竞争，它们是中国华能集团公司、中国大唐集团公司、中国华电集团公司、中国国电集团公司和中国电力投资集团公司。以 2000 年的财务决算数据为依据，这 5 家发电集团公司的资产规模、质量大致相当，地域分布基本合理，在各区域电力市场中的份额均不超过 20%，平均可控发电容量为 3 200 万千瓦，权益容量为 2 000 万千瓦左右。

在电网环节分别设立了国家电网公司和中国南方电网有限责任公司。国家电网公司下设华北、东北、华东、华中和西北 5 个区域电网公司。国家电网公司主要负责各区域电网之间的电力交易、调度，参与跨区域电网的投资与建设；区域电网公司负责经营管理电网，保证售电安全，规划区域电网发展，培育区域电力市场，管理电力调度交易中心，按市场规则进行电力调度。区域内的省级电力公司改组为区域电网公司的分公司或子公司。而中国南方电网有限责任公司的经营范围为云南、贵州、广西、广东和海南。

此外，还成立了中国电力工程顾问集团公司、中国水电工程顾问集团公司、中国水利水电建设集团公司和中国葛洲坝集团公司 4 家辅业公司。这 11 家新组建的大型电力公司在 2002 年 12 月正式挂牌成立。同时，为加强对电力企业的有效管制，成立了国家电力监管委员会，它是中国垄断性产业中第一个具有专业性的政府管制机构。

（三）中国电力产业的进入管制分类政策

中国在电力产业实行的放松进入管制政策，特别是对原国家电力公司的战略性重组政策，为形成有效竞争格局创造了重要的制度条件。在此基础上，我们将根据中国电力产业的实际情况，探讨进入管制分类政策。

（1）发电业务领域。如前所述，发电业务领域是一个具有一定规模经济的竞争性领域，因此，对这一领域的基本政策思路是实行有控制的放松管制政策，发挥竞争机制的积极作用。同时，在电力产业实行战略性重组后，在发电领域组建了 5 家大型的发电企业，形成寡头垄断市场结构。这也要求政府实施一定的管制政策，以防这些寡头企业采取合谋行为，以操纵发电市场。其中一个重要的政策措施是控制这些大型企业的规模，扶持其他独立发电企业的壮大，以便在发电领域形成更有竞争性的市场结构。

（2）输电业务领域。对原国家电力公司实行战略性重组后，在输电业务领域成立了国家电网公司和中国南方电网有限责任公司，并分别划定了各自的经营地域范围。由于输电业务具有强自然垄断性，因此，输电业务领域进入管制政策的重点不是允许一批新的输电企业进入，而是建立模拟竞争机制的管制机制，对输电企业实行激励性管制（这将是后面讨论价格管制的主要内容）。同时，通过建立一个由发电企业和大型电力用户以双边合同的形式进行直接交易的电力批发市场，为大型电力用户提供选择售电商的渠道，从而打破输电企业在输电业务领域的垄断。为此，2004 年 3 月，国家电力监管委员会、国家发展和改革委员会共同制定并实施了《电力用户向发电企业直接购电试点暂行办法》，2013 年 5 月，国务院下发《关于取消和下放一批行政审批项目等事项的决定》，取消了电力用户向发电企业直接购电试点的行政审批，同年 7 月，国家能源局发布《关于当前开展电力用户与发电企业直接交易有关事项的通知》，放宽了参与直接购电的大用户在电压等级上的标准，这对中国电力产业全面强化竞争机制，特别是打破电网经营企业独家垄断的格局，探索输配电业务分开、电网公平开放的有效途径，加快建立竞争、开放的电力市场，建立合理的输配电价形成机制等方面，产生了积极的推动作用。

（3）配电业务领域。虽然配电业务不像输电业务那样具有强自然垄断性，但至少具有弱自然垄断性。如何通过有效的放松进入管制政策，以打破配电业务领域的地区性垄断，这是电力管制者面临的难题。显然，在中国目前的技术经济条件下，在同一地区内建成两张配电网缺乏经济合理性。这样，一个可供选择的政策思路是借鉴英国的经验，对地区配电公司的相互进入，形成有效竞争。但英国是实行配电与售电一体化的体制，而中国电力体制改革的目标模式是实行配电与售电相分离的体制。英国的电力体制能取得配电与售电之间的范围经济性，但牺牲了在可竞争的售电业务领域充分发挥竞争机制的机会。相反，中国的电力体制目标模式虽然在短期内会牺牲两者之间的范围经济性，但能为配电和售电业务领域充分运用竞争机制创造制度条件，因而能取得长期经济效率。正因为中国和英国在配电和售电业务领域实行不同的体制，这决定了中国不能搬用英国的做法，而需要在配电业务领域独立的前提下，设计一种放松进入管制政策，以促进配电业务领域的竞争。对此，在配电业务领域的竞争至少可以采取两种形式：一是运用本书第六章第二节介绍的"区域间比较竞争"（yardstick competition）理论，通过比较不同地区配电公司的成本，以效率较高的地区配电公司的成本为基准，制定配电管制价格，以促进不同地区配电公司之间的竞争。但这种竞争形式是间接的，不存在进入管制问题，还往往会受到不同地区不可比因素的干扰，而剔除这些不可比因素在实践中存在较大的困难。二是打破配电公司的地区垄断权，各地区配电公司在不同地区间可相互进入，相互渗透。这要求各地区配电公司的配电网以合理的收费价格向外开放，成为"只收过路费的高速公路"。这种竞争方式应成为电力管制政策制定者的第一选择。当然，在管制实践中，也可以结合第一种竞争形式，即在开放各地区配电公司的配电网，制定合理的收费价格时，可运用区域间比较竞争理论，比较不同地区配电公司的绩效。

（4）售电业务领域。在配电与售电业务相分离的情况下，在电力产业四大业务领域中，售电业务领域将成为最具竞争性的业务领域。因此，在售电业务领域放松进入管制的政策目标是，培育相当数量的电力零售企业，形成较为充分的竞争格局。在配电与售电的分离过程中，通过资产剥离，将在各地区范围内首先成立若干家电力零售企业，在此基础上，通过放松进入管制，允许一批新企业进入售电业务领域，成为新的竞争主体。放松管制政策的主要内容是对新进入者的资质进行严格审查，在明确新进入者数量后，可以实行特许投标的办法，让资质好的企业优先进入售电业务领域。同时，应鼓励民营企业和其他各种所有制企业参与竞争。最终在售电业务领域形成多元化的竞争主体。

综合上面对电力产业的发电、输电、配电和售电业务领域进入管制政策的讨论，我们可用表 13-3 对电力产业的进入管制分类政策做简要总结。

表 13-3 电力产业的主要业务与进入管制分类政策

主要业务类型	现有经营企业	进入管制政策的重点
发电	中国华能、中国大唐、中国华电、中国国电和中国电力投资 5 家集团公司，多家独立发电企业	继续放松进入管制，水电和新能源发电企业优先进入
输电	国家电网公司、中国南方电网有限责任公司，这两大公司下的多家区域性和省级输电公司	通过电力大用户与发电企业直接购买，形成输电网外的电力批发市场
配电	省、自治区、直辖市内各地区配电公司	允许地区配电公司相互进入，交叉经营；运用区域间比较竞争管制方式
售电	配电与售电业务尚未完全分离，目前已存在少量独立的电力零售企业	配电与售电业务分离后，放松进入管制，形成多元化的竞争主体

第三节 价 格 管 制

一、电力产业价格管制的主要问题

在电力产业中，如果对发电、输电、配电和售电业务实行垂直分离，通过竞争机制，可以在一定程度上起到代替原有垂直一体化市场结构下价格管制的作用。但由于输电和配电具有自然垄断性以及发电、输电、配电和售电之间需要高度的协调性，这就使价格管制仍然是电力产业政府管制中最重要的内容。并且，价格管制无论是对用户还是对电力生产者甚至整个电力产业发展都有着重要的影响。

作为管制者来说，对价格管制应该遵循这样的一个重要原则：在实现比较充分竞争的业务领域内不应该进行价格管制。这就涉及价格管制的范围问题。在电力产业实行垂直分离的条件下，政府进行价格管制的范围是具有或存在事实上垄断的业务，因而对输电、配电和零售供应小顾客实行价格管制显然是必要的。但对于一些竞争性业务，如电力生产和供应大型顾客是否实行价格管制或管制的程度如何，这在很大程度上取决于放松管制和市场结构重组政策为这些业务实现高效率竞争而创造的条件。

具体的电价管制包括价格水平管制和价格结构管制这两个方面。通过设计合理的价格结构形成的电价水平，既能有效地收回电力供应过程中的所有供电成本，又能有效地刺激电力企业提高效率。如由于在电力输送过程中存在递增的电耗，电力价格存在空间差异，显然这既反映了供电成本，又有利于提高效率。在电耗量表技术可能的条件下，按一年甚至一天中的不同时间来制定电价也是理想选择。这能在相当程度上熨平电力需求高峰，从而节约大量的为应付电力需求高峰而投资的固定资本。电力价格水平应根据电力供应过程中不同环节的供电边际成本来确定。但实际上，通常缺乏可靠的信息和存在扭曲现象（如次优的发电构成和输电、配电系统），因此，通常实行平均收益价格管制。

二、经济发达国家的电力产业价格管制政策

在主要经济发达国家中，英国的价格管制具有典型性，因此，我们以英国为例，讨论经济发达国家的电力产业价格管制政策。

英国在发电领域实行竞价上网，以竞争机制代替价格管制，而对输电、配电和零售供应电力实行 $RPI-X$ 最高限价模型。这一价格管制模型在具体运用中，是以平均收益管制为基础的，即对每千瓦小时的电力确定最高限价。由于在实际操作中不能准确地预测未来时期的平均收益水平和通货膨胀率，就需要一个修正因素以调整预测误差。

1989年，英国政府对电力输送管制价格所确定的 X 值为0，制定最高限价的主要依据是运用电力输送网络的平均收益。运用电力输送网络收费价格包括网络服务收费价格和基础设施建设收费价格，后者在不同地区有不同的收费标准。

英国12个地区电力公司的配电收费价格的管制模型有很大差异，变化范围从 $RPI-0$ 到 $RPI+2.5\%$ 不等，这种差别主要是由于各地区的配电基础设施建设状况不同，为补偿投资成本，投资需要越大的地区，其价格管制模型中的 X 值就越小，反之亦然。

那些最大需求量不超过10 000千瓦的顾客有权以公布的电价购买电力，较大的顾客可以与电力供应企业谈判电力供应合同的条件。每个地区电力公司的电力零售价格管制模型，是以该公司所有顾客的平均供应收益为基础的。无论各地区电力公司的规模或地理位置差异，都采取 $RPI-X+Y$ 的价格管制模型，其中，每个地区电力公司的 X 值都为0，而成本转移项 Y 按照下式计算：

$$Y = T+U+E+F \tag{13.1}$$

在式（13.1）中，T 和 U 分别为输电成本价格与配电成本价格，两者分别由不同的价格管制模型确定，E 为电力采购成本，F 为矿物燃料税。以上各项之和约占电力供应成本价格的95%。如在1992年，以上各项构成分别为：输电成本3.9%，配电成本23.8%，向电力生产者购买电力的成本58.3%，矿物燃料税9.3%。这就是说，电力零售供应价格管制模型只对剩余5%的成本产生效果。电力采购成本是按照地区电力公司经营许可证中的"经济采购义务"实行转移的，而矿物燃料税是以地区电力公司按照规定的义务购买一定数量的非矿物燃料电力的一种补偿，这种税收实际上是对原子能电力的一种间接补贴，以鼓励地区电力公司采购原子能电力。

从1990年3月31日开始，英国政府为输电、零售供应和配电所确定的价格管制模型的有效期分别为3年、4年和5年，到期时将对各种业务管制价格的合理性进行评价，并做必要的调整。

1992年，英国电力管制办公室对国家电网公司的输电价格进行了评审，其结果把 X

值从 0 调整到 3%。这样，从 1993 年 4 月开始，国家电网公司的平均收益水平就受 RPI-3% 价格管制模型的约束。

从 1993 年 4 月开始实施的输电管制价格在 1997 年 3 月到期，为此，电力管制办公室在 1996 年 10 月对输电管制价格进行了周期性的评价和调整。[①] 该办公室评估了国家电网公司从 1993 年 4 月以来的效率增长和成本降低情况，建议从 1997 年 4 月 1 日起到 2001 年 3 月止实行新的输电管制价格，管制价格的形式是继续实行 RPI-X 最高限价模型，在 1997—1998 年度先降价 20%，将过去几年因提高生产效率而获得的利益转让给电力用户，然后，在以后的三年中，将最高限价模型中的 X 值由 3% 提高到 4%，即实行 RPI-4% 最高限价模型。这意味着国家电网公司在实行新的电力输送管制价格的四年中，将要因降低收费价格而减少约 10 亿英镑的营业收入，从而实现通过价格管制，把国家电网公司因效率增长之利转让给广大电力用户的价格管制目标。

1993 年 7 月，电力管制办公室对各地区电力公司的电力零售供应价格进行了评价与调整，从 1994 年 4 月开始，对电力最大需求量小于 100 千瓦的消费者的电力零售供应价格管制模型从 RPI-0+Y 调整为 RPI-2%+Y。但配电收费价格对消费者具有更大影响，因为它大约占消费者所支付的电力价格的 1/3，而且，在各地区电力公司的经营地域范围内，配电业务是一种地区性垄断业务，因此，更有必要加强对配电收费价格的管制。1994 年中期，电力管制办公室对配电收费价格进行了评价与调整，从 1995 年 4 月起，各地区电力公司的配电收费价格下降 11%~17%；随后，所有的配电价格都采取 RPI-2% 最高限价模型（以前，各地区电力公司的 X 值最大为 0，最小为 -2.5%，即 RPI+2.5%）。由于地区电力公司股市价格的大幅度上升和电力消费者对 1994 年价格调整的批评，电力管制办公室再次对配电价格进行了评价，并在 1995 年 7 月宣布了新的配电价格调整幅度，[②] 在 1996—1997 年度，各地区电力公司的配电价格将下降 10%~13%，在 1997—2000 年期间，X 值增加到 3%。这样，实行新的管制价格后，从 1994 年到 2000 年，配电价格将累计下降 27%~34%（具体降幅按照各地区电力公司的情况而定）。

如前所述，从 1998 年 4 月 1 日开始，对最后实行垄断性供应的电力最大需求量在 100 千瓦以下的零售市场实行阶段性放开竞争供应。为配合这一管制政策，电力管制办公室在 1996 年 12 月发布了一份咨询报告，专门讨论了电力零售供应市场从 1998 年 4 月 1 日到实现完全竞争这一时期的价格限制问题；1997 年 1 月，电力管制办公室发布了第二份咨询报告，总结了有关方面对第一份咨询报告的反馈意见，并对一些主要问题提出了基本思路；1997 年 5 月，电力管制办公室发布了第三份咨询报告，在总结第二份咨询报告反馈意见的基础上，提出了从 1998 年以后，对电力零售供应市场实行价格管制的具体建议。这第三份咨询报告的主要内容是：[③] 第一，考虑到在 1998 年年末或 1999 年年初将在电力零

---

① OFFER. The Transmission Price Control Review of the National Grid Company: Proposals, Birmingham: Office of Electricity Regulation, 1996.
② OFFER. The Distribution Price Control: Revised Proposals. Birmingham: Office of Electricity Regulation, 1995.
③ OFFER. The Competitive Electricity Market From 1998: Price Restrains (the Third Consultation), Birmingham: Office of Electricity Regulation, 1997.

售市场上完全实行竞争性供应,因此,价格限制的有效期为 2 年(从 1998 年 4 月至 2000 年 3 月),但并不排斥在 2000 年 3 月后继续实行价格管制的可能性,这决定于市场竞争对价格的影响程度;第二,价格限制的适用范围是年电力消费量在 12 000 千瓦时以下的居民家庭和小型工商企业用户,无论是原来的地区电力公司还是其他的电力供应者,都不能突破价格限制;第三,过去的电力零售价格管制模型实行 $RPI-X+Y$ 的形式,而 $Y=T+U+E+F$,所有这些成本(Y)都转移到最终销售价格中,因此,X 值的大小对销售价格的影响并不大。为了更好地保护消费者的利益,并促使企业在输电、配电和采购环节尽量降低成本,新的最高限价模型采取 $RPI-X$ 的形式,即取消了原来价格管制模型中的成本转移项(Y)。这无疑增加了电力供应企业的经营风险,这是因为,虽然电力供应企业能预测输电和配电成本(两者都受价格管制),但难以较准确地预测变动幅度较大的电力采购成本,如果电力采购成本接近或超过电力供应最高限制,企业就只能取得微利甚至亏本,这将迫使电力供应企业提高经营效率。

英国至今仍然采取最高限价的电力价格管制政策,对促进电力企业改进生产效率起到了积极作用。

三、中国的电力产业价格管制政策

(一) 中国电力产业价格管制政策的沿革

价格管制作为政府管制的中心内容,是伴随着中国电力产业管制体制改革的进程而不断深化和发展的,回顾中国电力产业价格管制的改革进程,也大致经历了五个阶段:

第一阶段(1952—1978 年),全国统一管理的电价制度。鉴于全国性的国民经济恢复时期的结束,第一个五年计划(1953—1957 年)即将开始,电力的需求将迅速增加,燃料工业部于 1952 年 11 月 27 日在北京召开了全国供用电会议。会议制定了全国统一管理的电价制度。统一管理的电价制度对缓解当时电力供应不足和促进国民经济的发展起到了一定的作用。

第二阶段(1979—1984 年),调整电价制度。在全国统一管理的电价制度下,针对电价政策中长期积累的一些严重不合理状况,且直接影响电力生产经营与发展的主要问题,采取了"小步走"局部调整的措施,以缓解电力产业经济效益日益下降的状况。通过调整,使电价水平有所提高,但由于整个价格体系的调整,特别是煤炭和运输价格上调,造成电力成本上升超过了电价水平调整幅度,电力产业利润水平仍逐步降低,至 1985 年电力产业的资金利润率(原值)降至 6.3%,大大低于全国工业部门平均资金利润水平。

第三阶段(1985—2002 年),多种电价制度。为缓解电力产业长期存在的供需矛盾,政府采取多家办电政策,为使中外合资、外商独资、集资等独立发电企业能补偿成本,并取得预期的收益,实行多种电价制度,即各省或省级以上电力公司购电的价格因电厂而异(有时甚至因机组而异),取决于该电厂的投资来源和电厂的建设日期,这些价格通常称为"上网电价"。1985 年以前,主要利用政府拨款建设的所有电厂,以及 1985—1992 年期间利用补贴的政府贷款建设的电厂或电厂的一部分,它们的售电价格以电力部和国家计委每年颁布的目录电价表为根据。这些电价包括直接的运行成本,特别是劳动工资、燃料和维修费用，不包括基建成本（只有适当的折旧、利息和投资的偿还）。对于1985—1992年期间建设的非中央政府投资的电厂和1992年以后建设的所有电厂，购电价格以"新电新价"的政策为依据。按照这项政策，这些电厂以财务上可偿还债务的价格向省电力公司售电，获得足够的收入用以偿还包括利息的贷款。一般为十年内还贷。这些价格每年由省电力公司确定并呈报省物价局和国家计委批准。"新电新价"的政策使上述发电厂的平均售电价格大大提高。近期投产的电厂的平均售电价格要高出老电厂售电价格的65%~100%。因此，在发电环节，价格管制制度覆盖范围不全，电网直属发电厂没有独立的价格，独立发电厂有独立的价格，实行"一厂一价，一机一价"。在输、配电环节，除个别跨网联络线核定了输电价格外，电网输配环节基本无独立价格，其投入整体上纳入电网企业生产成本，与直属发电厂和独立电厂购电一起捆绑定价。而在电力批发和零售环节，批发电价或趸售电价（即独立的地区配电公司从省电力公司购电时的电价）和零售电价（即最终用户从省电力公司或独立的地区配电公司购电时的电价），一般以省为单位统一制定。省级电力零售与批发电价由国家计委制定并发布，称为目录电价。在实际中，电力用户在支付电费时，除了支付目录电价形成的费用外，还要根据各省、各地区的不同情况，交纳一定的基金和附加费。我们把中国电力产业上述电价管制制度用图13-1表示。

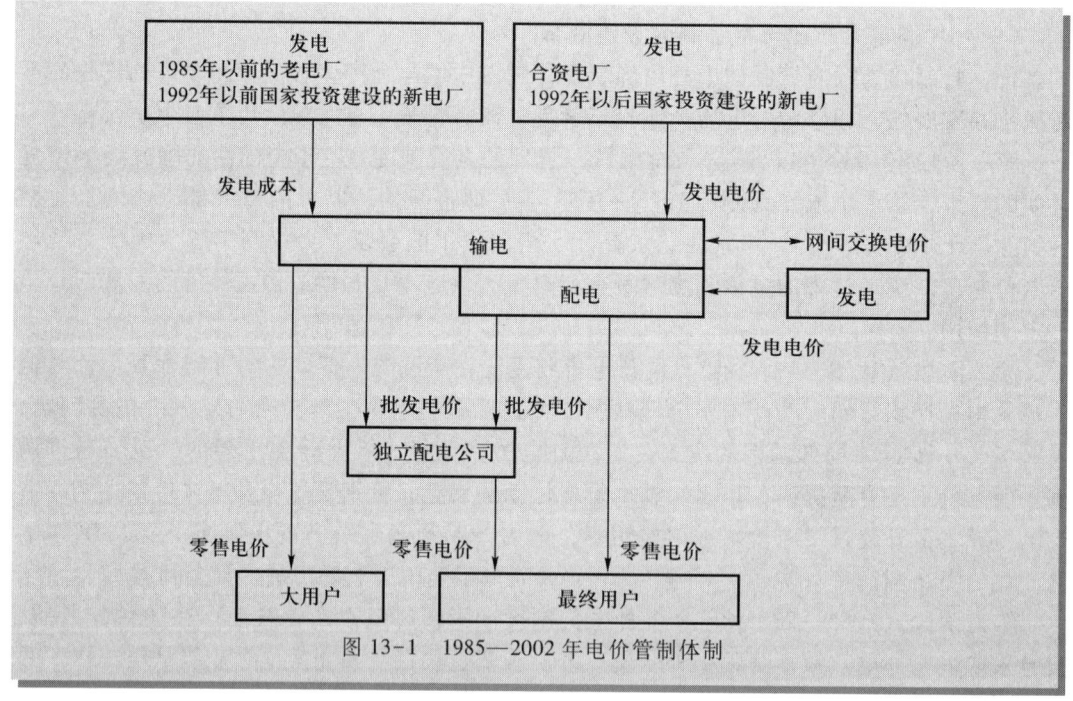

图 13-1 1985—2002 年电价管制体制

第四阶段（2003—2018年），煤电联动为基础的标杆电价。2004年，标杆上网电价和煤电价格联动机制正式出台，其目的是缓解火电企业因煤炭价格上涨而造成的价格成本倒挂。煤电联动机制下上网电价与煤炭价格联动、销售电价与上网电价联动，若一定周期内平均煤价比前一周期变化幅度达到或超过5%，则相应调整电价。因此，2004年至2013

年期间因电煤价格上升而不断提高煤电标杆上网电价；而 2013 年 9 月至 2015 年 12 月期间因电煤价格下行而连续 4 次下调电价。以煤电联动为基础的标杆电价摈弃了以前按照补偿个别成本原则的定价模式，是对"一机一价"发电价格机制的重大改进，也是对国家高度集中的电价行政审批模式的突破。但是，从"计划电""市场煤"到"计划电""长协煤"，煤电联动政策执行往往滞后，电价与煤价变化不同步，价格传递机制难以建立，煤电价格矛盾始终无法疏解。

第五阶段（2019 年到现在），准市场化定价机制。随着电力行业市场化改革的深入，标杆电价与煤电联动机制将被更为灵活、带有浮动空间的市场化定价取代。2019 年 6 月，国家发展和改革委员会印发的《关于全面放开经营性电力用户发用电计划的通知》提出，鼓励电力用户和发电企业自主协商签订合同时，以灵活且可以浮动的形式确定具体价格，价格浮动方式由双方事先约定。其中，基准价按各地现行燃煤发电标杆上网电价确定，浮动范围为上浮不超过 10%、下浮原则上不超过 15%。自 2020 年 1 月 1 日起，取消煤电价格联动机制，将现行标杆上网电价机制改为"基准价+上下浮动"的准市场化机制。

（二）中国电力产业的价格管制分类政策

随着电力市场化改革的推进，对原国家电力公司实行重组，对发电、输电、配电和售电业务实行垂直分离后，在客观上要求根据各业务领域的特点制定价格管制分类政策。

1. 发电业务领域

在属于竞争性的发电业务领域，价格管制的最终目标是完全实现"竞价上网"。但也存在许多制约因素，例如，竞价上网只有在电力比较充裕的条件下才能实现，在电力供不应求的状况下，高价电也不难出售，这就制约了竞价上网的有效实行。更为重要的是，目前，各发电企业之间存在明显的不平等竞争问题，这主要表现在：1985 年以前建成的老电厂一般是国家投资，而且环保要求低，造价低，现行上网电价较低；而 1985 年以后新建电厂实行以个别成本为基础的还本付息电价，环保要求高，而且，由于缺乏对电厂投资成本的约束和经营成本的控制，致使工程造价高，现行上网电价较高。这必然使新电厂在上网电价上处于劣势。如果新老电厂在不同基础上完全实行"竞价上网"，必然造成污染严重的老电厂发电利用小时高，而达到排放标准的新电厂利用小时低，不利于提高能源利用效率、减少环境污染，也不利于技术进步。[①] 因此，"竞价上网"应是一个不断推进的过程，这需要适度放松进入管制，增加电力供应能力，也需要强制老电厂增加排污设备，新电厂降低运行成本，使新老电厂的竞争基础不断趋同。同时，在电力大用户和发电企业之间建立新的电力批发市场后，在电力供应充裕的情况下，发电企业必然竞争性地向电力大用户供电，形成竞争性的电力批发市场，这也有利于降低发电电价。总之，随着电力产业的发展，发电业务领域成为竞争性领域后，优胜劣汰的竞争规律才能真正发挥作用，那些小规模、高能耗、低效率的发电企业才能退出市场。

2. 输配电业务领域

输配电业务领域是具有自然垄断性的业务领域，竞争机制的作用相对有限，因此，它

---

① 刘世锦，冯飞. 中国电力改革与可持续发展. 北京：经济管理出版社，2003：37.

是价格管制的重点业务领域。如前所述，在对电力产业实行战略性重组前，原国家电力公司对所属电厂、输配电和售电实行垂直一体化垄断经营，输配电网的投资和运行成本与所属发电企业的电厂成本、向独立发电企业的购电成本一起形成输配电网目录电价，输配电环节的价值包含在目录电价内，输配电业务环节没有独立的价格。因此，在电力产业实行战略性重组，发电、输电、配电和售电业务相分离后，如何对具有强自然垄断性的输电业务实行有效的价格管制，这无疑是中国电力管制者面临的一个难题。

在市场经济体制下，政府应该主要按照经济原理制定输配电管制价格，并以促进社会分配效率、刺激企业生产效率和维护企业发展潜力为主要定价目标。而对中国电力产业而言，由于过去没有独立的输配电价格，当然缺乏制定输配电管制价格的模型，因此，更需要明确制定输配电管制价格的原理和目标，并在借鉴经济发达国家制定输配电管制价格经验的基础上，构建符合中国电力产业实际的输配电管制价格模型。

3. 售电业务领域

对于售电业务领域，虽然它属于竞争性业务领域，从长远看，应实行竞争性定价机制，在实现竞争性定价前，还需要实行价格管制，以保护最终用户（特别是中小用户）的利益。

我们可用表 13-4 对上述价格管制分类政策做简要总结。

表 13-4　电力产业的主要业务与价格管制分类政策

主要业务类型	现行价格制度	价格管制政策
发电	老厂老价、新厂新价	推行"竞价上网"，发电企业与电力大用户双边协商定价
输电	无独立输电价格	实行严格的价格管制；建议采取最高限价模型
配电	无独立配电价格	在配电企业实现地区间交叉经营后，可放松价格管制；建议采取最高限价模型
售电	输、配、售电一揽子定价	在过渡期内实行价格管制，当电力零售市场实行较为充分的竞争后，可放松价格管制

第四节　环　境　管　制

一、电力产业环境管制的主要问题

虽然电能是一种清洁的二次能源，但在将一次能源转换为电能的过程中会造成环境污染。政府对环境的管制就是要以尽可能少的成本，把环境污染控制在较低水平，为此，政府不仅要指导企业如何减少污染，更重要的是要设计有效的以市场为基础的刺激机制，包括征税、收取排污费、制定排污限额等。其中，最有效的是根据排污量制定相应的排污收费标准，从而使环境污染的外部性实现企业内部化，促使企业在一定的价格信号下，自觉寻找最有效的途径以减少环境污染。由于在电力产业中，生产技术的选择，如转换发电燃料、投资废气脱硫（flue gas desulphurization）技术等，都会对成本产生很敏感的影响，因此，运用价格机制控制环境污染会刺激企业的投资行为，从而产生较长期的控制污染效果。

电力生产的能源投入物可以分为煤、石油、天然气等矿物燃料和原子能、水力、风力、太阳能、沼气、地热等非矿物燃料两大类。矿物燃料不仅不能再生，更大的问题是其使用结果会释放二氧化碳、二氧化硫等污染物，造成环境污染。而在非矿物燃料中，除了原子能发电存在潜在的核事故危险，其他非矿物燃料对环境的影响较小，而且，其资源可以再生，不存在枯竭的问题。对此，电力产业环境管制的主要内容是：一方面，政府要通过一定的刺激机制，促使企业加强对控制环境污染的投资；另一方面，也是更重要的方面，政府要以一定的政策优惠，鼓励企业多使用污染较少、资源可以再生的非矿物燃料。

二、经济发达国家的电力产业环境管制政策

这里，我们还以英国为例来讨论经济发达国家的电力产业环境管制政策。

环境污染不仅影响本国的经济发展与人民生活，而且也可能产生国际影响。如使用矿物燃料造成的污染就会跨越国界。虽然酸雨是一种地区性的污染物，但释放碳元素可能对他国造成影响。欧盟有关环境保护组织要求英国把二氧化硫的释放量在1998年和2003年分别从1980年的水平下降40%和60%；到1998年，氮的氧化物的释放量必须下降30%。1992年，英国参加签订了"联合国关于气候变化的框架协定"（United Nations Framework Convention on Climate Change），按照这一协定，到2000年要求把诸如二氧化碳、甲烷等造成温室效应的有害气体的释放量控制在1990年的水平。欧盟还正在考虑征收有害气体税。

为了达到上述目标，英国政府从市场需求方面采取了一些措施，如制定提高能源使用效率的规定，对国内燃料和电力征收增值税等，但最主要的措施是控制每一单位电力产生的污染量。如对于如何减少二氧化硫释放量来说，可以综合运用以下措施：① 转换使用含硫量较少的燃料，如以煤气代替煤炭、以非矿物燃料代替矿物燃料作为发电原料，如果继续用煤炭发电，以含硫量较少的煤炭替代含硫量较多的煤炭。② 增加控制污染的资本投资。从经济效率的角度来说，就是要求以尽可能少的成本把环境污染控制在特定的水平。

为了减少电力产业的环境污染和充分利用可更新发电能源，英国政府在1989年颁布的《电力法》授予能源大臣一种特殊的权力，他可以通过发布命令的法律形式要求在地区电力公司保证使用一定数量的、以非矿物燃料作为发电原料而生产的电力。

英国能源大臣分别在1990年、1991年和1994年颁布了三个有关利用非矿物燃料发电的命令，在1995年颁布第四个这类命令，这第四个命令的有效执行期为15年（1997—2012年），要求建立具有400 000~500 000千瓦利用非矿物燃料的发电容量的电厂。为了使利用非矿物燃料的发电成本价格尽可能趋近正常的电力成本价格，对营建这些利用非矿物燃料的电厂实行招标的形式。非矿物燃料电力采购代理机构共收到529个投标申请者，剔除一部分不符合条件的申请者后，将其余的494个投标申请者提交电力管制办公室审查。为了增加透明度，电力管制办公室在1997年1月专门发布了一个文件，[①] 公布了426

---

① OFFER. Fourth Renewables Order for England and Wales, Birmingham: Office of Electricity Regulation, 1997.

项利用非矿物燃料发电的投资项目的特点和规格、投标价格情况等信息。从总体上看，这次的投标价格比以往类似项目的投标价格有所下降，从而有利于使今后利用非矿物燃料发电的电价趋近于一般的电价。

随着北海油气资源的逐渐消耗，英国从 2004 年起成为能源净进口国。同时，碳排放目标的压力使得英国需要在未来的 20 年中快速降低其碳强度。随着《大型火电机组法令》和《工业排放法令》的实施，大量燃煤和燃油机组将关闭，取而代之的是高成本或出力间歇性的可再生能源机组和其他运行灵活的低碳机组，英国能源部制定了低碳减排路径，限制新建化石燃料电厂的二氧化碳排放标准为 450 克/千瓦时，并建立碳底价保证机制（carbon price floor），当欧盟碳排放交易市场中的成交价格低于政府规定的价格下限时，由政府补偿其差价部分。碳底价保证机制的正式实施时间为 2013 年，英国政府为碳交易设定每吨 15.7 英镑的底价，而到 2020 年这个数字已增至 30 英镑，2030 年将进一步增至 70 英镑。

显然，英国政府在电力产业所采取的上述环境管制政策必将产生相当的积极作用，并对包括中国在内的其他国家具有一定的借鉴意义。

三、中国的电力产业环境管制政策

由于电力产业的环境污染主要发生在发电环节，而各种发电方式对环境影响的差别很大。在多种发电方式中，火电对环境污染最严重，生产过程中产生大量的飞灰、灰渣、废水、氮氧化物和硫化物等有害气体。由于中国煤炭资源比较丰富，且长期缺电，而火电投资少、见效快，因此火电在中国整个电力供应中长期占据极高的比重，这也造成了较严重的环境污染问题。因此，火电是政府管制的重点。而在火电中，小火电对环境的污染特别严重。根据有关资料，[①] 虽然近年来在中国火电装机比重不断下降，但截至 2020 年年底，中国电力装机构成中，火电装机占比仍然高达 56.6%，发电量占全部发电量的近 70%。而 30 万千瓦以下的小火电机组比重在整个"十三五"期间仍然逐年攀升，较 2016 年增长 2.5 倍之多。由于技术上的原因，小火电机组存在煤耗高、可靠性差、单位电能污染物排放量大，严重污染环境等问题。这种情况至今依然存在。因此，对中国电力产业环境管制的一个重要内容就是要关闭一部分小火电站。

在控制火电发电的同时，中国应积极利用清洁性和可再生性能源，以减少环境污染。中国的水力资源非常丰富，2004 年，以公伯峡水电站 1 号机组投产为标志，中国水电装机容量突破 1 亿千瓦，居世界第一。2010 年，以小湾水电站 4 号机组为标志，中国水电装机容量突破 2 亿千瓦。2012 年，三峡水电站最后一台机组投产，成为世界最大的水力发电站和清洁能源生产基地。此后，溪洛渡、向家坝、锦屏等一系列巨型水电站相继开工建设。2018 年，中国水力发电装机 3.5 亿千瓦，占到全球水电总装机容量近 30%。但水电资源大多位于中国西部地区，因此，中国一方面应加大对水电开发的投资，另一方面要重点建设"西电东送"骨干电网，并协调好中西部地区和东部地区之间的各种经济利益关

---

① 参见中国电力企业联合会发布的《中国电力行业年度发展报告 2021》和中国机械工业联合会机械工业发电设备中心发布的《2021 年上半年我国发电设备行业发展情况及形势展望》。

系。除了大力开发水力资源外，中国政府还应重视开发风力、地热、太阳能等能源。由于风力发电能减少环境污染，而且风力取之不尽，成本低廉，因此，风力发电正在全球逐渐流行，并成为增长最快的能源。

从总体而言，目前相对于中国蕴藏的可再生资源和国际上可再生资源利用情况看，中国的可再生资源利用率还是比较低的。因此，中国应借鉴国外的经验，制定具体的政策措施以促进对可再生资源的开发和利用。

1. 可再生资源供电配额制

它强制性地要求每家电力供应企业在所提供的电力总量中，必须提供一定比例的，利用可再生资源发电的电力。对此，英国的经验值得借鉴。

2. 优惠电价政策

由于利用可再生资源发电的成本往往在相当程度上高于火力发电的成本，这就使以可再生资源为能源的发电企业在"竞价上网"时处于劣势地位。为此，政府应制定优惠电价政策，以利用同一种可再生资源发电的平均成本加上一定的利润制定上网电价，并保证优先上网。对于利用可再生资源发电的上网电价和平均上网电价之间的价差，政府可通过一定的税种加以补贴。

3. 税收和融资政策

政府可以采取多种税收政策，以促进对可再生资源的开发与利用。如对进口有关发电设备与技术减免进口关税，对利用可再生资源的发电企业减免或优惠增值税与所得税等。银行（特别是国家开发银行）应优先向利用可再生资源发电建设项目和有关企业贷款，并实行低息和贴息等政策，以扶持这些项目和企业的建设与发展。

4. 促进电网建设的投资政策

从中国的电源地区分布看，虽然西部的水电资源十分丰富，而电力消费最大的是经济发展水平较高的东部地区。因此，为实现"西电东输"，需要加快电网建设。对此，政府可采取多种投资管制政策措施。例如，在国家控股的前提下，在输配电领域放松投资管制，实行投资主体多元化政策；输配电企业通过股票上市、发行债券等形式从资本市场上大规模融资；继续实行在售电价格中加价征收电力基金政策，电力基金作为国家股，主要用于电网建设。更为重要的是，应强制性要求输配电企业在利润额中提取相当比例用于电网建设，增强企业扩大再生产的能力。

■ 案例

美国得州大停电事件

本章小结

- 电力系统是由发电厂、输电网、配电网和电力用户组成的整体，是将一次能源转换成电能并输送和分配到用户的一个一体化系统。电力产业是由若干个电力系统互联而成的。输电网和配电网统称为电网，是电力系统的重要组成部分。发电厂将一次能源转换成电能，通过电网将电能输送和分配到电力用户的用电设备，从而完成电能从生产到使用的整个过程。电力系统的运行包括四个垂直相关的阶段：发电、输电、配电和售电。发电是由发电厂完成的。

- 电力产业的管制需求来自许多方面，其中自然垄断性和外部性是产生电力产业管制需求的两个主要因素。在电力产业的四个垂直一体化业务领域中，发电是可竞争性的，输电具有强自然垄断性，配电的自然垄断性相对较弱，而售电是潜在竞争性。从总体上而言，电力产业是一个具有自然垄断性的产业，这就在客观上存在管制需求。电力产业具有正外部性，但人们更关注的是其负外部性，主要表现为环境成本问题。政府应该对电力产业的环境实行管制，以降低环境成本，尽可能减少环境污染。

- 英国等经济发达国家对电力产业进入管制的基本政策是：在发电领域强制具有垄断地位的发电企业向新企业（包括竞争企业）出售一部分电力生产能力，以促进发电领域的市场竞争。在配售电领域通过逐步废除各地区电力公司在本区域范围内供应电力的垄断权，允许区域内和区域外企业进入，实行竞争性供应电力。而在输电领域主要是通过建立一个新的电力批发市场，以打破国家电网公司的垄断经营。

- 中国政府对电力产业放松进入管制就是以电力产业投融资体制改革为主要形式的。2002年对原国家电力公司实行了战略性重组，原国家电力公司管理的发电资产被直接改组或重组为规模大致相当的5家全国性的独立发电公司，在电网环节分别设立了国家电网公司和中国南方电网有限责任公司。在此基础上，根据中国电力产业现行市场结构，应对发电、输电、配电和售电领域实行进入管制分类政策。

- 英国等经济发达国家对电力产业价格管制的基本政策是：在发电领域实行竞价上网，以竞争机制代替价格管制，而对输电、配电和零售供应电力实行 $RPI-X$ 最高限价模型，并实行周期性管制价格调整，促使企业不断降低成本。其中，英国对各个地区电力公司初期的配电收费价格有很大差异，主要是由于各地区的配电基础设施建设状况不同，投资需要存在较大差异。而在售电领域则实行阶段性放开竞争供应。

- 从1952年开始，中国电力产业价格管制改革曾经历全国统一管理的电价制度、调整电价制度、多种电价制度、煤电联动为基础的标杆电价制度和准市场化定价制度这五个阶段。随着电力市场化改革的推进，对原国家电力公司实行重组，对发电、输电、配电和售电业务实行垂直分离后，在客观上要求根据各业务领域的特点制定价格管制分类政策。

- 英国等经济发达国家对电力产业环境管制的基本政策是：从市场需求方面采取了一些政策措施，如制定提高能源使用效率的规定，对国内燃料和电力征收增值税等，但最主要的措施是控制每一单位电力产生的污染量。为了减少电力产业的环境污染和充分利用可更新发电能源，政府强制性要求地区电力公司保证使用一定数量的、以非矿物燃料作为发电原料而生产的电力。地区电力公司因采购非矿物燃料发电的电力而增加的成本，可通过向消费者征收"矿物燃料税"而得到补偿。为进一步降低碳排放，英国大力发展清洁电源，同时关闭大量高污染机组，制定碳排放性能标准，建立碳底价保证机制。

- 由于电力产业的环境污染主要发生在发电环节，而各种发电方式对环境影响的差别很大。在多种发电方式中，火电对环境污染最严重，由于中国煤炭资源比较丰富，且长期缺电，而火电投资少、见效快，因此火电在中国整个电力供应中长期占据极高的比重，也造成了较严重的环境污染问题。因此，火电是政府管制的重点。在控制火电发电的同时，中国应积极利用清洁性和可再生性能源，以减少环境污染,主要政策措施包括实行可再生资源供电配额制、优惠电价政策、税收和融资政策、促进电网建设的投资政策等。

关键词

电力系统（electricity system）　　电力负荷（electricity load）
电网（electricity grid）　　电力弹性系数（electricity elastic coefficient）
输电（electricity transmission）　　配电（electricity distribution）
电力运输（electricity transport）

复习思考题

1. 归纳并简述电力产业的基本特征。
2. 简述源于自然垄断性和外部性的电力产业管制需求。
3. 电力产业进入管制、价格管制与环境管制的主要问题是什么？
4. 简述英国电力产业进入管制、价格管制与环境管制政策的基本特点。
5. 简述中国电力产业进入管制与价格管制分类政策的基本思路。
6. 简述中国电力产业环境管制的基本政策思路。

延伸阅读

1. 林伯强. 中国电力工业发展：改革进程与配套改革. 管理世界, 2005（8）.
2. 王德华, 刘戒骄. 美国电力改革及对中国的启示. 经济与管理研究, 2017（11）.
3. 王俊豪, 等. 中国现代能源监管体系与监管政策研究. 北京：中国社会科学出版社, 2018.
4. 王俊豪. 中国公用事业发展报告 2020. 北京：中国建筑工业出版社, 2021.
5. 徐骏, 曹学泸. 我国电力市场中市场势力的形成及其监管问题研究. 价格理论与实践, 2016（10）.

即测即评

第十四章 铁路产业的管制

铁路产业是典型的自然垄断产业。党的二十届三中全会提出，要"推进铁路体制改革"，"推进能源、铁路、电信、水利、公用事业等行业自然垄断环节独立运营和竞争性环节市场化改革，健全监管体制机制"。铁路产业包括自然垄断部分和竞争性部分，要推进铁路运输业务市场主体多元化和适度竞争，健全铁路产业的监管体制机制。

第一节 产业特征与管制需求

一、铁路产业的基本特征

从技术角度看，铁路运输是使用机车牵引车辆，用以载运旅客和货物，从而实现人和物空间位移的一种运输方式。铁路运输生产过程是在长距离的连续空间带上进行，线路和车站是组成连续空间带的要素。线路是列车运行的最重要基础设施，它是由轨道、路基、桥梁和隧道等建筑物组成的一个整体工程结构。由于列车必须沿着轨道行进，而且一条线路在一个时间段里只有一条运行线，因此线路构成了铁路运输系统的有线网络，线路的布局和管理对铁路运输的效率起着决定性的作用。车站把线路连接成连续空间带，它既是铁路运输生产的基地，又是办理旅客和货物运输业务，编组和解体列车，组织列车始发、到达、通过等作业的铁路基层单位。车辆的技术检查、货运检查、机车换挂、乘务组换班、机车和客车给水等作业一般也在车站完成。因此，车站对外直接与铁路的服务对象（旅客和客户）发生关系，对内是铁路机车、车辆、线路、通信信号等各部门运营业务的结合点。

节点（车站、枢纽）和连线组成铁路路网，网上的任何节点通过连线与其他所有的点联结在一起。在技术装备不变的前提下，路网规模越大，布局越合理，整体性运用越充分，则运输成本越低，消费者价值就更大。铁路路网的规模和整体性运用是铁路产业网络经济的基本条件。铁路线路和路网的整体性客观上要求比较完整、统一的路网设施、调车作业系统，并且有一个权威机构对铁路线路建设做出整体规划，对线路协调安排。此外，铁路运输点多、线长、分布地域很广，运输作业分散在铁路沿线和各个站段上，而且铁路运输必须在轨道上运行，不像航空、公路等其他运输方式那样，由多个运输工具同跑一条线。因此，为了安全组织铁路运输生产，还需要有一个迅速可靠、四通八达的通信系统。这些都直接关系到铁路运输生产的效率、质量、安全和各项经济技术指标。

铁路运输生产中有两个最基本、最重要的文件，即货物列车编组计划和列车运行图：一份管"点"的，叫"货物列车编组计划"；另一份管"线"的，叫"列车运行图"。前者规定了全路应在哪些车站将重、空车流编组成列车，这些列车的编组内容和编挂方法，以及这些列车的种类和到站。后者则规定了各次列车（旅客列车和货物列车）在每个车站出发、通过、到达的时刻,在区间运行时间和在站台停留时间等。简单地说,"货物列车编组计划"是货运站、技术站、编组站作业的蓝图,"列车运行图"是组织列车运行的蓝图。铁路上与运输有关的所有部门、单位和工种,都是依据这两份"蓝图"有条不紊地工作的。有什么样的"蓝图",就会生产出什么样的产品。因此,反映铁路运输生产效率和质量的各项经济技术指标,在很大程度上由"货物列车编组计划"和"列车运行图"来决定。

二、铁路产业的管制需求

铁路产业的管制需求来自许多方面,本书从自然垄断性和外部性两个主要方面讨论铁路产业的管制需求。

(一) 铁路产业的自然垄断性与管制需求

铁路产业的生产技术性质决定了其具有如下经济性质:

(1) 高固定成本。铁路产业固定成本占总成本的比重很大。传统意义上的铁路企业必须自己拥有铁路线路基础设施(主要为轨道、通信信号和车站),其结果是固定成本占总成本的比重很大。有研究表明,在线路能力和通信信号系统保持不变的情况下,铁路线路的短期固定成本占总成本的比重在 50%~80%。

(2) 成本沉没性。铁路线路的使用寿命较长,不能移动,很难被用于其他用途,且残值较低,因此其沉淀成本也较高。尤其是线路及其通信等基础设施的投资巨大,线路成本的沉淀性更是大大超过上部运营服务。

(3) 能力不可分性。即使从长期看,在线路能力和通信信号系统得到改变的情况下,铁路仍受制于线路和机车车辆能力的不可分割性和规模经济。

(4) 多产品性。铁路企业大多表现为提供不同类型的运输或客运服务的多产品企业。就货物企业而言,企业除了提供一般的散货运输,还完成集装箱或整车、邮政包裹和信件服务以及其他多种运输形式的综合运输服务。就客运企业而言,除了经营长途客运业务之外,通常还一并提供本地通勤客运业务、地区客运业务,甚至特定路线的高速火车客运。

结合基本经济理论,铁路产业的经济性质呈现如下特性:[1]

(1) 规模经济性。就铁路产业整体而言,由路基、路轨、道岔、通信信号等固定设施为主要业务内容构成的铁路下部路网系统(或称调车作业系统)的固定成本高,投资规模巨大,且具有投资的不可分性和资本的密集性,需要大量投资形成一定规模才能发挥作用,具有明显的规模经济结构特征。对于在路网上运营的客货运输业(或称上部运输系统),其运作机制是借助下部路网系统完成运输任务,规模经济性则相对较弱。

(2) 范围经济性。铁路产业的业务范围涉及路网、客货运输、通信、信号及其他众多附加业务,而在这众多业务中,路网是基础,其他业务都需要通过路网才能完成各自的业务内容。因此,铁路产业的范围经济是客观存在的,上游和下游企业单独生产的总成本可能会大于纵向一体化生产企业的成本总和。

(3) 网络经济性。铁路线路成网及路网密度增加时,扩大运输需求范围、调剂各线

---

[1] 王俊豪. 中国垄断性产业结构重组分类管制与协调政策. 北京:商务印书馆,2005:232.

路负荷有利于提高整个路网的能力利用程度和效率。网络结点及新建联结线路可以提高原有铁路路网的运营密度，促进铁路路网的扩大，并在一定程度上增加铁路运输企业对路网使用的可选择性，从而提高消费者实现运输服务消费的稳定性和灵活性。例如，当两条互不相连的线路端线连成一体时，将大大增加两线路之间的过境运量，提高整个路网的利用效率。一条复线铁路的能力可达两条彼此独立的单线铁路能力的两倍以上。

（4）密度经济性。密度经济是指随着产品或服务的增加导致的对既有设施、设备和其他资源使用频率或次数的增加，从而使企业的产品或服务平均成本下降的规律。铁路的密度经济表现在当铁路路网保持不变，而客货流量增加时，铁路运输产品或服务平均成本下降的规律。这是由于铁路平均运输成本不会仅因为铁路线路长度的增加而呈下降趋势，平均运输成本的下降主要起因于对固定资产的高强度使用，在固定成本一定的情况下，运量越大，铁路企业的平均成本就越低。

鉴于上述经济特性，铁路产业整体上通常被认为具有因成本递减而导致的自然垄断特征，因而政府有必要进行管制。

从铁路产业内部来看，铁路运输是一项综合性的业务活动，业务内容呈现多样化，除客货运输等主业外，还包括诸如旅客车站服务、货物装卸服务、仓储服务、货物运输代理等辅业服务内容。世界贸易组织《服务贸易总协定》将"铁路运输服务项目"的具体业务内容分为以下五类：① ① 调车作业（包括路基、路轨、道岔、通信信号等）；② 铁路运输设备维护；③ 铁路客运（包括城市间客运、城区和郊区客运 2 小项）；④ 铁路货运（包括冷冻冷藏食品运输、罐装液体或气体运输、集装箱运输、邮政运输和其他货物运输 5 小项）；⑤ 铁路运输的支持服务项目（包括旅客车站服务、货物装卸服务、仓储服务、货物运输代理和其他服务 5 小项）。不同业务活动的自然垄断性不同，对铁路管制的需求也不尽相同，大体上可分为三类：②

第一类为强自然垄断性领域。调车作业业务中路基、路轨、道岔、通信信号等设备的使用具有低排他性、弱竞争性与强外部性的特征，市场的可进入性差，竞争可能导致资源的浪费与效益的损失，从理论上说由一家企业提供产品与服务最具效率，需要实行特殊的管理机制和市场运营方式，政府管制需求很强。

第二类为弱自然垄断性领域。铁路运输设备维护业务具有很强的系统性、专业性及极高的技术要求，具有一定程度的排他性、竞争性与外部性。与强自然垄断产业相比，虽具有一定的竞争性，但由于种种原因客观上不适宜充分竞争，仍需要政府进行管制。

第三类为竞争性领域。对于铁路客货运业务来说，无论是铁路运输与其他运输工具，还是同属铁路的不同营运公司，均存在竞争的现实可能，是潜在的可竞争性业务。铁路运输的支持服务项目具有强排他性、强竞争性与弱外部性特征，是明显的竞争性业务，民营企业完全可以提供生产和经营，通过营业收入筹资，形成竞争性价格，管制需求较弱且以间接管制为主。

铁路产业不同业务活动的自然垄断性与管制需求总结如表 14-1 所示。

---

① 世界贸易组织《服务贸易总协定》及铁道部人事司、铁道部国际合作司、铁道部人才服务中心．铁路运输企业战略管理．北京：北京交通大学出版社，2003：58-59．
② 王俊豪．中国垄断性产业结构重组分类管制与协调政策．北京：商务印书馆，2005：232．

表 14-1 铁路产业主要业务的自然垄断性质与管制需求

业务活动	自然垄断性	管制需求
调车作业	强自然垄断性	强
铁路运输设备维护	弱自然垄断性	中
铁路客运	潜在竞争性	弱
铁路货运	潜在竞争性	弱
铁路运输的支持服务项目	可竞争性	弱

铁路产业自然垄断性质的复杂性在客观上要求灵活多样的政府管制。在进入管制方面，要做到具体业务具体分析。对于自然垄断性强的调车作业领域，在进入管制的同时，不断革新管制方法，如通过采用区域间比较竞争的方法提高管制效率；对具有潜在竞争性的铁路客货运领域，逐步放松进入管制，促进有效竞争。在价格管制方面，管制目标是抑制企业制定垄断价格，保护广大消费者的利益。对于自然垄断性强的调车作业领域，采用激励性价格管制；对具有潜在竞争性的铁路客货运，逐步取消价格管制，让市场决定最终价格。在安全管制方面，一方面，坚持对铁路产业的安全状况进行日常管制，保证人民的生命财产安全；另一方面，随着运输市场的逐渐开放，企业家追逐自身利益最大化的行为很可能导致铁路服务和质量的下降，调整管制方式、加强管制力度势在必行。

（二）铁路产业的外部性与管制需求

首先，铁路产业在促进经济发展方面具有明显的正外部性。第一，铁路是国民经济活动的基础设施。铁路产业提供的服务是其他经济活动得以进行的基础，为产业运转和发展提供最基本的运输保障。离开铁路，国民经济便处于瘫痪状态。第二，铁路具有市场开拓和土地开发功能。一条铁路可以带动一个地方的经济繁荣，给其他企业带来很大的经济利益。事实证明，铁路修到哪里，哪里的经济和社会就得以快速发展。特别指出的是，铁路产业有利于消除区域内地理障碍，保障落后地区得到最低程度运输服务。中国目前正处在经济大开发和大发展时期，许多地区经济的发展需要铁路来带动。

其次，铁路产业在提升社会效益方面具有明显的正外部性。第一，铁路运输有助于减少环境污染。铁路产业车体在路轨上运行的摩擦力较低，能够降低燃料消耗。数据显示，铁路运输对生态环境的污染比例为 3.9%，相当于公路运输（79.7%）的 1/20，航空运输（10.9%）的 1/3。研究表明，如果将公路运输市场中的相当一部分份额转让给铁路产业，那么交通堵塞、交通事故、环境压力等方面的社会成本将大大减少。第二，铁路运输具有重要政治和战略意义。铁路运输在救灾物资运输、军备物资运输、学生假期运输等公益性运输中起着重要作用，关乎人民的生命财产安全。此外，铁路发展对国家安全也具有重要意义，出于军事方面的考虑，多数国家对铁路产业实行较为严格的管制。铁路产业巨大的正外部性意味着，单纯由市场进行资源配置，铁路运输服务的供给一定不足，这会导致国民经济发展、社会安定团结受到严重限制，因此客观上存在管制需求。

此外，铁路产业的普遍服务义务也在客观上要求政府管制。普遍服务，即提供有一定质量保证、面向所有用户、价格可以接受的某些基本服务。如上所述，铁路运输企业承担了大量具有社会公益性质的铁路路网设施的建设和大量非营利性的公益运输服务，这些公共性运输的成本是无法通过市场化和商业化方式取得补偿的。比如，在较为偏远地区、山区，要么建设成本特别高，要么运营成本特别大、客流稀少、收益偏低。在这些地区提供服务，成本较高、收益能力没有保证，作为纯粹收益导向型企业不会在这些线路上运营。所以，这就需要管制部门要求铁路运输企业承担普遍服务义务，并对铁路运营时间表以及特种运输产品或地区加以管制，确保发挥铁路作为基础设施带动经济社会发展的隐性效益。

三、中国铁路产业管制机构改革

新中国成立以来，铁路一直是国家重点控制的产业，铁道部既是铁路产业的直接运营机构，也是铁路市场的管制机构。铁道部作为国务院铁路产业主管部门，是铁路产业进入管制和价格管制的主要执行者。但铁道部政企合一的体制使其很难跳出作为超级垄断国有企业的思维和行为方式，因此经常无法真正地行使政府管制职能。

2013年3月10日，《国务院机构改革和职能转变方案》使铁路体制改革迈出了第一步；3月14日，国务院印发《关于组建中国铁路总公司有关问题的批复》，中国铁路总公司正式成立；4月，国家铁路局"三定"方案《国家铁路局主要职责内设机构和人员编制规定》正式下发，这意味着中国铁路体制改革进入全面实施阶段。铁路体制改革包含了铁路产业的管制改革，此次改革从管制机构、进入管制、价格管制、安全管制等多方面进行了较大的改革。本部分内容讨论中国铁路产业管制机构的改革内容，后续章节讨论铁路产业其他方面的管制改革。

根据《国务院机构改革和职能转变方案》，铁道部的职能一分为三，如图14-1所示，一是将铁道部拟定铁路发展规划和政策的行政职责划入交通运输部；二是组建国家铁路局，由交通运输部管理，承担铁道部的其他行政职责，负责拟定铁路技术标准，监督管理铁路安全生产、工程质量等；三是组建中国铁路总公司，承担铁道部的企业职责，负责铁路运输统一调度指挥，经营铁路客货运输业务，承担专运、特运任务，负责铁路建设，承担铁路安全生产主体责任等。此次铁路管制机构改革顺利实现了铁道部的政企分开，国家铁路局成为独立的管制机构，对中国铁路总公司等铁路企业实行管制。

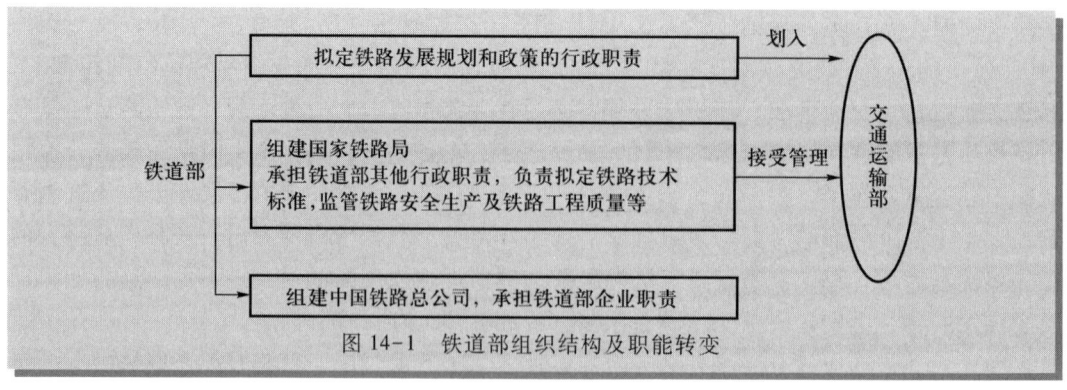

图14-1 铁道部组织结构及职能转变

为进一步深化铁路产业改革，2019年6月18日，经国务院批准同意，中国铁路总公司改制成立中国国家铁路集团有限公司。中国国家铁路集团有限公司依据《中华人民共和国公司法》设立，是由中央管理的国家授权投资机构和国家控股公司，由财政部代表国务院履行出资人职责。经国务院批准，中国国家铁路集团有限公司负责铁路运输统一调度指挥，统筹安排路网性运力资源配置，承担国家规定的公益性运输任务，负责铁路行业运输收入清算和收入进款管理，负责国家铁路新线投产运营的安全评估，保证运输安全，提升服务质量，提高经济效益，增强市场竞争能力。

第二节 进 入 管 制

一、铁路产业进入管制的基本问题

进入管制是指在铁路产业中，从确保规模经济和范围经济效益出发，特许一家或极少数具有某种资格的企业加入，限制其他企业参与，或者从防止过度竞争的观点出发，由管制机构视整个产业的供求平衡情况来限制新企业的进入。与之对应，也有市场退出管制，即对已进入铁路产业的企业在退出方面做出某些限制。这是因为，如果被允许进入或已经进入铁路产业的企业从该产业中退出，铁路服务供给就得不到保证，而铁路产业提供的产品或服务为生产和生活所需的基础必需品，在一定条件下具有较强的不可替代性。因此，政府需要干预铁路企业的生产或服务，对市场进入和退出进行管制。

从总体而言，放松进入管制政策，运用竞争机制是提高铁路产业经济效率的有效途径。由于铁路产业是一个自然垄断性业务和竞争性业务并存的产业，政府需要依据具体业务的经济属性实行相应的进入分类管制政策：首先根据竞争与垄断程度的不同对铁路产业进行分割重组，在此基础上，在强自然垄断性业务领域建立起独家或者极少数几家企业经营机制，形成维护自然垄断性质的管制体系；在弱垄断性业务领域实行特许投标经营机制，保证这些业务的服务质量；引导和促使相关企业、资本进入竞争性领域，利用间接管制维护这些业务的市场秩序。

进入管制与铁路投融资体制改革密切相关。在传统管制模式下，管制机构既是铁路产业的主管部门，市场规则、行业政策的制定者和监督者，又是铁路企业的直接投资者、经营参与者，铁路市场化程度低。僵化的进入管制导致铁路现代企业制度建设滞后、资本结构高封闭性，网络互联互通企业间公平经营的市场环境缺失，投资者权益保护不足等系统性问题，制约了非国家铁路资本的规模性进入。有效的市场进入制度应贯彻平等准入、公平待遇的原则，允许国内外社会资本进入法律法规未禁止的铁路领域；允许社会资本在国家统一规划的前提下，独资、控股、参股建设和经营与现有路网并行的竞争性新线路；允许国内公有资本控股铁路干线新项目的建设和运营；建立铁路运输企业的资质认定制度；允许国内外社会资本开办与铁路运输服务相关的代理企业以及无车承运人，积极推进联运和全程运输的开展；全面开放铁路建设市场，允许具备相应资质条件的国内外各种所有制的企业参与铁路建设工程的招投标。

二、部分发达国家铁路产业进入管制的实践

(一) 美国的进入管制实践

铁路产业进入管制起源于美国。美国政府早期关注的主要问题是努力发展充足的铁路体系,因此,铁路产业的进入管制很少,基本上依靠市场本身的自发力量来调节。但是为了避免过度竞争,美国仍采取了一些进入管制措施,主要通过三种方式:习惯法与司法的控制,许可证制度和调查委员会。[①] 在 19 世纪中叶,为了支持铁路产业的迅速发展,鼓励铁路公司建设新线路,美国对铁路产业实行了较为宽松的进入管制,并对铁路实行了一系列的赠与土地和筑路权的奖励政策,铁路产业得到了迅速发展。至 19 世纪 70 年代经济萧条到来之时,已经投入使用的 70 000 英里[②]铁路给全国提供了基本的陆上运输网。在铁路产业得到初步发展的基础上,为了进一步促进铁路产业的有序发展,美国通过根据《州际商务法》成立的州际商业委员会 (ICC),专门对铁路产业实行严格的进入管制政策,例如对运输市场进入或退出执行许可证制度,禁止铁路对用户的差别待遇,限制甚至禁止铁路企业之间的兼并联营,实行强制竞争政策。从 20 世纪二三十年代起,政府管制开始推广到其他产业。到了 70 年代后期,美国已有 14 个联邦机构和 100 多个州立机构被授予管制企业活动的权力,国民生产的近 1/4 是由受管制产业生产的。在运输、通信和能源销售产业,一般都是由管制机构发给运输业者或公用事业企业营业证书或许可证。

严格的铁路产业管制导致铁路业出现财务危机,因此 20 世纪 70 年代,美国开始进行管制改革,逐步放松了对铁路产业的进入管制。在政府已经成功放松对其他运输方式的管制之后,国会于 1980 年通过了《斯塔格斯法》,推进铁路产业管制改革。《斯塔格斯法》通过严格限制 ICC 的权力,部分放松了对货运铁路的管制,引入竞争。1995 年,ICC 被地面运输委员会 (STB) 替代,ICC 的某些管制职能被取消,某些管制职能转移给了其他机构。STB 是设在运输部 (DOT) 的一个独立管制机构,它对铁路进行全方位的经济管制,负责推动商业谈判和促进运输发展,以保护公共利益。美国进入管制改革的主要内容是将城际客运和货运分离,客运由国家铁路客运公司 (Amtrak) 独家经营。Amtrak 由联邦政府拥有并负责经营,实行网运分离,它与经营的铁路公司签订长期租赁合同,支付过路费。货运铁路公司实行私营和网运合一,铁路公司拥有路网,同时还拥有机车和车辆等运行设备。管制改革前,美国禁止关闭亏损线路,而改革之后,允许关闭亏损线路。

(二) 英国的进入管制实践

在管制改革前,英国铁路是作为一个纵向一体化结构的国有企业进行经营的,包括列车运行、线路维修、客货服务和整个系统的辅助业务,进入管制比较严格。英国的进入管制改革始于 1993 年,通过《铁路法》的实施明确了实行铁路私有化的具体做法,放松了对铁路产业的进入管制。1994 年改革的基本思想是对铁路实行网运分离,即路网部分仍然保持垄断经营,逐渐由政府所有转向私人所有,政府实行管制的模式;运输部分经过专

---

① 欧国立.运输市场变迁与中国铁路市场化改革.北京:中国铁道出版社,2001.
② 1 英里 = 1.609 3 千米。

业分工分成多家企业,通过出售与特许经营权经营的方式引入私有制。全国性路网公司(Railtrack)拥有 1.6 万千米线路及其信号、供电设备,2 500 个车站(包括客运站,不含货运站、编组站),负责编制全国列车运行图和客货列车的调度指挥;出售列车运行线,收取线路使用费并委托专业修理公司负责线路及相关设备的维修。1996 年 5 月 20 日全国性路网公司在伦敦证券交易所上市,国家出售全部股权。路网公司成为全部股份为公众持有的上市公司。英国以特许经营某一区域或某条线路的铁路客运为内容进行公开招标,要求政府补贴数额低且符合其他条件的为中标者。25 家获得特许经营权的公司从事客运经营。铁路货运分解为大宗货物运输、集装箱运输、国际联合运输、行包运输、邮政运输各 1 家公司。此外,还允许一些小的货运公司从事铁路货运。多家机车车辆租赁公司及运输设备维修公司按合同提供服务。

(三)日本的进入管制实践

在管制改革前,日本进行极为严格的进入管制,实行的是全国大一统的国有垄断模式,生产效率低下,企业亏损严重,导致政府补贴负担过重。为打破日本国铁的垄断结构,引入竞争机制,日本国铁采取了区域分割经营的办法。日本将原国铁的所有线路按照所在区域位置划分成六家客运公司和一家货运公司,分别是 JR 东日本、JR 西日本、JR 东海、JR 九州、JR 四国、JR 北海道、JR 货运。七家公司自负盈亏、独立经营。其中货运公司向客运公司租用线路。这主要是因为日本的人口密度大而且相对集中,与承担的大运量相比,铁路的路网能力相对薄弱,其负荷比欧洲铁路重得多,完全实行铁路基础设施和运营相分离非常困难,因此在铁路改革时客运公司是网运合一的,而日本铁路货运占运输市场份额较低,所以采用了网运分离方式。所有这些铁路公司的股份全部归日本国铁清算公司所有,然后不断向社会公众出售,以使这些公司尽量私有化,最后政府对铁路公司不再参与经营。为使国铁的股份制改革顺利进行,政府和国会首先制定和通过了《日本国有铁路改革法》及相关的七项法律,对改组进程、改组办法、债务清算、人员处理等都做了明确规定。民营化改革后,政府允许 JR 各公司从事关联事业的经营。JR 集团的公司与日本一般企业一样,确立了以利润最大化为原则的市场主体地位,对外投资不再严格限定在与运输相关的领域,经营其他业务只需按规定获得执照即可。这包括沿线房地产的买卖、旅游、车站附近的百货商店及零售店、信用证、保险、饮食业、建筑等。

综上,发达国家铁路产业价格管制实践总结如表 14-2 所示。

表 14-2 发达国家铁路产业进入管制实践

国家	管制改革前	管制改革后
美国	严格的进入管制 (禁止关闭亏损线路)	放松进入管制 (允许关闭亏损线路)
英国	严格的进入管制 (政府垄断)	激励性管制 (特许经营)
日本	严格的进入管制 (政府垄断)	放松进入管制 (民营化)

三、中国铁路产业的进入管制政策

中国对铁路产业一直实施着严格的进入管制，且保持垂直一体化的经营方式、政企合一的管制模式。这种管制模式制约了铁路产业竞争力的提高，阻碍了铁路产业的发展进程。改革开放以后，中央政府逐渐有步骤、有限度地向地方政府和其他实体开放铁路建设和经营权，并向地方和合资铁路开放部分通路权。中国铁路产业的进入管制政策改革总体上体现出逐渐放松管制的过程。

（一）中国铁路进入管制政策的改革

2007年3月，国务院下发的《关于加快发展服务业的若干意见》指出，要建立公开、平等、规范的服务业准入制度。鼓励社会资金投入服务业，大力发展非公有制服务企业，提供非公有制经济在服务业中的比重，其中包括深化铁路产业改革，放宽市场准入，引入竞争机制，推进国有资产重组，实现投资主体多元化。

2011年9月，鄂港铁路建设发展有限公司在内蒙古鄂尔多斯市挂牌成立，标志着民营资本开始进入铁路建设领域，是我国民营资本参与铁路建设的首次尝试，为我国民营资本提供新的投资导向。

2012年5月，铁道部发布《关于鼓励和引导民间资本投资铁路的实施意见》，称将"鼓励和引导民间资本依法合规进入铁路领域"，并将规范设置投资准入门槛，创造公平竞争、平等准入的市场环境。同时强调，"市场准入标准和优惠扶持政策要公开透明，对各类投资主体同等对待，对民间资本不单独设置附加条件"。在民间资本投资方向上，铁路几乎没有限制：包括铁路干线、客运专线、城际铁路、煤运通道和地方铁路、铁路支线、专用铁路、企业专用线、铁路轮渡及其场站设施等项目。在铁路工程建设领域，凡符合国家规定资质条件的民营企业，允许参与铁路工程勘察设计、施工、监理、咨询以及建设物资设备采购投标。对民营企业和其他各类所有制企业采用统一的招标条件，确保公平竞争。

2013年4月，国务院办公厅印发的《国家铁路局主要职责内设机构和人员编制规定》取消了14项行政审批权，尤其是"取消开行客货直通列车、办理军事运输和特殊货物运输审批、取消企业自备车辆参加铁路运输审批、取消企业铁路专用线与国铁接轨审批、取消铁路工业产品制造特许证核发、取消铁路基建大中型项目工程施工、监理、物资采购评标结果审批等职权"，从而在一定程度上放松了铁路产业的进入管制。2013年8月，国务院发布的《关于改革铁路投融资体制加快推进铁路建设的意见》指出，要全面开放铁路建设市场，对新建铁路实行分类投资建设。向地方政府和社会资本放开城际铁路、市域（郊）铁路、资源开发性铁路和支线铁路的所有权、经营权，鼓励社会资本投资建设铁路。研究设立铁路发展基金，以中央财政性资金为引导，吸引社会资本投入。

2014年11月16日，国务院印发《关于创新重点领域投融资机制鼓励社会投资的指导意见》，提出要用好铁路发展基金平台，吸引社会资本参与，扩大基金规模。充分利用铁路土地综合开发政策，以开发收益支持铁路发展。按照市场化方向，不断完善铁路运价形成机制。向地方政府和社会资本放开城际铁路、市域（郊）铁路、资源开发性铁路和支线铁路的所有权、经营权。

2015年7月10日，国家发展和改革委员会同财政部、国土资源部、银监会、国家铁路局等5部委印发《关于进一步鼓励和扩大社会资本投资建设铁路的实施意见》，提出全面开放铁路投资与运营市场，积极鼓励社会资本全面进入铁路领域，列入中长期铁路网规划、国家批准的专项规划和区域规划的各类铁路项目，除法律法规明确禁止的外，均向社会资本开放。支持社会资本以独资、合资等多种投资方式建设和运营铁路，向社会资本开放铁路所有权和经营权。重点鼓励社会资本投资建设和运营城际铁路、市域（郊）铁路、资源开发性铁路以及支线铁路，鼓励社会资本参与投资铁路客货运输服务业务和铁路"走出去"项目。2017年9月，高铁建设领域引入社会资本实现重大突破，浙江省政府与复星集团牵头的民营联合体正式签署《杭绍台铁路PPP项目投资合同》，其中，以复星集团牵头的民营资本联合体占51%，杭绍台铁路成为国内第一条民营控股的高速铁路。

2021年3月15日，国务院办公厅转发国家发展改革委等单位《关于进一步做好铁路规划建设工作的意见》。该文件提出，全面开放铁路建设运营市场，深化铁路投融资体制改革，分类分步推进铁路企业股份制改造和优质资产上市。同时，还明确制定公开透明、公平合理的路网使用、车站服务、委托运输等费用清算和收益分配规则，保障路网资源统筹配置、公平共享，确保投资者参与项目决策、建设、运营的合法权益。

此外，在铁路运营领域，国家不断开放进入管制。2021年1月，国家铁路局发布修订的《铁路运输企业准入许可实施细则》[①]明确了铁路运营进入管制的条件，一批地方铁路客货运输企业获得国家铁路局颁发的许可证，获准进入铁路运营市场。

随着铁路企业体制改革的顺利推进，中国铁路产业资产划分重组、定价机制、收入清算机制将逐渐清晰，因此，政府会进一步放开对铁路产业的投资限制，民营资本、外资等将加快进入铁路建设及运营领域，铁路融资将逐渐实现多元化。

（二）中国铁路产业的战略性重组政策

铁路产业重组主要有两种基本模式：横向分割和纵向分割。横向分割模式主要是通过引入区域间的比较竞争来促进产业内部效率的提高，在分割后，各区域公司继续采用垂直一体化的经营结构。纵向分割，即网运分离。纵向分割模式是将原有垂直一体化结构按自然垄断性业务和非自然垄断性业务分割为路网公司和运输公司。路网公司保持其垄断地位，并为各运输公司提供一个公平的平台；运输公司通过支付路网使用费以获得使用权，并在此平台上展开竞争。纵向分割模式的最大优点是既保证了铁路路网的完整性和连续性，而且在运输业务领域有效地引入了竞争，促进了产业内经济效率的提高。

鉴于铁路发展状况和现实国情，中国铁路产业管制改革应当采用纵向分割模式。首先，中国铁路路网密度极低，铁路运输能力远远达不到运量的需求，如果铁路产业重组后，铁路路网被人为分割，铁路运输能力将更加得不到保障，所以保证路网的完整性和连续性，是中国铁路重组必须考虑的重要问题。其次，中国铁路业运输成本高、效率低下等问题，从总体看是由于国家铁路长期的垂直一体化的经营模式造成的，即铁路运输业务的

---

① 同名文件（〔2018〕7号）已废止。

垄断造成的，在运输业务上开展竞争，无疑是对症下药。纵向分割的模式能够较好地解决中国铁路原有的体制弊端，较好地实现诸如政企分开、企业市场化经营、引入内部竞争机制等在原有体制中难以实现的改革举措和目标。

中国铁路产业纵向分割主要应当采取以下重组步骤：首先，铁路干支线适当分离。纵向分割，路网与运输业务分离后，为了保持铁路路网的完整性，分离后的路网仍然必须保持其独家经营的垄断地位。在重组过程之初，应在保持铁路干线系统完整性的基础上，先将独立性较强的支线系统或子网络分离出去。分离出去的支线铁路可以采取垂直一体化的经营方式，由地方政府接管或通过特许投标的方式由承运商承包或购买。其次，铁路主干线系统的网运有限分离。网运有限分离包含两种，一种是客网合一、货运分离，另一种是货网合一、客运分离。网运有限分离是完全分离的一种过渡状态，从中国情况来看，要使网运一步到位做到完全分离并不实际。网运有限分离是路局制到网运分离之间必需的缓冲模式。鉴于中国铁路产业现状，国铁可采取货网合一、客运分离的方式。① 分离后的客运业务积极引入市场竞争，使各客运公司成为权责明确、自主经营的市场主体。最后，在网运分离的基础上，根据实际情况在部分地区组建区域公司，积极引入区域间竞争。

（三）中国铁路产业的进入管制分类政策

中国铁路产业进入管制主要是在强自然垄断领域以及部分弱自然垄断业务领域，同时为防止其他领域过度竞争可能带来的整体竞争实力下降，在客货运输等相关领域构造适度竞争的市场格局。②

1. 铁路调车作业领域

调车（路轨、道岔、路基、车站信号等基础设施）领域具有很强的自然垄断性质，一家以上的企业进入会导致资源配置的低效率，并可能导致线路使用、协调上的众多矛盾冲突，客观上由独家企业经营是最有效率的。

从经济学角度分析，铁路路网、铁路调车作业系统是一类"内部弱竞争性"业务。与同属强自然垄断领域的电力网、电信网有本质不同。随着技术进步，电信的同一传输线路可以同时容纳更多的通话容量，为产业内部的竞争提供了有效的载体和平台；电网可以瞬间切换以选择价格最优的发电企业，从而为竞争上网提供了可行性前提。但是，铁路同一线路的最大容量是有限的，运行图也具有稳定性，致使技术进步对塑造内部竞争格局并没有提供一个有效的途径和手段。政府对这一领域进入管制的重点不是允许一批新的企业进入。为解决"网运分离"后的路网系统内部因难以营造竞争的格局而出现低效率，政府应建立模拟竞争机制的管制机制，对独家企业实行激励性管制。为保证独家路网公司的正常稳定运作，过渡期可沿用国家所有、政府直接统一经营管理的传统做法，以后逐步推行股份制改造，国家从控股到参股入股，直至以特许招标形式实现独家企业经营。

2. 铁路运输设备维护领域

如果仅从业务本身分析，铁路运输设备的检测与维护业务具有竞争性，理论上说应充

---

① 肖兴志. 中国铁路产业规制：理论与政策. 北京：经济科学出版社，2004：156.
② 王俊豪. 中国垄断性产业结构重组分类管制与协调政策. 北京：商务印书馆，2005：261-264.

分引入市场竞争机制。然而这项业务有极高的专业技术质量要求，与运输安全密切相关，铁路周期性的大检修则对资金要求极高，尤其还涉及铁路运输设备的更新改造，要求在检修的同时能最大限度地采用新技术、新工艺、新设备，加强运输生产能力，提高质量，增加品种，加速设备现代化，政府客观上不应鼓励企业过度进入、相互展开竞争。政府对这一领域的进入管制应是在保证维修水平、维修质量的前提下，由运输质量监督管理机构严格审查技术标准与维修质量资格，在严格审查的基础上，以特许经营的方式让少数几家综合性的维护公司进入。为保证维修质量与技术进步，不宜将维修业务过度细分，每年应给予维修公司考核评估，在此基础上决定下一年的特许权发放。

3. 铁路客运、货运领域

该领域具有潜在竞争性，新进入市场的客货运营者可以通过租用机车车辆、接管原有的职工队伍等措施，降低因需要大量资本和专业技术人员而引起的市场进入障碍，其市场的可进入性较强，可竞争程度远大于线路设施部分。总体说来，铁路产业内部的竞争格局目前还相当薄弱，铁路客货营运改革的最终目标是走向市场化，铁路改革的政策取向是进一步降低进入壁垒，依靠竞争机制的作用实现效率的提高。

尽管铁路产业内的相互竞争较弱，但来自产业外的与其他运输方式的竞争却已相当强。一方面，铁路面临着国内各种运输方式之间的竞争：公路、航空等运输方式的快速发展，使铁路的市场份额受到较大冲击；另一方面，还要同外国运输企业进行竞争。从中国铁路产业竞争的目标模式考虑，不仅应构造产业内部的竞争，还应从该产业对外部竞争者的竞争优势出发，考虑产业整体竞争力。与国外企业相比，国内资金、技术水平落后，如果完全放松进入管制，有可能导致产业零细化及过度竞争，影响本国产业安全，并由一种形式的市场失败变成另一种形式的市场失败。为保证国内产业结构系统的完整性，维持客货运输领域的有效竞争，保证运输效率，客观上需要政府设置一定的进入壁垒，允许有实力的现代客货营运企业进入，鼓励企业规模效益的发挥。铁路运输竞争的目标模式应该是产业内部适度竞争，提高自身在产业外部的竞争能力，并不断增强产业在国内外运输市场中的竞争优势。

4. 铁路运输的支持服务项目

车站服务、其他附加服务等有较强的竞争性，改革的方向是逐步将其从运输产业主业中剥离，对现有的相关企业进行产权制度改革，使其成为独立的责任公司。政府应完全取消进入管制，市场全面放开，充分发挥市场机制的调节作用，同时政府加强市场宏观调控。

综上所述，铁路产业的主要业务与进入管制分类政策如表14-3所示。

表14-3 铁路产业的主要业务与进入管制分类政策

主要业务类型	进入管制政策的重点
铁路调车作业	重要线路及相关设施由极少数几家企业经营，相互进行区域间比较竞争；鼓励发展多种资金投入铁路建设，兴建地方性铁路

续表

主要业务类型	进入管制政策的重点
铁路运输设备维护	放松进入管制，特许若干家专业维修公司进入，培育适度竞争的市场格局
铁路客运	适度放松进入管制，严格企业进入市场的资格审查，防止过度竞争
铁路货运	适度放松进入管制，严格企业进入市场的资格审查，防止过度竞争
铁路运输的支持服务项目	取消政府价格管制，注意防止出现不正当价格竞争

第三节 价 格 管 制

一、铁路产业价格管制的基本问题

价格管制遵循的重要原则是：在竞争比较充分的业务领域内，政府不干预价格，价格由市场形成，这就涉及价格管制的范围问题。在铁路产业实行网运分离的条件下，政府进行价格管制的范围是具有或存在事实上垄断的业务，因而对路网设施实行价格管制显然是必要的，但对于运输服务之类竞争性业务则应当逐步放松价格管制。

铁路产业价格管制的基本模式有边际成本定价、平均成本定价和拉姆齐定价。边际成本定价提出铁路这一公共部门产品应当按照其边际成本定价。这确实符合效率要求，但会导致较大亏损，需要公共基金补贴以维持运营，从而增加财政压力，同时还会引发新税收上的收入再分配效应和政治分肥（pork barreling）问题。平均成本定价在铁路企业保持盈亏平衡的约束条件下最大化社会福利，反映了有效分配的意愿：将价格定得接近边际成本和企业盈亏平衡的需要之间的协调。对于铁路产业而言，平均成本定价是一种次优选择，可以确保企业正常经营，与之相关的报酬率价格管制应用最为广泛。拉姆齐定价是在铁路企业不受随时约束下寻求最优社会福利，但主要是一种基于需求而定的定价，超越了单产品的成本定价，同时也适合于铁路这一多产品产业。

铁路市场结构重组后需要解决的一个新问题是，不同业务性质企业之间的合理定价。结构重组后，铁路市场成为众多具有不同市场力量的企业的集合体，这就要求一种外在的价格协调机制。从近期角度看，这种外在协调机制主要是政府的价格管制政策，同时运用市场机制；从长远角度看，这种外在协调机制主要是市场机制，同时适度运用价格管制政策。在最终费用方面，适度竞争性市场建立后，铁路运输企业的最终价格由消费者决定，各环节的价格应在最终价格的基础上倒扣决定。在进入定价方面，为防止新进入企业"搭便车"，应在新老企业之间重新分割路网使用费，同时禁止强垄断业务对互联互通的决定权，以保证企业间竞争的公平性。

二、部分发达国家铁路产业价格管制的实践

（一）美国的价格管制实践

美国是最早对铁路产业进行价格管制的国家。1887 年国会通过的《州际商务法》标志着美国政府对铁路产业正式实施管制。通过此法还成立了州际商业委员会（ICC），专门对铁路产业实行严格的价格管制。该组织加强了政府对铁路运价的监督管理，控制铁路运费率和旅客车费。该法令规定各种运费必须"公平合理"；铁路公司须公布自己的运费价格表，若要增加运费必须提前 10 天通知公众；对不同个人、地区及货物种类所实行的特殊运费、运费折扣、回扣及其他形式的运费差别待遇均属非法；禁止短途运费高于长途运费的做法；禁止铁路公司之间签订合伙经营协定等。[①]

进行价格管制最重要的环节是确定合理的价格管制水平，因此，美国创建了专门的价格管制机构 ICC。因为同国会或法院相比，在某一特定的社会经济领域，管制机构拥有更多的时间、知识和经验。一旦被赋予相应的权力，就有可能降低立法或司法成本，从而取得专业化带来的经济性。

20 世纪 70 年代，美国逐步放松了对铁路产业的价格管制。1980 年通过了《斯塔格斯法》，放松了 ICC 对定价权的管制，使铁路价格更富有弹性，合同价格和费率体现出差异性。

（二）英国的价格管制实践

英国对铁路产业的价格管制一直实行的是自由定价方式，其价格管制改革主要在于价格管制方法的革新，由传统的报酬率管制演进为有助于调动企业积极性的激励性管制——价格上限管制。价格上限管制是传统的报酬率管制的替代方式，是英国政府在 20 世纪 80 年代初对自然垄断产业管制改革中委托当时伯明翰大学教授李特查尔德设计的一个价格管制模型。该模型有助于找到一个合理价格，既能控制铁路产业的垄断价格又能节约管制费用，同时还能提高被管制企业内部效率激励。

英国在管制改革前采用的是传统的报酬率管制：对非营利性的铁路客运，政府通过年度预算和公共费用谈判中所确定的"公共服务义务"，对 BR 进行补助，因而财政的负担较为沉重。为了缓解财政困境，提高铁路产业运营效率，英国将运输部分经过专业分工分成多家企业，通过出售与特许经营的方式放松进入管制与价格管制；路网部分仍保持垄断经营，并逐渐由政府所有转向私人所有，并实施价格上限管制。

（三）日本的价格管制实践

日本国铁运价在管制改革前实行国会议决制，价格管制比较严格刻板。管制改革后实行了运输大臣认可制。运输大臣认可制的特点是：只要运价满足合理的成本加一定的利润、不对特定的旅客和货主实施歧视性待遇、不使消费者负担困难、不与其他铁路企业发生恶性竞争等条件即可获得认可。之后，在运输大臣认可制的基础上，又实行了运价上限认可制，由大臣认可运价的适当范围，在其上限之内的价格调整只需事先提出申报。这种

[①] 斯蒂芬森. 美国的交通运输. 刘秉镰，译. 北京：人民交通出版社，1990.

变化标志着日本对铁路运价管制的进一步放宽，铁路企业只要获得了运价及新干线特快票价的上限价格的认可，对既有线路的特快票价、卧铺、对号座席及各种票价的折扣优惠，仅提出申报即可，对站台票价、退票费等均无限制。

美、英、日国家铁路产业的价格管制实践总结如表 14-4 所示。

表 14-4　美、英、日国家铁路产业价格管制实践

国家	管制改革前	管制改革后
美国	价格控制	自由定价
英国	自由定价与传统报酬率管制	自由定价与价格上限管制
日本	价格管制	自由定价

三、中国铁路产业的价格管制政策

（一）中国铁路产业价格管制政策的沿革

中国铁路产业的持续良性发展要求政府管制机构放松铁路产业的价格管制，以改善铁路企业的经营环境。

20 世纪 90 年代初期以来，中国已经采取了一系列铁路客票价格改革措施，完善了政府定价的具体形式，但是基本没有超越政府定价的框架。比如 1993—2000 年的春运浮动票价就仍属于政府临时定价的形式，遵循一事一批的原则。自 1996 年起，根据当时的改革形势和运输市场的新变化，铁道部开始对运价改革一事一批的做法进行研究，将运价改革的制度化、程序化提上日程，开始形成运价改革的整体方案，改革的重点就是放松运价管制和建立灵活的运价形成机制。在长达三四年的时间里，运输价改革方案经过多次呈报，反复研究，最终确定首先对条件比较成熟的客运票价的形成机制进行改革。从 1998 年起，铁道部多次向国务院或国家价格主管部门呈文，请求下放部分铁路客票价格定价权限，建议准许铁道部和铁路运输企业在国家授权范围内享有一定的运价定价权。1998 年 4 月，经国务院批准，国家计委发文，首次明确，"为适应运输市场情况的变化，对铁路回空方向运输，与高速公路平行已形成竞争路段的客货运输，允许铁路根据市场情况的变化实行下浮运价（跨局运输下浮运价由铁道部核准）"。2000 年 11 月 8 日，国家发展计划委员会发布《国家计委关于部分旅客列车票价实行政府指导价格有关问题的批复》①，铁路部分旅客列车实行政府指导价的改革正式迈入了可以实施的新阶段。2001 年，铁路开始实行春运浮动票价，政府指导价的定价机制开始发挥作用，票价的浮动范围和浮动水平由铁路主管部门和铁路运输企业在国家授权的范围内，根据市场供需情况自主确定。②

2013 年的铁路体制改革不仅实现了政企分开，形成了独立的管制机构，而且提出了价格管制的改革方向。2013 年 3 月发布的《国务院机构改革和职能转变方案》提出了国

---

① 国家发改委已于 2011 年 6 月 30 日宣布该文件废止。
② 国建华，文力. 关于放松铁路运价管制问题的研究. 铁道学报，2000（3）.

家将加快推进铁路的运价改革，建立健全规范的公益性线路和运输补贴机制。2013年8月，国务院发布的《关于改革铁路投融资体制加快推进铁路建设的意见》对运价改革进行了部署，由国家发展和改革委员会牵头酝酿铁路运价改革，完善铁路运价形成机制，稳步理顺铁路价格关系。改革的总体设计是坚持铁路运价改革市场化取向，按照铁路与公路保持合理比价关系的原则制定国铁货运价格，分步理顺价格水平，并建立铁路货运价格随公路货运价格变化的动态调整机制，将铁路货运价格由政府定价改为实行政府指导价，增加运价弹性。

2014年4月，神华集团新建的准池铁路货物运价获批实行市场调节，开创了市场决定铁路货运价格的先河，标志着我国铁路货运价格市场化改革迈出了具有里程碑意义的重要一步。随后，又陆续放开了散货快运、包裹运输价格以及社会资本控股新建铁路货物运价等竞争性铁路货运价格。[①] 客货运输杂费较早地实现市场化并上升到立法层面，2015年4月，全国人大常委会修订颁布《中华人民共和国铁路法》，明确铁路运输杂费的收费项目和收费标准由铁路运输企业自主制定。

2016年1月和6月，高铁动车组一、二等座及普通旅客列车软座、软卧票价交由铁路运输企业依法自主制定票价，使票价实行市场调节的铁路旅客比重达到54%左右。

2017年12月，国家发展和改革委员会发布《关于深化铁路货运价格市场化改革等有关问题的通知》（发改价格〔2017〕2163号），推进铁路货运价格改革，对铁路集装箱、零担各类货物运输价格等12个货物品类运输价格实行市场调节，由铁路运输企业依法自主制定。实行政府指导价的整车运输各货物品类基准运价不变，铁路运输企业可以以国家规定的基准运价为基础，在上浮不超过15%、下浮不限的范围内，根据市场供求状况自主确定具体运价水平。

同时，我国基本建立和完善客运成本监审制度，加强铁路普通旅客列车运输定价成本监审，提高政府价格监管的科学性、规范性和透明度，国家发展和改革委员会制定出台了《铁路普通旅客列车运输定价成本监审办法（试行）》，对铁路客运成本核算、不同类型运输业务共用成本分摊和归集做出明确规定，最大限度地提高铁路客运成本核算的透明度。

由于中国铁路产业仍处于建设发展的重要时期，国家将继续支持铁路建设发展。由于铁路承担许多公益性任务，国家对公益性线路的建设和运营将提供一定补贴，并逐步建立健全规范的公益性路线和运输补贴机制。

（二）中国铁路产业的价格管制分类政策

在铁路产业结构重组的基础上，需要针对分类业务的市场竞争程度进行分类价格管制。[②]

1. 铁路调车作业领域

"网运分离"后，由于铁路网上运营的客货运输企业对路网、路轨、信号、道岔等的

---

① 详见《国家发展改革委关于包神、准池铁路货物运价有关问题的通知》（发改价格〔2014〕425号）。
② 王俊豪．中国垄断性产业结构重组分类管制与协调政策．北京：商务印书馆，2005：265-268．

依赖程度高,线路使用费的标准以及列车时刻表的确定,在很大程度上决定着运输企业的命运。路网系统由于具有强自然垄断性,客观上应由一家企业进入,但要对其进行价格管制以防止垄断带来的低效率。

对调车作业领域的价格管制模型可以借鉴英国的最高限价管制模型,在确定一项比较科学合理的基础价格的前提下,由管制机构根据当年的零售物价指数和政府部门核准的路网公司生产效率增加幅度确定公司的最高提价幅度:

$$路网收费服务当年最高限价 = 基础价格 \times (1 + 允许涨价率) + 利润 + 税金 \quad (14.1)$$

$$年度允许涨价率 = 当年全社会零售物价总指数(RPI) - 核准的年度生产效率增加百分比(X_1) \quad (14.2)$$

利润是以路网收费为基础,与售价利润率相乘得到的利润额,税金部分则单独计算考虑。

铁路路网收费服务的政府管制价格(P_1)模型如下:

$$P_1 = \frac{C_1(1 + RPI - X_1)}{1 - r_1} + T_1 \quad (14.3)$$

式中,C_1 为下部路网收费服务的基础成本总和;RPI 为经过修正的社会零售价格指数;X_1 为路网收费服务生产效率上升率(由政府委托有关部门核定,可考虑几年调整一次);r_1 为路网收费服务的售价利润率(可由路网收费服务根据不同线路应得的资产收益率转化得到,并保持大致稳定,避免直接以资产收益率计算利润可能带来的过度投资行为);T_1 为路网收费服务企业应缴纳的税金。

借助上述 P_1 模型公式,可以对铁路路网服务各年度的收费价格进行约束,在保证企业效益提高的基础上实现垄断性业务价格的尽可能合理化。

2. 铁路运输设备维护领域

"网运分离"后,铁路运输设备维护业务逐渐趋向于独立,由于铁路维修对于技术与质量有极高要求,能具备进入条件的企业数量较少,为防止这些少数的企业在进入后随意抬高价格,降低维修质量,价格管制重点在于质量与服务标准和合理的标底制定。可采取政府定期(3年左右)公开招标出让特许经营权的方式加以约束,标底价由政府职能部门、技术部门在考虑各种因素情况下共同确定,在获得特许权的年限内,管制机构需经常性地进行监督,一旦某企业有违规行为被发现,即取消下一次特许投标权。

3. 铁路客运、货运领域

从理论上分析,客货营运业务既然归属于竞争性产业,其运价水平最终应由市场来决定,形成市场竞争价格机制。由于铁路运输在国民经济中的重要性及铁路运价过于波动可能对经济发展带来不利影响,营运运价改革过程的推进客观上应允许有一个过渡阶段,在此阶段政府继续采取措施对运价加以管制与引导,可考虑设计一个中间参照价,并在该价格模型中加入其他运输方式运价这一参数,即使各运输方式合理分流运输任务,同时也增加铁路运输企业的收入,改善其投资水平,以最大限度地保证改革宏观环境的稳定与改革措施的顺利推进。

客货运营业务的具体管制价格(P_2)模型可考虑设计如下:

$$P_2 = \frac{C_2(1 + RPI - X_2)}{1 - r_2} \times t + T_2 \tag{14.4}$$

式中，C_2 为上部运营业务的基础成本总额；RPI 为经过修正的社会零售价格指数；X_2 为营运业务生产效率上升率；r_2 为营运业务售价利润率；t 为各种运输工具的综合运价系数；T_2 为运营企业应缴纳的税金。

在上述客货运输收费模型中，最难处理的是综合运价系数的确定，可以探讨的一条思路是在各种运输工具之间进行比质比价，即以营运成本或服务质量为依据，综合判定铁路运价水平，如果与其他运输工具相比，营运成本与服务质量变化呈同方向大体相似幅度变化时，则主要考虑营运成本差异；服务质量提高较大而营运成本上升不多时，则考虑在营运成本与服务质量差异之间选择系数；营运成本减少不多，而服务质量效用减少较大时，则以考虑服务质量差异为主。

铁路营运成本资料可以通过对各种运输工具出行成本的详细测定得到；营运服务质量情况则须通过对服务、舒适度、速度、安全性能、起始时间和到达时间等各种属于运营质量范畴的因素进行综合测评，由于它比较多地取决于营运对象个人的主观评价，所以可考虑组织有关专家和有经验的人士对反映质量水平的主要项目确定重要性权数，以逐项评分加权计算的方法得到。

4. 铁路运输的支持服务项目

旅客车站服务、货物装卸服务、仓储服务、货物运输代理等铁路运输的支持服务项目均为竞争性业务，客观上无须政府价格管制，政府应在这一领域大力鼓励竞争，充分发挥市场机制的调节作用，提倡市场竞争形成合理的价格。政府职能是加强市场监督检查，防止不正当价格竞争。

表 14-5 对上述价格管制分类政策做简要总结。

表 14-5 铁路产业的主要业务与价格管制分类政策

主要业务类型	价格管制政策
铁路调车作业	政府实施激励性价格管制，并要求对新老企业进入价格一视同仁
铁路运输设备维护	实行招投标价格，特许经营
铁路客运、货运	过渡期实施激励性价格管制，并逐步取消价格管制，由客运公司与用户双边协商定价
铁路运输的支持服务项目	取消政府价格管制，注意防止出现不正当价格竞争

第四节 安 全 管 制

一、铁路安全管制的基本问题

铁路生产经营活动的安全与否，不仅关系到铁路产业的效率和效益，还关系到人民的生命财产安全,具有广泛的社会影响。近年来我国铁路建设运营发展迅速,尤其是高速铁路的迅速发展,诸多新形势和新情况使得铁路产业的安全管制变得日益重要。发达国家铁路产业在放松垄断性产业管制的同时都在加强安全管制等社会性规制,中国铁路产业的管制改革也体现了这一特点和趋势。

铁路生产系统是由多工种组成的"大联动机",各工种、各环节的结合部多,关联度高;运输设备数量庞大、种类繁多;设备布局延续纵深,操作人员岗位独立分散等。这些特点,决定了铁路安全管制是全天候、全方位、全过程的需要,也决定了铁路安全管制具有如下特征:① 系统性,它涉及运输生产的各个环节;② 动态性,它面临铁路运输生产"位移"的过程中巨大的时空变换和突发事件;③ 复杂性,它针对铁路运输系统全天候、开放性的作业活动,协调解决内部管理因素、人员素养、运输设备、自然环境和社会环境等多方面的问题;④ 伴随性,它伴随着铁路运输市场运行的全过程;⑤ 艰巨性,它在铁路运输生产广泛采用高新技术,客运高速化、货运重载化的条件下,面对日益复杂的各种技术系统和不断增加的安全风险。

铁路安全管制的基本内容包括铁路安全管制机构对铁路运输安全、铁路工程建设质量安全和铁路设备产品质量安全三方面的安全管制。铁路运输安全既是旅客、货主对运输产品质量的基本需求,也是铁路自身发展的客观需要。保障铁路工程建设质量安全是铁路建设的基本要求,也是铁路运输生产安全的需要。铁路设备产品质量安全是铁路运输安全的基础,尤其是高速铁路的发展对铁路设备产品质量安全提出了更高的要求。

二、中国铁路安全管制体系及优化

(一)中国铁路安全管制体系

1. 铁路安全管制机构

在 2013 年政企分开的铁路体制改革后,国家铁路局成为铁路产业的管制机构。国家铁路局下设的安全监察司,负责组织拟订铁路安全监督管理办法并监督实施,组织或参与铁路生产安全事故调查处理,指导、监督铁路行政执法工作。运输监督管理司、工程监督管理司、设备监督管理司也负责相应管理范围的安全管制,其中运输监督管理司负责组织监督铁路运输安全,工程监督管理司负责组织监督铁路工程质量安全,设备监督管理司负责组织监督铁路设备产品质量安全。另外,国家铁路局设立了沈阳、上海、广州、成都、武汉、西安、兰州七个地区铁路监督管理局,地区铁路监督管理局也负责监督管理各管辖区域的铁路运输安全、铁路工程质量安全、铁路运输设备产品质量安全。

2. 铁路安全管制的主要法规

国务院于 2013 年 8 月发布的《铁路安全管理条例》是铁路安全管制的综合性法规。该条例适应近年来我国铁路建设和运营快速发展对安全管理工作提出的新要求,对 2004 年国务院发布的《铁路运输安全保护条例》做了较大调整修改补充,调整完善了运输安全管理相关制度,并增加了建设质量安全管理和设备质量安全管理等方面的管制制度,进一步充实了保障高速铁路安全的规定,涵盖了铁路安全生产的主要领域和重要管理制度,从而为实现铁路安全发展提供了强有力的管制制度保障。

（1）铁路建设施工安全管制方面的法规。随着铁路建设稳步推进，高速铁路里程不断增加，新技术、新设备大量投入使用，在铁路施工安全方面出现了许多新情况、新问题。2012年12月，铁道部重新修订了2008年制定的《铁路营业线施工安全管理办法》。为加强铁路营业线施工安全管理，确保行车、人身和施工安全，此次修订改善了原办法存在的诸多不适应的地方，进一步加强了铁路营业线的施工安全管制。2021年9月30日，国家铁路局重新修订了2012年铁道部制定的《铁路营业线施工安全管理办法》。铁路政企分开改革后，按照国务院"放管服"的要求，厘清行业管理和企业事权内容，站在行业管理的角度重新修订《铁路营业线施工安全管理办法》，修订后的《铁路营业线施工安全管理办法》适用于国家铁路、地方铁路的营业线施工安全管理。同时，补充相关安全管理和监督管理要求，以适应新形势下铁路营业线施工安全管理需要，明确各方职责，压实各方的责任，保安全生产，进一步加强和完善了铁路营业线的施工安全管制。

（2）铁路建设工程质量安全方面的法规。2015年交通运输部制定并颁布了《铁路建设工程质量监督管理规定》，对铁路工程建设活动的建设、勘察设计、施工、监理等单位的质量责任义务进行了全面的规定。明确了铁路建设单位进行工程质量监督检查并制作留存检查记录、开展高速铁路和地质构造复杂铁路的工程地质勘察监理、建设工期确定和调整等内容。明确国家铁路局、地区铁路监督管理局及其委托的工程质量监督机构作为铁路建设工程质量监管主体，同时也明确了工程质量监督机构的基本条件。2020年，交通运输部、公安部、自然资源部、生态环境部、住房和城乡建设部、水利部、应急管理部联合发布了《高速铁路安全防护管理办法》，进一步完善高速铁路综合治理长效机制，形成综合施策、多方发力、齐抓共管、通力协作的高速铁路安全防护管理工作格局，为确保高速铁路安全提供制度遵循和法治保障[①]。

（二）中国铁路安全管制的优化

1. 完善管制规章制度

健全的规章制度和严格按章作业是保证安全的基础和前提。任何企业都要有岗位标准、作业程序和技术要求，应按四方面进行落实：① 各铁路局、铁路分局和站段要在准确掌握有关行车设备、作业程序、岗位性质的基础上，反复调查研究各项作业规定，编制出符合实际的规章制度。② 在学好有关国标的基础上，结合铁路特点，以安全为根本、效率为前提、效益为目的，根据设备变化、现场实际和观念更新，及时修改完善有关规章制度。③ 将所有规章制度办法按类别、工种、过程分解到各岗位，将关键的规章制度纳入各工种岗位作业标准的每一项作业程序中。④ 各级管理干部按照规章制度和作业标准技术要求的规定，对职工进行监督、指导和考核，把规章、标准落实到班组，安全才能真正稳定。

2. 强化设备质量管制

设备是安全的物质基础和保障前提。加大设备科技含量，增加设备投入，强化设备整治是安全生产必须长期坚持的方针。随着高速铁路的发展，对线路、机车、车辆、信联闭

---

① 详见《高速铁路安全防护管理办法》交通运输部令2020年第8号。

等行车设备的性能稳定性和质量可靠性提出了更高的要求，机、工、电、辆四个部门的设备是行车、调车安全的基础和保证，必须通过完善修、管、用制度使各项设备始终保持良好状态。同时，也要切合实际地处理好成本控制与设备投入的关系，要把有限的资金投入到保障安全的关键设备上。

3. 完善激励约束机制

健全对管理层、职工和班组的激励约束机制。要对已有机制进行总结和筛选，研究和制定实事求是的运作办法和实施措施，实现安全职责清楚、措施明确、控制超前的局面。务实重效，严细实恒，重点是对干部的评价、竞聘，对职工的考核、奖惩，发挥班组长的作用，调动成员的主观能动性，提高班组的自控能力。围绕干部尽其责，职工尽其职，制定、完善和落实机制，达到作业过程控制的目的。在机制中对班组管理，尤其是对班组长的选拔、任用和考核通过有突破性的机制运作进行规范。单设班组长管理奖，这个管理奖按脏、苦、累、险程度将原有的奖励合并使用。要求车站、车间加强对班组长作用的考核和定性定量分析，通过优胜劣汰，逐步使所有班组长能够称职，发挥班组长对安全生产管理的作用。①

4. 提高人员素质

职工违章、违纪的主要原因是技术业务水平不高，盲目图快，违章乱干。一些管理层对作业规章不能熟练掌握，对安全管理缺乏锐意进取的创新思路和有效的预想措施。因此对干部应加强先进的管理经验、科学文化和技术业务的学习，使之具备下去检查、指导和考核的必要条件。对职工要加强爱岗敬业精神的教育，激发遵章守纪的自觉性，提高作业质量和标准，牢固树立"安全第一"的思想。

三、中国高速铁路的安全管制体系建设

中国高速铁路产业发展迅速，截至2021年年底，全国高速铁路总里程超过4万公里，是世界上高速铁路运营里程最长的国家，同时也是世界上少数几个铁路装备技术现代化水平较高的国家之一。

随着大规模的高速铁路建设，安全问题成为高铁发展的首要问题。由于列车速度的提高和行车密度的增大，高速列车的运行对设备、人员和管理等因素的要求都发生了新的变化，并提出了更高的要求。高速铁路安全面临的主要问题包括：高速运行条件下，设备及零部件的质量和可靠性需大幅度提高；列车线路系统作用强大，高速铁路的线路标准、路基、桥隧的标准需相应提高；高速铁路列车密度大造成行车组织困难；列车牵引功率大、动能大导致牵引难、制动难；弓网关系复杂导致稳定供电难；设备维护要求高、检修难、隧道"活塞效应"大导致防灾减灾难；地面信号显示与线路状态辨认难；突发事故的发生导致应急处理难。由于高速铁路面临的安全问题更为复杂，安全事故发生后的影响面更大，因此高速铁路的安全管制问题尤为重要，需要建立健全中国高速铁路安全管制体系。

---

① 张广慧.铁路安全管理的问题与对策.铁道运输与经济，2004（7）.

（一）建立规范的管制标准与法律法规体系

高速铁路的发展给铁路安全管制带来了新问题，高速铁路的安全管制也需要有法可依，因此需要根据高速铁路具体发展情况和安全问题建立规范的管制标准与法律法规体系。

高速铁路管制机构的执法需要有法可依，因此需要通过相关法律法规明确高速铁路管制机构的职责和权力，使其充分履行安全管制职责，发挥安全管制作用。高速铁路各个环节的产品设备具有高技术性，因此安全、技术及运营标准与规范对高速铁路产业的正常与安全运营具有重要意义。然而这些标准具有相当强的专业性，并且需要根据技术水平的提升和社会整体发展状况的变化而不断调整。因此，在标准与规范的制定和执行上要充分发挥专家的作用，可以考虑由中立的专业技术机构制定部门规章层级的标准与规范，标准与规范的制定应充分考虑国家、产业和用户的利益，保证其适用性和权威性。[①]

（二）创新高速铁路安全管制手段

中国铁路政企分开改革建立了独立的铁路管制机构——国家铁路局，国家铁路局下设的安全监察司作为铁路安全管制机构需要不断创新管制手段。安全管制能否真正发挥作用，与管制机构的管制手段和方式密不可分。管制机构在对于高速铁路安全进行管制的过程中，需要根据高速铁路的诸多新特点和新情况，不断创新管制手段。传统的管制手段局限于各种定期和不定期的安全检查手段，管制机构可以在管制的过程中发现和寻找并创新出具有一定激励性质的管制手段，从而充分发挥管制机构的安全管制作用，保障和提高高速铁路的安全性。

（三）健全高速铁路安全的社会监督机制

对高速铁路安全的社会监督主要是指新闻舆论机关、各种社会团体和个人通过各种渠道，以多种形式，对所有损害社会公众利益，危害人民生命安全行为所进行的监督。相对于其他管制手段，社会监督主要有监督主体广泛性，手段多样化的优势。第一，社会监督的实施不一定要有某一专门法律或者专门法律条文的规定，其遵循的依据主要是国家宪法赋予的批评建议权和民主与法治的总原则。第二，社会监督权不必经国家专门机关的授权，社会监督活动不是根据国家强制性的命令来进行，监督的动因是依据新闻舆论机关的职责，社会团体的章程和个人的主动性。第三，社会监督所采用的方法不能是行政命令，也不是司法强制，而是批评建议、申诉、举报、支持或参与起诉，社会监督主体不能直接处罚损害社会公众利益者，但能产生很大的社会影响。[②] 另外，社会监督机制不仅可以监督安全管制的对象，也可以监督安全管制机构的执法行为，从而规范管制机构的管制行为。

---

① 李津京，荣朝和．自然垄断产业法律的经济属性——兼论中国铁路法律构件的基本思路//探究铁路经济问题．北京：经济科学出版社，2004：417．

② 王俊豪．政府管制经济学导论．北京：商务印书馆，2001：479．

案例

我国高速铁路客运价格管制和变迁

本章小结

- 铁路运输是使用机车牵引车辆，用以载运旅客和货物，从而实现人和物空间位移的一种运输方式。线路和车站是组成连续空间带的要素。线路是列车运行的最重要基础设施。铁路路网是由节点（车站、枢纽）和连线组成的。路网规模越大，布局越合理，整体性运用越充分，则运输成本越低，消费者价值越大。铁路运输服务项目的具体业务内容包括调车作业、铁路运输设备维护、铁路客运、铁路货运、铁路运输的支持服务项目。

- 铁路产业的管制需求主要来自铁路产业的自然垄断性和外部性。从总体上而言，铁路产业是一个具有自然垄断性的产业，铁路产业对于经济社会的发展具有正外部性，需要政府管制来引导和约束。铁路产业关乎人民的生命财产安全，需要政府加以管制以维护人民的利益。

- 铁路产业是一个自然垄断性业务和竞争性业务并存的产业，需要政府根据具体业务领域的情况分别制定管制政策。在进入管制方面，对于自然垄断性强的调车作业领域，应当在实行管制的同时，不断革新管制方法，如通过采用区域间比较竞争的方法提高管制效率。对具有潜在竞争性的铁路客货运，则应当逐步放松进入管制，同时防止过度竞争的出现。在价格管制方面，政府应该对铁路产业的价格实行管制，铁路产业价格管制的主要目的是抑制企业制定垄断价格，以保护广大消费者的利益。对于自然垄断性强的调车作业领域，采用激励性管制。对具有潜在竞争性的铁路客货运领域，则应当逐步取消价格管制。

- 中国铁路运输企业放松进入管制的基本思路是根据具体业务领域的情况实行相应的进入分类管制政策：铁路按照竞争与垄断程度的不同对铁路产业进行分割重组后，需要在强自然垄断性业务领域建立起独家或者极少数几家企业经营机制，弱垄断性业务特许经营机制，以及引导、促使相关企业、资本进入竞争性领域。

- 中国铁路运输企业价格管制的目标模式是根据具体业务领域的情况实行相应的价格分类管制政策：对强自然垄断性业务领域实行激励性价格管制，逐步放开弱垄断性业务的价格管制。

- 发达国家铁路产业在放松垄断性产业管制的同时都在加强安全管制等生产安全规制，中国铁路产业的管制改革也体现了这一特点和趋势。

- 随着大规模的高速铁路建设，安全问题成为高铁发展的首要问题。由于列车速度的提高和行车密度的增大，高速列车的运行对设备、人员、管理和安全管制等因素的要求都发生了新的变化，并提出了更高的要求。

关键词

铁路运输（railway transportation）　　铁路重组（railway restructuring）
网运分离（network separating from transport）　　铁路投融资（railway investment and financing）

铁路安全管制(railway safety regulation)

复习思考题

1. 归纳并简述铁路产业的基本特征。
2. 简述源于自然垄断性和外部性的铁路产业管制需求。
3. 简述铁路产业进入管制、价格管制与安全管制的基本问题。
4. 简述美国铁路产业进入管制、价格管制政策的基本特点。
5. 简述中国铁路产业进入管制与价格管制政策的基本思路。
6. 简述铁路安全管制的基本思路。
7. 简述中国铁路管制机构改革的主要内容。
8. 简述中国高速铁路安全管制体系建设中应该注意的问题。

延伸阅读

1. 左大杰,唐莉,熊巧. 我国铁路行业分类监管的基本构想. 综合运输,2020(6).
2. 郭珊. 铁路价格规制的理论基础研究综述. 中国物价,2020(1).
3. 亏道远. 铁路行业社会资本准入研究. 北京:人民出版社,2020.
4. 左大杰. 铁路改革保障机制研究. 成都:西南交通大学出版社,2020.
5. 张然. 中国铁路产业规制改革研究. 北京:经济日报出版社,2020.
6. OECD(2010),Safety and Regulatory Reform of Railways,OECD Publishing,Paris.

即测即评

第十五章　自来水产业的管制

自来水是城市居民生活和企事业单位生存与发展的必需品，包括供水和污水处理。因此，自来水产业是城市公用事业中十分重要的产业。党的二十大报告提出"统筹水资源、水环境、水生态治理"。党的二十届三中全会通过的《决定》提出，"深入破除市场准入壁垒，推进基础设施竞争性领域向经营主体公平开放"，"推进公用事业等行业自然垄断环节独立运营和竞争性环节市场化改革，健全监管体制机制"。本章根据供水和污水处理产业的基本特征以及管制需求，主要讨论自来水产业的进入管制、价格管制和质量管制等基本内容。

第一节　产业特征与管制需求

一、自来水产业的基本特征

自来水产业主要涉及居民日常生活中自来水供应和污水处理的生产和服务过程，具体展开表现为：从江河、水库等地表水资源或地下水资源中抽取原水，通过管网系统输送至自来水加工厂，经过沉淀、过滤、消毒等加工工艺，根据不同需求分类制成成品水，然后通过自来水输送管道网络系统分销给各类消费者。消费者使用后的污水排入下水道系统，通过管网回收、泵站提升输送至污水处理厂，经过一级处理、二级处理或简单处理后，形成可以回灌地下水或再次利用的再生水。同时，也有少量污水未经处理，直接经由下水道排入江河、湖泊、海洋。可见，自来水产业的整体运作涉及原水、制水、输配水、排水、污水处理、再生水利用等业务环节，这些业务环节相互联系且不可分割，构成了城市自来水产业完整的周而复始的循环产业链，其主要业务环节和生产流程如图15-1所示。

从自来水的供求看，其基本特征主要表现在：

1. 自来水对城市安全、社会公共利益和公共卫生安全的重要性以及现代社会水资源的稀缺性

自来水是人类生产和生活过程中不可缺少的物资，是城市生存和发展的命脉。水资源短缺是目前制约我国高质量发展的突出瓶颈和生态文明建设的突出短板之一。我国人均水资源占有量不到世界水平的四分之一，全国年缺水500多亿立方米。同时，中国还面临着资源性缺水和水源性缺水的双重压力，特别是地下水水质堪忧。根据《2023中国生态环境状况公报》，全国水环境质量得到明显改善。2016—2023年，全国地表水Ⅰ～Ⅲ类水质断面比例由67.8%升至89.4%，但Ⅴ类和劣Ⅴ类水质断面比例仍有2.2%。特别是地下水环境质量仍不理想，Ⅴ类占22.2%，主要超标指标为铁、硫酸盐和氯化物。地下水饮用水

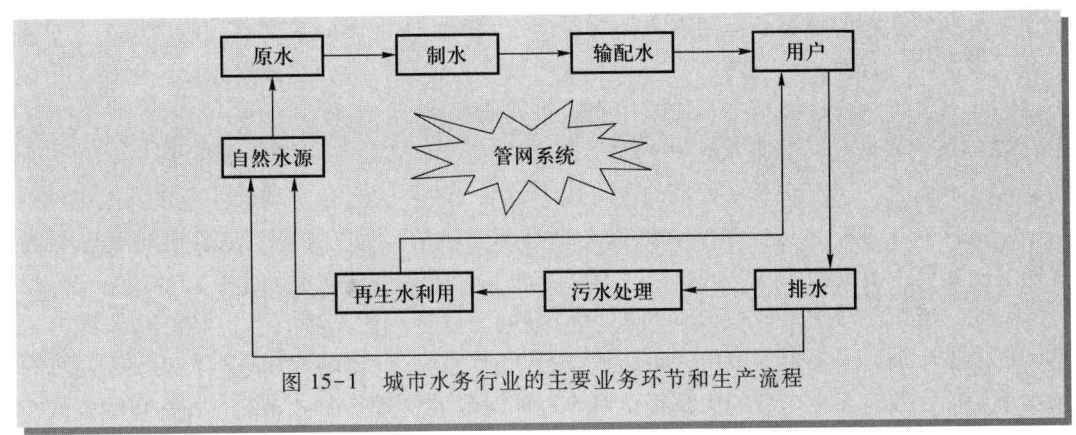

图 15-1 城市水务行业的主要业务环节和生产流程

水源不达标的情况较为突出，地级及以上城市地下水水源仍有近 10% 不达标，农村地下水水源不达标率更是高达 31.2%，接近 1/3 的农村地下水水源不达标。此外，城市排水与污水处理设施作为重要的治污减排设施，其正常安全运行是防治水污染和保障公共卫生安全的需要。再者，近年来极端天气增多，导致中国城市内涝频发，中国城市下水道系统承担了主要的城市排涝功能，完善下水道系统确保其安全运行，是防范内涝灾害、提高城镇承载能力、保障人民生命财产安全的需要。

2. 供水需求和排水的波动性导致生产设备利用率的变化

自来水的需求具有较强的季节性。在夏季达到需求高峰，而在夏季作为自来水原料的水资源却处于最低可供水平；在冬季，情况恰好相反。自来水需求的波动性，决定了供水企业必须按自来水的最大需求量设计自来水生产、输送能力，以保证自来水的不间断供应。而在自来水的需求淡季，自来水生产、输送设备的利用率往往较低。污水处理设施也同样具有较强的季节性，在春夏雨季，由于雨污合流以及城市排水防涝的需求，排水管网承受巨大的压力，当降雨量超过管网的水力容量或超出污水处理厂的处理能力时，不仅大量稀释了污水，影响了污水处理工艺和效果，甚至导致大量未经污水处理厂处理的污水直接排入受纳水体中，并对受纳水体产生一定的污染。这就要求对排水管网和泵站进行整体优化和调度，以应对供水需求与排水波动对污水处理设施造成的影响。

3. 自来水生产经营的垄断性

自来水生产经营垄断性表现在：

（1）自然垄断性。这是因为，自来水生产经营是高度资本密集的，一次性投资大，产品成本中的固定成本所占比重大而变动成本比重小，特别是诸如自来水总管道等固定成本都有很长的使用寿命，投资专用性强，沉没成本高。例如，在英国，自来水供给成本中固定成本一般占 80% 以上。[①] 因此，在通常情况下，重复设置供排水管道等固定网络系统是不符合经济效率原则的。供排水管道投资大导致的规模经济性和大量沉没成本使自来水

---

① 转引自 Ioannis N. Kessides. Reforming Infrastructure: Privatization, Regulation, and Competition, A Copublication of the World Bank and Oxford University Press, 2004: 223.

产业显示自然垄断的特征。但随着人们对饮用水水质要求的不断提高，一些区域在逐步探索分质供水的可行性，对不同的自来水质量铺设平行管道符合经济效率原则。例如，中国香港的海水管道供应冲洗用水，而饮用水通过其他网络。

（2）地域垄断性。自来水产业地域垄断性的原因在于，一方面，相对自来水和污水的输送成本而言，制水和污水处理的单位成本较低，这样，通过全国性的或较大区域的管网（如电网）来集中输送自来水和污水无疑是不经济的。另一方面，远距离输送会导致水的漏损和要求更高的水压等问题。并且，自来水在管道中输送时间过长会导致自来水质量的降低。所以，自来水产业倾向于按照城市或区域进行生产经营。但需要具体区分的是，在中小市场，自来水一般由一家企业按照垂直一体化的市场结构进行经营。而对于自来水市场较大并有多个水源的大都市，则可以同时有几家垂直一体化的企业并存。在城市不同区域中利用独立的分销网络运营。例如，菲律宾的马尼拉就有两个相邻的自来水企业供水。

（3）缺乏替代品使垄断性更强。水资源的不可替代性，导致自来水产品的不可替代性。在物质世界中，许多物质可以互相替代，如木材、钢材可以用塑料制品替代等。然而，到目前为止，还没有发现一种物质可以替代水。由于水资源的不可替代性，自来水也就具有不可替代性。这决定了自来水与其他的自然垄断产品不同（例如，铁路运输可被公路等其他运输方式替代），自来水不存在与其他产品间的竞争。所以，自来水生产经营的垄断性更强。

此外，电信和交通等产业快速变化的技术促进了产业结构由垄断性向竞争性转变。比较而言，自来水产业的技术变化相对较少，这使得自来水产业的成本结构没有发生根本的变化，这也是自来水产业维持垄断的原因之一。

4. 自来水供应和消费具有显著的外部性

这是因为，自来水过度消费，会导致自来水供应企业对地下水过度开采，使地面下沉；另外，与自来水供应相比，污水处理具有更为显著的外部性，未经妥善处理的废水将污染地下水，以及在没有良好的排水设施的情况下，污水的蔓延会导致疾病等。同时，污水处理厂污泥是污水处理过程中的伴生产物，含有大量的污染物，简单填埋或丢弃将造成严重的二次污染。

5. 自来水或服务质量的信息不对称

自来水质量体现在许多方面，虽然消费者能够判断自来水的味道和气味，也能够观察自来水是否变色，但绝大多数消费者难以发现在自来水中铅等金属物质以及农药等的含量，这些均会直接危害消费者的健康。自来水的另一个质量指标是企业所提供的服务水平。消费者需要有足够的水压，水管泄漏后能得到及时维修。对消费者这些需求的满足程度，决定着供水企业所提供的服务水平。消费者使用后的污水经下水道排入污水处理厂，消费者只能判断排水是否通畅，但是无法识别污水处理厂是否遵照严格的生产规范和工艺对污水进行处理并达标排放，这需要专业的环保检测设备进行专门的测试化验。因此，企业与消费者之间对自来水和服务质量的了解存在信息不对称，这就需要通过管制以保证企业提供的产品或服务质量不会损害消费者的利益。

二、自来水产业的管制需求

对自来水产业进行管制既要满足效率目标,又要满足社会福利目标。或者说,对自来水产业的管制应平衡企业、消费者、政府和环境各方面的利益。自来水产业的自然垄断性、外部性、信息不对称、产品的公益性等都要求对自来水产业实施管制,本节主要从自然垄断性和信息不对称这两个主要方面讨论自来水产业的管制需求。

(一) 与自然垄断性相联系的管制需求

从整体而言,自来水产业具有较强的垄断性。但是,由于自来水的生产经营环节具有可分性,可分为设备生产经营、管道网络等基础设施的建设、自来水生产、管网输送及销售等环节。与其他基础设施产业相比,尽管自来水产业的竞争范围要小得多,但是,在重组市场结构的时候,引入竞争机制仍然是其基本原则。

1. 供排水的设备生产经营和管道网络等基础设施的工程建设

供排水设备的生产经营属于竞争性领域,在政府制定出一定的技术质量标准后,可由企业竞争性地提供相应的产品或服务。供排水管网等基础设施的工程建设同样对技术质量有相当高的要求,尽管如此,完全可以通过招投标的方式引入竞争机制,选择在资质和管理等方面有着较高水平的企业来建设。因此,这也属于竞争性的领域。

2. 自来水生产和污水处理

由于自来水的生产和污水处理需要对设备和操作系统有较大的投资,因此,具有相当的规模经济性。在一个城市中,自来水生产企业和污水处理企业的数量取决于城市的规模、水源和排水口的分布。一般情况下,在具有一定规模的城市中,自来水生产和污水处理可以由多家企业同时进行。面对同一个市场,通过共同的自来水和污水输送管道网络,多家自来水生产企业和污水处理企业可以竞争性地进行生产。[①]

3. 自来水和污水管网输送

自来水和污水管网输送显然具有自然垄断性,这是因为自来水和污水管道网络的建设成本高、前期投资大、回收期长,而建成后的管网资产专用性强、沉没成本高。由此可见,自来水和污水管网的运营具有明显的规模经济性和大量沉没成本的特点。这决定了自来水和污水管网输送由一家企业垄断经营,反而能实现较高效率。因此,自来水和污水管网输送业务具有强自然垄断性。

4. 自来水和污水的销售与维修

自来水和污水的销售业务主要包括读表、收水费、维护(修)网络等业务,一般投资不大,在一定范围内可由多家企业竞争性提供自来水和污水的销售服务。污水处理不单独销售,污水处理费通常由自来水企业代收,根据自来水水表读数确定污水处理量。

可见,在自来水产业,除自来水管网输送业务外,其他业务本质上都属于竞争性业务。我们可用表 15-1 简要概括自来水产业的主要业务及其性质。

[①] 如果城市规模较小,则由一家自来水和污水处理企业从事自来水生产和污水处理业务并进行垂直一体化生产经营,以满足市场需求是符合经济效率原则的。在垄断经营的情况下,政府通过特许投标等方式引入间接竞争机制,并对自来水和污水处理价格实施管制。

表 15-1　自来水产业的主要业务及其性质

主要业务	业务性质
设备生产经营和管道网络等基础设施的工程建设	竞争性
自来水生产和污水处理	潜在竞争性
自来水和污水管网输送	强自然垄断性
自来水和污水销售与维护	竞争性

尽管自来水业务可分为竞争性和垄断性业务，但是，对于自来水产业而言，从自来水生产、输送到排水、污水处理和销售，整个系统不同环节间需要很好的协调，总体表现出自来水产业具有较强的自然垄断性。① 这就要求对自来水产业必须实施管制。

首先，对自来水产业的进入管制。根据表15-1对自来水产业业务的分类，政府对自来水产业实施进入管制应区分不同业务进行。对于自来水和污水设备生产经营和管道网络等基础设施的工程建设、自来水生产、污水处理和销售这些不具有自然垄断性的业务，政府应该放松管制，引入竞争机制，以提高这些业务领域的经济效率。当然，对于自来水生产和污水处理业务，由于存在一定规模经济性，政府应该根据城市规模和特点，对进入的企业数量进行适当控制，防止竞争过度。而对于具有强自然垄断性的自来水和污水管网输送业务，政府应该进行严格管制，防止重复建设网络造成的浪费。

其次，对自来水产业的价格管制。政府对自来水产业价格管制主要原因在于：一方面，由于自来水产业的垄断性特点，自来水企业可以制定垄断价格，为保护消费者利益，政府应该对其价格实施管制。由于自来水不同业务领域的市场结构特点有差异，所以，应对不同业务领域实施不同的管制政策。显然，自来水管网输送业务领域是管制的重点。另一方面，由于自来水的消费将直接影响水资源的保护，政府应制定有利于水资源可持续利用的价格管制政策。

（二）信息不对称产生的质量管制需求

根据经济学原理，消费者消费商品的数量主要取决于两个基本因素：一是商品的价格；二是商品的质量。因此，质量信息将直接影响消费者的消费决策。这一原则同样适用于自来水消费。

在自来水产业中，质量管制包括自来水质量管制或服务质量管制。自来水是城市生产和生活的必需品，与一般商品一样，在消费自来水的过程中，消费者仅能通过观、尝和闻等有限的感官对自来水或服务质量进行评定，而有些信息（例如，自来水中是否含有对人体有害的成分、水压是否符合供水要求等）在消费者体验后也无法掌握。鉴于消费者对自来水或服务质量信息判断的可能性，其部分质量信息表现出搜寻品特征，而不少质量信息表现为经验品和信用品的特征。②

---

① 目前在许多经济发达国家自来水产业垂直一体化经营占主导地位，除少数大城市外，多数城市由于受自来水市场需求的限制，整个城市由一家自来水和污水处理企业垄断运营。这亦说明自来水产业比其他基础设施产业有更强的垄断性。

② 请参考第七章关于搜寻品、经验品和信用品的具体分析。

尤其应强调的是，自来水作为生活用水，是生命之源，并且如果污水未经处理排入水体，会对环境造成不可估量的污染和影响。现代医学发现，人类疾病的80%与水有关。垃圾、污水、农药、石油类等废弃物中的有毒物质，很容易通过地下水或地表水进入食物链系统。如果饮用水水源被污染，则可能导致质量不合格的自来水进入人体，可能使人体罹患腹泻、霍乱等疾病。可见，自来水质量和污水达标排放直接关系到消费者的生命健康安全和环境安全。特别是在对自来水产业实施放松管制政策后，一些不具备运营资质的企业进入了供水和污水处理行业，或者一些进入企业一味追求利润最大化，很有可能以降低自来水质量为代价达到降低成本的目的，甚至有些企业将收集的污水不经处理直接排入自然水体，造成严重环境污染。为防止由于自来水质量不合格和污水超标排放对人们正常的生产生活和水环境造成不良影响，管制机构应通过相关的技术专家对自来水产业的质量进行全面检测并监控，对自来水质量实施严格的管制。[①]

第二节 进 入 管 制

一、自来水产业进入管制的主要问题

自来水产业的基本特征决定其存在较强的垄断性，但这并不能说明自来水产业一体化垄断经营是最有效率的市场结构。根据自来水产业的业务特点，放松管制、引入竞争仍然是提高自来水产业整体经济效率的基本原则。诚然，由于供排水的设备生产经营、管道网络等基础设施的工程建设、自来水生产、输送和销售、排水与污水处理存在不同的规模经济性，所以，管制机构对自来水产业不同业务领域应实施不同的进入管制政策。

供水和污水处理设备的生产经营属于竞争性领域，可以放松管制。但管制机构应制定与生产经营设备相关的技术和质量标准，按照技术质量标准对生产经营企业进行管制。而管道网络等基础设施的工程建设亦属于竞争性业务，可通过招投标方式引入竞争。

从技术经济特征角度分析，自来水生产和污水处理是竞争性业务，可以在这个领域通过引入多家企业同时生产，以促进竞争，提高企业的生产效率。尽管如此，由于自来水生产和污水处理业务存在一定的规模经济，如果完全放开，允许企业自由进入这个领域，无疑会导致过度竞争。所以，管制机构应对进入的自来水生产和污水处理企业数量进行控制，以维持有效竞争。并且，与发电企业生产的产品——电能不同，自来水生产企业生产的自来水不是同质产品，这样，每家进入自来水管道输送网络的企业都必须接受质量的监督。污水处理企业处理的污水需要达标排放至水体或通过深度处理制成再生水，由于会对水环境造成直接影响，具有很强的正外部性，所有的污水处理企业也都必须接受质量监督。另外，由于自来水生产企业和污水处理企业规模经济的要求，在同一个市场中引入直接竞争存在一定的限制。鉴于这种约束，可以通过区域间竞争的激励性管制等方法对自来水生产企业和污水处理企业进行管制。

---

① 确保自来水的质量（安全）是许多国家通过公共部门经营自来水产业的理由之一。

自来水管道输送网络和排水网络具有自然垄断性，管网的重复建设显然不符合效率原则。根据自来水和污水不宜长距离输送的特点，在一个城市或区域范围内自来水输水管网和排水管网只能允许一家企业存在，管制机构必须对此进行严格的控制。但是，正如前面对自来水基本特征的分析，如果是输送不同质量的自来水（例如，海水与饮用水）管道，则可允许铺设平行管道。

自来水销售业务领域与其他产品销售应该没有本质的区别，即通过向自来水管网输送企业批发自来水，再向消费者销售，同时向消费者提供相应的抄表、收费等服务。居民污水处理的销售、抄表和收费等服务与自来水捆绑，由自来水企业代收。工业污水处理较为特殊，需要根据工业企业排放污水的水质差异单独谈判、销售和计量、收费，与其他产品销售无异。所以，在一定区域内可以允许多家自来水销售企业进行竞争性经营，有效地抑制自来水销售企业间的合谋行为。通过销售企业间的竞争，消费者选择收费低、服务好的企业购买自来水或处理污水。

事实证明，对自来水产业进行垂直分离，除了可以引入竞争机制外，还有利于管制机构在对被管制企业进行管制的过程中获得信息。这是因为，当每家企业独立核算时，成本和收入转移的方法有限，管制机构可以更好地掌握不同生产环节的成本和绩效。并且，通过垂直分离，管制机构可以利用企业间存在不同利益，从不同的侧面获取信息。这在一定程度上有助于比较不同企业的绩效，进而发现绩效差、成本高的企业并进行合理的定价。

进入 21 世纪后，随着人们对自来水水质和水环境质量的要求越来越高，自来水水质的监管从出厂水延伸至龙头水，污水处理则监管前移，更加关注初期雨水污染和雨污收集，这就使得自来水生产和污水处理与管网输送的关系日益密切。因此，越来越多的供水企业和污水处理企业向管网延伸，通过厂网一体运营的方式实现垂直一体化生产，提高供水系统和污水处理系统的运行效率。

二、部分经济发达国家自来水产业的进入管制政策

与铁路、电力产业不同，自来水产业的网络是地区性而不是全国性的，这决定自来水产业的市场结构或政策的变化比其他基础设施产业要慢许多。目前不少发达国家的自来水产业基本采用区域范围内"厂网合一"的"垂直一体化"经营模式，但却通过特许经营投标制引入竞争，把整个自来水产业委托私人企业经营。自来水产业垂直一体化生产的优点在于：一是有利于节省管理成本；二是有利于各个生产环节的协调；三是在自来水生产和污水处理环节，一体化生产可以把污水对自来水生产成本的影响内部化，有利于污水处理效率的提高。然而，一些国家的管制机构把自来水生产和污水处理等业务分别实行特许经营投标制，通过 BOT 和 TOT 等方式委托私人企业建设并运营。这在事实上形成了"厂网分离"的改革模式，有利于促进竞争。一些国家或地区倾向于垂直一体化生产，而有些国家则把自来水产业分开运营。事实上，在特定的自来水产业中，自来水产业的结构不存在简单的方法，主要应考虑产业结构对管制效率的影响。

尽管自来水产业显示较强的垄断性。但是，进入 20 世纪 90 年代，诸如自来水企业的

收购兼并、特许经营投标、在批发市场上购水和水权交易等,[①] 都使各国自来水企业感到了竞争的压力。

面对自来水需求不断增长、水资源遭到破坏、缺乏对设施进行修复、扩张的财政支出以及自来水产业绩效差等问题,许多经济发达国家通过不同方式对自来水产业进行了放松进入管制的一系列改革。改革的主要目的,一方面是为自来水产业发展融资,另一方面是通过引入竞争机制提高自来水产业的绩效。

在美国,促使对自来水产业放松管制的原因,主要是在美国的自来水产业中,像蓄水池、自来水生产和分销体系等基础设施普遍出现失修的状况。而维护和改善基础设施的成本十分昂贵,估计在将来的 30 年投资基础设施需要约 2 500 亿美元。[②] 另外,美国还要面临满足自来水质量标准不断提高的挑战。这些都直接迫使美国对自来水产业实施放松管制政策。通过自来水产业的私有化,从 20 世纪 90 年代到 21 世纪最初的几年间,虽然在美国自来水市场中,私有企业所占份额并没有急剧扩大,但是,放松管制的压力(包括国际上具有一定竞争力的水务企业正试图扩大在美国的自来水市场)促进了美国许多自来水企业存在提高绩效的动力。在污水处理产业,美国政府从 20 世纪 80 年代开始鼓励私人部门投资,特别是投资建设城市周边的分散式污水处理设施。目前,美国大约有 20% 的污水处理设施属于私人所有,绝大多数服务于独立的城市周边住宅区,仅占人口的 3%,这部分设施主要是由设施所有者自营或委托运营。还有一部分污水处理设施采用公有民营的方式,即在保留设施公有产权的基础上,实行特许经营,由社会资本以承包的形式进行运行维护。

英国的英格兰和威尔士是国际上自来水产业私有化的代表。20 世纪六七十年代,英格兰和威尔士的自来水产业结构是国有占主导地位,曾有 1 000 多家分散的自来水生产经营企业。1973 年,为获得规模经济,国会批准对英国自来水产业进行重组,整合成了 10 家区域型的水务集团。自来水产业在私有化之前由 10 个地区水务局和 29 家私人自来水企业构成。私人自来水企业在英格兰和威尔士地区(主要是城市)提供约 1/5 的自来水服务,其余由地区水务局供水,而污水处理业务全部由水务局承担。1989 年颁布了新的《自来水法》,据此,英格兰和威尔士对地区水务局进行私有化改革,对 10 个地区水务局则实行股份制改革,成为自来水和污水处理公司。这些公司的服务区域基本按流域划分,在获得政府颁发的取水、污水许可证后自主经营,自负盈亏。除整体或部分出售国有水务公司资产外,英国政府进一步放开自来水产业的市场准入,并通过政府出资、私人承包或特许经营等方式提供自来水或污水处理服务。英国自来水产业私有化的目的主要是:其一,把纳税人的预算软约束转变为对私人资本市场的需求以及由接管产生的威胁;其二,用利润目标替代模糊的"公共利益"标准;其三,让用户选择对自来水的支出(包括自来水数量和质量)以及反映企业的绩效;其四,消除对企业管理和资本的政治干预。[③]

---

① Janice A. Beecher. Privatization, Monopoly, and Structured Competition in the Water Industry: Is there a Role for Regulation? Annual Conference of American Water Works Association, 1999: 13.

② Jeffrey W. Jacobs, Charles W. Howe. Key Issues and Experience in U.S. Water Services Privatization, A Report by Water Science and Technology Board of the U.S. National Research Council, 2002: 85.

③ David S. Saal, David Parker. The Impact of Privatization and Regulation on the Water and Sewerage Industry in England and Wales: A Translog Cost Function Model, Managerial and Decision Economics, 2000 (21): 253-268.

私有化后，英国自来水建立了新的管制体制。1989 年，英国政府颁布了新的《自来水法》，1991 年又颁布了《自来水产业法》和《水资源法》。根据相关法规，设立了自来水服务办公室，由自来水服务总监任办公室主任，主要是履行实施经济管制和制定管制政策。同时，设立国家江河管理局履行对环境的管制和对江河的维护。可见，英国实行的是经济管制与环境管制分开的管制体制。目前英国对水务公司进行直接监管的机构主要包括：一是自来水服务监管机构（OFWAT）。OFWAT 是英格兰和威尔士的供水和污水产业的经济性监管机构。OFWAT 主要负责价格监管、绩效监督和鼓励竞争，对垄断性水务公司向用户收取费用进行限制，确保水务公司持续提高绩效，并以公平的价格为用户提供优质、高效服务。二是饮用水督察（DWI）。DWI 的作用是评估自来水供应的卫生情况，并对自来水供应技术进行审核。此外，DWI 要求自来水供应商按月提交质量数据以供审查。三是环境局（EA）。EA 的职责是保持和提高"原始"水质，并负责向自来水公司颁发取水许可证。此外，还有健康保护局和自来水消费者协会等对水务企业形成相应约束，引导水务企业为消费者提供安全的饮用水并保护消费者利益。

事实证明，仅仅进行私有化改革不会从根本上提高自来水产业的绩效，引入竞争才是改革的目的。鉴于此，英格兰和威尔士对自来水产业实施引入直接市场竞争的管制政策，管制机构对自来水产业并购、重组和整合的全过程实施监管。

直接竞争是指多家自来水生产企业利用一个输送管道在同一区域中为争夺用户进行竞争。英国政府主要通过允许区域外企业进入区域内经营、开发公共管道输送业务和促进自来水经营企业毗邻地带竞争来促进自来水产业的直接竞争。

首先，允许区域外企业进入区域内经营。按照 1989 年颁布的《自来水法》的有关规定，在离某自来水经营企业现有管道系统 30 米以外的地区才允许区域外企业进入经营，即只有对新顾客才能允许插入经营。1992 年英国政府颁布了《竞争或服务（公共设施）法》，扩大了"允许插入经营"的范围，允许对年自来水供应和污水处理量超过 250 000 立方米的大顾客实行插入经营，打破了原来的"30 米规定"。在某地区从事插入经营业务的既可以是其他地区已有的自来水经营企业，也可以是新建立的自来水经营企业或机构，但都必须按照有关法规承担一定的义务和责任。允许插入经营打破了自来水产业原来的地区性垄断经营的局面，从而促使企业为争夺顾客而开展直接竞争。

其次，公共管道输送业务是指自来水经营企业相互使用其自来水和污水管道，或新企业使用原有企业的管道。由于自来水管道的重复设置通常会造成资源浪费。因此，没有公共管道就不可能打破自来水经营企业的地区性市场垄断地位，不能有效地发挥市场竞争机制的作用。实行允许插入经营的一个前提条件也是需要有公共使用的管道。自来水产业直接竞争的前提是，垂直一体化的自来水企业可以利用同一个管道网络在相同的区域中争夺用户。通过公共管道，每家自来水企业都可以在联网的区域为用户服务。当然，作为网络的拥有者应收取接入费用。网络费用取决于公共管道使用期限、管道材料、抽水要求和水压等条件。需要强调的是，同在一个系统供水，对彼此的自来水要求有相同质量的义务。显然，要求自来水质量以及处理方式一致无疑在一定程度上限制了相互联网。

再次，1992 年英国政府颁布《竞争或服务（公共设施）法》，允许自来水经营企业在毗邻地带开展竞争，但竞争的对象只局限于居民家庭。而在 1996 年公布的一个补充性法规，则把这种毗邻地带竞争的对象扩大到非居民家庭。事实上，位于自来水供应企业边界的那些工业、商业和农业用户对这种竞争的反应远比居民家庭强烈，因为这些用户具有较大的自来水消费需求。由于不同的企业有不同的收费价格，自来水经营企业毗邻地带的竞争为顾客提供了选择较低收费价格的供应者的机会。这反过来促使企业努力降低成本，以较低的价格保持原有的顾客，争取新顾客。[①]

此外，为了保护公众利益，英国政府保留了经营许可到期后终止经营期限的权力，通常颁发给自来水公司和污水处理公司的经营许可最多为 25 年，许可到期后是否需要延期则由政府评估决定。

从理论上分析，通过自来水产业的直接竞争，迫使低效率的企业放弃垄断地位，并尽可能降低价格以防止低成本的竞争者进入自己的市场。可以说，直接竞争可促进生产效率的提高。但是直接竞争的实际效果还有待实践的检验。

根据自来水产业的基本特征，发达国家没有像电力产业那样对自来水产业结构进行很大的调整，主要以放松进入管制的方式引入竞争。但从发展趋势看，少数发达国家（如英国）亦开始对自来水产业实施市场结构重组的政策。

虽然英国自来水产业是垂直一体化经营的，但是，近几年也存在对自来水产业进行市场结构重组的倾向。英国自来水产业进行私有化改革后，尽管供给区域没有变化，但是，自来水产业进行了规模较大的兼并整合：从 1989 年的 39 家（29 家私人自来水公司和 10 家自来水及污水公司）到 2000 年变成 16 家。另外，为了满足将来投融资的需要以及意识到将来国内市场发展的局限，英格兰和威尔士的自来水和污水处理公司已经采取了三种市场重组的战略：其一，多样化战略。在仍然进行垂直一体化经营的情况下，通过接管和兼并或向其他没有受到管制的领域和其他产业部门进行扩张。其二，国际化发展战略。通过收购（或被收购）成长为国际化的水务企业。其三，垂直分离战略。把受到管制的业务分离，而集中于未受到管制的业务。[②]

虽然以上三种战略选择中都包含了对自来水和污水业务的市场结构重组，但垂直分离是市场结构重组最基本的形式。这里涉及资产所有者与自来水生产者的分离，即一家公司拥有资产，通过招标引入竞争，资产所有者与其他自来水经营公司签订合同委托其经营。这个模式与法国的特许经营权制度相似。

法国是把自来水产业所有权与运营权分离并运用特许经营权制度的国家之一。特许经营投标制是政府对垄断性企业进行拍卖，在给定一系列参数的前提下，要求投标者为提供的产品出价，最终以出价低者获得一定区域的经营权。如果有足够多的投标者，通过拍卖，竞标者将会暴露最低的成本。因为竞标者的出价可以反映其有效的平均成本。显然，

---

① 转引自王俊豪. 政府管制经济学导论. 北京：商务印书馆，2001：290-293.
② 转引自 Ben Page, Karen Bakker. Water governance and water users in a privatized water industry: participation in policy-making and in water services provision: a case study of England and Wales, Int. J. Water, 2005, 3 (1): 50. 在保留产权公有的前提下，地方政府通过特许权协议引入私营公司参与污水处理设施的建设和经营。其中，地方政府负责项目的建设、更新，费用的收取；私人部门则负责项目经营管理，由地方政府支付酬劳，报酬是固定的，或者按某一比例从营业额中提成。

特许经营投标制是为了获得在市场中的经营权产生的事前竞争。显然，通过特许经营权的投标，可以降低进入障碍，不仅为自来水产业解决了融资问题，同时还可促进企业间的竞争，提高经营效率。例如，1994年10月，在法国南部的一个小城镇，该城镇市长决定对自来水公司重新招标，中标企业以每立方米1.7法国法郎提供自来水服务，而之前是每立方米3法国法郎。

与英、美的私有化改革有所不同，法国的特许经营权模式是在保留设施产权公有的前提下，通过特许权协议引入私营公司参与自来水和污水处理设施的建设和经营。其中，地方政府负责项目的建设、更新、费用的收取，并在依法行政的基础上，根据竞标企业的实力择优选择，并负责监督水质和服务质量、价格的结构及标准，以保护消费者的合法权益。私人部门则负责项目经营管理，由地方政府支付酬劳，报酬是固定的，或者按某一比例从营业额中提成。为弥补财政投资的不足，法国政府通过与私人部门签订特许权协议，也会将部分投资责任转移给受托公司。其中，私人部门对污水处理项目进行全部或部分投资，并负责项目的建设运营，但合同期满后将项目交还给当地政府。特许经营权模式在法国水务行业的运营效率很高，其重要基础和前提是法国自来水产业的产业化水平很高，已形成了以威立雅、苏伊士等大型水务集团公司为代表的垄断竞争市场结构，保障了特许权的有效竞争。

从理论上分析，运用特许权经营制度在自来水市场引入竞争是比较有效的方法。但有观点认为，这种投标在实际操作中存在缺陷，尤其是在资本密集的自来水产业。这是因为，像技术、自来水质量、需求或法律等因素在一定时期后可能发生变化，事先确定价格有很大的不确定性。平均成本会受到变化的环境的影响，在长期将导致难以预料的收益或损失。诚然，为解决这个问题，管制机构可以对产业进行管制或提高拍卖的频率。然而，进行新一轮的投标成本是很高的。并且，获得特许经营权后，经营时间过短将会挫伤经营者对网络设施投资的积极性。如果现有经营企业竞标失败，为防止投资不足，应对经营企业的投资给予补偿。但是，管制机构很难决定已经进行投资的实际价值以及补偿数量，存在低效竞争的危险。[1] 尽管如此，通过间接竞争的特许经营权制度在现实中仍然有比较广泛的应用。

另外，还可以通过区域间竞争的方式促使自来水企业进行间接竞争。例如，法国巴黎的自来水市场是被经营企业分割为不同的服务区域，企业间不存在直接竞争，但是管制机构通过区域间竞争，对不同经营企业进行比较，无形中促使企业进行间接竞争。

三、中国自来水产业的进入管制政策

（一）中国自来水产业的投融资体制改革

中国自来水产业在改革开放初期的1981—1985年，城市供水的总量加大，生产能力年增长率6.18%，供水量年增长率7.7%。供水量的增长速度高于生产能力的增长速度，

---

[1] Reto Foellmi, Urs Meister. Product-Market Competition in the Water Industry: Voluntarily Nondiscriminatory Pricing, Institute for Empirical Research in Economics, University of Zurich, Working Paper No.115, May 2002: 2.

供水设施建设跟不上用水量的高速增长。① 污水处理设施的建设滞后于供水设施,现代化的污水处理厂是从 20 世纪 80 年代以后才开始投资建设的。1980 年,全国城市建成的排水管道只有 2.19 万公里,仅有污水处理厂 35 座,日均污水处理能力 70 万立方米。从 20 世纪 90 年代中后期开始,随着工业化和城镇化的快速推进,污水排放量激增,污水处理需求日益急迫。1995 年,全国城市建成排水管道 11.03 万公里,污水处理厂 141 座,日均污水处理能力 714 万立方米,日污水处理能力较 1980 年翻了 10 倍。这之后,中国排水与污水处理设施建设迎来了持续、快速增长的黄金阶段,对资金的渴求成为制约污水处理设施建设的瓶颈。为满足城市发展对自来水和污水处理不断增长的需求,在政府财力受到限制的情况下,许多城市积极探索以投融资体制改革为突破口,实施对自来水产业的放松管制政策。改革开放以来,自来水产业的投融资体制改革主要经历了以下五个阶段:

第一阶段:以自来水建设项目招商引资为代表,20 世纪 80 年代末期开始了城市第一阶段自来水产业投资改革。市政府通过直接或间接担保,获得政府间贷款或国际金融组织贷款。在这一轮引资中涉及了主要大城市的 100 多个项目,引资没有涉及产权关系。

第二阶段:在中央禁止市政府参与担保等直接融资行为之后,20 世纪 90 年代中期开始了第二阶段投资探索。外资开始以合作经营并且保证固定回报的形式投资城市水厂项目(基本不包括城市管网),同样回避了产权关系的明晰问题,只是明确了投资回报。

第三阶段:20 世纪 90 年代后期开始以 BOT(建设—运营—移交)方式为代表的改革探索,BOT 针对单个新建项目(主要是自来水生产和污水处理项目),放开了一定期限的有限产权,实现了项目的有效融资,但回避了城市自来水产业原有资产的产权处置。

第四阶段:随着城市自来水企业改制的全面展开,政府公共管理职能与资产出资人职能的分离,自来水企业的产权改革真正拉开了帷幕。尤其是 2002 年 12 月原建设部发布了《关于加快市政公用行业市场化进程的意见》,确定了允许外资和民间资本同时进入、公平竞争供水、供气、供热、公共交通、污水处理、垃圾处理等市政公用设施项目。而 2003 年 10 月党的十六届三中全会又明确指出:要清理和修订限制非公有制经济发展的法律法规和政策,消除体制性障碍。放宽市场准入,允许非公有资本进入法律法规未禁入的基础设施、公用事业及其他行业和领域。从此,中国城市自来水产业市场化改革的进程不断加快,上海、深圳、三亚等城市自来水企业的部分股权转让,标志着自来水产业市场化改革进入了产权制度改革阶段。例如,2002 年,深圳市政府决定在基础设施领域进行产权主体多元化改革,深圳水务集团成为改革先驱,最终形成国有控股 55%、首创威水投资有限公司持股 40%、法国威立雅水务投资持股 5% 的格局。在管理架构上,董事长和总经理由中方委派,主管运营和主管财务的副总经理均是威立雅的资深管理人员,客户服务、管网管理、对外投资等重要部门也聘用了威立雅的中层管理人员。威立雅带来的先进管理经验和运营模式使深圳水务集团迅速改头换面。每月,在深圳当地的报纸上,还可以看到深圳水务集团公布的水质信息。政府更像一个监督者。具体管理和运营都是威立雅在做,政府只是在重大决策上表态。目前深圳水务集团已承担深圳 90% 以上的供水及污水

---

① 参见雷年生."九五"期间我国城市供水状况及其发展趋势.给水排水,2003(6).

处理业务，成为国内首个实现供排水一体化改革和运营的水务企业，并在服务水平、运营效率和技术实力等方面均处于全国领先地位。[①] 随着改革的深入，也逐步暴露出一些问题和矛盾，如合同不规范、承包商带资承包建设、固定或变相固定投资回报等。为此，2005年9月，建设部出台《关于加强市政公用事业监管的意见》，对建立市政公用事业监管体系，监管内容和监管要求做了明确的规定，目的是保障公众利益和公众安全，同时也保障投资者的合法权益。

第五阶段：深化改革阶段。2013年，党的十八届三中全会召开，允许社会资本通过特许经营等方式参与城市基础设施投资和运营，并明确要求制定非公有制企业进入特许经营领域具体办法。随后，PPP的制度化建设在财政部、发展改革委等多部委的合力下加速，一系列关于PPP的顶层设计逐步推进。由发展改革委、财政部等多部委联合印发《基础设施和公用事业特许经营管理办法》，旨在引导和规范能源、交通、水利、环保、市政等基础设施和公用事业特许经营，以特许经营协议的订立、履行、变更和终止为核心，对基础设施和公用事业特许经营的适用范围、实施程序、监督管理、公共利益保障、争议解决等做了较为全面、详细的规定。对于供水和污水处理等可经营或准经营的基础设施项目，明确了政府要通过特许经营、投资补助、政府购买服务等多种形式，吸引包括民间资本在内的社会资金，参与投资、建设和运营，实行投资、建设、运营和监管分开，形成权责明确、制约有效、管理专业的市场化管理体制和运行机制。2023年和2024年，中央又相继出台《关于规范实施政府和社会资本合作新机制的指导意见》的通知并修订《基础设施和公用事业特许经营管理办法》，对公私合作项目提出新要求，并进一步指导公用事业特许经营项目规范运行，行稳致远。因此，自来水产业的特许经营改革沿着既有的制度框架进一步深入和规范，愈发呈现出国有企业、民营企业和外资企业以及其他资本等多种社会资本结构的多元化投资与运营主体结构。

事实证明，通过30多年的投融资改革，与改革开放初期相比，中国城市自来水产业供给能力有了很大的提高（见表15-2）。

表15-2 1990—2010年中国城市自来水产业供给能力的变化

指标	1990年	2000年	2010年	2023年
全年供水总量（亿立方米）	382.3	469.0	507.9	687.6
城市排水管道长度（万千米）	5.8	14.2	37.0	95.2
全年污水处理量（亿立方米）	44.5（1991年）	113.56	311.7	651.9
用水普及率（%）	48.0	63.9	96.7	99.43%
污水处理率（%）	14.86（1991年）	34.25	82.31	98.69%

资料来源：1991年、2001年、2011年和2023年的《中国城市建设统计年鉴》。

我们知道，对自来水产业投融资体制的改革，除了为自来水产业的发展提供资金支持

---

① 参见柯敏．涨价，首先要解决信任危机——聚焦自来水水质之惑．中华建设，2013（5）．

外，还有促进自来水产业实现有效竞争的目的，所以，在自来水产业投融资体制改革的过程中，与其同时进行的还有对自来水产业市场结构的重组政策。

（二）中国自来水产业的市场结构重组政策

根据自来水产业的基本特征，表现出明显的区域垄断性。所以，中国城市自来水产业在放松进入管制的过程中，自来水产业的市场结构重组一般以两种形式进行：一是区域内的市场结构重组，二是通过重组大型水务集团进行跨区域经营。

1. 区域内的市场结构重组

传统体制下，中国城市自来水产业属于垂直一体化区域性垄断经营的市场结构。因此，如何通过引进竞争机制，把这种垄断性市场结构改变为具有一定竞争性的市场结构，这是中国自来水产业市场结构重组政策的基本目标。目前少数城市对自来水产业进行了横向与纵向分离的改革探索，其中上海市自来水公司在这方面的改革具有代表性。

2000年上半年，上海市把原有的上海市自来水总公司按地域范围分割为4家完全独立的自来水公司，即上海市自来水市南有限公司、上海市自来水市北有限公司、上海市自来水浦东有限公司和上海市自来水闵行有限公司，上海市政府对这4家自来水经营企业实行统一定价，以比较各家自来水经营企业的绩效。在此基础上，2000年12月，上海市水务局进行水务运营体制改革，在原上海市排水公司的基础上，实行投资、建设、运营三分离，成立上海水务资产经营发展公司，上海城市排水公司，上海环境建设公司，上海城市排水市北、市中、市南运营公司等单位。上海水务资产经营发展公司负责供水和排水国有资产的管理，为水务建设项目融资。以资产为纽带，水务资产公司拥有下属排水公司、排水运营公司、供水公司等全资子公司，以及环境建设公司、原水股份等控股子公司，并且拥有浦东威望迪供水公司50%的股份。上海排水公司是水务资产经营管理公司的子公司，主要负责排水设施有偿使用费的收缴，并受水务资产公司的委托对排水运营公司进行监督管理。排水运营公司，主要负责污水处理厂和管网的运行和维护。排水运营公司作为上海水务资产公司的全资子公司，没有对外投资权，主要领导由上海水务资产经营发展公司委派。这种模式的特点是在供水和排水服务方面，打破了垄断，形成区域性竞争。显然，这种模式由于自来水市场规模的限制，仅适用于特大型城市。并且应该意识到，虽然进行了分割重组，但上海自来水企业仍然局限于各城区内经营，各区之间没有形成真正意义上的竞争格局。但是，这种重组确实为自来水产业由传统的垄断性经营向竞争性经营转变提供了良好的思路。

尽管城市自来水产业重组可以形成区域性竞争，但因地方政府目标不同，对于纵向分离竞争政策选择存在差异。在地方政府追求水务行业效率的情况下，地方政府倾向于纵向分离竞争政策；在地方政府追求水务行业融资最大化的情况下，地方政府不会在纵向分离中引入竞争机制，而且倾向于纵向一体化的市场结构。且实证分析证明，水务市场在进行了纵向分离改革后并没有相应地引入竞争机制，纵向分离改革对价格的影响不显著。[1] 这也是近年来城市自来水产业的结构重组进展受阻的原因之一。

---

[1] 参见于良春，程谋勇. 地方政府规制与水务行业纵向分离研究. 理论学刊，2013（7）.

另外，不少城市把自来水产业的自来水生产和污水处理等业务通过特许经营投标，在一定时期内有偿转让给非政府投资主体经营，形成了事实上的垂直分离，在一定程度上引入了竞争。例如，成都市自来水六厂B厂BOT项目是获得原国家计委批准的一个BOT试点项目，该项目特许经营期为18年。而北京桑德集团将BOT模式运用到城市给水及污水处理等工程项目中，每年承建20座城市污水处理厂或给水厂。2000年3月北京桑德集团承接的北京肖家河污水处理厂就是按BOT模式操作的。尽管一些项目通过BOT等方式运作由于合同签订条件存在问题不是很成功，但是，随着中国自来水产业管制制度逐渐进入法制化、程序化和规范化发展轨道，特许经营投标制在自来水产业应该有较广泛的运用。从目前实施的总体情况看，污水处理产业进行结构重组的比例要高于供水行业，原因主要有两点：一是城市供水行业对质量和安全的要求更高、更加敏感，各地在进行结构重组时较为谨慎；二是城市污水处理行业主要从20世纪90年代末开始大建设、大发展，各地的设施建设几乎一片空白，各地政府对资金、技术和人才的需求极为迫切，客观上推动和促进了城市污水处理行业的改革。

2. 联合重组大型水务集团，实施跨区域经营战略

与电信、电力等产业不同，中国城市自来水产业受到区域经营的限制，2 000多家自来水厂和5 000多家污水处理厂分布于600多个城市，如果按照地方办厂的做法，每个地方都有一家当地企业，则全国有近千家供水企业和污水处理企业，市场结构极为分散，自来水企业表现出明显的规模不足、相对垄断、信息封闭、管理落后和各自为政的发展现状。因此，自来水产业的发展既有垄断低效的问题，又受到规模不足的制约。自来水产业的规模经济性、投资的低回报性和稳定性、经营合同的长期性、政策的高风险性、资本的高沉淀性等特点，决定了从事自来水生产经营的企业应具有长期从业的战略眼光，具有稳定的、低成本、大容量的金融通道，并具有一定的规模或服务品牌。鉴于此，自来水企业首先应改革行政区划为基础的自来水企业体制，突破行政区域限制，这也是自来水企业克服垄断体制并提高集约经营效益的有效途径。联合重组，跨区域拓展，是中国自来水产业面临的挑战和机遇。

在中国自来水产业放松管制政策的带动下，这些年不少国际先进的水务企业进入中国自来水市场。显然，国际水务进入中国不仅带进了资金，而且对于打破行业垄断，改变自来水企业、政府、居民的观念，将新型的水务管理与经营概念引入中国，在中国的示范作用和冲击都是十分显著的，对中国水行业与国际接轨也产生了良好的推动作用。[①] 面对国际水务企业的进入给国内水务企业带来压力，近年来，部分城市的自来水产业开始打破地域经济的制约，重组大型水务集团，进行跨区域经营战略。2003年以来，以资本为纽带的产业调整在中国城市自来水产业已经逐步展开。为了提高竞争效率，吸引优秀的污水处理运营商参与竞争，一些地方政府将多个地方的供水和污水处理设施进行打包整体竞争，充分发挥了产业的规模效应。国际资本、民间资本等社会资本，通过对自来水企业的产权收购而进入城市自来水产业的主战场，社会资本对原来地域性企业股权的收购，一是从根

---

① 转引自刘世庆. 加入WTO与城市供水产业竞争化改革. 改革，2002（4）.

本上改变了企业和资本的地域限制；二是有助于建立规范的公司运作机制，实现政企分开；三是资本的变更和追加会盘活原来的存量资本，为战略性扩张提供资本保障；四是扩大了以资本为纽带的企业集团的规模和实力。

例如，深圳市水务集团进行这方面改革的尝试。深圳市水务集团有限公司是城市水行业中最早实施"产权清晰、权责明确、政企分开、管理科学"的现代企业制度改革的国有供排水企业。深圳市水务局于2001年12月将污水处理厂及排水管网30多亿元资产整体并入自来水集团公司，组建了中国首家资产达60亿元的大型城市水务集团。2003年11月，深圳市政府与法国威立雅环境集团、首创威水投资公司（简称首创）正式签约，转让深圳市水务集团45%的股权，引进资金4亿美元，这个合同在世界水行业并购中排名第二，在中国所有企业并购中排名第一。转让后深圳市政府占深圳市水务集团55%的股份，威立雅环境集团（简称威立雅）持有5%，威立雅与首创持有40%的股份。深圳市与重组后的深圳市水务集团（简称深水集团）签署特许权经营协议。首创、威立雅、深水集团三大集团的强强联合，形成了战略联盟。组建后的深水集团逐步实施跨区域的扩张。例如，深水集团跨地域拿下河南焦作的供水项目，深水集团与中环水务合作在镇江寻求项目等。

目前看来，中国已经培育了深水、北排、首创、创业环保等大型水务集团，市场已经具备了良好的竞争主体，在未来的几年里，通过这些大型水务集团跨区域经营，整个自来水产业将形成由若干个跨地区、跨行业、跨所有制的大型水务集团进行寡头竞争的市场结构。这不仅保证了落后和偏远地区的自来水服务质量，而且可以发挥大型水务集团的规模效应，提高中国自来水产业的国际竞争力。

（三）中国自来水产业的进入管制分类政策

在市场化改革的导向下，中国城市自来水产业基本向国内外开放。但是，不可忽视的问题是，在放松管制的过程中，如果盲目引入竞争，违背自来水产业固有的规律，则很有可能会造成过度竞争，导致自来水产业效率的下降。因此，管制机构应根据自来水产业不同业务领域的市场结构特点，实施进入管制分类政策。通过进入管制分类政策，做到既有竞争，又要符合规模经济效益的要求，最终达到促进不同业务领域实现有效竞争的目的。下面我们根据中国城市自来水产业所实施的放松管制政策以及所形成的市场结构格局，进一步探讨自来水产业的进入管制分类政策。

1. 供排水设备生产经营和管道网络等基础设施工程建设领域

对供排水设备的生产经营，在政府制定出一定的技术和质量标准后，可以放松进入管制，由企业竞争性地提供相应的产品或服务。供排水管道网络等基础设施工程完全可以通过招投标的方式引入竞争，选择在资质和管理等方面有着较高水平的企业来建设。

2. 自来水生产和污水处理领域

根据前面的分析，自来水生产和污水处理属于潜在竞争性业务。由于自来水生产和污水处理业务存在一定的规模经济，所以，自来水生产和污水处理引入竞争应根据城市自来水市场的规模进行。对于大中城市（例如上海市），可以通过对自来水产业进行垂直分离，把自来水生产和污水处理业务分离出来，引入多家企业同时生产，展开竞争。同时，不同自来水生产企业和污水处理企业在毗邻的区域为争夺用户可以展开竞争。自来水生产企业利用空间上的优势，区域之间可以延伸管网，且管网不得对区域外企业进行接入价格歧视。为争夺对方区域内的市场份额，自来水生产企业必然提高生产效率，形成了区域之间的竞争。当然，考虑到不同企业的自来水将在公共管道中混在一起，双方应有相同的保证自来水质量的义务，即同网同质。对于自来水市场较小的城市，为获得规模经济效率，不适宜引入多家企业进行竞争性生产。当然，就算是大中城市，为达到最佳的规模，同一个自来水市场中一般是3或4家（较少数量）的自来水生产企业竞争，竞争也不是很充分。因此，对处于垄断地位的自来水生产企业可以通过特许经营投标制引入间接竞争，达到促进企业提高效率的目的。另外，还可通过区域间竞争对自来水生产企业的垄断经营进行管制。

3. 自来水和排水管网输送领域

自来水管网和排水管网的重复设置通常会造成资源浪费、增加成本，因此，自来水和污水管道输送业务显然具有强自然垄断性。由于管网输送业务具有自然垄断性，为保证规模经济效益，应该由一家企业经营，国家应保持对管网及其配套设施的资产所有权，而在资产运营环节上，完全可以引进竞争机制。为了确保国家对管网的控制，可以在国家控股的前提下，出售部分国有股权给国内外有实力的大企业，形成多元投资的格局。另外，还可通过招投标方式，允许全国各地的企业参与竞标，中标者可获得一定期限的特许经营权。这样，不仅盘活了国有固定资产，还可在经营主体上打破垄断。为使自来水和污水处理企业能最大限度地满足社会对自来水产品或服务的要求，管制机构应与企业签订具有法律效力的特许经营合同，明确规定特许经营的期限、区域以及政府与企业各自的责任和利益。管制机构负责制定价格和收费标准，监督企业完成政府规定的生产和社会服务目标，保证企业的合法权益不受侵犯。并且，在自来水生产和污水处理领域引入多家竞争的情况下，管制机构应确保各自来水生产企业和污水处理企业有平等的权利使用网络，管道网络成为所有自来水生产企业和污水处理企业的公共管道，以促进自来水生产企业和污水处理企业进行有效竞争。

4. 自来水和污水的销售与维修领域

如果自来水销售企业能通过自来水管道网络自由输送自来水，那么，自来水销售的沉淀成本就比较小，在自来水销售环节有可能存在许多家竞争性企业，以抑制自来水销售企业间的合谋行为。消费者的自来水和污水的安装和维修与其他产品没有本质差异，且一般投资不大，完全可以由多家企业提供竞争性维修服务。鉴于此，管制机构可以采取放松管制政策，允许自来水销售和维修企业进入。这样，消费者就可以选择能提供较高服务质量且价格合理的企业满足自己的需求。

综上所述，对自来水产业实施进入分类管制政策，可通过引入竞争机制促使竞争性业务实现有效竞争；而自然垄断性业务在一定的激励性管制制度的设计下获得规模经济带来的效率。放松管制后的自来水产业，通过竞争将淘汰一大批不具规模的自来水企业，有助于提高整个自来水产业的生产效率。我们可以把中国城市自来水产业进入管制分类政策的分析归纳为表15-3。

表 15-3 自来水产业的主要业务与进入管制分类政策

主要业务	现有经营企业	进入管制政策的重点
设备生产经营和管道网络等基础设施工程建设	不少城市已有若干家竞争性企业	取消进入管制
自来水生产和污水处理	若干水厂，但通常由城市自来水企业一体化经营	放松进入管制
自来水和污水管网输送	城市自来水企业垄断经营	国家保持对管网及其配套设施的资产所有权，通过特许投标吸引民营企业参股，或实行股份制吸引民间资本进入
自来水和污水销售	城市自来水企业一体化经营	放松进入管制

当然，我们应该认识到，如果使自来水产业垂直一体化经营，则可将污水处理的外部性内部化，并可产生范围经济。这也是目前部分城市对城市自来水产业进行垂直一体化重组的原因之一。在城市自来水企业进行垂直一体化运营的格局下，有效率的自来水企业（包括国内外企业）可以直接进入某区域的自来水市场经营，这同样可以对区域内原有企业的经营产生直接的威胁。

第三节 价 格 管 制

一、自来水产业价格管制的主要问题

根据经济学原理，产品或服务价格的决定完全取决于市场结构。在自来水产业中，不同的业务领域市场结构的差异最终决定了不同业务所提供的产品或服务的价格形成机制不同。根据自来水产业不同业务的性质，除了自来水管网输送业务外，其他业务均属于竞争性业务。如果对自来水产业进行垂直分离，引入竞争，竞争性业务的价格可以通过市场竞争决定。而由于自来水管网业务属于自然垄断性，对其应实施价格管制。但是，我们也应该认识到，鉴于自来水的地域垄断性，自来水产业从整体上表现出较明显的垄断性特征。所以对自来水产业的价格管制显得比较重要。

对自来水实施价格管制，首先应明确自来水价格的内涵。一般来说，自来水价格不应只是处理自来水的价格，而是一个系统化的概念，它应能够真实反映水的真正价值。自来水价格应该包括水资源费（从江河、湖泊、地下取用水资源）；工程水价（包括自来水的生产成本和管道运输成本、利润、税金等）；环境水价（包括水生态补偿费和污水处理费等）。我们在日常生活中所说的水价通常是指到户水价，也即综合水价，是一个完整的水价概念。但根据实际需要，也有的单指城市供水价格或剔除污水处理费后的到户水价。自来水价格应按经济、环境和社会三个效益原则而定。经济效益使企业既要弥补自来水的供给成本，又能提高经营绩效；环境效益使水资源可持续利用，污水处理达标排放；社会效益使社会稳定，供水充足、优质，其重点之一是使贫困人口亦能够饮用清洁水。显然，这

些目标之间存在冲突,这也是制定自来水价格管制政策面临的挑战。为使各目标之间能相互协调,自来水的价格管制应从价格水平管制和价格结构管制两方面同时考虑其合理性。

二、经济发达国家的自来水产业价格管制政策

本节主要对英国自来水价格产业管制模型在实际应用中面对的问题进行探讨。

在1998年自来水产业私有化以前,英国90%用户不是按照水表收费而是按照财产税的一定比例缴纳水费的。由于自来水收费不能反映自来水供求关系,导致英国基础设施投资严重不足。

自来水产业私有化后,如何对自来水价格进行管制是管制机构对自来水产业进行经济管制的重要内容。英国自来水产业价格管制亦是按"最高限价管制模型"进行,但价格上限的基础是 $RPI+K$,K 反映为改善自来水的质量所需要的投资。与 $RPI-X$ 不同,X 是反映将来企业通过改进效率以降低成本的潜力。而 $RPI+K$ 可以看作是 $RPI-X+Q$,Q 反映为满足自来水质量改善所需要增加的成本。因此,可以把 K 看作是 Q 与 X 的差值。如果自来水质量改善所需增加的成本大于企业通过改进效率降低的成本,则价格上涨高于通胀水平;反之,则低于通胀水平。显然,这个模型为自来水生产企业生产符合质量标准的产品提供了激励。价格上限评价和调整的基本原则是对多方利益的平衡,包括对消费者、自来水企业以及股东各方利益的权衡。在模型中,管制者与被管制者谈判的关键是 K 值的选择,对 K 值的评价与调整周期一般是5年或10年。

英国自来水产业私有化时期,K 值反映了消费者需要并愿意支付的服务。从平均水平看,私有化改革后的前十年(主要是前五年),难以量化的以及处理污水的费用实际上升了40%。这段时期价格的上升,部分原因是为了弥补在国有经营时期投资的不足,以及满足欧盟对城市废水处理和改进饮用水质量的规定,为此,不少投资用于改善自来水质量。当然,也有研究者认为,这段时期自来水价格的上涨是由于价格上限管制不严所致。鉴于此,有观点认为,自来水产业私有化不会自动带来效率提高,而需要实施严格的经济管制。这是因为,如果私有化后管制过松,则自来水和污水企业在成本没有下降的情况下亦可获得高利润。1994—1995年管制机构开始执行严格的价格上限,随后企业成本开始下降。在1997—1998年,10家自来水和污水处理企业的 K 值平均值为1.34%,而29家自来水企业的 K 值平均值为-0.09%。[①]

英国的最高限价管制与美国的投资回报率管制不同,投资回报率管制是对回报率的控制,没有把企业的绩效与利润相联系;而英国的最高限价管制是经济管制机构对自来水企业价格增长设定最高的限制。这种方法带来的理想结果是,受管制的企业在必需的投资和经营支出既定的情况下获得合理的利润。最高限价与将来一定时期(5年或10年)为了满足自来水的需求(包括数量和质量)而实施的资本投资计划是相关的,其优点是通过价格上限激励企业提高效率。从理论上分析,自来水企业提高效率的激励来自通过提高效率可以增加利润。也就是通过把成本的增加控制在低于 $RPI+K$ 的水平,则自来水企业无

---

① 转引自王俊豪. 政府管制经济学导论. 北京:商务印书馆,2001:297-298.

疑可增加利润水平。价格上限控制不仅把自来水产业效率提高的利益传递给消费者，而且为企业提高效率提供了激励。这种激励具体反映在，一是增加利润的激励；二是区域间竞争的激励。这是因为，管制者对企业绩效进行定期评价不是根据个别企业的经营状况，而是根据整个产业的情况，所以，其他企业的经营状况必然对企业自身产生竞争的压力。

尽管英国的最高限价管制存在其可取之处，但是，决定价格上限存在许多困难，尤其是受管制的自来水服务种类繁多，并且业务复杂。因此，价格上限管制必须满足可以收集到关于企业绩效和所需投资的信息，对价格上升的幅度进行限制，而这个限制可以使企业在有效经营的情况下获得合理的利润。然而，在自来水企业（信息拥有者）与管制者（信息收集者）之间存在信息不对称。这是价格上限管制的主要缺陷。管制者制定的价格上限可能要么使企业获得暴利，要么使企业即使有效率地运行也仍然不断出现亏损。另外，自来水产业的特点决定了自来水企业应为长期投资考虑，这就要求价格应该从长期角度反映投资计划。由于要考虑长期投资计划，管制机构当期的决策就应涉及预期的投资成本，要求管制机构对资产评估、资本成本、正当的资本和运营支出进行判断。投资回报率管制方法在应用过程中也是因为对这样一些标准进行判断存在困难，而价格上限管制遇到的亦是同样的问题，两者之间仅仅是程度不同而已。这意味着价格上限管制也不能避免投资回报率管制存在的缺陷：为了提高利润，自来水企业存在使资本支出扩张的倾向，这种战略是变异的 A-J 效应。[①]

三、中国自来水产业价格管制政策

（一）中国自来水产业价格管制政策的沿革

从中国自来水产业管制体制的改革过程看，价格管制政策一直是改革的核心问题。从新中国成立初期到现在，中国自来水产业经历了由无偿供水到有偿供水的转变。自来水价格也经历了一个从无到有、从计划经济到市场经济的过程。中国自来水定价的制度不断完善，自来水产业价格管制改革基本可以概括为以下五个阶段：

第一阶段：新中国成立初期到 1965 年。新中国成立初期，以公益性供水为主，基本不收取水费。1964 年，水利电力部提出《水费征收和管理的试行办法》，开始改变无偿供水的状况。1965 年，水利电力部制定的《水利工程水费征收使用和管理办法》，确立了按成本核定水费的基本模式。

第二阶段：1965—1985 年。1965—1976 年，大多数水利工程均不收取水费，水费征收没能步入正轨。1980 年，水利部首次提出了"水的商品属性"概念，为有偿供水奠定了理论基础。1985 年国务院颁布《水利工程水费核定、计收和管理办法》，规定"水费标准应从核算供水成本的基础上，根据国家经济政策和当地水资源状况，对各类用水分别核定"。从理论上确定了自来水属于商品的概念，供水作为一种有偿服务行为，水费定位为行政事业性收费。

---

① 转引自 Wietze Lise, Karen Bakker. Economic regulation of the water supply industry in the UK: a game theoretic consideration of the implications for responding to drought risk, Int. J. Water, 2005, 3 (1): 23.

第三阶段：1985—1997年。1985年水费制度颁布以后，大部分省、自治区、直辖市先后制定了本地的水费核定、计收和管理实施办法或实施细则或其他相应文件。1988年颁布的《中华人民共和国水法》规定："使用供水工程供应的水，应当按照规定向供水单位缴纳水费。"这是中国最高立法机关对水利工程供水实行有偿收费的重要法律规定，是依法制定供水价格制度的基础。1997年，国务院发布了《水利产业政策》，政策规定："新建水利工程的供水价格，按照满足运行成本和费用，缴纳税金、归还贷款和获得合理利润的原则制定。原有工程的供水价格，要根据国家的水价政策和成本补偿、合理收益的原则，区别不同用途，在三年内逐步调整到位，以后再根据供水成本变化情况适时调整。"以及"根据工程管理的权限，由县级以上人民政府物价主管部门会同水行政主管部门制定和调整水价。"此后，中国的水价改革步入了快速发展的新时期。1985—1997年，中国平均水价有了大幅度提高，但1997年水价水平仍未达到供水成本。

第四阶段：1997—2000年。在国家价格主管部门和水利部的领导下，水价改革工作有了很大进展，力度不断加强。首先，水利工程供水价格纳入了国家商品价格管理体系。其次，制度建设取得进展。在国家"水价办法"未出台前，各地在认真贯彻《水利工程水费核定、计收和管理办法》的基础上，根据市场经济体制改革的要求，不断探索适应新的经济体制的水价办法。许多省份已将"水费标准"改为"水价"，为正式出台水价办法奠定了基础。2000年，财政部两次发文明确将水利工程水费转为经营性收费管理，不再作为预算外资金纳入财政专户管理，这是中国水价改革的一个重要转折点。

第五阶段：2000年至今。这个时期有偿供水已被社会普遍接受，其商品属性得到各方面的认可，水价水平得到不同程度的提高，水费收取办法也逐步完善。水费已成为许多供水企业的重要经济来源，企业维护和管理经费不足的矛盾有所缓解。这个时期随着自来水产业改革进程的加快，相继颁布了一系列的法规。2002年通过了修订的《中华人民共和国水法》，而2004年1月开始施行《水利工程供水价格管理办法》等，这标志着中国新一轮自来水价格体系建立的开始。2021年8月，国家发展和改革委员会、住房和城乡建设部同时对1998年颁布的《城镇供水价格管理办法》和2011年颁布的《城镇供水定价成本监审办法》进行修订，建立健全以"准许成本加合理收益"为核心的定价机制，要求制定城镇供水价格，以成本监审为基础，并统筹考虑当地供水事业发展需要、促进节约用水、社会承受能力、服务质量等因素。

污水处理费的征收最早可以追溯到1993年，由于中国的污水处理刚刚起步，因此征收的是排水设施有偿使用费，主要的征收对象是向城市排水设施排放污水的企事业单位和个体经营者。随着城镇污水处理设施建设进度加快，1996年，根据《中华人民共和国水污染防治法》的修订，明确了"城市污水集中处理设施按照国家规定向排污者提供污水处理的有偿服务"，确定了向城市污水集中处理设施排放污水须缴纳污水处理费用的制度，并于1997年在淮河流域先期展开污水处理费征收试点工作。1999年，国家计委、建设部、环保总局联合印发《关于加大污水处理费的征收力度建立城市污水排放和集中处理良性运行机制的通知》，规定"污水处理费是水价的重要组成部分。各城市要在供水价格上加收污水处理费，以补偿城市排污和污水处理成本"。至此，全国开始正式征收污水处理费，以保障城市排污管网和污水处理厂的运行、维护，并适当补偿污水处理设施建设投资。2014年年底，国家出台《污水处理费征收使用管理办法》，明确了污水处理费的性质、征收标准的确定、污水处理服务费的补贴与支付等重大问题，指出污水处理费属于政府非税收入，纳入地方政府性基金预算管理；政府以购买服务的方式，向污水处理运营单位支付服务费，服务费应覆盖成本及合理收益，并与绩效评估相挂钩。这些条款明确了污水处理公私合作的政府责任，有力地保障了污水处理行业的合理收益，但同时要求对运营单位进行绩效考核，并将服务费与绩效挂钩，可以有效激励市场主体降低成本、提高绩效，为进一步推动污水处理产业健康、持续发展提供了有效的价格机制。

总结第五阶段特点发现，2005年以前，城市居民生活用水价格、污水处理费呈现相对快速的增长，污水处理费处在全面开征以及上涨的起步阶段。2006—2008年，自来水价格、污水处理费的增速开始逐年放缓，而国际金融危机也影响到自来水价格的涨势。如果考虑到通货膨胀因素，2008年自来水价格基本呈负增长；2009年以后，国际金融危机影响逐渐减弱，自来水价格涨速开始抬头。近十年来，各城市基本保持2~3次的调价频次，水价3~5年调整一次，调价幅度通常是20%~30%的水平。一般而言，调价幅度高的城市，调价次数较少；相反，调价次数多的城市则采用循序渐进的方式，逐步调高水价。也有少数城市考虑到价格稳定和社会承受能力等因素，十年都未调整水价。

截至2019年6月，中国36个大中城市，居民生活用水的终端水价平均为2.36元/立方米，其中，自来水价格平均为2.08元/立方米；污水处理费平均为0.95元/立方米，水资源费平均为0.19元/立方米。尽管居民生活用水平均价格（不含污水处理费）已由1988年的每立方米0.14元调整到2019年的每立方米2.08元，但大部分城市的供水价格仍处于保本水平，甚至略有亏损，也无法补偿供水管网的更新改造费用。2007年，国务院发文规定污水处理吨水平均收费原则上不低于0.8元/吨的标准，2015年，国家将污水处理收费标准调高至0.95元/吨，非居民不低于1.4元/吨。这反映了我国污水处理的成本普遍偏低，污水处理收费与污水处理成本之间的缺口较大，亟待通过价格调整保障污水处理设施的投资建设和养护运行。

从中国自来水价格体系的发展历程看，经历了从无到有、从主观制定自来水价格逐渐走向科学定价的过程。为实现水资源的优化配置，保证水资源的可持续开发利用，自来水价格正在向着有效抑制需求和提高供给能力的合理价格靠近。

我们可通过北京市自来水价格调整历史反映中国自来水价格的演变过程。从1952年以来，北京市自来水价格演变大致经历了从简到繁、从低价供水到按供水成本核算计收水费、从收取水费到明确供水是一种商品的多个阶段。按自来水用途划分的基本类型有居民用水、商业用水、工业用水和行政事业用水。从2014年调整至今的终端供水价格构成看，北京市水价由工程供水价格、自来水生产价格、水资源费和污水处理费4部分组成。例如，城市居民用水5.00元/立方米，其中包括自来水价格2.07元/立方米、水资源费1.57元/立方米（自备井水资源费2.30元/立方米）、工程水价0.62元/立方米、污水处理费1.36元/立方米。非居民用水9.5元/立方米，其中，自来水价格4.2元/立方米（含工程水价1.3元/立方米），水资源费2.3元/立方米，污水处理费3元/立方米。洗车业、洗浴业、纯净水业、高尔夫球场、滑雪场用水户等特殊行业水价更是高达每立方米160元。1952年以来北京市水价变化趋势如表15-4所示。

表15-4 1952—2014年北京市各行业自来水单价变化　　　　单位：元/立方米

年份	居民用水	商业用水	工业用水	行政事业用水
1952	0.18	0.21	0.10	0.18
1967	0.12	0.12	0.12	0.12
1983	0.12	0.21	0.10	0.18
1988	0.12	0.25	0.25	0.25
1991	0.30	0.45	0.45	0.45
1996	0.50	0.80	0.80	0.80
1997	0.80	1.30	1.30	1.30
1998	1.10	1.60	1.60	1.60
1999	1.60	2.10	2.10	2.10
2000	2.00	3.20	3.20	3.20
2002	2.50	3.90	3.90	3.90
2003	2.90	4.40	4.40	4.40
2004	3.7	5.60	5.60	5.40
2009	4.00	6.21	6.21	5.80
2014	5.00	9.50（北京市城六区除特殊行业外）		

资料来源：表中1952—2009年数据转引自张杰．贾绍凤．纽约市与北京市自来水定价比较研究．水利经济，2012（4）．

（二）中国自来水产业价格管制分类政策

由于目前各城市的自来水产业基本还是维持垂直一体化生产经营的模式，在垄断性市场结构下，城市自来水的价格仍然由管制机构对最终自来水价格进行定价。尽管自来水价格改革对水资源进行有效的配置已带来了一些有益的变化，大部分城市自来水价格已达到或超过保本水平，实现了由福利型向商品型的转变。但是，中国自来水价格的形成目前仍存在不少问题。首先，自来水定价的依据仍然按照"成本加成"的原则。因为该方法主要依据自来水企业的报告，所以，目前自来水价格的调整基本是按照企业上报的实际成本进行的，城市自来水企业合理和非合理的经营成本几乎都能从价格中得到补偿，随着经营成本的不断上升，企业便要求调高价格，企业不存在主动降低成本的动力。这种定价不能刺激企业提高效率。其次，管制价格不能有效抑制对水的过度需求。虽然自来水价格的大幅度上涨，在一定程度上对抑制需求起到了一定的作用，但对于中国许多缺水城市而言，目前自来水价格还不能从根本上缓解水资源的供求矛盾，水资源浪费现象仍然很严重。显然，目前自来水产业价格管制政策难以满足经济效益和环境效益目标的要求。

根据前面的分析，从中国自来水产业改革趋势看，通过对自来水产业实施市场结构重组政策，自来水产业将在不同程度上形成城市区域内或跨区域的竞争。市场结构的改变无形中会改变价格的形成机制，即对竞争性业务领域，通过市场竞争可以决定相应的产品或服务价格，对于这部分价格，政府逐渐放松管制。为了保护消费者利益，对于具有自然垄断性的业务领域政府应进行价格管制。这必然要求管制机构根据自来水产业各业务领域的特点采取价格管制分类政策。

1. 供排水设备生产经营和管道网络等基础设施工程建设领域

从自来水产业的业务性质来看，由于供排水设备的生产和管道网络等基础工程建设属于竞争性业务，管制机构应该完全取消进入管制，由市场来选择经营者。竞争性的市场当然对应于通过市场竞争形成的价格。也就是说，政府可以取消对这部分产品或服务的价格管制。

2. 自来水生产和污水处理业务领域

根据市场结构理论，自来水生产市场的竞争程度是制水价格形成的决定性因素。根据前面的分析，一个城市中自来水生产企业和污水处理企业数量的多少取决于城市规模（自来水市场容量）。在城市规模较大的情况下，可以允许多家自来水生产企业和污水处理企业同时经营，通过竞价上网形成竞争，这时，制水和污水处理的价格可以通过市场机制形成。但是，由于原水和排放污水的不同，自来水生产企业和污水处理企业的成本和费用结构会有很大的差异。例如，在法国，这种差异导致每立方米的自来水价格在 0.42～10.92 法国法郎之间。[①] 所以，在确定制水上网价格和污水处理服务费时，应考虑到各企业的成本差异。另外，如果城市规模较小，不可能容纳多家竞争性的企业同时进行生产，自来水生产企业和污水处理企业具有一定的垄断性，这就需要政府对自来水价格和污水处理费实施管制。当然，通过特许投标制的间接竞争亦可使自来水的价格按照竞争性市场定价。例如，中国深水集团曾在保定与法国里昂水务集团展开激烈竞标，最终将水价从竞争前的 0.78 元/立方米下降到 0.60 元/立方米。此外，还可以运用区域间企业比较竞争管制理论，间接引入竞争机制，虽然自来水的生产具有明显的区域垄断性，但政府管制者可利用区域间企业经营业绩的差异引入竞争，以促使企业为降低成本而展开竞争。中国各大城市的自来水价格有明显的区别，除了由于自然条件等不同导致这种差异外，自来水企业的经营绩效无疑也有高低之分。显然，通过拍卖和区域间竞争可以解决信息不对称问题以及揭示成本信息。

3. 自来水和污水管网输送业务领域

根据自来水和污水管网输送的强自然垄断性的特点，必须由一家企业垄断性经营，毋庸置疑，这种经营体制要求管制机构必须对其进行价格管制。管制机构可以通过设计一定的具有激励性的价格管制模型以促进垄断经营的企业提高生产效率。另外，选择特许投标制亦有助于发现自来水管网输送企业的真实成本。

[①] 转引自 Reto Foellmi, Urs Meister. Product-Market Competition in the Water Industry: Voluntarily Nondiscriminatory Pricing, Institute for Empirical Research in Economics, University of Zurich, Working Paper No.115, May 2002: 5.

4. 自来水和污水销售业务领域

自来水销售是一个竞争性的业务领域，业务特点是从自来水管网输送企业购买自来水后，再向用户销售。从理论上说，在自来水销售市场形成有效竞争后，供应商向用户提供的自来水最终应该可以通过市场的竞争形成。在目前的过渡阶段，政府可以通过招投标引入竞争，选择价格低、服务质量高的企业为用户供应自来水。在电镀、纺织、化学等重污染企业集聚的工业园区，可以建设专业的污水处理厂专门收集、处理工业废水，其污水销售和污水处理费定价就应该通过市场机制解决。

最后，我们用表15-5总结出中国自来水产业的价格管制分类政策。

表15-5 中国自来水产业的主要业务与价格管制分类政策

主要业务	现行定价制度	价格管制政策
设备生产经营和管道网络等基础设施工程建设	一定程度的竞争性定价	取消价格管制
自来水生产和污水处理	生产、输送和销售一体化定价	运用竞争机制，适度价格管制
自来水和污水管网输送	生产、输送和销售一体化定价	实行严格的价格管制，可采取模拟竞争机制的价格管制
自来水和污水销售	生产、输送和销售一体化定价	市场竞争机制形成

（三）中国自来水产业的价格水平管制和价格结构管制政策

鉴于自来水价格制定必须满足经济效益、社会效益以及环境效益，所以在制定自来水价格水平和价格结构时必须同时兼顾这三大目标。

自来水价格中主要包括三个部分：水资源费、自来水供水价格和污水处理费。对于自来水的供水价格的制定可以借鉴英国的最高限价模型，或根据中国自来水产业的特点采用本书第四章介绍的"中国价格水平管制模型"。根据修订后的《城市供水价格管理办法》和《城市供水定价成本监审办法》，城镇供水价格按照准许成本加合理收益的方式核定，城镇供水定价成本包括固定资产折旧费、无形资产摊销和运行维护费，并对固定资产折旧年限、人工费、修理费等主要参数取值做了具体规定，对供水企业职工人数定员、管网漏损率控制等实行激励约束机制，超出规定标准的成本，不计入供水定价成本；对于低于规定标准的，则按规定标准计算，将差额部分让渡给企业作为效率奖励。并且，在自来水价格水平管制中为了体现环境效益应逐渐加大征收水资源费和污水处理费的力度，要按照补偿污水处理和运行成本的原则，在综合考虑地方财力、社会承受能力基础上，合理制定污水处理费标准，并完善污水处理费标准动态调整机制。然而，需要强调的是，在价格上限价格管制下，关于企业经营的效率和其他参数仍然是管制者对自来水企业进行监控所必需的信息。面对信息不对称，可以运用区域间竞争进行间接竞争。

这里我们重点探讨自来水的价格结构管制政策。自来水的价格管制是由用水具有较大的需求弹性，以及合理利用、节约水资源，遏制浪费行为的目标决定的。要促使消费者合理使用水资源，就需要实行差别定价，以此来限制消费者浪费水的行为。具体方式如下：

1. 积极推广阶梯式计量水价

阶梯式计量水价,有递减的和递增的两种。递增阶梯式水价,就是在合理核定居民用水及各类企业营业用水基本用量的基础上,对定量以内的用水实行低价,超过基本用水量的部分实行超量累进加价。递减阶梯式水价则相反。在丰水城市,可采用递减的阶梯式水价制度,如美国有些丰水地区,水供过于求,就实行这种制度。在政策指导下,中国不少城市先后开始推行居民生活用水递增的阶梯式水价制度。厦门市早在1997年就开始对居民生活用水实行阶梯水价,将居民生活用水价格分为3个等级:用水15吨以内0.6元/吨,15~20吨为1.4元/吨,20吨以上2.1元/吨。2012年将价格调整为:15吨及以下2.2元/吨;15~25吨为3.3元/吨;25吨以上4.4元/吨。2016年厦门市重新调整分档水量和加价标准,进一步拉大了第三阶梯价格,调整后的水价结构为:18吨及以下2.2元/吨;18~40吨为3.3元/吨;40吨以上6.6元/吨。实行阶梯水价后,不少人家里的水开始重复利用——洗过衣服的水留下来,用来拖地板;洗过菜的水留下来,用来冲厕所。[①]截至2019年年底,全国均已建立城镇居民用水阶梯价格制度和城镇非居民用水超定额累进加价制度。与此同时,不少城市针对困难家庭用水出台了相应优惠政策。例如,贵阳市为减轻调价对低收入群体生活的影响,规定低保户每户月用水量在21吨(第一级阶梯水量基数)以内的,按1.5元/吨(低于第一级阶梯水价2元/吨)执行;月用水量超出21吨的,超出部分按阶梯式价格执行,既考虑了减轻困难家庭基本用水负担,又体现了反对浪费用水的意图。阶梯式水价制度的推行,对促进节约用水起到了重要的作用。例如,宁波是浙江省首个推行阶梯式水价制度的城市,自2006年7月开始推行阶梯式水价制度,据宁波自来水公司2010年年初提供的数据显示,全市每户月用水量17吨及以下的居民占总用水户的90%左右,居民每月每户平均节水2%。而国家规定的南方大中城市人均用水量为每月每人5.4~6.6吨,三口之家16.2~19.8吨,节水效果明显。[②]

显然,通过递增阶梯式计量水价,一方面满足了消费者对自来水的基本需求;另一方面对自来水的需求有明显的控制作用,减少了不必要的浪费。

2. 实行丰枯计价

为体现水的地域、季节等差别,可实行丰枯计价,利用价格杠杆促进合理用水、节约水资源。即针对不同城市的特点,对供水的丰枯期和用水的谷峰期实行差价,对供水的丰期和用水的谷期采取低价位,对供水的枯期和用水的峰期采取高价位,以缓解供水的季节性矛盾。例如,以旅游业为主或季节性消费特点明显的地区可实行季节性水价,在夏季等用水高峰时节提高水价,而在冬季等用水淡季降低水价,调价幅度在水价的20%内制定。

3. 实行按质论水价

要针对不同用途的水,如饮用水、生活用水、工业用水等,采取不同的管理办法和价格。这样做的好处在于加强消费者的节水意识,首先保证消费者饮用水供应的数量与质量,不至于造成生存危机。对于一般的生活用水,供应过程中可以只进行简单的处理,以

[①] 参见董山峰. 阶梯水价的"阶梯之根". 国研网,2004-06-22.
[②] 参见付健,李培蕾,刘洪先. 关于稳步推行城市居民生活用水阶梯式水价制度的思考. 水利发展研究,2012(3).

降低其生产成本。做到水质不符合国家标准实行低价,水质符合国际标准实行正常价,水质符合世界卫生组织的标准实行高价。如达到直接饮用水标准可实行更高价。[①] 同时,为激励供水企业提升供水服务质量,政府在核定供水价格时应充分考虑供水服务质量因素,将水质达标、用水保障、投诉处理情况等作为确定供水企业合理收益的重要因素。针对污染程度不同的污水,可以根据企业排放污水中主要污染物种类、浓度等指标,分类分档制定差别化收费标准。目前,已有一些城市先行先试,对污水处理按质计价。2007 年,浙江省出台《关于调整太湖流域杭嘉湖地区污水处理费政策的通知》(浙价商〔2007〕203 号),对太湖流域杭嘉湖地区的工业企业污水处理费按污染程度分档计价,主要根据工业企业排水的 COD 浓度进行分档,以 100mg/L 为一档,COD 浓度在 800mg/L 以内的,每提高一档,收费标准提高 0.03~0.08 元/吨,超过 800mg/L 的,每提高一档,收费标准提高 0.3 元/吨。

值得关注的是,为科学合理制定城市自来水价格,中国目前正在推进信息透明的价格管制制度。由于城市自来水市场很难通过竞争来显示企业的成本信息,这就需要管制机构对水务企业的成本进行管制,以尽可能地降低企业虚报成本的可能。国家发展和改革委员会 2010 年印发了《关于做好城市供水价格调整成本公开试点工作的指导意见》,要求在部分城市实行成本公开,目前部分城市已开始对供水企业成本进行公开,在未来的管制中应将成本管制落实到具体的管制机构,由其对水务公司的成本进行持续管制。管制机构通过对水务行业成本进行持续记录可以对成本进行更精确的估计,从而确保自来水价格的合理水平。

第四节 质 量 管 制

一、自来水产业质量管制的主要问题

放松管制后的自来水产业,各业务分别由不同的企业承担,这样一来,自来水产业的产品或服务质量在产业内部难以实施全面的监控。因此,政府有责任承担对自来水产业产品或服务质量的管制。

在自来水价格确定的情况下,自来水或服务质量就是保护消费者利益的关键因素。尤其是自来水质量和污水达标排放很难观察,竞争性的自来水和污水处理供给者在竞争性的环境中很可能会以牺牲质量为代价提高竞争力,其结果将会直接影响消费者的健康。并且,通过自来水生产和污水处理业务与管道输送业务的分离,引入竞争,是否能确保自来水和污水处理质量的同质性,是业务分离的基本前提。而自来水和污水处理服务质量同样也是保证消费者利益的不可缺少的环节。

我们知道,自来水和污水处理的产品或服务质量涉及自来水生产、污水处理、管网输送和销售等业务环节。例如,自来水的安全、水压、污水浓度、泵站和生产技术设备的状

[①] 参见刘树杰. 垄断性产业价格改革. 北京:中国计划出版社,1999:162.

况以及企业对投诉做出反应的时间和维修速度等。

可通过图 15-2 的自来水产业的相关质量维度（dimension）概括影响自来水产品或服务质量的因素。

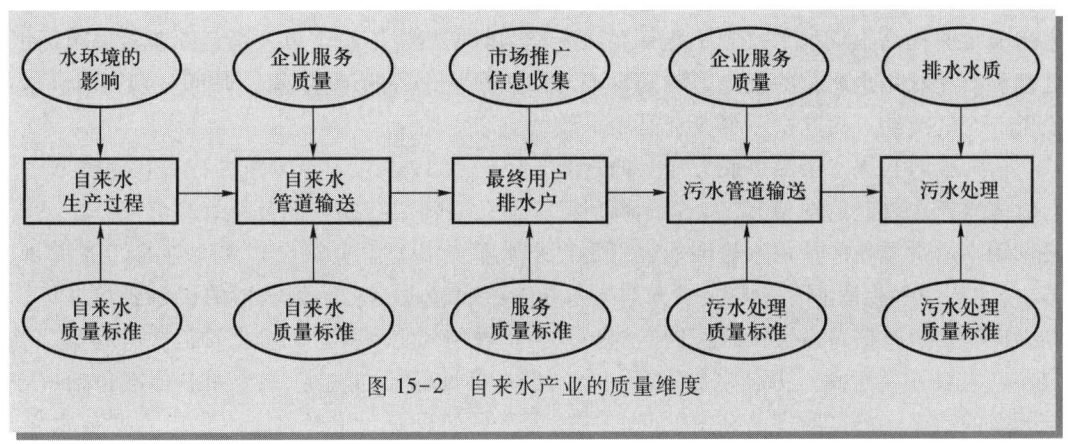

图 15-2 自来水产业的质量维度

最终用户所消费的自来水的产品或服务质量，取决于自来水产业的各个生产环节。首先，是自来水生产过程，此时，自来水质量主要受到"自来水质量标准"的约束和"水环境因素"的影响；其次，生产过程提供的自来水质量将直接影响管网输送的水质，同时管网输送的水质还要受到"自来水质量标准"以及管网输送企业本身"企业服务质量"的制约；最后，对自来水销售企业制定的"服务质量标准"，以及销售企业销售自来水过程中向最终用户进行"市场推广、信息收集"等业务活动，都将直接影响到最终用户所消费的自来水质量。

类似地，自来水终端用户同时是污水处理产业的排水户，其消费的污水处理服务质量，取决于污水处理产业的各个生产环节。首先，是污水管网输送过程，此时，污水管网还要承担雨水排放的功能，雨污排放是否及时、通畅，会受到管网输送企业本身"企业服务质量"的制约，同时也会受到排水户排放污水的浓度和数量的影响。其次，是污水处理过程，排水户排放的污水浓度和数量直接影响污水处理的工艺和达标排放的情况，但是起决定因素的仍是企业服务质量。

通过对自来水的产品或服务质量维度分析可以看出，为确保自来水产业和污水处理提供的产品或服务质量，管制机构首先必须制定自来水产业和污水排放与处理的质量标准，根据自来水和污水处理产业的质量标准，对企业提供的自来水和污水处理产品或服务进行严格的监控。对违规企业实施有效的惩罚，当然对超标准生产经营的企业应给予奖励。通过激励促使自来水企业和污水处理企业按照所要求的标准生产经营。

二、一些经济发达国家的自来水产业质量管制政策

随着自来水产业私有化改革的推进，经济发达国家管制机构十分重视自来水产业的质量管制。在履行对自来水的管制职能的过程中，美国把自来水的质量管制看作是最重要

的。美国通过《安全饮用水法》,规定自来水产业必须满足联邦标准,而各州还可以附加其他的标准。

从英国的最高限价模型中可以看出,为了激励自来水生产经营企业为提高自来水的质量扩大对自来水生产经营的投资,价格管制模型中专门规定质量系数,允许企业为提供自来水质量而提高投资水平。为了弥补在国有经营时期投资不足,以及满足欧盟对城市污水处理和改进饮用水质量的规定,英国自来水产业私有化后的10年间(1989—1999年)共投资330亿英镑。而其中不少投资是用于改善自来水质量。

为加强对自来水产品或服务质量的管制,英国在1989年对自来水进行私有化改革后,对自来水产业管制的框架有三个管制部门。一是负责污染控制等的环境管制部门;二是负责饮用水质量监控的饮用水检测所;三是自来水服务办公室负责自来水产业的经济管制。其中,"饮用水检测所"专门负责对自来水生产经营企业是否达到欧盟的指令要求进行管制,同时还负责监督由英国政府制定的一些质量管制规定。并且,为保护消费者利益,英国自来水服务(管制)办公室制定了一个《服务标准保证办法》,主要服务标准包括遵守与顾客的约定、答复顾客的账单疑问、对顾客意见的反应、中断自来水供应、安装水表、排除溢水和处理自来水低压问题等许多方面。如果自来水经营企业不能满足这些标准,顾客有权要求经济赔偿,企业每次不能履行服务标准的赔偿额一般为10英镑,企业应该主动向顾客提供赔偿。如果企业和顾客发生赔偿纠纷,双方都可以要求自来水服务(管制)总监做出仲裁。这一办法无疑能促进企业提高服务质量。为及时获得消费者在自来水消费过程中出现的问题,2003年,英国政府通过《自来水法》,确定了新的"自来水消费者协会",于2005年10月开始履行其处理消费者投诉的职责。[①] 这无疑是试图利用消费者的选择和投诉机制影响自来水企业的行为,促进企业提供让消费者满意的自来水产品或服务。

三、中国自来水产业质量管制政策

由于中国自来水产业放松进入管制的步伐在加快,所以,对自来水产品或服务质量进行严格管制应该是管制机构工作的重点。但是,由于中国管制体制改革滞后于放松进入管制的进程,在对自来水的产品或服务进行管制过程中出现了一些问题。例如,有的地方将自来水实行中外合资后,由于管制机构缺乏经验、考虑不周,没有严格的监管措施,对水质和压力、维修服务等方面没有考核机制,缺乏监督,发生问题后缺少调整手段,消费者对此存有异议。

为了对自来水产业有效地实施质量管制政策,管制机构可以采取两种基本的质量管制政策:一是加强对自来水生产经营企业的资格审查,这一政策通过进入管制政策进行控制;二是制定自来水产业的质量标准,严格按照标准对自来水生产经营企业提供的自来水产品或服务进行检测,对低质量的企业实施惩罚,对高质量的企业给予奖励。这里所讨论

[①] Ben Page, Karen Bakker. Water governance and water users in a privatized water industry: participation in policy-making and in water services provision: a case study of England and Wales, Int. J. Water, 2005, 3 (1): 46.

的质量管制主要针对第二种管制政策。

为了加强对自来水质量的管制，中国首先要建立与完善自来水质量的监控指标体系。指标体系要重点管制以下四个与消费者利益密切相关的质量指标。

第一个是水质综合合格率。它是指自来水通过管网达到国家生活饮用水卫生标准的合格程度。它以自来水细菌总数检验合格率、自来水大肠菌群检验合格率、自来水游离余氯检验合格率、自来水浑浊度检验合格率、自来水中国国标 26 项检验合格率这五个分项合格率之和除以 5 计算。即

$$水质综合合格率 = \frac{五项指标合格率之和}{5} \tag{15.1}$$

这一指标直接关系到消费者饮用自来水的卫生健康。

第二个是管网压力合格率。它用来衡量自来水管网服务压力的合格程度。通常按每 10 平方千米设置一个测压站，使用自动压力记录计，按每小时的 15 分钟、30 分钟、45 分钟、60 分钟 4 个时点所记录的压力值综合计算出每天的检测次数及合格率。其计算公式为

$$管网压力合格率 = \frac{检验合格次数}{检验总次数} \times 100\% \tag{15.2}$$

这一指标直接关系到自来水水压，从而影响自来水服务质量。

第三个是自来水管网修漏及时率。它是指从出厂输水干管和用户水表之间的管道损坏后，及时修理的程度。根据中国目前的技术水平，对于自来水明漏和暗漏，一般以 24 小时内修复为及时，超过 24 小时为不及时；对于突发性的爆管、折断事故，则应于 12 小时内及时止水并抢修为及时。其计算公式为

$$管网修漏及时率 = \frac{及时修漏次数（含爆管折断）}{全部修漏次数（含爆管折断）} \times 100\% \tag{15.3}$$

这一指标不仅关系到消费者能在较短的时间内恢复用水，也关系到节约自来水。

第四个是用户用水设施修理及时率。它用来衡量自来水经营企业负责修理的用户水表以内的各项用水设施（如龙头、水管、厕所冲洗箱等）损坏后的修理及时程度。修理及时的标准是企业发现或接到报告后在 24 小时内修理完的即为及时。其计算公式为

$$用户用水设施修理及时率 = \frac{用户用水设施及时修理次数}{用户用水设施修理总次数} \times 100\% \tag{15.4}$$

这一指标关系到特定消费者保证能在一天内恢复用水或正常用水。[①]

应强调的是，随着水环境的变化以及消费者对自来水质量要求的提高，自来水的产品或服务标准的制定应该是动态的。例如，中国一直以来实施的《生活饮用水卫生标准》是 1985 年颁布的，作为城市饮用水的国家强制性标准，这一标准实行了 20 多年，这期间

---

① 参见王俊豪. 政府管制经济学导论. 北京：商务印书馆，2001：320-321.

中国水环境已发生了翻天覆地的变化。① 《生活饮用水卫生标准》当初是由卫生部颁布并作为国家强制性标准使用的。由于制定时间比较早，这一标准对中国生活饮用水水质的检测项目只有35项，其中有机物2项，农药2项。而为了保证民众饮水健康，美国国家环保署2001年颁布的美国饮用水标准项目已达到107项，其中有机物29项，农药24项，饮水中铅、四氯化碳等一批指标都重新修订，指标值都很严格。世界卫生组织1998年发布的饮水标准项目，因考虑到各国国情不完全相同，检测指标达到132项，其中有机物28项，农药37项，目前这一标准又已在酝酿修订中。与之相比，中国饮用水卫生标准35项的检测指标，明显落后。

鉴于此，2006年建设部和卫生部等部委对1985年版《生活饮用水卫生标准》进行了修订，并于2007年7月1日起实施。这是中国21年来首次修订饮用水国家标准。此次修订，大幅度提高生活饮用水卫生标准的指标数量，主要是由于中国地域广阔，一些地方水源水质较差。新标准对水质的要求达到了国际中等发达国家的水平。② 新标准加强了对有机物、微生物和水质消毒的要求，统一了城镇和农村的饮用水卫生标准。与1985年的标准相比，新标准主要变化如下：水质指标由35项增加到106项，增加了71项，修订了8项。其中，微生物指标由2项增加至6项，增加了大肠埃希氏菌、耐热大肠菌群、贾第鞭毛虫和隐孢子虫；修订了总大肠菌群。饮用水消毒剂由1项增加到4项，增加了一氯胺、臭氧、二氧化氯。毒理指标中的无机化合物由10项增加到21项。感官性状和一般理化指标由15项增加到20项。放射性指标中修订了总α放射性。删除了水源选择和水源卫生防护两部分内容。简化了供水部门的水质检测规定，部分内容列入《生活饮用水集中式供水单位卫生规范》。贾第鞭毛虫、隐孢子虫、三卤甲烷、微囊藻毒素-LR 4项指标于2008年7月1日起执行。最新的《生活饮用水卫生标准》（GB5749-2022）于2023年4月1日开始正式实施，指标数量由原标准的106项调整为97项，包括常规指标43项和扩展指标54项，更加注重感官指标、消毒副产物和风险的变化。

目前中国自来水合格率尽管不算低，但城市居民仍表现出一定的担忧。根据2011年最新的抽样检测，中国自来水厂出厂水质达标率为83%，中国城镇供水总体安全，近年来水质不断提高。但部分市民表示，生活中的亲身体会和数据显示存在一定差距。同样，全国多个城市均有居民反映，自来水水质时有异味，或显浑浊。③ 我们知道，自来水从水源地流入千家万户，要经过原水、净水、输水、用水四个环节。目前中国城镇供水总体安全，但四个环节均面临不同程度的安全隐患。从源头来看，随着中国经济社会快速发展、人口持续增长、城镇化率逐步提高，工业、生活污染给饮用水源环境质量带来了极大威胁。而在处理环节，中国以地表水为水源的供水厂，绝大多数采用混凝、沉淀、过滤、消

---

① 过去因为水源比较清洁，污染较小，自来水处理主要的任务是去除水中浊度与细菌病毒，但经过几十年的发展，目前中国水源水质污染主要是有机污染，内分泌干扰物污染，汽油中添加剂的替代物、藻毒素、抗生素或纳米材料等有机污染物以及微生物污染等。
② 中国水星网站．国家标准委、卫生部联合发布新《生活饮用水卫生标准》，2007-01-16．
③ 2013年3—5月杭州市多次出现自来水浑浊有异味的现象，引起了杭州市民对水质的质疑．资料来源：杭州自来水存在异味 环保局称检测结果无异常．浙江在线，2013-05-03．

毒的传统工艺，这种工艺已沿用百年，有时对原水中的一些污染物不能完全去除。输水环节更令人担忧。有关专家认为，大多数城镇输水系统陈旧，由净水厂流经管网到达水龙头时，水质合格率会下降约10%。[①] 显然，要让城市居民喝上真正放心安全的自来水，我们还面临很大的挑战。

为强化对城市供水企业的监督与管理，1993年建设部开始构建"国家城市供水水质监测网"，并受政府委托对水质进行监督管理。1999年，建设部颁布《城市供水水质管理规定》，明确提出了建立国家和地方两级网以及建设部水质中心、国家站、地方站三级站的监测体系要求，还规定了"企业自检、行业监测、政府监督"相结合的城市供水质量管理制度。由"两级网、三级站"负责城市供水水质的检查和监督，完善了以建设部城市供水水质监测中心和36个重点城市供水水质监测站为主要成员的国家城市供水水质监测网体系。2005年，住建部印发《关于加强城市供水水质督察工作的通知》，明确了城市、省级和中央各级政府的职责，建立了供水企业负责、地方政府监管、中央政府督察、社会公众参与的城市供水水质管理新机制，实施供水全流程监管，将水质安全的控制前移，对供水企业的原水、制水、配水的各个生产环节实施有效的监管。其中，城市供水水质监督检查制度是实施城市供水水质督察的核心内容，是对城市供水经营单位的水质控制制度的建立和实施情况，质量管理机构运行情况，水质标准执行情况，水处理工艺运行情况，净水设备、材料和药剂的使用情况，群众投诉事件的处理情况、供水水质事故应急制度与措施的落实情况，以及水源水、出厂水、管网水质量的全面检查和监督。2013年，为加强城镇供水规范化管理，住建部印发《城镇供水规范化管理考核办法（试行）》，从部门职责、规范化管理制度订定、规范化管理制度落实三方面对地方供水主管部门进行考核评估，考核内容涉及原水安全、规划建设、水质检测、水厂运行、管网运行、供水服务和应急管理等，覆盖了自来水供应从原水、制水、输水到服务和应急的各个环节，将供水质量监管落到实处。

由于城市居民对自来水供应服务质量越来越关注，要求也越来越高，因此，政府管制部门可借助城市居民对自来水供应服务质量评价的考量，达到约束自来水生产经营企业的目的。例如，上海市质量安全工作领导小组办公室委托上海质量认证咨询中心，依据国家标准GB/T19038—2009《顾客满意测评模型和方法指南》，于2011年3—10月对上海市自来水供应服务质量进行测评。本次自来水供应服务质量测评调查，反映出市民对自来水使用过程中对公用事业服务的总体满意度，包含在对自来水供应服务中的"顾客期望""质量感知""价值感知""顾客抱怨"等方面的感受。本次调查的数据统计结果显示：2011年上海市自来水行业服务质量测评满意度为77.28。[②] 显然，这种连续动态的顾客满意度测评对提高城市供水企业的服务质量起到了很好的引导作用。该项制度值得在其他城市推广。

在污水处理质量监管方面，中国已基本建立起涵盖工程规划、设计、施工、验收、运

---

① 参见王橙澄，赖臻，潘林青. 自来水合格率引发的水质之惑. 沈阳晚报，2012-05-11.
② 参见上海市自来水供应2011年服务质量测评报告. 质量与标准化，2012（4）.

行全过程的标准规范体系，对污水处理企业的生产行为建立统一的质量规范，并为政府管制提供依据和技术支撑。随着行业的发展和工程技术的进步，这些标准规范也在持续地更新修订，如2017年先后修订《城市排水工程规划规范》和《城市污水处理厂工程质量验收规范》，保证了行业标准规范的先进性和适用性。

为克服信息不对称，管制机构逐步建立污水处理质量监控体系，完善考核评估机制。首先，建立健全质量监控体系。一方面安装在线监测设备，并将监测数据进行联网，建立覆盖全国的城市污水处理管理的信息化平台，实时监测污水处理厂的污染物排放情况和对周围环境的影响；另一方面建立日常检测、不定期抽查、定期评估和专项调查相结合的监督检查制度，弥补在线监测的不稳定性，具体的检测工作可以委托具有计量资格的第三方检测单位进行检测，并对检测结果进行通报。目前，全国已设立20座国家级城镇排水监测站，分布在17个省（自治区、直辖市），加强了城镇污水处理水质监管。其次，完善质量考核评估机制。早在2007年，住建部就制定了《全国城镇污水处理信息报告、核查和评估办法》，要求各地定期报送在建和已建项目信息，并由建设部对全国城镇污水处理项目建设、运行情况进行汇总、分析和评估。通过该信息报送机制，住建部建立了全国城镇污水处理管理信息系统，形成国家和地方数据共享的监管平台，实时掌握城镇排水与污水处理的建设运行情况，实现了对项目建设和运行的动态监管。2010年，住建部制定了《城镇污水处理工作考核暂行办法》，通过对污水处理设施覆盖率、城镇污水处理率、设施利用率、污染物削减率等指标考核，建立了"量质结合"的城镇污水处理考核体系，为城市污水处理质量考核提供制度保障。2017年，住建部对考核办法进行修订，考核指标主要包括城镇污水处理效能、主要污染物削减效率、污泥处置、监督管理、进步鼓励五方面。考核采用百分制，考核总分为各项考核指标分值之和。其中进步鼓励分是根据前四项考核结果与上一年度同期同口径相比后，总分、排名有进步的方能获得。

案例

江苏省常州市城北污水处理厂特许经营项目及其监管

本章小结

- 自来水的主要生产供应过程是把原水输送到自来水生产企业，加工好的自来水通过自来水输送管道网络系统，把自来水分销给企事业单位和居民消费者，消费者使用后的污水又流入下水道排污系统，再抽到污水处理企业进行处理。自来水产业可分为设备生产经营、管道网络等基础设施的建设、自来水生产、管网输送及销售等环节。自来水产业的基本特征是：对生命健康的重要性以及现代社会水资源的稀缺性；需求的波动性；需求具有较强的季节性；生产经营的垄断性；外部性以及产品或服务质量的信息不对称。

- 自然垄断性和信息不对称是产生自来水产业管制需求的两个重要因素。自来水的设备生产经营和管道网络等基础设施的工程建设属于竞争性的领域,自来水生产具有潜在竞争性,管网输送显然具有自然垄断性,销售是竞争性领域。尽管在自来水产业不同的业务可分为竞争性和垄断性,但是,整体而言,从自来水生产、输送到销售,表现出不同环节间需要很好的协调,整个产业具有较强的垄断性。这从客观上要求对自来水产业必须实施管制。此外,自来水是城市生产和生活的必需品,而关于自来水产业质量的某些信息对消费者而言存在信息不对称问题。这就要求对自来水产业质量进行严格管制。

- 经济发达国家对城市自来水产业通过不同方式进行了放松进入管制的一系列改革。改革一方面是为自来水产业发展所需要的资金融资;另一方面是通过引入竞争提高自来水产业的绩效。英国放松自来水产业进入管制政策的主要内容:一是对自来水产业企业进行私有化改革;二是通过允许区域外企业进入区域内经营、开发公共管道输送业务和促进自来水经营企业毗邻地带竞争来促进自来水产业的直接竞争;三是对自来水产业实施市场重组的战略。法国主要是把自来水产业分开运营并运用特许经营权制度。除了通过特许权经营制度在自来水产业中引入间接竞争外,还可以通过区域间竞争的方式促使企业进行间接竞争。

- 中国对自来水产业的放松进入管制主要以投融资体制改革为突破口。与此同时,中国部分城市进行了自来水产业区域内的市场结构重组以及部分水务企业进行联合重组,实施跨区域经营战略。从自来水产业放松进入管制的发展趋势看,应该在中国城市自来水现有的市场结构基础上,对自来水设备生产经营、管道网络等基础设施的建设、自来水生产、管网输送及销售等业务实行进入管制分类政策。并根据自来水产业的特殊性,同时实施跨区域联合重组政策。

- 由于自来水产业较强的垄断性,不少发达国家仍然对自来水产业实施全面的价格管制。英国自来水产业价格管制是按"最高限价管制模型"进行,价格上限的基础是 $RPI+K$,K 反映为改善自来水的质量所需要的投资。这个模型为自来水生产企业生产符合质量标准的产品提供了激励。对 K 值的评价与调整周期一般是 5 年或 10 年。由于在自来水企业与管制者之间存在信息不对称。这是价格上限管制的主要缺陷。

- 从新中国成立初期到现在,从中国自来水价格体系的发展历程看,经历了从无到有、从主观制定自来水价格逐渐走向科学定价的过程。自来水价格改革对水资源进行有效配置已带来了一些有益的变化,大部分城市自来水价格已达到或超过保本水平,实现了由福利型向商品型的转变。但是,中国自来水价格的形成目前仍存在不少问题。一是自来水定价的依据仍然按照"成本加成"的原则。二是管制价格不能有效抑制对水的过度需求。自来水价格最终应按经济、环境和社会三个效益原则而定。在自来水设备生产经营、管道网络等基础设施的建设、自来水生产、管网输送及销售等业务实行垂直分离后,应分别根据业务领域的特点制定价格管制分类政策。为了体现环境效益应逐渐加大征收水资源费和污水处理费的力度。并从自来水价格结构管制上进行差别定价。

- 经济发达国家十分重视自来水产业的质量管制。英国为了激励自来水生产经营企业为提高自来水的质量扩大对自来水生产经营的投资,价格管制模型中专门规定质量系数,允许企业为提高自来水质量而提高投资水平。为加强对自来水产品或服务质量的管制,英国在对自来水进行私有化改革后,专门设置管制部门负责对自来水产业的质量进行管制。各个国家分别通过自来水产业的质量标准对其进行严格的管制。

- 中国自来水产业放松进入管制后,无疑也必须对自来水产品或服务质量进行严格管制。管制机构可以采取两种基本的质量管制政策:一是加强对自来水生产经营企业的资格审查,这一政策通过进入管制政策进行控制;二是制定自来水产业的质量标准,严格按照标准对自来水生产经营企业提供的自来水产品或服务进行检测。并且,随着水环境的变化以及消费者对自来水质量要求的提高,自来水的产品或服务标准的制定应该是动态的。

关键词

公用事业（public utility）　　自来水产业（water industry）
水的稀缺性（water scarcity）　　地域垄断（local Monopoly）
垂直一体化（vertical integration）　　管网（pipe network）
水质（water quality）

复习思考题

1. 自来水产业的基本特征是什么？
2. 为什么说自来水产业比其他基础设施产业具有更强的垄断性？
3. 简述对自来水产业进行进入管制、价格管制和质量管制的原因。
4. 自来水产业进入管制、价格管制与质量管制的主要问题是什么？
5. 分析自来水产业"垂直一体化"经营的优缺点。
6. 简述英国自来水产业进入管制和价格管制的基本特点。
7. 简述中国自来水产业进入管制与价格管制分类政策的基本思路。
8. 如何有效实施自来水产业质量管制政策？

延伸阅读

1. 何艳玲，李丹. 扭曲或退出：城市水务PPP中的政企合作关系转换. 公共管理学报，2020（3）.
2. 李三希，喻俊，尹训东. 是否捆绑拍卖？公私合营下最优招标的机制设计. 经济学（季刊），2016（1）.
3. 谭雪，石磊，马中，等. 基于污水处理厂运营成本的污水处理费制度分析——基于全国227个污水处理厂样本估算. 中国环境科学，2015（12）.
4. 王俊豪，付金存. 公私合作制的本质特征与中国城市公用事业的政策选择. 中国工业经济，2014（7）.
5. 肖兴志、韩超. 规制改革是否促进了中国城市水务产业发展？——基于中国省际面板数据的分析. 管理世界，2011（2）.
6. 于安. 论政府特许经营协议. 行政法学研究，2017（6）.
7. 曾贤刚. 我国水务产业市场绩效评价及其影响因素. 中国环境科学，2018（7）.

即测即评

第十六章 金融产业的管制

党的二十届三中全会通过的《决定》提出，"健全投资和融资相协调的资本市场功能，防风险、强监管，促进资本市场健康稳定发展。""提高上市公司质量，强化上市公司监管和退市制度。""完善金融监管体系，依法将所有金融活动纳入监管，强化监管责任和问责制度，加强中央和地方监管协同。"金融产业是一国经济结构中最敏感和复杂的产业，随着经济的发展，金融产业在一国经济发展中已起着至关重要的作用。金融产业的稳定和安全关系到了经济与社会的稳定，甚至关系到了国家的安全。因此，对金融产业实施一定程度的管制也成为各国政府管理一国经济的基本任务。本章主要讨论金融产业的基本特征与管制需求，政府对金融产业的进入管制、价格管制和风险管制等基本内容。

第一节 产业特征与管制需求

一、金融产业的基本特征

金融产业是由各种金融机构所构成的一种产业，这些金融机构在各种金融市场经营着各种金融产品，为经济的运行提供各种不可或缺的金融服务。其基本运行规律表现为，以一定量的自有资金为资本，通过吸收存款、发行各种证券等方式形成资金来源，并通过贷款、投资等形式运用资金，向社会提供各种金融工具和金融服务。中国的金融组织体系由银行类机构、证券类机构、保险类机构及其他非银行金融机构组成，涵盖了从政策性银行到商业性金融机构的各种类型，服务于国家经济发展和居民金融需求。

金融机构与一般经济单位之间既有共性，又有特殊性。其共性主要表现为其具备普通企业的基本要素，如有一定的自有资本，向社会提供特定的商品（金融工具）或服务，必须依法经营、独立核算、自负盈亏、照章纳税等。其特殊性主要表现在以下三点。

1. 经营对象与经营内容不同

金融机构的经营对象是货币资金这种特殊的商品，经营内容则是货币的收付，借贷及与货币运动有关的或与之相联系的各种金融服务。

2. 经营关系与活动原则不同

金融机构与客户个人之间主要是货币资金的借贷或投资关系，其经济活动遵循信用原则。

3. 经营风险及影响程度不同

金融机构因其业务大多是以还本付息为条件的货币信用业务，故其风险主要表现为信用风险、挤兑风险、利率风险、汇率风险等。

由于金融机构所具有的上述特性，导致了金融产业与国民经济中的其他产业具有不同的行业特征。由于货币本位制度已由实体货币本位制、贵金属货币本位制演变至现今的纸币或信用货币制,因而赋予了金融机构扩张和收缩资金供给的能力,致使金融产业的产品供给能力具有了实物经济产业所不具备的特征:金融机构提供"金融商品"在一定程度上可以不完全受到成本的约束。金融产业提供的产品不仅可以通过支付一定的代价筹集得到,还可以以较小的成本创造出来。这一行业特征使得金融产业具有了特殊的资产负债结构并存在着支付危机,承担着一般产业所不存在的风险。同时也滋生了金融机构在逐利过程中因扩大或紧缩货币供给而冲击实物经济正常运行的风险。

二、金融产业的系统性风险与管制需求[①]

控制系统性风险对于金融产业稳定发展至关重要。而政府对金融产业实施管制的根本目的是控制金融产业的系统性风险。鉴于银行业是传统金融业的重要组成,本节主要探讨银行业系统性风险产生的原因,并基于银行业系统性风险分析政府管制需求。

(一) 银行业系统性风险的生成

作为传统金融业,银行业是提供信贷、结算等的服务业。银行业系统性风险指的是由于银行系统中的银行与业务关联,在特定事件诱发下导致整个银行市场剧烈波动甚至崩溃的可能性。触发系统性风险的因素主要包括经济基本面的大变动、大型银行倒闭、存款人信心的变化及其他金融市场风险的传染等。高负债经营的特点决定银行业的脆弱性特征,属于高风险行业,尤其是银行业危机产生的部分风险会向社会和企业转嫁,这让银行本能具有扩张冲动和高风险偏好。银行业系统性风险来源具体表现在以下四方面。

1. 银行混业经营产生的风险

伴随金融市场地位不断提升以及金融全球化的发展,传统商业银行不仅要面临金融脱媒的威胁,还要面对外国金融机构混业经营的竞争压力,部分国家开始放松银行分业经营限制,逐步向混业经营转变。而为规避政府金融管制,混业经营也成为银行重要的策略选择。然而,混业经营模式下,银行的跨机构、跨行业和跨市场的金融产品产生的风险对金融管制形成挑战。混业经营使得部分业务超出传统管制框架的管制能力,金融风险随之产生。

2. 银行规模膨胀产生的风险

在银行市场中,部分银行凭借竞争优势不断扩大经营规模,市场竞争让金融资源向少数几家大型银行集中。金融资源向大型银行的集中,让大型银行成为系统性风险的"导火索"。鉴于大型银行破产倒闭会对金融市场产生巨大的系统性风险,通常会有政府救援计划帮助其走出困境,出现银行"大而不能倒"的问题。虽然银行大型化趋势是市场竞争的结果,但银行规模过大可能产生规模不经济,导致银行管理水平下降,风险也随之产生。

3. 经济高杠杆产生的风险

经济杠杆指市场主体通过借入资金以扩大经营规模。理论上将杠杆水平的提高确定为

---

① 周小梅,田小丽.基于系统性风险的我国银行业监管体系研究.经济界,2020 (5).

推断金融危机的简单且有效的指标。20世纪70年代初至今，已出现多轮银行危机，每轮危机均导致大量银行破产。分析发现，每次银行危机都伴有经济高杠杆（信贷供给膨胀）。尽管导致经济高杠杆的外部经济环境各异，但金融危机的爆发主要源于经济高杠杆。多数银行危机爆发前都存在信贷泡沫，信贷泡沫成为诱发银行风险的重要原因。

4. 金融创新产生的风险

金融产品创新让金融机构间往来密切，形成以资金为纽带的合作关系。金融创新可降低交易成本，提高资金融通效率，但现代金融创新增加了银行业务复杂性，可能诱发金融风险。金融创新是银行传统存贷业务被大量新兴业务代替的过程，金融创新产品为银行带来高收益的同时，也削弱了银行内部管理风险的能力。金融创新产品的复杂性、链条的间接性、预期的不确定性以及信息不完备等，导致银行信用更脆弱，增加了银行业的风险。

（二）政府管制需求

混业经营、规模膨胀、经济高杠杆和金融创新等是银行业产生系统性风险的主要原因。构成风险的因素中，部分风险是银行市场发展的结果，这部分风险则主要通过银行加强风险管理来避免；还有部分风险是政府管制不足所致，需要完善政府管制体系以引导银行市场中的借贷行为，达到控制银行系统性风险的目的。为控制银行业系统性风险、维持金融业良好秩序，不仅需要金融机构内部的有效管理作为支撑，还有必要建立和完善具有强制性、专业性和持续性的政府管制体系作为制度保障。诚然，尽管建立政府管制体系和实施管制会产生相应成本，但政府管制可降低银行发生危机的可能性，避免银行危机产生的损失。实施金融产业管制要立足于控制金融业风险、保护借贷主体利益等方面的考虑，加强对金融机构经营行为的约束，解决金融市场中的借贷主体与金融机构间的信息不对称问题。

第二节 进 入 管 制

一、金融产业进入管制的主要问题

对金融产业实施进入管制的主要目标是基于金融产业的稳定与安全，增加金融产业抵御危机的能力，对金融产业实施一定程度上的管制。为达到上述目标，进入管制的方式手段多样，常见的诸如市场准入管制、设立分支机构和业务管制、金融机构兼并管制、金融机构业务能力管制、金融产品管制等。

由于对市场与政府关系的不同认识，对金融产业实施进入管制在不同国家有不同的做法，有的比较宽松，有的比较严格。在有些进入管制政策比较宽松的国家，从某种程度上来说，与其他行业相比，在金融产业甚至可以认为基本上不存在严格意义上的进入管制。而对于金融产业实施进入管制的国家，因管制的程度、范围、手段与方式等方面仍存在一定的差异，所以也不尽一致。因此，研究金融产业进入管制的问题其结论并不一定具有通适性，应根据不同国家、不同时期和不同情况进行具体分析与应用。

经济发达国家对金融产业的管制基本上经过了"管制（regulation）、放松管制（deregulation）和重新管制（reregulation）"的过程。

要对金融产业实行进入管制是一件非常容易的事情，但要通过这一手段来实现管制者所追求的目标，则并非像人们所预料的那样简单。下面我们分别就部分经济发达国家与中国的情况来考察分析对金融产业实施的进入管制及其政策效应。

二、部分经济发达国家金融产业的进入管制政策

以历史眼光进行总结与评价，经济发达国家对金融产业的进入管制大致上走过了"货币管制""市场管制""机构管制"和"功能管制"这样渐进发展的四个阶段。在这个历史进程中，政府对金融产业的管制，其管制的目标、管制的范围、管制的重心等都随着不同的阶段而不断在变化。早期的货币发行危机、20世纪30年代早期的大危机、80年代的金融企业危机和90年代中期的亚洲金融危机等，分别造就了货币发行垄断的管制、银行准入管制、主要体现为价格管制和分业管制等的金融市场管制以及着眼于风险内控机制的针对金融企业的审慎性管制。从这个意义上说，现代金融管制体系的确立及其职能演变，就是一次次克服金融危机，一次次稳定金融功能的产物。[1] 其间，就进入管制政策而言，各国因具体情况不同对金融产业实施进入管制的发展演变的情况与特点也不尽相同。

总的来看，世界各国的金融管制有多种模式，有危机引致的立法管制模式，有金融中介自律模式，有依赖外部审计模式，还有政府主导型行政性管理模式。显然，美国的金融管制属于典型的危机引致的立法管制模式，其主要特征是通过整治危机而确立金融管制体系，金融管制基本上依靠成文法并通过修正案的方式来完善管制的立法，金融管制的权威性和独立性突出等。在其金融进入管制政策方面经过了管制、放松管制和再管制的几个阶段。

美国对金融的管制最早可追溯到对货币发行和银行业的管制，1863年，针对美国"自由银行业"时期的混乱，美国国会通过了《国民货币法》，建立了世界上第一个银行管制制度。但此时的管制还不是非常严格的，银行业的进入仍有一定的自由。1864年，《国民货币法》修订并改名为《国民银行法》，其宗旨是确立联邦政府对银行业监督和干预的权威，建立统一监管下的国民银行体系以取代分散的各州银行，从而协调货币流通，保证金融稳定。《国民银行法》的颁行虽然实现了对全国货币的管理，但没有对银行业进行全面的管制，货币的管制也只能是针对国民银行，依然缺乏具有中央银行功能的机构，从而难以控制货币供应量，这种状况引发了周期性的金融恐慌。1873年、1884年、1890年、1893年和1907年，都发生了金融危机，这些危机导致银行倒闭和货币市场混乱，有时甚至是影响整个美国经济。作为应付金融危机的步骤，美国国会于1913年通过《联邦储备法》。这是《国民银行法》颁布半个世纪以后，美国金融法最富革命性的进展。[2]

1929—1933年的经济大萧条，是美国金融业由自由发展走向全面管制的分水岭。20

---

[1] 参见李扬为周子衡《金融管制的确立及其变革》一书所作序言。周子衡. 金融管制的确立及其变革. 上海：上海人民出版社，2005：2.
[2] 参见刘毅. 自由与管制：金融管制的历史变迁及其启示. 经济评论，2001（4）.

世纪 30 年代经济危机的爆发改变了人们对市场的信念和对政府在经济生活中作用的评价。西方各国政府把金融领域作为加强政府管制的重点部门。在 1933 年及随后的几年里，美国政府出台了几项关键性的管制措施，标志着金融管制在美国的全面确立。其中一项重要的管制措施是分业经营。美国《1933 年银行法》直接规定商业银行与投资银行分离，确立了美国金融业分业经营的原则。该法的第 16、20、21、32 条款组成《格拉斯—斯蒂格尔法》并构成了银行业与证券业之间的"格拉斯—斯蒂格尔防火墙"（Glass-Steagall Wall）。银行法第 16 条规定银行可以根据客户的要求从事证券经纪业务，但不能为自己的利益从事证券自营业务，不得从事有价证券的承销业务，不得为自己的利益买进或持有有价证券，不得从事公司债券的自营和承销业务；第 20 条禁止商业银行通过其附属公司从事证券活动；第 21 条禁止经营证券业务的任何机构从事商业银行的存贷款业务；第 32 条禁止商业银行与投资银行间建立交叉董事关系。继该法案之后，美国又颁布了《1934 年证券交易法》《投资公司法》《银行持股公司法》以及《国民银行法》等法案，形成了金融分业经营的制度框架，形成了金融分业经营、分业管制的体系。在这一时期，政府倾向于直接管制，金融业自由化的思想已被完全抛弃，相反，对新的金融机构开业加以限制。例如对新银行的进入，管理机构规定的条件是，新银行开业要符合社会的需要，新银行与老银行都能获得足够的收益，两者不可偏废。因此，在这个阶段的金融业已成为受政府保护的行业。

进入 20 世纪 70 年代后，严密的金融管制体制开始受到广泛的怀疑，管制理论的发展、金融创新的大量产生、管制对金融产业正常发展的阻碍等因素导致放松金融管制的要求逐渐强烈。在此趋势下，美国也展开了放松金融管制的金融改革，在 20 世纪 80 年代至 90 年代初期，先后颁布了《存款机构放松管制和货币控制法》《存款机构法》《银行业平等竞争法》《金融机构改革、复兴和实施法》等法律，逐步废除银行业务的地域限制，打破"格拉斯—斯蒂格尔防火墙"，打破了金融机构间的界限，许多管制措施在不断地被取消。1999 年 11 月，美国国会通过了《金融服务现代化法》，彻底打破了金融"分业经营"的界限，对美国金融业乃至全球金融业的改革及发展方向产生了至关重要的影响。

放松管制后的金融自由化给金融产业带来前所未有的生机和活力，但同时也因激烈的市场竞争埋下了金融危机的隐患。进入 20 世纪 90 年代，世界各国的金融危机此起彼伏，1994 年墨西哥金融危机、1995 年巴林银行的倒闭、1997 年的亚洲金融危机、2001 年阿根廷金融危机，美国银行倒闭的规模和速度甚至超过了 30 年代的经济危机。这些现象似乎昭示着金融产业的发展又走到了自由的极限。面对一次次的金融危机以及由此引发的政治危机与严重的经济倒退，美国政府对金融产业开始了再管制。1991 年，美国颁布了《联邦存款保险公司修正法案》（Federal Deposit Insurance Corporation Improvement Act，FDICIA），提出新的管制标准。不过，在再管制的同时，某些金融进入管制的放松并没有完全停止。如 1999 年美国《金融现代化法案》的颁布，标志着金融控股公司（Financial Holding Company，FHC）形式的混业经营的开始。可以认为，银行管制已经进入了放松一部分管制，同时加强另外一部分管制的时期。

英国早期对金融管制的功能主要在于限制准入上，目的是让素质良好的金融机构进入经营，采用的是以自律性金融管制为主的模式。1844年英国通过了《银行特许法》，赋予英格兰银行的货币发行特权，这可以看作是对金融机构管制的开始。此时的银行管制更多的是受自由主义经济思想的影响，政府不愿意过多地干预银行机构的日常经营，只是在迫不得已的情况下才进行少量的控制。

20世纪30年代经济危机后，虽然各国的金融管制呈现出从自由走向全面管制的特点，但英国仍表现出自然渐进型的特征。英国对金融管制仍习惯运用传统的非正式的监督方式，整个金融管制倾向于行业自我监管，只是这种行业自律在这段时期也表现出更多的政府管制强制性特点。可以认为，英国是采用行业自律的办法达到政府全面管制的效果。这一时期，英国金融管制的进展主要表现在英格兰银行作为中央银行权力进一步加强了。首先，英格兰银行进一步垄断了发行货币的权力，其发行的信用限制一再放宽，1928年、1939年、1954年分别通过《通货与钞票法》大大加强了英格兰银行作为货币发行银行的地位。其次，英格兰银行作为中央银行的职能在实践中逐步得到加强，并逐渐在运用其中央银行的职权来控制其他银行。

1976年英格兰银行发表了《对接受存款的人许可监督》白皮书，严格限制使用"银行"名义，规定"银行"名义只适用于少数有最高金融地位的机构；严格限制许可接受存款人的资格。1979年的银行法首次对从事存款业务的权利做出限制，将认可机构分为两类，一类是认可银行，另一类是持牌机构。只有符合英格兰银行严格要求的机构才被认可为银行，管制的重点主要是那些达不到银行要求的"持牌机构"。[1]

20世纪80年代至90年代的放松管制风潮同样影响到英国，适应金融产业发展的需求，英国在一定程度上放松了金融业之间的进入管制。1986年，伦敦证券交易所实施重大改革，允许商业银行直接进入证券交易所进行证券交易，准许非交易所成员收购交易所成员公司的股票，取消经纪人与证券商的界限。这一改革举措不仅促成了英国本土商业银行进入投资银行领域，而且也促成了美国、日本的商业银行涌入英国证券市场。而此时的美国、日本，政府是禁止商业银行从事证券交易的。

日本和德国也差不多经历了从分散的较为自由的银行体系走向对货币银行系统实行管制的发展历史。1872年日本颁行《国立银行条例》，标志其进入现代银行时代，并于1882年成立了日本银行，逐步垄断了货币发行。第二次世界大战后的日本标榜实行英国模式的金融管制，但实际上是在政府主导下进行的，银行的建立与发展也始终受到政府强有力的扶植和干预。其金融管制是以银行的管制为中心展开，进入管制构成了日本金融管制的主要内容之一。日本的金融管制明显地呈现垄断资本主义特征，用保护金融业垄断的方法，达到维护金融体系稳定。德国于1876年成立了帝国银行，统一了德国货币。总之，对货币发行的垄断是对金融业初步管制的第一步，具体的标志是中央银行的纷纷创立，尽管当时其权力还相当有限。

日本在1970年开始放松金融进入管制，但进展不大。1980—1984年，日本逐渐废除了银行筹措外汇、兑换日元、用日元核算的资产投资的"日元转换"限制。1984年，日

---

[1] 参见刘毅.自由与管制：金融管制的历史变迁及其启示.经济评论，2001（4）.

本大藏省公布了《金融自由化与日元国际化的状况与展望》，推行金融业务、金融市场及产品自由化，以及金融国际化。在金融自由化国际浪潮影响下，德国也采取了金融自由化的措施。1985 年，德国取消了对以欧洲马克为单位的欧洲债券发行规模和发行时间的限制，使外资银行获得了牵头经营这类发行的权力。1986 年以后，德国又采取允许外国银行发行以德国马克为面值的大额存单，允许引入新的金融工具，推动德国证券市场的国际化与多样化，使法兰克福金融市场的国际化程度大大提高。

三、中国金融产业的进入管制政策

中国金融产业的进入管制领域基本是一个逐渐放松的过程，在这个过程中逐步形成了中国目前含银行类机构、保险类机构、证券类机构，以及非银行金融机构在内的一个完整的金融产业体系。

改革开放后，中国逐渐打破完全由政府控制的金融体系，商业银行逐渐与中国人民银行分离，民间资本开始进入金融领域。

新中国成立以后到 1978 年改革开放前，中国计划经济体制下金融体系本质上仅有中国人民银行，且当时中国人民银行归财政部管理，没有独立的金融体系。1978 年，中国人民银行从财政部独立出来是恢复金融体系的标志。1979 年恢复中国农业银行，主要管理支农资金，从事农村信贷业务。1979 年中国银行从中国人民银行分离出来，主要统一经营和管理外汇业务。1980 年恢复中国建设银行，主要利用存款发放基本建设贷款，办理拨改贷业务，并发放城市综合开发和商品房建设贷款。[①] 此时中国国有商业银行架构基本形成。1980 年，河北省成立首家城市信用社，在民营经济快速发展背景下城市信用社迅速发展起来。

中国金融市场不仅对内开放，也开始对外开放。1979 年，日本输出入银行在北京设立代表处，是金融市场开始对外开放的象征。1981 年，外资金融机构在深圳和厦门等经济特区开始设立营业性机构。在对外开放政策推动下，中国进一步深化金融市场改革为经济发展提供更大空间。为适应经济发展要求，银行业对外开放逐步从经济特区向中心城市和沿海城市拓展。[②]

为适应中国经济改革和发展的需要，1984 年 1 月 1 日起，中国人民银行专门履行中央银行职能，且中国工商银行从中国人民银行分离出来，主要从事工商信贷业务。此时中国初步形成现代金融体系。而该阶段农村信用社的增长为乡镇企业的迅速发展提供了融资渠道。1986 年，中国组建首家股份制形式的交通银行。1987 年，成立首家由企业集团发起的中信实业银行（现中信银行）。同年，成立首家以地方金融机构与企业共同出资的深圳发展银行。多元化商业银行相继开业构成了中国银行业的新格局。与此同时，中国相继出现了信托投资公司、财务公司和投资基金等非银行金融机构。

在 1978—1990 年，以传统信贷业务为主导的中国商业银行几乎是唯一的金融业态。

---

① 刘迎霜. 中国金融体制改革历程——基于金融机构、金融市场、金融监管视角的叙述. 南京社会科学，2011(4).

② 何英，刘义圣. 中国金融市场开放的历史进程和发展路径. 亚太经济，2018(6).

支付清算和分配资源等功能基本上都是通过传统商业银行完成。1990 年，中国不断推进金融领域的改革。1990 年 8 月，上海获准引入外资金融机构。从此，外资金融机构开始大量进入上海金融市场。与此同时，1990 年 11 月设立上海证券交易所，1991 年 4 月设立深圳证券交易所。这是中国资本市场步入规范发展阶段的标志。① 在资本市场发育过程中，先后设立证券公司和投资基金等。资本市场的发展对金融管制体系提出了要求。1992 年，成立国务院证券委员会和中国证券监督管理委员会，主要履行对证券业实施管制的职能。

该时期中国金融体系实现了跨越式发展，但也存在一些问题。1994 年，国务院推出系列改革措施。同年，政府宣布实施有管理的浮动汇率制度，并进一步推进中国商业银行体系改革。另外，政府还推动了银行、证券和信托分业经营和管制改革。1996 年，上海外资金融机构试点开展人民币业务。同时，部分外资保险公司进入中国保险市场。

2001 年中国加入世界贸易组织（WTO），根据 WTO 规则和中国的承诺，按照既定时间表，中国金融产业面临全面改革开放的局面。在此背景下，中国允许更多国外金融机构进入。2006 年 12 月，政府加大了金融市场对外开放的力度。2007 年 12 月，进入中国的外资银行 254 家。2008 年，中国 60 家基金管理公司中有 30 家属于合资基金管理公司。2008 年年底，52 家海外机构进入中国证券市场，总投资额达 102.95 亿美元。② 中国金融业开始向混业经营体制发展。

尽管中国金融业不断放松进入管制，但同时商业银行信贷业务要面临来自管制机构的规模、准备金和信贷价格等多种限制政策。而影子银行③体系在产品定制、客户关系以及定价方面比较灵活，更容易满足市场投融资需求。由于迎合了市场主体投融资的需求，影子银行顺势发展壮大。2008 年后，中国由银行表外理财、信托贷款、同业业务、委托贷款以及各类资产管理产品等组成的影子银行规模迅速扩大，且牵涉到储户、企业、银行、保险、基金、证券和信托等。2017 年年末，中国影子银行存量约为 51.1 万亿元，是 2008 年年末的 7.7 倍，年复合增长率为 25.5%。2018 年年末存量仍有 48 万亿元。④

对外开放的同时，中国金融市场对内也加大了开放力度。2012 年 3 月，国务院颁布《浙江省温州市金融综合改革试验区总体方案》，鼓励民间资本设立或参股村镇银行等金融组织。⑤ 截至 2023 年 12 月末，全国村镇银行机构组建数量已达 1 636 家。⑥ 近 30 年来，中国股票市场发展迅速。1990 年年底，沪深交易所仅有 13 只上市交易的股票，到 2024 年 11 月 22 日，沪深上市公司数达到 5 119 家。

20 世纪末 21 世纪初，互联网技术推动了金融创新，大数据和云计算等信息技术不断

---

① 吴晓求. 改革开放四十年：中国金融的变革与发展. 经济理论与经济管理，2018（11）.
② 李扬. 中国金融改革开放 30 年：历程、成就和进一步发展. 财贸经济，2008（11）.
③ 影子银行指的是向企业、居民和其他金融机构提供流动性、期限配合和提高杠杆率等服务，从而在不同程度上替代商业银行核心功能的那些工具、结构、企业或市场。转引自李扬. 影子银行体系发展与金融创新. 中国金融，2011（12）.
④ 李文喆. 中国影子银行的经济学分析：定义、构成和规模测算. 金融研究，2019（3）.
⑤ 黄燕辉. 我国金融监管的演进历程变迁：强制性抑或诱致性. 改革，2013（9）.
⑥ 资料来源：国家金融监督管理总局发布的《银行业金融机构法人名单》，2024-4-30.

重塑传统金融经营模式，类金融机构和新型金融业态发展迅速。为鼓励金融创新，金融管制机构采取了包容性管制，互联网金融业务进入中国金融市场几乎不存在门槛。在此背景下，各种互联网金融进入快速发展阶段。

综合而言，中国金融产业呈现出金融市场开放化、金融机构多样化、产品结构复杂化、市场交易高频化、混业经营趋势化特征，这种情况对传统分业管制体系提出了挑战。

第三节 价格管制

一、金融产业价格管制的主要问题

基于安全性和保护性目标，在20世纪70年代以前，各国普遍对金融产业实行价格管制，具体表现为实行存款利率限制政策，制定存款利率最高限额，规定商业银行不得对活期存款支付利息，实行汇率管制政策等。虽然后来的金融自由化风潮使金融价格管制有所减弱，但在许多国家，特别是一些发展中国家价格管制仍然是对金融产业管制的重要手段。

对金融产业的价格管制，其范围涉及银行和储蓄机构的存贷款利率、保险业的保险费率水平、证券行业的各种证券价格和各种金融机构的金融交易费用等；采取的手段主要有规定利率上限、直接或间接的指令信贷、限制价格波动幅度、规定交易费用等。

从金融产业发展的历史来看，金融产业的价格管制对抑制金融产业的周期波动、保护消费者的利益和促进金融产业的发展确实起到了一定的作用。但随着经济的发展和金融产业自身的发展，对金融产业的价格管制逐渐显现出一些弊端。例如，乔治·J.施蒂格勒在《证券市场的公共管制》一文中通过对大量的实证数据进行研究，发现政府在管制证券市场的过程中产生的成本非常庞大，而相对来说政府的管制效果却是微不足道的，因此最后得出政府对于证券市场的管制是无益的，不主张政府对于证券行业进行管制。[①] 对于金融产业价格管制的主要问题，以下我们以利率上限管制和指令信贷管制为例做分析。

利率上限管制，是指政府根据其管制目标的需求人为制定利率水平，通常情况下，利率上限是低于正常的市场水平的。一般而论，利率上限管制会导致以下四种效应。一是因资金供给者所获得的利率较低，可贷款资金量便会减少。二是利率上限管制会最终降低总贷款额。三是利率上限管制会减弱信贷使用的效率，导致额外的效率损失。四是利率上限管制会演变成指令信贷的形式。

我们可以用传统的供求分析图来解释利率上限的存在是如何减少可贷资金以及降低信贷效率的。在图16-1中，LL曲线和SS曲线分别代表下降的可贷资金需求曲线和上升的可贷资金供求曲线。如果没有利率上限管制，市场均衡利率和可贷资金量分别为R^*和M^*。假设存款利率现在被确定为r，此时贷款利率便增至R，其相应的存贷款利息差则为$R-r$，从而形成信贷市场的所谓经济租金，其数量等于四方形$rRAB$的面积。显然，在金

---

① 参见乔治·J.施蒂格勒.产业组织和政府管制.潘振民，译.上海：上海人民出版社，1989：179.

融管制情况下,这些租金是由银行、贷款人和政府获得的。① 此时的效率损失为 $\triangle ABE$ 的面积。可以看出,存款利率上限越低,效率损失就越大;可贷资金供应量弹性越大,即 SS 曲线越平坦,效率损失也越大。

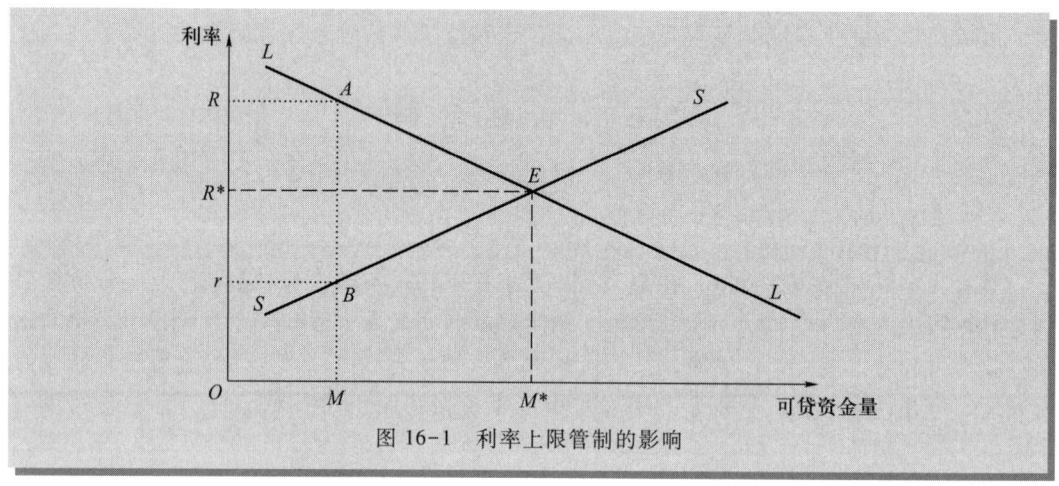

图 16-1 利率上限管制的影响

另外值得注意的是,当通货膨胀存在时,上述利率上限管制的负面效应会更加严重。通货膨胀和利率限制会大幅压低实际利率,使得后者在多数情形下为负值,这便会带来更严重的问题,如脱媒(disintermediation)、资本外逃(capital flight)和倚重外资等。不难理解,这严重扭曲了资金的分配渠道,导致巨大的效率损失。

由于存在经济租金,利率上限管制往往会演变成直接或间接的指令信贷政策。各种利益集团为了从租金中获得好处会展开各种寻租活动,这种现象在各实施利率上限管制的国家普遍存在,尤其表现在争取农业和基建投资的贷款项目中。直接指令信贷是指政府运用行政手段将可贷资金以低于市场利率的形式进行分配;间接指令信贷也称为交叉补贴(cross subsidy),是指政府在分配信贷额度时牺牲一部分贷款者的利益以补贴另外一部分贷款者的行为。不管是直接还是间接的指令信贷,均会因寻租行为的存在而导致比一般利率上限管制时更大的效率损失。

二、部分经济发达国家金融产业的价格管制政策

20 世纪 30 年代的经济危机导致西方各国政府把金融领域作为加强政府管制的重点部门。1933 年及随后的几年里,美国政府出台了几项关键性的管制措施,其中一项重要的措施是利率管制。1933 年银行法赋予了美国联邦储备委员会决定银行支付定期存款最高利率的权力;1935 年银行法又将这一利率管制的范围扩大到活期存款;1966 年美国颁布《利率限制法》,将这种管制扩大到储蓄机构。政府实行利率管制的意图在于使银行放弃风险大的贷款和证券投资,避免银行间的恶性竞争,降低融资成本,保护存款人利益等。

---

① 政府可以通过征税或征收银行牌照费等形式取得租金。

从 20 世纪 30 年代初期开始到 60 年代末，包括利率管制手段在内的价格管制都是世界各国政府管制金融产业最重要的内容之一。

但由于利率管制容易导致资金外流，如欧洲美元市场的迅速发展就是美国利率管制过严的直接结果，加上 20 世纪 70 年代以来的金融危机等方面原因，经济发达国家纷纷放松对金融产业的价格管制，其中最突出的就是放松利率管制。如美国先后于 1980 年和 1982 年通过了《存款机构放松控制和货币控制法》和《加恩—圣·杰曼法》，这两个法案要求逐步取消存贷款利率上限的管制。1984 年，日本公布了《金融自由化与日元国际化的状况与展望》，其内容是利率的自由化。英国、法国、德国等也都在 20 世纪 80 年代初实行了利率自由化。进入 20 世纪 90 年代以后，金融市场国际化和金融市场运行自由化的趋势，使得发达国家已经基本消除了对汇率与其他金融价格的管制，发展中国家也基本消除或半消除此类管制措施。

1975 年以前，世界各国的证券市场交易基本上都采用固定佣金制度。当时美国实施的证券交易固定佣金制度规定所有的经纪公司按照全国统一的标准费率收费，佣金费率不因交易量的大小而变化，证券买卖的大户和散户所需支付的佣金相同，还规定所有经纪公司不得给客户任何形式的回扣或补贴。1975 年，美国国会通过了《有价证券修正法案》，并率先在全球范围内废除了证券交易的固定佣金制度和实行佣金协商制。在此之后，澳大利亚在 1984 年、法国在 1985 年、英国在 1986 年、日本在 1999 年均纷纷取消了交易固定佣金制和采取了由证券经纪商与客户协商决定佣金费率的制度。①

综观经济发达国家的价格管制放松过程可以发现，取消金融产业的价格管制往往是伴随着接连不断的金融创新而发生的，两者互相推动。同时，价格管制政策的改革与金融产业的其他政策改革是紧密交织、同步进行的。不过，取消金融产业的各种价格管制措施并不意味着政府对金融市场价格放任不管，政府对各种金融价格的形成与决定仍具有重要的作用。如美国实现了利率市场化后，并不是说美国货币管理当局就完全不再干预和控制利率。美联储通过它所掌握的联邦基金利率仍间接地在操纵市场利率的变动，美联储的联邦基金利率的变动始终是市场利率变动的重要依据。除个别年份外，绝大多数年份，美联储的联邦基金利率与商业银行的优惠贷款利率是同方向变动的。这说明，美联储对商业银行的存款利率和贷款利率起了一个指导作用。事实上，商业银行、其他银行、非银行金融机构以及其他社会公众已把观察美联储的联邦基金利率当成一种习惯，而且非常敏感。此外，美联储还有稳定市场利率的义务。② 另外，世界主要的 27 个证券交易所中，仍有些交易所实行最低（高）费率制度，或实行在一定区间内协商议价制度，还有的实行佣金有限协商制度。

从世界范围来看，各国金融价格管理模式或体制由于经济市场化程度的不同而有所不同，但概括起来可以分为四种：第一种是计划价格模式。这是完全由国家计划管理的价格体制，各种金融产品的价格水平均由国家决定，而且以行政命令方式要求各金融机构执行

---

① 参见张弘. 佣金制度变革及证券经纪商的策略. 证券市场导报，2001（3）.
② 参见胡蔚霞. 利率市场化：国际经验与中国现实. 世界经济情况，2002（8）.

规定的价格水平。第二种是浮动价格模式。政府管理者只规定价格上限和下限，金融机构在这一价格水平范围内可以根据具体情况自行确定其价格水平。第三种是自由化价格模式。它是指各金融机构根据市场上的供求状况独立地决定金融产品的价格水平，政府必要时可采用间接的方式进行适当调节。第四种是完全市场化价格模式。它是指金融产品价格完全由市场供求状况来决定，政府对其不采取任何干预措施。迄今为止，世界上任何一个国家都不曾实行过完全市场化价格模式，即使像英、美这样金融市场十分发达的国家也不例外。事实上，严格意义上的完全市场化价格在实际中是很难实行的，因为市场价格无时无刻不在变化，即使是均衡状态也只是暂时的现象，况且实际中均衡价格究竟是多少，恐怕谁也无法精确计算。所以，在经过了"管制—放松管制—再管制"这样一个过程后，目前，经济发达国家对金融产业的管制大多采取第三种价格管制模式，即政府不直接采取价格管制，而更多的是采用一些间接的手段进行指导与调控。

三、中国金融产业的价格管制政策

新中国成立以来，中国长期实行计划经济体制，整个金融产品的设计、提供与价格确定，其权限都集中在中央政府和中央银行，而且主要作为一种强制性的行政手段来运用。改革开放以后，随着金融产业自身发展和整体经济的发展，经过多年来的金融改革，中国的金融价格管理模式已经逐步完成了从第一种计划价格模式向第二种浮动价格模式的转变，而且正在酝酿向第三种自由化价格模式的转变。就目前情况来看，中国金融的价格管制政策仍广泛地存在于银行、保险、证券、期货和其他金融机构之中。

1. 银行业的价格管制政策

银行业的价格管制主要体现在存贷款利率的管制上。利率管制和中央银行对存贷款利率的直接调整实质是中央银行代替商业银行直接定价。从1986年国家允许银行同业拆借利率自行协商议定、1998年中央银行取消信贷规模管理以来，利率管制的改革过程走过了近30年的历程。至今，中国已经初步形成了以中央银行利率为基准利率，同业拆借利率、回购利率等市场利率为基础利率，对商业银行贷款利率允许在一定范围内浮动的利率体系。[①] 首先，在基准利率方面，包括中国人民银行对商业银行的存款准备金利率、再贷款利率和再贴现利率；其次，形成了同业拆借利率、回购利率、贴现利率等市场化程度较高的利率；最后，中国人民银行授权专业银行和其他金融机构利率的浮动权，形成了一定程度上的浮动利率体系。

在外汇价格管制方面，中国目前实行的是管制的浮动汇率。虽然人民币在经常项目下实行了自由兑换，但对资本项目仍实行比较严格的管制。这种做法目前仍有利于汇率的稳定，即使市场上出现了本币高估或低估的情况，也不至于引起汇率的大幅度波动。从近年来中国的实际情况来看，汇率一直非常稳定，没有出现过较大的波动。

2. 保险业的价格管制政策

中国目前对保险业采取了一定程度上的价格管制，这方面的管制措施主要源自《中

---

① 参见李伟，张路胶. 论当前我国大力推进利率市场化改革的有利条件. 厦门月刊，2006（1）.

华人民共和国保险法》（以下简称《保险法》）、《工伤保险条例》和《保险企业管理暂行条例》等法律法规。

1995年颁布的《保险法》规定，主要商业保险险种的主要条款和费率由监管部门制定，其他险种的条款费率报监管部门备案。2002年在对《保险法》修正时，结合保险市场的发育程度，放松了对条款费率的管制。修正后的《保险法》第136条规定："关系社会公众利益的保险险种、依法实行强制保险的险种和新开发的人寿保险险种等的保险条款和保险费率，应当报国务院保险监督管理机构审批。保险监督管理机构审批时，遵循保护社会公众利益和防止不正当竞争的原则。审批的范围和具体办法，由保险监督管理机构制定。其他保险险种的保险条款和保险费率，应当报保险监督管理机构备案。"

保险条款是保险公司的产品，保险费率是这一产品的价格。作为保险合同的要素，在理论上监管机构不应过多地管制这种价格。但考虑到格式化的保险合同使消费者仅有缔约与否的选择权，为充分保障社会公众的利益，防止保险公司进行恶性价格竞争，损及自身偿付能力，因而，包括中国在内的一些国家在监控保险公司偿付能力的同时也对保险费率进行管制。这在某种阶段也具有其一定的合理性。目前，由于中国的保险公司自我约束能力较差以及以偿付能力为核心的管制机制并未成型，因此，从防止恶性竞争引发行业风险的角度考虑，对保险费率进行适度的管制是可行的。

3. 证券业的价格管制政策

对证券市场的管制是各国金融管制的一个重要内容。由于证券的发行是一种垄断行为，只要发行量没有超出某一限度，某些投资者就完全有能力垄断或操纵某一证券的交易价格，导致交易价格的扭曲，从而损害社会的公共利益。因此，有必要对证券业实行价格管制，以保护广大中小投资者的利益。由于各国证券市场发育程度不同，各国证券市场的管制模式也不一样，大致主要有以下两种类型：

一种是国家集中统一管制模式。在这种模式下，由政府下属的部门或由直接隶属于立法机关的国家证券监管机构对证券市场进行集中统一管制，而各种自律性组织，如证券交易所、行业协会等只起协助作用。集中统一管制模式以美国、日本、韩国、新加坡等国为代表。

另一种是自律模式。在这种模式下，通常没有制定直接的证券市场管理法规，而是通过一些间接的法规来制约证券市场的活动；并且一般不设立全国性的证券管理机构，而是靠证券市场的参与者，如证券交易所、证券商协会等进行自我监管。这种模式以英国、德国、意大利、荷兰等国为代表。

中国采取的是第一种模式，由成立于1992年的中国证券监督管理委员会统一对证券行业实施管制。在各种管制手段中，价格管制仍是一种主要的管制手段，如中国证券交易佣金费率采用的还是经物价管理部门批准的、由交易所制定的固定比率；对证券交易价格实行涨跌幅限制；对股票直接管制一级市场上的市盈率水平等。目前价格管制的主要法律法规依据有《中华人民共和国证券法》《中华人民共和国证券投资基金法》《企业债券管理条例》《禁止证券欺诈行为暂行办法》《股票发行与交易管理暂行条例》等。

4. 期货业的价格管制政策

中国现行期货业的价格管制主要体现在交易价格涨跌幅限制、交易佣金费率、保证金比例等方面。2022年4月20日，第十三届全国人民代表大会常务委员会第三十四次会议通过了《中华人民共和国期货和衍生品法》，并于2022年8月1日起正式施行。该法填补了长期以来中国期货和衍生品领域的法律空白，为期货市场价格管制提供了法律依据。

第四节 风 险 管 制

一、金融产业风险管制的主要问题

防范金融风险以维持金融产业的稳定和发展，这几乎是对金融产业实施政府管制的一个最为人们普遍接受的理由，也是政府对金融产业实施管制的最主要的领域。以金融脆弱性为基础的风险管制主要采取的方法包括规定有效法定准备金（effective reserve requirement）、建立存款保险制度、资本充足率要求、强制信息披露、银行国有资产率、资本流动管制、建立政策性金融机构、风险投资限制等。

规定金融机构的法定存款准备金率是大多数国家，特别是发展中国家所采用的一种手段，其目的在于控制货币供应量以抵御经济周期的干扰。同时，各金融机构缴纳的存款准备金也是政府的一种重要的收入来源，因而往往会使得政府在不知不觉中制定偏高的存款准备金率。

存款保险制度的确立是美国《1933年银行法》的一项成果。该法明确规定创立联邦存款保险公司（FDIC），并提出两个独立的存款保险计划，即于1934年1月1日启动的暂时计划和于1934年7月1日生效的长久计划。该法规定所有联储成员都应加入存款保险，其他银行可以自愿选择是否参加。同时，加入存款保险的银行必须接受联邦存款保险公司的监督。美国联邦存款保险制度的建立在国际上产生了示范效应。根据IMF的统计，目前全球已经有70多个经济体拥有存款保险制度。

20世纪80年代的金融危机使各国意识到了资本充足的重要性。1991年，美国颁布了《联邦存款保险公司修正法案》（Federal Deposit Insurance Corporation Improvement Act，FDICIA）。该法案提出对银行资本充足水平的要求。随后几年，以风险为基础进行权衡的资本标准在美国商业银行实行。同时，考虑到银行倒闭过程中因为存款保险公司的管制容忍和不合适的过度帮助使得损失加大，修正案制定了针对问题银行的及时校正措施（Prompt Corrective Action，PCA）和针对即将倒闭银行的最小成本清算办法（Least-Cost Resolution，LCR），以防止管制容忍的产生。此外，银行信息披露的要求与标准也在美国逐步完善。

为了贯彻政府金融调控的目标，防范金融风险，许多国家都纷纷建立各种政策性金融机构专门负责某一行业领域的信贷计划，如工业、农业、外贸等行业。这些特设金融机构担任着政府融资的角色，而且多偏重政治考虑而非经济考虑，不完全依靠市场来分配信贷额度。[①]

---

① 张俊喜. 金融管制的弊端与金融开放的次序//田国强主编. 现代经济学与金融学前沿发展. 北京：商务印书馆，2002.

银行国有资产率的要求基于政府认为控制金融风险最好的方法莫过于建立国有银行，因此，各国都对银行的国有资产率做出了规定，以此来保证国家在金融机构中的主导地位。除少数国家或地区之外，大多数国家的银行国有资产率都在40%以上。

上述产生于不同时期的各种风险管制手段对于控制与防范金融风险、保护存款人和投资者的利益确实取得了实际成效。但以不同时期情况来看，一个时期采取的管制办法对其他时期的金融产业情况来说有可能是不适用的。也正是这个原因，金融管制本身也不断在随着金融产业的发展而变动。即使是目前许多国家仍在采用的管制手段，虽然管制者自身认为能够取得其预期的目标，但客观地评价，其负面影响仍然存在，这是对金融产业进行风险管制所应清醒认识到的问题。下面我们就以各国普遍采用的法定存款准备金这一管制手段对此做出说明。

为分析需要，我们先假定利率可以自由调整并达到竞争均衡状态。以 π 表示实际和预期的通货膨胀率，i_d 和 i_e 分别表示平均名义存款利率和平均名义贷款利率，r_d 和 r_e 分别表示实际存款利率和实际贷款利率。根据著名的费舍尔（Fisher）方程式，我们有

$$r_d = i_d - \pi \text{ 和 } r_e = i_e - \pi \tag{16.1}$$

设 k 为相对于总存款额（D）的平均法定存款准备金率，那么，私人贷款（L）将是剩余的存款额部分：

$$L = (1-k)D \tag{16.2}$$

由于一般而言法定存款准备金率不生息，因此，银行的收入全部来自贷款。银行间的完全竞争将使每家银行的营业利润降至零，即银行的所有贷款收入全部用于支付存款人：

$$i_e(1-k) - i_d = 0 \tag{16.3}$$

由式（16.3）求出 i_e 并代入式（16.1），我们得出

$$r_e = r_d/(1-k) + \pi k/(1-k) \tag{16.4}$$

显然，实际贷款利率是递增函数。换言之，给定实际存款利率，通货膨胀率和法定存款准备金率越高，实际贷款利率则越高。因此，高法定存款准备金率的即刻效应是将实际贷款利率上扬。而且，在通货膨胀的情况下，这一效应显得尤为突出。两种因素联合在一起就会提高实际贷款利率、增加贷款成本，从而减低贷款数量。

我们如果将式（16.4）变换可以得到

$$r_d = (1-k)r_e - \pi k \tag{16.5}$$

这一方程式表明，给定实际贷款利率，高法定存款准备金率会将实际存款利率压低，除此之外，即使名义利率可自由浮动，高通货膨胀不仅不会提高实际存款利率以补偿部分损失，反而会使其下降。

进一步，如果我们将式（16.4）两边减去 r_d，可以得到

$$r_e - r_d = r_d k/(1-k) + \pi k/(1-k) = i_e - i_d \tag{16.6}$$

给定实际存款利率，存贷款息差随法定存款准备金率和通货膨胀率的增加而增加，即高法定存款准备率将扩大存贷款息差。

归纳上述分析，高法定存款准备金率会带来额外的扭曲，将大幅提高实际贷款利息、降低实际存款利息和拉大两者的息差，这样可贷资金将不可避免地招致萎缩。

二、部分经济发达国家金融产业的风险管制政策

由于对各国金融产业实施管制的终极目标在于防御金融风险以保证金融产业的稳定运行，因而在各国的金融管制框架中，风险管制政策是最为丰富与常见的，也容易被各方所广泛接受。特别是经过"管制—放松管制—再管制"这一管制变革历程以后，各国均相继放松对金融产业的进入管制和价格管制，而将重点放到金融产业的风险管制上面来。

1933年美国金融危机以后，政府出台了几项关键性的管制措施，其中一项措施是建立存款保险制度和存款保险机构（联邦存款保险公司），该机构同时也是一个新的银行监管机关。这也是1933年银行法的一项成果，《1933年银行法》的重点是确保银行资金不能用作投机之用。该法明确规定创立联邦存款保险公司，并提出两个独立的存款保险计划，规定所有联储成员都应加入存款保险，其他银行可以自愿选择是否参加。同时，加入存款保险的银行必须接受联邦存款保险公司的监督。美国联邦存款保险制度的建立在国际上产生了示范效应。《1933年证券法》和《1934年证券交易法》则是对证券发行和交易进行的管制，特别是对发行注册制度、信息披露和投资者保护的有关方面进行了规定，并成立了独立的联邦证券监管机构——证券交易委员会（SEC）。1970年《银行控股公司法》通过，限制了银行从事保险业务。1968年《真实信贷法》、1969年《消费者信贷保护法》、1974年《公平信贷收费法》等法律法规的推出，旨在减弱银行与消费者之间的信息不对称，保护消费者的合理权益。这些法律的实施给金融产业带来了巨大的冲击。[①] 从此，商业银行和投资银行（证券机构）以及保险公司分业经营的局面开始形成，并直到1999年的《金融服务现代化法案》通过时才被彻底打破；而商业银行、投资银行、保险公司由不同监管机关（美联储、货币监理署、存款保险公司、证监会以及州政府监管部门等）分业监管的基本格局则从1934年起至今尚在沿用。

20世纪80年代以来的新金融危机使人们产生了对银行进行再管制需求，各国相应采取了很多措施。例如，在20世纪80年代储蓄协会的大量破产之后，美国意识到了资本充足的重要性。1991年，美国颁布了《联邦存款保险公司修正法案》。该法案提出新的管制标准，强调对银行资本充足水平的要求。随后几年，以风险为基础进行权衡的资本标准在美国商业银行实行。此外，银行信息披露的要求与标准也在美国逐步完善。

1999年通过的《金融服务现代化法案》彻底废除了《格拉斯—斯蒂格尔法案》，允许金融机构联合经营。之后，为适应不断出现的新挑战，原本分业管制的体制也作出了新的调整和变动，提出了一个并不完全否定分业监管的"功能性监管"概念，针对混业经营下金融业务交叉现象层出不穷的趋势，强调要实施跨产品、跨机构、跨市场的管制，设立一个统一的监管机构来对金融业实施整体管制，使监管机构的注意力不仅限于各行业内部的金融风险，从而达到降低系统性风险的目的。

在英国方面，根据《2000年金融服务和市场法》的规定，英国成立了世界上最强有

---

① 其中最有名的案例是金融巨头摩根银行被"格拉斯—斯蒂格尔防火墙"一切为二：J.P. 摩根公司继续从事商业银行业务，而摩根家族的一个成员和公司的两个合伙人携部分员工离开了公司，另起炉灶成立摩根-斯坦利公司从事投资银行业务。参见吴清. 放松金融管制及其对金融业的影响. 货币金融评论，2002（5）。

力的金融监管机构——金融服务监管局（Financial Services Authority，FSA）。FSA 的基本原则是围绕风险管理这个核心，对不同的金融机构采用"量体裁衣式"的金融管制，制定并公布了一整套宏观的、适用于整个金融市场各监管机构的"监管 11 条"。其具体内容包括：被监管者一定要诚实地开展业务；被监管者一定要勤奋和细心地以应有的技能开展业务；被监管者在适当的风险管理机制下，一定要负责和有效地采取适当的谨慎态度组织和管理其业务；被监管者一定要保持适当的金融资源和财力以应付可能的危机；被监管者一定要遵守相应的市场行为准则标准；被监管者一定要公平对待其客户，并对客户的利益给予应有的考虑和重视；被监管者一定要对其客户的信息需求给予应有的重视，提供给客户的信息应该明了、公平、不能误导；当被监管者对其客户的资产负有责任时，一定要做出适当的安排以保护这些客户的资产；被监管者一定要以公开及合作的态度接受 FSA 的监管，被监管者一定要将必须及时通报的情况报告给 FSA。

FSA 对银行业采用以风险控制为基础的管制原则，对银行业批发业务的监管进行改革，给予从事批发业务和零售业务的银行以不同的市场准入条件和管制条例。对于英国证券业，FSA 打破伦敦证券交易所垄断证券市场信息的格局，推进证券市场信息披露制度的改革，制定新的资本守则（capital accord），以保护投资者的利益。对于保险业，FSA 进行大规模的整顿，并从严制定新的保险业规则。总之，英国 FSA 新的管制理念是运用谨慎的规则来监管而不是以"控制"为基础去实现管制；大量运用在"外部"的、保持一定距离的监管，而不是以频频到银行内"查账"为基础去实施监管；在监管中充分重视被监管机构的会计报告；充分发挥专业技术人员的作用进行管制。

另外，为了防止 FSA 在金融管制中可能发生的以权谋私、渎职行为，英国还成立了专门的金融监管制约机构"金融服务和市场特别法庭"（Financial Services and Market Tribunal），并于 2001 年与 FSA 同时开始运作。该法庭主要审理发生在 FSA 与被监管机构之间且经双方协商难以解决的问题。

成立于 1974 年的巴塞尔银行监管委员会（以下简称"巴塞尔委员会"）是银行监管领域最重要的国际组织，是制定银行监管标准的权威机构。巴塞尔委员会 1988 年发布的《关于统一国际银行资本衡量和资本标准的报告》中关于银行的资本与加权风险资产余额的比例不得低于 8% 的资本充足率要求，是衡量单个银行乃至整个银行体系稳健性的最重要指标。作为银行监管历史上一个重要的里程碑，它为各国银行监管当局提供了统一的资本监管框架，对国际金融业产生了巨大的影响，使全球资本管制总体上趋于一致。有 100 多个国家以不同的立法形式实施了 1988 年巴塞尔资本协议。

巴塞尔委员会在 1996 年对资本协议进行了修改，将市场风险纳入资本管制中，2004 年 6 月又公布了将于 2006 年年底实施的新资本协议。新资本协议引入了改进资本充足率计量标准、发展监管评价程序和强化市场约束的三个支柱，确立了国际金融界的监管和风险管理的新框架。

三、中国金融产业的风险管制政策

中国金融风险管制政策经历了从计划经济时代的直接控制到市场经济下管制体系逐步

建立、完善的过程。综观中国金融风险管制演进过程，不难发现它与中国金融产业的发展密切相关。可以这样说，是中国金融产业的快速发展产生了更高的管制需求，从而导致了风险管制的变革。

1. 银行业的风险管制政策

1984年中国人民银行开始专门行使中央银行职能，其中包括对金融业的管制。但由于在改革开放之初，中国对银行业还是管制少、直接控制多。1992年国务院决定成立中国证监会，把对证券业的管制从中国人民银行分离出来。1995年的《中华人民共和国中国人民银行法》规定了中国人民银行的金融监督管理职能，包括按照规定审批、监督管理金融机构和按照规定监督管理金融市场等。在管制措施方面，1994年中国商业银行全面推行以风险管理为核心的资产负债比例管理，并制定了具体的指标体系和考核办法，建立不良贷款认定、考核制度。银行管制从单纯的行政管理逐步向规范商业银行监管转变。这以后的一段时间内，对银行管制主要以行政性与合规性管制为主，中国人民银行致力于整顿金融秩序、防范金融风险。

1998年11月，中国保监会成立，对保险业的管制从中国人民银行分离出来，中国人民银行从此仅负责对银行业的管制。逐步按巴塞尔委员会的关于资本标准和有效银行监管的核心原则等协议，不断改革完善银行管制的方式和手段，逐步向国际惯例靠拢。从以往的审批机构、检查违规为主要内容的金融行政管理及合规管制，转向以防范和化解金融风险为核心的审慎性管制。

1998年5月成立中央金融工委，它作为中共中央的派出机关，负责领导、管理、监督和协调全国金融工作。中央金融工委由国务院副总理主持工作，其成员包括了中央银行、证监会、保监会以及全国主要金融机构的领导。其主要职能包括：使中央银行的货币政策和金融管制摆脱地方政府，主要是省级政府的干预；杜绝中央银行为盈利而过量发行货币行为，使国有商业银行的业务摆脱地方政府干预等。

2003年4月，国务院决定成立中国银监会。随后，中央金融工委被撤销，其负责的银行管制工作交付新成立的机构。中国银监会的成立标志着中国金融业分业管制体系的正式确立——由银监会、证监会、保监会"三驾马车"构建起分业管制的框架。同年12月，《中华人民共和国银行业监督管理法》颁布。该法是中国颁布的第一部关于银行业监督管理的专门法律，对于加强银行业的监督管理，规范监督管理行为，防范和化解银行业风险，促进银行业健康发展具有重大的意义。同时，全国人大常委会对《中华人民共和国中国人民银行法》进行了修改，新的法案对中央银行的职能做了稍许改变，其管制职能转为对金融行业的宏观管理。这两部法律，再加上同年修改的《中华人民共和国商业银行法》，共同构成了中国金融行业分业经营、分业管制的法律基础。

《中华人民共和国商业银行法》引进了巴塞尔协议，规定商业银行资本充足率不得低于8%。中国人民银行分别于1994年和1996年下发了对商业银行资本充足率的要求。中国银监会成立后，于2004年公布了《商业银行资本充足率管理办法》，重新定义了资本范围；规定了0、20%、50%、100%的资产风险权重系数，取消了10%和70%的资产风险权重系数；将信用风险和市场风险纳入资本约束范围；信用风险和市场风险权重使用标准法，经银监会批准，商业银行可以使用内部模型法计算市场风险资本；规定了商业银行资本充足率的管制和信息披露制度，并要求商业银行最迟要在2007年达到最低资本要求。

2. 保险业的风险管制政策

自1998年保险业的管制从中国人民银行分离出来后，保险业的风险管制责任主要由中国保监会承担起来。目前，对保险业风险管制的依据主要有《工伤保险条例》《中华人民共和国外资保险公司管理条例》《中华人民共和国财产保险合同条例》《保险企业管理暂行条例》《保险公司偿付能力额度及监管指标管理规定》《保险保障基金管理办法》等法律法规。采取的管制手段包括规定偿付能力额度、实施分类管制、制定责任准备金、建立保险保障基金、限制最低费率等。

3. 证券业的风险管制政策

中国对证券业的风险管制由证监会主要负责，目前管制的法律依据主要有《证券公司风险控制指标管理办法》《中华人民共和国证券法》《证券市场禁入规定》《中华人民共和国证券投资基金法》《禁止证券欺诈行为暂行办法》《股票发行与交易管理暂行条例》等。

2006年7月颁布的《证券公司风险控制指标管理办法》表明，为了加强证券公司风险管制，督促证券公司加强内部控制、防范风险而制定了这一办法。办法确定了以净资本为核心的业务分类机制，券商在从事证券经纪、承销与保荐、自营、资产管理等每项业务时，都有对应的净资产、净资本的最低标准，并计提相应比例的风险准备金。因此，券商各项业务的规模都会受到净资本为核心指标的倍数限制。

证券业风险管制的一个重要的手段是信息披露制度。为了消除投资者与上市公司等融资者之间的信息不对称问题，以保护投资者的利益，提高资金使用效率，《中华人民共和国证券法》明确规定了信息披露制度，要求真实、完整、准确、及时和公平地披露信息。

此外，中国现在实行的证券价格涨跌停板制度、暂停交易制度、谈话制度等都是有效控制证券交易过程客观存在的风险管制手段。

4. 期货业的风险管制政策

中国期货业的发展时间不长，对期货业的风险管制政策主要有《中华人民共和国期货和衍生品法》《期货交易管理条例》《期货交易所管理办法》《期货经纪公司管理办法》《期货经纪公司高级管理人员任职资格管理办法》《期货业从业人员资格管理办法》等。

在期货业风险管制的手段选择方面，目前主要还是依靠行政手段，通过规定交易品种、保证金制度、每日结算制度、涨跌停板制度、持仓限额和大户持仓报告制度、风险准备金制度进行交易风险控制。同时，《期货交易管理条例》还规定任何单位或者个人不得直接或者间接从事境外期货交易、金融机构不得进行期货交易，通过建立市场禁止进入制度来控制期货业的风险。

第五节　中国金融产业管制体系的演进

伴随中国金融产业改革，针对不同阶段金融产业系统性风险特征，中国金融产业管制体系处于演进过程中。中国改革开放以来,金融产业管制体系演进大体可分三个阶段。

一、初步形成混业管制时期:1979—1991 年

根据中国金融产业改革历程,此阶段成立四大国有商业银行,形成中国人民银行管理下的银行体系,逐步建立金融管制相关法律法规制度体系。

计划经济体制下,中国人民银行是执行中央计划的部门之一,其他金融机构在中国人民银行管理之下。伴随其他金融机构的恢复或设立,金融业出现经营多元化和市场化趋势。在此背景下,金融业管制的重要性逐步显现,中国人民银行履行对银行业、保险业、证券业和信托业等的管制职能。1984 年 1 月,中国人民银行与中国工商银行分离,中国人民银行开始专门履行中央银行职能。1986 年,国务院发布《银行管理暂行条例》,规定中央银行、商业银行的基本职能,确定中国人民银行是唯一的金融管制机构,并对其金融管制职能做了具体规定。该时期银行业管制处于初级阶段,管制内容主要包括对金融机构设立审批以及业务范围等的行政管理,尚未把银行业的风险作为管制的重要内容。另外,由于此时的中国金融管制体制是从计划金融体制转化而来,中国人民银行对其他商业银行实施的主要还是上级对下级以指令性计划为纽带的行政管理,还不是真正意义上独立于商业银行的管制,尚处于制度转型期。此时,中国人民银行负责管制银行、信托公司和保险公司以及证券市场和证券机构。中国人民银行对金融业实施混业管制的结果导致管制不力,这也是当时市场化程度较高的证券市场出现一系列违法、违规行为的主要原因。① 在此背景下,金融产业从混业管制体制向分业管制体制转变成为必然。

二、分业管制时期:1992—2007 年

在此阶段,主要是建立健全银行业管制法律法规体系,形成分业经营与管制体系。1992 年,成立中国证券监督管理委员会(简称中国证监会)。自此,政府大力促进资本管制和信息披露等制度改革。例如,1994 年,为加强资本管制,政府颁布的《商业银行资产负债比例管理考核暂行办法》将资本充足率指标纳入银行考核标准。

尽管 1984 年中国人民银行就开始履行中央银行职能,但直到 1995 年《中华人民共和国中国人民银行法》(简称《中国人民银行法》)的颁布才从法律上确立中国人民银行的金融管制职能。为规范金融市场的运行,政府加快了相应法律法规的制定。于 1995 年先后颁布《中国人民银行法》(2003 年修正)、《中华人民共和国商业银行法》(简称《商业银行法》,2003 年和 2015 年修正)和《中华人民共和国保险法》(简称《保险法》,2002 年和 2014 年修正),并于 1998 年颁布《中华人民共和国证券法》(简称《证券法》,2004 年修正),构建了金融产业管制法律法规基本体系。1998 年,国务院证券委员会与中国证监会合并为中国证监会,将原来由中国人民银行负责的证券市场管制分离出来交给中国证监会,形成银行与证券分业管制的格局,同年中国保险监督管理委员会(简称中国保监

---

① 刘迎霜. 中国金融体制改革历程——基于金融机构、金融市场、金融监管视角的叙述. 南京社会科学,2011(4).

会）成立。2002 年起，各地政府先后设立政府金融办（局），主要职能是做好地方政府与驻地金融管制机构、金融机构间的沟通，以及协调处置地方大型企业的信用风险、地方金融机构的重大经营风险、金融活动产生的社会风险等。[①] 地方金融办（局）在金融管制体系中起到承上启下的作用。

2003 年，为实现分业管制，从中国人民银行独立出银行业管制职能，成立中国银行业监督管理委员会（简称中国银监会）。中国银监会设立前，是由中国人民银行、中国证监会、中国保监会分别对银行业、证券业和保险业实施管制的分业管制模式。其中，中国人民银行（中央银行）同时履行货币政策制定和银行管制的双重职能。而中央银行双重角色的预期目标可能有冲突。这是因为，在调整利率和制定货币政策时，中央银行可能会从银行业管制者的角度保护商业银行的利益。这不仅制约了中央银行货币政策传导机制，且制约了中央银行的管制能力。中国银监会的主要职责是控制系统风险，实施专业化管制，有助于减少利益冲突、防范金融风险、提高管制效率和管制绩效。[②] 该阶段中国银行业管制逐步走向专业化，同时由合规管制转向合规管制与风险管制并重，[③] 中国银监会在合规性管制的基础上，加强风险性管制，把合规性指标和风险性指标结合起来，较好地控制了银行不良贷款和资本充足率等风险指标。在管制手段方面，中国银监会积极采用现代信息科技提高管制效率，开发和推广运用非现场管制指标监测系统、大额风险预警系统、现场检查分析系统等，信息技术的应用提高了管制的有效性。[④] 而中国人民银行专履货币政策职能有利于制定中立的货币政策，为宏观经济运行创造稳定的货币环境。

中国银监会成立后，不断完善各项管制法律法规。2003 年中国通过《中华人民共和国银行业监督管理法》，该法是专门规范银行业监督管理的法律；2006 年，为进一步完善银行治理，中国银监会出台《国有商业银行公司治理及相关监管指引》等。在相关管制法规引导下，银行公司治理水平得到明显提升。[⑤] 银行公司治理水平的提升对于银行业系统性风险的控制起到关键的作用。

在此时期，中国人民银行统筹金融业发展大局，中国银监会负责管制银行、金融资产管理公司、信托投资公司及其他存款类金融机构，中国证监会履行管制证券和期货市场的职能，中国保监会管制保险市场，中国形成了"一行三会"的金融分业经营和分业管制格局。但在此种管制模式下，各管制机构主要承担所负责领域的管制职责，存在管制体系割裂、管制标准不统一等问题。面对复杂的金融风险及混业经营趋势，分业管制模式很难实现对各类金融机构、金融业务的覆盖，而管制"真空"问题通常成为诱发系统性金融风险的原因。[⑥] 鉴于此，为了解决管制机构间的协调问题，中国建立了银监会、证监会和

---

① 韦秀长. 新起点上深化地方金融监管改革. 中国金融，2019（13）.
② 张敏聪. "银监会"的设立与中国银行业监督对策. 经济管理，2003（19）.
③ 合规性监管是指监管机构对银行执行有关政策、法律、法规情况所实施的监管。风险性监管是指监管机构对商业银行的资本充足程度、资产质量、流动性、盈利性和管理水平所实施的监管。
④ 尚福林. 探索符合中国实际的银行业监管模式. 中国金融，2013（9）.
⑤ 刘迎霜. 中国金融体制改革历程——基于金融机构、金融市场、金融监管视角的叙述. 南京社会科学，2011（4）.
⑥ 胡金焱. 健全防控金融风险的新型金融监管体系. 改革，2017（11）.

保监会间的监管联席会议机制。金融监管联席会议机制为建立金融管制协调机制创造了条件。

三、分业和协调管制转型与实践时期：2008 年至今

系统性风险是诱发 2008 年国际金融危机的决定性因素。分析发现，金融市场参与主体通过金融创新等规避管制增加了系统性金融风险发生概率。鉴于此，建立与完善协调管制机制是防止系统性风险的制度保障。此后中国出台系列政策法规以强化金融市场信息披露。2012 年 11 月，中国共产党第十八次全国代表大会提出"完善金融监管，推进金融创新，维护金融稳定"的目标。此后的党的十八届三中全会对于金融产业改革进一步提出"落实金融监管改革措施和稳健标准，完善监管协调机制"。为防范民间金融发展过程中引发金融风险，2013 年 11 月，浙江省十二届人大常委会第六次会议通过的《温州民间融资管理条例（草案）》成为首部地方性金融管制法规，为地方金融办管制民间金融提供了依据。2013 年，为促进中国金融监管协调制度化，国务院批复建立由中国人民银行牵头的金融监管协调部际联席会议制度。金融监管协调机制在一定程度上反映政府对金融创新和混业经营趋势的认同，在一定程度上可减少管制机构间的冲突，加强机构间的协调。但从制度设计来看，存在缺乏监管协调的法律法规以及监管协调牵头部门层级关系不清晰、缺乏协调冲突的解决机制等问题。①

2012 年，中国银监会发布《商业银行资本管理办法（试行）》，逐步加强了对商业银行的管制，导致新增人民币贷款占比下降，而由于影子银行活动所受管制较少，在总融资规模中占比不断提升，这种管制套利削弱了管制政策效果。为此，2013 年 12 月，国务院办公厅印发《关于加强影子银行监管有关问题的通知》，提出对影子银行进行全面管制。

在互联网金融快速发展进程中，如何控制互联网金融产生的风险也是金融管制机构面临的重要挑战。2013 年年底，互联网金融违约事件频发，但原有的金融管制体系没有为互联网金融管制提供法律法规依据，也没有明确中国的管制机构。面对互联网金融风险，金融管制部门陆续出台针对互联网金融管制政策。中国人民银行等十部委联合发布《关于促进互联网金融健康发展的指导意见》，确定了互联网金融管制的基本框架。尽管初步建立互联网金融管制体系，但受限于管制部门的精力和能力，2015 年仍不断发生大规模的互联网金融平台虚假借贷欺诈等事件。伴随金融产品日益丰富，金融消费者数量不断增加，加强消费者权益保护成为防范和化解金融风险的重要内容。2016 年 10 月，国务院办公厅发布《互联网金融风险专项整治工作实施方案》，在全国范围内开展了互联网金融专项整治以规范互联网金融机构行为。2017 年 8 月，中国银监会颁布《网络借贷信息中介机构业务活动信息披露指引》，明确网贷业务信息披露应遵循的基本原则，降低因信息不完备产生的风险。这些法规制度的不断完善，在引导和规范金融创新产品方面起到重要作用。

---

① 欧俊，熊伟，杨诗宇. 论完善我国金融监管框架问题. 财经科学，2017（6）.

2015 年，中国政府在适度放松金融管制的基础上，进一步规范金融市场秩序，提高管制的协调有效性，为金融系统性风险的控制提供了制度保障。为了顺应金融市场发展规律，该时期中国积极探索落实金融管制体制改革，2017 年 11 月，设立国务院金融稳定发展委员会（简称"金稳委"）。作为协调机构，金稳委主要承担落实中央金融决策部署、审议金融改革发展重大规划、统筹金融改革发展与管制、研究金融风险防范处置和维护金融稳定重大政策与指导地方金融改革发展与管制等职能。显然，金稳委的成立提升了各管制机构合作成效，实现了综合管制。面对中国金融业混业经营的趋势，2018 年 3 月，国务院机构改革将中国银监会与中国保监会重组，成立中国银行保险监督管理委员会（简称中国银保监会），实现对银行业和保险业的全面管制反映了金融管制体制变革趋势。[①] 中国银保监会的主要职责是依照法律法规管制银行业和保险业，保护金融消费者合法权益，维护银行业和保险业稳健运行，控制和化解金融风险等。中国银保监会的成立让金融管制理念从行业管制向功能管制转变。与此同时，把中国银监会和中国保监会拟订银行业和保险业法律法规草案以及审慎管制制度的职能划入中国人民银行，增强中国人民银行的管制职能。从此确定了"一委一行两会"的金融管制新格局。而为了加强金融管制在地方的落实，金融管制的"一行两会"在省级均设立了相应的派出机构。此次中国金融管制机构的调整，标志着金融业开始探索"双柱"功能监管模式。[②]

面对近年互联网金融（如 P2P）出现的信用危机，2019 年 4 月，中国人民银行和中国银保监会明确提出"坚决打好互联网金融和网络借贷风险专项整治攻坚战"。针对金融控股公司快速扩张可能引发的金融风险，2020 年 9 月，中国人民银行发布《金融控股公司监督管理试行办法》规范金融控股公司行为，加强对非金融企业等设立金融控股公司的监督管理，防范系统性金融风险。2019 年 8 月，中国人民银行在《金融科技发展规划（2019—2021）》中正式将"提升穿透式监管能力"作为金融科技审慎管制的重点任务予以推进。在顶层设计的指导下，凭借数字化管制手段，顺应金融数字化转型趋势，依法将金融活动纳入管制范围，提高管制能力。为持续防范金融风险，2020 年 7 月，中国银保监会颁布《商业银行互联网贷款管理暂行办法》，初步建立商业银行互联网贷款业务制度框架。另外，针对政府一直未将金融控股公司纳入管制范围的问题，2020 年 9 月，国务院发布《关于实施金融控股公司准入管理的决定》；与此同时，中国人民银行发布《金融控股公司监督管理试行办法》。该办法规定由中国人民银行依法对金融控股公司实施管制。[③] 2021 年初，中国银保监会陆续发布《互联网保险业务监管办法》《关于进一步规范商业银行互联网贷款业务的通知》等。金融管制部门颁布的系列法规细化了审慎管制要求、统一了管制标准，旨在引导互联网金融市场中的经营主体树立审慎经营导向，落实风险控制责任，按照风险共担、互利共赢原则，合理开展业务合作，并持续提升风险防控能

---

① 舒心. 新时代我国金融监管体制变革：回顾、反思与展望. 中国地质大学学报（社会科学版），2019（1）.
② "双柱"功能监管模式，是指央行侧重宏观审慎监管，金融监管机构侧重微观审慎监管，两者既有重点又相互衔接的基于功能监管的一种金融监管模式。转引自吴晓求. 改革开放四十年：中国金融的变革与发展. 经济理论与经济管理，2018（11）.
③ 《国务院关于实施金融控股公司准入管理的决定》，中华人民共和国中央人民政府网.

力。显然，完善的法规政策与明确的管制职能是构建互联网金融管制长效机制的制度基础。

2023年5月18日，国家金融监督管理总局正式揭牌。国家金融监督管理总局是新组建的国务院直属机构，与中国人民银行、中国证监会共同组成我国的金融监管体系。从具体改革内容来看，国家金融监督管理总局统一负责除证券业之外的金融业监管，将中国人民银行对金融控股公司等金融集团的日常监管职责、有关金融消费者保护职责，中国证监会的投资者保护职责等均被划入了国家金融监督管理总局。在中国银保监会基础上组建国家金融监督管理总局，通过构建"一行一局一会"的中国金融监管架构，有助于进一步完善现代金融监管，落实各方责任，形成监管合力，提高监管效率，提升金融风险防控能力。这标志着中国金融监管进入新阶段。

案例

互联网金融发展衍生金融风险[①]

本章小结

- 金融机构是以一定量的自有资金为资本，通过吸收存款、发行各种证券等方式形成资金来源，并通过贷款、投资等形式运用资金，向社会提供各种金融工具和金融服务的企业。金融产业是由各种这样的金融机构所构成的一种行业。在不同的国家，金融产业的结构存在着比较大的差异。

- 金融产业的特殊性表现在其经营对象与经营内容与一般企业不同，经营关系与活动原则与一般企业不同，经营风险及影响程度与一般企业不同。从而使得金融机构提供的商品不受成本的约束，使金融产业具有特殊的资产负债结构并存在着支付危机，同时也滋生了金融机构在逐利过程中因扩大或紧缩货币供给而冲击实物经济正常运行的风险。

- 金融产业系统性风险较强的传染性会通过影响资金配置、支付清算、信用创造等的正常功能将风险向其他部门传染，最终诱发金融危机。而由此产生的危机则由整个金融体系甚至整个经济体系承担。这就要求政府对金融业实施管制，弥补市场缺陷，提高资源配置效率。根据金融管制理论，实施金融业管制要立足于控制金融业风险、保护借贷主体利益等方面的考虑，加强对金融机构经营行为的约束，解决金融市场中的借贷主体与金融机构间的信息不对称问题。

- 基于安全性和保护性目标，各国普遍对金融产业实行价格管制，其范围涉及银行和储蓄机构的存贷款利率、保险业的保险费率水平、证券行业的各种证券价格和各种金融机构的金融交易费用等；采取的手段主要有规定利率上限、直接或间接的指令信贷、限制价格波动幅度、规定交易费用等。金融产业的价格管制对抑制金融产业的周期波动、保护消费者的利益和促进金融产业的发展确实起到了一定的作

---

① 周小梅，黄婷婷. 金融创新背景下互联网金融监管体系变革. 价格理论与实践，2020（9）.

用。但随着经济的发展和金融产业自身的发展，对金融产业的价格管制逐渐显现出一些弊端。如利率上限管制，因其通常情况低于正常的市场利率水平，会产生寻租行为、可贷款资金量减少、导致信贷效率损失，甚至会演变成指令信贷的形式。

● 以防范金融风险为主要目标的风险管制是政府对金融产业实施管制的最主要的领域，管制手段主要有规定有效法定准备金、建立存款保险制度、资本充足率要求、强制信息披露、银行国有资产率、资本流动管制、建立政策性金融机构、限制风险投资等。风险管制对于控制与防范金融风险、保护存款人和投资者的利益确实取得了实际成效，但每种管制办法的适用均有其局限性，使用不当会产生负面影响，金融管制手段的选择应随着金融产业的发展而不断变化。这是对金融产业进行风险管制所应清醒地认识到的问题。如规定法定存款准备率的管制办法，因其易导致法定存款准备金率偏高而产生效率损失，表现为提高实际贷款利息、降低实际存款利息和拉大两者的息差，从而使可贷资金减少。

● 中国金融业改革决定了金融产业管制体系的变迁。中国金融业改革大体上经历了重新恢复金融体系、初步形成现代金融体系、全面系统改革金融业和进一步开放金融业四个阶段。伴随经济与金融全球化，中国经济对外依存度不断增加。与此同时，中国金融业竞争格局处于动态调整中，而金融业经营环境也发生很大变化。在市场开放过程中，各类金融业务不同程度存在相应的风险。然而，金融业的开放并不是风险产生的根源，但开放可能会提高控制金融业风险的难度，因此需要不断完善与开放相适应的金融产业管制体系。有效的金融管制体系应体现为金融市场安全健康、稳定运行，且能够有效保护存贷款者的利益。伴随中国金融业改革，针对不同阶段金融业系统性风险特征，中国金融产业管制体系处于演进过程中。中国改革开放以来，金融产业管制体系演进大体可分三个阶段：初步形成混业管制时期、分业管制时期以及分业和协调管制的转型时期。

关键词

逆向选择（adverse selection）　　道德风险（moral hazard）
放松管制（deregulation）　　格拉斯-斯蒂格尔防火墙（glass-steagall wall）
有效法定准备金（effective reserve requirement）　　脱媒（disintermediation）
金融创新（financial Innovation）　　互联网金融（internet finance）
信用危机（credit crisis）

复习思考题

1. 金融产业存在什么特征？简单解释这些特征的经济特性。
2. 试分析说明金融管制与市场缺陷之间的关系。
3. 描述对金融产业实行进入管制的必要性，并分析其合理性。
4. 利率上限管制会给金融产业带来怎样的负面效应？试用传统的供需图形分析指令性信贷的效率损失。
5. 如何解释金融产业管制与危机并存的现象？请客观评价政府管制的效果。
6. 分析金融创新与金融管制间的关系。

延伸阅读

1. 巴曙松，沈长征. 从金融结构角度探讨金融监管体制改革. 当代财经，2016（9）.
2. 胡金焱. 健全防控金融风险的新型金融监管体系. 改革，2017（11）.
3. 黄燕辉. 我国金融监管的演进历程变迁：强制性抑或诱致性. 改革，2013（9）.

4. 刘迎霜. 中国金融体制改革历程——基于金融机构、金融市场、金融监管视角的叙述. 南京社会科学, 2011 (4).

5. 刘毅. 自由与管制：金融管制的历史变迁及其启示. 经济评论, 2001 (4).

6. 吴晓求. 改革开放四十年：中国金融的变革与发展. 经济理论与经济管理, 2018 (11).

7. 张晓松. 西方商业银行贷款风险管理及其借鉴. 金融研究, 2000 (12).

即测即评

主要参考文献

著作

[1] 陈富良.放松规制与强化规制：论转型经济中的政府规制改革.上海：上海三联书店，2001.

[2] 陈富良.企业行为与政府规制.北京：经济管理出版社，2001.

[3] 陈富良.政府承诺问题及其治理：特许经营合约视角.北京：经济管理出版社，2021.

[4] 陈建华.金融监管有效性研究.北京：中国金融出版社，2002.

[5] 戴维·M.纽伯里.网络型产业的重组与规制.何玉梅，译.北京：人民邮电出版社，2002.

[6] 丹尼尔·F.史普博.管制与市场.余晖，等，译.上海：上海三联书店，上海人民出版社，1999.

[7] 郭志斌.论政府激励性管制.北京：北京大学出版社，2002.

[8] 黄海波.电信管制：从监督垄断到鼓励竞争.北京：经济科学出版社，2002.

[9] 黄继忠.自然垄断与规制：理论和经验.北京：经济科学出版社，2004.

[10] 李郁芳.体制转轨时期的政府微观管制行为.北京：经济科学出版社，2003.

[11] 刘戒骄.垄断产业改革——基于网络视角的分析.北京：经济管理出版社，2005.

[12] 刘小兵.公共管制学.上海：上海财经大学出版社，2009.

[13] 刘小兵.政府管制的经济分析.上海：上海财经大学出版社，2004.

[14] 欧国立.运输市场变迁与中国铁路市场化改革.北京：中国铁道出版社，2000.

[15] 戚聿东，等.中国垄断行业市场化改革的模式与路径.北京：经济管理出版社，2013.

[16] 戚聿东，柳学信，等.自然垄断产业改革国际经验与中国实践.北京：中国社会科学出版社，2009.

[17] 戚聿东.中国经济运行中的垄断与竞争.北京：人民出版社，2004.

[18] 乔治·J.施蒂格勒.产业组织和政府管制.潘振民，译.上海：上海三联书店，1989.

[19] 仇保兴，王俊豪.中国市政公用事业监管体制研究.北京：中国社会科学出版社，2006.

[20] 让·雅克·拉丰,让·泰勒尔. 电信竞争. 胡汉辉,等,译. 北京: 人民邮电出版社, 2001.
[21] 让-雅克·拉丰,让·梯若尔. 政府采购与规制中的激励理论. 石磊,等,译. 上海: 上海三联书店,上海人民出版社, 2004.
[22] 萨莉·亨特. 电力竞争. 曹乐人,等,译. 北京: 中国经济出版社, 2004.
[23] W. 吉帕·维斯库斯,约翰·M. 弗农,小约瑟夫·E. 哈林顿. 反垄断与管制经济学. 陈甬军,等,译. 北京: 机械工业出版社, 2004.
[24] 王传辉. 反垄断的经济学分析. 北京: 中国人民大学出版社, 2004.
[25] 王俊豪,等. 美国联邦通信委员会及其运行机制. 北京: 经济管理出版社, 2003.
[26] 王俊豪,等. 中国城市公用事业民营化绩效评价和管制政策研究. 北京: 中国社会科学出版社, 2013.
[27] 王俊豪,等. 中国城市公用事业政府监管体系创新研究. 北京: 中国社会科学出版社, 2016.
[28] 王俊豪,等. 中国垄断性产业的结构重组、分类管制与协调政策. 北京: 商务印书馆, 2005.
[29] 王俊豪,等. 中国特色政府监管理论体系及其应用研究. 北京: 中国社会科学出版社, 2022.
[30] 王俊豪,等. 中国现代能源监管体系与监管政策研究. 北京: 中国社会科学出版社, 2018.
[31] 王俊豪,等. 中国自然垄断经营产品管理价格形成机制研究. 北京: 中国经济出版社, 2002.
[32] 王俊豪,肖兴志,唐要家. 中国垄断性产业管制机构的设立与运行机制. 北京: 商务印书馆, 2008.
[33] 王俊豪,周小梅. 中国自然垄断产业民营化改革与政府管制政策. 北京: 经济管理出版社, 2004.
[34] 王俊豪. 英国政府管制体制改革研究. 上海: 上海三联书店, 1998.
[35] 王俊豪. 政府管制经济学导论——基本理论及其在政府管制实践中的应用. 北京: 商务印书馆, 2017.
[36] 王廷惠. 微观规制理论研究. 北京: 中国社会科学出版社, 2005.
[37] 王学庆. 管制垄断: 垄断性行业的政府管制. 北京: 中国水利水电出版社, 2004.
[38] 肖兴志,等. 公用事业市场化与规制模式转型. 北京: 中国财政经济出版社, 2008.
[39] 肖兴志,等. 中国煤矿安全规制: 理论与实证研究. 北京: 科学出版社, 2010.
[40] 肖兴志,齐鹰飞,等. 转型期中国工作场所安全规制研究. 大连: 东北财经大学出版社, 2010.
[41] 肖兴志,齐鹰飞,郭晓丹,等. 中国垄断产业规制效果的实证研究. 北京: 中国社会科学出版社, 2010.
[42] 肖兴志,宋晶. 政府监管理论与政策. 大连: 东北财经大学出版社, 2006.

[43] 肖兴志. 现代规制经济分析. 北京: 中国社会科学出版社, 2011.
[44] 肖兴志. 中国铁路产业规制理论与政策. 北京: 经济科学出版社, 2004.
[45] 肖兴志. 自然垄断产业规制改革模式研究. 大连: 东北财经大学出版社, 2003.
[46] 徐梅. 日本的规制改革. 北京: 中国经济出版社, 2003.
[47] 杨永忠. 自然垄断产业有效市场研究. 北京: 经济科学出版社, 2004.
[48] 叶泽. 电力竞争. 北京: 中国电力出版社, 2004.
[49] 于良春, 等. 反行政性垄断与促进竞争政策前沿问题研究. 北京: 经济科学出版社, 2008.
[50] 于良春, 等. 转轨经济中的反行政性垄断与促进竞争政策研究. 北京: 经济科学出版社, 2011.
[51] 于良春. 自然垄断与政府规制. 北京: 经济科学出版社, 2003.
[52] 亐道远. 铁路行业社会资本准入研究. 北京: 人民出版社, 2020.
[53] 余晖. 政府与企业: 从宏观管理到微观管制. 福州: 福建人民出版社, 1997.
[54] 袁持平. 政府管制的经济分析. 北京: 人民出版社, 2005.
[55] 张红凤. 西方管制经济学的变迁. 北京: 经济科学出版社, 2005.
[56] 张然. 中国铁路产业规制改革研究. 北京: 经济日报出版社, 2020.
[57] 张昕竹. 中国规制与竞争: 理论和政策. 北京: 社会科学文献出版社, 2000.
[58] 植草益. 微观规制经济学. 朱绍文, 等, 译. 北京: 中国发展出版社, 1992.
[59] 周其仁. 数网竞争. 北京: 生活·读书·新知三联书店, 2001.
[60] 周小梅, 陈利萍, 兰萍. 基于企业诚信视角的食品安全问题研究. 北京: 中国社会科学出版社, 2014.
[61] 周小梅, 陈利萍, 兰萍. 食品安全管制长效机制经济分析与经验借鉴. 北京: 中国经济出版社, 2011.
[62] 周小梅. 食品质量安全控制. 北京: 经济科学出版社, 2018.
[63] 周子衡. 金融管制的确立及其变革. 上海: 上海三联书店, 2005.
[64] 左大杰等. 铁路改革保障机制研究. 成都: 西南交通大学出版社, 2020.

论文

[1] 巴曙松, 沈长征. 从金融结构角度探讨金融监管体制改革. 当代财经, 2016 (9).
[2] 包群, 邵敏, 杨大利. 环境管制抑制了污染排放吗? 经济研究, 2013 (12).
[3] 毕洪海. 作为规制决策程序的成本收益分析. 行政法学研究, 2016 (5).
[4] 陈富良, 郭建斌. 数字经济反垄断规制变革: 理论、实践与反思——经济与法律向度的分析. 理论探讨, 2020 (6).
[5] 陈富良, 黄金钢. 政府规制改革: 从公私合作到新公共服务——以城市水务为例. 江西社会科学, 2015 (4).
[6] 陈富良, 熊毅, 邓明. 公用事业规制改革路径: 从新公共服务到新规制治理. 经济与管理研究, 2016 (12).

[7] 陈富良. 利益集团博弈与管制均衡. 当代财经, 2004 (1).
[8] 陈富良. 政府规制中的多重委托代理与道德风险. 财贸经济, 2004 (12).
[9] 陈富良. 政府监管行为的制衡机制. 改革, 2004 (6).
[10] 陈富良. 中国政府规制体制：改革路径与目标模式. 改革, 2001 (4).
[11] 陈富良. 准入规制与技术创新：基于自然垄断行业的经验分析. 财贸经济, 2005 (12).
[12] 陈林. 自然垄断与混合所有制改革——基于自然实验与成本函数的分析. 经济研究, 2018 (1).
[13] 董纪昌, 沙思颖, 李秀婷, 等. 基于博弈视角的自然垄断行业管网分离策略研究——以油气行业为例. 管理评论, 2019 (8).
[14] 范合君, 戚聿东. 中国垄断产业规制体系的特殊性和模式设计. 经济管理, 2011 (10).
[15] 范合君, 戚聿东. 中国自然垄断产业竞争模式选择与设计研究——以电力、电信、民航产业为例. 中国工业经济, 2011 (8).
[16] 何艳玲, 李丹. 扭曲或退：城市水务PPP中的政企合作关系转换. 公共管理学报, 2020 (3).
[17] 胡金焱. 健全防控金融风险的新型金融监管体系. 改革, 2017 (11).
[18] 黄燕辉. 我国金融监管的演进历程变迁：强制性抑或诱致性. 改革, 2013 (9).
[19] 冀玮. 机构整合背景下的食品安全监管法律适用——基于行政法治视角的比较分析. 行政法学研究, 2018 (3).
[20] 景维民, 张璐. 环境管制、对外开放与中国工业的绿色技术进步. 经济研究, 2014 (9).
[21] 李美娟, 张苤黎. 携号转网政策对电信运营商合谋的影响研究. 工业技术经济, 2017 (11).
[22] 李三希, 喻俊, 尹训东. 是否捆绑拍卖？公私合营下最优招标的机制设计. 经济学（季刊）, 2016 (1).
[23] 李永友, 沈坤荣. 我国污染控制政策的减排效果——基于省际工业污染数据的实证分析. 管理世界, 2008 (7).
[24] 刘权. 作为规制工具的成本收益分析——以美国的理论与实践为例. 行政法学研究, 2015 (1).
[25] 刘毅. 自由与管制：金融管制的历史变迁及其启示. 经济评论, 2001 (4).
[26] 刘自敏, 杨丹, 冯永晟. 递增阶梯定价政策评价与优化设计——基于充分统计量方法. 经济研究, 2017 (3).
[27] 鲁志勇, 于良春. 银行激励相容监管的机制设计. 经济理论与经济管理, 2005 (5).
[28] 吕炜, 高帅雄, 周潮. 严格管制还是放松管制——去杠杆背景下的市场进入政策研究. 财贸经济, 2018 (4).

[29] 欧俊, 熊伟, 杨诗宇. 论完善我国金融监管框架问题. 财经科学, 2017 (6).
[30] 戚聿东, 蔡呈伟, 张兴刚. 数字平台智能算法的反竞争效应研究. 山东大学学报 (哲学社会科学版), 2021 (2).
[31] 戚聿东, 李峰. 垄断行业放松规制的进程测度及其驱动因素分解——国际比较与中国实践. 管理世界, 2016 (10).
[32] 戚聿东, 李颖. 新经济与规制改革. 中国工业经济, 2018 (3).
[33] 戚聿东, 刘欢欢. 数字平台的数据风险及其规制. 东北财经大学学报, 2021 (6).
[34] 戚聿东. 垄断的判定及其测度. 首都经济贸易大学学报, 2001 (2).
[35] 戚聿东. 论中国的垄断管制与反垄断立法. 经济评论, 2001 (1).
[36] 戚聿东. 论中国反垄断立法的行为指向与结构规制. 经济与管理研究, 2001 (6).
[37] 戚聿东. 我国自然垄断产业分拆式改革的误区分析及其改革出路. 管理世界, 2002 (2).
[38] 戚聿东. 资源优化配置的垄断机制——兼论我国反垄断立法的指向. 经济研究, 1997 (2).
[39] 宋心然, 张效羽. 网约车地方规制细则成本收益分析——以北京市网约车规制细则为例. 国家行政学院学报, 2017 (10).
[40] 谭雪, 石磊, 马中, 等. 基于污水处理厂运营成本的污水处理费制度分析——基于全国 227 个污水处理厂样本估算. 中国环境科学, 2015 (12).
[41] 田露露, 冯永晟, 刘自敏. 不同递增阶梯定价下的政策效果差异——基于定价结构陡峭程度的研究. 经济学动态, 2019 (1).
[42] 佟庆远, 孙傅, 董欣等. 污水处理厂减排效率的统计评价及影响因素分析. 中国人口·资源与环境, 2019 (9).
[43] 王俊豪. 中国特色政府监管理论体系. 需求分析、构建导向与整体框架. 管理世界, 2021 (2).
[44] 王俊豪, 程肖君. 网络瓶颈、策略性行为与管网公平开放——基于油气产业的研究. 中国工业经济, 2017 (1).
[45] 王俊豪, 付金存. 公私合作制的本质特征与中国城市公用事业的政策选择. 中国工业经济, 2014 (7).
[46] 王俊豪, 胡飞. 核电的经济特性及其安全性管制的有效性分析. 经济理论与经济管理, 2021 (5).
[47] 王俊豪, 贾婉文. 中国医疗卫生资源配置与利用效率分析. 财贸经济, 2021 (2).
[48] 王俊豪, 金暄暄. 电网企业纵向一体化、成本效率与主辅分离改革. 中国工业经济, 2021 (3).
[49] 王俊豪, 金暄暄. 中国能源监管体制深化改革研究. 经济学家, 2020 (9).
[50] 王俊豪, 李阳, 吴俊宏. 我国增量配电定价机制探索——基于不对称管制理论的机制设计. 山东大学学报 (哲学社会科学版), 2021 (5).
[51] 王俊豪, 穆秀珍. 中国石油产业市场结构重组与分类管制政策. 财贸经济, 2015

（5）.

[52] 王俊豪，穆秀珍．中国石油行业的现代监管体系建设探析．中国行政管理，2015（8）.

[53] 王俊豪，王建明．中国垄断性产业的行政垄断及其管制政策．中国工业经济，2007（12）.

[54] 王俊豪，周晟佳．中国数字产业发展的现状、特征及其溢出效应．数量经济技术经济研究，2021（3）.

[55] 王俊豪，周小梅．大部制背景下垄断性产业的管制机构改革——以中国电力管制机构改革为例．中国工业经济，2008（7）.

[56] 王俊豪，周小梅．跨学科视野下的食品安全治理与展望．管理世界，2014（10）.

[57] 王俊豪．A—J效应与自然垄断产业的价格管制模型．中国工业经济，2001（10）.

[58] 王俊豪．城市污水处理行业的竞争机制与标杆价格原理．财贸经济，2013（3）.

[59] 王俊豪．管制经济学学科建设的若干理论问题——对这一新兴学科的基本诠释．中国行政管理，2007（8）.

[60] 王俊豪．垄断性产业市场结构重组后的分类管制与协调政策．中国工业经济，2005（11）.

[61] 王俊豪．论自然垄断产业的有效竞争．经济研究，1998（8）.

[62] 王俊豪．特许投标理论及其应用．数量经济技术经济研究，2003（1）.

[63] 王俊豪．中国基础设施产业政府管制体制改革的若干思考．经济研究，1997（10）.

[64] 王俊豪．中国垄断性产业管制机构改革．中国工业经济，2005（1）.

[65] 王俊豪．中国垄断性产业普遍服务政策探讨——以电信、电力产业为例．财贸经济，2009（10）.

[66] 王俊豪．中国特色政府监管立法导向与法律制度体系．浙江社会科学，2021（1）.

[67] 王俊豪．中英自然垄断性产业政府管制体制比较．世界经济，2001（4）.

[68] 王俊豪．自然垄断产业市场结构重组的目标、模式与政策实践．中国工业经济，2004（1）.

[69] 韦秀长．新起点上深化地方金融监管改革．中国金融，2019（13）.

[70] 肖兴志，曾芸．工作场所安全规制的经济学分析．产业经济研究，2007（4）.

[71] 肖兴志，韩超．非对称信息、企业安全投入与政府规制效果——兼析强制保险的安全影响．中国工业经济，2010（7）.

[72] 肖兴志，韩超．规制改革是否促进了中国城市水务产业发展？——基于中国省际面板数据的分析．管理世界，2011（11）.

[73] 肖兴志，姜晓婧．中国电信产业改革评价与改革次序优化——基于产权、竞争、规制的动态面板模型．经济社会体制比较，2013（2）.

[74] 肖兴志，李少林．环境规制对产业升级路径的动态影响研究．经济理论与经济管理，2013（6）.

[75] 肖兴志，齐鹰飞，李红娟．中国煤矿安全规制效果实证研究．中国工业经济，2008

(5).
[76] 肖兴志. 对中国电价规制效果的一种验证. 统计研究, 2005（9）.
[77] 肖兴志. 煤矿安全规制的理论依据、标准设计与制度补充. 产业经济研究, 2006（4）.
[78] 肖兴志. 中国电力规制效果的实证研究. 中国工业经济, 2006（9）.
[79] 肖兴志. 中国自然垄断产业规制改革模式研究. 中国工业经济, 2002（4）.
[80] 肖兴志. 自然垄断产业规制体制改革的战略思考. 改革, 2002（6）.
[81] 肖兴志. 纵向一体化网络的接入定价研究. 中国工业经济, 2003（6）.
[82] 于良春, 付强. 中国电网市场势力的分析与测度. 中国工业经济, 2012（11）.
[83] 于良春, 甘超. 垄断与竞争：中国医疗行业市场效率分析. 经济与管理研究, 2020（6）.
[84] 于良春, 于华阳. 自然垄断产业垄断的"自然性"探析. 中国工业经济, 2004（11）.
[85] 于良春, 张伟. 中国行业性行政垄断的强度与效率损失研究. 经济研究, 2010（3）.
[86] 于良春. 竞争与管制：中国电力行业的改革与发展. 中国工业经济, 2000（4）.
[87] 于良春. 论自然垄断与自然垄断产业的政府规制. 中国工业经济, 2004（2）.
[88] 于良春. 强自然垄断定价理论与中国电价规制制度分析. 经济研究, 2003（9）.
[89] 于良春. 自然垄断产业垄断的"自然性"探析. 中国工业经济, 2004（11）.
[90] 于明远. 过度医疗、预算约束与医疗行业激励性规制. 经济理论与经济管理, 2020（9）.
[91] 余长林, 高宏建. 环境管制对中国环境污染的影响——基于隐性经济的视角. 中国工业经济, 2015（7）.
[92] 臧文斌, 陈晨, 赵绍阳. 社会医疗保险、疾病异质性和医疗费用. 经济研究, 2020（12）.
[93] 曾贤刚. 我国水务产业市场绩效评价及其影响因素. 中国环境科学, 2018（7）.
[94] 张维迎, 盛洪. 从电信业看中国的反垄断问题. 改革, 1998（2）.
[95] 张伟, 于良春. 混合寡头厂商的合作研发及反垄断控制研究. 中国工业经济, 2014（5）.
[96] 张伟, 于良春. 混合所有制下企业的过度进入与公共政策控制研究. 经济与管理研究, 2019（7）.
[97] 张伟, 于良春. 混合所有制下纵向一体化的竞争及反竞争效应. 经济评论, 2015（2）.
[98] 张欣, 曲创. 纵向分离、进入壁垒与电信行业改革. 经济与管理研究, 2017（1）.
[99] 张学刚, 钟茂初. 政府环境监管与企业污染的博弈分析及对策研究. 中国人口·资源与环境, 2011（2）.
[100] 张宇燕, 席涛. 监管型市场与政府规制：美国政府规制制度演变分析. 世界经济, 2003（5）.

[101] 张宇燕．国家放松管制的博弈——以中国联合通信有限公司的创建为例．经济研究，1995（6）．

[102] 赵锡军．金融监管在效率与风险之间寻求平衡．中国投资，2017（7）．

[103] 甄艺凯．网约车管制新政研究．中国工业经济，2017（8）．

[104] 周小梅，郝绪跃．财务危机下铁路业结构重组和激励性管制模型．中国经济问题，2012（3）．

[105] 周小梅．开放经济下的中国食品安全管制：理论与管制政策体系．国际贸易问题，2007（9）．

[106] 周小梅．论美国对医疗行业的放松管制与再管制．中国卫生经济，2012（4）．

[107] 周小梅．论医疗服务行业的管制政策体系．经济体制改革，2006（5）．

[108] 周小梅．美国FCC：放松电信管制后的管制原则．管理现代化，2003（4）．

[109] 周小梅．世贸组织与我国基础设施领域民营化改革．国际贸易问题，2004（5）．

[110] 周小梅．我国食品安全管制的供求分析．农业经济问题，2010（9）．

[111] 周小梅．析世贸组织下中国垄断性产业的放松管制——政策安排与管制机制重构．国际贸易问题，2005（6）．

[112] 周小梅．质疑食品价格管制——兼论政府管制职能定位．经济理论与经济管理，2014（7）．

郑重声明

高等教育出版社依法对本书享有专有出版权。任何未经许可的复制、销售行为均违反《中华人民共和国著作权法》，其行为人将承担相应的民事责任和行政责任；构成犯罪的，将被依法追究刑事责任。为了维护市场秩序，保护读者的合法权益，避免读者误用盗版书造成不良后果，我社将配合行政执法部门和司法机关对违法犯罪的单位和个人进行严厉打击。社会各界人士如发现上述侵权行为，希望及时举报，我社将奖励举报有功人员。

反盗版举报电话　　（010）58581999　58582371
反盗版举报邮箱　　dd@hep.com.cn
通信地址　　北京市西城区德外大街4号
　　　　　　高等教育出版社知识产权与法律事务部
邮政编码　　100120

读者意见反馈

为收集对教材的意见建议，进一步完善教材编写并做好服务工作，读者可将对本教材的意见建议通过如下渠道反馈至我社。

咨询电话　　400-810-0598
反馈邮箱　　gjdzfwb@pub.hep.cn
通信地址　　北京市朝阳区惠新东街4号富盛大厦1座
　　　　　　高等教育出版社总编辑办公室
邮政编码　　100029